鏡笵
―漢式鏡の製作技術―

奈良県立橿原考古学研究所
中国社会科学院考古研究所　編
山東省文物考古研究所

監修：菅谷文則（奈良県立橿原考古学研究所）
　　　白雲翔（中国社会科学院考古研究所）
編集：三船温尚（富山大学）
　　　清水康二（奈良県立橿原考古学研究所）

樋口隆康（奈良県立橿原考古学研究所）
李伝栄（山東省文物考古研究所）
田賀井篤平（東京大学）
橘由里香（東京大学）
廣川守（泉屋博古館）
李陽洙（慶州博物館）
後藤直（東京大学）
比佐陽一郎（福岡市教育委員会）
江島伸彦（久留米市役所）
宮原晋一（奈良県教育委員会）
何堂坤（中国科学院自然科学史研究所）
韓国河（鄭州大学）
程林泉（西安市文物保護考古所）
鄭同修（山東省文物考古研究所）
魏成敏（山東省文物考古研究所）
董雪（淄博職業学院）
張光明（山東省淄博市文物事業管理局）
韓偉東（臨淄斉国故城遺跡博物館）
徐新（淄博市博物館）
王暁蓮（臨淄斉国故城遺跡博物館）
梅原章一（梅原章一写真事務所）
中井一夫（奈良県立橿原考古学研究所）
横田勝（富山大学）
川村佳男（東京国立博物館）
宮里修（早稲田大学）
飯田史恵
熊博美（奈良県立橿原考古学研究所）
莫潤先（中国社会科学院考古研究所）
筒井久美子（熊本学園大学）

八木書店

序　文

　日本の古墳からは膨大な量の銅鏡が出土するため、日本の考古学者にとって、銅鏡はなじみ深く、かつ歴史を解明する上でも重要な考古資料と認識されています。過去に製作された遺物の製作技術を研究することは考古学の最も基本的な目的であり、日本の考古学者は古くから銅鏡の製作技術に関する研究を積み重ねてきました。しかしながら、未だに銅鏡製作技術は充分に解明されてはいません。その第一の理由は、現在では銅鏡を使わなくなり、古代人が積み上げた高度な製作技法が途絶え、全く現在に伝わっていないため、今の技術者にも古代技法を想像できないからです。また、鋳造後の銅鏡の研磨加工が前段階の製作技術の痕跡を消すことや、長年の使用による磨耗などがさらに製作技術の痕跡を消すことも解明を困難にしています。

　未だ解明されていない銅鏡製作技術を明らかにするため、奈良県立橿原考古学研究所は、2003年度から日本学術振興会より科学研究費補助金の交付を受けて、鏡范の調査を手がかりとして、東アジアの銅鏡製作技術を解明するために日本国内で共同研究を開始しました。鏡范の発見例は少ないものの、銅鏡製作の基本となるものであり、銅鏡を観察することだけでは得ることのできない、銅鏡製作技術に関する重要な情報が引き出せるからです。

　そのような研究を進めている矢先に、山東省淄博市臨淄斉国故城において前漢代の草葉文鏡范（以下、臨淄鏡范）が新たに出土したという報告がありました。何といっても、銅鏡製作の原点は中国にあります。幸いにも、以前からの親しい友人でもある中国社会科学院考古研究所の白雲翔副所長を通じて、山東省文物考古研究所に臨淄鏡范に関する日中共同研究を申し入れ、山東省文物考古研究所の李伝栄前所長のご賛同を得て、奈良県立橿原考古学研究所と山東省文物考古研究所の日中共同研究を2004年から開始することができました。

　本書は、日中の考古学、鋳金、工学の研究者が2004年12月に淄博市に集まって80点近くの臨淄鏡范を調査し、その後、鉱物学研究者が鏡范の分析を行い、さらに日中の多くの協力と情報交換によって完成しました。2007年2月には淄博市において日中の研究者が集まり、「斉都臨淄与漢代銅鏡鋳造業国際学術研討会」と題する研究会が行われました。未解明の部分はありますが、鏡范に関する現時点での最高水準の研究を発信できたと自負しております。

　最後になりましたが、この研究を援助していただいている日本学術振興会と中国国家文物局、山東省文化庁、臨淄区人民政府に感謝申し上げます。

奈良県立橿原考古学研究所　前所長

樋　口　隆　康

序　文

　斉都臨淄は周代と漢代の斉国の都城として経済が発達し、文化が繁栄した、当時の名だたる東方の大都市であり、豊富な歴史文化の記憶を留めています。そして、重要な歴史的文化遺産として、1961年には国務院によって第一批全国重点文物保護単位として公布され、長期にわたって山東省の考古学的な発掘調査と研究の中心となってきました。また、1950年代以来行われてきたボーリング調査や発掘調査は臨淄斉国故城内の形式、配置、構造などを明らかにし、さらに深い研究の基礎となると同時に、発見された東周から漢代までの多くの手工業工房跡は、当時の臨淄の経済生活を明らかにする重要な実物資料を提供すると共に、中でも漢代の銅鏡製作工房跡は重要な発見の1つです。

　臨淄斉国故城内の漢代銅鏡の鋳造遺構の発見と研究は20世紀末に始まりました。1997年に臨淄斉国故城内の村民が農地での作業中に偶然、鏡笵の破片を発見し、現地の文化財担当者の報告ならびに考古学者による専門的な研究を経て、学界における関心を集めました。2003年春には中国社会科学院考古研究所によって臨淄斉国故城内の漢代銅鏡製作工房跡の専門的な調査が行われ、10数点の漢代鏡笵が採集され、ボーリング調査によって2ヶ所の漢代銅鏡製作工房跡が確認されました。そして、2004年夏に奈良県立橿原考古学研究所から共同研究の申し入れがあり、臨淄斉国故城内で発見された漢代鏡笵（以下、臨淄鏡笵）に関する共同研究が提出されました。臨淄鏡笵は、漢代鏡笵としては最初の科学的な発見であり、中国古代銅鏡の製作技術においても重要な価値を備えています。また、日本の考古学界は古代銅鏡の製作技術研究において、長い積み重ねと豊富な経験などがあるため、日本側の共同研究の提議に同意し、『中国山東省文物考古研究所および日本奈良県立橿原考古学研究所の"山東省臨淄斉国故城出土鏡笵の考古学研究"に関する合作協議書』に署名しました。そして共同研究の学術的レベルを保証するために中国社会科学院考古研究所の劉慶柱所長に書簡を送り、白雲翔副所長を共同研究の中国側の進行役として招請し、中国社会科学院考古研究所の支持と了承を得た上で、国家文物局への報告や申請を経て、承認された後の2004年12月に臨淄鏡笵の日中共同研究を正式に起動させました。

　本書は、共同研究メンバーの協力と日中の関連する組織や研究者の積極的な賛助のもとで行われ完成しました。また、現在の鏡笵研究における最高水準の成果として、古代銅鏡の製作技術と生産の研究における滞りを根本から改めると共に、臨淄斉国故城遺跡の研究をさらに深め、科学的な保護と宣伝を積極的に推し進めました。同時に、今回の日中共同研究の成果として、新時代の日中両国の考古学界の協力と交流においても積極的な意義を備えています。

　最後になりましたが、この共同研究に心血を注いでくれたメンバー、特に重要な貢献をいただいた中国側の進行役である白雲翔先生に心より感謝申し上げます。また、この共同研究において関心や支持、協力をいただいた日中の各関係組織および個人、特に中国国家文物局、中国社会科学院考古研究所、山東省文化庁および臨淄区人民政府に心から感謝申し上げます。

山東省文物考古研究所 前所長
李　伝　栄

例　　言

1. 本書は、日本学術振興会科学研究費補助金（「鏡范の調査による東アジアの銅鏡製作技術と流通に関する研究」基盤研究（B）（一般）、研究代表者：奈良県立橿原考古学研究所 主任研究員 清水康二、平成18～21年度、課題番号 18320133）と、平成17年度「財団法人 三菱財団」助成金『草葉文鏡范での復元鋳造と熱処理実験による中国前漢代銅鏡の製作技法研究』（研究代表者：富山大学 芸術文化学部 三船温尚）による研究成果の一部である。また、本書の出版には、日本学術振興会科学研究費補助金（平成20年度研究公開促進費　課題番号 205075）の交付を受けた。

2. 本書は、菅谷文則（奈良県立橿原考古学研究所）と白雲翔（中国社会科学院考古研究所）が監修し、三船温尚（富山大学）と清水康二（奈良県立橿原考古学研究所）が編集した。

3. 調査参加者は、白雲翔、鄭同修（山東省文物考古研究所）、魏成敏（山東省文物考古研究所）、張光明（山東省淄博市文物事業管理局）、徐新（淄博市博物館）、韓偉東（臨淄斉国故城遺跡博物館）、王暁蓮（臨淄斉国故城遺跡博物館）、清水康二、菅谷文則、中井一夫（奈良県立橿原考古学研究所）、宮原晋一（奈良県教育委員会）、横田勝（富山大学）、三船温尚、後藤直（東京大学）、梅原章一（梅原章一写真事務所）、川村佳男（東京国立博物館）である。

4. 撮影は、梅原章一、松山文次（寺崎范、2007年2月調査范）が行い、細部写真については各自が適宜行った。

5. 東京国立博物館所蔵鏡范の写真は、東京国立博物館から提供を受けた。

6. 執筆者は、菅谷文則、白雲翔、三船温尚、魏成敏、董雪（淄博職業学院）、程林泉（西安市文物保護考古所）、廣川守（泉屋博古館）、清水康二、田賀井篤平（東京大学）、橘由里香（東京大学）、韓国河（鄭州大学）、宮原晋一、何堂坤（中国科学院自然科学史研究所）、後藤直、比佐陽一郎（福岡市教育委員会）、江島伸彦（久留米市役所）、李陽洙（大韓民国国立慶州博物館）である。

7. 翻訳者は、飯田史恵（研究編 中国側論文）、宮里修（研究編 李陽洙論文、早稲田大学）、筒井久美子（英文目次・英文要旨、熊本学園大学）、莫潤先（英文要旨、中国社会科学院考古研究所）である。

8. 本書の図版と挿図において、特に縮尺が明記されていないものについては、全て縮尺不同である。

目　次

序　文 ………………………………………………………………………… 樋口隆康　i
　　　　　　　　　　　　　　　　　　　　　　　　　　　　　　　　　　李　伝栄　iii
例　言 ………………………………………………………………………………………… iv

はじめに …………………………………………………………… 菅谷文則・白　雲翔　vii
図版目次〈資料編〉 ………………………………………………………………………… xvii

Ⅰ部　資料編　臨淄斉国故城出土鏡范資料集成 …………………………………… 1

図　版 …………………………………………………………………………………… 2
解　説　―日中共同調査による前漢鏡范群の鋳造技術に関する報告―
　………………………………………………………………………… 三船温尚　65

Ⅱ部　研究編 ………………………………………………………………………… 147

漢代臨淄の銅鏡製造業に関する考古学的研究 …………………………… 白　雲翔　149
臨淄漢代銅鏡と斉国故城漢代銅鏡鋳造業 ………………………… 魏　成敏・董　雪　183
前漢草葉文鏡について ……………………………………………………… 程　林泉　215
青銅鏡製作技術研究の経緯と前漢鏡范の検証実験 ……………………… 三船温尚　235
前漢鏡の地文施文について　―山東臨淄出土螭龍文鏡范・渦状虺文鏡范を中心に―
　……………………………………………………………………………… 廣川　守　255
范と鏡から探る草葉文鏡の鏡背分割技法 ………………………………… 清水康二　271
草葉文鏡范の物質科学的研究 …………………………… 田賀井篤平・橘由里香　278
河南中小型漢墓出土銅鏡概論 ……………………………………………… 韓　国河　292
鉄鏡についての覚書 ………………………………………………………… 宮原晋一　308
古鏡科学分析雑記 …………………………………………………………… 何　堂坤　314
土製鋳型外枠と小形倣製鏡製作 …………………………………………… 後藤　直　326
福岡県久留米市寺徳遺跡出土鏡范の保存科学的調査について
　……………………………………………………………… 比佐陽一郎・江島伸彦　331
韓半島の銅鏡 ………………………………………………………………… 李　陽洙　342

まとめ ……………………………………………………………… 清水康二・三船温尚　355
英文目次（Table of Contents）……………………………………………………………… 363
英文要旨（ABSTRACT）…………………………………………………………………… 365

v

はじめに

　日中共同による山東省臨淄斉国故城出土鏡范（以下、臨淄鏡范）の考古学的な研究は、予定していた研究計画が完成した。本書『鏡范―漢式鏡の製作技術―』は、この日中共同研究における研究報告書である。ここに日中共同研究の趣意や経過、報告書の編著など、以下に説明したい。

1

　中国古代銅鏡の製作と使用には長い歴史と伝統があり、東アジア地域全体の古代銅鏡の発生と発展においても重大な影響を及ぼしている。古代銅鏡の研究は、かつては金石学者によって関心が注がれていたが、近代になって考古学者も関心をもつようになった。漢代（B.C.206～A.D.220）は、中国古代銅鏡における発展の第1のピーク期である。銅鏡は漢代において広く使用されていたが、その製作は優れており、鏡背文様は豊富かつ多様であるだけではなく、海を渡り日本列島や韓半島などへと東伝し、その地における古代銅鏡の製作と使用に直接的な影響を与えるとともに、当時の東アジア地域の文化交流における重要な物質媒体となった。これにより、漢代銅鏡は東アジアの考古学者の研究において重点的な課題の1つとなり、多くの重要な成果を得てきた。指摘すべきは、かつての古代銅鏡の研究は年代、形式、文様、使用方法、伝播などの問題について関心が注がれると同時に、銅鏡製作技術についても注目し、異なる側面からの研究も行ってきたことである。しかし、鏡范など銅鏡製作に関連する遺跡や遺物の発見が少ないために、実質的な進展が得られず、古代銅鏡の製作技術および研究全体を制約する「条件」となっていた。つまり、鏡范を積極的に探求して深く研究し、古代銅鏡の研究を押し進めるには、特に銅鏡製作技術の研究が突破口となる。

　中国古代の鏡范は、20世紀初めから記録されている。漢代の土製鏡范については、1916年に金石学者である羅振玉が編著した『古器物范図録』に、漢代鏡范7点が収録されている。また、1940年に刊行された梁上椿の『巌窟蔵鏡』には、漢代鏡范1点が収録されている。1940年春には日本の関野雄が、臨淄斉国故城内で漢代鏡范の破片1点を入手した。上述した鏡范あるいは民間の所蔵品や購入品、また実物がすでに存在しないものについては深く研究するすべがないため、考古学界の注意を引き付けることは難しかった。しかし喜ぶべきは、1997年秋に臨淄斉国故城内から出土した鏡范の破片1点が、後に臨淄斉国故城遺跡博物館によって所蔵され、その報道がなされた。翌年、白雲翔が臨淄斉国故城に赴き、この鏡范および出土地点についての実地調査ならびに専門的な研究を行い、1999年には研究成果を中国の雑誌『考古』に発表した。それはすぐに日本の考古学界の関心を引きつけ、日本の雑誌『古代学研究』の要請に応じて論文を発表した。これとは別に、日本の学者は日本国内に所蔵されている中国銅鏡の鏡范についての多角的な研究、真贋鑑定、年代判定、特徴の考察、さらには中国で発見された鏡范との比較研究に着手し、日中両国の学者による密接な交流が行われた。その後も、臨淄斉国故城内では鏡范が何度も出土し、鏡范は現地の博物館または個人によって所蔵され、中国の関連する学者が鏡范の収集とさらに進んだ研究に着手し始めた。それと同時に、臨淄鏡范の出土地点など

の問題を真に解決するために、2003年春に中国社会科学院考古研究所と山東省文物考古研究所の関係者が臨淄斉国故城に赴き、専門的な考古学調査を共同で行った。この調査で鏡笵の破片14点が現地で採集され、2ヶ所の銅鏡製作工房跡が確定されて、2004年春には調査報告が発表された。臨淄斉国故城内の銅鏡製作工房跡および鏡笵は、中国古代銅鏡の製作技術研究を補足する貴重な遺跡と遺物であり、さらに総合的な考察と研究を進めることにより、中国古代銅鏡および製作技術研究は大きく前進することになるであろう。

2004年6月に奈良県立橿原考古学研究所から中国側に、臨淄斉国故城内の銅鏡製作工房跡と鏡笵に関する共同研究を進める意向書が提出され、山東省文物考古研究所の積極的な応諾を得るに至った。臨淄斉国故城を全国重点文物保護単位として、野外考古発掘を慎重に行うという条件のもとに、『中国山東省文物考古研究所および日本奈良県立橿原考古学研究所の"山東省臨淄斉国故城出土鏡笵の考古学研究"に関する合作協議書』に正式に署名し、国家文物局に申請した後に承認を得た（文物保函［2004］1351号）。2004年12月に山東省文物考古研究所は、中国社会科学院考古研究所の劉慶柱所長に書簡を送り、白雲翔副所長を日中共同研究の中国側の進行役として招請し、中国社会科学院考古研究所の同意と支持を得て、2004年12月に日中共同の臨淄鏡笵の考古学研究プロジェクトを正式に始動させた。

写真1　中国側研究者による鏡笵観察および記録作業風景

写真2　日本側研究者による鏡笵観察および記録作業風景

この日中共同研究は、中国側の代表機構を山東省文物考古研究所、中国側のプロジェクト管理人を李伝栄所長とし、プロジェクト班は白雲翔（進行役・中国社会科学院考古研究所）、鄭同修、魏成敏（山東省文物考古研究所）、張光明（山東省淄博市文物事業管理局）、徐新（臨淄市博物館）、韓偉東、王暁蓮（臨淄斉国故城遺跡博物館）で構成される。日本側の代表機構は奈良県立橿原考古学研究所、日本側のプロジェクト管理人を松田真一調査研究部長とし、プロジェクト班は清水康二（進行役・奈良県立橿原考古学研究所）、菅谷文則（学術顧問・奈良県立橿原考古学研究所）、中井一夫（奈良県立橿原考古学研究所）、横田勝、三船温尚（富山大学）、梅原章一（梅原章一写真事務所）、川村佳男（当時は山東大学日本人留学生、現在は東京国立博物館）で構成される。

この日中共同研究の学術目的は、臨淄鏡笵の多方面かつ多角的な考古学観察と分析を通して類型、

特徴、年代、製作技術、使用方法などの基本的な問題を最大限に究明し、それをもとに漢代臨淄の銅鏡製作技術と銅鏡生産を検討し、さらに漢代の銅鏡製作や生産と流通についての考察を進め、そこから漢代銅鏡が映し出す社会、歴史と文化交流などの問題について科学的な説明を行うことである。こういった学術目的にもとづき、以下の研究方法と技術路線を採用した。

歴代の臨淄斉国故城から出土した非常に小さな破片を含む各種銅鏡の鏡范をできる限り多くの場所で収集し、鏡范の実物数量の不足による生産の認識の限界をできるだけ克服した。そして双方のプロジェクトメンバーによって、各方面から鏡范の細かな実物観察と実測を行い、形態、構造、寸法、重量、体積、比重、色、質量、加工痕跡、使用痕跡、保存状況、所蔵地点などについての詳細な記録を作るとともに、実測図を作成し、銀塩フィルムとデジタル撮影を分けて行った。これをもとに双方のプロジェクトメンバーが1セット揃った鏡范の記録をそれぞれ整理し、それを総合してⅠ部「資料編」とし、個人の観察記録過程におけるむらと漏れを最大限に減らした。プロジェクトメンバーは鏡范の実際の観察と統一した記録にもとづき、それぞれに臨淄鏡范および関連する問題の専門的な研究を行い、論文を執筆した。同時に、破損のひどい鏡范の実物を少量だけ採取して標本とし、関連する科学技術実験の研究機関に委託して各種の科学分析と測定を行い、多方面からの総合研究を展開して鏡范の科学認識を深化させた。

この日中共同研究は、2004年12月に正式に始動して2006年末に終了し、ちょうど2年を費やした。主な研究過程は以下の通りである。

2004年12月16日：白雲翔、鄭同修、張光明、韓偉東ら中国側のプロジェクトメンバーが北京で会議を開き、研究プロジェクトの実施方案を検討し、臨淄鏡范の実物の考察を行う上での関連事項を具体的に手配した。

2004年12月19日：日本側の主要なプロジェクトメンバーが中国に到着した。白雲翔は北京、李伝栄は済南において、前後して日本側のプロジェクトメンバーと会見し、日中共同研究の実施方案についての意見と共通認識を交換した。

2004年12月22～27日：プロジェクトメンバーは山東省文物考古研究所臨淄工作站において臨淄鏡范の現地考察を行い、臨淄鏡范の実物資料についての考古学的な観察、計測、実測、撮影、記録を行った。前後して参加したのは、中国側が白雲翔、鄭同修、魏成敏、張光明、徐新、韓偉東、王暁蓮で、日本側が清水康二、菅谷文則、中井一夫、横田勝、三船温尚、梅原章一、川村佳男である。考察した臨淄鏡范などの資料は78点あり、山東省文物考古研究所、淄博市博物館、臨淄斉国故城遺跡博物館、桓台県博物館、文物収蔵愛好家によってそれぞれ提供された。考察を終えた後、双方のプロジェクトメンバーはそれぞれ臨淄鏡范の考察記録の整理を行った。

2005年6月14日：白雲翔、李伝栄、佟佩華、鄭同修が研究報告書の執筆などの問題についての相談を行った。

2005年6月15日：中国側のプロジェクトメンバーが会議を開き、白雲翔が提出した研究報告書『山東省臨淄斉国故城漢代鏡范的考古学研究』の上編「臨淄斉国故城出土鏡范資料集成」の執筆要項と要求について討論し、「臨淄斉国故城出土鏡范資料集成」の初稿の編著を正式に開始した。同時にプロジェクトメンバー個人の専門研究を定めた。

2005年7月16日：日本において、菅谷文則、白雲翔、清水康二、三船温尚が研究報告書の全体的な構想、内容構成、具体的要求、時間的な進行などについての相談をして同意を得た。中国側の編著による「臨淄斉国故城出土鏡范資料集成」の初稿をあらかじめ日本側に渡した。同日、奈良県立橿原考古学研究所で公開講演会『発見された青銅鏡の范』が行われた。講演会は、奈良県立橿原考古学研究所の寺澤薫調査研究部長（当時）が進行し、樋口隆康所長（当時）が挨拶をして、日中の学者が前後して講演（三船温尚・清水康二「鏡范の日中共同研究の意義」、白雲翔「山東省臨淄斉国故城出土の漢代鏡范の調査と研究」、鄭同修「斉国故城遺跡の概況およびその手工業工房」）を行った。日本の考古学者と考古学や銅鏡の愛好家320人余りが講演会に参加した。

2005年7月17～18日：日本において、第2回目の「鏡范研究会」が奈良県立橿原考古学研究所で開かれ、日中双方のプロジェクトメンバーが参加して報告を行った。その中で、臨淄斉国故城の漢代鏡范に関する報告（張光明「漢代臨淄青銅冶鋳業の考古学観察」、菅谷文則「鏡范文様の彫刻方法」、三船温尚「日本国内収蔵の草葉文鏡范の調査報告」など）があり、菅谷文則が司会として研究会と討論会を進行した。

2005年10月13日：日本側の編著による「臨淄斉国故城出土鏡范資料集成」の初稿が中国側に郵送された。

2006年2月15日：日本側のプロジェクトメンバーが執筆した専門研究論文が前後して中国側に郵送され、中国側では継続して日中翻訳を行った。

2006年6月5日：中国側のプロジェクトメンバーの編著による専門研究論文が全て完成した。

2006年7月13日：白雲翔、李伝栄、佟佩華、鄭同修が研究報告書の編集や出版などの問題を相談して具体的な手配をした。

2006年9月19日：白雲翔、菅谷文則、清水康二、三船温尚が研究報告書の編集や出版に関連する具体的事項について再度相談を行い、同意を得た。

2006年11月30日：研究報告書の原稿が全て完成した。

2007年1月：『山東省臨淄斉国故城漢代鏡范的考古学研究』を出版した。

2007年2月9日：菅谷文則、白雲翔、三船温尚、清水康二が山東省淄博市斉都大酒店で日本側の研究報告書『鏡范―漢式鏡の製作技術―』に関する打ち合わせをした。

2007年2月9～11日：山東省淄博市において「斉都臨淄与漢代銅鏡鋳造業国際学術研討会」が開催された。同時に、新たに発見された鏡范など5点を調査した。

2007年8月30日：白雲翔、三船温尚、清水康二が河南省洛陽市にある中国社会科学院洛陽工作站において、研究報告書の出版打ち合わせをした。

2007年12月2日：白雲翔と清水康二が北九州市立いのちのたび博物館において再度、研究報

写真3　2007年2月開催の研討会風景

告書の出版打ち合わせをした。

　2008年3月6〜8日：白雲翔、三船温尚、清水康二が研究報告書の最終出版打ち合わせをし、富山大学で鋳造実験を行った。

　2008年5月24日：研究報告書の原稿を八木書店に渡した。

3

　本書は、今回の日中共同研究プロジェクトの研究報告書であり、主にⅠ部「資料編」とⅡ部「研究編」の2部構成となっている。こういった構成は、主として以下の考慮にもとづいている。

　鏡笵は銅鏡の製作と生産を研究するにあたって極めて重要な実物資料である。しかし土製鏡笵は鋳造過程の進行と終了に伴って、その多くが破損した後に廃棄されたか他に転用されたため、古代の鏡笵の大部分は保存されず、発見されるのが難しかった。このため、現在までに発見された鏡笵は、これを補足する貴重な実物資料である。鏡笵の重要性は少ない発見であること以上に、現在までに臨淄斉国故城で発見され、収められてきた鏡笵研究の基礎を、さらに長期にわたって有効に記録し保存することができることである。鏡笵についての多方面かつ多角的な細部にわたる観察を行うとともに、詳細かつ客観的に描写や記録をし、さらに実測図と写真を合わせて編集したのが本書のⅠ部「資料編」であり、この日中共同研究の重要な成果をまとめた部分である。このⅠ部「資料編」に関しては、基本的には中国において出版された『山東省臨淄斉国故城漢代鏡笵的考古学研究』の上編「臨淄斉国故城出土鏡笵資料集成」の内容に準じているが、本書ではカラー写真を多用し、鏡笵の観察に便利なものとした。

　鏡笵は、古代銅鏡の鋳造過程における重要な鍵となる実物資料であり、大量の銅鏡の鋳造技法や技術、流通などの情報を含むだけではなく、当時の銅鏡の生産、流通、使用などを考察する上で参考となる資料を提供している。つまり、鏡笵についての細かな観察と詳細にわたる記録をもとに、多方面かつ多角的な総合分析と研究を行って、当時の銅鏡の生産や流通などの諸問題について検討を加えることは単に必要なだけではなく、実行することがこの日中共同研究の目的の1つである。しかし、研究者の鏡笵に対する基本的な認識が一致あるいは近いものであ

写真4　韓国人研究者による鏡笵観察風景（斉都臨淄与漢代銅鏡鋳造業国際学術研討会において）

写真5　日本人研究者による鏡笵観察風景（斉都臨淄与漢代銅鏡鋳造業国際学術研討会において）

ったとしても、多くの具体的な問題の認識においては往々にして研究者による違い、あるいは研究視点の違いによって鏡笵資料の本体をいくら客観的に観察したとしても差異は存在する。こういった状況のもと、プロジェクトメンバーは各種の認識を統一し、１つの系統的な結論を提出するとともに、研究者個人としてはそれぞれ１つの方面あるいは１つの問題を定め、研究ならびに論文を執筆して、それを同時に掲載することで、この日中共同研究が継続的に鏡笵を深く研究する上でさらなる客観性、実際性、有効性をもたせた。これにより、プロジェクトメンバーは、鏡笵の本体および関連する問題について、それぞれ専門を選んで研究を行い、編集したのが本書のⅡ部「研究編」である。同時に、臨淄鏡笵の認識を深め、鏡笵の分析と研究の科学的根拠を強めるために、多分野の研究にも力を入れた。

　臨淄鏡笵の発見は1940年に始まり、その学術研究は20世紀末になって開始された。この日中共同研究は臨淄斉国故城の考古学的な調査、発掘、研究をもとに行われ、従来からの臨淄漢代の鏡笵研究の継続と深化である。このため、Ⅱ部「研究編」に関しては、日中共同研究のメンバーが「斉都臨淄与漢代銅鏡鋳造業国際学術研討会」において研究発表されたものを中心としている。いくつかの論文は再録されたものであるが、それについては各文末に記している。そして、本書のⅡ部「研究編」が臨淄鏡笵の歴史と文化的背景を理解する一助として、漢代臨淄の鏡笵研究の過程を理解する助けとしたい。

　上述した２つの部分は相互に成り立ち、補充して１つのまとまりとなっている。それはこの日中共同研究において臨淄鏡笵の資料を系統的に記録しただけではなく、臨淄鏡笵や関連する問題の研究レベルと認識を客観的に記録し、さらには臨淄斉国故城および鏡笵の発見と研究の歴史と現状に反映している。こうした研究報告書の構成モデルは１つの試みであり、今後関連するある種の文化遺物の系統的研究において、さらに改良がなされるであろう。

4

　この日中共同研究は、立案から許可、実施、最後の完成に至るまで、同僚や友人の関心、援助、そして大きな協力を得た。また、本書の出版に際しては、プロジェクトメンバーを代表して、以下の管理および研究機関、ならびに個人の皆様に心より感謝の意と敬意を表したい。

　中国側：

　　中国国家文物局

　　中国社会科学院考古研究所ならびに劉慶柱前所長

　　山東省文化庁ならびに謝治秀副庁長、由少平所長

　　山東省文物考古研究所ならびに李伝栄前所長、佟佩華副所長

　　山東省文物考古研究所臨淄工作站

　　淄博市文物局ならびに劉忠進局長

　　淄博市博物館

　　桓台県博物館

中共臨淄区委ならびに解維俊書記

　　臨淄区人民政府ならびに唐福泉区長、張世友副区長

　　臨淄区文物管理局ならびに丁洪亮局長

　　臨淄斉国故城遺跡博物館ならびに張龍海先生、張愛雲、楊淑香、劉琦飛、王艶玲、于焱氏

　　文物収蔵愛好家　馮愛軍先生、張学仁先生

日本側：

　　奈良教育大学　長友恒人教授

　　東京大学考古学研究室

　　東京国立博物館ならびに谷豊信課長

　　藤井有隣館　藤井善三郎館長

　　白水（古美術店）寺崎正先生

最後に、監修者より、樋口隆康前所長と李伝栄前所長に感謝の意を表し、本書の序文とする。日中双方の全プロジェクトメンバーの共同研究の過程における協力や懸命な努力に心からの感謝を捧げたい。本書は日中の学術交流の証であり、友好的な共同研究と、この友好が永く続くことの証でもある。

　漢代鏡范の系統的な総合研究は、まだ始まりの段階であり、中国古代の鏡范の専門研究もまた第1段階にある。我々には参考とできる経験もなく、ただ研究の実践において常に探求し、それを総括して研究報告書を完成させた。この日中共同研究における遺憾や研究報告書における不足については、学界各位のご教示を賜わりたい。この日中共同研究プロジェクトの実施ならびに研究報告書の出版が、中国や東アジアの古代銅鏡の研究に有益な資料と手本を提供し、中国や東アジア考古学の発展に寄与することになれば、この上ない喜びである。

菅谷文則・白雲翔

2008年5月5日

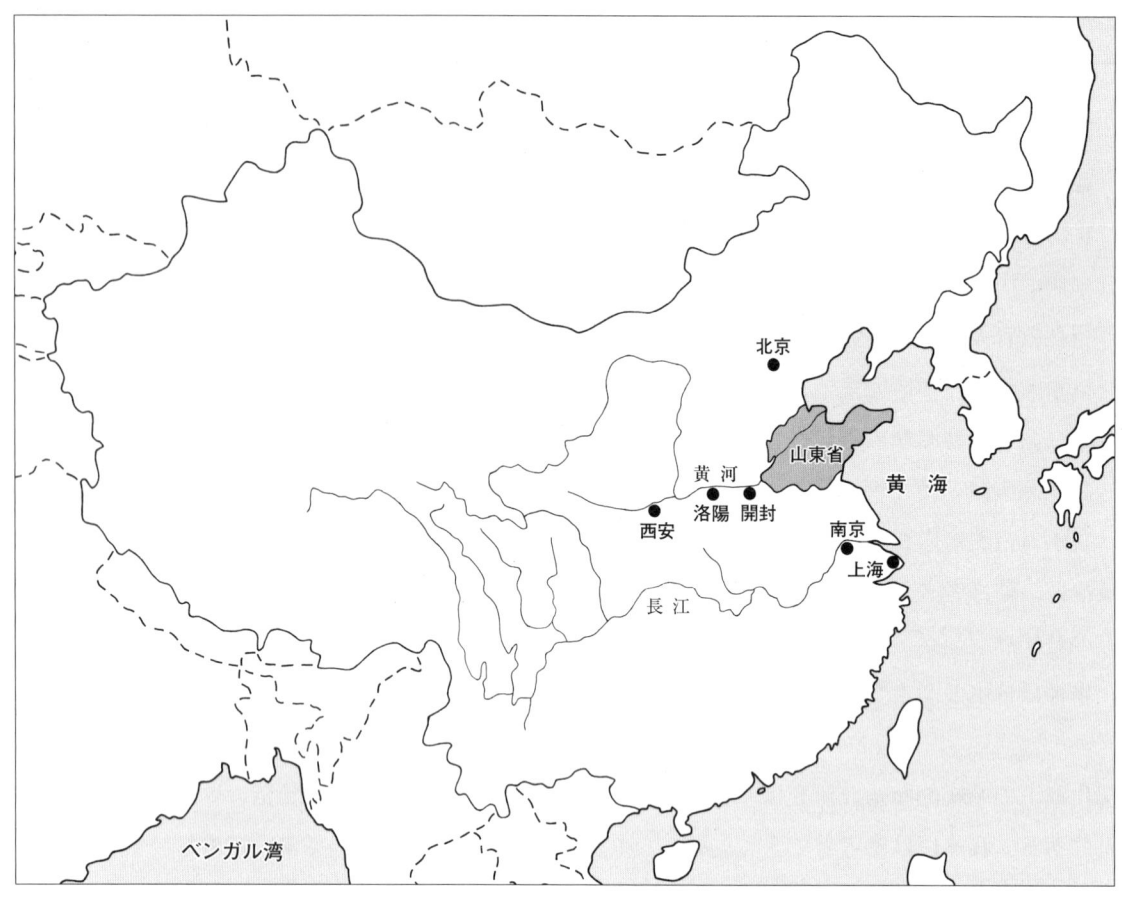

図1　中華人民共和国地図　[S＝1/35,000,000]

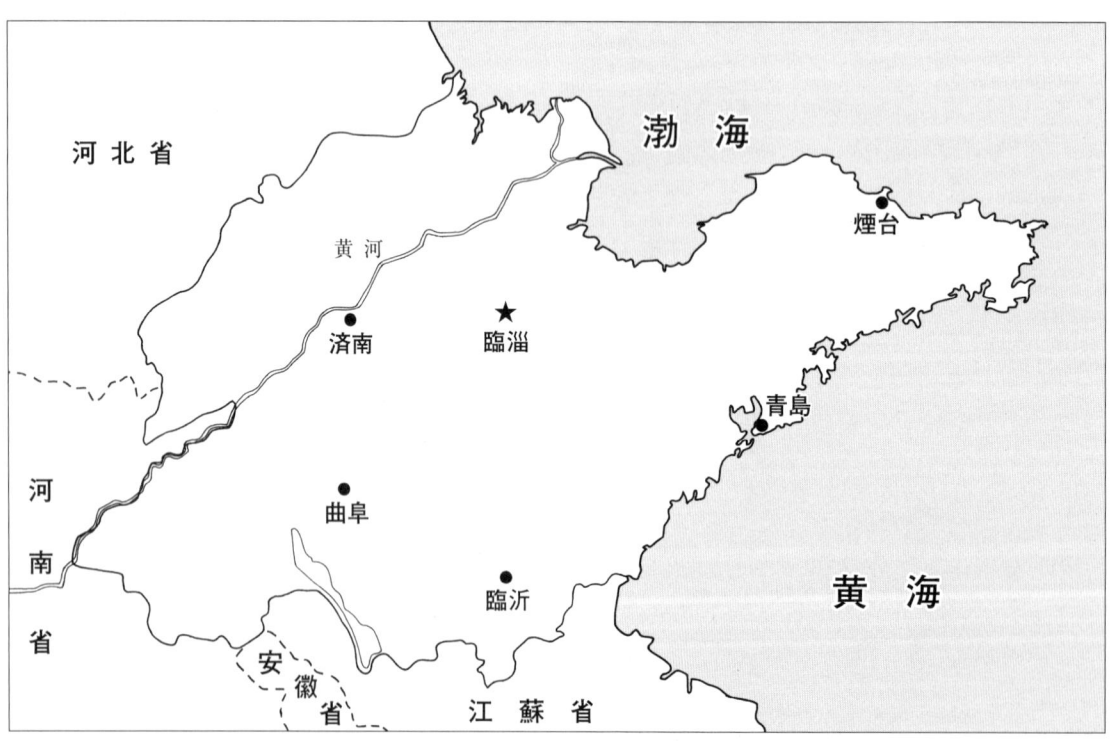

図2　山東省地図　[S＝1/6,000,000]

写真6　臨淄斉国故城（1975年撮影）［S＝1/30,000］（『中国臨淄文物考古遥感影像図集』2000より）

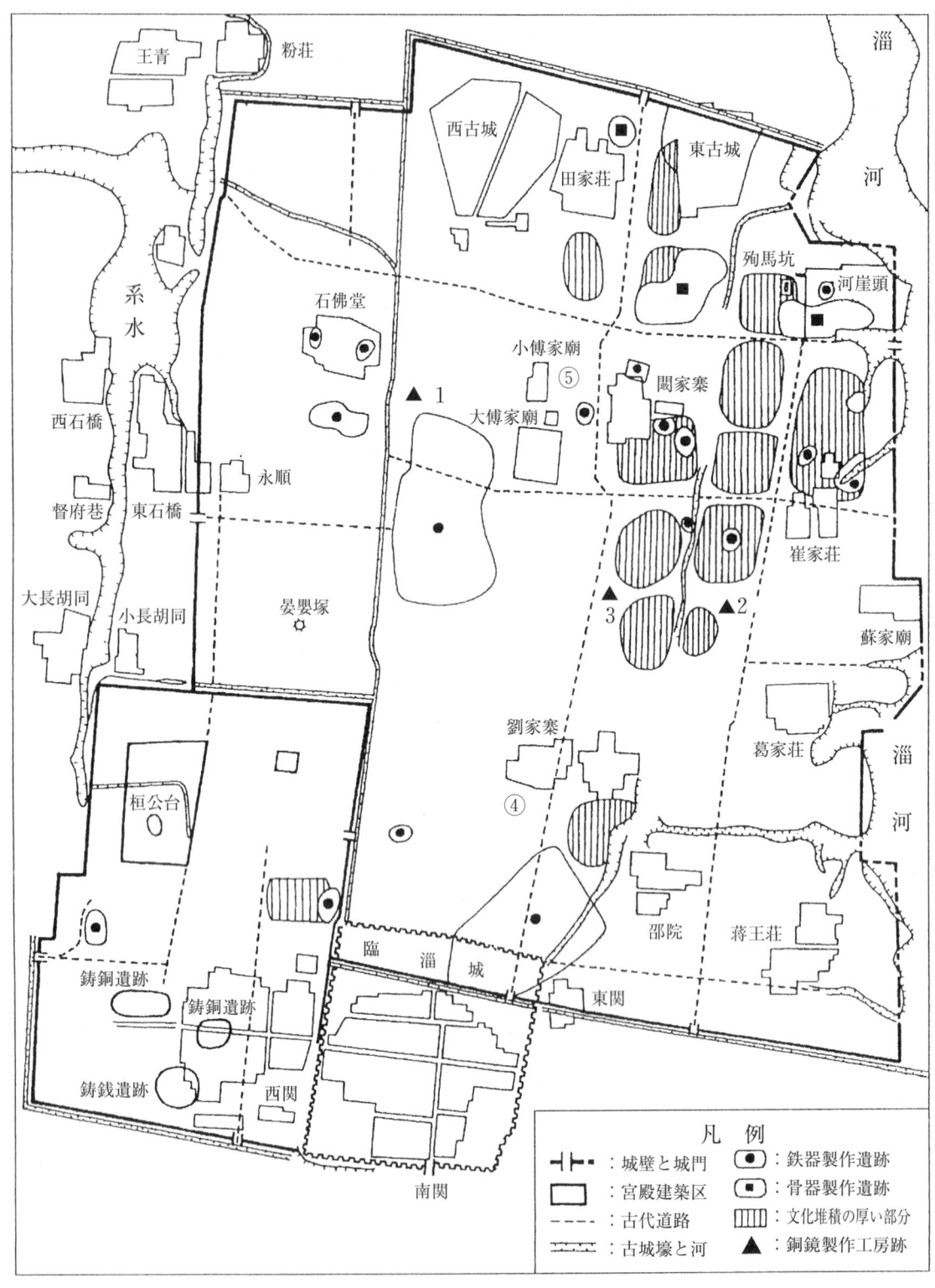

図 3　臨淄斉国故城平面および銅鏡製作工房跡位置図 ［S＝1/30,000］
　　（▲1　石佛堂　▲2　蘇家廟　▲3　闞家寨　④劉家寨　⑤傅家廟）

図版目次〈資料編〉

PL. 1	整理番号 1 （SLQJF:78）	草葉文鏡	鏡背范 鋳型面	2
PL. 2	整理番号 1 （SLQJF:78）	草葉文鏡	鏡背范 背面・側面	3
PL. 3	整理番号 2 （SLQJF:77）	渦状虺文鏡	鏡背范 鋳型面	4
PL. 4	整理番号 2 （SLQJF:77）	渦状虺文鏡	鏡背范 背面・側面	5
PL. 5	整理番号 3 （SLQJF:13）	草葉文鏡	鏡背范 鋳型面	6
PL. 6	整理番号 3 （SLQJF:13）	草葉文鏡	鏡背范 背面・側面	7
PL. 7	整理番号 4 （SLQJF:17）	草葉文鏡	鏡背范 鋳型面	8
PL. 8	整理番号 4 （SLQJF:17）	草葉文鏡	鏡背范 背面・側面	9
PL. 9	整理番号 5 （SLQJF:19）	螭龍文鏡	鏡背范 鋳型面	10
PL.10	整理番号 5 （SLQJF:19）	螭龍文鏡	鏡背范 背面・側面	11
PL.11	整理番号 6 （SLQJF:22）	渦状虺文鏡	鏡背范 鋳型面・側面	12
PL.12	整理番号 6 （SLQJF:22）	渦状虺文鏡	鏡背范 背面・側面	13
PL.13	整理番号 7 （LQKJ:02）	螭龍文鏡	鏡背范 鋳型面	14
PL.14	整理番号 7 （LQKJ:02）	螭龍文鏡	鏡背范 背面・側面	15
PL.15	整理番号 8 （表採）	草葉文鏡	鏡背范 鋳型面	16
PL.16	整理番号 8 （表採）	草葉文鏡	鏡背范 背面・側面	17
PL.17	整理番号 9 （藤井范）	草葉文鏡	鏡背范 鋳型面	18
PL.18	整理番号 9 （藤井范）	草葉文鏡	鏡背范 背面・側面	19
PL.19	整理番号10 （東大范）	草葉文鏡	鏡背范 鋳型面	20
PL.20	整理番号10 （東大范）	草葉文鏡	鏡背范 背面・側面	21
PL.21	整理番号11 （SLQJF:02）	規矩草葉文鏡	鏡背范 鋳型面・背面・側面	22
PL.22	整理番号12 （SLQJF:11）	草葉文鏡	鏡背范 鋳型面・背面・側面	23
PL.23	整理番号13 （SLQJF:12）	草葉文鏡	鏡背范 鋳型面・背面	24
PL.24	整理番号14 （SLQJF:16）	草葉文鏡	鏡背范 鋳型面・背面・側面	25
PL.25	整理番号15 （SLQJF:18）	草葉文鏡	鏡背范 鋳型面・背面・側面	26
PL.26	整理番号16 （SLQJF:21）	草葉文鏡	鏡背范 鋳型面・背面・側面	27
PL.27	整理番号17 （LQKJ:03）	螭龍文鏡	鏡背范 鋳型面・背面・側面	28
PL.28	整理番号18 （LQKJ:01）	渦状虺文鏡	鏡背范 鋳型面・背面・側面	29
PL.29	整理番号19 （寺崎范）	草葉文鏡	鏡背范 鋳型面・背面・側面	30
PL.30	整理番号20 （東博范）	規矩草葉文鏡	鏡背范 鋳型面・背面・側面	31
PL.31	整理番号21 （SLQJF:01）	渦状虺文鏡	鏡背范 鋳型面・背面	32
	整理番号22 （SLQJF:10）	草葉文鏡	鏡背范 鋳型面・背面	
PL.32	整理番号23 （SLQJF:03）		鏡背范 鋳型面・背面	33

	整理番号24	(SLQJF:09)	草葉文鏡	鏡背范 鋳型面・背面	
PL.33	整理番号25	(SLQJF:15)	草葉文鏡	鏡背范 鋳型面・背面	34
PL.34	整理番号26	(SLQJF:20)		鏡背范 鋳型面・背面	35
	整理番号27	(SLQJF:23)	草葉文鏡	鏡背范 鋳型面・背面	
PL.35	整理番号28	(SLQJF:29)	渦状虺文鏡	鏡背范 鋳型面・背面	36
	整理番号29	(SLQJF:62)	渦状虺文鏡	鏡背范 鋳型面・背面	
PL.36	整理番号30	(SLQJF:30)	草葉文鏡	鏡背范 鋳型面・背面	37
	整理番号31	(SLQJF:31)	草葉文鏡	鏡背范 鋳型面・背面	
PL.37	整理番号32	(SLQJF:33)	草葉文鏡	鏡背范 鋳型面・背面	38
	整理番号33	(SLQJF:34)	草葉文鏡	鏡背范 鋳型面・背面	
PL.38	整理番号34	(SLQJF:69)	草葉文鏡	鏡背范 鋳型面・背面	39
	整理番号35	(SLQJF:74)	規矩草葉文鏡	鏡背范 鋳型面・背面	
PL.39	整理番号36	(SLQJF:32)	草葉文鏡	鏡背范 鋳型面・背面	40
	整理番号37	(SLQJF:35)	渦状虺文鏡	鏡背范 鋳型面・背面	
PL.40	整理番号38	(SLQJF:72)	渦状虺文鏡	鏡背范 鋳型面・背面	41
	整理番号39	(SLQJF:66)	規矩草葉文鏡	鏡背范 鋳型面・背面	
PL.41	整理番号40	(SLQJF:73)	渦状虺文鏡	鏡背范 鋳型面・背面	42
	整理番号41	(SLQJF:68)	草葉文鏡	鏡背范 鋳型面・背面	
PL.42	整理番号42	(SLQJF:36)		鏡面范 鋳型面・背面	43
	整理番号43	(SLQJF:27)		鏡面范 鋳型面・背面	
PL.43	整理番号44	(SLQJF:06)		鏡面范 鋳型面・背面	44
	整理番号45	(SLQJF:40)		鏡面范 鋳型面・背面	
PL.44	整理番号46	(SLQJF:41)		鏡面范 鋳型面・背面	45
	整理番号47	(SLQJF:48)		鏡面范 鋳型面・背面	
PL.45	整理番号48	(SLQJF:14)		再利用范 鋳型面・背面	46
	整理番号49	(SLQJF:54)		再利用范 鋳型面・背面	
PL.46	整理番号50	(SLQJF:58)		再利用范 鋳型面・背面	47
	整理番号51	(SLQJF:42)		再利用范 鋳型面・背面	
PL.47	整理番号52	(SLQJF:61)		鏡背范 鋳型面・背面	48
	整理番号53	(SLQJF:67)	草葉文鏡	鏡背范 鋳型面・背面	
	整理番号54	(SLQJF:70)	草葉文鏡	鏡背范 鋳型面・背面	
PL.48	整理番号55	(SLQJF:71)	渦状虺文鏡	鏡背范 鋳型面・背面	49
	整理番号56	(SLQJF:08)		鏡背范 鋳型面・背面	
	整理番号57	(SLQJF:76)	草葉文鏡	鏡背范 鋳型面・背面	
PL.49	整理番号58	(SLQJF:07)		鏡面范 鋳型面・背面	50
	整理番号59	(SLQJF:26)		鏡面范 鋳型面・背面	

PL.50	整理番号60	(SLQJF:38)	鏡面范	鋳型面・背面	51
	整理番号61	(SLQJF:39)	鏡面范	鋳型面・背面	
PL.51	整理番号62	(SLQJF:44)	鏡面范	鋳型面・背面	52
	整理番号63	(SLQJF:45)	鏡面范	鋳型面・背面	
PL.52	整理番号64	(SLQJF:51)	鏡面范	鋳型面・背面	53
	整理番号65	(SLQJF:53)	鏡面范	鋳型面・背面	
PL.53	整理番号66	(SLQJF:57)	鏡面范	鋳型面・背面	54
	整理番号67	(SLQJF:60)	鏡面范	鋳型面・背面	
PL.54	整理番号68	(SLQJF:50)	鏡面范	鋳型面・背面	55
	整理番号69	(SLQJF:52)	鏡面范	鋳型面・背面	
	整理番号70	(SLQJF:04)	鏡面范	鋳型面・背面	
PL.55	整理番号71	(SLQJF:05)	鏡面范	鋳型面・背面	56
	整理番号72	(SLQJF:37)	鏡面范	鋳型面・背面	
	整理番号73	(SLQJF:43)	鏡面范	鋳型面・背面	
PL.56	整理番号74	(SLQJF:28)	鏡面范	鋳型面・背面	57
	整理番号75	(SLQJF:46)	鏡面范	鋳型面・背面	
	整理番号76	(SLQJF:47)	鏡面范	鋳型面・背面	
PL.57	整理番号77	(SLQJF:56)	鏡面范	鋳型面・背面	58
	整理番号78	(SLQJF:59)	鏡面范	鋳型面・背面	
	整理番号79	(SLQJF:63)	鏡面范	鋳型面・背面	
PL.58	整理番号80	(SLQJF:64)	鏡面范	鋳型面一部・背面	59
	整理番号81	(SLQJF:25)	不明范	鋳型面・背面	
	整理番号82	(SLQJF:24)	不明范	鋳型面・背面	
PL.59	整理番号83	(SLQJF:49)	不明范	鋳型面・背面	60
	整理番号84	(SLQJF:55)	再利用范	鋳型面・背面	
	整理番号85	(SLQJF:75)	不明范	鋳型面・背面	
PL.60	整理番号86	(SLQJF:65)	不明范	鋳型面・背面	61
	整理番号87	(LQKJ:044)	不明范	鋳型面・背面	
PL.61	整理番号17・79・8・15		細部写真		62
PL.62	整理番号25・60・55・75		細部写真		63
PL.63	整理番号41・80・43・25		細部写真		64

Ⅰ部 資料編
臨淄斉国故城出土鏡笵資料集成

PL. 1

(SLQJF:78) 鋳型面 [S=1/1]

整理番号 1 (SLQJF:78)　草葉文鏡　鏡背范（長さ20.7㎝・蘇家廟村西）

PL. 2

（SLQJF：78）背面［S＝2/3］

（SLQJF：78）側面　　　　　　　　　　（SLQJF：78）側面

臨淄齐国故城出土镜范资料集成　图版——3

PL. 3

(SLQJF:77) 鋳型面 [S=1/1]

整理番号 2（SLQJF:77） 渦状虺文鏡　鏡背范（長さ14.7㎝・蘇家廟村西）

PL. 4

(SLQJF：77）背面［S＝1/1］

（SLQJF：77）側面

（SLQJF：77）側面

PL. 5

(SLQJF:13) 鋳型面 [S=1/1]

整理番号 3（SLQJF:13）　草葉文鏡　鏡背范（長さ19.1cm・劉家寨村南）

PL. 6

（SLQJF：13）背面［S＝2/3］

（SLQJF：13）側面

（SLQJF：13）側面

PL. 7

(SLQJF:17) 鋳型面 [S＝1/1]

整理番号 4（SLQJF:17） 草葉文鏡　鏡背范（長さ16.5cm・蘇家廟村西）

PL. 8

(SLQJF:17)
背面
[S=1/1]

(SLQJF:17) 側面

(SLQJF:17) 側面

臨淄斉国故城出土鏡范資料集成 図版——9

PL. 9

(SLQJF:19) 鋳型面 [S=1/1]

整理番号5（SLQJF:19） 螭龍文鏡　鏡背范（長さ17.1cm・蘇家廟村）

PL.10

（SLQJF:19）背面 ［S＝3/4］

（SLQJF:19）側面

（SLQJF:19）側面

（SLQJF:19）側面

臨淄斉国故城出土鏡范資料集成 図版──11

PL.11

(SLQJF:22) 鋳型面 [S＝1/1]

(SLQJF:22) 側面

(SLQJF:22) 側面

整理番号6 (SLQJF:22)　渦状虺文鏡　鏡背笵（長さ11.2cm・蘇家廟村西）

12 —— I 部　資料編

PL.12

（SLQJF：22）背面　[S＝1/1]

（SLQJF：22）側面

（SLQJF：22）側面

PL.13

(LQKJ:02) 鋳型面 [S＝1/1]

整理番号 7（LQKJ:02） 螭龍文鏡　鏡背范（長さ17.0cm・闞家寨村南）

14 —— I 部 資料編

PL.14

(LQKJ:02) 背面 [S=1/1]

(LQKJ:02) 側面　　　　　　　　　(LQKJ:02) 側面

臨淄斉国故城出土鏡范資料集成　図版——**15**

PL.15

(表採) 鋳型面 [S＝1/1]

整理番号 8（表採）　草葉文鏡　鏡背范（長さ17.5cm・蘇家廟村西）

16 ── I 部 資料編

PL.16

（表採）背面 [S＝3/4]

（表採）側面 　　　　　　　　　　　　（表採）側面

臨淄斉国故城出土鏡笵資料集成　図版──**17**

PL.17

（藤井范）鋳型面［S＝1/1］

整理番号9（藤井范）　草葉文鏡　鏡背范（長さ21.8㎝・出土地点不明）

18 —— Ⅰ部　資料編

PL.18

（藤井笵）背面 ［S＝2/3］

（藤井笵）側面

（藤井笵）側面

臨淄斉国故城出土鏡笵資料集成 図版──19

PL.19

(東大范) 鋳型面 [S＝1/1]

整理番号10（東大范）　草葉文鏡　鏡背范（長さ20.7cm・傅家廟村南）

20 —— I 部 資料編

PL.20

（東大笵）背面 [S＝2/3]

（東大笵）側面

（東大笵）側面

臨淄斉国故城出土鏡笵資料集成 図版——21

PL.21

（SLQJF：02）鋳型面［S＝1/1］

（SLQJF：02）側面

（SLQJF：02）
背面

整理番号11（SLQJF：02）　規矩草葉文鏡　鏡背笵（長さ10.5cm・石仏堂村東南地点）

22——Ⅰ部 資料編

PL.22

（SLQJF:11）鋳型面 ［S＝1/1］

（SLQJF:11）側面

（SLQJF:11）背面 ［S＝1/3］

整理番号12（SLQJF:11） 草葉文鏡 鏡背范（長さ14.9cm・劉家寨村南）

臨淄斉国故城出土鏡范資料集成 図版——23

PL.23

（SLQJF：12）鋳型面　[S＝1/1]

（SLQJF：12）背面　[S＝1/1]

整理番号13（SLQJF：12）　草葉文鏡　鏡背范（長さ9.5cm・劉家寨村南）

24 —— I 部　資料編

PL.24

（SLQJF：16）鋳型面 ［S＝1/1］

（SLQJF：16）背面

（SLQJF：16）側面

整理番号14（SLQJF：16） 草葉文鏡 鏡背范（長さ8.6cm・劉家寨村南）

PL.25

（SLQJF:18）鋳型面 [S＝1/1]

（SLQJF:18）背面

（SLQJF:18）側面

（SLQJF:18）
側面

整理番号15（SLQJF:18）　草葉文鏡　鏡背范（長さ11.5cm・臨淄斉国故城内）

26 —— Ⅰ部 資料編

PL.26

(SLQJF:21) 鋳型面 [S=1/1]

(SLQJF:21) 背面 [S=3/4]

(SLQJF:21) 側面

(SLQJF:21) 側面

整理番号16（SLQJF:21）　草葉文鏡　鏡背范（長さ8.5cm・劉家寨村南）

PL.27

(LQKJ:03) 鋳型面 [S=1/1]

(LQKJ:03) 背面 [S=1/1]

(LQKJ:03) 側面　　　　　　　　　　　　(LQKJ:03) 側面

整理番号17（LQKJ:03）　螭龍文鏡　鏡背范（長さ6.2cm・閻家寨村南）

28 —— Ⅰ部　資料編

PL.28

(LQKJ:01) 鋳型面 [S＝1/1]

(LQKJ:01)
背面
[S＝2/5]

(LQKJ:01)
側面

(LQKJ:01)
側面

整理番号18 (LQKJ:01) 渦状虺文鏡 鏡背范 (長さ14.9cm・閻家寨村南)

臨淄斉国故城出土鏡范資料集成 図版──29

PL.29 　　　　　　　　　　　　　　　　　　　　　　　　　　　（寺崎范）鋳型面［S＝1/1］

（寺崎范）側面

（寺崎范）背面

（寺崎范）側面

整理番号19（寺崎范）　草葉文鏡　鏡背范（長さ16.3cm・出土地点不明）

30── I 部　資料編

PL.30

（東博笵）
鋳型面
[S＝1/1]

（東博笵）
背面
[S＝1/2]

（東博笵）
側面

（東博笵）
側面

整理番号20（東博笵）　規矩草葉文鏡　鏡背笵（長さ14.3cm・出土地点不明）

臨淄斉国故城出土鏡笵資料集成　図版——31

PL.31

(SLQJF:01) 鋳型面 [S=1/1] 　　　　　　　(SLQJF:01) 背面 [S=1/1]

整理番号21（SLQJF:01）　渦状虺文鏡　鏡背范（長さ9.4cm・石仏堂村東南地点）

(SLQJF:10) 鋳型面 　　　　　　　　　　　(SLQJF:10) 背面

整理番号22（SLQJF:10）　草葉文鏡　鏡背范（長さ10.1cm・劉家寨村南）

32 ── Ⅰ部 資料編

(SLQJF:03) 鋳型面 [S=2/3] 　　　　　　　　(SLQJF:03) 背面 [S=2/3]

整理番号23（SLQJF:03）　鏡背范（長さ15.3cm・石仏堂村東南地点）

(SLQJF:09) 鋳型面 [S=4/5] 　　　　　　　　(SLQJF:09) 背面 [S=4/5]

整理番号24（SLQJF:09）　草葉文鏡　鏡背范（長さ10.6cm・劉家寨村南）

PL.33

(SLQJF:15) 鋳型面 ［S＝3/4］

(SLQJF:15) 背面 ［S＝3/4］

整理番号25（SLQJF:15） 草葉文鏡 鏡背范（長さ13.7cm・劉家寨村南）

34 —— Ⅰ部 資料編

PL.34

（SLQJF:20）鋳型面 ［S＝2/3］ 　　　　　　　　（SLQJF:20）背面 ［S＝2/3］

整理番号26（SLQJF:20）　鏡背范（長さ15.1cm・蘇家廟村西）

（SLQJF:23）鋳型面 ［S＝1/1］ 　　　　　　　　（SLQJF:23）背面 ［S＝1/1］

整理番号27（SLQJF:23）　草葉文鏡　鏡背范（長さ9.7cm・蘇家廟村西）

臨淄斉国故城出土鏡范資料集成　図版——35

PL.35

(SLQJF:29) 鋳型面 [S=1/1]　　　　　　　　(SLQJF:29) 背面 [S=1/1]

整理番号28（SLQJF:29）　渦状虺文鏡　鏡背范（長さ9.2cm・劉家寨村南）

(SLQJF:62) 鋳型面 [S=1/1]　　　　　　　　(SLQJF:62) 背面 [S=1/1]

整理番号29（SLQJF:62）　渦状虺文鏡　鏡背范（長さ7.0cm・劉家寨村南）

36 ── Ⅰ部 資料編

PL.36

（SLQJF:30）鋳型面［S＝3/5］　　　　　（SLQJF:30）背面［S＝3/5］

整理番号30（SLQJF:30）　草葉文鏡　鏡背范（長さ14.9cm・劉家寨村南）

（SLQJF:31）鋳型面［S＝1/2］　　　　　（SLQJF:31）背面［S＝1/2］

整理番号31（SLQJF:31）　草葉文鏡　鏡背范（長さ10.7cm・劉家寨村南）

PL.37

(SLQJF:33) 鋳型面 [S＝3/5] 　　　　　　　　　(SLQJF:33) 背面 [S＝3/5]

整理番号32（SLQJF:33）　草葉文鏡　鏡背范（長さ12.9cm・劉家寨村南）

(SLQJF:34) 鋳型面 　　　　　　　　　　　　　(SLQJF:34) 背面

整理番号33（SLQJF:34）　草葉文鏡　鏡背范（長さ8.9cm・劉家寨村南）

PL.38

（SLQJF:69）鋳型面 [S=4/5]  　　　　　　　　　（SLQJF:69）背面 [S=4/5]

整理番号34（SLQJF:69）　草葉文鏡　鏡背范（長さ9.9cm・劉家寨村南）

（SLQJF:74）鋳型面 　　　　　　　　　　　　　（SLQJF:74）背面

整理番号35（SLQJF:74）　規矩草葉文鏡　鏡背范（長さ8.4cm・劉家寨村南）

臨淄斉国故城出土鏡范資料集成　図版——**39**

PL.39

　　　　（SLQJF:32）鋳型面 [S＝2/3] 　　　　　　　　　（SLQJF:32）背面 [S＝2/3]

整理番号36（SLQJF:32）　草葉文鏡　鏡背范（長さ13.4cm・劉家寨村南）

　　　　（SLQJF:35）鋳型面 [S＝3/4] 　　　　　　　　　（SLQJF:35）背面 [S＝3/4]

整理番号37（SLQJF:35）　渦状虺文鏡　鏡背范（長さ14.1cm・劉家寨村南）

PL.40

（SLQJF:72）鋳型面 [S=1/1] 　　　　　　　　　（SLQJF:72）背面 [S=1/1]

整理番号38（SLQJF:72）　渦状虺文鏡　鏡背范（長さ11.2cm・劉家寨村南）

（SLQJF:66）鋳型面 [S=3/4] 　　　　　　　　　（SLQJF:66）背面 [S=3/4]

整理番号39（SLQJF:66）　規矩草葉文鏡　鏡背范（長さ6.0cm・劉家寨村南）

臨淄斉国故城出土鏡范資料集成　図版──41

PL.41

(SLQJF:73) 鋳型面 [S=1/1]　　　　　(SLQJF:73) 背面 [S=1/1]

整理番号40（SLQJF:73）　渦状虺文鏡　鏡背范（長さ11.2cm・劉家寨村南）

(SLQJF:68) 鋳型面 [S=2/3]　　　　　(SLQJF:68) 背面 [S=2/3]

整理番号41（SLQJF:68）　草葉文鏡　鏡背范（長さ7.7cm・劉家寨村南）

PL.42

(SLQJF:36) 鋳型面 [S＝5/6] 　　　　　　　　　(SLQJF:36) 背面 [S＝5/6]

整理番号42（SLQJF:36）　鏡面范（長さ10.7cm・劉家寨村南）

(SLQJF:27) 鋳型面 [S＝1/1] 　　　　　　　　　(SLQJF:27) 背面 [S＝1/1]

整理番号43（SLQJF:27）　鏡面范（長さ7.7cm・蘇家廟村西）

臨淄斉国故城出土鏡范資料集成 図版――**43**

PL.43

　(SLQJF:06) 鋳型面 [S=4/5] 　　　　　(SLQJF:06) 背面 [S=4/5]

整理番号44（SLQJF:06）　鏡面范（長さ7.7cm・石仏堂村東南地点）

(SLQJF:40) 鋳型面 [S=3/5]

(SLQJF:40) 背面 [S=3/5]

整理番号45（SLQJF:40）　鏡面范（長さ8.3cm・劉家寨村南）

（SLQJF:41）鋳型面 [S=3/5] 　　　　　　　　　　　　（SLQJF:41）背面 [S=3/5]

整理番号46（SLQJF:41）　鏡面范（長さ10.5cm・劉家寨村南）

（SLQJF:48）鋳型面 　　　　　　　　　　　　　　　（SLQJF:48）背面

整理番号47（SLQJF:48）　鏡面范（長さ12.5cm・劉家寨村南）

PL.45

(SLQJF:14) 鋳型面 　　　　　　　　　　　　(SLQJF:14) 背面

整理番号48（SLQJF:14）　再利用范（長さ11.7cm・劉家寨村南）

(SLQJF:54) 鋳型面 　　　　　　　　　　　　(SLQJF:54) 背面

整理番号49（SLQJF:54）　再利用范（長さ11.6cm・劉家寨村南）

PL.46

（SLQJF：58）鋳型面 　　　　　　　　　　　　　　　（SLQJF：58）背面

整理番号50（SLQJF：58）　再利用范（長さ11.9cm・石仏堂村東南地点）

（SLQJF：42）鋳型面

（SLQJF：42）背面

整理番号51（SLQJF：42）　再利用范（長さ7.1cm・劉家寨村南）

臨淄斉国故城出土鏡范資料集成　図版——47

PL.47

(SLQJF:61) 鋳型面 [S＝6/7]　　　　　　　　　(SLQJF:61) 背面 [S＝6/7]

整理番号52（SLQJF:61）　鏡背范（長さ6.4cm・劉家寨村南）

(SLQJF:67)
鋳型面
[S＝2/3]

(SLQJF:67)
背面
[S＝2/3]

整理番号53（SLQJF:67）　草葉文鏡　鏡背范（長さ12.1cm・劉家寨村南）

(SLQJF:70) 鋳型面 [S＝6/7]　　　　　　　　　(SLQJF:70) 背面 [S＝6/7]

整理番号54（SLQJF:70）　草葉文鏡　鏡背范（長さ6.2cm・劉家寨村南）

48 —— Ⅰ部　資料編

PL.48

　　　　（SLQJF:71）鋳型面［S＝2/3］　　　　　　　　　（SLQJF:71）背面［S＝2/3］

整理番号55（SLQJF:71）　渦状虺文鏡　鏡背范（長さ9.0cm・劉家寨村南）

　　　　（SLQJF:08）鋳型面［S＝3/5］　　　　　　　　　（SLQJF:08）背面［S＝3/5］

整理番号56（SLQJF:08）　鏡背范（長さ11.5cm・石仏堂村東南地点）

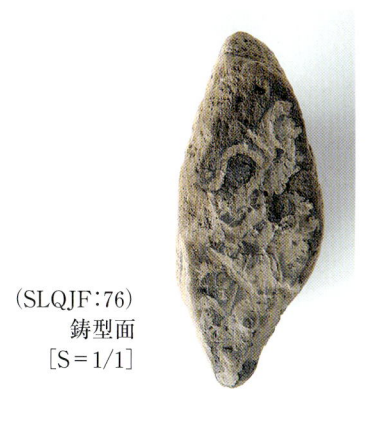

　　　　（SLQJF:76）　　　　　　　　　　　　　　　　　（SLQJF:76）
　　　　　鋳型面　　　　　　　　　　　　　　　　　　　　背面
　　　　　［S＝1/1］　　　　　　　　　　　　　　　　　　［S＝1/1］

整理番号57（SLQJF:76）　草葉文鏡　鏡背范（長さ4.7cm・劉家寨村南）

PL.49

(SLQJF:07) 鋳型面　　　　　　　　　　　　　　　　(SLQJF:07) 背面

整理番号58（SLQJF:07）　鏡面范（長さ11.1cm・石仏堂村東南地点）

(SLQJF:26) 鋳型面 [S＝7/8]　　　　　　　　　　　(SLQJF:26) 背面 [S＝7/8]

整理番号59（SLQJF:26）　鏡面范（長さ11.5cm・蘇家廟村西）

PL.50

（SLQJF：38）
鋳型面
［S＝3/4］

（SLQJF：38）
背面
［S＝3/4］

整理番号60（SLQJF：38） 鏡面范（長さ14.5cm・劉家寨村南）

（SLQJF：39）鋳型面［S＝2/3］

（SLQJF：39）背面［S＝2/3］

整理番号61（SLQJF：39） 鏡面范（長さ13.7cm・石仏堂村東南地点）

臨淄斉国故城出土鏡范資料集成 図版──51

PL.51

(SLQJF:44) 鋳型面 [S=3/4]   (SLQJF:44) 背面 [S=3/4]

整理番号62（SLQJF:44） 鏡面范（長さ14.5cm・劉家寨村南）

(SLQJF:45) 鋳型面 [S=3/5]    (SLQJF:45) 背面 [S=3/5]

整理番号63（SLQJF:45） 鏡面范（長さ11.6cm・劉家寨村南）

PL.52

(SLQJF:51)
鋳型面
[S=4/5]

(SLQJF:51)
背面
[S=4/5]

整理番号64（SLQJF:51）　鏡面范（長さ13.4cm・劉家寨村南）

(SLQJF:53)
鋳型面
[S=2/3]

(SLQJF:53)
背面
[S=2/3]

整理番号65（SLQJF:53）　鏡面范（長さ14.7cm・劉家寨村南）

臨淄斉国故城出土鏡范資料集成　図版——**53**

PL.53

(SLQJF:57) 鋳型面 [S=3/4] 　　　　　　　　　(SLQJF:57) 背面 [S=3/4]

整理番号66（SLQJF:57）　鏡面范（長さ13.9cm・劉家寨村南）

(SLQJF:60) 鋳型面 [S=1/1] 　　　　　　　　　(SLQJF:60) 背面 [S=1/1]

整理番号67（SLQJF:60）　鏡面范（長さ10.7cm・劉家寨村南）

PL.54

(SLQJF:50) 鋳型面 [S=3/4]　　　　　(SLQJF:50) 背面 [S=3/4]

整理番号68（SLQJF:50）　鏡面范（長さ8.8cm・劉家寨村南）

(SLQJF:52) 鋳型面 [S=3/4]　　　　　(SLQJF:52) 背面 [S=3/4]

整理番号69（SLQJF:52）　鏡面范（長さ8.2cm・劉家寨村南）

(SLQJF:04) 鋳型面 [S=1/2]　　　　　(SLQJF:04) 背面 [S=1/2]

整理番号70（SLQJF:04）　鏡面范（長さ11.5cm・石仏堂村東南地点）

臨淄斉国故城出土鏡范資料集成 図版——55

PL.55

(SLQJF:05) 鋳型面 [S＝4/5] 　　　　　　　　　　(SLQJF:05) 背面 [S＝4/5]

整理番号71（SLQJF:05）　鏡面范（長さ10.0cm・石仏堂村東南地点）

(SLQJF:37) 鋳型面 [S＝3/5] 　　　　　　　　　　(SLQJF:37) 背面 [S＝3/5]

整理番号72（SLQJF:37）　鏡面范（長さ10.7cm・劉家寨村南）

(SLQJF:43) 鋳型面 [S＝2/3] 　　　　　　　　　　(SLQJF:43) 背面 [S＝2/3]

整理番号73（SLQJF:43）　鏡面范（長さ5.4cm・劉家寨村南）

PL.56

（SLQJF：28）鋳型面 ［S＝3/7］ 　　　　　　　　　　　（SLQJF：28）背面 ［S＝3/7］

整理番号74（SLQJF：28）　鏡面范（長さ9.3cm・蘇家廟村西）

（SLQJF：46）鋳型面 ［S＝3/4］ 　　　　　　　　　　　（SLQJF：46）背面 ［S＝3/4］

整理番号75（SLQJF：46）　鏡面范（長さ6.7cm・劉家寨村南）

（SLQJF：47）鋳型面 ［S＝1/1］ 　　　　　　　　　　　（SLQJF：47）背面 ［S＝1/1］

整理番号76（SLQJF：47）　鏡面范（長さ7.5cm・劉家寨村南）

臨淄斉国故城出土鏡范資料集成　図版——57

PL.57

(SLQJF:56) 鋳型面 [S=3/5]

(SLQJF:56) 背面 [S=3/5]

整理番号77 (SLQJF:56) 鏡面范 (長さ10.8cm・劉家寨村南)

(SLQJF:59) 鋳型面 [S=3/5]

(SLQJF:59) 背面 [S=3/5]

整理番号78 (SLQJF:59) 鏡面范 (長さ10.2cm・劉家寨村南)

(SLQJF:63) 鋳型面 [S=3/4]

(SLQJF:63) 背面 [S=3/4]

整理番号79 (SLQJF:63) 鏡面范 (長さ8.1cm・劉家寨村南)

PL.58

（SLQJF:64） 鋳型面一部 　　　　　　　　（SLQJF:64） 背面［S＝5/8］

整理番号80（SLQJF:64）　鏡面范（長さ6.3cm・劉家寨村南）

（SLQJF:25） 鋳型面 　　　　　　　　　　（SLQJF:25） 背面

整理番号81（SLQJF:25）　不明范（長さ8.6cm・蘇家廟村西）

（SLQJF:24） 鋳型面 　　　　　　　　　　（SLQJF:24） 背面

整理番号82（SLQJF:24）　不明范（長さ10.9cm・蘇家廟村西）

PL.59

(SLQJF:49) 鋳型面 [S=2/3] 　　　　　　(SLQJF:49) 背面 [S=2/3]

整理番号83（SLQJF:49）　不明范（長さ5.5cm・劉家寨村南）

(SLQJF:55) 鋳型面 　　　　　　(SLQJF:55) 背面

整理番号84（SLQJF:55）　再利用范（長さ9.6cm・劉家寨村南）

(SLQJF:75) 鋳型面 [S=1/1] 　　　　　　(SLQJF:75) 背面 [S=1/1]

整理番号85（SLQJF:75）　不明范（長さ3.4cm・劉家寨村南）

60 —— I 部 資料編

PL.60

（SLQJF:65）鋳型面 [S＝6/7] 　　　　　　　　　（SLQJF:65）背面 [S＝6/7]

整理番号86（SLQJF:65）　不明范（長さ11.2cm・石仏堂村東南地点）

（LQKJ:044）鋳型面 [S＝3/5] 　　　　　　　　　（LQKJ:044）背面 [S＝3/5]

整理番号87（LQKJ:044）　不明范（長さ11.6cm・閻家寨村南）

臨淄斉国故城出土鏡范資料集成　図版――61

PL.61

整理番号17（LQKJ:03）

鏡縁に複数の長い円弧凸線が残る。挽き型ゲージを回転させて造笵した痕跡に見えるが、すべての円弧線の中心点が鋳型面の中心ではなく、円弧線が平行でもないため挽き型ゲージ痕の可能性は低い。小さなゲージ板を手に持って削ったか、笵を轆轤において回転させゲージを手に持って削ったと推測できる。

整理番号79（SLQJF:63）

上左が鋳型面。その右が幅置面。鋳型面から橙色、黒灰色、橙色、黒灰色、白灰色の順に5層になっている。焼成で橙色、注湯で黒灰色になるなら、最低2回注湯したことになる。他にも同様に、SLQJF:70と76は4層、SLQJF:61と64は3層になっている。黒灰色は鋳型面に近い方が濃い。注湯と黒灰色層の関連を解明した後に検討する必要がある。

整理番号8（表採）

上左は湯道面。新しい破断面には気泡痕が見える。湯道面の下層4mmは白灰色で、さらにその下層は黒灰色がおよそ10数mm続き、徐々に色が薄くなり白灰色に変わる。他の多くの笵にある層は、橙色と黒灰色で、この笵のように白灰色との層は珍しい。

整理番号15（SLQJF:18）

鋳型面全体に小さな皺が点在する。この皺の発生原因は不明。特に文様凹線部に強く皺が現れている。この皺は凸線で、これに鋳造すれば鏡製品の表面には凹線の皺ができる。出土した草葉文鏡の表面に凹線の皺があるものがあり、鋳型面のこの凸線の皺がその原因かもしれない。

PL.62

整理番号25（SLQJF:15）

写真左側が強く焼成されている。橙色は右に向かって淡くなり、白灰色部分が笵本来の色調。大きい気泡痕は径4～5㎜、小さい気泡痕は径0.2㎜程度で無数に点在している。大きい気泡痕内部には半球状に盛り上がった突起物が複数ある。この突起物は他の多くの笵にも共通して現れている。

整理番号60（SLQJF:38）

この笵には鋳型面に対して平行方向の横長の気泡痕が規則的にあり、写真のようになかには押しつぶされた気泡痕もある。他に、底面と側面の間の斜面内部には、この斜面と平行方向の横長の規則的な気泡痕を持つものもある。これらの気泡痕は笵の材質と作り方に関連して発生すると思われる。

整理番号55（SLQJF:71）

写真上が鋳型面で赤橙色。SLQJF:38と同様に、鋳型面に対して平行方向の横長の気泡痕が規則的にある。他にはSLQJF:17、26、60、68、69、70、76などにも規則的な横方向の横長の気泡痕を持つものがあり、どれも統一的に鋳型面や斜面と平行方向で、直角方向などの気泡痕はない。大きな気泡痕内部には突起物が複数ある。

整理番号75（SLQJF:46）

他の笵の破断面には見られない凸形状がある。長さは約5㎜で、写真左に向かって細くなっている。円錐形を少し押しつぶした凸形。円錐側面部分には螺旋状に見える溝がある。これが生物痕跡なのかは不明。写真下の横長の気泡痕内部には複数の突起物が見える。

臨淄斉国故城出土鏡笵資料集成 図版——63

PL.63

整理番号41（SLQJF:68）

おおよそ径2.5mm、長さ25mmの円柱形の空洞が破断面にある。内部に盛り上がった突起物がないことと、球形やそれを押しつぶした形ではないことから、気泡痕とは異なる原因と考えられる。植物の茎によるものかもしれない。他にはあまり見られない。

整理番号80（SLQJF:64）

青銅が笵中に残って錆びている。鏡を笵から取り出す時、ちぎれて笵中に残ったことから、鋳型面の小さな気泡痕から湯（溶湯）が流れ込み、奥の大きな空隙に入り込んだと考えられる。温度を充分に高めた流動性の高い流れやすい湯を注いだことが分かる。

整理番号43（SLQJF:27）

幅置面に3×6mmの橙色部分がある。大きな気泡痕を塗型材で埋めた痕跡。幅置面を削ったため、窪みの中の色調の異なる塗型材が露出した。気泡痕の多い材質で笵を作り、塗型材ですべての気泡痕を埋めていることが分かる。同温度で焼成しても、塗型材の方が笵材よりも橙色が強くなる。

整理番号25（SLQJF:15）

鏡背笵に窪みを作り再利用したもの。写真左の黒色膜が窪みの表面。その右側の下層の濃い赤橙色が窪みの表面を覆った土で、気泡痕がなく、光る鉱物が含まれる。さらにその右側の下層が気泡痕の多い、光る鉱物のないもともとの鏡笵部で、淡い橙色から徐々に白灰色へと変わる。両者の割れ方にも差異がある。

臨淄斉国故城出土鏡范資料集成 解説
―日中共同調査による前漢鏡范群の鋳造技術に関する報告―

范調査の内容

2004年12月におこなった日中共同調査范78点と、2007年2月に調査した范5点、ならびに日本国内の機関が所蔵する草葉文鏡范4点の合計87点について、以下の方法で調査した。

①2004年調査の写真撮影は梅原章一、実測図は清水康二、川村佳男、中井一夫、観察は三船温尚が担当した。出土年、出土地、寸法、重量は韓偉東、王暁蓮が担当した。比重は横田勝が体積を計り、重量を割って算出した。

②2007年調査の実測図は後藤直、宮原晋一、清水康二、写真撮影は松山文次、観察は三船温尚が担当した。

③日本国内の機関が所蔵する范の写真撮影は藤井有鄰館范（以下、藤井范、本書資料編の整理番号9）と東京大学范（以下、東大范、本書資料編の整理番号10）を梅原章一、寺崎范（本書資料編の整理番号19）を松山文次が担当し、東京国立博物館范（以下、東博范、本書資料編の整理番号20）は東京国立博物館から提供を受けた。実測図は清水康二、観察は三船温尚が担当した。

④小さな寸法は、あてた定規との隙間などを目測した数字を記入している。

⑤破断面などに見られる穴は、気泡が范中に発生した痕跡と判断し「気泡痕」と表現した。

⑥大きな気泡痕内部に見られる複数の小さな膨らみ形状を「突起物」と表現した。この突起物は、多くがイボ状で半球状の形である。

⑦「湯口（ゆぐち）」は青銅を范に注ぎ込む口、「堰（せき）」は青銅が製品に入り込む口で、湯口から注いだ青銅は「湯道（ゆみち）」を通過して堰から鋳型面に入り込む。「あがり」は湯道の両側にある溝で、青銅が凝固する時に発生するガスを范外に放出する。これらは現在の日本の鋳造専門用語を用いた。

⑧「幅置（幅木）（はばき）」は鏡背范と鏡面范を合わせた時に接する面。その幅は湯口とあがりがない部分を計測した。「側面」、「底面」は鋳型面を上にして置いた時の范の側面、底面を指している。「側面と底面の間にある斜面」は、鋳型面を下に伏せて置いた時のほぼ垂直な側面とほぼ水平な底面の間にある傾斜した幅2～4cmの面を指す。「幅置（幅木）」も現在の日本の鋳造専門用語である。

⑨「幅置面と鋳型面の段差」は鏡背范の幅置面に定規を渡し、鋳型面との隙間を目測している。

⑩「鋳型面の反り」は定規をあてて目測した。鏡背范は鏡縁が厚くなるように深く彫られているが、鏡縁を除いた部分の反りを定規をあてて目測し、反りがなければ「平面」と記した。

⑪「范の使用、未使用」は、鋳型面の黒色変化、鋳型面への黒灰色の浸透、幅置面への黒色のはみ出しなどが認められる場合は使用范と判定した。

⑫重要な痕跡がある場合や、重要な推測が可能な場合は、観察記録の文末にまとめて記入した。

⑬范の鋳型面の文様などは、調査時に撮影した写真から作図した。

■整理番号1（SLQJF:78）　草葉文鏡　鏡背范

外形寸法：残存長20.7cm、残存幅15.5cm、厚さ6.6cm、復原面径12.3cm

重量：1294.9ｇ

比重：0.94

文様：鏡背面の4/5ほどが残っている。方格各辺には2個の麦穂状文が配置されるが、麦穂状文は一段のものである。麦穂状文の間には乳と水滴状の葉文が配置される。方格外側の対角線上には双葉文が配置される。方格銘帯隅には四角形の中に三角形を重ねた三角渦文が描かれる。銘文は各辺2字で、左回りに「□」「□」「之」「光」「天」「下」「大」「明」のみ判読できる。鈕には四葉座がある。

出土地点：蘇家廟村西（2000年採集）

収蔵場所：臨淄斉国故城遺跡博物館

観察記録：内部など全体は白灰色。幅置面は橙色。幅置面には鋳型面からはみ出した幅2〜5㎜の黒色帯がある。湯道とあがりの間の幅置面にも激しくはみ出した黒色がある。比較的気泡痕が少ない。湯口の幅は約38㎜で、底面の幅が約29㎜の逆台形をなし、側面は傾斜面。湯口の深さは約9㎜。湯口から堰までの底面は一平面ではなく、2つの平面からなる。その面と面の角は湯道の中ほどにある。堰の幅は43㎜、深さは約1.5㎜。あがりの幅は12〜8㎜、深さは1.5〜0.8㎜。鋳型面から范外に向かって狭く浅くなる。長さは約62㎜。幅置の幅は19〜25㎜。側面は一曲面ではなく多数の平滑面で作られ、平滑面と平滑面の角が確認できる。幅置面と側面の角には幅約9㎜の面が作られている。底面は平面。側面と底面の間にある斜面には複数の浅い凹形の溝がある。幅置面と鋳型面の段差は約0.8㎜。鏡縁の深さは約4㎜。鋳型面は凸曲面で、葉文の内側で直径約90㎜あり、ここに定規をあてると、両端で約1㎜鋳型面が下がっている。鋳型面、湯道、あがりなどは塗型材が塗られて緻密な肌になっている。割り付けの円弧凹線が葉文にある。鈕の内面には鈕孔中子を嵌める窪みはない。鋳造に使用した范。鋳型面の連弧文には凸線の皺が複数ある。葉文の角には激しい凸線の皺があり、何かの液体が溜まってできたように見える。

■整理番号2（SLQJF:77）　渦状虺文鏡　鏡背范

外形寸法：残存長14.7cm、残存幅11.3cm、厚さ5.0cm、復原面径10.1cm

重量：454.4ｇ

比重：1.09

文様：鏡背面の1/2ほどが残っている。鏡縁は匕縁である。8個の連弧文が確認できる。虺文と地文の平行線文は残るが、鈕部分は欠損している。

出土地点：蘇家廟村西（2000年採集）

収蔵場所：臨淄斉国故城遺跡博物館

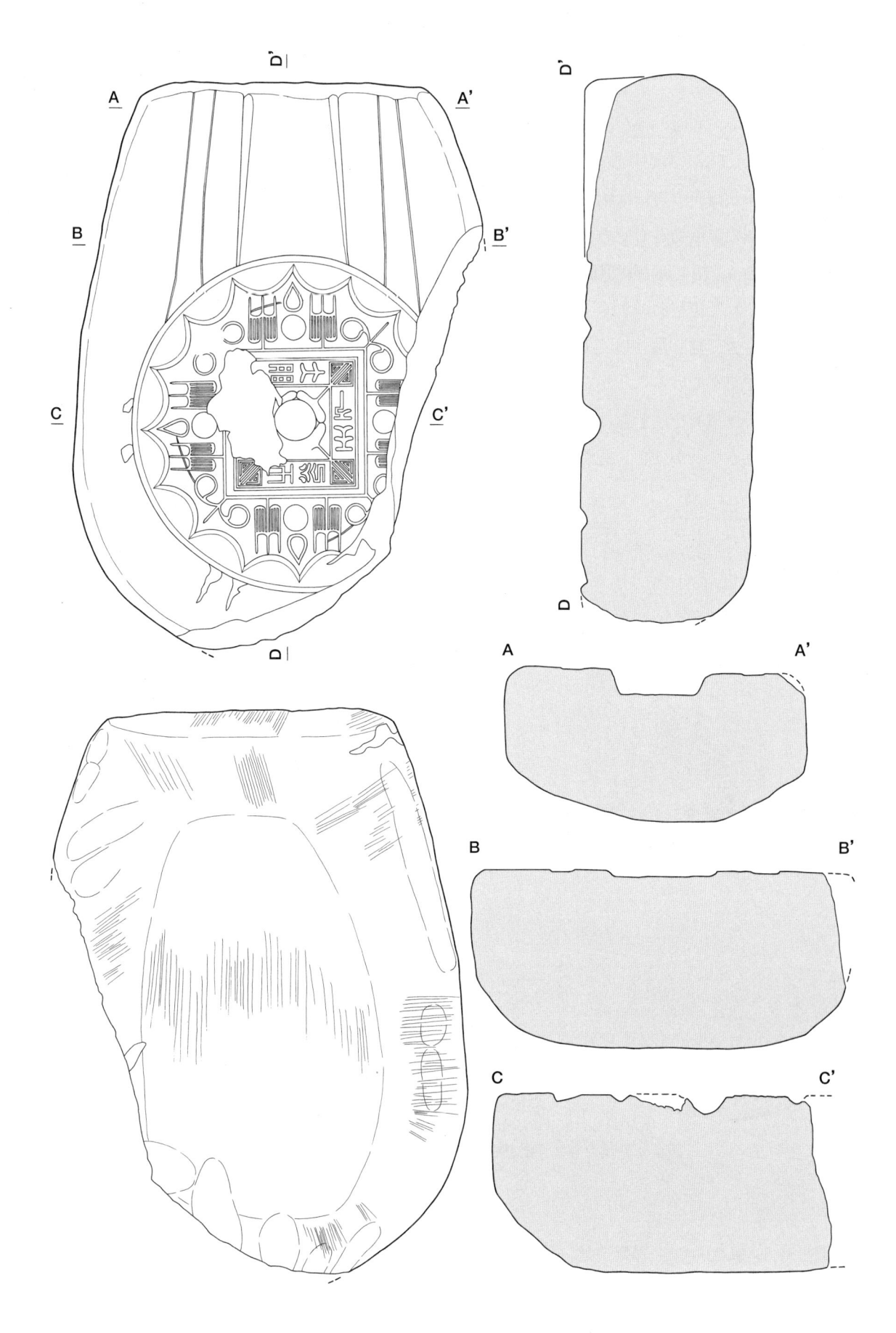

図1　整理番号1（SLQJF:78）　草葉文鏡　鏡背范　[S=1/2]

臨淄斉国故城出土鏡范資料集成　解説——**67**

観察記録：内部など全体は白灰色。幅置面は赤橙色。鋳型面は黒灰色。幅置面には鋳型面からはみ出したような黒色帯がある。湯道とあがりも黒灰色。気泡痕が多い。鋳型面と垂直に破断する材質。湯口の幅は約30㎜で、底面の幅が約25㎜の逆台形をなし、側面は傾斜面。湯口の深さは約9㎜。堰の幅は36㎜、深さは1.5㎜。あがりの幅は10〜6㎜、深さは1〜0.8㎜。鋳型面から范外に向かって狭く浅くなる。幅置面と側面の角には幅約3㎜の面が作られている。側面には白灰色の表面に黒色膜（層）があり、約1㎜の黒色浸透層である。側面と底面の間にある斜面には断面が半丸凹形の指跡のような浅い溝が複数ある。幅置面と鋳型面の段差は約1㎜。鏡縁の深さは約2.5㎜。鋳型面は平面。破断面から、緻密に作られた鋳型面のすぐ下層に気泡痕が点在することが分かる。鋳造に使用した范。鋳型面の文様はコンパスで割り付けし、工具で彫ったものである。七縁面には回転運動で削った痕跡がなく、細かい多角面でできていることから、工具を手に持って丁寧に彫ったことが分かる。他の文様も同様である。側面の典型的な黒色膜は幅置面には見られず、他の范でも側面、側面と底面の角の面、底面などに限って見ることができ、鋳型面の黒灰色とは異なる層だが、膜と表現する。

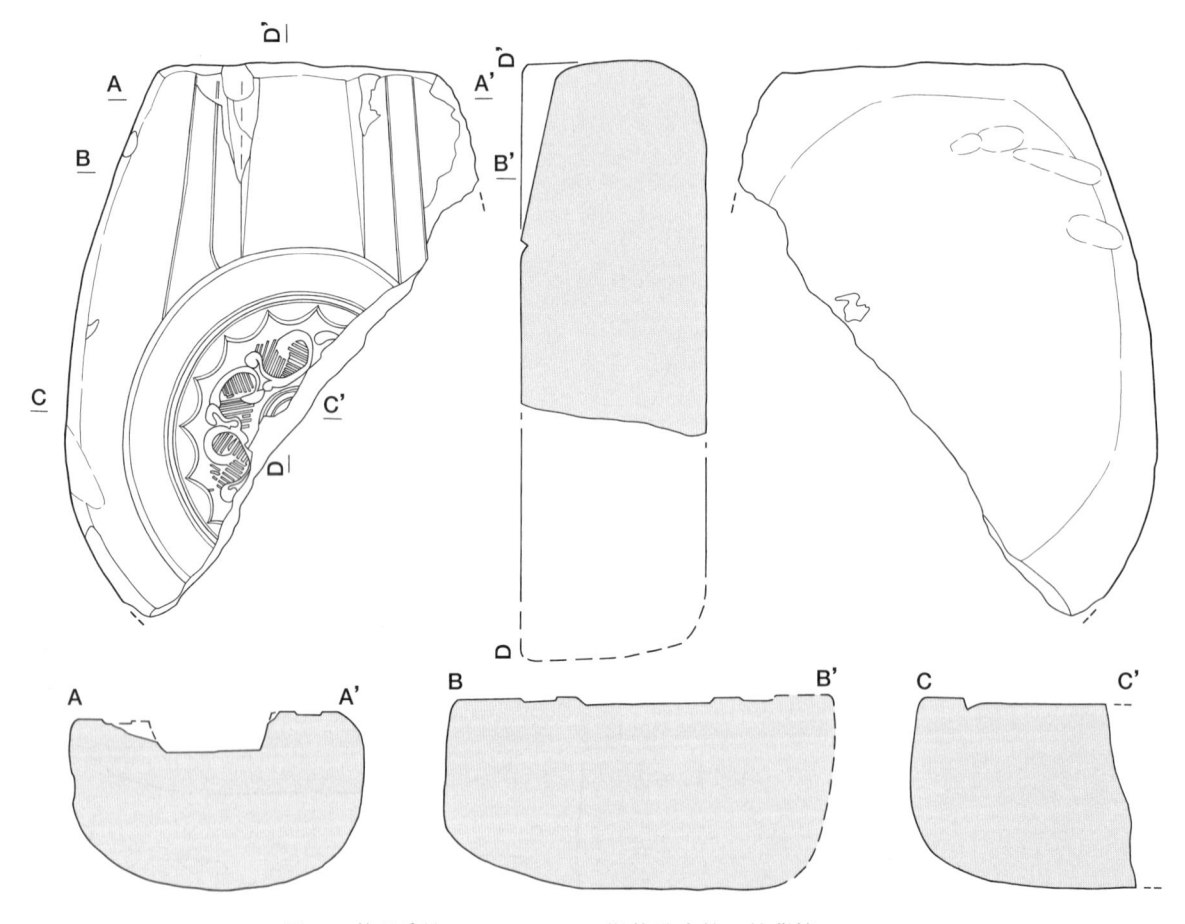

図2　整理番号2（SLQJF:77）　渦状虺文鏡　鏡背范［S＝1/2］

■**整理番号3（SLQJF:13）　草葉文鏡　鏡背范**

外形寸法：残存長19.1㎝、残存幅16.4㎝、厚さ5.2㎝、復原面径12.0㎝

重量：738.4g

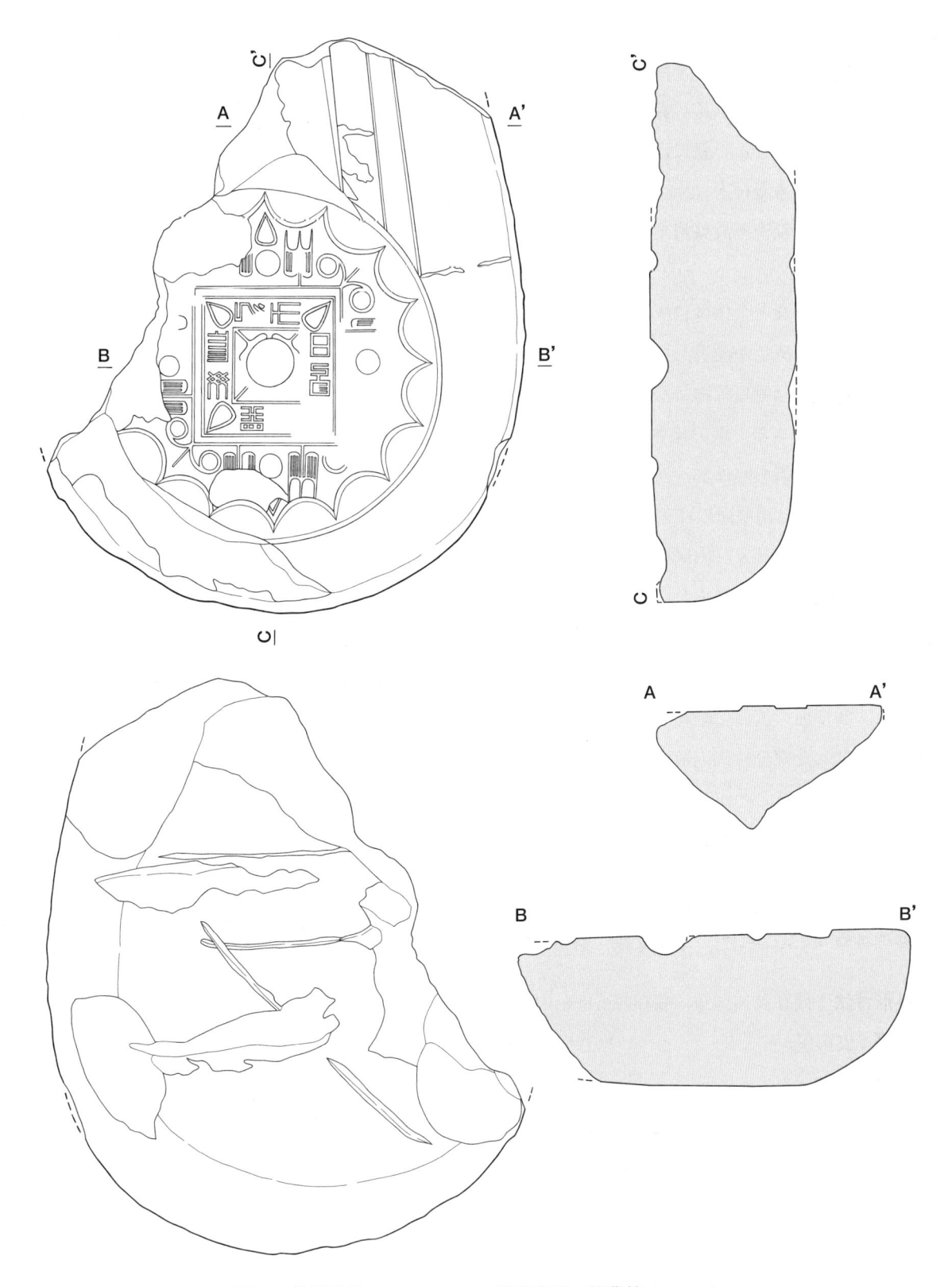

図 3　整理番号 3（SLQJF:13）　草葉文鏡　鏡背范 [S＝1/2]

臨淄斉国故城出土鏡范資料集成　解説——**69**

比重：1.09

文様：鏡背面の8割ほどが残っているが、表面の剝離と泥の付着が多く文様ははっきりとしない。方格各辺には2個の麦穂状文が配置されるが、麦穂状文は一段のものである。麦穂状文の間には乳と水滴状の葉文が配置される。方格外側の対角線上には双葉文が配置される。方格銘帯隅には葉文が描かれる。銘文は各辺2字で、左回りに「見」「日」「之」「光」「長」「毋」「相」「□」のみ判読できる。鈕には四葉座がある。

出土地点：劉家寨村南（2000年採集）

収蔵場所：臨淄斉国故城遺跡博物館

観察記録：内部など全体は白灰色。鋳型面と幅置面は橙色。一部の表面と湯口には黒灰色がある。その一部はこの黒灰色が浸透している。破断面には気泡痕が多い。大きいものでは径2〜3mm、最大は5mm。破断面には光る鉱物はないが、付着土には光る鉱物がある。湯口は残存部分で深さ5mm、幅は約50mmと想定できる。堰の深さは1mm以下で浅く、幅は不明。あがりの深さは約0.2mmと極めて浅く、幅は約10mm。幅置の幅は25〜30mm。幅置面と側面の角には面が作られている。底面は平面で、鋳型面と平行。幅置面と鋳型面の段差は約1.5mm。鏡縁の深さは約3mm。鋳型面はほぼ平面だが、付着物と削れた部分があり不確定。内区の鋳型面がわずかに削れた部分には気泡痕が露出している。削れていない連弧文には気泡痕は見られない。連弧文の底面は縁に向かって深く傾斜している。鈕の内面には鈕孔中子を嵌める窪みは見あたらない。鏡縁の円弧に沿って一部の幅置面が剝離しており、注湯時の急加熱によるものか。4個の乳のうち2個が湯道の延長線上にある。一部の鏡縁と連弧文の角には凹線がある。鋳型面の表面に細粒土の塗型材を塗っており、焼成で塗型材が赤橙色に変色している。塗型材が少し削れた部分に気泡痕が露出していることから、この塗型材は薄い膜で、膜の下層には多くの気泡痕が点在することが分かる。焼成による強い赤橙色は鋳型面と幅置面だけで、この面だけを火にあてて焼成した工程があったと考えられる。

■**整理番号4（SLQJF:17）　草葉文鏡　鏡背范**

外形寸法：残存長16.5cm、残存幅6.9cm、厚さ3.6cm、復原面径10.6cm

重量：250.9g

比重：0.68

文様：鏡背面の1/2ほどが残っている。方格各辺には2個の麦穂状文が配置されるが、麦穂状文は一段のものである。麦穂状文の間には乳と水滴状の葉文が配置される。方格外側の対角線上には双葉文が配置される。方格銘帯隅には葉文が描かれる。銘文は各辺2字で、左回りに「□」「□」「之」「光」「□」「□」「□」「□」のみ判読できる。

出土地点：蘇家廟村西（2003年採集）

収蔵場所：張氏所蔵

観察記録：全体は白灰色。幅置面は橙色。鋳型面には表面から黒灰色が1〜2㎜浸透し、その下層に約5㎜橙色が浸透している。この橙色は内部に向かって少しずつ白灰色に変化する。鏡縁部分から幅置面上に黒灰色が2〜3㎜幅ではみ出している。はみ出した黒灰色の先端は、黒灰色よりも濃い黒色で1㎜の幅がある。黒灰色のはみ出しは、あがりの付け根部分が特に幅が広く5㎜ある。黒灰色はわずかに幅置面の内部に浸透している。幅置面の橙色の薄い層の塗型材が剥がれた下に黒灰色の層がある。破断面には横方向の規則的な3×0.5〜1㎜の横長の気泡痕がある。他に径0.5㎜の円形の気泡痕が点在し、鋳型面近くにも径約1㎜の気泡痕がある。破断面は鋳型面と垂直で、半分に破断する材質。湯口の深さは約7㎜、幅は不明。堰の深さは約1㎜、幅は不明。あがりの深さは約1㎜、幅は6〜11㎜で、鏡縁に近い方が幅が広い。幅置の幅は14㎜。幅置面と側面の角には幅1〜2㎜の面が作られている。側面は平滑面に整えられているが、他と比べてやや幅が狭い。底面は平面で擦痕があり、擦って平面を作っている。鋳型面と水平方向の気泡痕が多く見える。側面と底面の間にある斜面には断面が半丸凹形の指跡のような浅い溝が複数ある。幅置面と鋳型面の段差は約1㎜。鏡縁の深さは約3㎜。鋳型面は平面。鋳型面の破損が激しい。鈕の内面とあがりの一部に約0.5㎜の黒色膜の層が付着し、注湯時に発生したものか。鈕の内面には鈕孔中子を嵌める窪みは見あたらない。鋳造に使用した笵。

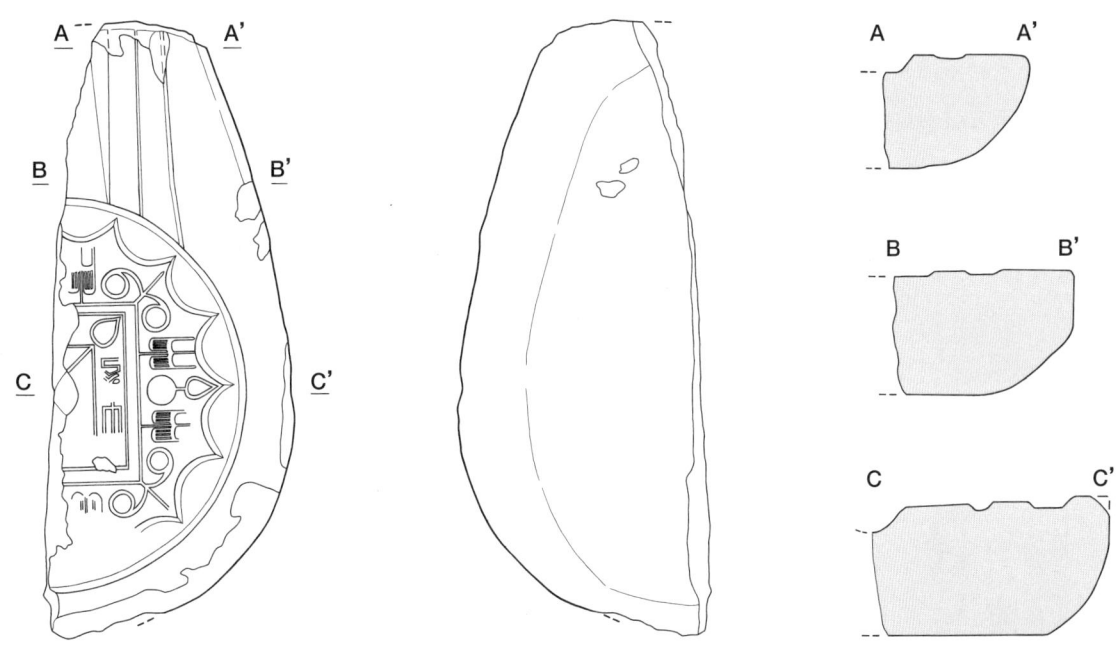

図4　整理番号4（SLQJF：17）　草葉文鏡　鏡背笵［S＝1/2］

■**整理番号5（SLQJF：19）　螭龍文鏡　鏡背笵**

外形寸法：残存長17.1cm、残存幅8.1cm、厚さ4.7cm、復原面径10.8cm

重量：395.7g

比重：0.88

文様：鏡背面の3/5ほどが残っている。鏡縁は半縁である。内区は4個の乳で分割され、2匹の螭龍文が描かれる。地文は渦巻文を充填している。鈕は三弦鈕である。

出土地点：蘇家廟村（1999年採集）
収蔵場所：古鑑閣

観察記録：全体は白灰色。鋳型面は黒灰色。幅置面は鮮やかな赤橙色。鋳型面から幅置面にはみ出した黒色がある。はみ出した黒色は内部に浸透している。幅置面近くの側面には橙色の薄い塗型材の層があり、その下層は黒灰色で、更にその下層は白灰色。破断面には方向に規則性のある気泡痕が見える。光る鉱物はない。破断面は鋳型面と垂直で、半分に破断する材質。湯口の深さは約10mm、幅は不明。堰の深さは約1.5mm、幅は約30mm。あがりの深さは約1.5mm、残存幅は4～7mmで、鏡縁に近い方が幅が広い。幅置面と側面の角には幅2.5mmの面が作られている。側面はほぼ垂直な面。底面は平面で鋳型面とほぼ平行。側面と底面の間に幅広い斜面はない。幅置面と鋳型面の段差は約1mm。鏡縁の深さは約4mm。鋳型面は一部が破損しているがほぼ平面。精緻な文様が一部に残る。かすかに削れた部分に気泡痕が見えることから、鋳型面近くの内部に気泡痕が点在することが分かる。最も外側の円圏線はコンパスを用いて描いた完全な正円ではない。この円圏線と匕縁の曲面はコンパスやゲージの回転運動で作ったものではない。匕縁面には細かく工具で削って形を作った痕跡がある。鈕孔は湯道と平行方向になっている。鈕は半球形の窪みを作り、次に三弦を彫って形を作っている。鈕の内面には鈕孔中子を嵌める窪みはない。鋳造に使用した笵。三弦鈕の作り方が推測できる笵である。鋳型面加工時に露出する気泡痕を埋める技法は確立していたことが推測できる。

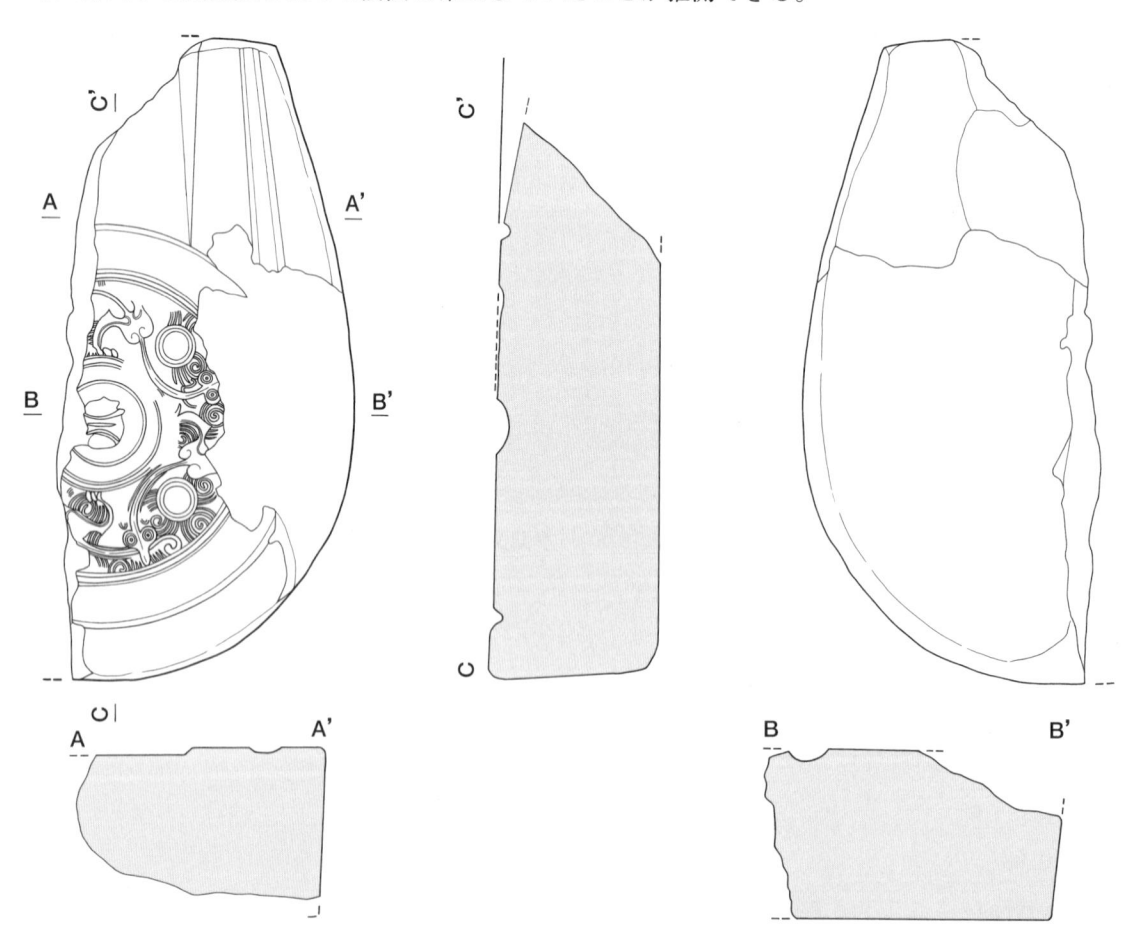

図5　整理番号5（SLQJF:19）　螭龍文鏡　鏡背笵　[S=1/2]

■整理番号 6（SLQJF:22）　渦状虺文鏡　鏡背范

外形寸法：長さ11.2cm、幅9.3cm、厚さ2.9cm、面径7.2cm

重量：223.8 g

比重：1.43

文様：鏡背面の4/5ほどが残っている。鏡縁は匕縁である。乳はない。3匹の虺文が描かれる。地文は渦巻文を充塡している。鈕は三弦鈕である。

出土地点：蘇家廟村西（1999年採集）

収蔵場所：古鑑閣

観察記録：全体は白灰色。幅置面と幅置面寄りの側面には橙色の塗型材の薄い層がある。鋳型面、湯道、あがりは黒灰色。鈕の横の破損部分は橙色。全体に気泡痕は少ないが、大きな気泡痕もある。鋳型面近くにも気泡痕がある。光る鉱物はない。湯口の深さは約10㎜、幅は約29㎜。堰の深さは約1.5㎜、幅は約38㎜。あがりの深さは約1㎜で、断面形は角度の大きいV字形。幅置面と側面の角には幅3㎜の面が作られている。側面はほぼ垂直な面。底面は平面で、鋳型面とほぼ平行。幅置面と鋳型面の段差は約1㎜。鋳型面は平面。鈕周辺の円圏線はコンパスを用いて描いた正円。外側の円圏線はコンパスを用いた正円ではなく手彫り線。鋳型面は最初に平滑面を作り、その後、文様を彫り込んでいる。鈕孔中子は湯道の延長線方向と直角方向になる。鈕は半球形の窪みを作り、次に三弦を彫って形を作っている。鈕の内面には鈕孔中子を嵌める窪みはない。粘土汁で半球形の曲面に接着して固定するのであろう。鋳造に使用した范。湯口は比較的深くて狭く、湯道は鏡縁に近づくにしたがって浅く広くなり、堰で最も浅く広くなる。他の草葉文鏡范とは異なり、側面と底面の間に幅広い斜面はない。

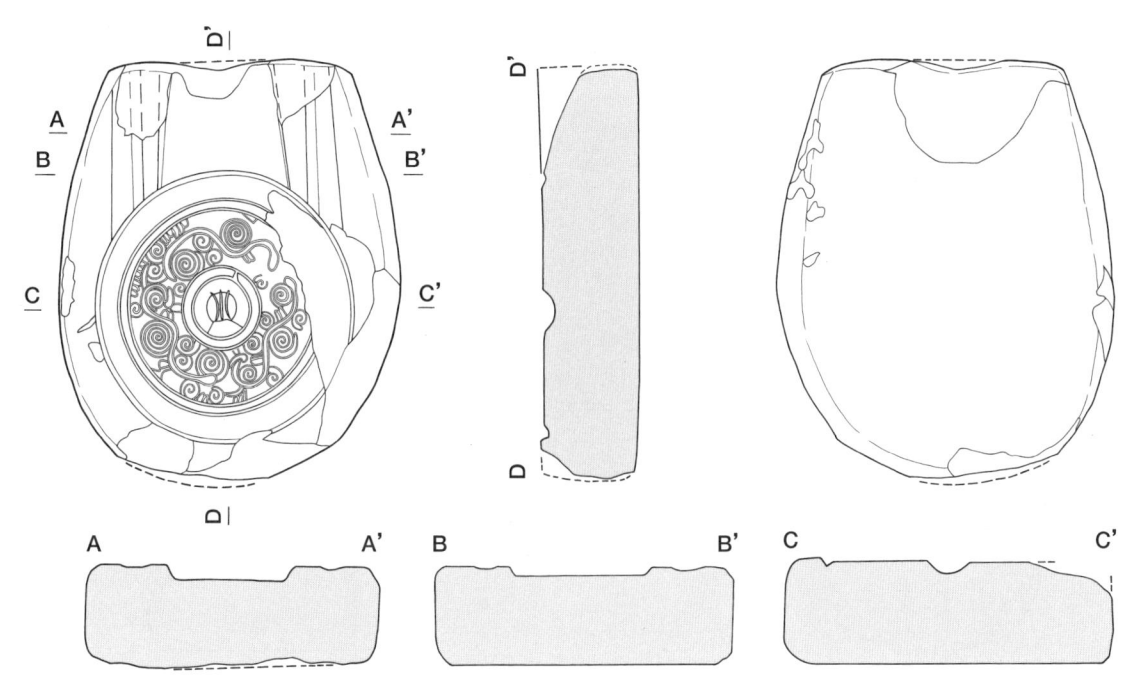

図6　整理番号6（SLQJF:22）　渦状虺文鏡　鏡背范　［S＝1/2］

■整理番号7（LQKJ:02）　螭龍文鏡　鏡背范（2007年資料調査）

外形寸法：残存長17.0cm、残存幅8.0cm、厚さ4.5cm、復原面径11.0cm

重量：未計測

比重：未計測

文様：鏡背面の1/2ほどが残っている。鏡縁は匕縁である。内区は4個の乳で分割され、螭龍文が描かれる。地文は渦巻文を充塡している。鈕は欠損のため判然としない。

出土地点：闞家寨村南

収蔵場所：臨淄斉国故城遺跡博物館

観察記録：湯道と鋳型面は赤褐色（小豆色）で、他の范には見られない色調。塗型材が塗られていて緻密で、塗型材の成分が影響して焼成後に赤褐色に変色したもの。赤褐色の層が剥離した下層は黒色で、約5mmの深さまで浸透している。側面は幅置面寄りの一部に黒色が付着しているが、側面と底面の間にある斜面と底面は橙色。破断面から内部が灰白色であることが分かる。幅置面は一平面で気泡痕が点在し、幅は12mm。幅置面と側面の角は丸まっているため、ここに面があった（面取りされていた）のかは不明。破断面の角が鋭角で、硬質な印象を与える。破断面には土が付着しているが、鋳型

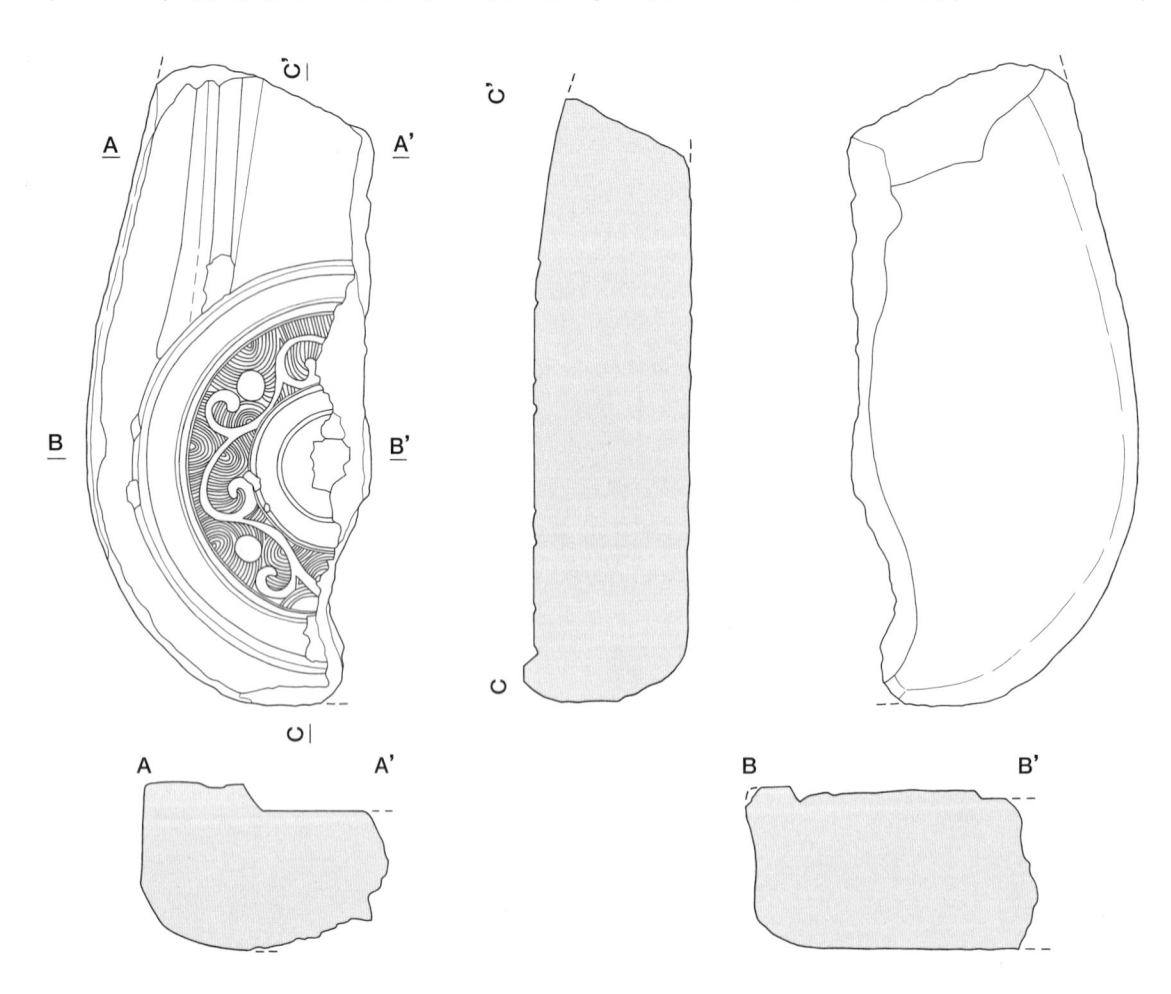

図7　整理番号7（LQKJ:02）　螭龍文鏡　鏡背范　[S=1/2]

74 —— Ⅰ部　資料編

面と平行な横方向の気泡痕が認められる。側面は幅（高さ）約35㎜、側面と底面の間にある斜面の幅は12㎜。底面は平面。側面にはヘラで切ったような痕跡があり、多数の平面で切られたような多角面からなり、一曲面になるようには作られていない。鋳型面を伏せて置き側面に定規をあてると、側面の中心部がやや窪んでいることが分かる。幅置面と鋳型面の段差は 2 ㎜。鏡縁や湯口の側面は約120度の角度で抜け勾配。湯口の深さは12㎜。堰の深さは 3 ㎜。あがりの長さは64㎜、鏡縁側の幅は10㎜、深さは2.5㎜で、笵外に向かって幅 5 ㎜、深さ 2 ㎜と狭く浅くなり、湯道から 5 ㎜離れている。あがりの断面形は逆三角形。円圏線は断面が半丸凹形の線。付着物が多く、コンパスによる彫り込みかは不明。円圏線に笵崩れはない。鋳型面の全ての凹線文様は平滑な鋳型面から一様に彫り込まれて作られている。七縁の頂点にあたる鋳型面の角には凹線が彫り込まれ、鋳造では頂点に凸線ができ、研磨で鋭角な角になるよう工夫されている。鏡縁を除く鋳型面は平面。

■ **整理番号 8 （表採）　草葉文鏡　鏡背笵（2007年資料調査）**

外形寸法：残存長17.5cm、残存幅9.6cm、厚さ5.7cm、復原面径12.0cm
重量：未計測

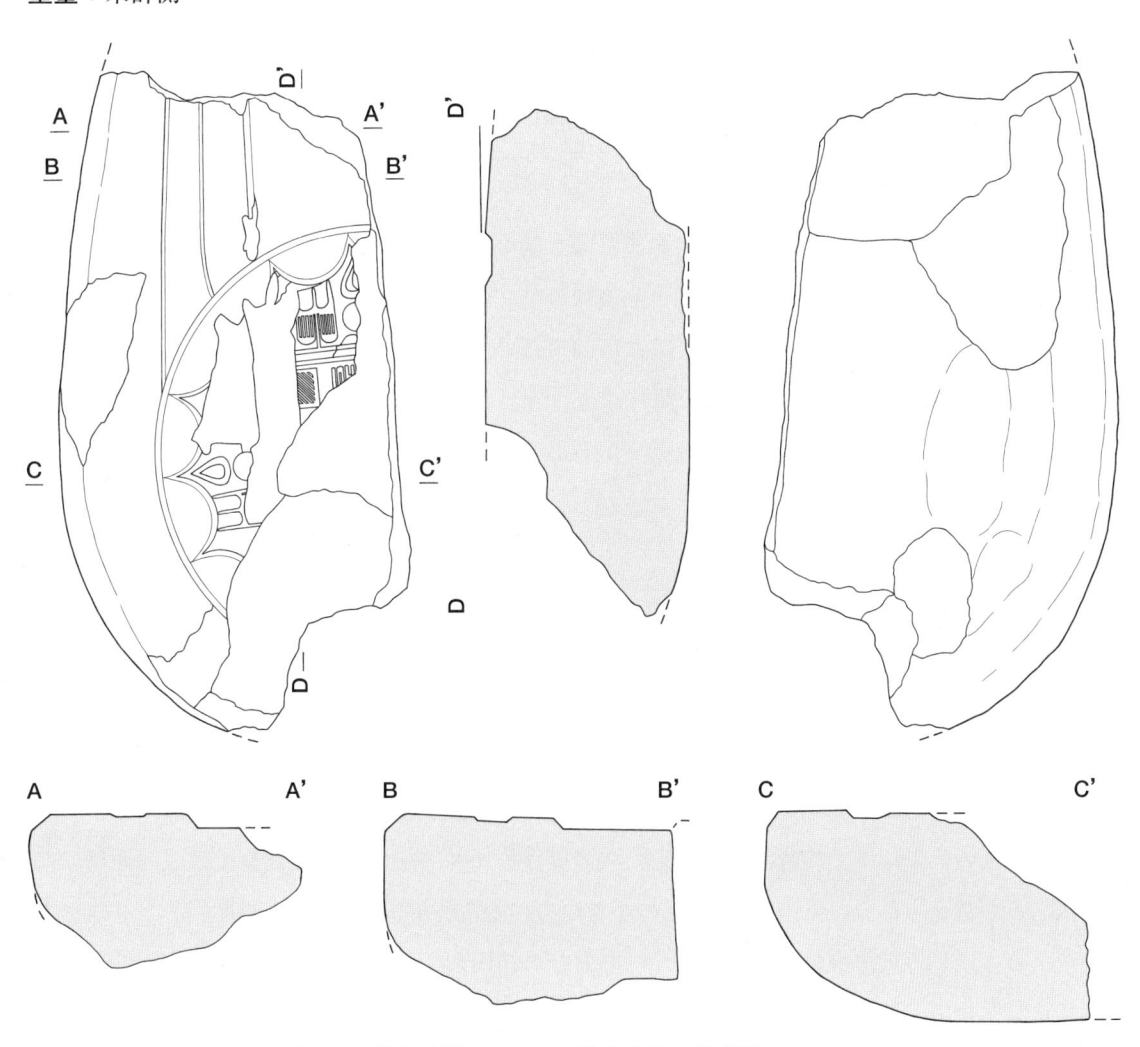

図 8　整理番号 8 （表採）　草葉文鏡　鏡背笵［S＝1/2］

比重：未計測

文様：鏡背面の1/3ほどが残っている。方格各辺には2個の麦穂状文が配置されるが、麦穂状文は一段のものである。麦穂状文の間には乳と水滴状の葉文が配置される。方格銘帯隅には四角形の中に斜線が描かれる。銘文は各辺2字で、左回りに8字あったものと思われる。

出土地点：蘇家廟村西（2007年採集）

収蔵場所：臨淄斉国故城遺跡博物館

観察記録：内部は白灰色。湯道、鋳型面、幅置面には塗型材が塗られ、黄緑色で緻密。新しい破断面には気泡痕がある。湯道と鋳型面の下には4～5mmの白灰色の層があり、その下層には黒灰色の層が約10mmある。黒灰色は深くなるにつれて徐々に薄くなり、白灰色に変わる。多くの范は橙色と黒灰色の層で、そういった点からこの范は珍しい。黒色層の発生原因を考える上で重要な范。手に持つと他の范よりも少し重いが、一般的な陶范よりは軽い。鏡縁、湯道、あがりの角が極めて鋭角に残り、脆くない材質であることを示している。堰の深さは2mm。あがりの深さは0.8mm。

■**整理番号9**（藤井范）　草葉文鏡　鏡背范

外形寸法：長さ21.8cm、幅18.3cm、厚さ6.6cm、面径12.7cm

重量：843.0＋690.0g

比重：0.94

文様：鏡背面がほぼ完存している。方格各辺には2個の麦穂状文が配置されるが、麦穂状文は二段のものである。麦穂状文の間には乳と水滴状の葉文が配置される。方格外側の対角線上には双葉文と葉文が配置される。方格銘帯隅には四角形の中に三角形を重ねた三角渦文が描かれる。銘文は各辺2字で、右回りに「見」「日」「之」「光」「□」「母」「相」「忘」と判読できる。鈕には四葉座がある。鏡縁には16個の連弧文がある。

出土地点：不明

収蔵場所：藤井有鄰館

観察記録：内部は白色に近い白灰色で、他の多くの草葉文鏡范に見られる典型的な色調。鋳型面と幅置面は全面がこげ茶色を帯びた黒色で、その下層にはくすんだ橙色が認められる。鋳型面と垂直に破断し、割れ線は直線的で、鈕の上を通過して1/2に割れている。湯口の右下から約80mmの長さのひび割れが発生して途中で止まっている。湯口側の底面と側面が貝殻剥離している。軟質で削りやすい材質。分析試料採取後の穴には多くの気泡痕が見え、穴の奥は約20×35mmで、肉眼観察ではこの面積に70個程度の気泡痕が数えられる。気泡痕は0.1mmの小さいものから、0.5×2mmの中程度、2×3mmの大きいものがある。円形の気泡痕はほとんどなく、おおむね楕円形で鋳型面と平行方向の方向性を持っている。大きな気泡痕内部には突起物がある。微細な白色粒が点在し、肉眼観察では光る鉱物などは見つけられない。湯口の断面は上辺45mm、底辺35mm、高さ11mmの逆台形をなす。湯道の長さは68mm、幅

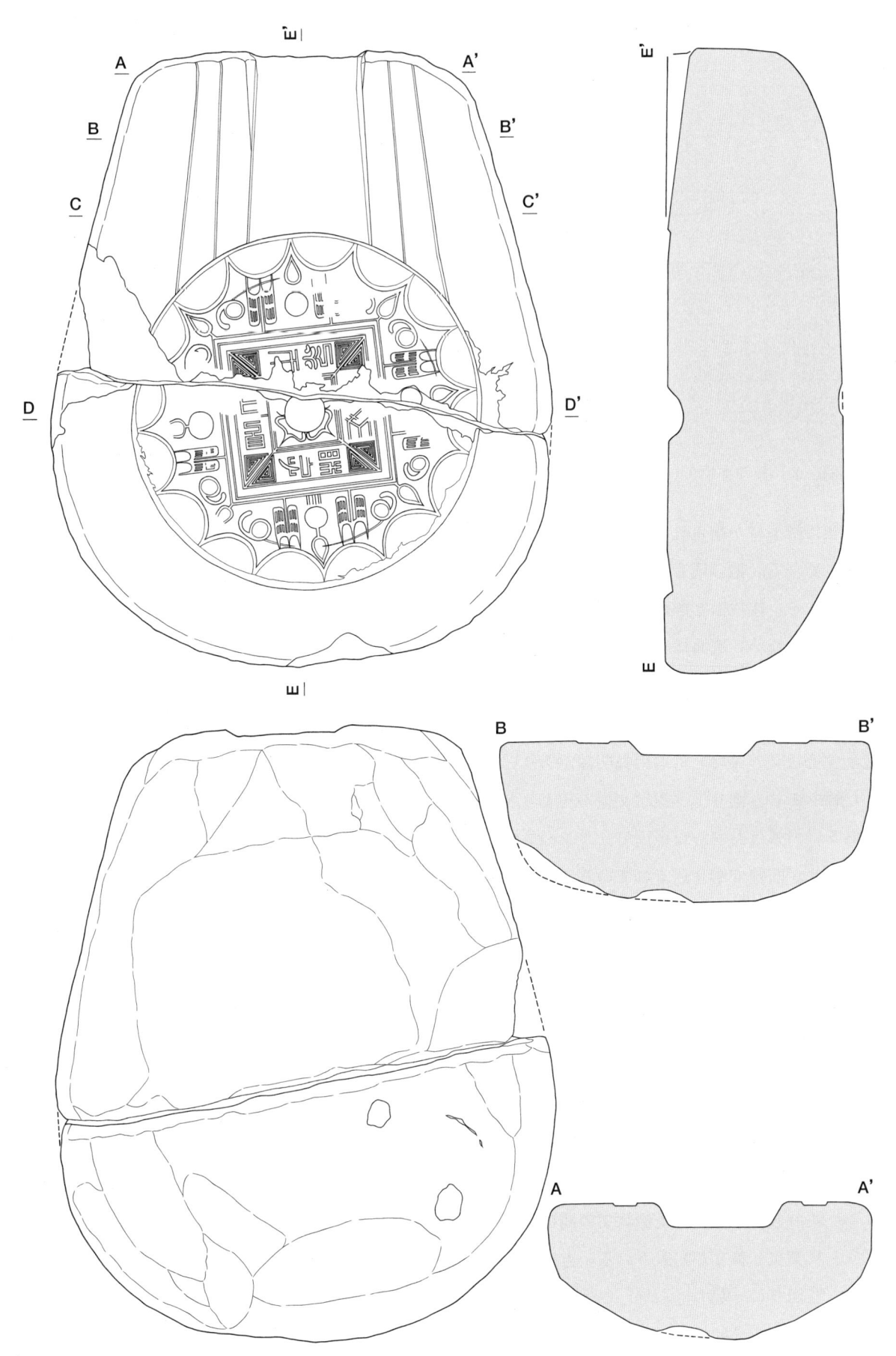

図 9-1　整理番号 9（藤井范）　草葉文鏡　鏡背范　[S=1/2]

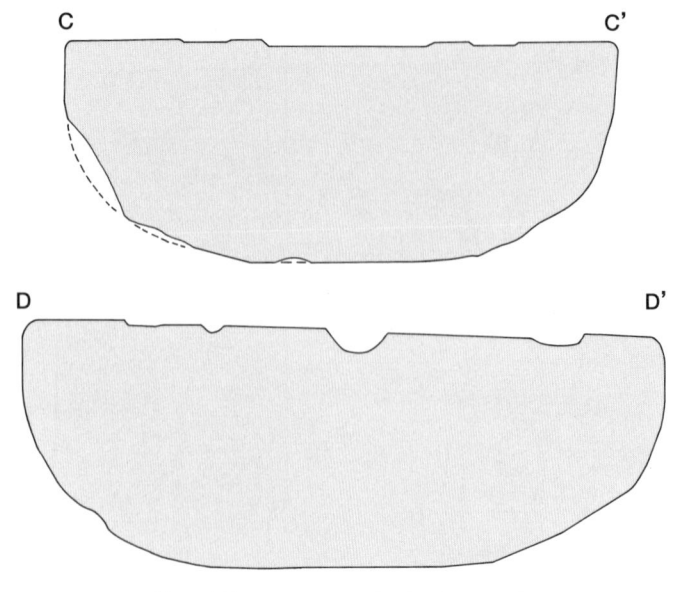

図9-2　整理番号9（藤井笵）　草葉文鏡　鏡背笵　[S=1/2]

は45mmで、湯道の底面はごくわずかに中心部が凸曲面になるが、ほぼ一平面からなり、湯口の深さ11mmから堰に向かって浅くなるように傾斜している。湯道の両側面は底面に対して約110度の傾斜面になっている。湯道には塗型材が塗られ、緻密な面に仕上げられている。堰の幅は45mm、深さは2mm。あがりは全形を残し、湯道から10〜12mm離れて湯道の両側に各1本ある。幅は12〜9mmで、鏡縁から外に向かって狭くなる。長さは長辺で85mm、短辺で72mm。深さは1mm弱で極めて浅い。湯道と同様に塗型材が塗られている。幅置面に130mmの長さで定規をあてると、中心部で約0.3mmの凸曲面になっている。他の笵と同様に笵ずれ防止のハマリはない。側面は多数の平面が連続した多角面の印象を与える。幅置面と側面の角度は90度よりもわずかに小さい角度になっている。鏡面笵と合わせる時の合印はない。底面は平面。側面と底面の間にある斜面には形状が異なる複数の半丸凹形の溝がある。幅置面に定規をあてて鋳型面との隙間を測ると、葉文の内側は均一に約1mmあるが、葉文のあたりから鏡縁にかけては徐々に隙間が大きくなり、鏡縁で3mmの深さになる。鋳型面はほぼ平面。各葉文と麦穂状文の先端を結ぶ円弧凹線があり、割り付け線と思われる。これはコンパスを用いて彫り込んだ線であり、割り付け線は文様の線よりもやや浅い。いくつかの連弧文の円弧の角の部分には凹線がある。円弧はおおむね正円で、コンパスで彫り込んだものか。四葉座も連弧文と同様に葉文のアウトラインが凹線で彫り込まれている。これらの凹線は鋳造品では凸線となり、研磨で文様の角がシャープに研ぎ出せるための工夫と考えられる。鈕の内面には鈕孔中子を嵌める窪みはない。

■**整理番号10（東大笵）　草葉文鏡　鏡背笵**

外形寸法：残存長20.7cm、残存幅12.8cm、厚さ4.8cm、復原面径14.0cm

重量：未計測

比重：未計測

文様：鏡背面の2/3ほどが残っている。方格各辺には2個の麦穂状文が配置されるが、麦穂状文は一段のものである。麦穂状文の間には乳と水滴状の葉文が配置される。方格外側の対角線上には双葉文と葉文が配置される。方格銘帯隅には四角形の中に斜線が描かれる。銘文は各辺2字で、左回りに「見」「□」「□」「□」「天」「下」「大」「□」のみ判読できる。鈕には四葉座がある。

出土地点：傅家廟村南

収蔵場所：東京大学

観察記録：内部は淡い白灰色。鋳型面、幅置面、湯道、あがりには黒灰色や黒色は一切見られない。全ての面で層状剥離を起こしている。底面の層状剥離は特に激しく、0.5〜2㎜の厚さの層と層の間に隙間が発生するまでになっている。幅置面の層状剥離は剥離面に土が付着していることから、土中に埋まる前に剥離が発生したものと考えられる。材質は軟質。大小多数の気泡痕がある。5㎜程度の大きな気泡痕内部には突起物がある。鋳型面を上にして置いた時、側面の気泡痕には横方向の方向性が見られる。肉眼観察では光る鉱物は見つけられない。あがりは底面の一部が残り、塗型材が塗られ、焼成されて橙色を呈す。鏡縁寄りの幅は12㎜。側面は幅置面と80度の角度で、合印は見あたらない。幅置面に定規をあてて鋳型面との隙間を測ると、乳の内側には約1.2㎜の隙間があるが、葉文のあたりから連弧文にかけては徐々に隙間が大きくなり、鏡縁で約4㎜の隙間になる。鋳型面は葉文の内側ではほぼ平面。方格周辺の塗型材は層状に剥がれ、この部分の厚さは0.3㎜とやや厚い。葉文にある円弧凹線の割り付け線がかすかに確認できる。鈕は径17㎜で、深さ6㎜の半球凹形。鈕の内面には鈕孔中子を嵌める窪みはない。

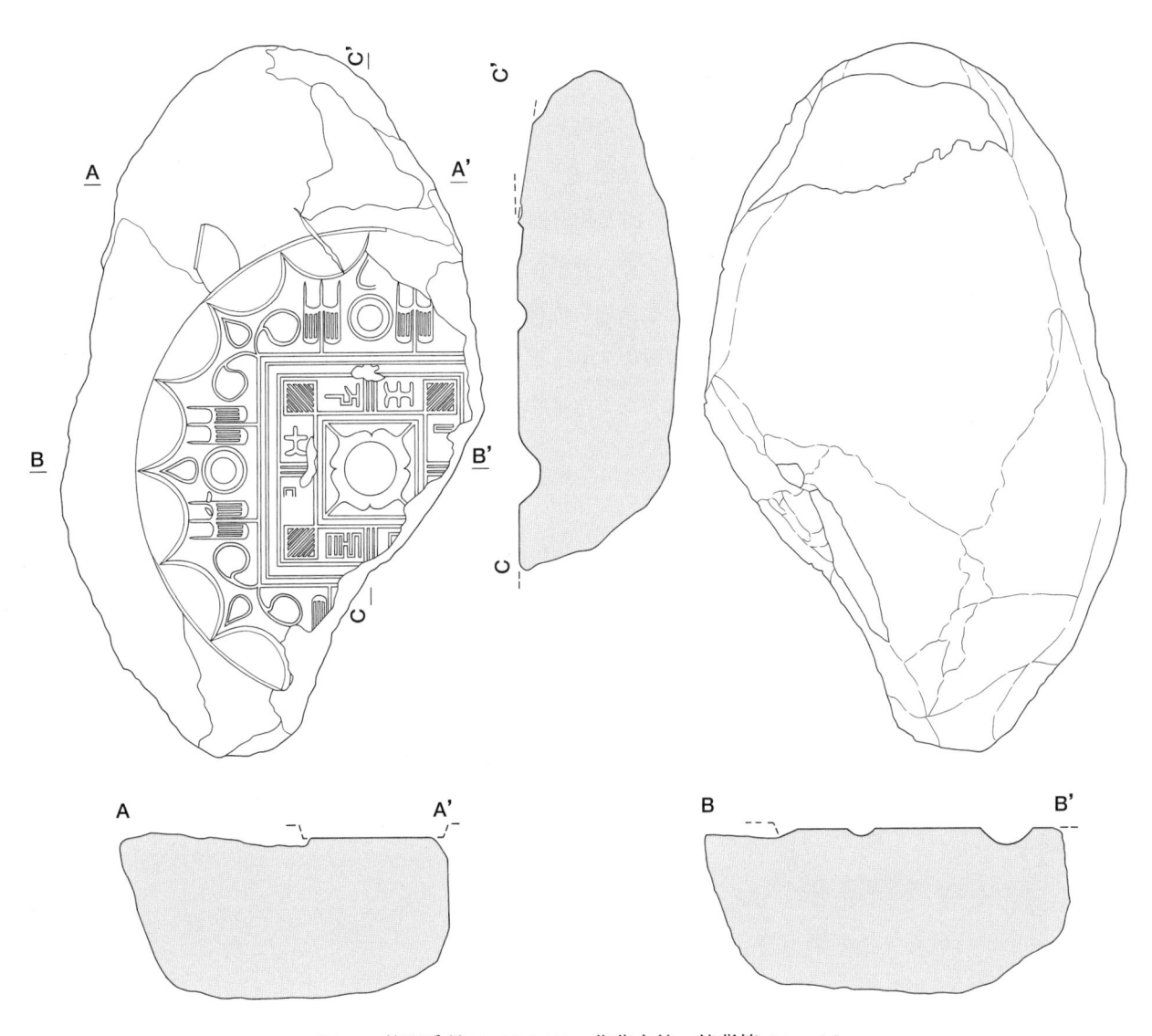

図10　整理番号10（東大笵）　草葉文鏡　鏡背笵　[S＝1/2]

■**整理番号11（SLQJF:02）　規矩草葉文鏡　鏡背范**

外形寸法：残存長10.5cm、残存幅10.3cm、厚さ5.4cm、復原面径11.4cm

重量：306.9g

比重：1.02

文様：草葉文鏡の中では類例の少ない方格規矩文様を配置している。T字文、L字文、V字文が方格規矩四神鏡と同様の位置に配置されるが、T字文の横棒と縦棒は分離しない。L字文、V字文は連弧文に接していない。方格外側の対角線上には鏡背分割線を利用して対角線が描かれる。

出土地点：石佛堂村東南地点（2003年採集）

収蔵場所：山東省文物考古研究所

観察記録：全体は白灰色。底面の表面には黒色があり、黒色はわずかに浸透している。鋳型面には黒灰色が残る。一部に拓本製作時の墨が付着している。破断面には気泡痕が多く、大きな気泡痕もある。小さい気泡痕は横方向の方向性を持つ楕円形。大きな気泡痕内部にはゆるやかな突起物が複数ある。光る鉱物はない。幅置の幅は20㎜。ハマリはない。側面には縦の凹線がある。これは工具で削った傷ではなく、硬い材料に工具を打ちあてて整形した時の痕跡で、凹線の中に刃形の小さな凹凸がある。側面の表面には黒色膜がなく、合印はない。底面は平面。側面と底面の間にある斜面には断面が半丸凹形の指跡のような浅い溝が複数ある。幅置面と鋳型面の段差は1.5㎜。鋳型面は平面。気泡痕が多い材質にもかかわらず、鋳型面には気泡痕がない。連弧文の面は外側に向かって緩やかに傾斜し、表面に筆痕跡が残る。鋳造に使用した范。大きな気泡痕内部にある複数の突起物は、この范材ができる過程で必然的に生成したと考えられる。鋳型面のすぐ下に気泡痕があるにもかかわらず、鋳型面には気泡痕がないことから、文様を彫る時に露出した気泡痕を微粉末の塗型材などで埋めたと考えられる。

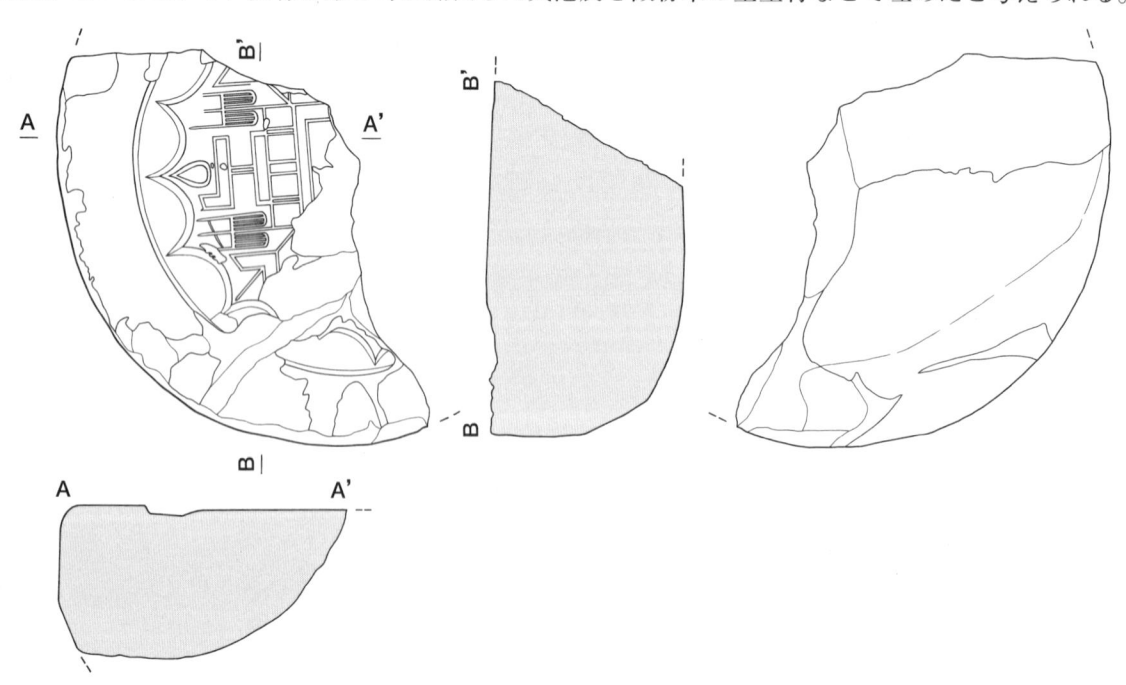

図11　整理番号11（SLQJF:02）　規矩草葉文鏡　鏡背范　[S=1/2]

踏み返し笵は鋳型面に気泡痕ができないように鋳型土を突き固めるなどの工夫ができ、鋳型面近くに気泡痕を発生させないことが可能である。

■**整理番号12（SLQJF:11）　草葉文鏡　鏡背笵**

外形寸法：残存長14.9cm、
　　　　　残存幅17.1cm、厚さ6.9cm、
　　　　　復原面径14.4cm

重量：816.4ｇ

比重：0.94

文様：鏡背面のほぼ半分が欠損している。7個の連弧文が確認できる。方格各辺には2個の麦穂状文が配置されるが、麦穂状文は二段のものである。麦穂状文の間には乳と水滴状の葉文が配置される。方格外側の対角線上には双葉文と葉文が配置される。方格銘帯隅には四角形の中に三角形を重ねた三角渦文が描かれる。銘文は各辺2字で、左回りに「□」「日」「之」「光」「□」「□」「□」「□」のみ判読できる。

出土地点：劉家寨村南（2000年採集）

収蔵場所：臨淄斉国故城遺跡博物館

観察記録：全体は白灰色。幅置面は淡い橙色。鋳型面は黒灰色。幅置面の剝離部分には浸透した黒灰色が認められる。浸透した黒灰色は表面に近い方が黒い。鋳型面の破断面観察では、表面から2～3mm橙色が浸透し、その下層に黒灰色の層がある。一部に拓本製作時の墨が付着している。気泡痕が多い

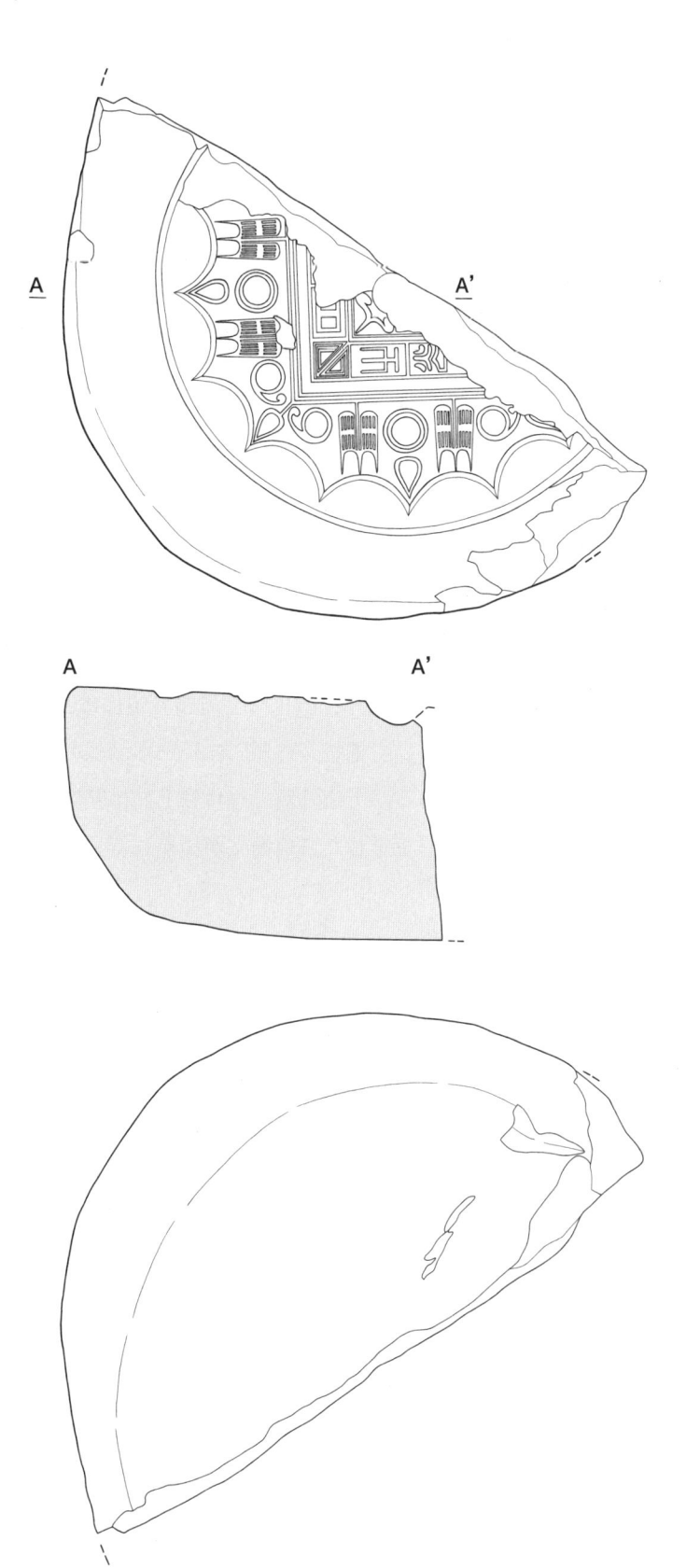

図12　整理番号12（SLQJF:11）　草葉文鏡　鏡背笵［S＝1/2］

が、これらに方向性は見られない。鋳型面と垂直に破断する材質。光る鉱物はない。幅置の幅は約25mmで、幅置面と側面の角には幅5mmの平らな面が作られている。底面は平面。側面と底面の間にある斜面には斜め方向の大きな凹線があり、指跡か工具での削りかは不明。幅置面と鋳型面の段差は約1mm。鏡縁の深さは約3mm。鋳型面に定規をあてると、端で0.2mm下がっているが、鏡縁を厚く作るために端で少しずつ面が下がるためこのように測れる。端以外は平面。鋳型面の各葉文には円弧割り付けの線がある。この割り付け線は文様線よりも明らかに浅い。連弧文は鏡縁側に向かって深く傾斜した面になっている。鋳造に使用した笵。幅置面の橙色の層の下に黒灰色の層があることから、注湯で黒灰色が浸透し、鋳型面を再度焼成したことにより橙色に変色したとも考えられる。そうであるならば、このことは複数回の使用をおこなおうとしていた証拠となる。科学分析で黒灰色と橙色の原因を解明し結論づける必要がある。

■整理番号13（SLQJF:12）　草葉文鏡　鏡背笵

外形寸法：残存長9.5cm、残存幅14.8cm、厚さ6.5cm、復原面径17.0cm
重量：447.6g
比重：0.88
文様：鏡背面の1/4ほどが残っている。方格各辺には2個の麦穂状文が配置されるが、麦穂状文は二段のものである。麦穂状文の間には乳と水滴状の葉文が配置される。葉文と乳、乳と方格各辺の間には線がある。方格外側の対角線上には双葉文と葉文が配置される。方格銘帯隅には四角形の中に三角形を重ねた三角渦文が描かれる。銘文は各辺3字で、12字のものである可能性が

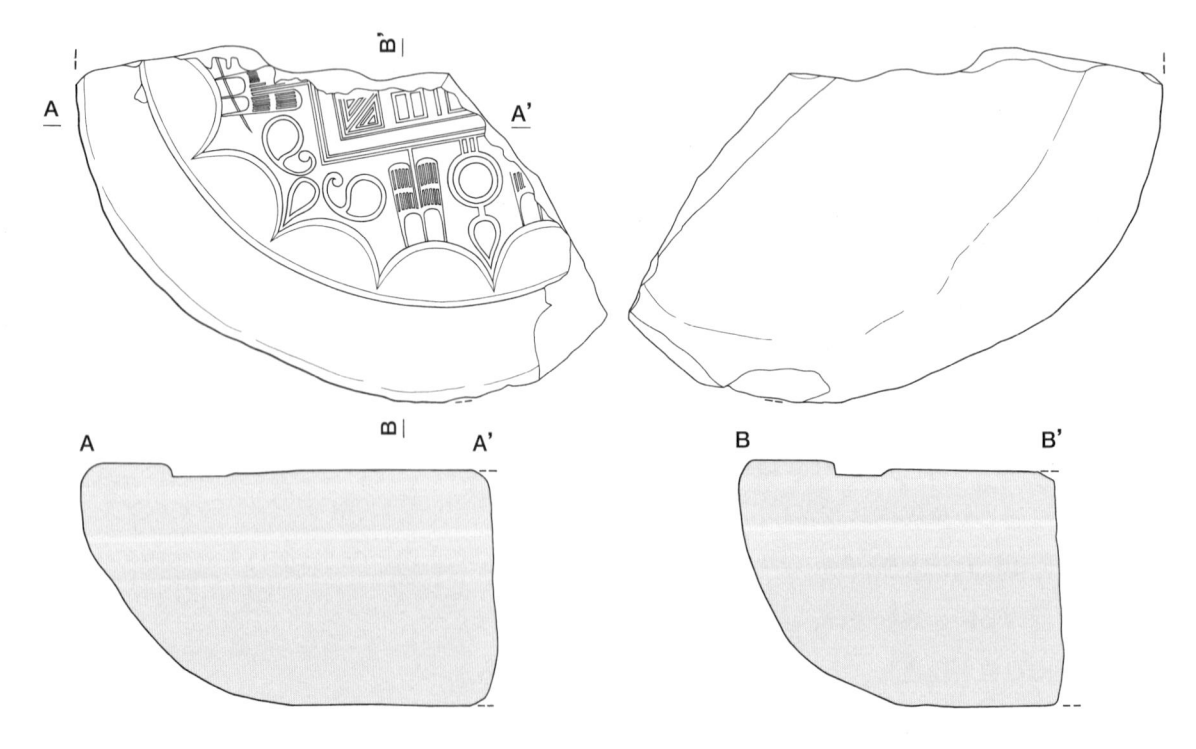

図13　整理番号13（SLQJF:12）　草葉文鏡　鏡背笵　[S＝1/2]

高い。「日」のみ判読できる。

出土地点：劉家寨村南（2000年採集）

収蔵場所：臨淄斉国故城遺跡博物館

観察記録：全体は白灰色。破断面には土が付着し黄土色。鋳型面は黒灰色。幅置面は赤橙色の薄い膜で覆われ、鋳型面から幅置面に3mmほどはみ出したように灰色帯がある。この灰色と赤橙色の境目には濃い茶褐色がある。気泡痕は大きいものは2×4mmや1×2mmの楕円形で、他に更に小さい気泡痕がある。気泡痕は長細い楕円形で、同一の方向に向かう規則性がある。底面は表面が黒色膜（層）で覆われ、この膜が削れた部分に白灰色の地色が見える。この部分に気泡痕が見え、白色の小さな粒子が点在するが、光る鉱物はない。付着土には光る鉱物が見える。幅置の幅は20～25mm。幅置面は平面で、笵ずれ防止のハマリはない。全面に細粒の塗型材が塗られている。側面にはヘラのような工具で削った痕跡がある。底面は剥がれていて観察は不可能。側面から底面にかけてはなだらかに丸まった面で、断面が半丸凹形の長さ2cmの浅い溝が複数ある。幅置面と鋳型面の段差は約2mm。鏡縁の深さは約3.5mm。鋳型面に定規をあてると約10cmの長さで約0.4mmのわずかな凸面だが、おおむね平面。鋳型面、幅置面には気泡痕はない。鋳型面の黒色部分には光沢がある。葉文の位置にコンパスの円弧凹線の割り付け線がある。文様部分の笵崩れはない。鋳造に使用した笵。笵は軟質な印象を受ける。石材のような硬質感も、屋根瓦のような硬質感もない。幅置面に3mmほどはみ出したような灰色帯があるが、鋳バリの跡なのか凝固ガスの噴き出しによるものかは不明。

■整理番号14（SLQJF:16）　草葉文鏡　鏡背笵

外形寸法：残存長8.6cm、残存幅12.4cm、厚さ5.2cm、復原面径11.4cm

重量：277.3g

比重：0.81

文様：鏡背面の1/3ほどが残っている。方格各辺には2個の麦穂状文が配置されるが、麦穂状文は一段のものである。麦穂状文の間には乳と水滴状の葉文が配置される。方格外側の対角線上には双葉文が配置される。方格銘帯隅には四角形の中に斜線が描かれる。銘文は各辺2字で、左回りに「見」「□」「□」「□」「□」「□」「大」「明」のみ判読できる。

出土地点：劉家寨村南（1997年採集）

収蔵場所：張氏収蔵

観察記録：全体は白灰色。鋳型面、幅置面の下層には橙色が浸透している。鋳型面は黒灰色で、この黒灰色は約0.1mmの薄い膜である。気泡痕が多い。大きいものは長径3mmの楕円形で、その内部には突起物がある。径約1mmの小さな気泡痕の内部には突起物はない。最も大きい2×7mmの気泡痕の内部には複数の突起物がある。破断面に現われた気泡痕の形状は楕円形ではなく、突起物の形が外形になっているものがある。幅置面はわずかに削られているが、幅置面には気泡痕が多く露出している。破

断面は鋳型面と直角な面。鋳型面に亀裂が発生している。垂直方向の亀裂だが、底面までは到達していない。破断面には微細な光る鉱物はない。幅置の幅は14〜20mm。幅置面に笵ずれ防止のハマリはなく、一平面。側面と幅置面の角には幅4mmの平らな面が作られている。側面は工具で切ったような多角面で、平面ではなく、わずかに凹曲面になっているところがある。底面は平面で鋳型面とほぼ平行で、気泡痕がある。側面と底面の間にある斜面には指跡のような隣り合った3本の浅い溝があり、溝の断面は半丸凹形。この溝には指の関節のような角を持つものがある。幅置面と鋳型面の段差は約1mm。鏡縁の深さは約2mm。鋳型面は平面。鋳型面に気泡痕はない。麦穂状文や葉文、連弧文など文様の凹部や角に凸線の皺がある。その形状は何か濃い液体が文様の凹部に溜まってそれが乾いた時に発生するような皺に似ている。この黒色の皺は多くの笵に見られるものではない。いくつかの草葉文鏡の文様の凸線上や平面上に凹線の皺があり、黒色の皺と形状が似ているので、これが原因かもしれない。鋳造に使用した笵。幅置面が割れた部分には表面から1mm浸透した黒灰色の層があるので使用笵と判定した。この笵の鋳型面を下にして平らな面に伏せて置くと、幅置面がほぼ一平面であることが分かる。平らな板に練り物を押し付けて笵の形を大まかに作った後で、擦り合わせて幅置面を平面にするのであれば、この笵のように幅置面に気泡痕が露出するのかもしれない。そして、鋳型面に気泡痕が露出しても塗型材で穴を修理できる方法が確立していたと思われる。

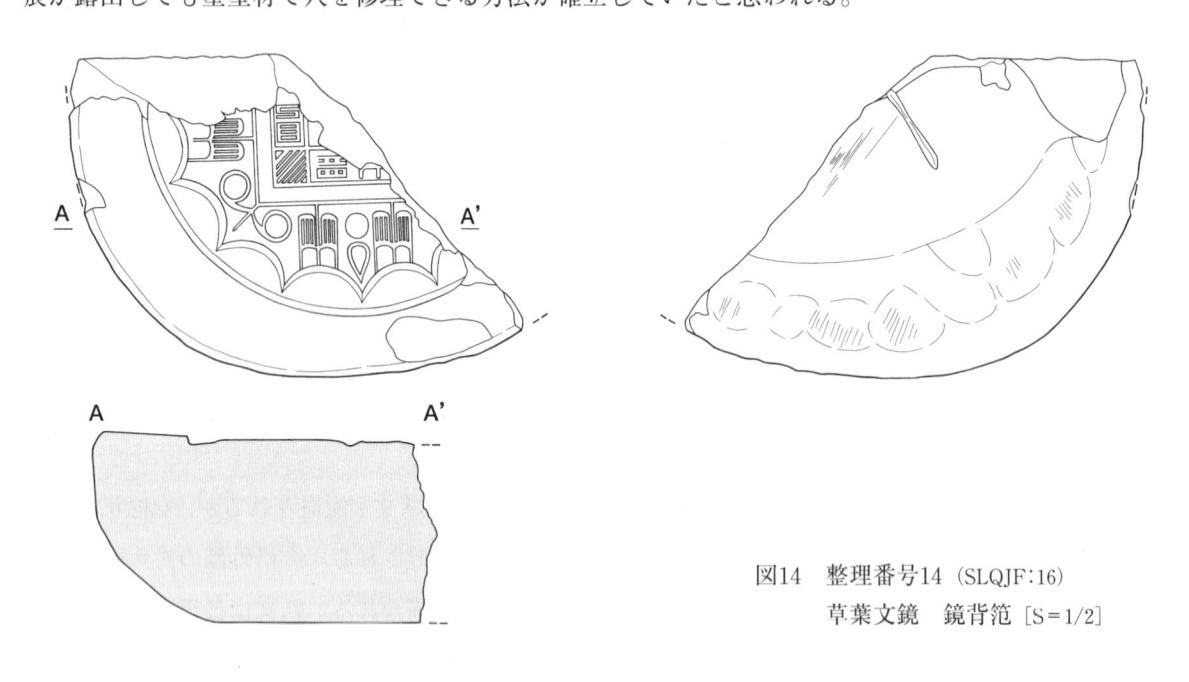

図14　整理番号14（SLQJF:16）
草葉文鏡　鏡背笵 ［S=1/2］

■**整理番号15（SLQJF:18）　草葉文鏡　鏡背笵**

外形寸法：残存長11.5cm、残存幅16.3cm、厚さ6.4cm、復原面径12.0cm

重量：570.1g

比重：0.87

文様：鏡背面の2/3ほどが残っている。方格各辺には2個の麦穂状文が配置されるが、麦穂状文は一段のものである。麦穂状文の間には乳と水滴状の葉文が配置される。方格外側の対角線上には双葉文が配置される。方格銘帯隅には四角形の中に斜線が描かれる。銘文は各辺2字で、左回

りに「見」「□」「□」「□」「長」「母」「相」「忘」のみ判読できる。鈕には四葉座がある。

出土地点：臨淄斉国故城内（2000年採集）

収蔵場所：古鑑閣

観察記録：全体は白灰色。裏面の一部には黒色膜がある。幅置面から側面にかけて橙色。鋳型面はやや緑色がかった橙色で、黒灰色は見られない。破断面には気泡痕があり、光る鉱物はない。破断面が鋳型面と直角面になり、半分に直線的に破断する材質。底面の中央には径15mm、深さ15mmの特別に大きな気泡痕が露出している。この内部には大小様々な突起物があり、笵の材料の成り立ちに関連していると思われる。幅置の幅は20mmで、側面と幅置面との角には幅3～4mmの面が作られている。側面と底面の間にある斜面には断面が半丸凹形の指跡のような浅い溝が複数ある。幅置面と鋳型面の段差は約1.5mm。鋳型面は約0.3mmの凸面。文様の凹部に土が付着している。文様に加工時のはみ出し線などはない。鈕の内面には鈕孔の中子を嵌める窪みはない。未使用笵。鋳型面の文様の加工はシャープで鋭く緻密である。鋳型面は強く焼かれている。

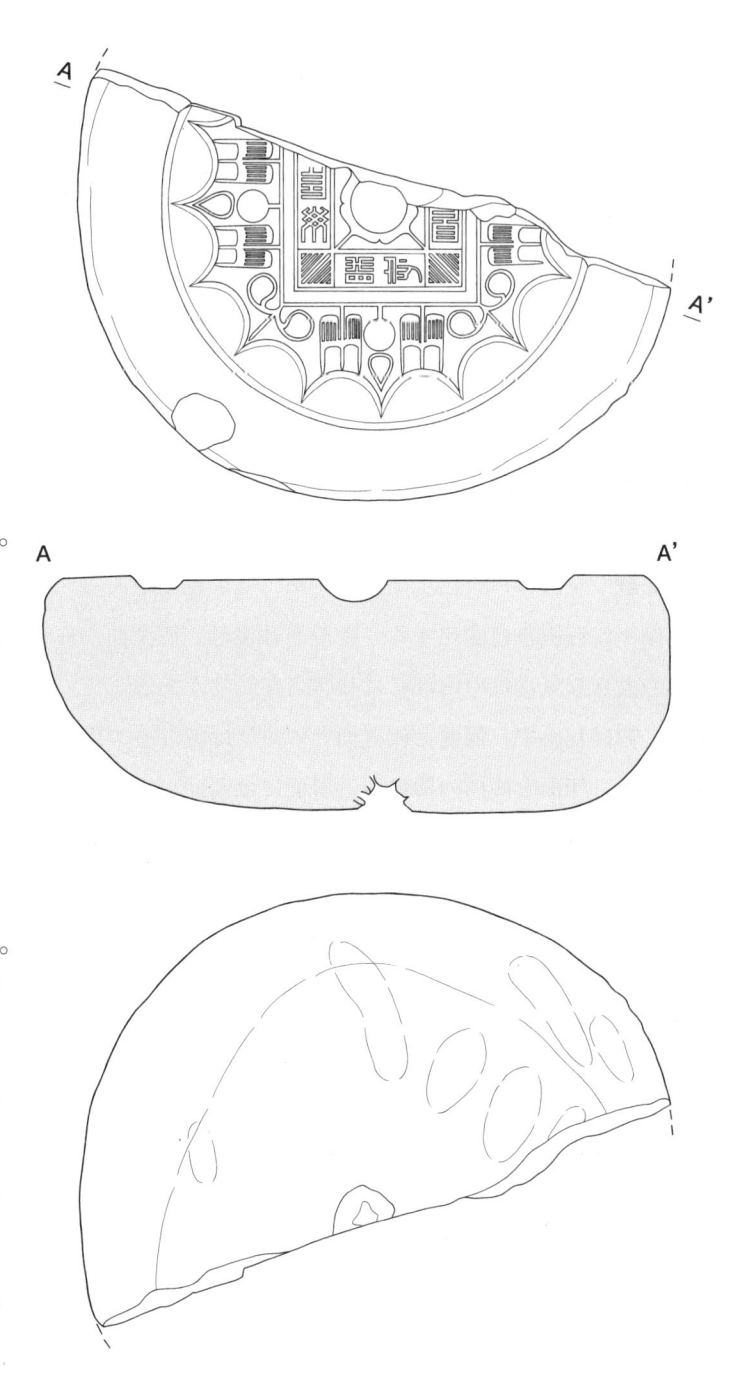

図15　整理番号15（SLQJF:18）　草葉文鏡　鏡背笵　[S=1/2]

■**整理番号16（SLQJF：21）　草葉文鏡　鏡背范**

外形寸法：残存長8.5cm、残存幅14.0cm、厚さ4.7cm、復原面径11.6cm

重量：328.8g

比重：0.91

文様：鏡背面は2/5ほどが残っている。方格各辺には2個の麦穂状文が配置されるが、麦穂状文は二段のものである。麦穂状文の間には乳と水滴状の葉文が配置される。方格外側の対角線上には双葉文が配置される。方格銘帯隅には葉文が描かれる。銘文は各辺2字で、左回りに「□」「□」「□」「光」「天」「下」「□」「□」のみ判読できる。鈕には四葉座がある。

出土地点：劉家寨村南（2000年採集）

収蔵場所：古鑑閣

観察記録：全体は白灰色。底面の一部には黒色膜がある。鋳型面は黒灰色。この黒灰色は約5mm浸透し、徐々に白灰色に変化する。幅置面は橙色。鋳型面から幅置面に幅2mmの黒色帯がはみ出す。4×6mmの大きな気泡痕の内部には複数の突起物がある。更に小さい中程度の気泡痕にも突起物がある。幅置の幅は16mmで、側面と幅置面との角には幅3mmの面が作られている。側面は複数の平滑面で作られている。側面と底面の間にある斜面には断面が半丸凹形の指跡のような浅い溝が複数ある。幅置面と鋳型面の段差は約1mm。鏡縁の深さは約3mm。鋳型面はほぼ平面。鋳型面の黒灰色と幅置面にはみ出した黒色は同色ではない。しかし、それぞれの下層にしみ込んだ色は同質。鈕の内面には鈕孔の中子を嵌める窪みはない。鋳型面、幅置面には気泡痕が2〜3個ある程度でほとんど見当たらない。鋳造に使用した范。

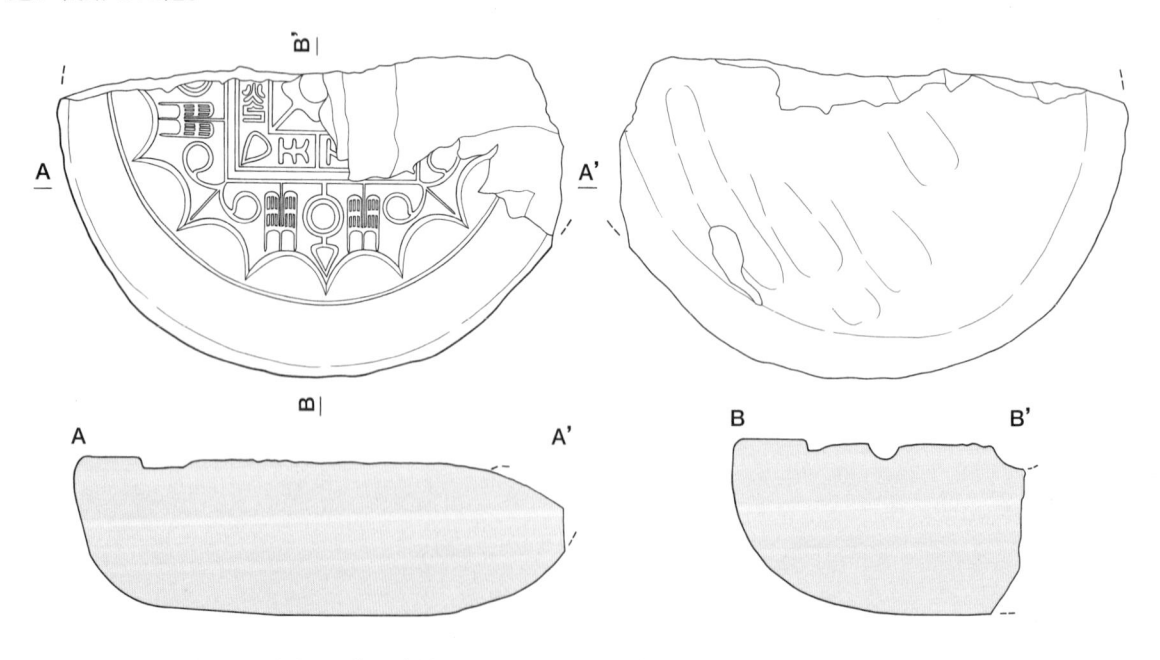

図16　整理番号16（SLQJF：21）　草葉文鏡　鏡背范　[S＝1/2]

■整理番号17（LQKJ:03）　螭龍文鏡　鏡背范（2007年資料調査）

外形寸法：残存長6.2cm、残存幅7.7cm、厚さ3.7cm、復原面径10.4cm

重量：未計測

比重：未計測

文様：鏡背面の1/4ほどが残っている。鏡縁は匕縁である。内区は4個の乳で分割され、2匹の螭龍文が描かれる。地文は渦巻文を充塡している。鈕は欠損のため判然としない。

出土地点：闞家寨村南（2005年採集）

収蔵場所：臨淄斉国故城遺跡博物館

観察記録：范内部は灰白色。おおむね鏡縁が赤橙色で、鏡の中心に向かって黒灰色が濃くなる。幅置面や鋳型面には塗型材が塗られ赤橙色。鏡縁の塗型材の下層には黒灰色の層がある。手に持つと軽い。破断面には土が付着。底面は平面。鋳型面の全ての凹線文様は平滑な鋳型面から一様に彫り込んで作られている。三角縁の頂点にあたる鋳型面の角には凹線が彫り込まれていない。鏡縁に複数の円弧線が明確に確認できる。この円弧線は長く、複数本が平行に続く凸線である。そして、円圏線や鏡縁の円と中点をほぼ同一にするものと、同一にしない円弧線がある。同一にしない円弧線は鏡縁面をやや斜めに進む。これらのことから、范を回転させて、手に小さなゲージを持って、それを回転する范にあてて削りながら形を作った痕跡とも考えられる。ほぼ同一にする円弧線は挽き型ゲージを回転させたものとも考えられるが、更に円弧線を精査した上で結論づける必要がある。鏡范製作の挽き型ゲージ使用を検討する上で重要な資料である。幅置面と鋳型面の段差は1mm。鋳型面は平面。

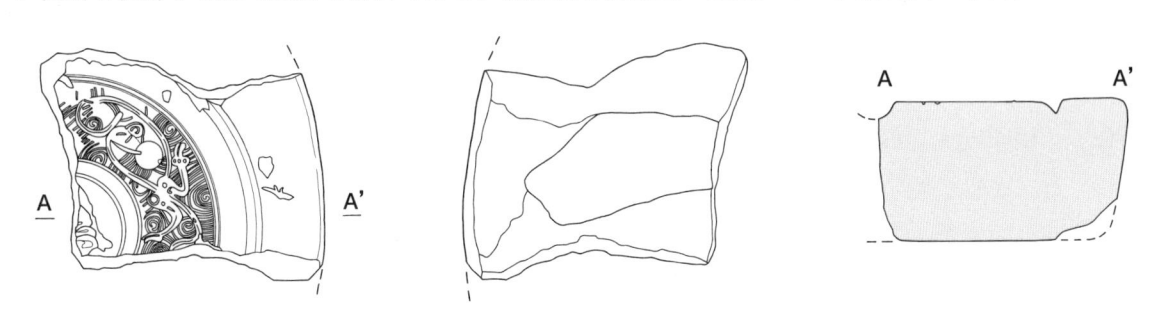

図17　整理番号17（LQKJ:03）　螭龍文鏡　鏡背范　[S＝1/2]

■整理番号18（LQKJ:01）　渦状虺文鏡　鏡背范

外形寸法：残存長14.9cm、残存幅7.8cm、厚さ4.2cm、復原面径10.0cm

重量：未計測

比重：未計測

文様：鏡背面の1/4ほどが残っている。鏡縁は匕縁である。虺文が描かれる。地文は渦巻文を充塡している。鈕は欠損している。

出土地点：闞家寨村南（2005年採集）

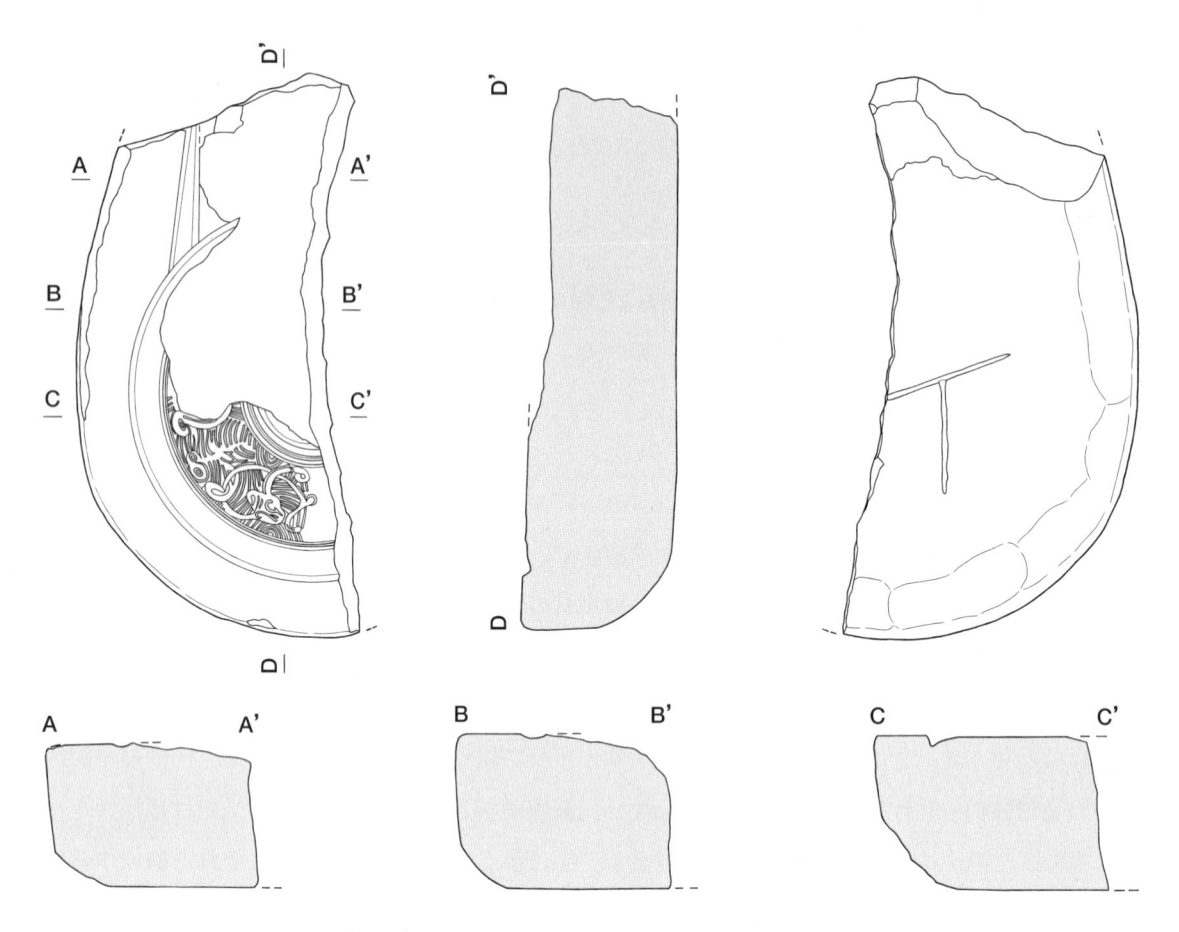

図18　整理番号18（LQKJ:01）　渦状虺文鏡　鏡背笵 [S＝1/2]

収蔵場所：臨淄斉国故城遺跡博物館

観察記録：内部は白灰色。鋳型面、あがりには塗型材が塗られ緻密で灰色。幅置面は橙色。幅置面は一平面で、幅は16㎜。鋳型面は平面。側面には横方向の加工痕跡の凹線がある。底面は平面で鋳型面とほぼ平行。底面と側面の間にある斜面には指跡のような半丸凹形の溝がある。手に持つと軽い。鋳型面の全ての凹線文様は平滑な鋳型面から一様に彫り込んで作られている。鏡縁部には加工痕跡となる円弧線などは認められない。あがりの断面形は鏡縁寄りが半丸形で、笵外寄りが逆三角形で珍しい。

■**整理番号19**（寺崎笵）　草葉文鏡　鏡背笵

外形寸法：残存長16.3cm、残存幅18.5cm、厚さ4.0cm、復原面径13.5cm
重量：780.0ｇ
比重：1.08（保存処理済）
文様：鏡背面の4/5ほどが残っている。方格各辺には2個の麦穂状文が配置されるが、麦穂状文は二段のものである。麦穂状文の間には乳と水滴状の葉文が配置される。方格外側の対角線上には双葉文と葉文が配置される。方格銘帯隅には四角形の中に三角形を重ねた三角渦文が描かれる。銘文は各辺に2字で、右回りに「見」「日」「之」「光」「□」「□」「□」「□」のみ判読できる。

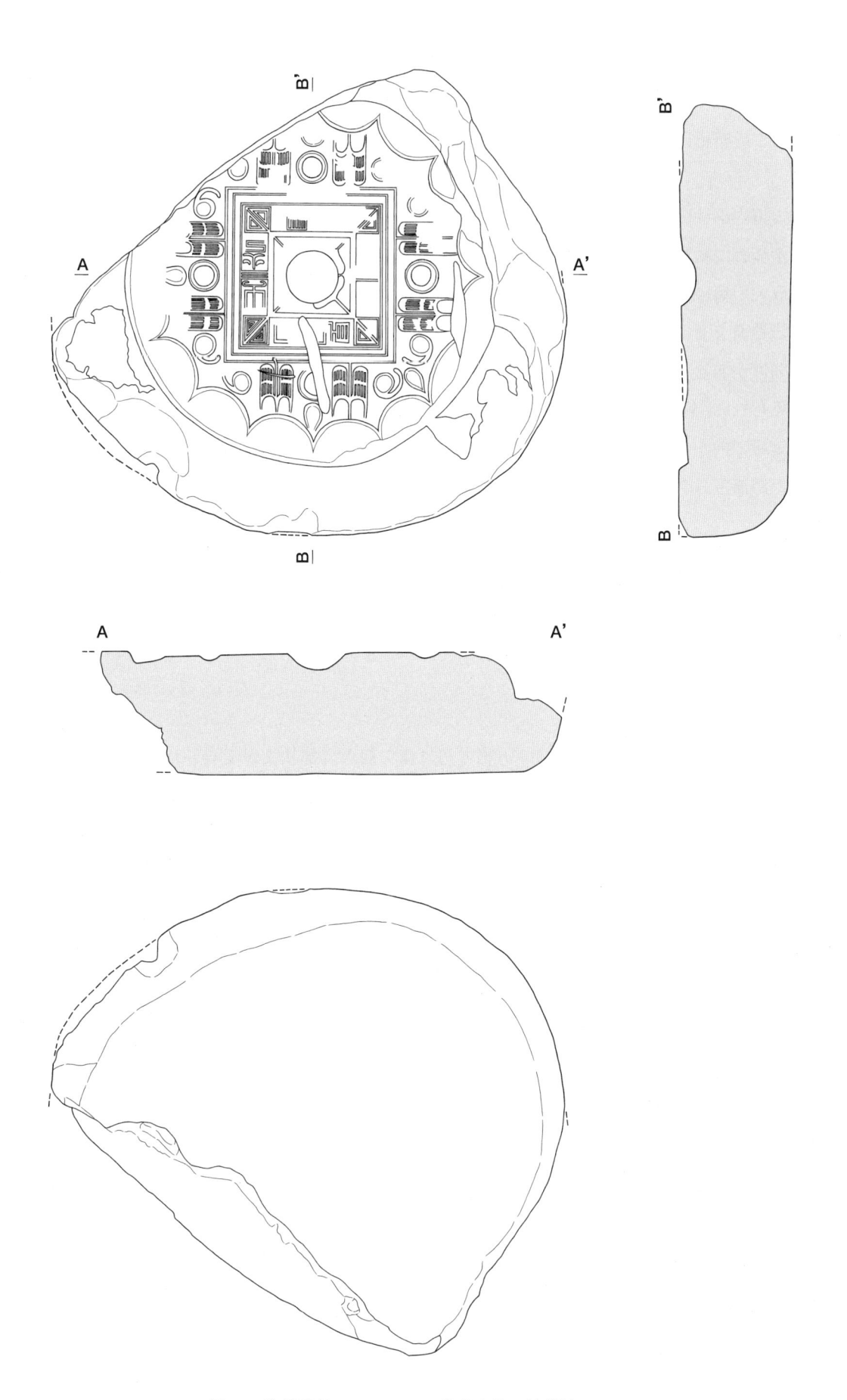

図19 整理番号19（寺崎范） 草葉文鏡 鏡背范 [S=1/2]

鈕には四葉座がある。
　出土地点：不明
　収蔵場所：寺崎正氏

観察記録：笵内部は白っぽい白灰色。鋳型面と破断面の角度は約70度で割れている。分析試料採取により内部が極めて軟質であることが分かる。この笵は削りやすく、崩れにくいという特徴がある。分析試料採取穴の奥には複数の気泡痕が見える。特別に大きい気泡痕はないが、内部には突起物が確認できる。鋳型面を上に向けて置いた時に、分析試料採取穴の気泡痕はおおむねが横向きで、気泡痕には横の方向性がある。光る鉱物は認められない。幅置面はおおむね平面。塗型材が剥がれた部分には気泡痕が見られる。幅置面に定規をあてると、鋳型面との隙間は鈕から葉文あたりまでは約1.8mmあり、そこから鏡縁に向かって徐々に隙間が大きくなり、鏡縁で3～3.5mmになる。鈕は径16mmで、底に付着物があるため深さは7mmまで測れる。鈕の内面には鈕孔の中子を嵌める窪みはない。

■**整理番号20**（東博笵）　**規矩草葉文鏡　鏡背笵**

　外形寸法：残存長14.3cm、残存幅8.6cm、厚さ5.6cm、復原面径12.0cm
　重量：未計測
　比重：未計測
　文様：鏡背面の1/4ほどが残っている。方格各辺には1個の麦穂状文が配置されるが、麦穂状文は一段のものである。T字文、L字文、V字文が方格規矩四神鏡と同様の位置に配置されるが、T字文の横棒と縦棒は分離しない。L字文、V字文は連弧文に接していない。方格の対角線上には鏡背分割痕跡を利用して対角線が描かれる。銘文は左回りに「光」「天」のみ判読できる。
　出土地点：不明
　収蔵場所：東京国立博物館

観察記録：笵内部は白灰色。幅置面は淡い橙色。鋳型面、湯道、あがりは黒灰色。この黒灰色は笵内部に浸透している。黒灰色は表面から5mmほどの深さにまで浸透し、内部にいくにしたがって黒灰色は薄くなる。笵の側面にはかすかに黒色膜があり、この色が1mmほど笵内部に浸透している。黒色膜の色は湯口の横が強く、次に湯口から最も遠い部分が強い。底面にもこの黒色膜の浸透が認められるが、剥がれ落ちたためか底面には黒色膜があまり認められない。鋳型面から幅置面にはみ出すように幅が約3mmの黒色がある。あがりの横の幅置面にもこの黒色のはみ出しがある。青銅が笵の中で凝固する時に噴き出すガスが原因で黒色のはみ出しができると想像できる。他の多くの笵にも共通して、ガスが笵外に出ようとするあがりの付け根部分やあがりと湯道の間に強くこの黒色のはみ出しが認められるからである。破断面は鋳型面に対してほぼ90度で、割れ線は直線的である。この笵はおおよそ1/2ずつに割れる特徴がある。裏面に大きな貝殻剝離がある。笵の角が擦り削れていて、軟質な印象を与える。貝殻剝離面には4×8mm、4×5mm、3×5mmの楕円形の大きな気泡痕がある。この最も大

きい気泡痕の内部には４個の突起物がある。他の大きな気泡痕にも１～２個の突起物がある。気泡痕は多くが楕円形で、貝殻剥離面の気泡痕には一定の方向性がある。内部の白灰色部分には微細な白色の粒子が認められる。肉眼観察では光る鉱物などは見つけられない。湯口の深さは14㎜。湯道の底面は一見すると一平面であるが、湯口から中におよそ半分入った位置に凸形の角があり、この角を境に２つの面で作られている。特に湯口寄りの面は平面ではなくやや曲面。残存する湯道の長さは約70㎜。湯道は極めて微細な土を薄い粘土汁で溶いた塗型材を塗った緻密な面。あがりは深さが１㎜で浅い。鏡縁から笵外に向かってあがりの幅が11㎜から８㎜と狭くなる。あがりと湯道は約10㎜離れている。幅置面は一見して平滑な一平面であるが、最も長い辺で定規をあてると13cmの長さ部分で約0.3㎜中央が凸面となる。幅置面に鏡面笵との笵ずれを防止する凹形や凸形のハマリはない。幅置面に定規をあてて鋳型面との隙間を計測すると約1.5㎜ある。鋳型面は鈕から麦穂状文あたりまでは平面。麦穂状文から外側は鏡縁の３㎜の厚さまで徐々に隙間が大きくなる。鋳型面は塗型材を塗って緻密な面に仕上げている。Ｔ字文とＶ字文、鈕と乳の中心を結ぶ直線の割り付け線と葉文を結ぶ円弧凹線の割り付け線が認められ、これらの線は文様の線と比べて浅い。鏡縁や連弧文の角には細い円弧凹線があり、鋳造品では凸線になり、これを研磨すると角がシャープになるよう工夫されている。

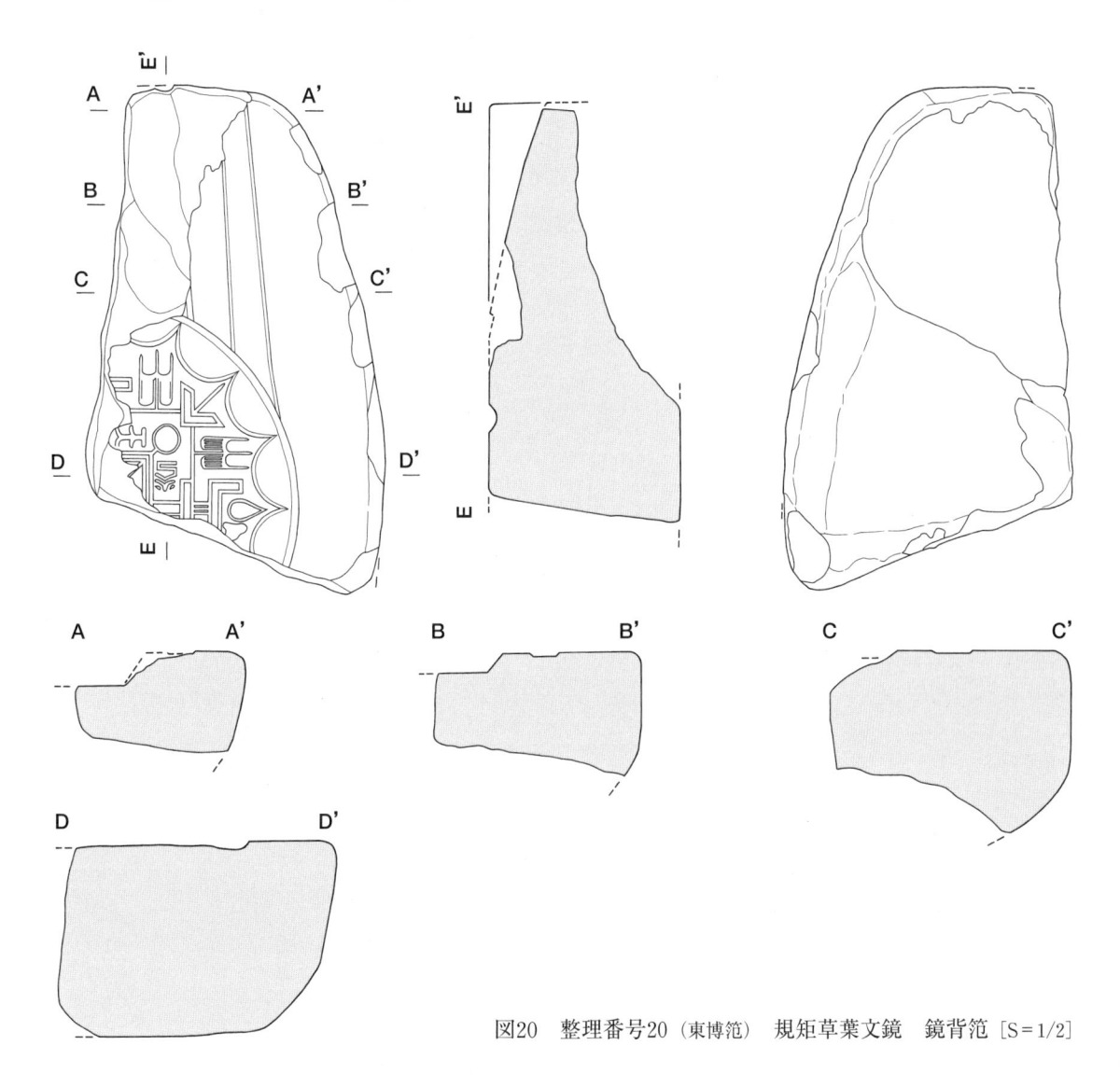

図20　整理番号20（東博笵）　規矩草葉文鏡　鏡背笵　[Ｓ＝1/2]

■整理番号21（SLQJF:01）　渦状虺文鏡　鏡背范

外形寸法：残存長9.4cm、残存幅4.9cm、厚さ3.1cm、復原面径8.0cm

重量：95.5g

比重：0.64

文様：主文様部分は欠損して残っていない。3個の連弧文が確認できる。連弧文の外側には素文帯が巡る。素文帯の外側は匕縁である。おそらくは渦状虺文鏡范と思われる。

出土地点：石佛堂村東南地点（2003年採集）

収蔵場所：山東省文物考古研究所

観察記録：全体は白灰色。幅置面は橙色。鋳型面に黒灰色が浸透している。鋳型面の一部に黒色が残る。一部に拓本製作時の墨が付着する。破断面に気泡痕は少なく、光る鉱物はない。破断面は鋳型面に直角で直線的に割れる。現存する湯口の深さは4mm、幅は不明。堰の深さは1mm、幅は不明。あがりの深さは1mm、幅は6～9mmで鏡縁に近い方が幅広い。幅置の幅は約15mm。鏡背范と鏡面范の范ずれを防止する凹凸形のハマリはない。側面は垂直で、合印はない。底面は平面で鋳型面とほぼ平行。側面と底面の角にはわずかに平らな面が作られている。幅置面と鋳型面の段差は約1mm。鋳型面が平面か凸面かは不明。鋳型面には匕縁部分に削って范を作った痕跡がある。これらはゲージを回転したものではなく、少しずつ工具で范を削った非常に細かい1mm程度の痕跡である。范の使用は不明。鋳型面に具体的な范作りの痕跡が残る貴重な資料である。この痕跡からは、研磨仕上げした鏡から踏み返した范ではないといえる。

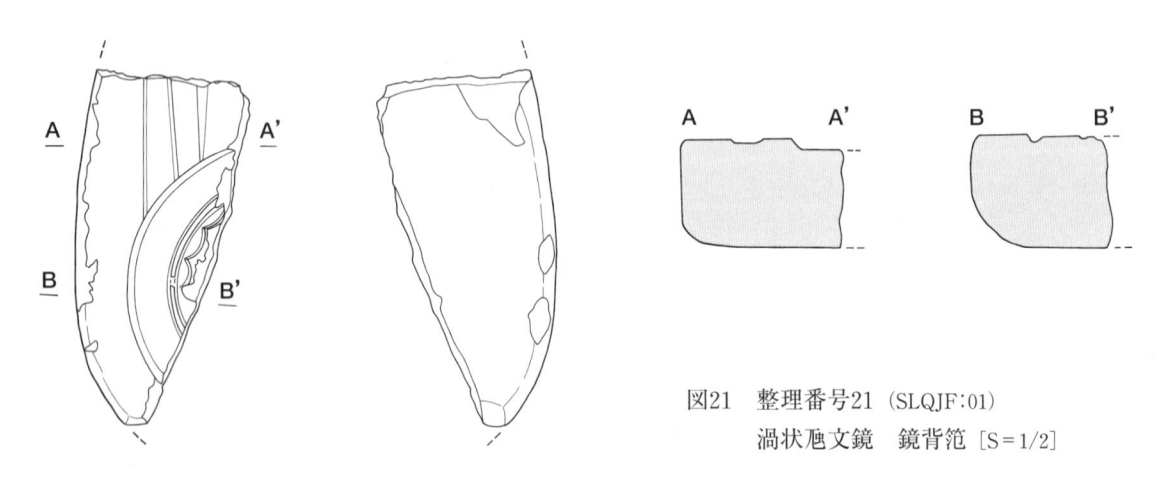

図21　整理番号21（SLQJF:01）
　　　渦状虺文鏡　鏡背范　[S＝1/2]

■整理番号22（SLQJF:10）　草葉文鏡　鏡背范

外形寸法：残存長10.1cm、残存幅12.0cm、厚さ4.7cm、復原面径10.6cm

重量：345.3g

比重：1.06

文様：鏡背面の約半分が残っているが、遺存状況は良くない。6個の連弧文が確認できる。方格各辺には2個の麦穂状文が配置されるが、麦穂状文は一段のものである。麦穂状文の間には乳が配置される。方格外側の対角線上には双葉文が配置される。方格内の損傷が激しく、銘文は判読不能である。

出土地点：劉家寨村南（2000年採集）

収蔵場所：臨淄斉国故城遺跡博物館

観察記録：全体は白灰色。幅置面は橙色。鋳型面は黒灰色。全体に付着土が多い。地肌の白灰色部分には光る鉱物はない。付着土には光る鉱物がある。気泡痕は多い。湯道とあがりの間の部分の幅置面はやや削れて橙色となり、光る鉱物がなく、白い微細な鉱物がある。この部分に気泡痕は少ない。湯口の深さは約10㎜、幅は上辺が約40㎜で、下辺が幅35㎜の逆台形をなす。堰までの湯道の側面は100度ほどの角度に傾斜した面になっている。堰の深さは1㎜、幅は40㎜。湯道の底面は湯口から堰に向かって鏡縁に近い方が浅く幅広くなっている。あがりの深さは1㎜、幅は6～10㎜と鏡縁に近い方が幅広い。幅置面には笵ずれ防止のハマリはない。側面にはヘラで切って作った面があり、土が付着している。底面は平面で土が付着している。幅置面と鋳型面の段差は約1㎜。鏡縁の深さは2㎜。鋳型面はおおむね平面だが、付着物と破損部分があるため正確な判定はできない。破断面は鋳型面と直角で、一部に剝離状の剝がれがある。これらは笵材の性質と関連する形状で、材質は軟質な印象を受ける。

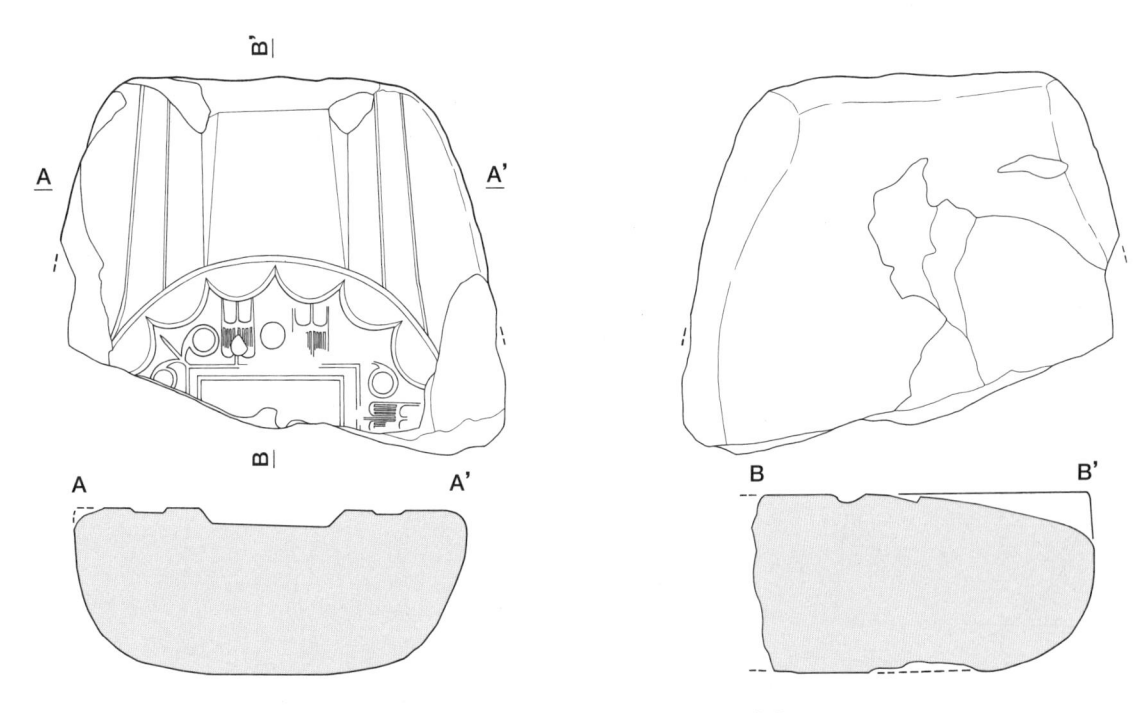

図22　整理番号22（SLQJF:10）　草葉文鏡　鏡背笵　[S＝1/2]

■整理番号23（SLQJF:03）　鏡背范

外形寸法：長さ15.3cm、残存幅7.6cm、厚さ4.8cm、復原面径8.0cm

重量：392.8g

比重：0.92

文様：欠損が大きく文様部分は残っていない。したがって、鏡式を確定することはできない。

出土地点：石佛堂村東南地点（2003年採集）

収蔵場所：山東省文物考古研究所

観察記録：全体は白灰色。幅置面に黒色が強く残る。鋳型面は黒灰色が浸透している。幅置面と側面の角にわずかに平らな面が作られている。この面の部分には浸透していない橙色の薄い膜があり、その膜の下に黒色の膜がある。湯道には注湯が原因と思われる黒灰色が深さ0.5mm浸透している。破断面に気泡痕は少ない。光る鉱物はない。湯口の深さは12mm、幅は不明。側面は傾斜面。あがりの深さは1mm、幅は7〜11mmで鏡縁に近い方が幅広い。湯口、あがりと幅置面の角に崩れがなくシャープ。幅置面には范ずれ防止のハマリはない。底面は平面で2本の凹線の傷があり、范材が乾燥する前の軟らかい時にできたような形状。鋳型面の反りは不明。鋳型面が剥離しているため詳細な観察は不可能。この剥離は鏡縁の円弧に沿って発生している。鋳造に使用した范。鋳型面の剥離した形状から、この剥離は注湯時の急加熱による膨張などが影響しているとも考えられる。橙色の膜は微粉末の土を塗型

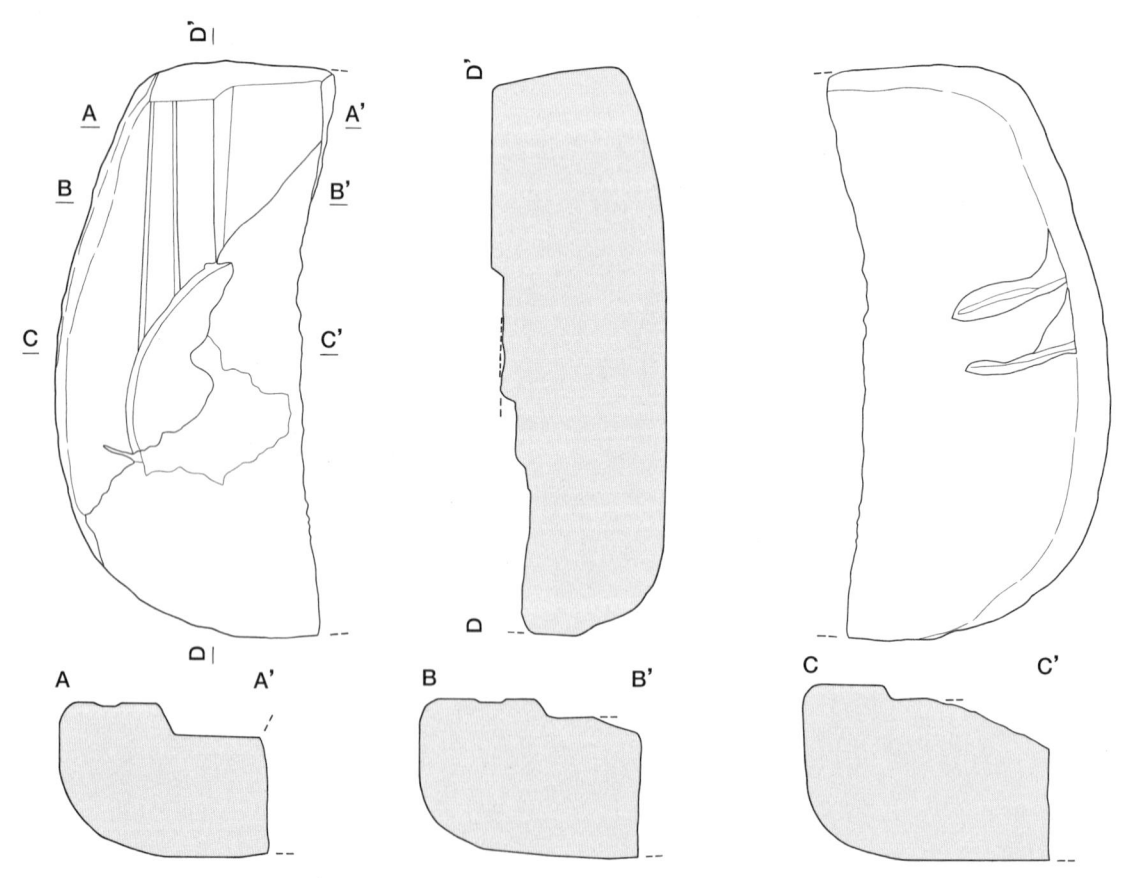

図23　整理番号23（SLQJF:03）　鏡背范　[S=1/2]

材として表面に筆塗りして焼成したもの。焼成時、鋳型面の下層にも高熱が伝わり、湯道の下層の剝離面にやや橙色に変色した様子が見える。

■整理番号24（SLQJF：09）　草葉文鏡　鏡背范

外形寸法：残存長10.6cm、残存幅7.0cm、厚さ3.2cm、復原面径11.2cm
重量：125.4ｇ
比重：1.14
文様：6個の連弧文が確認できる。3個の麦穂状文が確認でき、方格各辺には2個の麦穂状文が配置されるが、麦穂状文は一段のものである。麦穂状文の間には乳と水滴状の葉文が配置される。方格銘帯隅には葉文が描かれる。銘文は各辺に2字で、左回りに「□」「日」「之」「光」「天」「□」「□」「□」のみ判読できる。鈕は半分ほどが確認できる。
出土地点：劉家寨村南（2000年採集）
収蔵場所：臨淄斉国故城遺跡博物館

観察記録：全体は白灰色。幅置面、鋳型面は橙色で、6mmの深さまでこの橙色が浸透している。黒灰色は全くない。全体に土が付着している。手に持つと極めて軽い。新しく削れた面には気泡痕がある。この部分には光る鉱物はないが、付着した土には光る鉱物がある。幅置の幅は13〜23mm。側面は8mmほどの幅で他に比べて狭い。底面は平面で鋳型面とほぼ平行。側面と底面の間にある斜面は比較的幅が広い。幅置面と鋳型面の段差は1〜1.3mm。鏡縁の深さは2.5mm。鋳型面は最長辺で測ると0.3mm程度のかすかな凸面。鋳型面全体が0.5mmほど削れていて文様が浅くなっている。削れているため気泡痕が露出している。文様部分には土が残る。連弧文は縁に向かって深く傾斜している。方格上の鋳型面が新たに剝がれた部分には気泡痕があるが、光る鉱物はない。鋳型面に黒灰色がないことから、この范は鋳型面を焼成し、注湯する前と推測できる。鋳型面は酸化炎で焼成すれば橙色に変色し、その范に注湯すれば黒灰色に変色すると考えられる。この范は火の上に鋳型面を伏せて置き、鋳型面だけを焼成する「肌焼き」の工程があったと思われる。

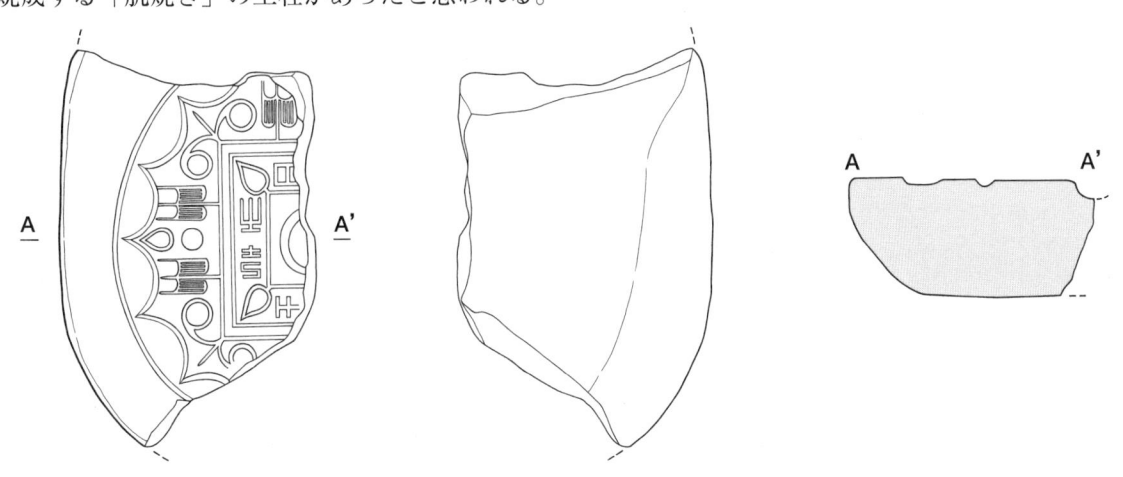

図24　整理番号24（SLQJF：09）　草葉文鏡　鏡背范［Ｓ＝1/2］

■整理番号25（SLQJF:15） 草葉文鏡 鏡背范

外形寸法：残存長13.7cm、残存幅19.3cm、厚さ8.4cm、復原面径26.4cm

重量：881.7g

比重：0.90

文様：鏡背面の1/10ほどしか残っていない。面径約26.4cmの大型鏡である。3個の連弧文が確認できる。麦穂状文と乳がわずかに確認できるのみで、麦穂状文は三段のものである。

出土地点：劉家寨村南（2000年採集）

収蔵場所：臨淄斉国故城遺跡博物館

観察記録：全体は白灰色。鋳型面、幅置面、大きな窪み部分の表面は赤橙色。特に鋳型面に彫られた大きな窪みの表面から約1mmの深さは濃い赤橙色で、その下層には淡い橙色があり、二者にははっき

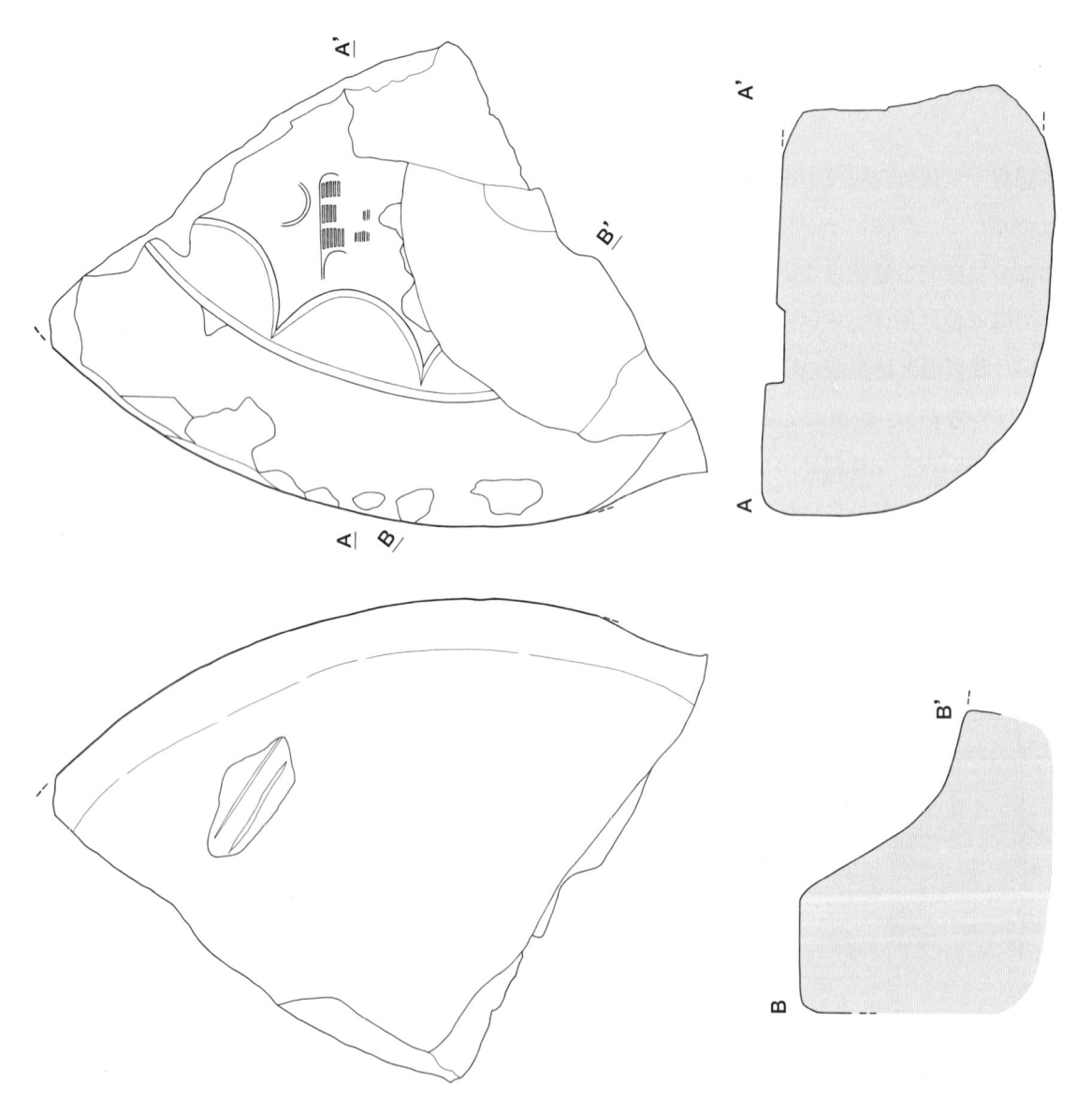

図25 整理番号25（SLQJF:15） 草葉文鏡 鏡背范 ［S=1/2］

りと境目がある。この淡い橙色の下層には白灰色があるが、これらには境目がなく、徐々に色が変化している。側面、底面は灰白色の表面に黒色膜がある。材質は軟質な印象。破断面には径0.2mm程度の気泡痕が点在し、大きい気泡痕は径4〜5mm。大きな気泡痕の内部には複数の突起物がある。破断面には光る鉱物はない。幅置面にも光る鉱物はない。大きな窪みの表面に塗った約1mmの厚さの濃い赤橙色部分には微細な光る鉱物が点在し、気泡痕はない。幅置の幅は35〜38mm。軟らかい固体を刃物で切ったか、あるいは生乾きの土をヘラで削ったような3×4cm程度の多角面が連続して側面を作っている。すなわち、側面は1つの曲面で作られているのではなく、多数の平面が連続して作られている。そのために平面と平面の境目が角になって、指で撫でると多角面を感じることができる。底面は土が付着し、破断面と同じ表情。側面と底面の間にある斜面には断面が半丸凹形の指跡のような浅い溝が複数ある。幅置面と鋳型面の段差は約3mm。鏡縁の深さは約5mm。鋳型面は残部が少ないため平面とは断定できないが、明らかな凸面とはいえない。鋳型面の連弧文、内区の平面部分は緻密な肌で麦穂状文が残存している。この麦穂状文の長さは32mmと大きく、この笵が大型鏡用であったことが分かる。大きな窪みの内面には工具で削った跡がある。鋳造に使用した笵。この草葉文鏡笵は半分に割れた後に、円錐台形の大きな窪みを作り、表面に塗型材を約1mmの厚さに塗って、その窪みに金属を流し込んだと考えられる。草葉文鏡笵の幅置面に光る鉱物がないにもかかわらず、大きな窪みの内面の塗型材には雲母と思える無数に光る鉱物が含まれる。このことから、草葉文鏡笵の材質とこの塗型材の材質は異なることが分かる。窪みに塗られたこの塗型材は砂粒を含んだ一般的な土製笵の材質である。再利用後、この笵が2度目の割れで現在の形になった。2度目の破断面と底面との角は、他の笵に見られる破断面の角とほぼ同じ鋭角な形状である。最初の草葉文鏡笵の破断面と底面との角は激しく丸まっている。再利用作業によって丸まったのであろう。最初の破断面の激しく丸まった部分にも黒色膜がある。他の笵の破断面には見られない現象である。このことは、黒色膜が笵の材料を最初に焼成した時のものではなく、鋳型面を加工した後に付着することを示している。

■整理番号26（SLQJF:20）　鏡背笵

外形寸法：残存長15.1cm、残存幅7.8cm、厚さ4.6cm、復原面径10.4cm

重量：310.7g

比重：0.88

文様：鏡背面の1/2ほどが残っている。鏡縁は匕縁である。内区は4個の乳で分割され、連弧文が巡る。主文様、鈕ともに欠損のため判然としない。

出土地点：蘇家廟村（1999年採集）

収蔵場所：古鑑閣

観察記録：全体は白灰色。側面には黒色膜が約1mm浸透している。鋳型面は橙色で黒灰色はない。気泡痕の多い破断面と少ない破断面がある。破断面は鋳型面と直角面で直線的。湯口は残存部分で深さが約5mm、幅は不明。堰は深さが約1mm。あがりは深さが約1mm、残存部分で幅6〜9mm。鏡縁に近

い方が幅広になっている。幅置の幅は約18mmでほぼ平面になっている。幅置面と鋳型面の段差は約0.8mm。鋳型面は平面。鋳造に使用していない范。

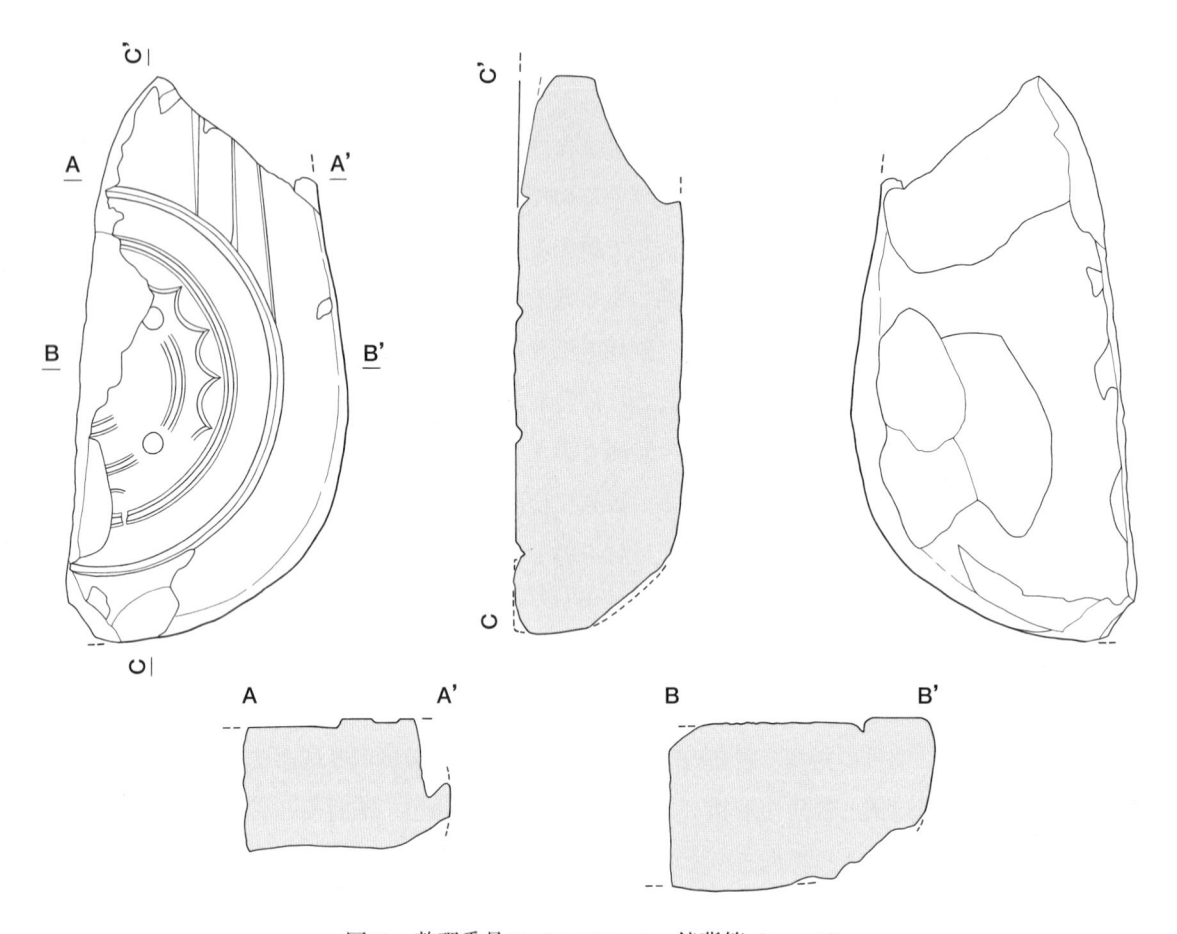

図26　整理番号26（SLQJF：20）　鏡背范　[S＝1/2]

■**整理番号27（SLQJF：23）　草葉文鏡　鏡背范**

外形寸法：残存長9.7cm、残存幅6.1cm、厚さ5.2cm、復原面径10.3cm

重量：140.4ｇ

比重：0.96

文様：鏡背面の1/5ほどが残っているが、損傷が激しく、文様も鮮明ではない。4個の連弧文が確認できるが、内区主文様の構成は不明である。わずかに乳とその上に位置する水滴状の葉文が確認できる。

出土地点：蘇家廟村西（2003年採集）

収蔵場所：山東省文物考古研究所

観察記録：鋳型面、幅置面は橙色。拓本製作時の墨が一部に付着している。破断面に土が付着している。幅置の幅は20mm。幅置面と鋳型面の段差は約1mm。鏡縁の深さは約3mm。鋳型面の反りは不明。

連弧文部分の肌は緻密。

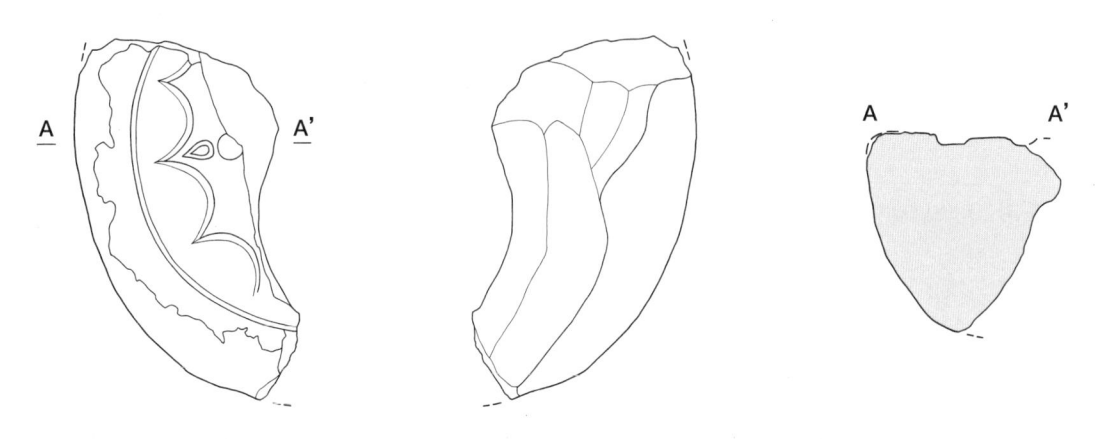

図27　整理番号27（SLQJF:23）　草葉文鏡　鏡背范　[S=1/2]

■**整理番号28（SLQJF:29）　渦状虺文鏡　鏡背范**

外形寸法：残存長9.2cm、残存幅5.7cm、厚さ3.7cm、復原面径8.2cm

重量：142.9g

比重：1.54

文様：鏡背面の2/5ほどが残っている。鏡縁は匕縁である。乳はない。内区には連弧文が巡る。虺文が描かれる。地文は平行線文を充填している。鈕部分は欠損している。

出土地点：劉家寨村南（2000年採集）

収蔵場所：桓台県博物館

観察記録：全体は白灰色。側面に黒色膜がある。幅置面は橙色。鋳型面は黒灰色。この黒灰色は0.1mmほどの薄い層で、その下層には橙色の層があり、光る鉱物はない。破断面は鋳型面と直角面。破断面の大半に土が付着し気泡痕などの観察はできない。幅置の幅は15mm。幅置面には気泡痕がある。側面は1つの曲面で作られた側面ではなく、長さ2cm程度の複数の平面が連なった多角面からなる。2つの隣り合う平面が作る角がかすかに確認できる。底面は平面。側面と底面の間にある斜面には断面が

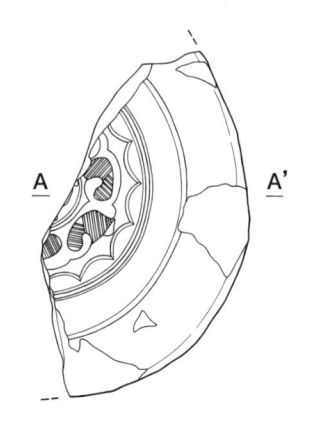

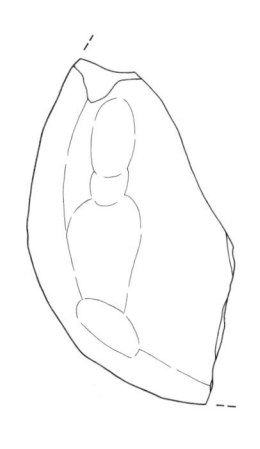

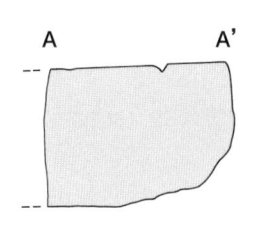

図28　整理番号28（SLQJF:29）
渦状虺文鏡　鏡背范　[S=1/2]

半丸凹形の長さ約 7 cmの円弧状の浅い溝がある。幅置面と鋳型面の段差は約0.8mm。鋳型面はほぼ平面。七縁部分に回転痕跡はない。円圏線は回転工具の加工ではなく、手工具で彫った可能性が高い。鋳型面の下層の橙色は鋳型面を焼成する時に変色したものである。

■**整理番号29**（SLQJF:62）　渦状虺文鏡　鏡背范

外形寸法：残存長7.0cm、残存幅4.3cm、厚さ3.4cm、復原面径8.0cm
重量：64.3g
比重：2.38
文様：鏡背面の2/5ほどが残っている。鏡縁は七縁である。4個の連弧文が確認できる。虺文が描かれる。地文は平行線文を充塡している。鈕座部分は欠損している。
出土地点：劉家寨村南（2000年採集）
収蔵場所：桓台県博物館

観察記録：全体は白灰色。大小の気泡痕が無数にある。側面は粗い削りの面。底面は緻密な平滑面。鏡の円形と外形が異なること、連弧文などに塗型材が塗られていないことなどから、何かの范を再加工して鏡范を作る途中で破棄したものではないか。鋳型面と幅置面が同一面になるように作られていることから、范を作る目的ではなく、練習のための加工とも理解できる。鏡縁の外にある2本の同心円の凹線の目的は不明。これが塗型材を塗る前の鏡范の材料なら想像以上に気泡痕が多く、塗型材の重要性が理解できる。

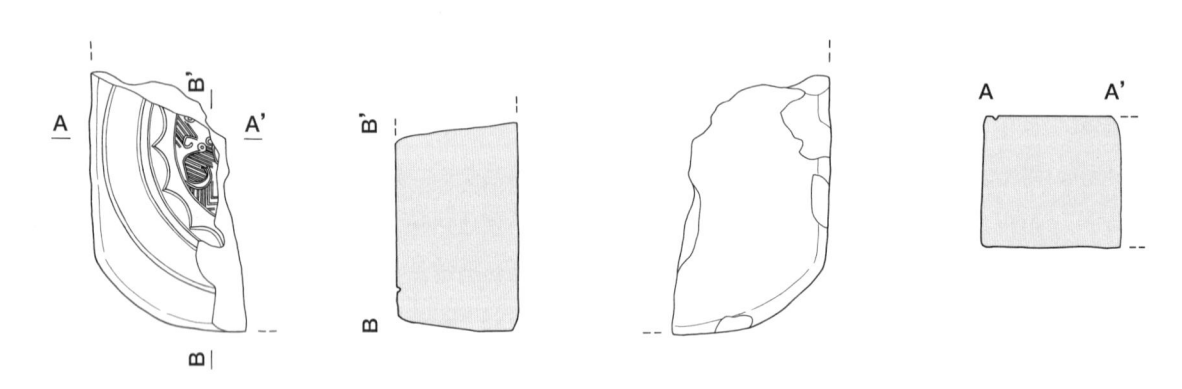

図29　整理番号29（SLQJF:62）　渦状虺文鏡　鏡背范　[S＝1/2]

■**整理番号30**（SLQJF:30）　草葉文鏡　鏡背范

外形寸法：残存長14.9cm、残存幅8.1cm、厚さ4.7cm、復原面径12.8cm
重量：321.7g
比重：1.23
文様：鏡背面は1/5ほどが残っている。方格各辺には2個の麦穂状文が配置されるが、麦穂状文は一

段のものである。麦穂状文の間には乳と水滴状の葉文が配置される。方格外側の対角線上には双葉文が配置される。方格銘帯隅には葉文が描かれる。銘文は各辺2字で、左回りに「見」「之」「□」「□」「□」「□」「□」「□」のみ判読できる。鈕には四葉座がある。

出土地点：劉家寨村南（2000年採集）

収蔵場所：桓台県博物館

観察記録：全体に汚れが激しい。鋳型面は黒灰色で、撫でても指に色は付かない。鋳型面には黒灰色が深さ2～3mm浸透している。幅置面は橙色で、鏡縁から2～3mmはみ出した黒色帯がある。幅置の幅は23mm。側面は表面の黒色膜が剥がれ落ちた可能性が高い。底面には付着物がある。幅置面と鋳型面の段差は約1mm。鏡縁の深さは約2.5mm。

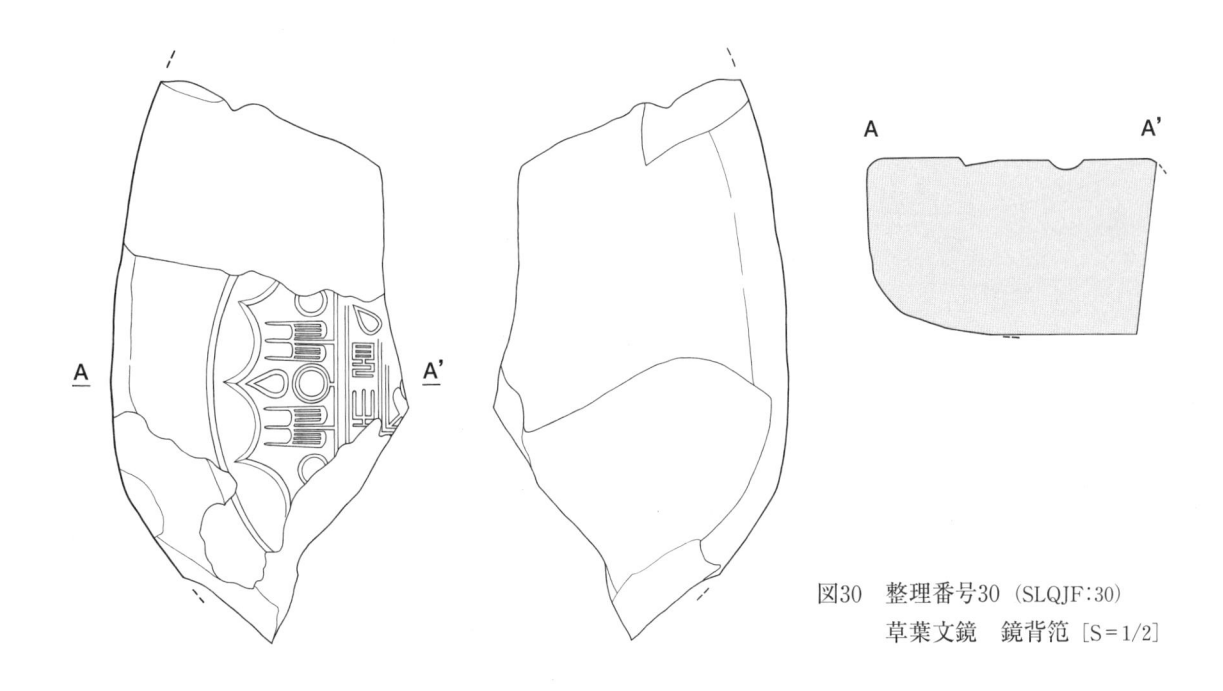

図30　整理番号30（SLQJF:30）
草葉文鏡　鏡背范　［S=1/2］

■**整理番号31（SLQJF:31）　草葉文鏡　鏡背范**

外形寸法：残存長10.7cm、残存幅12.5cm、厚さ5.7cm、復原面径12.5cm

重量：437.5g

比重：1.06

文様：鏡背面は2/5ほどが残っている。方格各辺には2個の麦穂状文が配置されるが、麦穂状文は二段のものである。麦穂状文の間には乳と水滴状の葉文が配置される。方格外側の対角線上には双葉文と葉文が配置される。銘文は各辺3字で、左回りに「□」「□」「□」「酒」「食」「長」「□」「□」「□」「□」「□」「□」のみ判読できる。

出土地点：劉家寨村南（2000年採集）

収蔵場所：桓台県博物館

観察記録：全体は白灰色。幅置面は橙色。鋳型面は黒灰色で、笵内部に黒灰色が深さ約2㎜浸透している。剝離した部分には白色粒子が認められる。気泡痕の内部には突起物がある。破断面は鋳型面と直角面。光る鉱物はない。幅置面は平面で、幅は約30㎜。底面は平面。側面と底面の間にある斜面には断面が半丸凹形の指跡のような浅い溝が4本ある。幅置面と鋳型面の段差は約2㎜。鏡縁の深さは約4.5㎜。出土時の傷が多い。鋳造に使用した笵。

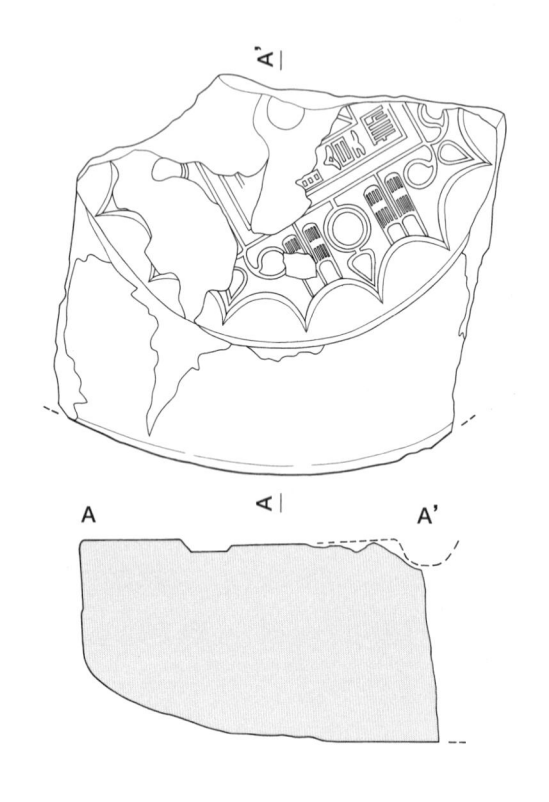

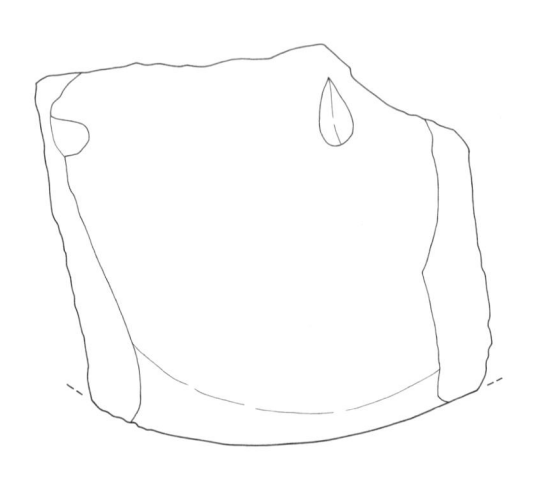

図31　整理番号31（SLQJF:31）
　　　草葉文鏡　鏡背笵　[S=1/2]

■**整理番号32（SLQJF:33）　草葉文鏡　鏡背笵**

外形寸法：残存長12.9cm、残存幅11.2cm、厚さ6.1cm、復原面径16.0cm

重量：444.7g

比重：1.05

文様：鏡背面は1/10ほどが残っている。方格各辺には2個の麦穂状文が配置されるが、麦穂状文は二段のものである。麦穂状文の間には乳と水滴状の葉文が配置される。葉文と乳の間には3本線がある。方格外側の対角線上には双葉文が配置されるが、詳細は不明である。方格部分は欠損している。

出土地点：劉家寨村南（2000年採集）

収蔵場所：桓台県博物館

観察記録：全体は白灰色。幅置面と鋳型面は橙色。底面には黒色膜がある。側面は削られて黒色膜がなく、白灰色。鋳型面は赤橙色が深さ約1㎜浸透している。破断面は鋳型面と直角面。幅置の幅は28

〜35㎜。側面には横方向の擦痕がある。底面には指跡のような凹形の溝が数本ある。側面と底面の間にある斜面には長い皺状の凹溝が複数あり、やや水分の少ない土などを練った時に発生する形状に似ている。幅置面と鋳型面の段差は約2㎜。鏡縁の深さは約5㎜。鋳型面には緻密な塗型材が塗られている。この微粉末の塗型材には光る鉱物が含まれている。

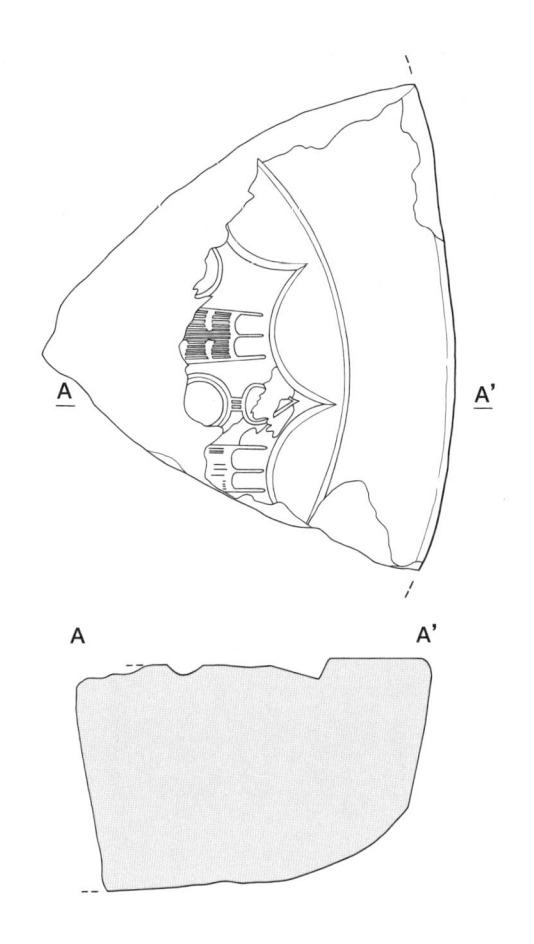

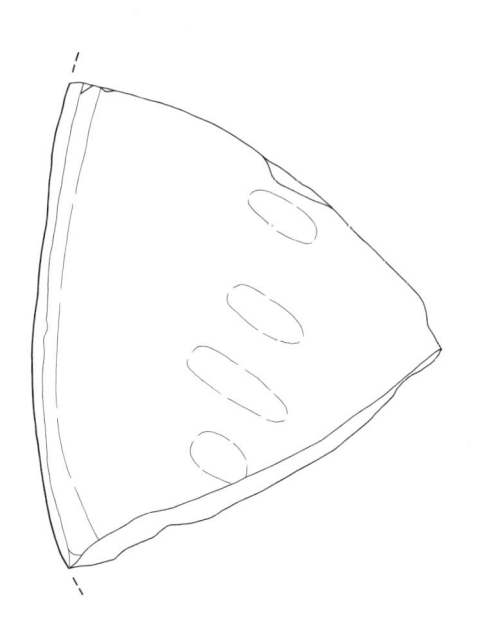

図32　整理番号32（SLQJF：33）
　　　草葉文鏡　鏡背范［S＝1/2］

■**整理番号33（SLQJF：34）　草葉文鏡　鏡背范**

外形寸法：残存長8.9㎝、残存幅9.3㎝、厚さ4.7㎝、復原面径11.2㎝

重量：240.9ｇ

比重：1.42

文様：鏡背面の1/10ほどが残っている。3個の連弧文が確認できる。文様の詳細を確認できる部分は少なく、わずかに麦穂状文の間に配置された乳と水滴状の葉文を確認することができるにすぎない。

出土地点：劉家寨村南（2000年採集）

収蔵場所：桓台県博物館

観察記録：全体は白灰色。底面と側面には黒色膜がある。幅置面は橙色。鋳型面は黒灰色で、この黒

灰色は深さ約2mmまで浸透している。鋳型面から幅置面にはみ出したような黒色があり、同質の黒色は、あがり、湯道の付け根部分の幅置面にもある。気泡痕がある。軟質な印象を与える。光る鉱物はない。湯口の深さは約10mm、幅は不明。堰の深さは約1mm、幅は不明。あがりの深さは1〜0.7mm、幅は9〜6mm。鏡縁から出口に向かって浅く、幅が狭くなる。微粉末の塗型材が薄く塗られている。幅置面と側面の角には幅2mmの面が作られている。底面は平面。幅置面と鋳型面の段差は約1mm。鏡縁の深さは約3mm。塗型材が剥離した鋳型面の一部には気泡痕がある。鋳造に使用した范。湯口から堰に向かって湯道の底面は平滑面に作られているが、詳細に見ると、途中の2/3の位置で緩やかな角度に変わり、湯道の底面はそこを頂点にした2つの平面からなっている。湯口の深さと堰の深さがあらかじめ決められていて、工人がその深さを基準に湯口側と堰側から湯道を彫ったために2つの平面になった可能性が高い。あがり、湯道の付け根部分の幅置面にはみ出した黒色の形は、出口に向かった方向の形になっている。このことから、青銅が凝固する時のガスが范外に放出されることに関連して、この黒色が付着すると想像できる。

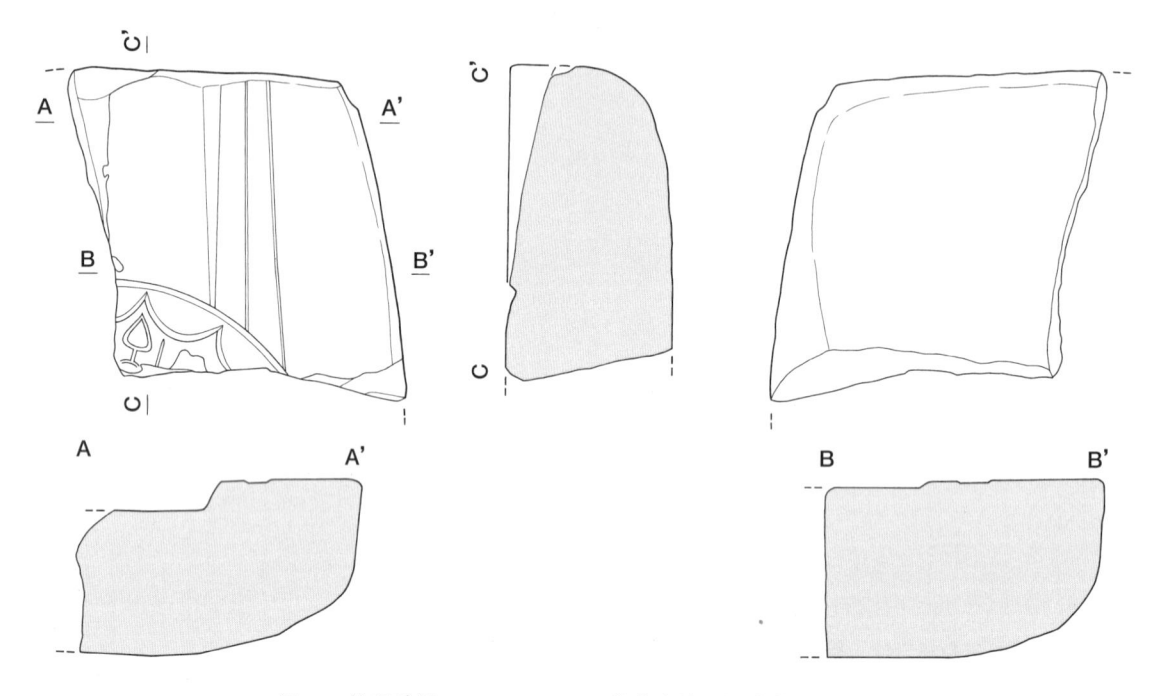

図33 整理番号33（SLQJF:34） 草葉文鏡 鏡背范 [S＝1/2]

■**整理番号34（SLQJF:69） 草葉文鏡 鏡背范**

外形寸法：残存長9.9cm、残存幅8.5cm、厚さ5.3cm、復原面径11.0cm

重量：233.0g

比重：1.08

文様：鏡背面の1/6ほどが残っている。3個の連弧文が確認できる。方格各辺には2個の麦穂状文が配置されるが、麦穂状文は一段のものである。方格外側の対角線上には双葉文と葉文が配置される。方格部分は欠損している。

出土地点：劉家寨村南（2000年採集）

収蔵場所：桓台県博物館

観察記録：白灰色。幅置面は橙色。鋳型面は黒灰色。幅置面には鋳型面からはみ出したような黒色がある。湯口、あがりの黒灰色は内部に約1mm浸透している。気泡痕が多い。幅置面には塗型材が塗られていて緻密な肌。肉眼では破断面に光る鉱物は認められない。塗型材が塗られた幅置面には光る鉱物が認められる。また、付着した土には光る鉱物が認められる。堰の深さは2mm。あがりの幅は10～13mm、深さは1mm。幅置面と鋳型面の段差は約2mm。鏡縁の深さは約3mm。鋳型面は緻密な黒灰色。鋳造に使用した范。幅置面、あがりの横の黒色は、その黒色の形から注湯時の青銅が凝固する時のガスの噴き出しによるものと思われる。この黒色の科学分析が必要だろう。破断面に見える気泡痕の形状の多くは楕円形をなしている。その楕円形の方向は、底面、底面と側面の角の斜面、側面に平行する規則的な方向性がある。このことは、范の材料が人工的に作られたものであることを示している。

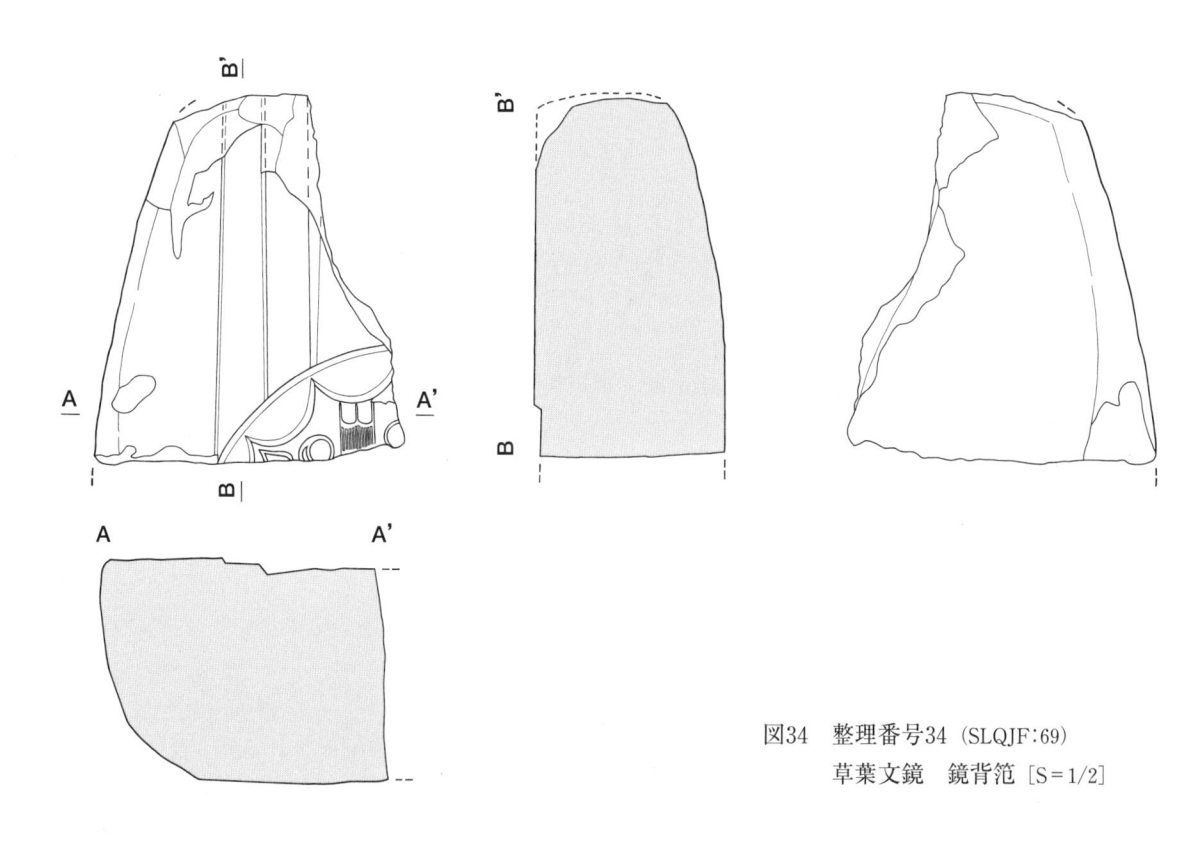

図34　整理番号34（SLQJF:69）
　　　草葉文鏡　鏡背范　[S＝1/2]

■整理番号35（SLQJF:74）　規矩草葉文鏡　鏡背范

外形寸法：残存長8.4cm、残存幅8.0cm、厚さ4.4cm、復原面径14.8cm

重量：154.4g

比重：1.14

文様：鏡背面の1/10ほどが残っている。V字文が方格規矩四神鏡と同様の位置に配置されるが、T字文、L字文は欠損している。V字文は連弧文に接していない。方格各辺には2個の麦穂状文が

配置されるが、麦穂状文は二段のものである。方格銘帯隅には水滴状の葉文が配置される。

出土地点：劉家寨村南（2000年採集）

収蔵場所：桓台県博物館

観察記録：白灰色。幅置面は赤橙色。鋳型面は黒灰色。この黒灰色は内部に約5mm浸透している。深さ1mmまでは黒灰色で、その下層は徐々に淡く変色している。幅置面には鋳型面からはみ出した幅3mmの黒色帯がある。気泡痕が多い。幅置の幅は19～20mm。幅置面は塗型材が塗られた気泡痕のない緻密な面。側面は削られていて赤橙色。底面は平面。幅置面と鋳型面の段差は約1.5mm。鏡縁の深さは約3mm。鋳型面は塗型材が塗られた気泡痕のない緻密な面。塗型材が剥がれた部分には気泡痕が露出している。鋳造に使用した笵。幅置面の黒色帯の一部が欠けている。その部分を観察すると、この黒色帯は笵内部に深さ2～3mm浸透していることが分かる。

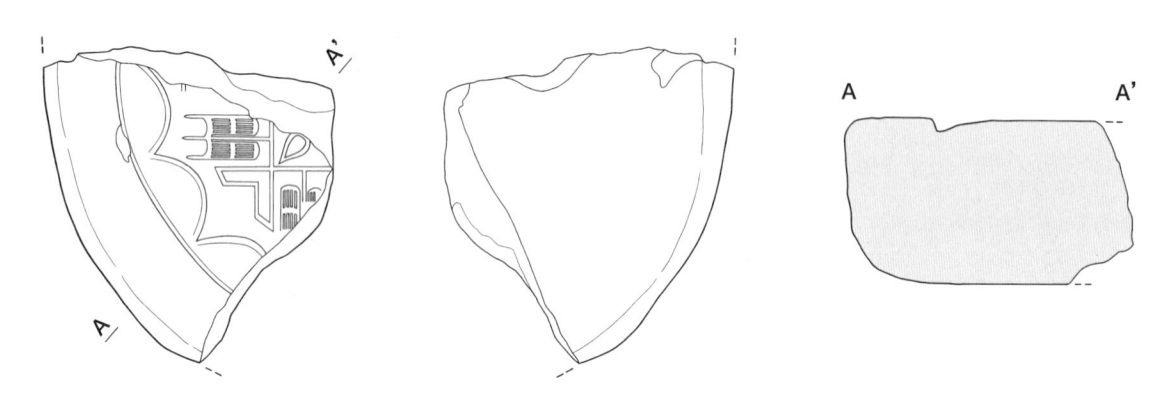

図35　整理番号35（SLQJF:74）　規矩草葉文鏡　鏡背笵　［S＝1/2］

■**整理番号36（SLQJF:32）　草葉文鏡　鏡背笵**

外形寸法：残存長13.4cm、残存幅9.9cm、厚さ6.9cm、復原面径16.0cm

重量：396.0g

比重：1.00

文様：鏡背面は1/5ほどが残っている。方格各辺には2個の麦穂状文が配置されるが、麦穂状文は一段のものである。方格外側の対角線上には双葉文が配置される。方格銘帯隅の文様、銘文ともに欠損している。

出土地点：劉家寨村南（2000年採集）

収蔵場所：桓台県博物館

観察記録：全体に付着物がある。幅置面は橙色。側面と底面に黒色膜はない。気泡痕は少ない。あがりの幅は9～13mmで鏡縁に近い方が広い。深さは約2mmで他の笵より深い。側面は平滑面。底面は平面。側面と底面の間にある斜面には断面が半丸凹形の指跡のような浅い溝がある。幅置面と鋳型面の段差は約2.5mm。鏡縁の深さは約6mm。

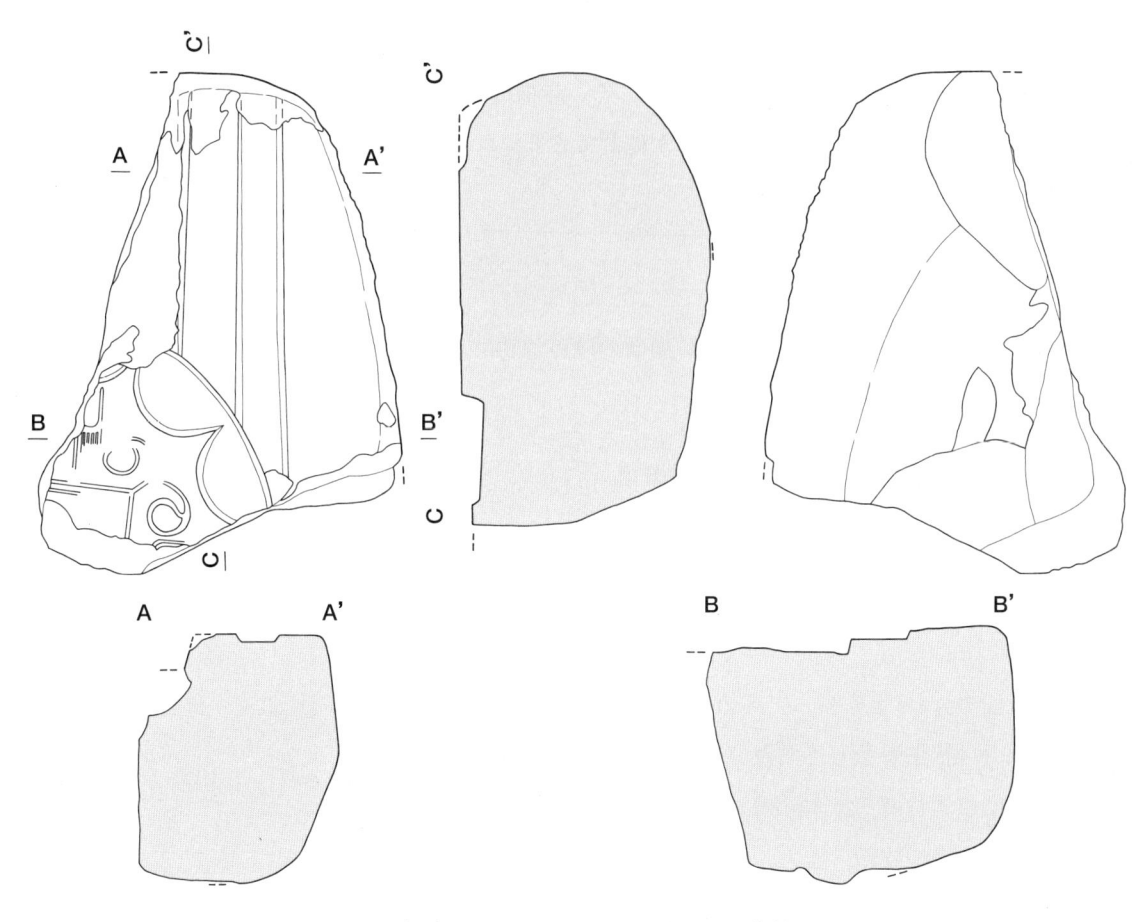

図36　整理番号36（SLQJF：32）　草葉文鏡　鏡背范［S＝1/2］

■整理番号37（SLQJF：35）　渦状虺文鏡　鏡背范

外形寸法：残存長14.1cm、残存幅7.4cm、厚さ4.2cm、復原面径10.0cm
重量：194.3g

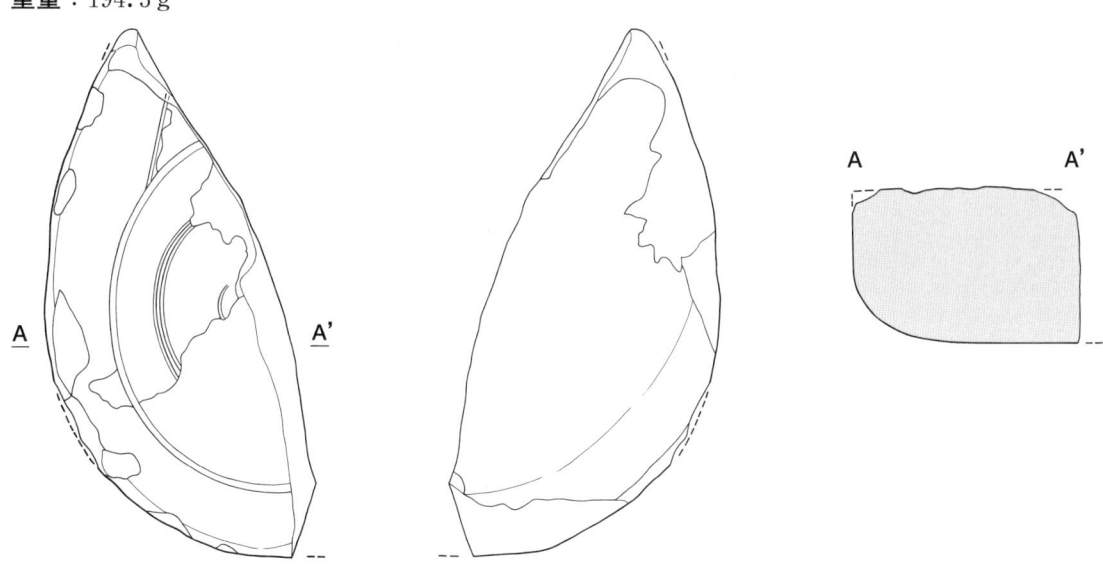

図37　整理番号37（SLQJF：35）　渦状虺文鏡　鏡背范［S＝1/2］

臨淄斉国故城出土鏡范資料集成　解説──107

比重：1.10

文様：鏡背面の1/3ほどが残るが、摩滅が激しく、詳細は不明である。匕縁と内区外区の境界にある素文帯、鈕の周りを巡る円圏線のみが確認できる。

出土地点：劉家寨村南（2000年採集）

収蔵場所：桓台県博物館

観察記録：幅置の幅は約15㎜。幅置面と鋳型面の段差は約0.8㎜。

■整理番号38（SLQJF:72）　渦状螭文鏡　鏡背范

外形寸法：残存長11.2cm、残存幅5.2cm、厚さ4.6cm、復原面径8.6cm

重量：159.1g

比重：1.53

文様：鏡背面の1/4ほどが残っている。鏡縁は匕縁である。内区に4個の連弧文が確認できるが、主文様部分は損傷が激しく明確ではない。

出土地点：劉家寨村南（2000年採集）

収蔵場所：桓台県博物館

観察記録：白灰色。幅置面は赤橙色。鋳型面は黒灰色。湯道とあがりの周辺に黒灰色がある。大きな気泡痕の内部には突起物がある。湯口は残存する部分の深さが8㎜。堰は深さが1㎜。あがりの幅は6～7㎜、長さは52㎜。1㎜の深さが外に向かって0.8㎜と浅くなる。幅置の幅は約15㎜で非常に緻密な肌。側面には黒色膜があり、一部、黒色膜が剥がれた部分がある。底面は平面で白灰色。側面と底

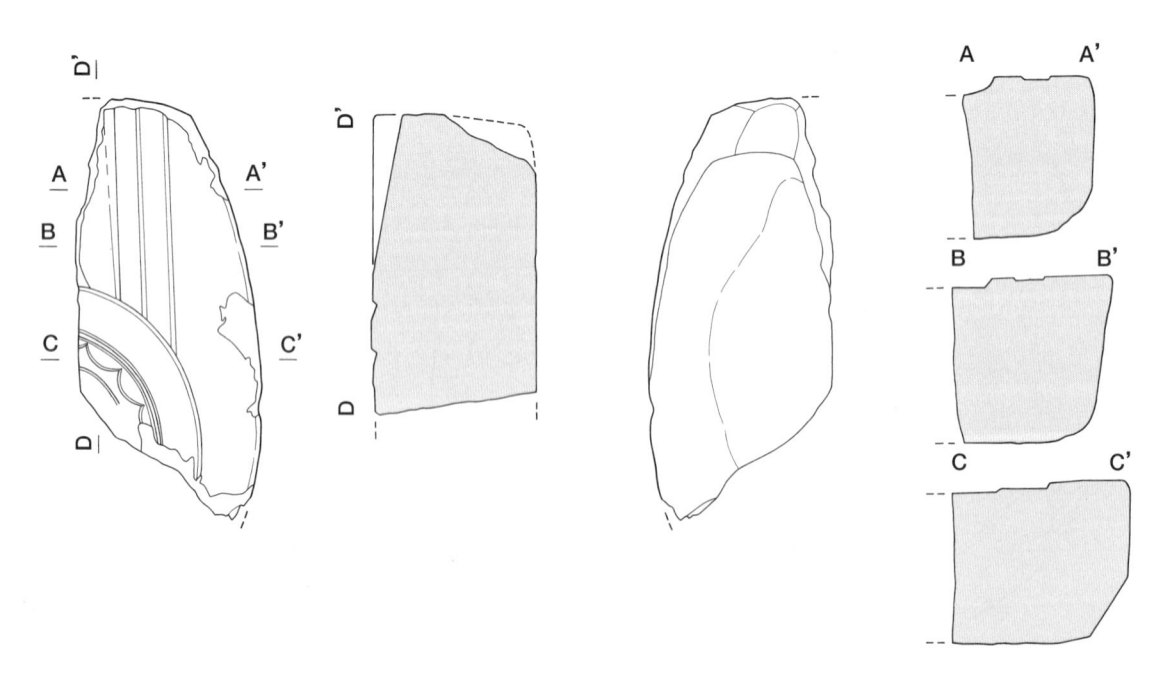

図38　整理番号38（SLQJF:72）　渦状螭文鏡　鏡背范　[S＝1/2]

面の間にある斜面には黒灰色の膜があり、何かを練って作った時のような皺が複数ある。幅置面と鋳型面の段差は約1㎜。鏡縁の深さは約2㎜。鋳造に使用した笵。幅置面の一部に斜めに削られた部分がある。この削られた面は淡い灰色がかった橙色で、幅置面の赤橙色とは一見して異なることが分かる。この削られた面の中に幅置面の色と同じ赤橙色の塊がある。これは大きな気泡痕の中に、幅置面に塗った塗型材が入り込んだものと思われる。塗型材の中の結晶水除去の焼成でこの塗型材が赤橙色に変色した。同じ焼成温度に達しても、塗型材は赤橙色、笵は淡い灰色の橙色に変色することを示している。このことから、塗型材と笵の材料は異なることが分かる。

■**整理番号39**（SLQJF:66）　規矩草葉文鏡　鏡背笵

外形寸法：残存長6.0cm、残存幅8.6cm、厚さ6.0cm、復原面径15.0cm以上

重量：139.7g

比重：1.34

文様：鏡背面の1/10ほどが残っている。T字文、L字文が方格規矩四神鏡と同様の位置に配置されるが、T字文の横棒と縦棒は分離しない。L字文は連弧文に接していない。方格各辺には2個の麦穂状文が配置されるが、麦穂状文は二段のものである。方格銘帯隅には四角形の中に三角形を重ねた三角渦文が描かれる。銘文は左回りで、「光」のみ判読できる。

出土地点：劉家寨村南（2000年採集）

収蔵場所：桓台県博物館

観察記録：白灰色。鋳型面は黒灰色。この鋳型面の黒灰色は笵内部に1㎜浸透している。幅置面は橙色。鏡縁から幅置面にはみ出したような幅3㎜の黒色帯がある。底面は白灰色。幅置の幅は約16㎜。側面には黒色膜がある。側面と底面の間にある斜面には黒色膜がある。幅置面と鋳型面の段差は約1㎜。鋳造に使用した笵。

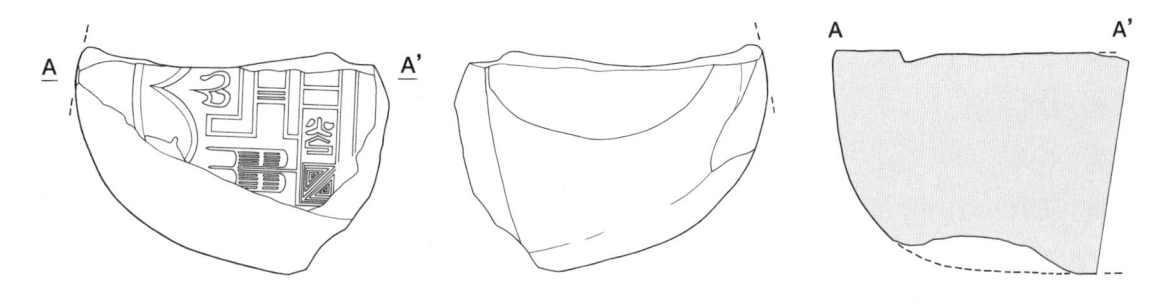

図39　整理番号39（SLQJF:66）　規矩草葉文鏡　鏡背笵［S＝1/2］

■**整理番号40**（SLQJF:73）　渦状虺文鏡　鏡背笵

外形寸法：残存長11.2cm、残存幅4.7cm、厚さ3.6cm、復原面径8.0cm

重量：133.4g

比重：2.05

文様：鏡背面の1/3ほどが残っている。鏡縁は匕縁である。内区に4個の連弧文が確認できるが、主文様部分は損傷が激しく明確ではない。

出土地点：劉家寨村南（2000年採集）

収蔵場所：桓台県博物館

観察記録：底面は白灰色。幅置面は赤橙色。鋳型面は黒灰色。湯道とあがりの間に黒色部分がある。肉眼で破断面に白色粒子が確認できる。湯口は残存する部分の深さが9mm。堰の深さは約1mm。あがりの幅は9〜5mm、深さは約1mm。幅置の幅は13〜15mm。底面は平面。側面と底面の間にある斜面には黒色膜があり、断面が半丸凹形の溝がある。幅置面と鋳型面の段差は約1mm。鏡縁の深さは約2mm。鋳造に使用した笵。側面と底面の角の面には指を手前に向かって滑らせたような、長さ約6cmの断面が半丸凹形の溝がある。この側面と底面の間にある斜面が、唯一、削られていない面である。

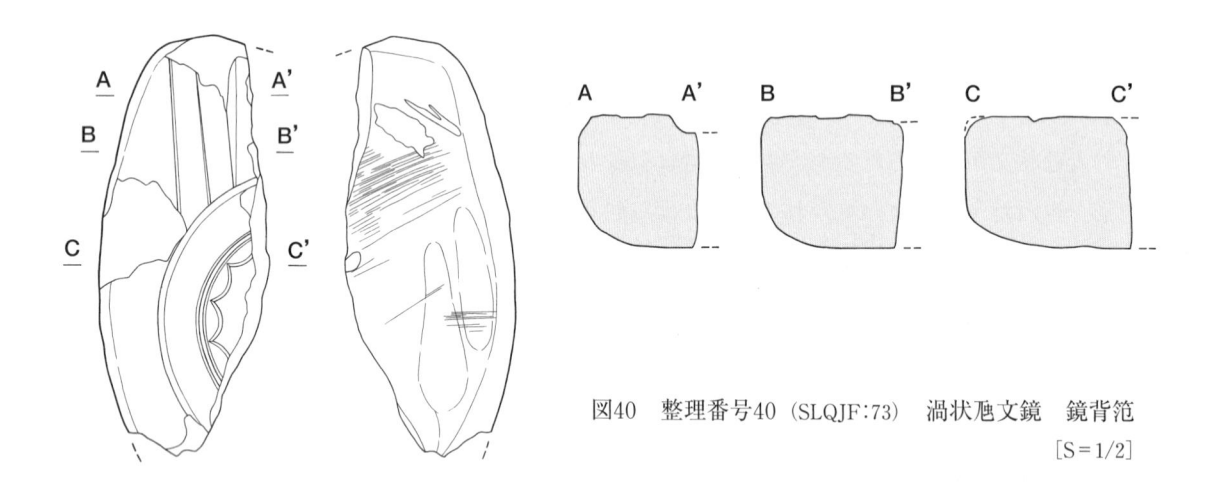

図40　整理番号40（SLQJF：73）　渦状虺文鏡　鏡背笵
[S=1/2]

■整理番号41（SLQJF：68）　草葉文鏡　鏡背笵

外形寸法：残存長7.7cm、残存幅10.0cm、厚さ7.0cm、復原面径24.0cm

重量：266.9g

比重：1.09

文様：鏡背面の1/6ほどが残っている。3個の連弧文が確認できる。方格各辺には2個の麦穂状文が配置されるが、麦穂状文は一段のものである。方格外側の対角線上には双葉文と葉文が配置される。方格銘帯隅には四角形の中に三角形を重ねた三角渦文が描かれる。

出土地点：劉家寨村南（2000年採集）

収蔵場所：桓台県博物館

観察記録：白灰色。幅置面は橙色。鋳型面はやや緑がかった黒灰色。気泡痕が多い。側面と底面の間にある斜面には黒色膜が残存する。幅置面と鋳型面の段差は約2mm。鏡縁の深さは約4mm。鋳型面は

緻密な面で、気泡痕は露出していない。鋳造に使用した范。破断面に長さ25㎜、径2.5mmの円柱形の気泡痕が露出している。内部に突起物はなく、植物の茎の跡のように見える。

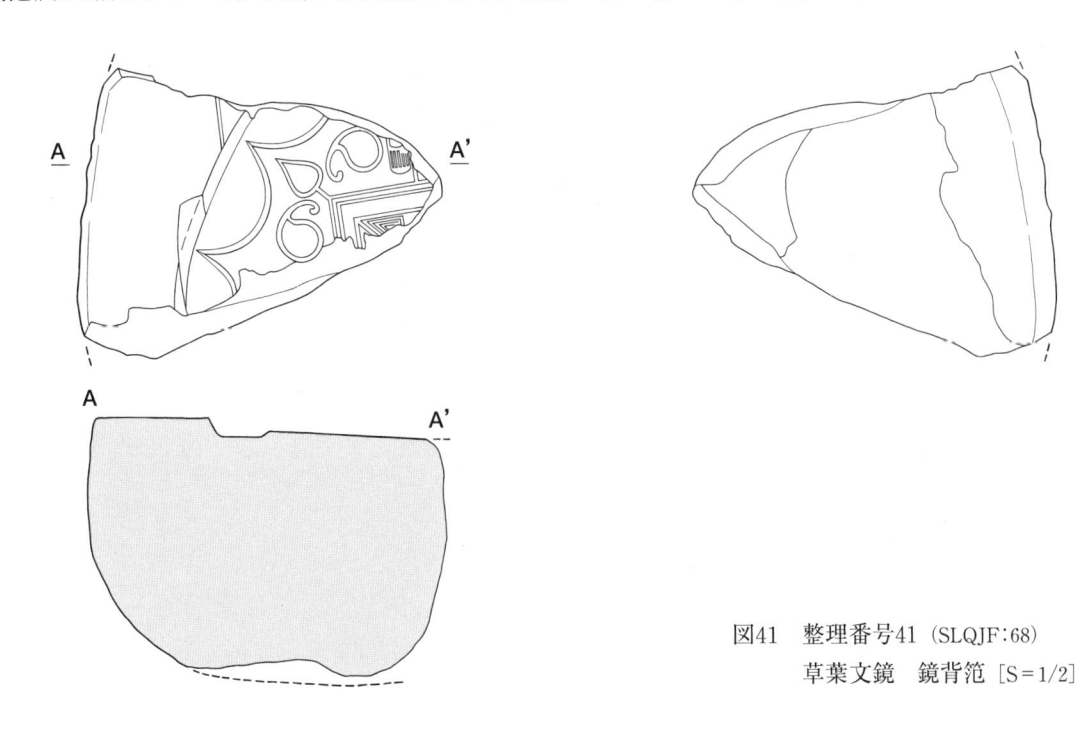

図41　整理番号41（SLQJF:68）
　　　草葉文鏡　鏡背范［S=1/2］

■ **整理番号42（SLQJF:36）　鏡面范**

外形寸法：残存長10.7㎝、残存幅7.7㎝、厚さ4.7㎝、復原面径11.0㎝

重量：270.3ｇ

比重：1.55

出土地点：劉家寨村南（2000年採集）

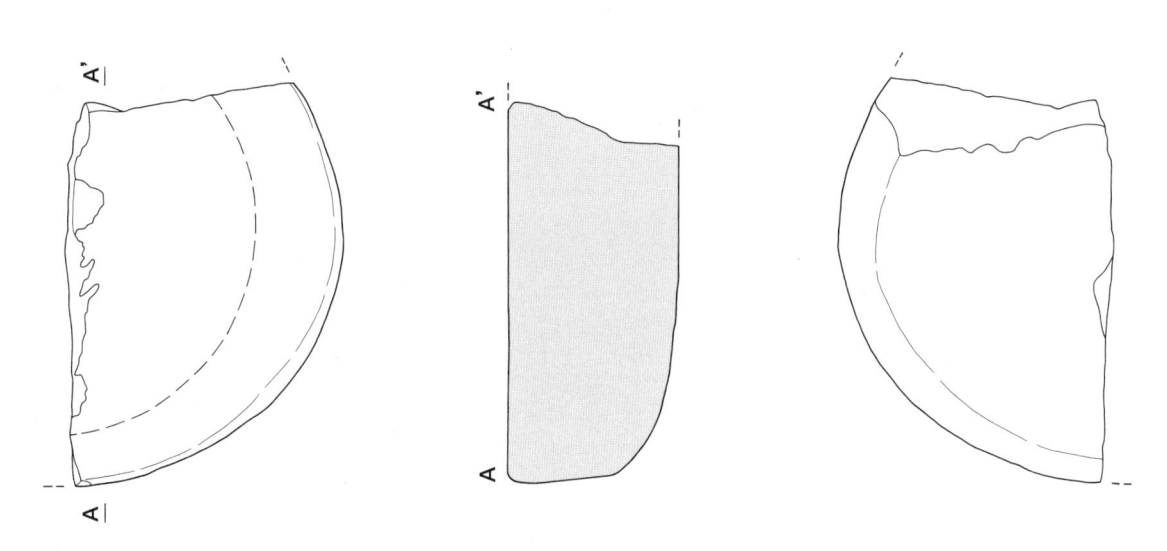

図42　整理番号42（SLQJF:36）　鏡面范［S=1/2］

収蔵場所：桓台県博物館

観察記録：全体は白灰色。鋳型面は黒灰色で、深さ1〜2㎜までこの黒灰色が笵内部に浸透している。鋳型面から幅置面にはみ出すように黒色帯がある。側面には黒色膜があり、この黒色膜の厚さは0.5㎜程度の層になっている。また、この黒色膜の層は部分的に剝がれている。気泡痕が多い。乾燥などの収縮時に発生するひび割れのような形状がある。貝殻剝離状の破断面の形状になっている。幅置の幅は約15〜20㎜。笵ずれ防止のハマリはなく、一平面に作られている。黄色、橙色の極めて薄い微粉末の塗型材の層があり、その層の下には白灰色の地色が見える。層の下には気泡痕が点在している。鋳型面は最長で計れる90㎜の長さ部分で0.8㎜の凹面。鋳型面にも径1㎜弱の気泡痕がある。鋳造に使用した笵。土などを練って形を作る時に発生するような、あるいは乾燥収縮などで発生するような凹線の皺が表面にあり、笵の材質、作り方を推測する上で重要な痕跡。まず削って一平面を作り、次に鋳型面を彫って窪めたと推測できる。

■整理番号43（SLQJF:27） 鏡面笵

外形寸法：残存長7.7cm、残存幅5.1cm、厚さ2.3cm、復原面径8.8cm
重量：51.6ｇ
比重：0.95
出土地点：蘇家廟村西（2003年採集）
収蔵場所：山東省文物考古研究所

観察記録：全体は白灰色。幅置面は淡い橙色。鋳型面に塗った塗型材は赤橙色。湯道、あがり部分は黒灰色。気泡痕が多い。幅置面に3×6㎜の質と色の違う楕円形があり、大きな気泡痕に塗型材を詰め込んで焼成したために赤橙色に変色したもの。光る鉱物は白灰色部分にはないが、塗型材には少し含まれる。大きな気泡痕の内部には突起物がある。側面には縦方向と横方向の擦痕がある。鋳型面の反りは中ほどで約1㎜の凹面になっている。鋳型面の塗型材は緻密で、0.1㎜程度の薄い層。鋳造に使用した笵。

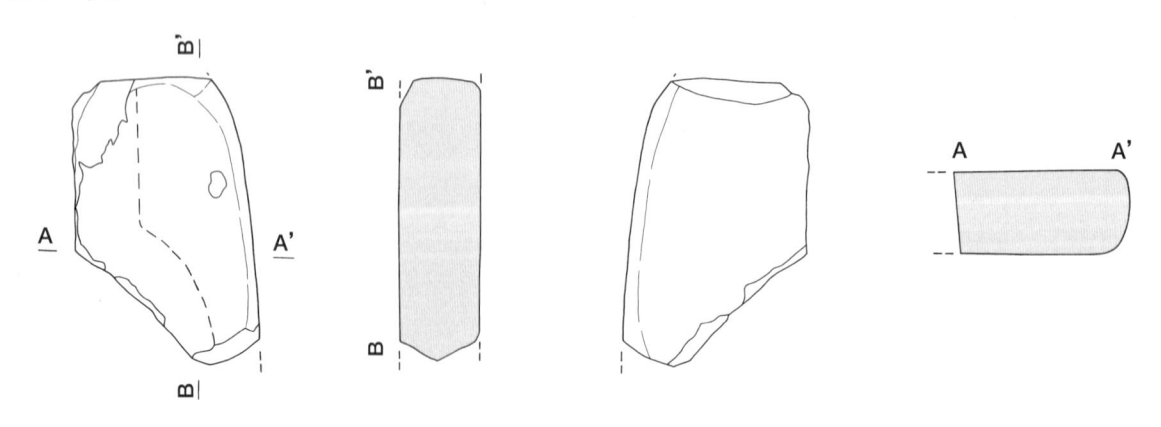

図43 整理番号43（SLQJF:27） 鏡面笵 ［S＝1/2］

■整理番号44（SLQJF:06）　鏡面范

外形寸法：残存長7.7cm、残存幅8.5cm、厚さ4.0cm

重量：170.0g

比重：0.95

出土地点：石佛堂村東南地点（2003年採集）

収蔵場所：山東省文物考古研究所

観察記録：全体は白灰色。鋳型面は黒灰色と橙色。黒灰色は2mmほど浸透している。気泡痕は均一に分布している。径4mmほどの大きい気泡痕には、どれにも内部に複数の突起物がある。全体には光る鉱物を含まないが、幅置面には微細な光る鉱物を含む。ただし、付着土に含まれていたものかどうかは不明。一部に湯口と思える窪みがある。側面には横方向の凹線の整形痕跡がある。これは硬い材料に工具を打ち付けて整形した痕跡で、それぞれの凹線に工具の刃跡を写し取っている。鋳型面は平面。底面は薄い層状に剥離している。この層状剥離は他の范にはあまり見られない稀な例である。

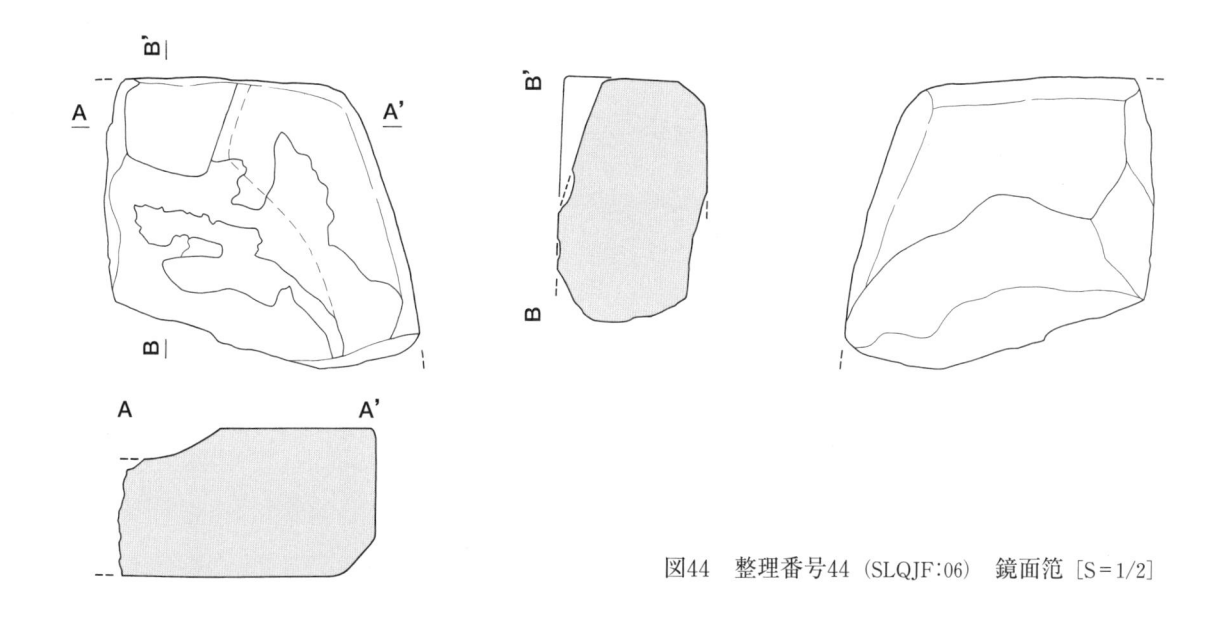

図44　整理番号44（SLQJF:06）　鏡面范　[S＝1/2]

■整理番号45（SLQJF:40）　鏡面范

外形寸法：残存長8.3cm、残存幅11.4cm、厚さ4.4cm、復原面径8.8cm

重量：306.9g

比重：1.24

出土地点：劉家寨村南（2000年採集）

収蔵場所：桓台県博物館

観察記録：全体は白灰色。幅置面は橙色。底面には黒色膜がある。光る鉱物はない。破断面は鋳型面

と直角な割れ方になっている。湯口の断面は半丸凹形で、鋳型面寄りが浅くなる。この半丸凹形の断面形は深さ約9㎜、幅は約22㎜で、鋳型面に向かって浅くなり、奥行きは25㎜。更に鋳型面に向かって約25㎜の長さの平面な湯道部分があって鋳型面に到達する。湯（溶けた青銅）が通った痕跡が黒灰色となって残ったことが確認できる。この痕跡から鏡背笵に彫られた湯道の形状も推測できる。残存する笵の幅置面の数方向に定規をあてて目測すると、どの方向も直線で、幅置面が一平面であったことが分かる。鏡背笵との笵ずれ防止のハマリはない。鋳型面は最長で計れる90㎜の長さ部分で約0.8㎜の凹面。鋳造に使用した笵。鏡面笵に彫られる湯口は、断面がほとんど半丸凹形で、鏡背笵に彫られる逆台形とは異なる。

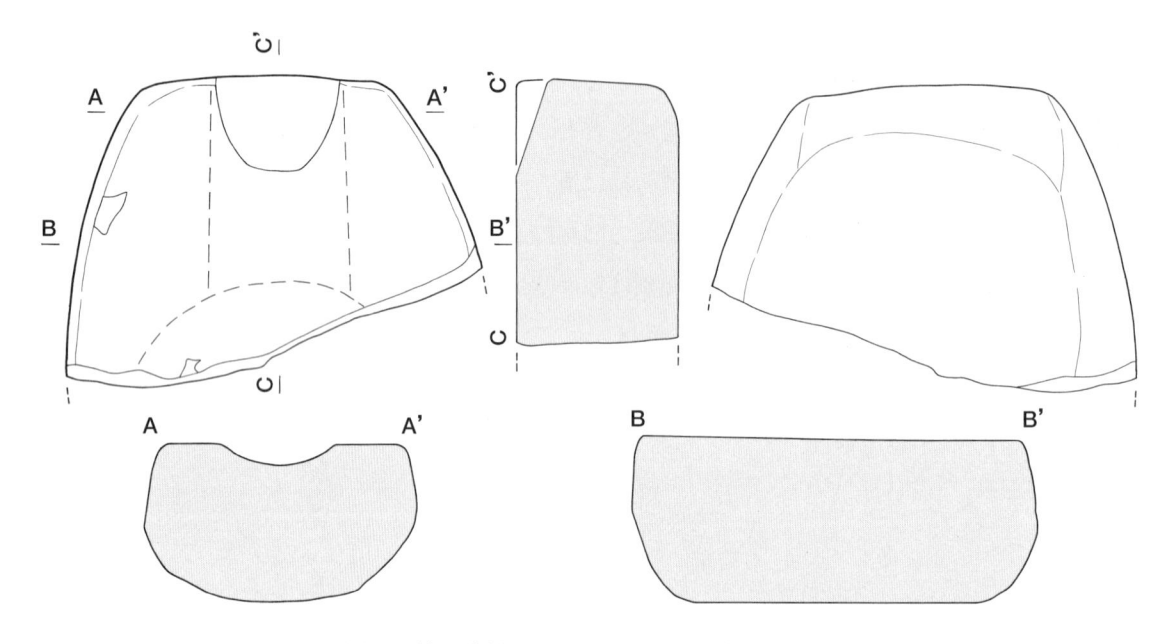

図45　整理番号45（SLQJF:40）　鏡面笵［S＝1/2］

■ **整理番号46（SLQJF:41）　鏡面笵**

外形寸法：残存長10.5㎝、残存幅11.2㎝、厚さ3.1㎝、復原面径8.8㎝

重量：209.0ｇ

比重：1.24

出土地点：劉家寨村南（2000年採集）

収蔵場所：桓台県博物館

観察記録：全体は白灰色。鋳型面は黒灰色で中央の方が濃い。鋳型面から幅置面にはみ出した幅2〜3㎜の黒色帯がある。幅置面は橙色。幅置の幅は約12㎜で一平面をなしている。鋳型面は最長で計れる85㎜の長さ部分で約0.8㎜の凹面。鋳型面には緻密な塗型材が塗られている。鋳造に使用した笵。注湯する直前の笵は焼成されて橙色となり、注湯によって鋳型面に黒灰色と幅置面にはみ出す黒色が発生すると推測できる。

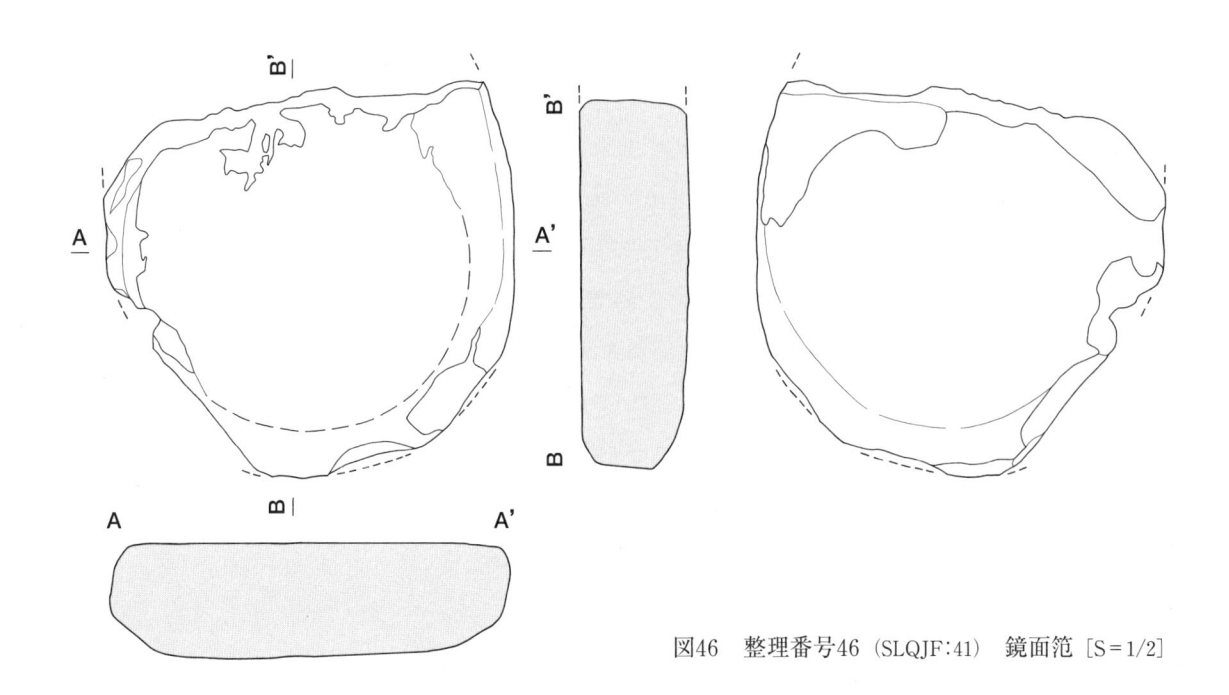

図46　整理番号46（SLQJF:41）　鏡面范　[S＝1/2]

■ **整理番号47（SLQJF:48）　鏡面范**

外形寸法：残存長12.5cm、残存幅12.6cm、厚さ3.0cm、復原面径10.4cm

重量：85.3＋174.6g

比重：2.51/1.38

出土地点：劉家寨村南（2000年採集）

収蔵場所：桓台県博物館

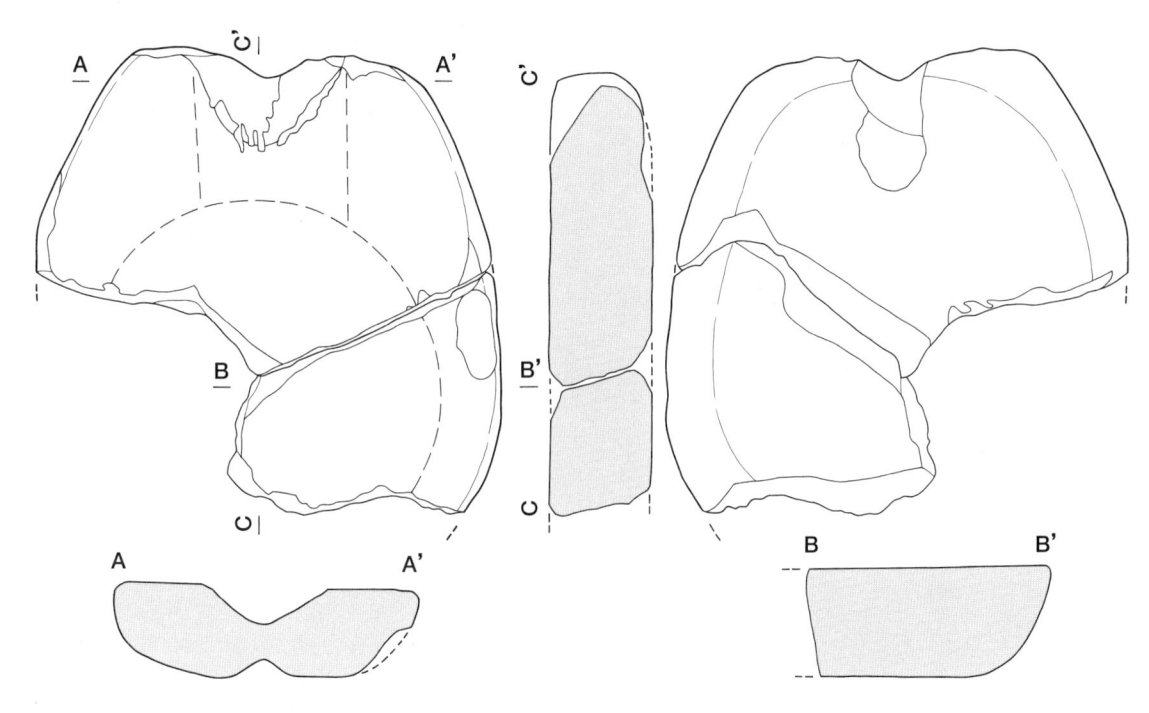

図47　整理番号47（SLQJF:48）　鏡面范　[S＝1/2]

臨淄斉国故城出土鏡范資料集成　解説──115

観察記録：全体は白灰色。鋳型面、幅置面の表面から橙色が范内部に浸透している。幅置面と側面の角の部分は他に比べて橙色が深く浸透している。橙色の幅置面に淡い橙色の色調の異なる形が確認できる。これは気泡痕に塗型材を詰め込んだものと思われる。同じように焼成しても、塗型材の方が淡い橙色に変色したために色調が異なるのであろう。鋳型面に塗った塗型材の淡い橙色よりも、塗型材を塗らない幅置面の方が赤い橙色である。大きな気泡痕の内部には突起物が複数ある。気泡痕は鋳型面近くまで点在する。湯口の断面は半丸凹形で、鋳型面寄りが浅くなる。幅は約35㎜、深さは約14㎜、奥行きは約20㎜。鋳型面は最長で計れる100㎜の長さ部分で約0.8㎜の凹面。鋳型面には緻密な塗型材が塗られている。しかし、幅置面には塗型材はない。鋳造に使用した范。

■**整理番号48（SLQJF:14） 再利用范**

外形寸法：残存長11.7cm、残存幅9.3cm、厚さ3.4cm

重量：239.1g

比重：1.14

出土地点：劉家寨村南（2000年採集）

収蔵場所：臨淄斉国故城遺跡博物館

観察記録：全体は白灰色。鋳型面は灰色で、一部には黒灰色がある。側面、底面には黒色膜があり、剥がれた内部は白灰色である。全体に土が付着している。破断面には気泡痕が多く、大きいものは1×2㎜の楕円形。光る鉱物はない。軟質な印象を受ける。幅置面には范ずれを防止するハマリはない。側面と幅置面の角には平らで数㎜の幅の面が作られている。側面はヘラなどで切って作られた多角面からできているが、一見してこの多角面は一曲面に見える。底面は明確な平滑面にはなっていない。

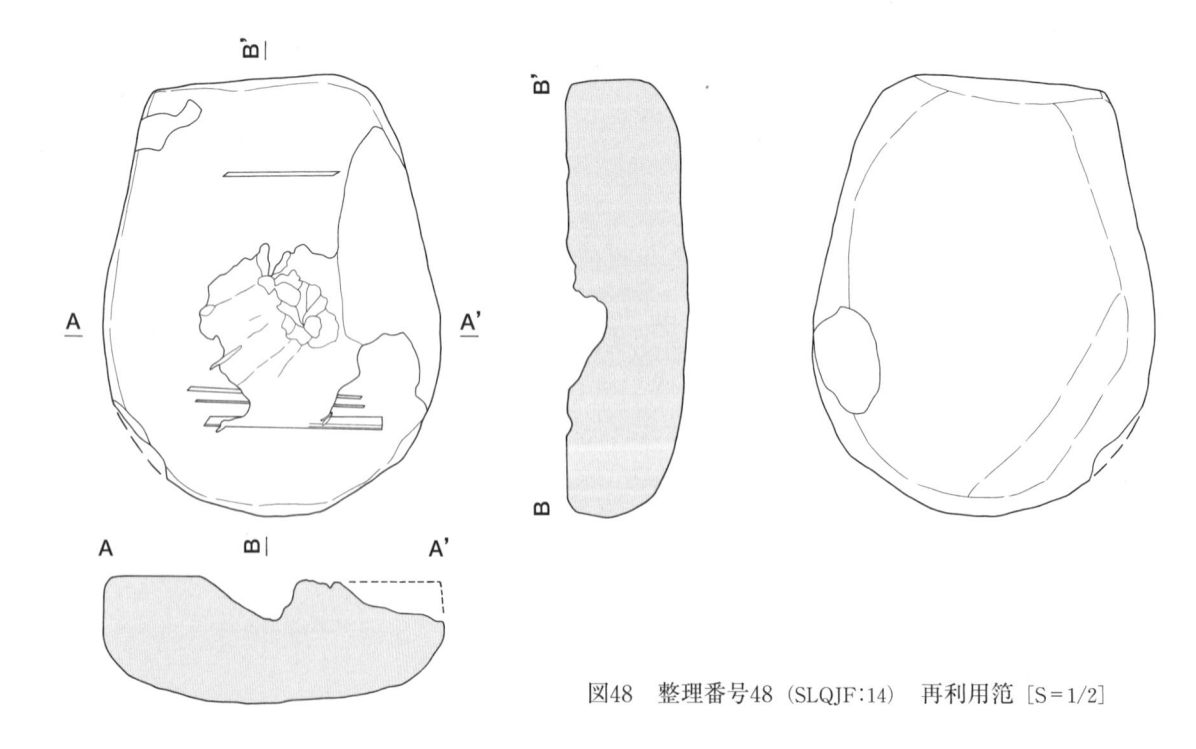

図48　整理番号48（SLQJF:14）　再利用范　[S=1/2]

側面と底面の間にある斜面には指跡のような断面が半丸凹形の浅い溝が複数ある。鋳型面はほぼ平面。鋳型面が剥離するように割れた面には多数の気泡痕があり、大きい気泡痕は径1～2㎜。割れていない面には気泡痕はほとんどない。平滑面に軟らかい練り物を押し付けて整形する時に発生する凹溝（凹線の皺）がある。中央には深さ15×30×35㎜の不定形の窪みがある。更に何かの工具で彫った長さ5㎝のV字の溝が4本ある。これらのV字の断面は同じ形状ではない。平滑面の上に練った范土を押し付けて形を作り、還元炎で焼成した時に、側面、底面の黒色膜が発生したもののように思われる。鋳型面を加工中に一部が剥離し加工を中止したものか。他の范の塗型材が剥がれた鋳型面や幅置面には無数の気泡痕が露出するが、製作途中と思われるこの范のこれらの面には気泡痕は露出していない。范の製作手順を考える上で重要な資料である。

■**整理番号49**（SLQJF:54）　**再利用范**

外形寸法：残存長11.6㎝、残存幅7.2㎝、厚さ4.4㎝、復原面径8.0㎝

重量：189.8ｇ

比重：1.25

出土地点：劉家寨村南（2000年採集）

収蔵場所：桓台県博物館

観察記録：鋳型面は橙色で、中央の方が赤橙色。底面は白灰色。底面と側面の角の斜面には黒色膜がある。湯口には黒色膜が残る。幅置面は平滑面で幅は20㎜。側面は平滑な曲面に作られている。側面と底面の間にある斜面には断面が半丸凹形のものが複数ある。鏡縁と思える円圏凹線に塗型材が残ることから、使用後に研磨したものであろう。底面と側面の角の斜面に指跡のような凹形があることと、底面に練り物のような皺があることから、何かを練って范を作ったと思われる。

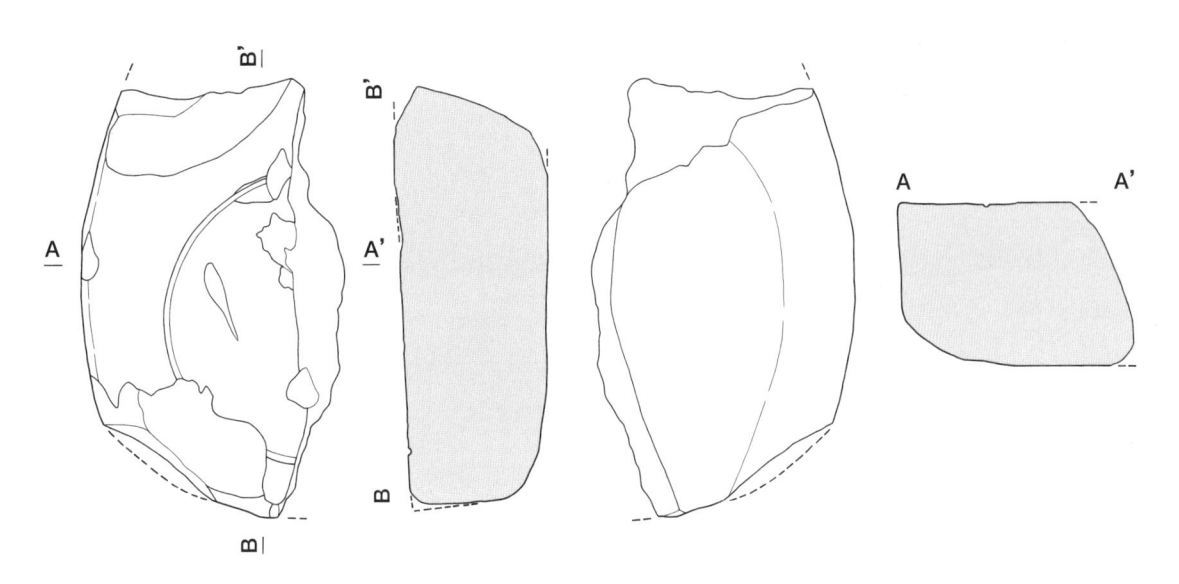

図49　整理番号49（SLQJF:54）　再利用范　[S=1/2]

■**整理番号50**（SLQJF:58）　再利用范（鏡背范）

外形寸法：残存長11.9cm、残存幅11.9cm、厚さ4.9cm、復原面径14.4cm

重量：328.1g

比重：0.94

出土地点：石佛堂村東南地点（2003年採集）

収蔵場所：桓台県博物館

観察記録：灰白色。鋳型面は赤橙色。鈕と鏡縁には黒色が残る。気泡痕が多い。幅置の幅は約20㎜。鋳型面と幅置面が一平面になるように全体を擦り落としている。側面は多数の平滑面で作られている。底面は平面で、練り物のような皺がある。側面と底面の間にある斜面には断面が半丸凹形の指跡のような浅い溝が複数ある。鈕に厚みのある黒色膜が残存する。この厚みは塗型材と考えられる。擦り落とした鋳型面には大小様々な気泡痕が露出している。気泡痕の多いこの材料で緻密な鋳型面を作るには微粉末の土などを塗型材として用いなければならないことが分かる。

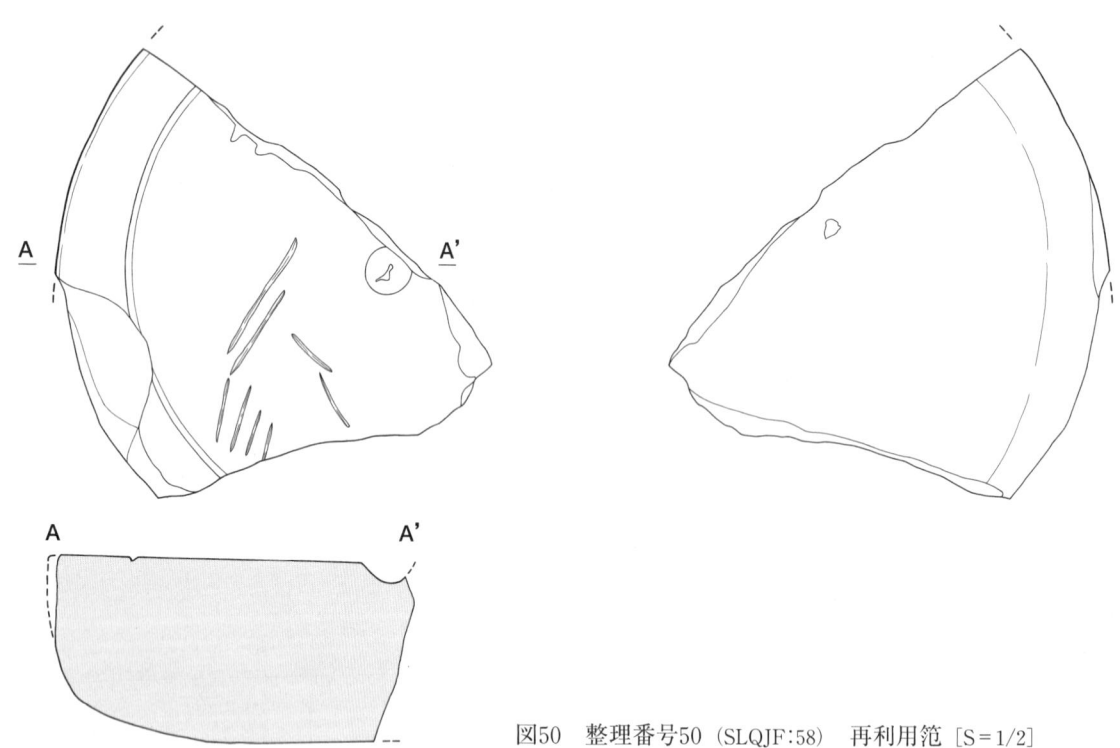

図50　整理番号50（SLQJF:58）　再利用范　[S＝1/2]

■**整理番号51**（SLQJF:42）　再利用范（鏡背范）

外形寸法：残存長7.1cm、残存幅10.8cm、厚さ3.6cm、復原面径8.8cm

重量：147.3g

比重：1.53

出土地点：劉家寨村南（2000年採集）

収蔵場所：桓台県博物館

観察記録：全体は白灰色。鋳型面があった面と側面は赤橙色。黒色膜はない。赤橙色部分には白く微細な粒子が見えるが、白灰色部分には見えない。光る鉱物はない。幅置の幅は12〜17㎜。底面は平面。側面と底面の間にある斜面には断面が半丸凹形の浅い溝が複数ある。鋳型面は現在の形状では平面であるが、鋳型面がなくなるまで削っているため元の反りは不明。コンパスの回転で彫り込んだ鏡縁の円弧の一部が凹線で残る。この范材は全体に白い微細な粒子を含むが、全体の色調が白灰色であるため肉眼では見にくい。しかし、熱を受けて焼成されれば、白い粒子以外の部分が赤橙色に変色するため、この部分には白色粒子が確認できる。このことから、加熱で赤橙色に変色する物質が范材の主を占め、加熱しても白色のままで変色しない微細な粒子を含むことが分かる。使用した范を再利用するために鋳型面を削り落としたものか、焼成した面に鋳型面を彫り始めたものかは不明。

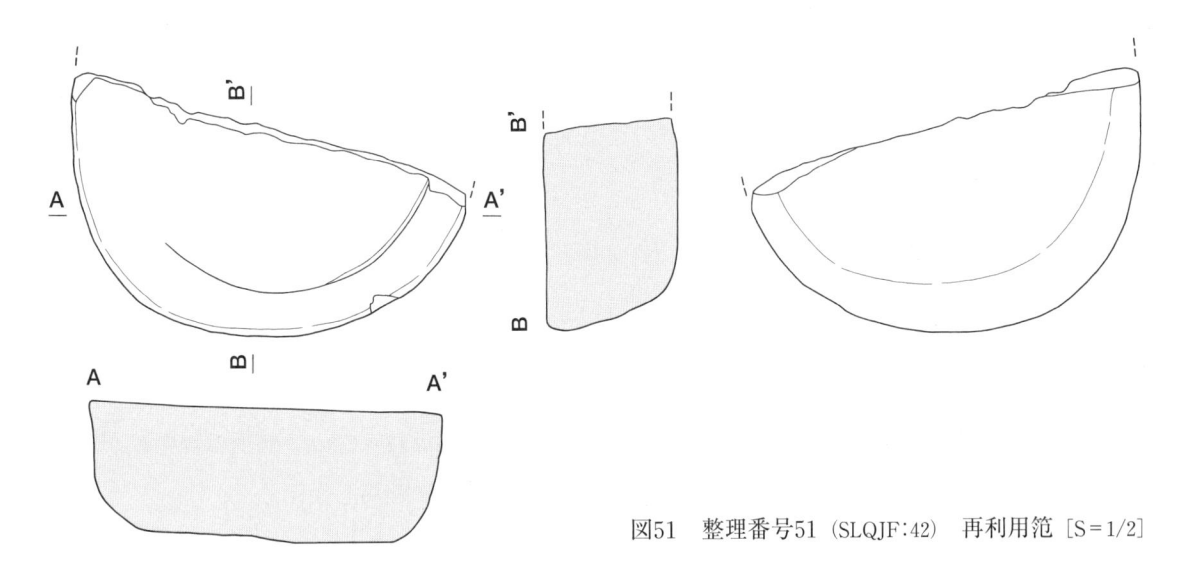

図51　整理番号51（SLQJF:42）　再利用范　[S=1/2]

■整理番号52（SLQJF:61）　鏡背范

外形寸法：残存長6.4cm、残存幅7.1cm、厚さ5.9cm

重量：171.8g

比重：1.51

出土地点：劉家寨村南（2000年採集）

収蔵場所：桓台県博物館

観察記録：白灰色。湯道、あがりには塗型材が塗られ、焼成でこの塗型材が橙色に変色した。気泡痕が多い。破断面には光る鉱物は認められない。あがりの幅は13〜9㎜、深さは約1.5㎜。湯道とあがりの間の断面には橙色の層と黒灰色の層の2層が見える。鋳型面の表面から1㎜の深さに橙色の層があり、その下層に深さ1㎜の黒灰色の層がある。注湯時に黒灰色の層が表面から2㎜浸透し、その後、焼成の熱が表面から1㎜伝わってこのような2層ができたと推測することもできるが詳細は不明。

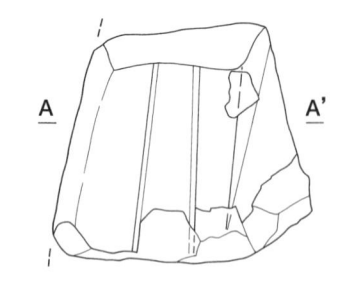

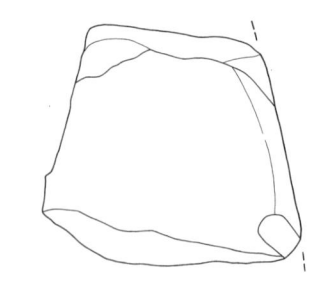

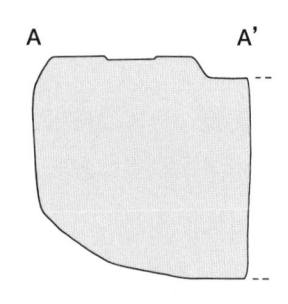

図52　整理番号52（SLQJF:61）　鏡背范 [S=1/2]

■**整理番号53**（SLQJF:67）　草葉文鏡　鏡背范

外形寸法：残存長12.1cm、残存幅5.0cm、厚さ5.4cm、復原面径12.0cm

重量：167.6g

比重：1.42

文様：鏡背面の1/5ほどが残っている。4個の連弧文が確認できる。方格外側の対角線上には双葉文が配置され、一部のみが確認できる。

出土地点：劉家寨村南（2000年採集）

収蔵場所：桓台県博物館

観察記録：白灰色。鋳型面は濃い黒灰色。幅置面は橙色。幅置面にはみ出したような幅2mmの黒色帯がある。気泡痕が多い。幅置面は塗型材が塗られていて緻密。幅は11〜20mm。側面は黒色膜が剥がれている。底面には黒色膜が残存する。鋳型面は平面で緻密。鋳造に使用した范。

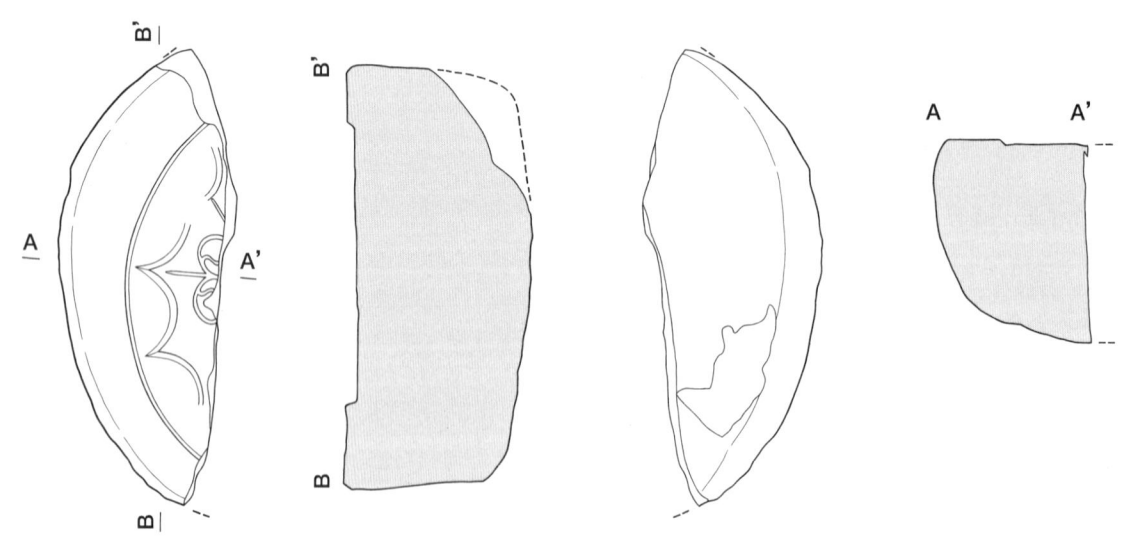

図53　整理番号53（SLQJF:67）　草葉文鏡　鏡背范 [S=1/2]

120 ── I部 資料編

■整理番号54（SLQJF:70）　草葉文鏡　鏡背范

外形寸法：残存長6.2cm、残存幅7.6cm、厚さ4.4cm、復原面径12.8cm

重量：86.5ｇ

比重：1.01

文様：鏡背面の1/10ほどしか残っていない。損傷が激しく、2個の連弧文が確認できる。

出土地点：劉家寨村南（2000年採集）

収蔵場所：桓台県博物館

観察記録：白灰色。鋳型面は黒灰色で、その下層は橙色。気泡痕が多い。底面は平面。側面と底面の間にある斜面には黒色膜が残り、断面が半丸凹形の指跡のような浅い溝がある。何かを練って作ったような皺が複数ある。鏡縁の深さは約3㎜。破断面には色の違いによる複数の層がある。鋳型面から内部に向かって橙色が深く浸透している。鋳型面は黒灰色で、ある部分では、この黒灰色を徐々に淡くしながら深さ5㎜まで浸透し、橙色に近づき、再び、深さ5㎜の位置で黒灰色が濃くなり、この位置から約15㎜の深さまで、更に内部に向かって徐々に黒灰色が淡くなる。鋳型面から20㎜の深さの位置から内部は范本来の白灰色である。2層の黒灰色の層からは、2度注湯したとも考えることができるが、結論づけるには科学的な分析と鋳造実験が必要である。破断面に現われた気泡痕の多くは楕円形をなす。この楕円形の方向には一定の規則性があり、この范が人工的に作られたことを示している。

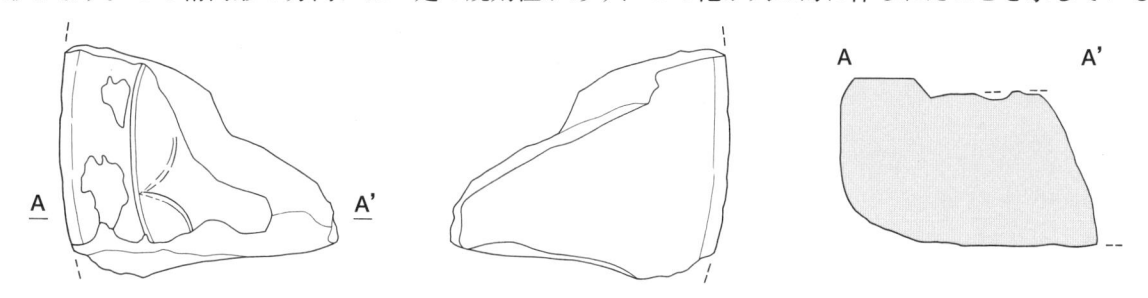

図54　整理番号54（SLQJF:70）　草葉文鏡　鏡背范　［S＝1/2］

■整理番号55（SLQJF:71）　渦状虺文鏡　鏡背范

外形寸法：残存長9.0cm、残存幅7.7cm、厚さ2.6cm、復原面径10.0cm

重量：91.2ｇ

比重：1.11

文様：鏡背面の1/3ほどが残っている。鏡縁は匕縁である。内区に6個の連弧文が確認できるが、主文様部分は損傷が激しく明確ではない。地文もわずかに渦巻文が確認できる。

出土地点：劉家寨村南（2000年採集）

収蔵場所：桓台県博物館

観察記録：白灰色。幅置面は赤橙色。この赤橙色は内部に向かって約 5 mm浸透し、徐々に淡く変色している。気泡痕が多い。垂直に破断する材質。大きな気泡痕の内部には突起物がある。幅置の幅は13〜15mm。側面には黒色膜がある。幅置面と鋳型面の段差は約 1 mm。塗型材の中の結晶水除去のため鋳型面を約700℃で焼成する。その時の高熱が内部に浸透した部分まで橙色に変色したと考えられる。破断面に現われた気泡痕の多くは楕円形をなす。この楕円形は鋳型面と平行な方向で、垂直方向の楕円形はない。このことから人工的に作られた范であることが分かる。更には何かの練り物を鋳型面が下になるように平面上に置いて、上から押し潰して作ったことを推測させる。

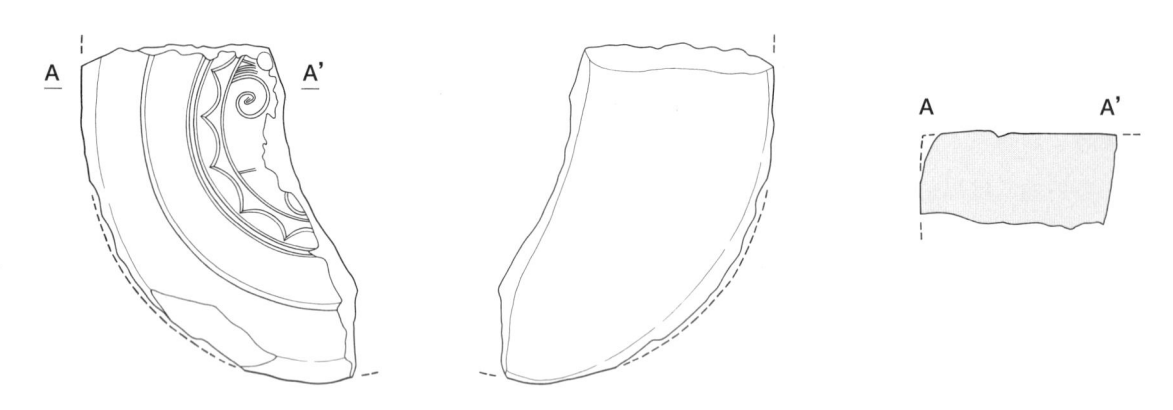

図55　整理番号55（SLQJF:71）　渦状虺文鏡　鏡背范　[S＝1/2]

■整理番号56（SLQJF:08）　鏡背范

外形寸法：残存長11.5cm、残存幅8.0cm、厚さ5.3cm

重量：263.9 g

比重：0.91

文様：欠損部分が激しく詳細は不明である。

出土地点：石佛堂村東南地点（2003年採集）

収蔵場所：山東省文物考古研究所

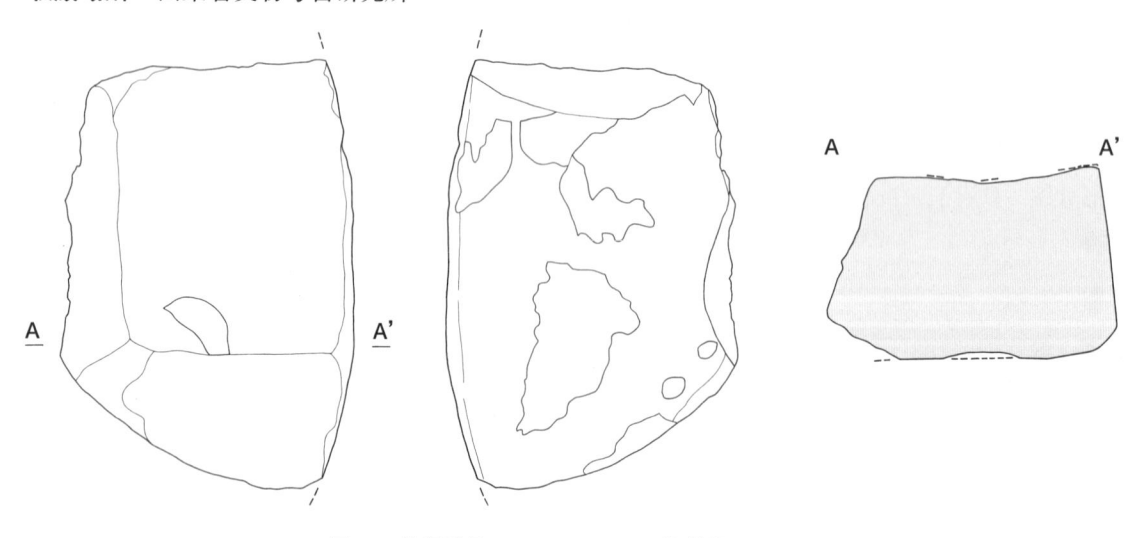

図56　整理番号56（SLQJF:08）　鏡背范　[S＝1/2]

観察記録：全体は白灰色。その表面に黒色膜がある。幅置面は橙色で、わずかに橙色が浸透している。一部に 1 × 3 cm程度の黄色部分がある。気泡痕は多く、大きいものもある。光る鉱物は含まれない。黄色部分にも気泡痕がある。側面には大きな 2 つの彫った痕跡がある。硬い材質に彫った痕跡である。鋳造に使用した范。

■整理番号57（SLQJF:76）　草葉文鏡　鏡背范

外形寸法：残存長4.7cm、残存幅2.1cm、厚さ3.5cm

重量：12.6 g

比重：0.90

文様：鏡背面のごく一部が残っている。詳細は不明である。

出土地点：劉家寨村南（2000年採集）

収蔵場所：桓台県博物館

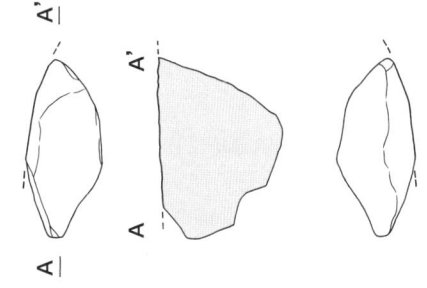

図57　整理番号57（SLQJF:76）草葉文鏡　鏡背范 ［S = 1/2］

観察記録：白灰色。鋳型面には黒灰色が残る。鋳型面の下層には橙色が浸透している。気泡痕が多い。鋳造に使用した范。鋳型面の下層に色の違う層が 2 層ある。鋳型面の下層の破断面には、横向きの楕円形の気泡痕が露出している。縦向きの気泡痕はない。

■整理番号58（SLQJF:07）　鏡面范

外形寸法：残存長11.1cm、残存幅7.1cm、厚さ5.5cm

重量：301.7 g

比重：0.89

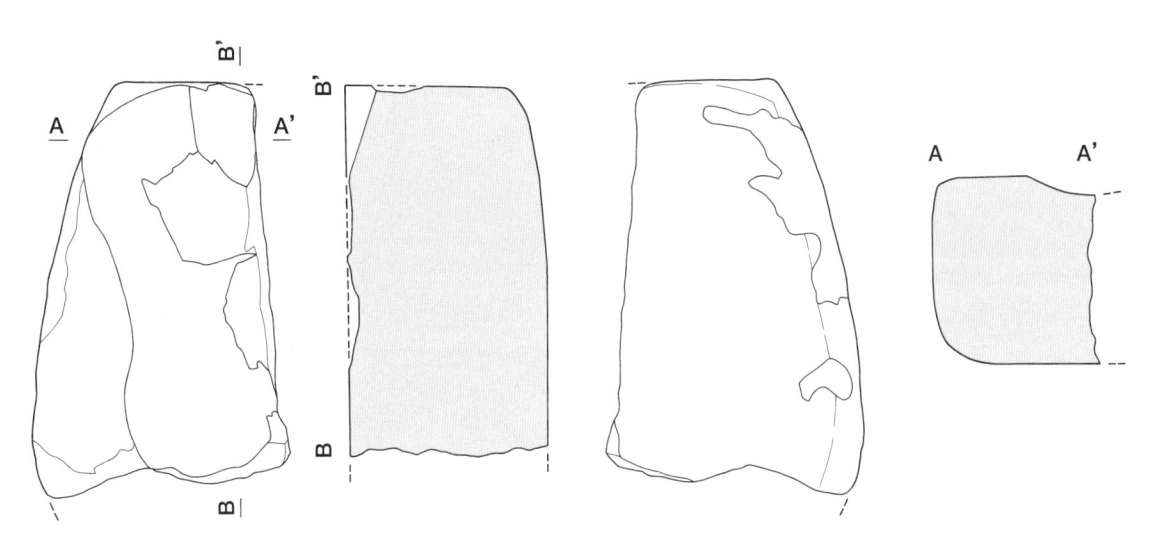

図58　整理番号58（SLQJF:07）　鏡面范 ［S = 1/2］

出土地点：石佛堂村東南地点（2003年採集）
収蔵場所：山東省文物考古研究所

観察記録：全体は白灰色。鋳型面以外は一様に黒色膜で覆われ、この黒色膜は約2㎜浸透している。破断面に大きな気泡痕がある。光る鉱物はない。一部に湯口と思える窪みがある。幅置面と側面との角には幅6㎜の平らな面が作られている。鋳型面はほぼ平面で緻密。鋳型面に黒灰色の浸透がないことから、未使用范と考えられる。底面には黒色膜があり、多くの范が持つこの特徴は范材を焼成する時に発生するもののように思われる。

■ **整理番号59（SLQJF:26）　鏡面范**

外形寸法：残存長11.5cm、残存幅6.7cm、厚さ2.3cm、復原面径9.2cm
重量：106.5g
比重：1.18
出土地点：蘇家廟村西（2003年採集）
収蔵場所：山東省文物考古研究所

観察記録：全体は白灰色。鋳型面に橙色の塗型材が残る。この塗型材の部分には気泡痕はない。鋳型面に擦った痕跡がある。幅置面には4×5㎜の大きさの鮮やかな赤橙色の楕円形がある。これは大きな気泡痕に塗型材を詰め込んで焼成したために橙色に変色したものであろう。底面は平面。鋳型面は約50㎜の長さ部分で中心部が約1㎜の凹曲面。鏡では凸面鏡用の鏡面范となる。破断面の一部の気泡痕は鋳型面に対して平行方向の規則性がある。

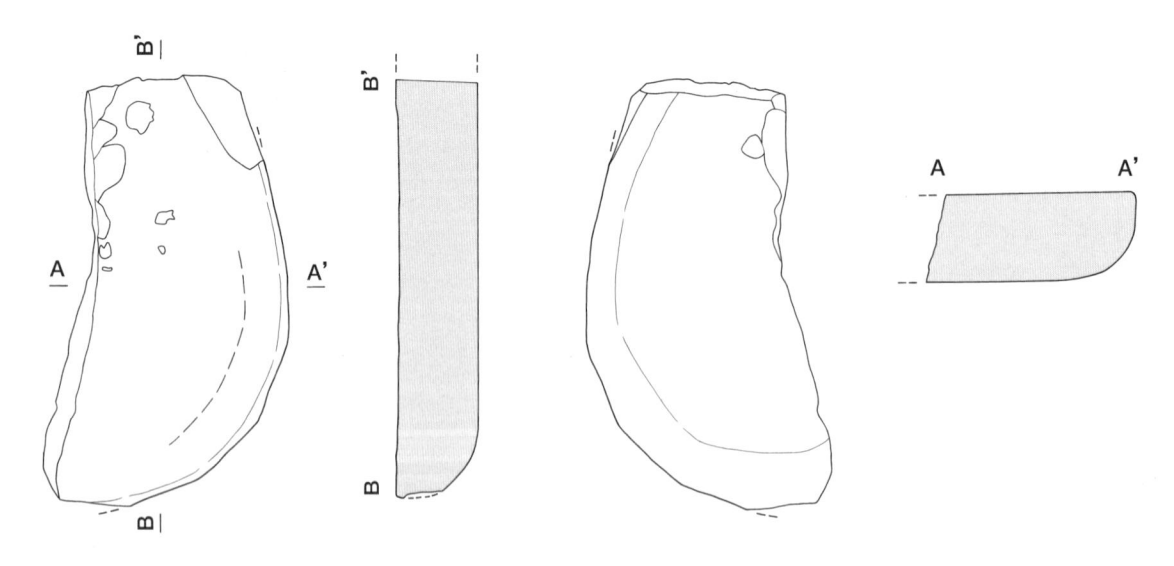

図59　整理番号59（SLQJF:26）　鏡面范　[S＝1/2]

■整理番号60（SLQJF:38）　鏡面范

　外形寸法：残存長14.5cm、残存幅6.4cm、厚さ4.2cm

　重量：259.0g

　比重：1.30

　出土地点：劉家寨村南（2000年採集）

　収蔵場所：桓台県博物館

観察記録：全体は白灰色。破断面の気泡痕は鋳型面と平行方向の細長い形状になっている。湯口の断面は半丸凹形で、鋳型面寄りが浅くなる。湯口から鋳型面に向かった部分は黒灰色が浸透している。側面には細かい縦の皺が多数ある。底面は平面。側面と底面の間にある斜面には側面にある縦の皺はない。鋳型面の反りはかすかに凹曲面。鋳造に使用した范。側面にある縦方向の細かい皺は他には見られない独特のもので、練り物が固まりかけた時にヘラなどを強く押しあて、ヘラが振動してできた形状のように見える。范の作り方を考察する上で重要な資料である。

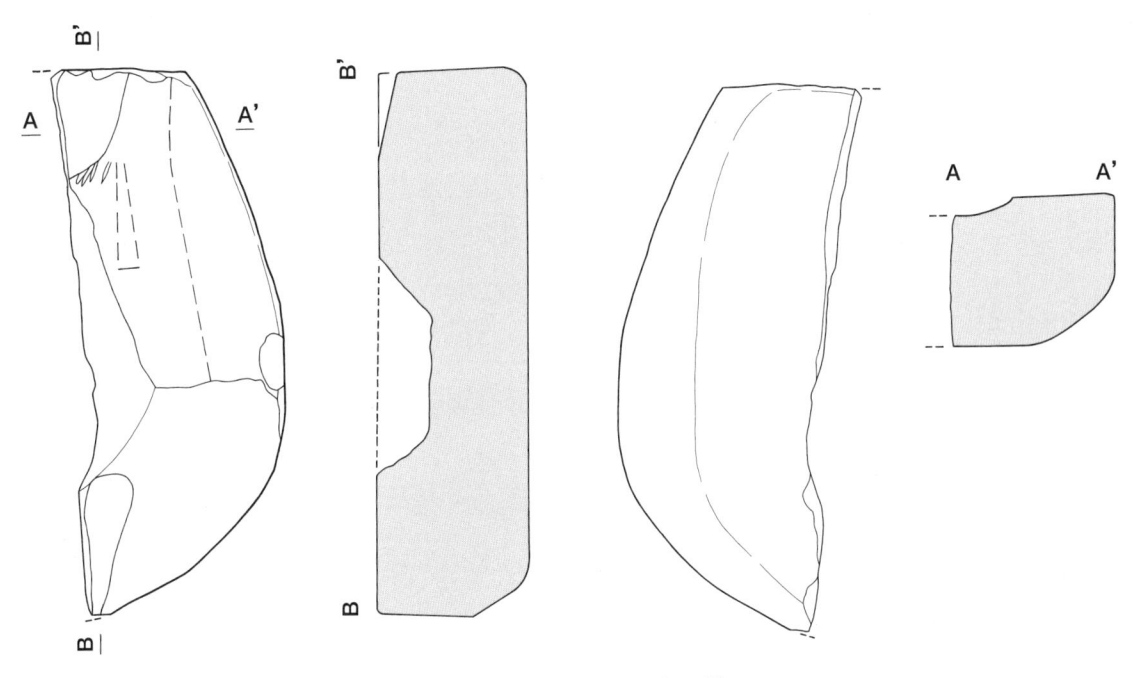

図60　整理番号60（SLQJF:38）　鏡面范［S＝1/2］

■整理番号61（SLQJF:39）　鏡面范

　外形寸法：残存長13.7cm、残存幅8.5cm、厚さ4.3cm

　重量：278.9g

　比重：2.08

　出土地点：石佛堂村東南地点

収蔵場所：桓台県博物館

観察記録：全体は白灰色。側面と一部の底面には0.2mmの厚さの黒色膜がある。湯口から鋳型面に向かった部分は赤橙色で笵内部に浸透している。湯口部分には半丸凹形の一部が残る。側面は多角面で作られている。底面は平面。側面と底面の間にある斜面には断面が半丸凹形の浅い溝が複数ある。鋳型面には付着物があるが、おおむね平面。鋳造に使用した笵。

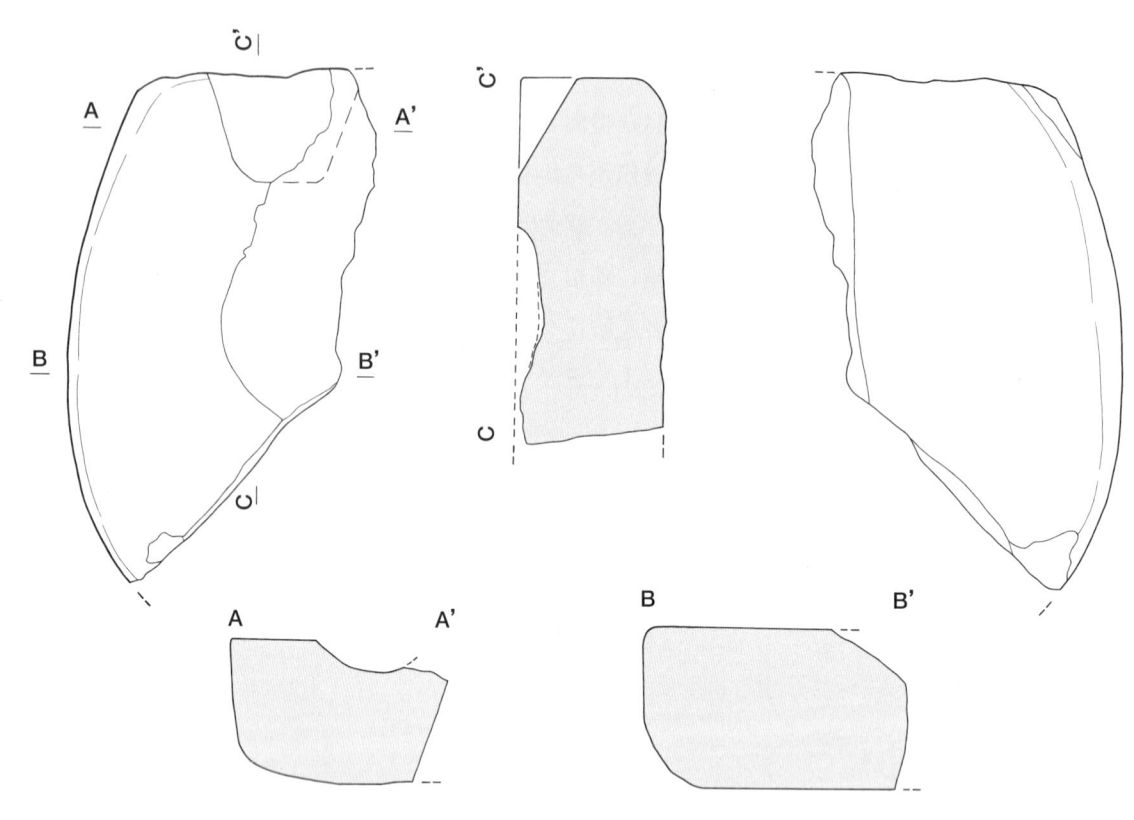

図61　整理番号61（SLQJF：39）　鏡面笵　[S＝1/2]

■整理番号62（SLQJF：44）　鏡面笵

外形寸法：残存長14.5cm、残存幅9.0cm、厚さ4.8cm、復原面径11.6cm

重量：379.5g

比重：1.47

出土地点：劉家寨村南（2000年採集）

収蔵場所：桓台県博物館

観察記録：全体は白灰色。側面に厚さ約0.5mmの黒色膜がある。径5mmの気泡痕の内部には突起物がある。破断面は鋳型面と直角面。湯口の断面は半丸凹形で、鋳型面寄りが浅くなり、半分が残る。鋳型面は最長で計れる120mmの長さ部分で中心部が約0.8mmの凹曲面。鋳型面の塗型材は幅置面に少しはみ

出した状態。この塗型材は橙色で、塗型材のない幅置面には気泡痕が多い。未使用范。

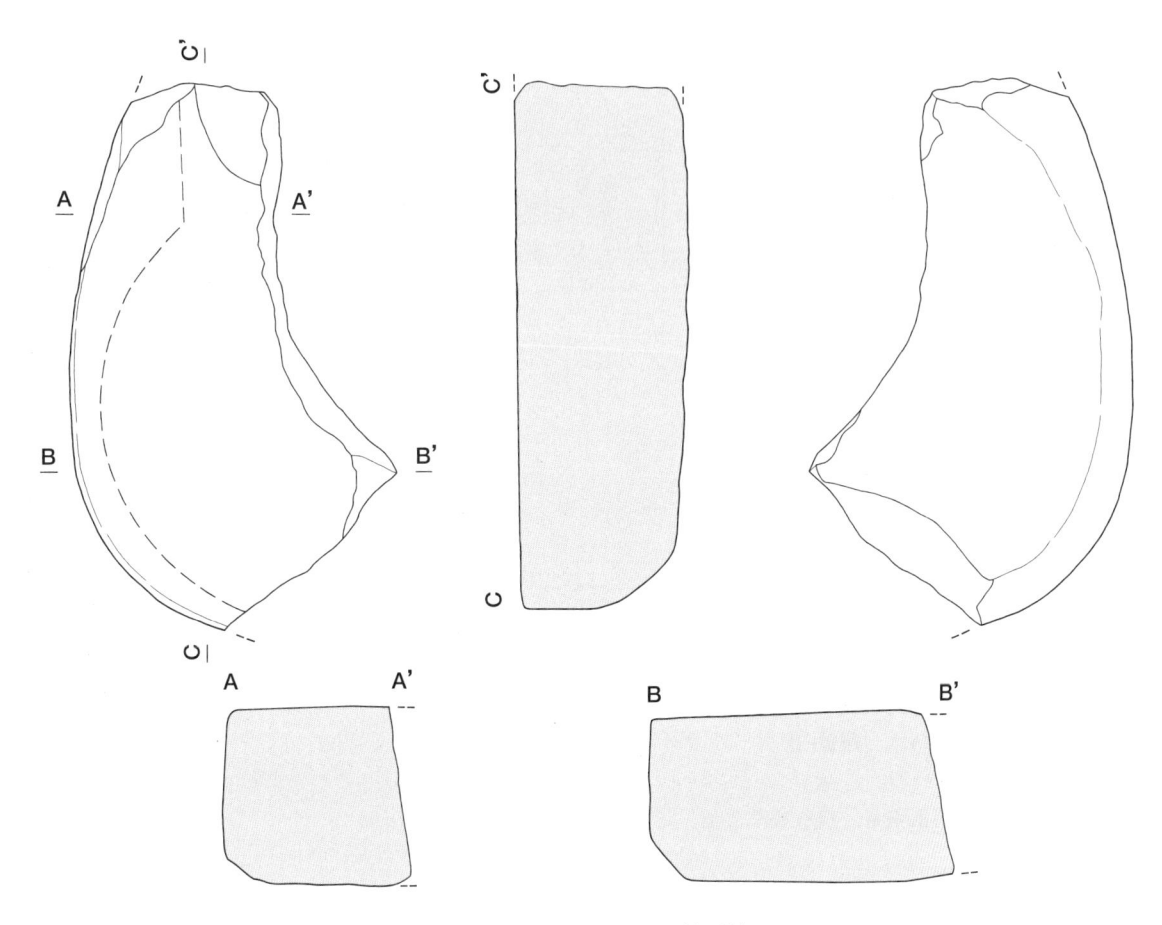

図62　整理番号62（SLQJF:44）　鏡面范［S＝1/2］

■**整理番号63（SLQJF:45）　鏡面范**

外形寸法：残存長11.6cm、残存幅11.2cm、厚さ4.5cm

重量：365.8g

比重：1.29

出土地点：劉家寨村南（2000年採集）

収蔵場所：桓台県博物館

観察記録：全体は白灰色。側面の一部に黒色膜がある。幅置面は橙色。鋳型面は黒灰色。鋳型面と湯道から幅置面にはみ出すように黒色がある。付着土には光る鉱物があるが、范内部には光る鉱物はない。貝殻剝離状に破断している。湯口の断面は半丸凹形で、鋳型面寄りが浅くなる。奥行きは約26mm。幅置面は一平面になるように作られている。底面は平面。鋳型面の反りは中心部が約0.8mmの凹曲面。鋳型面には緻密な塗型材が塗られている。鋳造に使用した范。

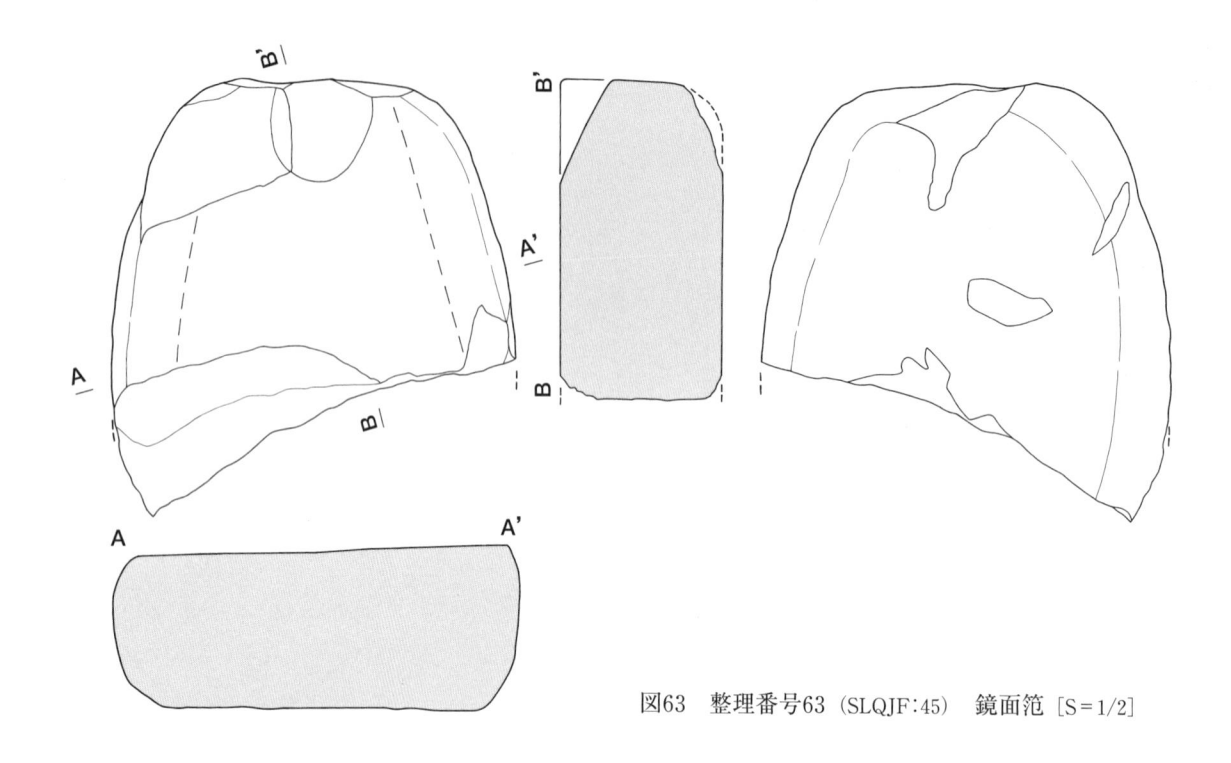

図63　整理番号63（SLQJF:45）　鏡面笵 [S＝1/2]

■**整理番号64（SLQJF:51）　鏡面笵**

外形寸法：残存長13.4cm、残存幅6.2cm、厚さ2.7cm、復原面径6.0cm

重量：133.1g

比重：0.96

出土地点：劉家寨村南（2000年採集）

収蔵場所：桓台県博物館

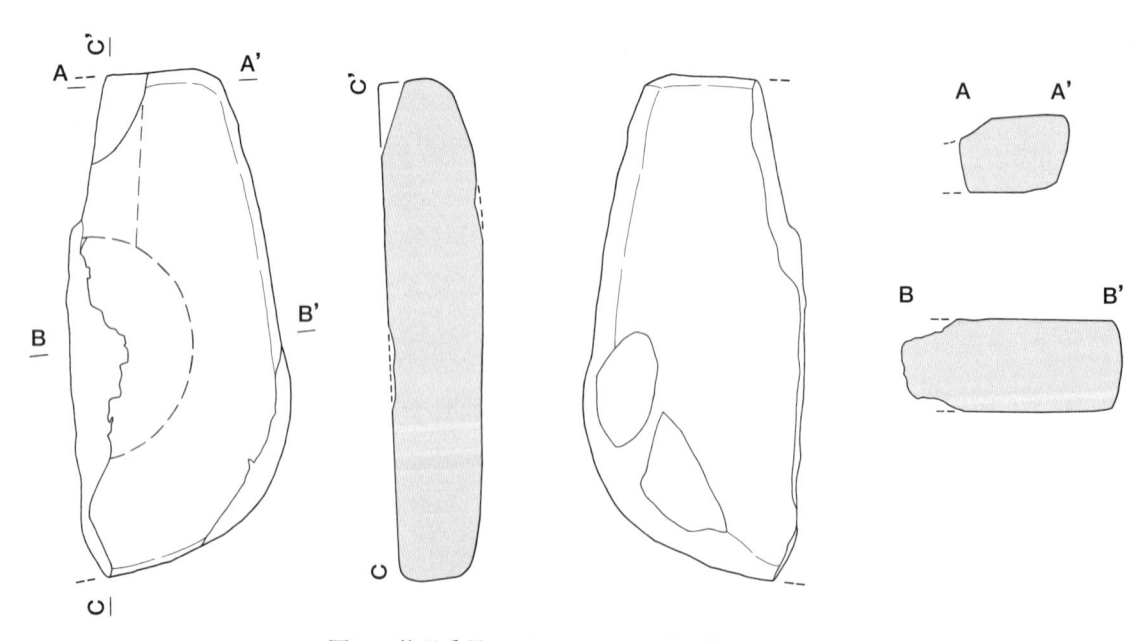

図64　整理番号64（SLQJF:51）　鏡面笵 [S＝1/2]

128 ── I部 資料編

観察記録：塗型材の部分は橙色。底面は白灰色。気泡痕の内部には複数の突起物が認められる。湯口の断面は半丸凹形で、鋳型面寄りが浅くなり、半分が欠損。鋳型面の反りは凹曲面。鋳型面には塗型材が残り、この塗型材には光る鉱物が多数見られる。その他の部分には光る鉱物はない。塗型材は橙色で未使用を思わせるが、湯口の周辺にしみ込んだ黒色からは使用を思わせる。凹曲面の笵を平らに擦り合わせて再利用を試みたものか。鋳型面の凹曲面の中心部に塗型材が残っている。

■**整理番号65（SLQJF:53） 鏡面笵**

外形寸法：残存長14.7cm、残存幅6.6cm、厚さ3.5cm、復原面径10.8cm
重量：88.2＋173.2g
比重：2.76/1.63
出土地点：劉家寨村南（2000年採集）
収蔵場所：桓台県博物館

観察記録：鋳型面は灰色。湯口から鋳型面に向かって黒色が残る。側面、底面は白灰色。側面と底面の角の斜面には黒色膜が残り、表面は粗い。幅置面は赤橙色。湯口がわずかに残る。赤橙色の部分が幅置面とは断定できない。鋳造に使用した笵。

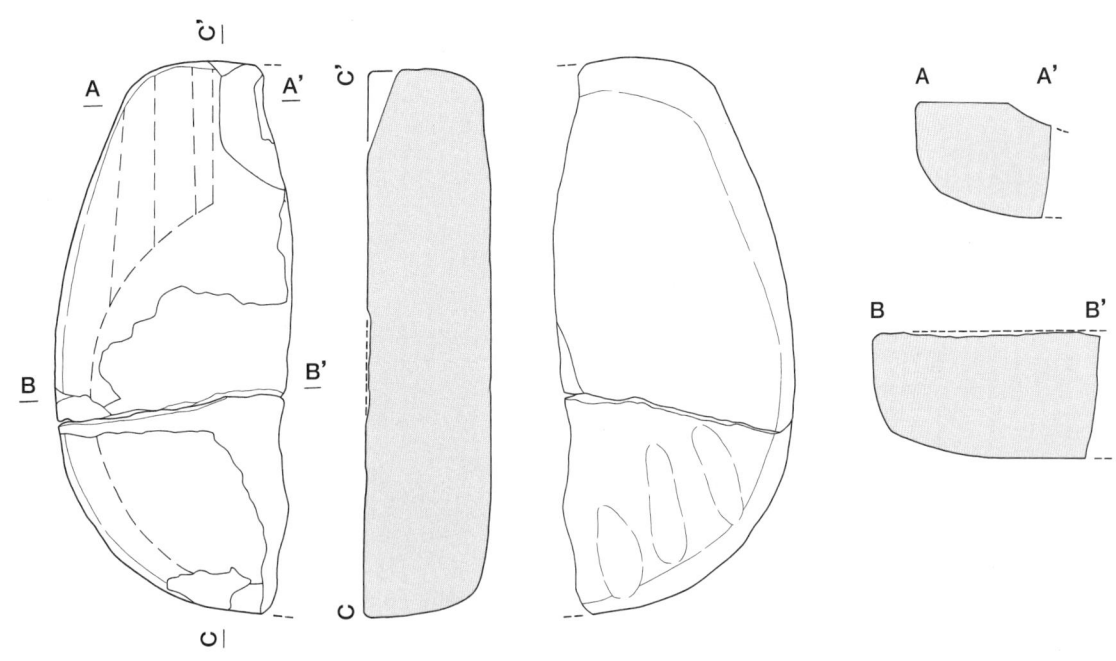

図65　整理番号65（SLQJF:53）　鏡面笵［S＝1/2］

■**整理番号66**（SLQJF:57） 鏡面范

外形寸法：残存長13.9cm、残存幅7.7cm、厚さ4.8cm、復原面径7.8cm

重量：371.8g

比重：1.55

出土地点：劉家寨村南（2000年採集）

収蔵場所：桓台県博物館

観察記録：底面、側面は白灰色。側面、側面と底面の角の斜面には黒色膜が残る。この黒色膜は0.5mmほどの厚さ。気泡痕は少ない。気泡痕の内部には突起物がある。幅置の幅は約15mm。側面と底面の間にある斜面には断面が半丸凹形の指跡のような浅い溝が多数ある。鋳型面は面径78mmで、中心部が約0.8mmの凹曲面。底面の指跡のような溝は、この范を作る方法に関連して発生していると思われる。

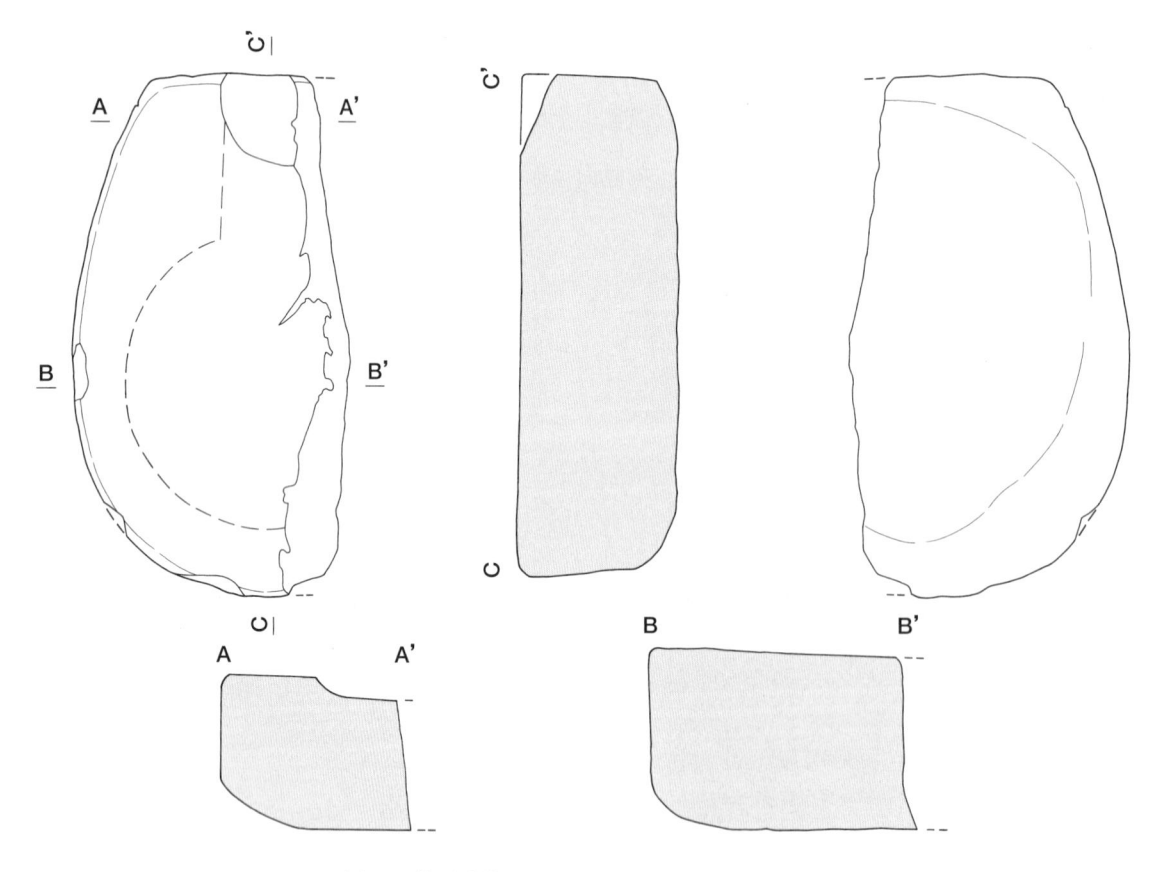

図66　整理番号66（SLQJF:57）　鏡面范 ［S = 1/2］

■**整理番号67**（SLQJF:60） 鏡面范

外形寸法：残存長10.7cm、残存幅6.1cm、厚さ4.9cm

重量：225.2g

比重：1.44

出土地点：劉家寨村南（2000年採集）

収蔵場所：桓台県博物館

観察記録：幅置面、鋳型面は橙色。側面は白灰色。鋳型面に直角な破断面で割れる材質。およそ半分で割れている。湯口は鋳型面に向かって浅くなる半丸凹形で、深さは10mm、奥行きは24mm。湯道部分は平滑で、湯道は鏡背范に彫られていたと思われる。表面は塗型材が塗られていて緻密。側面は剥がれやすい黒色膜が一部に残る。側面と底面の間にある斜面には指跡のような半丸凹形が複数ある。破断面に見える気泡痕は楕円形で、一定の方向性が認められる。

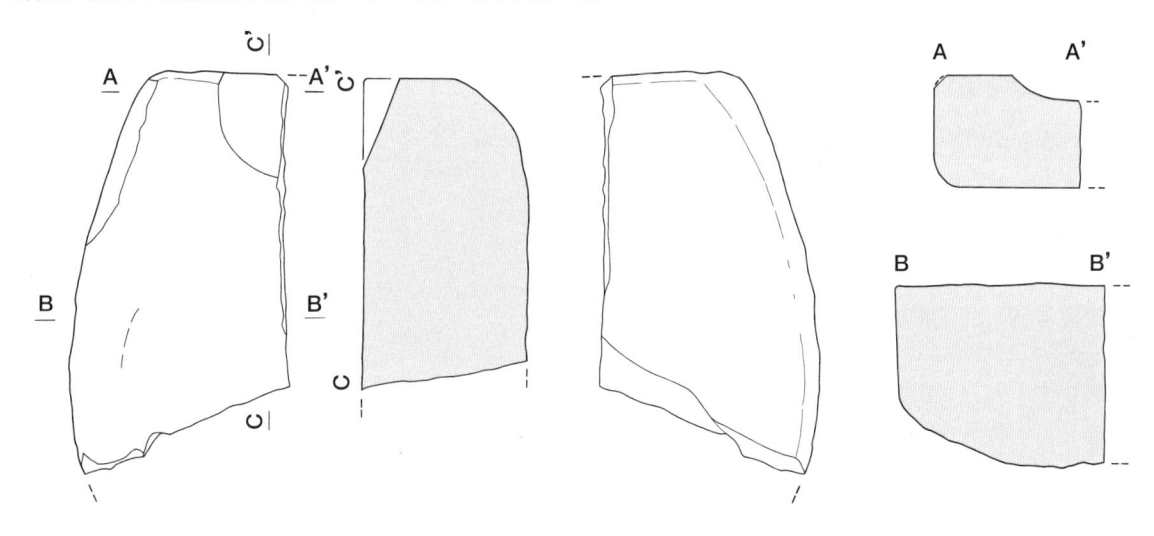

図67　整理番号67（SLQJF：60）　鏡面范　[S＝1/2]

■ **整理番号68（SLQJF：50）　鏡面范**

外形寸法：残存長8.8cm、残存幅5.1cm、厚さ3.7cm、復原面径9.2cm

重量：113.1g

比重：1.95

出土地点：劉家寨村南（2000年採集）

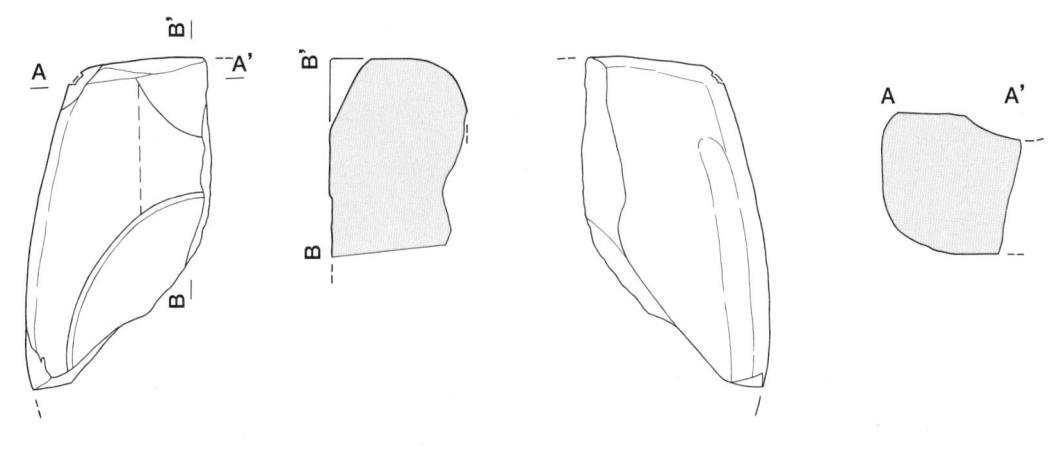

図68　整理番号68（SLQJF：50）　鏡面范　[S＝1/2]

収蔵場所：桓台県博物館

観察記録：全体は白灰色。側面には黒色膜があり、部分的に剝がれている。黒色膜が剝がれたその下層には白色の粒子を含んだ白灰色。径8mmの大きな気泡痕の内部には突起物がある。湯口の断面は半丸凹形で、鋳型面寄りが浅くなる。半分が欠損。側面には黒色膜があるが、底面との角は剝がれていて黒色膜はない。1mm程度の厚みでこの黒色膜は剝がれ、黒色部分だけではなく、白灰色の部分も膜に付着して剝がれている。角の部分の凹部には黒色膜が残る。底面は平面で、黒色膜はない。鋳型面は平面。幅置面から0.5mm低く鋳型面が平面に彫られている。これは他の鏡面范には見られない形状である。この鏡面范を見ると、鏡背范に彫った鏡胎の深さで鏡の鋳造肉厚を決定するのではなく、鏡面范で鋳造肉厚を調整することが分かる。この時、鏡面を平面にするか、凸曲面にするのかも決めることができる。この鏡面范は約0.5mmの鋳造肉厚を加え、平面鏡になるように彫られている点で重要な資料である。

■**整理番号69（SLQJF:52）　鏡面范**

外形寸法：残存長8.2cm、残存幅6.6cm、厚さ4.2cm
重量：143.1g
比重：1.56
出土地点：劉家寨村南（2000年採集）
収蔵場所：桓台県博物館

観察記録：鋳型面は黒灰色。この黒灰色は約0.8mm浸透している。幅置面は橙色。底面には黒色膜があり、断面が半丸凹形の指跡のような2本の浅い溝がある。

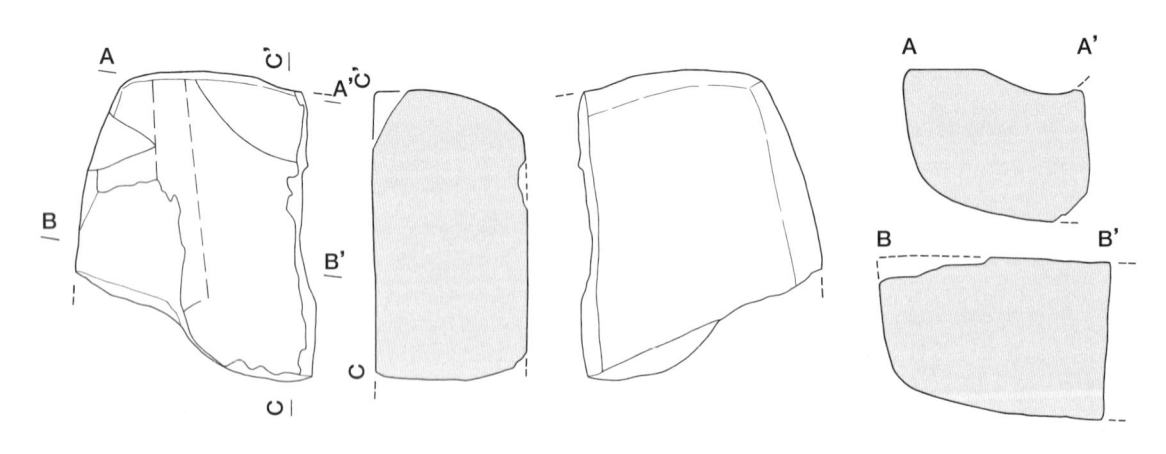

図69　整理番号69（SLQJF:52）　鏡面范　[S＝1/2]

■整理番号70（SLQJF:04）　鏡面范

外形寸法：残存長11.5cm、残存幅7.8cm、厚さ3.6cm、復原面径10.0cm
重量：187.7g
比重：1.59
出土地点：石佛堂村東南地点（2003年採集）
収蔵場所：山東省文物考古研究所

観察記録：全体は白灰色。幅置面には橙色の膜がある。鋳型面は黒灰色で、この黒灰色が深さ0.2mmほど浸透している。気泡痕は小さく少ない。光る鉱物はない。幅置面はほぼ平面で、ハマリはない。赤橙色の楕円形があり、大きな気泡痕に塗型材を埋め込んだものか。この赤橙色部分にも光る鉱物はない。側面には合印はない。底面は鋳型面とほぼ平行な平滑面で、范作りと関連する斜め方向の擦痕がある。側面と底面の間にある斜面には断面が半丸凹形の浅い溝が複数ある。鋳型面の反りは中心部で0.5mmの凹曲面になり、凸面鏡用の鏡面范。鋳型面にも気泡痕が複数ある。鋳造に使用した范。

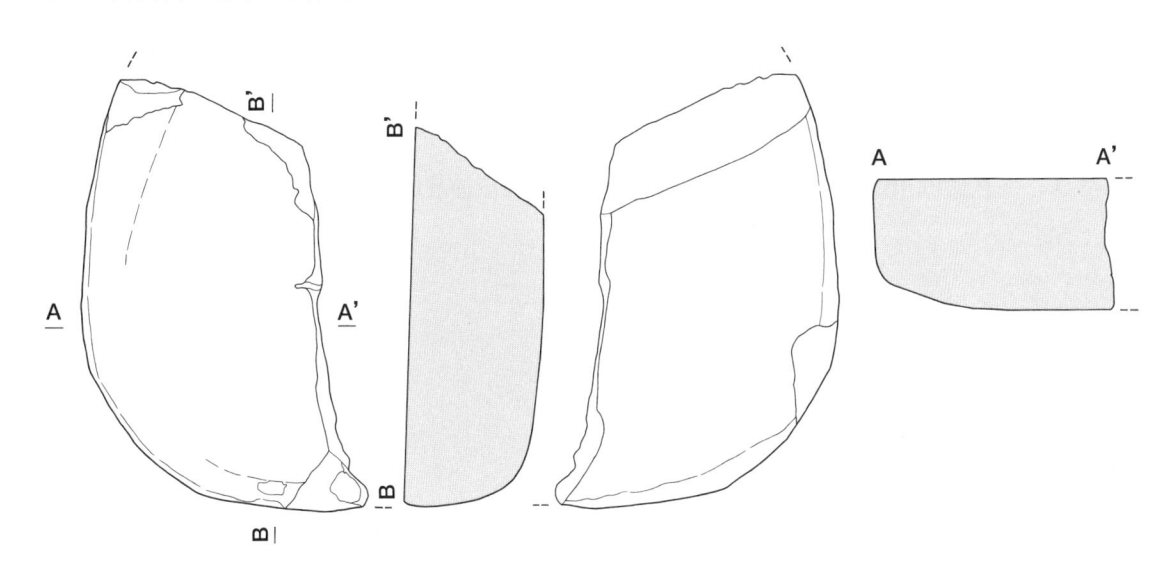

図70　整理番号70（SLQJF:04）　鏡面范［S＝1/2］

■整理番号71（SLQJF:05）　鏡面范

外形寸法：残存長10.0cm、残存幅6.6cm、厚さ3.2cm
重量：114.3g
比重：1.19
出土地点：石佛堂村東南地点（2003年採集）
収蔵場所：山東省文物考古研究所

観察記録：全体は白灰色。鋳型面は橙色で、この橙色は2mm内部に浸透している。鋳型面近くにも気

泡痕がある。鋳型面に直角の破断面で直線的に割れる材質。鋳型面の反りは付着物があるものの極わずかに凹曲面か。幅置面や側面の気泡痕を埋めた塗型材の部分は焼成されて濃い赤橙色となり、焼成されたこの笵材が淡い橙色である点とは異なる。

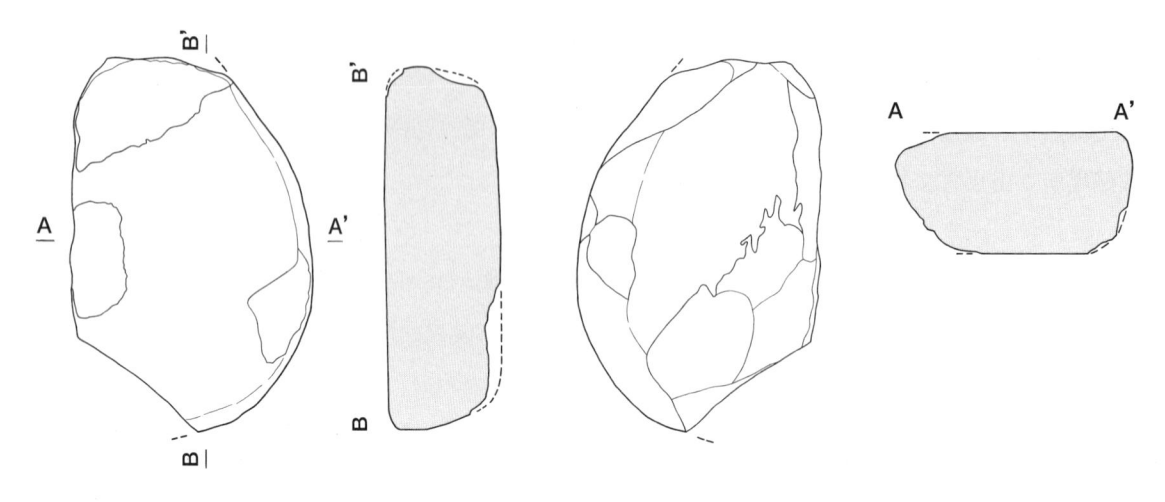

図71　整理番号71（SLQJF:05）　鏡面笵［S＝1/2］

■ **整理番号72（SLQJF:37）　鏡面笵**

外形寸法：残存長10.7㎝、残存幅10.1㎝、厚さ4.4㎝、復原面径9.8㎝

重量：264.0ｇ

比重：1.63

出土地点：劉家寨村南（2000年採集）

収蔵場所：桓台県博物館

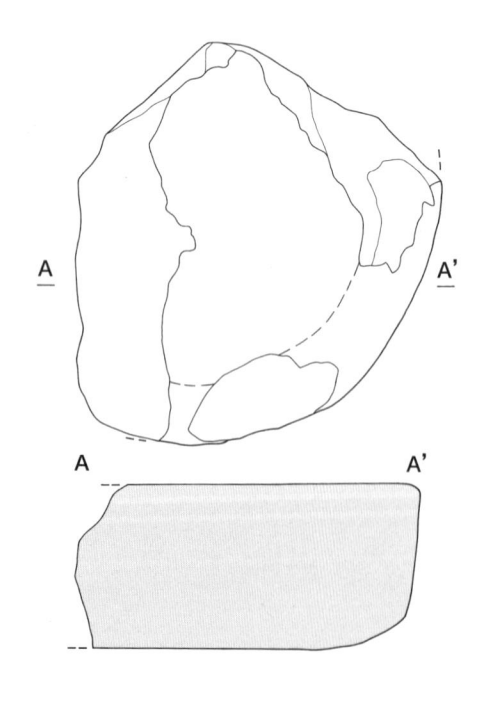

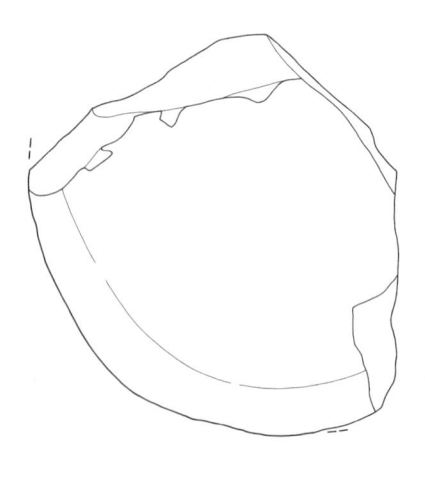

図72　整理番号72（SLQJF:37）
鏡面笵［S＝1/2］

観察記録：全体は白灰色。鋳型面と幅置面の下層には内部に浸透した赤橙色が見える。特に熱を受けやすい幅置面と側面の角の部分は、他よりも色が深く浸透している。幅置面に塗られた塗型材には光る微細な鉱物がある。この塗型材が剥離した范内部には光る鉱物はないが微細な白色粒が点在する。側面には加工痕跡と思える横方向の凹線が多数ある。鋳型面は最長で計れる100mmの長さ部分で中心部が0.5mmの凹曲面。鋳型面と幅置面を火にかざして焼成した場合、側面との角が特に加熱されやすいが、その痕跡が破断面の角に深く浸透した赤橙色となって現われている。焼成方法の検討に重要な范。

■**整理番号73（SLQJF:43）　鏡面范**

外形寸法：残存長5.4cm、残存幅9.9cm、厚さ2.8cm、復原面径10.4cm
重量：97.2g
比重：1.28
出土地点：劉家寨村南（2000年採集）
収蔵場所：桓台県博物館

観察記録：全体は白灰色。側面の一部には赤橙色があり、その上層に黒色膜がある。鋳型面には緻密な塗型材が塗られ、その下層は赤橙色。赤橙色部分には微細な白粒子が点在している。鋳型面は最長で計れる90mmの長さ部分で中心部が約0.8mmの凹曲面。側面の黒色膜の下層が赤橙色であることから、范の焼成時に赤橙色に変色し、その後の工程で黒色膜が発生したと推測でき、重要な資料である。

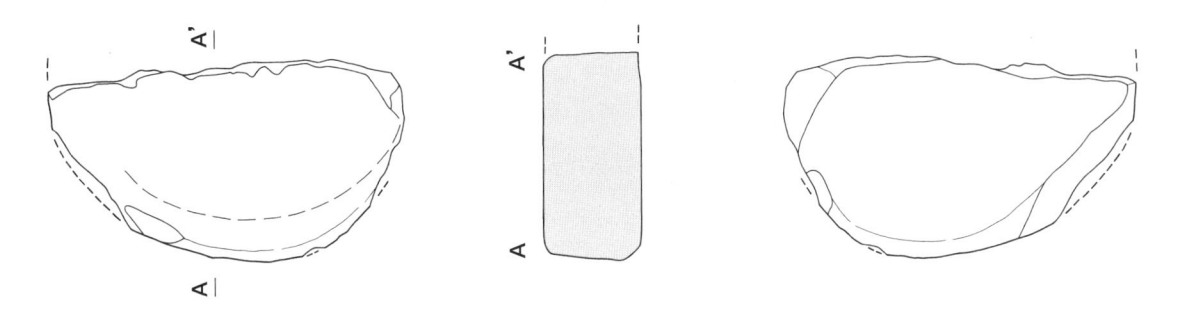

図73　整理番号73（SLQJF:43）　鏡面范［S＝1/2］

■**整理番号74（SLQJF:28）　鏡面范**

外形寸法：残存長9.3cm、残存幅15.8cm、残存厚4.1cm
重量：271.4g
比重：0.86
出土地点：蘇家廟村西（2003年採集）
収蔵場所：山東省文物考古研究所

観察記録：全体は白灰色。鋳型面から6mmの深さまで淡い橙色が浸透している。新しい破断面の白灰色部分には光る鉱物はない。付着土には光る鉱物がある。鋳型面の反りは、わずかに凹曲面になっている。鋳型面は緻密な肌。未使用笵。破断した側面には鋳型面の下層に淡い橙色が見え、更にその下層に黒灰色の層が見える。橙色から黒灰色へ少しずつ変化し、色の境目はない。

■**整理番号75（SLQJF：46） 鏡面笵**

外形寸法：残存長6.7cm、残存幅9.0cm、厚さ6.8cm

重量：111.9g

比重：1.43

出土地点：劉家寨村南（2000年採集）

収蔵場所：桓台県博物館

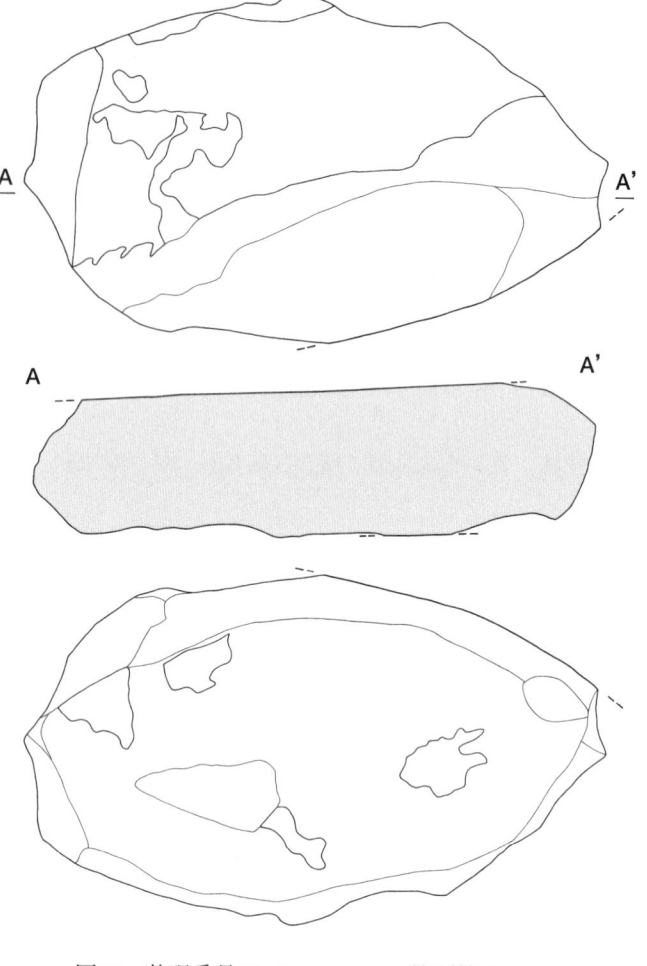

図74　整理番号74（SLQJF：28）　鏡面笵　[S＝1/2]

観察記録：全体は白灰色。底面は3mmほど黒灰色が浸透している。気泡痕が点在している。大きな気泡痕の内部には突起物がある。破断面に生物あるいはその巣に似た痕跡がある。この形状は長さ5mmの螺旋形を持った本体に、3mmの細い先端の尖った形があり、この反対側の本体には大きな穴がある。この形状は笵と同質、同色である。底面には練り物のような凹線の皺がある。生物あるいは巣のような形状は、他の笵には見られない唯一のものである。笵材を練り合わせる時に混入したものか。

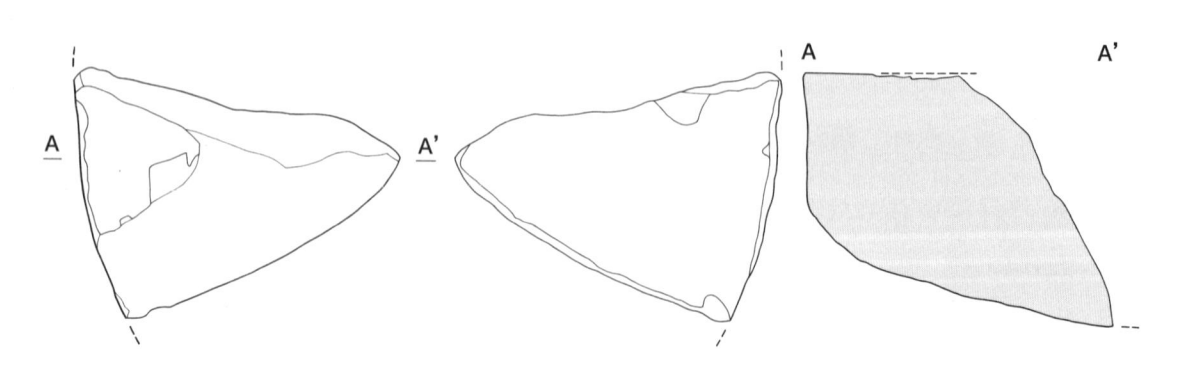

図75　整理番号75（SLQJF：46）　鏡面笵　[S＝1/2]

■整理番号76（SLQJF:47）　鏡面范

外形寸法：残存長7.5cm、残存幅6.5cm、厚さ3.5cm

重量：65.9g

比重：1.20

出土地点：劉家寨村南（2000年採集）

収蔵場所：桓台県博物館

観察記録：全体は白灰色。鋳型面は橙色。極めて軟質な印象を与える。大きな気泡痕の内部には突起物がある。非常に軽い。鋳型面の塗型材には光る鉱物がある。范内部には光る鉱物はない。

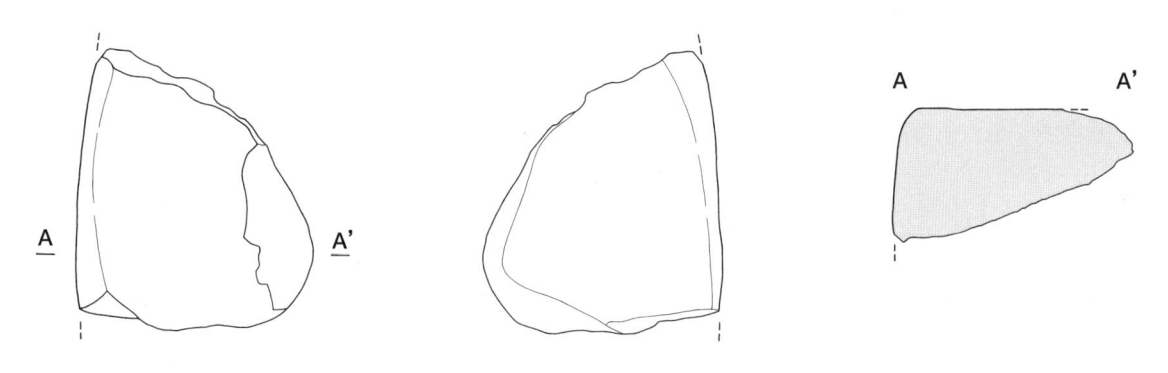

図76　整理番号76（SLQJF:47）　鏡面范［S＝1/2］

■整理番号77（SLQJF:56）　鏡面范

外形寸法：残存長10.8cm、残存幅7.0cm、厚さ2.7cm、復原面径8.8cm

重量：129.1g

比重：1.13

出土地点：劉家寨村南（2000年採集）

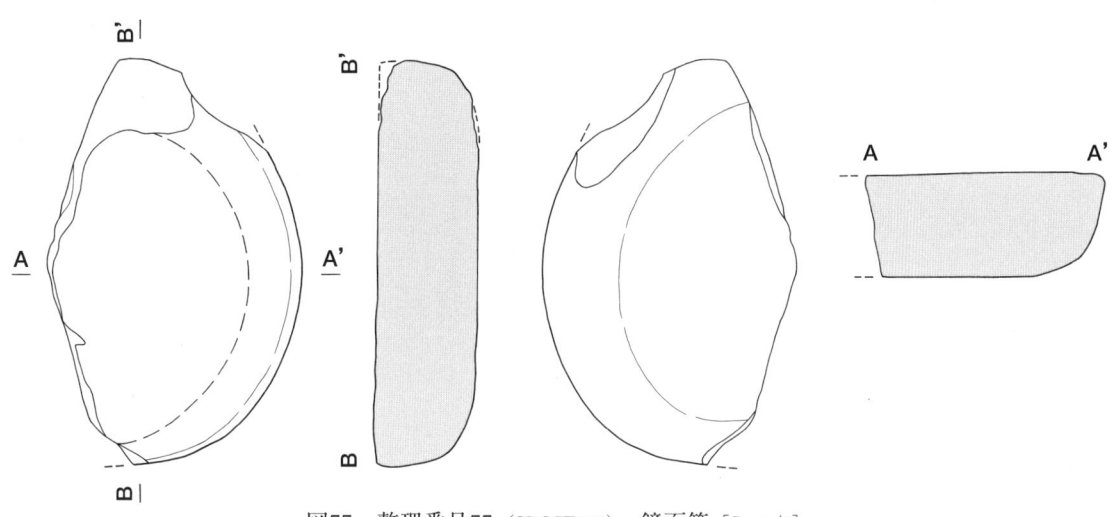

図77　整理番号77（SLQJF:56）　鏡面范［S＝1/2］

収蔵場所：桓台県博物館

観察記録：幅置面は赤橙色。鋳型面は緑がかった灰色で、部分的に黒灰色。底面は白灰色。側面は赤橙色。気泡痕がある。大きな気泡痕の内部には突起物がある。幅置面、鋳型面には塗型材が塗られていて、気泡痕がなく緻密。幅置の幅は12mm。鋳型面は面径88mmで、中心部が0.8mmの凹曲面。

■整理番号78（SLQJF:59）　鏡面范

外形寸法：残存長10.2cm、残存幅8.4cm、厚さ4.1cm、復原面径15.0cm
重量：158.7g
比重：1.50
出土地点：劉家寨村南（2000年採集）
収蔵場所：桓台県博物館

観察記録：范の中心部は白灰色。鋳型面、幅置面の表面だけではなく、底面の表面も橙色。このように底面が橙色のものは少ない。鋳型面は塗型材が塗られていて緻密。この塗型材には光る鉱物が認められる。塗型材が剥離した部分には光る鉱物は認められない。破断面は橙色と黒灰色が4層になっている。鋳型面から内部に向かって橙色の層があり、その下層に黒灰色の層、更にその下層に橙色の層、更にその下層に黒灰色の層がある。黒灰色の層は鋳型面寄りの方が、色が濃い。注湯すると鋳型面が黒灰色に変色すると思われる。鋳型面に塗った塗型材の結晶水を除去するために約700℃で鋳型面を焼成すると、表面から高熱が伝わったところまでが橙色に変色する。橙色と黒灰色が4層になっているので、この范では2回注湯したことになる。1回目の注湯による黒灰色の浸透が2回目の浸透よりも深く、1回目の注湯後の焼成よりも2回目の注湯後の焼成の方が弱い場合にこういった4層ができる。しかし、注湯時の黒灰色の浸透が1回目と2回目で異なるというのは、疑問の残るところである。一部に青銅の小玉が鋳型面近くの気泡痕に入り込んで残存する。このことから1度は注湯した范であることは間違いない。范の複数回使用を検討する上で重要な資料である。

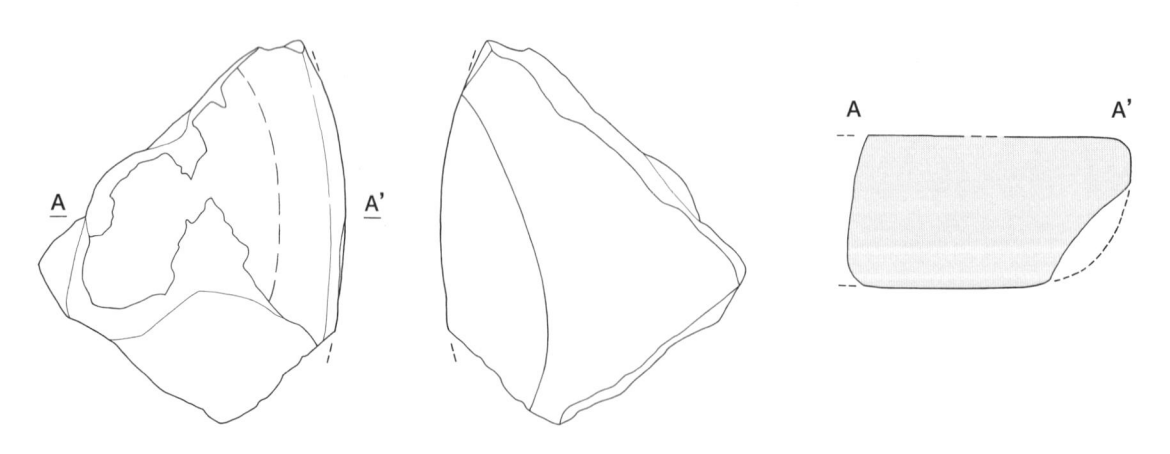

図78　整理番号78（SLQJF:59）　鏡面范［S＝1/2］

■整理番号79（SLQJF:63）　鏡面范

外形寸法：残存長8.1cm、残存幅6.6cm、厚さ2.8cm、復原面径8.0cm

重量：88.1g

比重：2.45

出土地点：劉家寨村南（2000年採集）

収蔵場所：桓台県博物館

観察記録：全体は白灰色。表面は橙色。側面には黒色膜がある。気泡痕が多い。鋳型面は中心部が約0.5mmの凹曲面。鋳型面には塗型材は塗られていない。

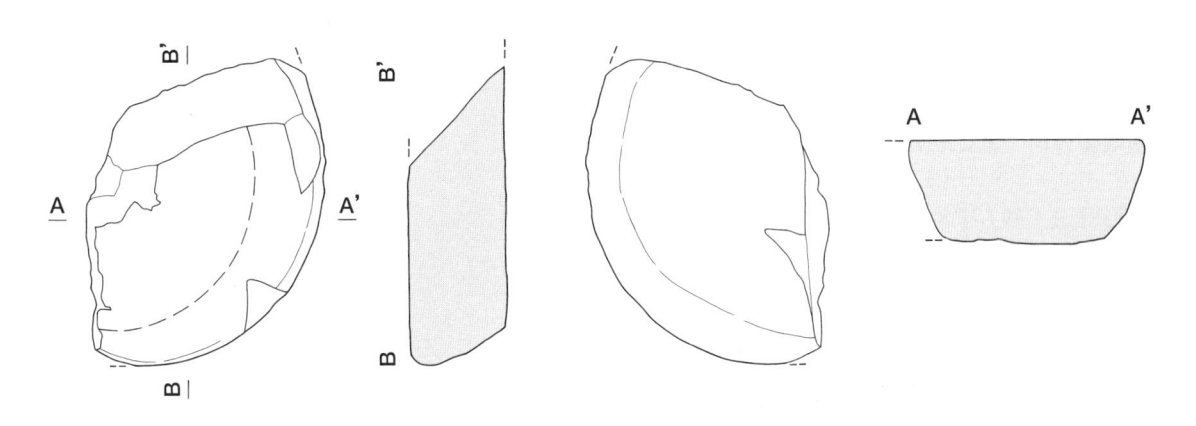

図79　整理番号79（SLQJF:63）　鏡面范 ［S＝1/2］

■整理番号80（SLQJF:64）　鏡面范

外形寸法：残存長6.3cm、残存幅11.4cm、厚さ4.0cm

重量：116.5g

比重：1.53

出土地点：劉家寨村南（2000年採集）

収蔵場所：桓台県博物館

観察記録：白灰色。幅置面は橙色。鋳型面は淡い黒灰色で緻密。鋳型面の中心部は約0.5mmの凹曲面。鋳型面の近くに錆びた青銅の塊がある。注湯時に鋳型面にあった小さな気泡痕から青銅が奥まで流れ込んだものと思われる。鋳型面の表面下に橙色の層があり、その更に下層には濃い茶色の層がある。

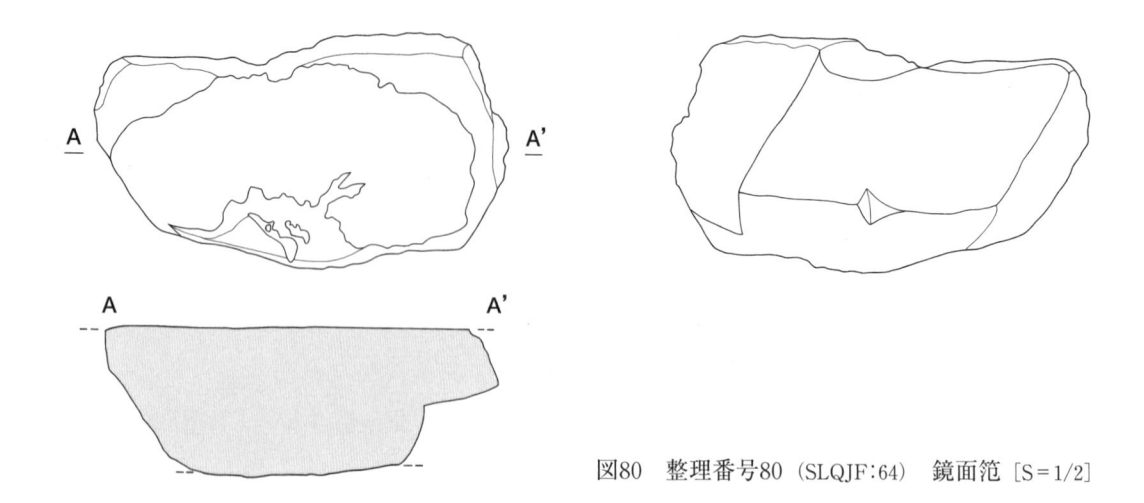

図80　整理番号80（SLQJF:64）　鏡面范　[S＝1/2]

■**整理番号81**（SLQJF:25）　不明范

外形寸法：残存長8.6cm、残存幅6.3cm、厚さ4.2cm
重量：92.3g
比重：0.75
出土地点：蘇家廟村西（2003年採集）
収蔵場所：山東省文物考古研究所

観察記録：全体は白灰色。上面は黄色がかった橙色を帯びる。光る鉱物はない。剥離部分には層状に亀裂が発生している。側面から底面にかけて角が丸まっている。底面は平面になっている。層状剥離が底面とほぼ平行に発生している。層状剥離の原因は不明。

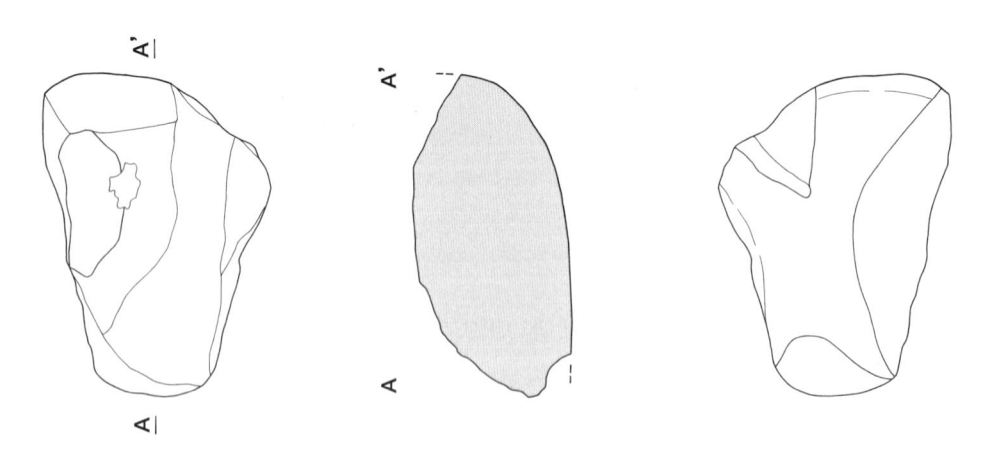

図81　整理番号81（SLQJF:25）　不明范　[S＝1/2]

■整理番号82（SLQJF:24） 不明范

　外形寸法：残存長10.9cm、残存幅9.9cm、厚さ5.3cm

　重量：245.3g

　比重：0.90

　出土地点：蘇家廟村西（2003年採集）

　収蔵場所：山東省文物考古研究所

観察記録：全体は白灰色。底面には黒色膜がある。小さい気泡痕が多い。3〜4mmの大きな気泡痕の内部には、いずれも複数の突起物がある。

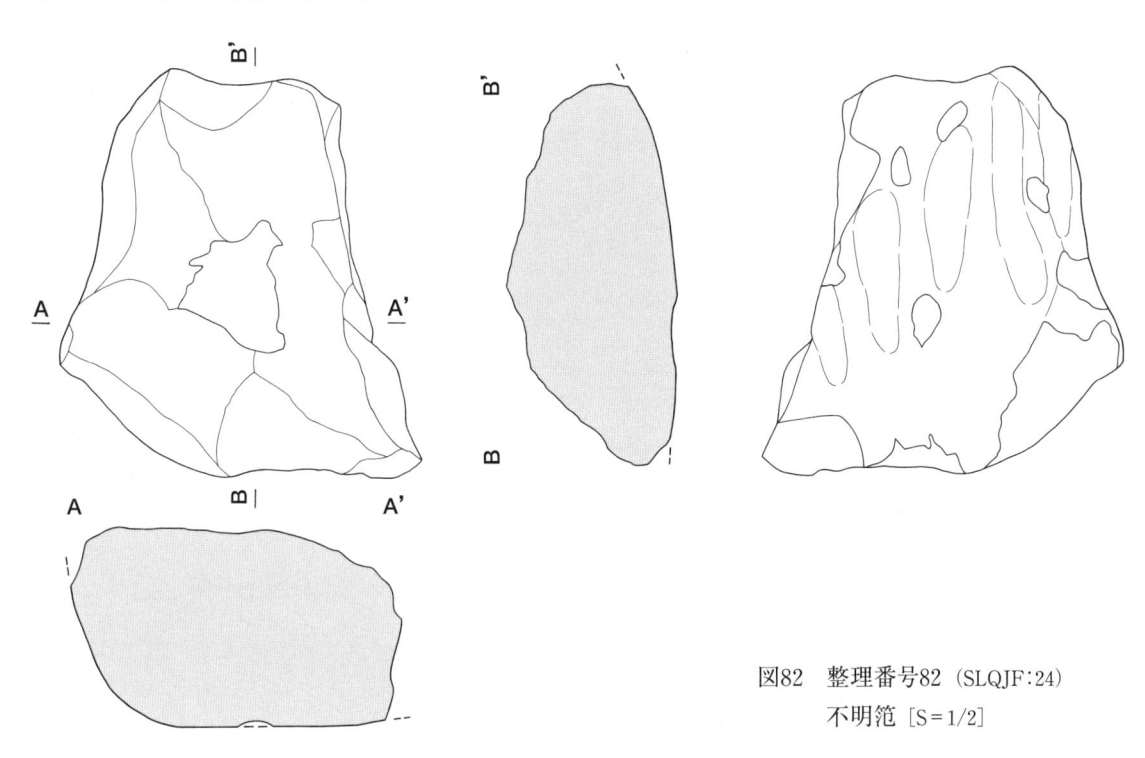

図82　整理番号82（SLQJF:24）
不明范　［S＝1/2］

■整理番号83（SLQJF:49） 不明范

　外形寸法：残存長5.5cm、残存幅10.0cm、厚さ3.7cm

　重量：128.2g

　比重：1.34

　出土地点：劉家寨村南（2000年採集）

　収蔵場所：桓台県博物館

観察記録：全体は橙色。一部に黒灰色の部分がある。

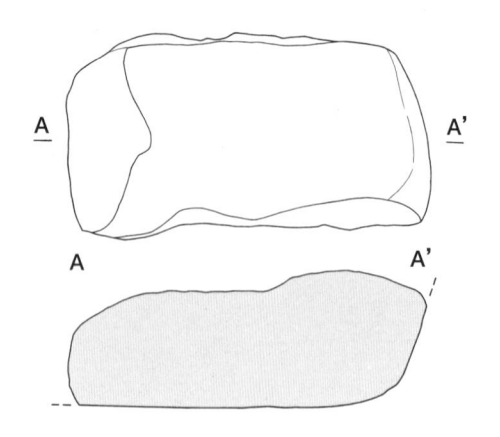

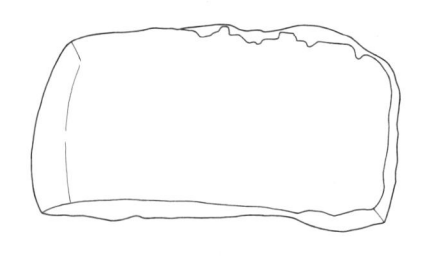

図83　整理番号83（SLQJF:49）
不明范［S＝1/2］

■**整理番号84（SLQJF:55）　再利用范**

外形寸法：残存長9.6cm、残存幅10.5cm、厚さ3.2cm

重量：204.3g

比重：1.25

出土地点：劉家寨村南（2000年採集）

収蔵場所：桓台県博物館

観察記録：全体に白灰色で、上面が赤橙色。赤橙色部分には白い粒子がある。光る鉱物は見えない。使用後に鋳型面を平滑に擦り落としたものと思われる。

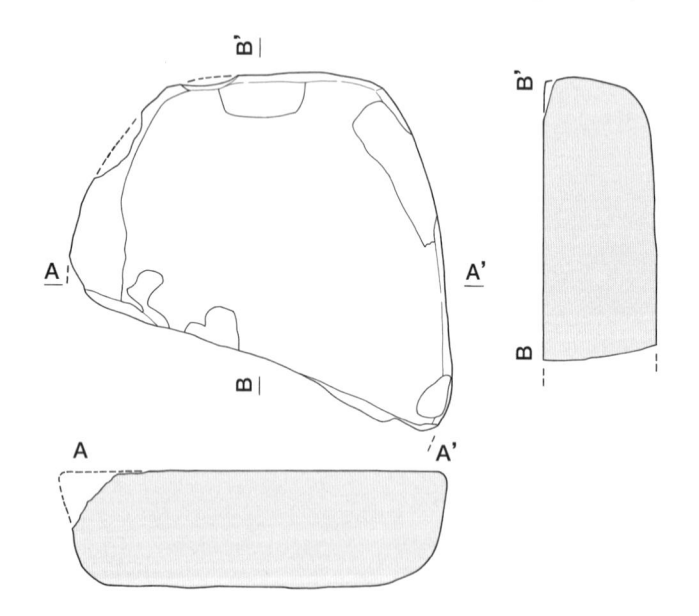

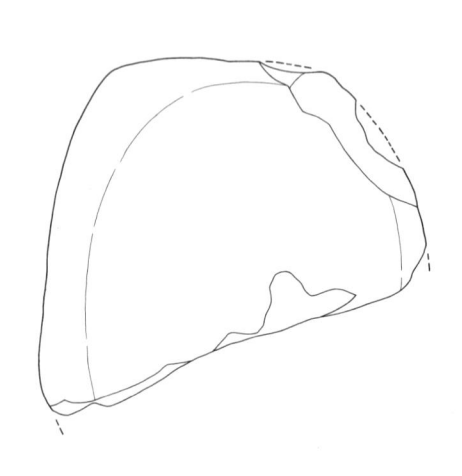

図84　整理番号84（SLQJF:55）
再利用范［S＝1/2］

142──Ⅰ部　資料編

■整理番号85（SLQJF:75）　不明范

外形寸法：残存長3.4cm、残存幅5.4cm、厚さ1.8cm

重量：14.5g

比重：0.97

出土地点：劉家寨村南（2000年採集）

収蔵場所：桓台県博物館

観察記録：白灰色。鋳型面は黒灰色で、その下層は橙色が浸透している。気泡痕が多い。

■整理番号86（SLQJF:65）　不明范

外形寸法：残存長11.2cm、残存幅7.7cm、厚さ5.2cm

重量：376.8g

比重：1.16

出土地点：石佛堂村東南地点

収蔵場所：桓台県博物館

観察記録：白灰色。鋳型面と思われる面は橙色。鋳型面の周辺が黒色。破断面を見ると、この黒色が范内部に浸透していることが分かる。

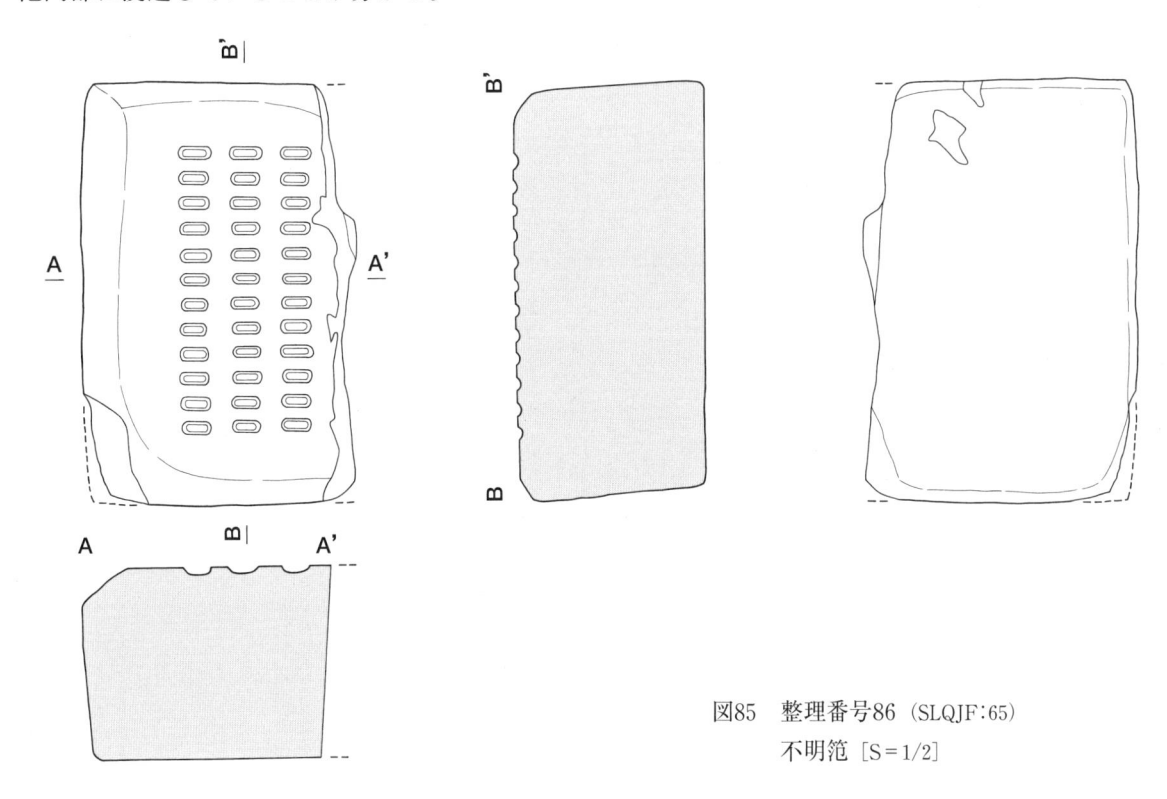

図85　整理番号86（SLQJF:65）
不明范［S＝1/2］

■**整理番号87**（LQKJ：044）　不明笵（2007年資料調査）

　外形寸法：残存長11.6cm、残存幅10.9cm、厚さ4.9cm
　重量：未計測
　比重：未計測
　出土地点：闞家寨村南（2005年採集）
　収蔵場所：臨淄斉国故城遺跡博物館

　観察記録：内部は白灰色。手に持つと軽い。鏡笵を転用したとも考えられる。黒色が一部の笵内部に浸透しているが、現存する16個の窪みとは関連していない。加工後に注湯した可能性は低い。

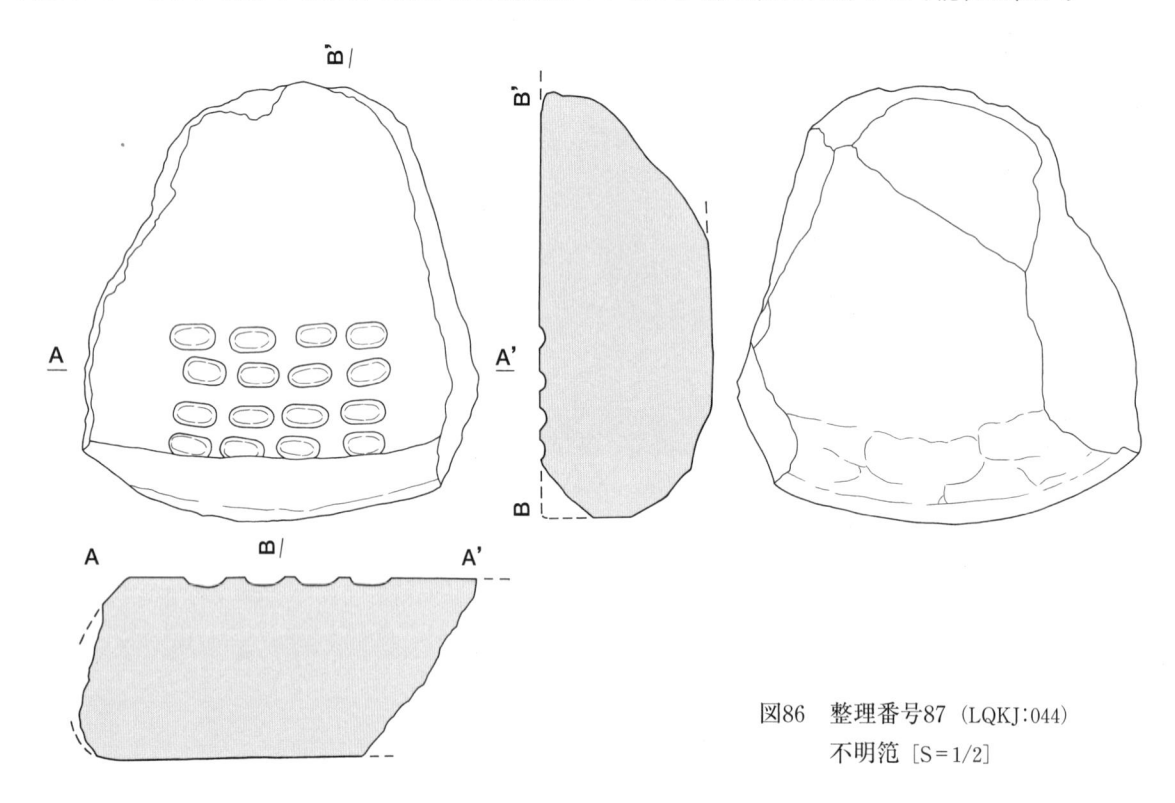

図86　整理番号87（LQKJ：044）
不明笵［S＝1/2］

一　覧　表

整理番号	鋳型番号	鋳型種類	文　様	出土地点	長さ(cm)	幅(cm)	厚さ(cm)	面径(cm)	重　量(g)	比　重	図版番号	挿図番号
1	SLQJF:78	鏡　背	草葉文	蘇家廟村西	20.7	15.5	6.6	12.3	1294.9	0.94	1・2	1
2	SLQJF:77	鏡　背	渦状虺文	蘇家廟村西	14.7	11.3	5.0	10.1	454.4	1.09	3・4	2
3	SLQJF:13	鏡　背	草葉文	劉家寨村南	19.1	16.4	5.2	12.0	738.4	1.09	5・6	3
4	SLQJF:17	鏡　背	草葉文	蘇家廟村西	16.5	6.9	3.6	10.6	250.9	0.68	7・8	4
5	SLQJF:19	鏡　背	螭龍文	蘇家廟村	17.1	8.1	4.7	10.8	395.7	0.88	9・10	5
6	SLQJF:22	鏡　背	渦状虺文	蘇家廟村西	11.2	9.3	2.9	7.2	223.8	1.43	11・12	6
7	LQKJ:02	鏡　背	螭龍文	閻家寨村南	17.0	8.0	4.5	11.0	未計測	未計測	13・14	7
8	表　採	鏡　背	草葉文	蘇家廟村西	17.5	9.6	5.7	12.0	未計測	未計測	15・16	8
9	藤井范	鏡　背	草葉文	不明	21.8	18.3	6.6	12.7	843.0 +690.0	0.94	17・18	9
10	東大范	鏡　背	草葉文	傅家廟村南	20.7	12.8	4.8	14.0	未計測	未計測	19・20	10
11	SLQJF:02	鏡　背	規矩草葉文	石佛堂村東南地点	10.5	10.3	5.4	11.4	306.9	1.02	21	11
12	SLQJF:11	鏡　背	草葉文	劉家寨村南	14.9	17.1	6.9	14.4	816.4	0.94	22	12
13	SLQJF:12	鏡　背	草葉文	劉家寨村南	9.5	14.8	6.5	17.0	447.6	0.88	23	13
14	SLQJF:16	鏡　背	草葉文	劉家寨村南	8.6	12.4	5.2	11.4	277.3	0.81	24	14
15	SLQJF:18	鏡　背	草葉文	臨淄斉国故城内	11.5	16.3	6.4	12.0	570.1	0.87	25	15
16	SLQJF:21	鏡　背	草葉文	劉家寨村南	8.5	14.0	4.7	11.6	328.8	0.91	26	16
17	LQKJ:03	鏡　背	螭龍文	閻家寨村南	6.2	7.7	3.7	10.4	未計測	未計測	27	17
18	LQKJ:01	鏡　背	渦状虺文	閻家寨村南	14.9	7.8	4.2	10.0	未計測	未計測	28	18
19	寺崎范	鏡　背	草葉文	不明	16.3	18.5	4.0	13.5	780.0	1.08	29	19
20	東博范	鏡　背	規矩草葉文	不明	14.3	8.6	5.6	12.0	未計測	未計測	30	20
21	SLQJF:01	鏡　背	渦状虺文	石佛堂村東南地点	9.4	4.9	3.1	8.0	95.5	0.64	31	21
22	SLQJF:10	鏡　背	草葉文	劉家寨村南	10.1	12.0	4.7	10.6	345.3	1.06	31	22
23	SLQJF:03	鏡　背	不明	石佛堂村東南地点	15.3	7.6	4.8	8.0	392.8	0.92	32	23
24	SLQJF:09	鏡　背	草葉文	劉家寨村南	10.6	7.0	3.2	11.2	125.4	1.14	32	24
25	SLQJF:15	鏡　背	草葉文	劉家寨村南	13.7	19.3	8.4	26.4	881.7	0.90	33	25
26	SLQJF:20	鏡　背	不明	蘇家廟村	15.1	7.8	4.6	10.4	310.7	0.88	34	26
27	SLQJF:23	鏡　背	草葉文	蘇家廟村西	9.7	6.1	5.2	10.3	140.4	0.96	34	27
28	SLQJF:29	鏡　背	渦状虺文	劉家寨村南	9.2	5.7	3.7	8.2	142.9	1.54	35	28
29	SLQJF:62	鏡　背	渦状虺文	劉家寨村南	7.0	4.3	3.4	8.0	64.3	2.38	35	29
30	SLQJF:30	鏡　背	草葉文	劉家寨村南	14.9	8.1	4.7	12.8	321.7	1.23	36	30
31	SLQJF:31	鏡　背	草葉文	劉家寨村南	10.7	12.5	5.7	12.5	437.5	1.06	36	31
32	SLQJF:33	鏡　背	草葉文	劉家寨村南	12.9	11.2	6.1	16.0	444.7	1.05	37	32
33	SLQJF:34	鏡　背	草葉文	劉家寨村南	8.9	9.3	4.7	11.2	240.9	1.42	37	33
34	SLQJF:69	鏡　背	草葉文	劉家寨村南	9.9	8.5	5.3	11.0	233.0	1.08	38	34
35	SLQJF:74	鏡　背	規矩草葉文	劉家寨村南	8.4	8.0	4.4	14.8	154.4	1.14	38	35
36	SLQJF:32	鏡　背	草葉文	劉家寨村南	13.4	9.9	6.9	16.0	396.0	1.00	39	36
37	SLQJF:35	鏡　背	渦状虺文	劉家寨村南	14.1	7.4	4.2	10.0	194.3	1.10	39	37
38	SLQJF:72	鏡　背	渦状虺文	劉家寨村南	11.2	5.2	4.6	8.6	159.1	1.53	40	38
39	SLQJF:66	鏡　背	規矩草葉文	劉家寨村南	6.0	8.6	6.0	15.0	139.7	1.34	40	39
40	SLQJF:73	鏡　背	渦状虺文	劉家寨村南	11.2	4.7	3.6	8.0	133.4	2.05	41	40
41	SLQJF:68	鏡　背	草葉文	劉家寨村南	7.7	10.0	7.0	24.0	266.9	1.09	41	41
42	SLQJF:36	鏡　面	———	劉家寨村南	10.7	7.7	4.7	11.0	270.3	1.55	42	42
43	SLQJF:27	鏡　面	———	蘇家廟村西	7.7	5.1	2.3	8.8	51.6	0.95	42	43
44	SLQJF:06	鏡　面	———	石佛堂村東南地点	7.7	8.5	4.0	—	170.0	0.95	43	44

整理番号	鋳型番号	鋳型種類	文　様	出土地点	長さ(cm)	幅(cm)	厚さ(cm)	面径(cm)	重　量(g)	比　重	図版番号	挿図番号
45	SLQJF:40	鏡　面	——	劉家寨村南	8.3	11.4	4.4	8.8	306.9	1.24	43	45
46	SLQJF:41	鏡　面	——	劉家寨村南	10.5	11.2	3.1	8.8	209.0	1.24	44	46
47	SLQJF:48	鏡　面	——	劉家寨村南	12.5	12.6	3.0	10.4	85.3+174.6	2.51 1.38	44	47
48	SLQJF:14	再利用	——	劉家寨村南	11.7	9.3	3.4	—	239.1	1.14	45	48
49	SLQJF:54	再利用	——	劉家寨村南	11.6	7.2	4.4	8.0	189.8	1.25	45	49
50	SLQJF:58	再利用	——	石佛堂村東南地点	11.9	11.9	4.9	14.4	328.1	0.94	46	50
51	SLQJF:42	再利用	——	劉家寨村南	7.1	10.8	3.6	8.8	147.3	1.53	46	51
52	SLQJF:61	鏡　背	不明	劉家寨村南	6.4	7.1	5.9	—	171.8	1.51	47	52
53	SLQJF:67	鏡　背	草葉文	劉家寨村南	12.1	5.0	5.4	12.0	167.6	1.42	47	53
54	SLQJF:70	鏡　背	草葉文	劉家寨村南	6.2	7.6	4.4	12.0	86.5	1.01	47	54
55	SLQJF:71	鏡　背	渦状胞文	劉家寨村南	9.0	7.7	2.6	10.0	91.2	1.11	48	55
56	SLQJF:08	鏡　背	不明	石佛堂村東南地点	11.5	8.0	5.3	—	263.9	0.91	48	56
57	SLQJF:76	鏡　背	草葉文	劉家寨村南	4.7	2.1	3.5	—	12.6	0.90	48	57
58	SLQJF:07	鏡　面	——	石佛堂村東南地点	11.1	7.1	5.5	—	301.7	0.89	49	58
59	SLQJF:26	鏡　面	——	蘇家廟村西	11.5	6.7	2.3	9.2	106.5	1.18	49	59
60	SLQJF:38	鏡　面	——	劉家寨村南	14.5	6.4	4.2	—	259.0	1.30	50	60
61	SLQJF:39	鏡　面	——	石佛堂村東南地点	13.7	8.5	4.3	—	278.9	2.08	50	61
62	SLQJF:44	鏡　面	——	劉家寨村南	14.5	9.0	4.8	11.6	379.5	1.47	51	62
63	SLQJF:45	鏡　面	——	劉家寨村南	11.6	11.2	4.5	—	365.8	1.29	51	63
64	SLQJF:51	鏡　面	——	劉家寨村南	13.4	6.2	2.7	6.0	133.1	0.96	52	64
65	SLQJF:53	鏡　面	——	劉家寨村南	14.7	6.6	3.5	10.8	88.2+173.2	2.76 1.63	52	65
66	SLQJF:57	鏡　面	——	劉家寨村南	13.9	7.7	4.8	7.8	371.8	1.55	53	66
67	SLQJF:60	鏡　面	——	劉家寨村南	10.7	6.1	4.9	—	225.2	1.44	53	67
68	SLQJF:50	鏡　面	——	劉家寨村南	8.8	5.1	3.7	9.2	113.1	1.95	54	68
69	SLQJF:52	鏡　面	——	劉家寨村南	8.2	6.6	4.2	—	143.1	1.56	54	69
70	SLQJF:04	鏡　面	——	石佛堂村東南地点	11.5	7.8	3.6	10.0	187.7	1.59	54	70
71	SLQJF:05	鏡　面	——	石佛堂村東南地点	10.0	6.6	3.2	—	114.3	1.19	55	71
72	SLQJF:37	鏡　面	——	劉家寨村南	10.7	10.1	4.4	9.8	264.0	1.63	55	72
73	SLQJF:43	鏡　面	——	劉家寨村南	5.4	9.9	2.8	10.4	97.2	1.28	55	73
74	SLQJF:28	鏡　面	——	蘇家廟村西	9.3	15.8	4.1	—	271.4	0.86	56	74
75	SLQJF:46	鏡　面	——	劉家寨村南	6.7	9.0	6.8	—	111.9	1.43	56	75
76	SLQJF:47	鏡　面	——	劉家寨村南	7.5	6.5	3.5	—	65.9	1.20	56	76
77	SLQJF:56	鏡　面	——	劉家寨村南	10.8	7.0	2.7	8.8	129.1	1.13	57	77
78	SLQJF:59	鏡　面	——	劉家寨村南	10.2	8.4	4.1	15.0	158.7	1.50	57	78
79	SLQJF:63	鏡　面	——	劉家寨村南	8.1	6.6	2.8	8.0	88.1	2.45	57	79
80	SLQJF:64	鏡　面	——	劉家寨村南	6.3	11.4	4.0	—	116.5	1.53	58	80
81	SLQJF:25	不　明	——	蘇家廟村西	8.6	6.3	4.2	—	92.3	0.75	58	81
82	SLQJF:24	不　明	——	蘇家廟村西	10.9	9.9	5.3	—	245.3	0.90	58	82
83	SLQJF:49	不　明	——	劉家寨村南	5.5	10.0	3.7	—	128.2	1.34	59	83
84	SLQJF:55	再利用	——	劉家寨村南	9.6	10.5	3.2	—	204.3	1.25	59	84
85	SLQJF:75	不　明	——	劉家寨村南	3.4	5.4	1.8	—	14.5	0.97	59	—
86	SLQJF:65	不　明	——	石佛堂村東南地点	11.2	7.7	5.2	—	376.8	1.16	60	85
87	LQKJ:044	不　明	——	閻家寨村南	11.6	10.9	4.9	—	未計測	未計測	60	86

II部 研究編

漢代臨淄の銅鏡製造業に関する考古学的研究

白　雲　翔

はじめに

　中国古代の銅鏡は紀元前2000年前後に登場した後、商周時代の発展を経て、漢代（B.C.206～A.D.220）に最初の発展のピークを迎えた。漢代において、青銅器が人々の日常生活に応用されるに従い、銅鏡もまた姿を映す道具として迅速に普及し、当時の人々の日常生活用品の1つとなった。現在までに漢代の墓葬から出土した銅鏡は数万面を超える。銅鏡が大量に使用されるのに伴い、漢代には多民族統一による中央集権国家の統治政治や社会経済、高度に発達した科学技術や文化といった歴史的背景をもとに銅鏡製造業はかつてない発展を遂げ、当時においては重要な手工業生産の1つとなり、銅鏡は広く流通する商品となった。しかしながら、銅鏡生産と流通に関しては、当時の文献にはほとんど記載されておらず、また近代以来の研究も少ない。

　銅鏡の考古学的な発見と研究については、20世紀初頭から漢代の銅鏡が大量に発見されるのに伴い、少なくない学者が銅鏡研究に着手し、大きな成果をあげてきた。しかし考古学的な発見の不足と文献記載の欠如によって、銅鏡の製作技術の研究は由々しく滞る結果となった。中でも銅鏡生産に関する研究は長期にわたって空白となり、中国古代銅鏡に関する研究を制約し、漢代社会の生産研究についても欠落してきた。喜ばしいのは、20世紀末から始まった山東省臨淄斉国故城における漢代鏡范[1]（以下、臨淄鏡范）の発見と研究、特に銅鏡製作工房跡の調査とその成果が、漢代臨淄における銅鏡製造業の基礎的な状況を最初に提示したことである。

　臨淄斉国故城は西周から戦国時代に至る斉国の都城であり、現在の山東省淄博市臨淄区斉都鎮に位置する。B.C.859に斉の献公が臨淄に遷都し、B.C.221に秦軍の臨淄入城による斉国の滅亡に至るまでの638年にわたって続いた。戦国晩期の斉の宣王時代には当時、全国で最も繁栄する東方の大都市に発展した[2]。秦の統一後は臨淄郡の郡治となり[3]、漢代には斉郡の郡治となった。また漢の斉王の時代には諸侯国の1つである斉国の都城の所在地となった。依然として商工業は高度に発達し、当時は「人衆殷富、鉅于長安[4]」の東方における商工業の中心地となり、城内には鉄官や四市などが設置されていた[5]。しかし魏晋以後は次第に廃れていき、現在では農耕地と多くの集落が残るのみである。臨淄斉国故城は大城と西南部の小城とで構成されており、臨淄鏡范の出土地点の多くは大城内に分布している。漢代臨淄の手工業およびその発展水準が、当時の手工業の発展状況の一側面を映していることに意義をもつ。これにより、関連する考古学的な発見をもとに近年の研究成果と結び付け、考古学によって漢代臨淄の銅鏡製造業についての系統的な初歩的考察を進め、漢代の銅鏡生産と流通、さらには手工業生産の研究を進めることができるだろう。

1．漢代臨淄の銅鏡製造業に関する考古学的発見

　漢代臨淄の銅鏡製造業に関する考古学的な発見は、20世紀の1940年代における銅鏡の鋳造范（以下、

鏡范）の発見に始まるが、これは長い間、学界で注目されることはなかった。1950年からの臨淄斉国故城の考古学調査、ボーリング調査、発掘、研究によって、臨淄斉国故城の構成、配置、構造などの最初の確認がなされただけではなく、それと同時に東周から漢代に至る手工業の工房跡が大量に発見された（山東省文物管理処 1961、群力 1972）。この基礎にもとづき、20世紀末に臨淄鏡范が次々と発見されたことが専門的な研究の契機となり、21世紀初めには1つの研究として注目され、重要な進展を遂げている。

（1）臨淄鏡范の発見と研究

　臨淄鏡范（銅鏡の陶製鋳造范をさす）の発見は1940年に始まる。1940年春、日本の関野雄が臨淄斉国故城において考古学調査を行った際に、臨淄斉国故城の大城北部、現在の傅家廟村において村民から鏡范の残片1点（中国では「傅家鏡范」と略称されるが、本書では東大范とする。本書資料編の整理番号10）を購入したが、それは付近の農田から出土したとされている。関野雄は調査報告書の中で、この鏡范について以下のように指摘をしている。「その鎔范が臨淄より発見されたという事実は、前漢時代にこの形式に属する鏡が、臨淄で鋳造されたことを物語るものにほかならない。…（中略）…臨淄で方格四乳葉文鏡系統の鏡が作られたということは、鏡の文様における地方色の一例を示すものとして注目に値する」（関野 1956 P.273）。この鏡范は後に日本に持ち帰られ、現在は東京大学考古学研究室に所蔵されている。

　半世紀以上を隔てた1997年秋、臨淄斉国故城の大城南部、現在の劉家寨村の村民が、村の東南部の地表から約50cm下の地点で鏡范の残片1点を掘り出した。後に斉国故城遺跡博物館に所蔵され、その報告がなされた（張愛雲ほか 1998）。翌年、筆者は臨淄に赴き、この鏡范および出土地点についての現地調査を行い、この鏡范と同類の「見日之光天下大明」銘四乳草葉文鏡に属する銅鏡についても専門的な研究を行った（白雲翔 1999、白雲翔 2000）。これにより、臨淄鏡范は次第に学界の関心を集め、これ以降の発見もまた少なくない。2000年秋、臨淄斉国故城の大城東部、現在の蘇家廟村の村民が村の西部一帯において多数の鏡范片を掘り出した。その中の1点は現地の幹部である張氏によって所蔵され、その報告がなされた（張龍海 2001 P.118）。2001年に淄博市博物館が収集した8点の鏡范残片は、臨淄斉国故城内の劉家寨村一帯から出土したとされている。これに対し、筆者らは緻密な観察と計測を行い、さらに科学的な測定と分析を合わせた総合研究を行った（白雲翔ほか 2005、劉煜ほか 2005）。その他、2度にわたる銅鏡製作工房跡の考古学調査において、現地で採集した鏡范は30点にのぼる。2004年冬、中日合同の臨淄鏡范の考古学的な研究において、現地の博物館とコレクターから鏡范54点を収集し、2004年以前の調査で採集した鏡范や諸文献に記載されている23点を合わせた77点の鏡范（SLQJF：1〜64、SLQJF：66〜78は、本書資料編の整理番号1〜6、11〜16、21〜86）について、緻密な考古学観察、計測、記録、研究を行った（中国山東省文物考古研究所ほか 2007）。

　現在までに臨淄斉国故城出土と記載された鏡范は95点に達する[6]。

（2）臨淄斉国故城内における漢代の銅鏡製作工房跡の調査

　数度にわたる臨淄鏡范の発見は、臨淄斉国故城内に漢代の銅鏡製作工房跡が存在していたことを示

している。臨淄鏡范は、鏡范を通して当時の銅鏡製作の技法や技術を研究する上で重要であることはいうまでもない。しかし、これらの鏡范の大部分は現地の住民が農田建設中に偶然発見し、後に収集されたものであり、特に出土地点および出土状況が不明であることが、当時の銅鏡生産の研究を進める上での問題点であった。このため銅鏡製作工房跡を探して、臨淄鏡范の理解を深めるために、筆者らは2003年春に臨淄に赴き、臨淄斉国故城内の漢代の銅鏡製作工房跡の専門的な考古学調査を行った。鏡范の発見を手がかりとして、石佛堂と蘇家廟の2ヶ所の銅鏡製作工房跡を調査確認することによって、鏡范の実物資料を採集し、重要な収穫をおさめた（中国社会科学院考古研究所ほか 2004）。2005年夏、臨淄斉国故城の大城東北部、現在の闞家寨村の村民が村の南部でビニールハウスを改築している最中に鏡范の残片を発見した。現地の調査員が考古学調査とボーリング調査をすると共に、鏡范の残片が収集され、鋳銅遺跡も発見されたため、この地点を漢代の銅鏡製作工房遺跡として確定した（王会田 2007 P.260-272）。これまでの臨淄斉国故城内の調査によって、3ヶ所が漢代の銅鏡製作工房跡と確定できるに至った（本書P.xv 写真6・P.xvi 図3）。

①石佛堂銅鏡製作工房跡

　この遺跡は臨淄斉国故城の大城西北部に位置し、南北河道を東、小城東壁を北とし、現在の斉都鎮石佛堂村の東南部一帯をさす（「石佛堂村東南地点」とする）。地勢は北が高く、南が低く、現在は麦畑が切り開かれ、ビニールハウスが建てられている。2001年秋にも、この一帯の地下から大量の鏡范片が掘り出されたとされ、2003年の筆者らの現地調査中にも鏡范が発見された。ビニールハウスの間の地表面には大量の東周秦漢時代の瓦磚や陶器片が散乱しており、現地の村民によれば、そこは鏡范が出土したとされる地点であった。筆者らは瓦礫の堆積から鏡范片を採集したが、付近でも多くの東周秦漢時代の遺物が採集された。現地調査で採集した鏡范片は8点あり、その中には四乳弦文鏡范1点、博局草葉文鏡范1点、鏡背范の破片2点、鏡面范4点がある。その他の遺物には、樹木文の半円瓦当、花文磚、多面花文磚、陶束柄豆、帯戳印文字陶豆柄、炉壁の残片、鉄滓の塊などがある。以前に行ったボーリング調査の結果によると、石佛堂村の南部一帯は、非常に面積が大きい鉄器製作遺跡で、その範囲は4～5万㎡あり、東周晩期に属している。この遺跡の東、そう遠くはない距離にあるのが現在の傅家廟村の西南部一帯であり、そこにも面積が40万㎡に達する東周時代の鉄器製作遺跡がある。鏡范の出土地点は上述した2ヶ所の鉄器製作遺跡の北部に位置する。筆者らはかつて鏡范が出土した地点を中心に東西約100m、南北約200mの範囲内において、2～10mの間隔でボーリング調査を実施した。その結果、地下50～120cmの堆土には瓦片、焼土粒、灰土などが含まれていたが、銅鏡製作やその他の鋳造活動に直接関連する鋳造遺跡をボーリング調査で得ることはできなかった。かつての調査と筆者らの調査で、石佛堂村の東南部一帯が東周時代の鉄器製作遺跡であるだけではなく、漢代の銅鏡製作工房跡でもあったことを明らかにした。

②蘇家廟銅鏡製作工房跡

　この遺跡は臨淄斉国故城の大城東部に位置し、南北においては中央にあたり、西側には古道がある。東側は城壁までの距離が約900mあり、現在の斉都鎮蘇家廟村の西530m余りのところである。この一帯は、現在ほとんどがビニールハウスとなっている。2000年、ビニールハウスを建てるために、この一帯を掘った時に大量の鏡范が掘り出されたという。鏡范は周囲4～5mの範囲内において集中して

発見された。大部分は破片であったが、中には比較的完形に近いものもあった。筆者らは2003年の調査時に、地表に散らばった大量の磚瓦と陶器の破片を発見し、鏡笵片や多種にわたる東周秦漢時代の遺物を採集している。現地調査で採集した鏡笵は6点あり、その中には四乳草葉文鏡笵1点、鏡背笵の破片2点、鏡面笵3点がある。その他の遺物としては、巻雲乳釘文円瓦当、陶罐、花文多面磚、花文磚、陶高柄豆などの破片、鋸で割った形跡がある加工鹿角などがあり、全て東周と漢の時代に属する。かつての臨淄斉国故城の調査報告によると、この一帯の地下遺跡と堆積の状況は明らかになっていないが、南北の両側には文化堆積による厚い高地があり、北側の遠くないところにも面積が大きい東周時代の鉄器製作遺跡がある。筆者らは調査と同時に詳細にわたる踏査も行い、村道の東西と南の麦畑においてボーリング調査を行った。そして地表から約60cm下の文化層に、赤く焼けた焼土片と焼土粒が含まれていることを発見した。地表の踏査と採集した遺物分析の結果、この一帯は東周から漢代までの手工業の工房区であり、その中には漢代の銅鏡製作工房跡も含まれていることを確認した。

③闞家寨銅鏡製作工房跡

この遺跡は臨淄斉国故城の大城東北部に位置し、古道の東側にあたり、現在の斉都鎮闞家寨村の南約600mのところにある。この一帯の地勢は中央部が盛り上がり、南北の両端部が低く緩やかな傾斜状になっていて、東西の両側には深さ約1mの断崖があり、現在はほとんどがビニールハウスとなっている。2005年夏、現地の村民がこの一帯で大量の鏡笵を掘り出した。これを手がかりに、現地の調査員が調査を行い、調査中に発見した4ヶ所の窯跡においてボーリング調査を実施した。同時に鏡笵とその他の遺物を現地で採集した。採集した鏡笵は16点あり（LQKJ：01～16のうち、LQKJ：01～03は本書資料編の整理番号18、7、17）、その中には蟠螭文鏡背笵3点、四乳龍文鏡背笵1点、鏡背笵の破片2点、鏡面笵10点があった。その他の遺物には、巻雲文円瓦当、樹木文半円瓦当、脊瓦、板瓦、筒瓦、花文磚、陶製井圏などの建築材料、陶製の鬲、甑、豆、盂、盆などの日常陶器、陶製の笵、坩堝や窯炉の破片などの金属製の鋳造遺物があり、年代は戦国秦漢時代とされる。以前の調査によると、鏡笵の出土地点の南北両側には文化層の厚い堆積があり、また北の遠くないところ、現在の闞家寨村の南部には前漢の半両銭鋳造工房跡がある。さらにその東北方向の遠くない地点には鋳銅遺跡や鉄器製作遺跡などの手工業遺跡が残っている。今回の調査で採集した鏡笵とその他の鋳造遺物を合わせて、発見された窯跡を判断すると、ここはその他の金属器を製造する場所であり、その中には銅鏡製作工房跡もあったと考えられる。

臨淄斉国故城内の銅鏡製作工房跡は、上述したすでに確定している3ヶ所以外にも、かつてから鏡笵が多数発見されている状況などから分析すると、臨淄斉国故城の大城南部の大型鋳造遺跡の北側、現在の斉都鎮劉家寨村の南部一帯にも、漢代の銅鏡製作工房跡が存在する可能性があると考えられる。

（3）臨淄斉国故城内の銅鏡製作遺構の年代

臨淄斉国故城内の銅鏡製作遺構の年代は、主として銅鏡製作工房跡の調査資料と鏡笵の年代にもとづいて推定を行った。

銅鏡製作工房跡の調査中に発見された鏡笵以外の遺物は、臨淄斉国故城内でよく見られる戦国から前漢時代までの遺物であり、戦国晩期と前漢早期のものが多いが、後漢時代の遺物は見られない。

臨淄鏡笵の年代については、その製品に相当する、あるいは漢代と近い銅鏡と比較研究することによって知ることができる。蟠螭文鏡笵、四乳弦文鏡笵、四乳龍文鏡笵の年代は前漢初年から前漢前期、四乳草葉文鏡笵の年代は前漢初年から前漢中期、博局草葉文鏡笵の年代は前漢中期から後期とされる。

銅鏡製作工房跡の調査資料と出土鏡笵を総合的に分析すると、以下のように認識できる。臨淄斉国故城内の銅鏡製作遺構の年代は、主として前漢前期から中期であり、早くは秦漢以前あるいは前漢初年、遅くは前漢後期と考えられるが、後漢時期までは下らない（白雲翔 2007 P.117-118）。

2．漢代臨淄の銅鏡製作技術と銅鏡生産

臨淄鏡笵の大量発見と総合研究、および銅鏡製作工房跡の調査は、漢代臨淄における銅鏡製作技術と銅鏡生産を検討する上で、確実な実物資料と関連情報を提供している。

（1）銅鏡製作の技術とそのレベル

古代の銅鏡製作の基本的な工程は、笵製作→注湯→製品の加工である。鏡笵は製作する銅鏡の鋳型として、銅鏡を製作する全ての工程の中で、笵の製作と注湯という2つの最も基本的かつ重要な段階に関係するだけではなく、製品の加工とも密接な関係があり、銅鏡製作の工程において鍵となる要素の1つである。つまり、臨淄鏡笵にもとづいて、筆者らは漢代臨淄における銅鏡製作の技法や技術および発展レベルを初歩的に描き出せると考える。

①鏡笵の製作

臨淄鏡笵の発見と初歩的な研究によると、全ての鏡笵に泥質あるいは少量の細かい砂が混ざり、鏡笵内には大量の大小様々で不揃いな隙間があり、一般的に手で触った質感は非常に軽い。77点の鏡笵の質量を体積および密度によって計測し（横田 2007 表1・2）、比重値を修正すると（白雲翔 2007 P.131）、比重1：1以下は43点あり、総数のおよそ56％を占める。つまり、半数以上の鏡笵が水中では沈まない、あるいは浮き上がるといえ、鏡笵の組織が緻密ではないことを示している。これは鏡笵の胎土中にたくさんの混合物が含まれているためである。SLQJF：08（本書資料編の整理番号56）と現地の原生土壌のサンプルについての化学成分分析を行い比較すると、鏡笵の胎土中の二酸化ケイ素含有量は平均79.265％であり、現地の原生土壌の二酸化ケイ素含有量は最も高くても66.365％であった。つまり、鏡笵を製作する原料は「おそらく一種の粘土を多く含んだ細かな黄土であり、…（中略）…現地の地下の原生土と関係があるだろう」（劉煜ほか 2005 P.87-88）となる。鏡笵の胎土中の二酸化ケイ素含有量が高くなる要因としては、サンプルに含まれる大量の類型の1つが、イネ科植物の籾殻に特有の双瘤形プラントオパールに属することから、鏡笵製作の工程において胎土中に意識的に混ぜられた大量の籾殻灰によって鏡笵の二酸化ケイ素含有量が高くなったことを示している[7]。SLQJF：52（SLQ－HB：28、本書資料編の整理番号69）とSLQJF：76（SLQ－HB：48、本書資料編の整理番号57）の科学分析では、「鏡笵のマイクロ組織には籾殻のケイ酸体が含まれる」（崔剣鋒ほか 2007 P.238）ことを同様に発見した。鏡笵の断面観察で分層現象が見られなかったことは、同一種類の笵泥を用いていることを示している。つまり、漢代臨淄における鏡笵製作の原材料は、現地の粘土を多く含んだ細かな粒の黄土であり、さらにその中に一定の割合で籾殻灰あるいは穀類の（粒を穂から取った後の）茎また

は草木の灰を混ぜ込むことで、鏡笵組織の密度を下げて通気性を上げ、鏡笵に充塡する力を最大限に改良している。これはまた、春秋時期に登場した「陶笵羼灰技術」の伝統が、漢代臨淄における鏡笵製作に継承されただけではなく、さらなる発展を遂げていることを表わしている。

鏡笵製作の工程と技法に関しては、鏡笵の特徴や残った製作痕跡などの観察と総合分析にもとづいて、漢代臨淄の鏡笵製作には、以下の2種類の技法が採用されたと推測できる。

1つは「模製法」であり、原型を用いて鏡笵を複製する製作技法である。模製法による鏡笵製作の根拠は、鏡笵の背面と側面にある加工痕跡、さらには多数の鏡笵の（窪んだ）鋳型面の表面や文様にはっきりと見られる鋳型の特徴が、鏡笵に模製法を使用したことを証明している。これまで見た「見日之光天下大明」銘草葉文鏡には、大きさや文様などが非常に近いものがあり、たとえ鏡笵が同一の工匠の手によって彫り出されたとしても、1点1点手で刻まれ製作されたとは考えにくい（白雲翔 2007）。この他にも、中国の青銅時代の「陶笵の成型方法は、主として鋳型複製笵法」（譚徳睿 1999 P.245）であった。あるいは笵を製作する鏡笵の技法は「我国古代の鏡笵製作において常用されていた方法」（何堂坤 1999 P.112）であったとして、鏡笵の模製法の存在を傍証している。現在、古代銅鏡を複製する際にも笵を製作する鏡笵による笵の製作技法が用いられている。漢代臨淄における鏡背笵のおおよその製作工程は、最初に笵型（型板）を作る。笵型の平面の形式（例えば円首台形）は、鏡背笵が必要とする大きさに相当し、その正面および四周の表面は平らで滑らかであり、一端の真ん中には凸状の鏡型、もう一端には凸状の湯口と湯上がり口がある。調合した笵泥を笵型の上に積んで穴を埋め込み、叩いて詰め、一定の形状と厚さ、例えば3～5㎝前後の覆鉢状になったら、若干乾かした後に笵型からはずし、修整を加える。特に文様の細部においての修整を行った後、陰干しにして乾かしたら、泥質の鏡背笵となる。笵型の形式と構造については、筆者らがかつて復原研究を行った侯馬鋳銅遺跡出土の戦国早期の陽隧笵型T621H23：1（図1）を復原研究の論拠としてきた。鏡面笵は鏡背笵の製作技法とほぼ同じだが、鏡面笵の笵型は平面形で、大きさは鏡背笵に相当し（例えば円首台形）、表面は平らで滑らかな陶質あるいは石質や木質の板状である。平らな一端の正面には楔形の突起があり、湯口となっている。鏡背笵の厚さと鋳型面の大きさ（つまり製品の大きさ）は比例し、鋳型面が大きければ鏡笵本体は厚くなり、鋳型面が小さければ鏡笵本体も薄くなる。ただし、鏡面笵は一般的に鏡背笵よりも薄く、鏡面笵の厚さが3㎝前後ならば、鏡背笵の厚さは5㎝前後となる。これは鏡笵にとっての窪んだ鋳型面の有無と直接関係がある。

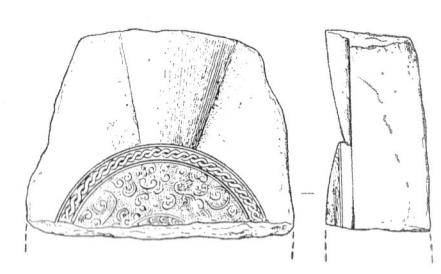

図1　侯馬出土陶質陽隧笵型［S＝3/5］

もう1つは「刻製法」であり、できあがった鏡笵の白地に鋳型面の窪みと鏡背文様を彫り出す手工製作技法である。刻製法で鏡笵を製作した根拠は、鏡笵の鋳型面の表面に残る少数の彫刻加工の痕跡にあり、特に文様の画像を配置するための円弧形の線などが刻製法の使用を直接証明した。漢代の銅鏡には、鏡縁の内側にわずかに1周の盛り上がった同心円の鋳造線があるものがあるが、これは文様が現れているわけではなく、刻製法の存在を傍証している。その他の商周青銅器の笵製作においては直接、文様を彫刻する技法が採用されている（譚徳睿 1999

P.245)。鏡背笵の製作技法と工程は、おおよそ製作する鏡笵の形状と大きさに相当する平面の笵型（ここでは銅鏡の原型や凸状の湯口などを配置しない平面）を作り、それから調合した笵泥をパターンプレートの上に積んで、ぎっしりと埋め込み、一定の形状と厚さ、例えば厚さ3～5cm前後の覆鉢状になったら、少し乾かした後にパターンプレートからはずし、日陰干しにする。半乾きあるいはほぼ乾いた状態まで日陰干ししたら（あるいは焙焼後[14]）、平らに整えられた面に鋳型面の窪みと文様、湯口と湯上がり口を手で彫り出し、泥質の鏡背笵とする。鋳型面の文様の彫刻は、主に「鈕下式技法」を採用したと考えられる[15]。鏡面笵は鏡背笵の製作技法とほぼ同じで、模製法によって鏡面笵を製作する技法ともほぼ同じであるが、湯口だけは手で彫刻し製作する。

　漢代になって、臨淄鏡笵に刻製法と模製法が併用された主な理由としては、以下の通りである。一種の新しい銅鏡製品（大きさ、文様、銘文などが異なる銅鏡を含む）を製作する場合、最初の銅鏡を製作する笵は刻製法を用いて、鋳型面の窪みや文様、銘文を直接彫刻し、鋳造後に製品の銅鏡を利用して笵型（平面の上に銅鏡を原型として配置したもの）を作った後に、模製法を採用し、大量の鏡笵を踏み返す[16]。また古代の鏡笵製作においての刻製法と模製法の出現の前後については、刻製法が先にあり、模製法がその後出現したが、両者は長期にわたって併存し、次第に刻製法から模製法へと主体が変わり、銅鏡の普遍的な使用や大量生産の社会需要に適応していったと考えられる。

　模製法によって製作された泥質の鏡笵、刻製法によって製作された泥質の鏡笵にかかわらず、鋳型面の表面には彫刻加工の痕跡が遺留するだけではなく、大量の大小様々の隙間があることが重要となる。表面処理を行わなければ、注湯時に銅液が隙間に入り込み、製品を生産する上での欠陥となる。処理の方法は鋳型面の表面に一層の細かい塗料を塗る。臨淄鏡笵の実物観察では、鏡背笵の鋳型面の表面の構造は細かく、平らで滑らかであり、浮き彫りあるいは修整の痕跡、鏡笵内に大量に存在する大小様々な隙間は見られず、幅木面（あるいは幅置面）の表面とは異なっている。また鏡面笵の鋳型面の表面と幅木面の表面にもはっきりとした差があり、鋳型面の表面に一層の薄い表層が直接確認できる鏡笵も少なくなく、鋳型面の表面に模製法あるいは刻製法によって文様を彫り出した後に、一層の細かい塗料を塗ったことは明らかである[17]。

　泥質の鏡笵を製作し日陰干しにした後、さらに焼成窯に入れて烘烤（火であぶって焼く）または焙焼（あぶり焼く）して、はじめて陶質鏡笵となる。臨淄鏡笵本体の多くは青灰色を呈しているが、これは成型や日陰干しを経た笵泥を、さらに焼成窯を用いて烘烤または焙焼したことを示している。少量の鏡面笵は赤橙色を呈しているが、これは鏡笵をあぶる時に酸化炎の焼成窯を使用したことによる。鏡笵は烘烤または焙焼すると硬度が増すだけではなく、さらに鏡笵内の気体が放出され、注湯時の気体の排出量が多くなり、欠陥製品となることを避けている。焼成温度はSLQJF：08の測定によると850±20℃で、SLQJF：05（本書資料編の整理番号71）とSLQJF：25（本書資料編の整理番号81）では800℃以下である（田賀井ほか 2007 P.250）。これは方解石の境界温度よりも高く、焼結温度には達しない合理的な範囲内にある。

　臨淄鏡笵と侯馬鏡笵（陽隧笵を含む）を比較して見ると、臨淄鏡笵は構造の上で少なくない改良が見られる。例えば、侯馬鏡笵は排気用の湯上がり口をほとんど設置していないが、その他の笵には湯上がり口が設けられ、その形式も不規則で細く簡単なものである（山西省考古研究所 1993 P.93、177、307）。

漢代臨淄の銅鏡製造業に関する考古学的研究——155

臨淄鏡笵の鏡背笵には全て一定の規格にあった湯上がり口が設置されているが、幅も広く、注湯の過程で発生する気体を放出するのに適している。また侯馬鏡笵の中には、堰（湯が湯道から鋳型面に入り込む口のこと）が1つ、あるいは鋳型面の近くに設置された三角形の突起が1つあり、湯道が1つか2つとなっているが（山西省考古研究所 1993 P.174）、臨淄鏡笵の湯口の形式は一致している。侯馬鏡笵の鈕部分の鋳型面は貫通し鈕の穴となっている（例えばH85：1）ものがあるが、臨淄鏡笵の鈕部分の鋳型面は全て鈕の形の窪みである。また侯馬鏡笵には鈕の鋳型面の上部に鈕孔を置く中子の窪み（鈕孔中子用の溝）が設置されているが（F13：64）、臨淄鏡笵の鈕の窪みには窪んだ溝や穴は見られない。侯馬鏡笵の幅木面の上には合笵用の三角形の凹凸印が付けられるのが一般的であるが、臨淄鏡笵の幅木面の上には合笵用の印あるいは凹凸状のほぞ穴が設けられることはない。これは鏡面笵の鋳型面が平面であることと直接関係がある。侯馬鏡笵の厚さは1～1.8cmで、臨淄鏡笵の厚さは一般に4cm以上あり、中には8.4cmに達するものもある。これは当然、製品の大きさや厚さと関係があるが、総体的には厚みが増しているという特徴の表れであり、厚みを増すことで破損を防ぐ性能が増すだけではなく、さらに保温時間を延長することが重要となる。総体的に見て、臨淄鏡笵は構造の上で、科学的かつ合理的、簡単かつ実用的であり、明らかな進歩の特徴を示している。

②銅鏡の鋳込み

漢代臨淄の銅鏡の鋳込みの工程について、鏡笵に遺留する鋳込みの痕跡などをもとに、商周青銅器の注湯技法を参考にすると、おおよそ以下のように復原できる。

すでに焼成した陶質鏡背笵の鈕にあたる鋳型面の窪みの上部に鈕孔の内型を置き、粘着剤（粘土を用いて製作した）を用いて固定し、鏡背笵と鏡面笵の鋳型面の表面に離型剤を塗り、それから合笵する[18]→合笵後の鏡笵は横向きにして縄で縛り、鏡背笵と鏡面笵をしっかりと合わせ、必要に応じて草を混ぜた泥を鏡背笵と鏡面笵の間の隙間に塗り、銅液が鏡背笵と鏡面笵の隙間から漏れ出すのを防ぐ→鏡笵を再度、烘烤する→鋳込みとなる。

銅鏡の鋳込みに用いられるのは一鋳の方法（一度の注湯で製品を作る方法。分けて鋳込んで製品を作る方法に分鋳、鋳接がある）であり、商周青銅器の鋳込み方法とほぼ同じである。しかし鋳込み時に商周青銅器のような受口（あるいは「掛け堰」という）は使用しない。なぜなら、現在まで受口の発見は確認されておらず、鏡笵の湯口にも受口をつけた痕跡は見られない。これは銅鏡自体が小さいのに湯口が広く、湯道が短かったことと関係があると思われる[19]。

銅鏡の鋳込みについては、検討を要する問題が1つある。それは陶質鏡笵を複数回使用したか否かという問題である。これは従来からはっきりとはわかっていない問題の1つでもある。日本の考古学界では「同笵鏡」（同一の鏡笵を複数回使用し、鋳造した銅鏡）と、「同型鏡」（「同模鏡」と漢訳される。同一の銅鏡を使用して複製した鏡笵によって鋳造された銅鏡）が存在してきた。関野雄は、臨淄斉国故城内で収集された東大笵について論じた時、同一鏡笵を複数回繰り返し使用した「一笵鋳多鏡」の推論を提示した（関野 1942 P.272）。日本の三船温尚は、日本に所蔵されている4点の草葉文鏡笵についての考察を行い、それらが複数回繰り返し使用されたことを多方面から論証した（三船 2005 P.54）。しかし筆者は、一般的な状況下では1点の鏡笵は一度の鋳込みができる「一笵鋳一鏡」であると終始にわたって認識してきた。このような論を立てる根拠は主に4つある。

その1：臨淄鏡范の中にある使用した鏡背范の鋳型面の周囲には、注湯時に高温の銅液が接触したことによる厚さ5mm前後の濃い色の表層（高温変色表層）が一層形成されている。もし注湯が1回であるならば、鏡范の高温変色表層はやや薄い色でほぼ一致する。しかし注湯が複数回であるならば、鏡范の高温変色表層は鏡范本体の色よりも増して分層現象を形成する。しかし現在までに観察してきた鏡范の高温変色表層の厚みはほぼ同じで、色もまた分層現象までは至っていないと判断し、それらは1回の使用で破損し、廃棄されたとすべきである。

その2：鏡范は鋳込みを経過すると、鋳型面の表面が多少なりとも破損する。もし、もう一度使用するならば、必ず補修を行わなければならない。しかし臨淄鏡范を観察すると、鋳型面の表面に破損の痕跡やいかなる補修の痕跡も見られない。このことが複数回使用されていないことを示している。

その3：筆者が「見日之光天下大明」銘四乳草葉文鏡に対して行った系統的な収集と整理において、大きさ、鏡背文様、組み合わせ、銘文の配置、書法などは多種多様であることを発見し、未だに大きさ、文様、銘文などが完全に一致するもの、またはほぼ同じものは見られない。ここから判断すると、「見日之光天下大明」銘四乳草葉文鏡の鋳造方法は一范鋳多鏡ではなく、一范鋳一鏡であり、よって同范鏡は存在せず、同一の銅鏡を使用して複製した鏡范によって鋳造された銅鏡である同型鏡が存在するとできる（白雲翔 1999）。

その4：近年、中日の学者が山東省出土銅鏡についての系統的な考察を行い、80面の草葉文鏡のうち、形式や大きさ（鏡面の直径の差が0.2cm以内）が同じものは最多で13面あったが、同范鏡は確認されていない（三船 2007 P.222）。このことからすれば、同范鏡の製作が行われていた可能性は少なかったと考えられる。上述の分析にもとづくと、漢代臨淄の銅鏡鋳造は一范鋳一鏡の陶范鋳造技法を用いたといえ、代表的な漢代銅鏡は陶范鋳造技法が一般的な形態であったとすべきである。[20]

③銅鏡の製品加工

銅鏡を鋳造し成型した後、さらに鋳造した銅鏡に対して多岐にわたる「製品加工」が行われ、はじめて真の利用が可能となる。銅鏡の製品加工には、主として銅鏡本体の熱処理、機械加工、鏡面の表面処理などが含まれている。

銅鏡製品の熱処理は、主に焼き入れと焼き戻しなどの熱処理を通して、銅鏡の強度と可塑性を高め、機械的な性能を改良し、使用寿命を延長させる（何堂坤 1999 P.172）。同時に、銅鏡に対して行われる焼き入れの熱処理は、鏡面を凸状にし「凸面鏡」とすることができる。

いわゆる凸面鏡は、鏡面が一定の弧度をもった、やや外側に向かって孤を描く銅鏡を指し、漢代銅鏡では相当数を占めている。実物観察と統計によると、山東省出土の86面の前漢早期の銅鏡では、平面鏡12面、凸面鏡12面、銅鏡本体が湾曲しているもの34面、破損によって測定できないもの28面がある。80面の前漢草葉文鏡と花葉文鏡のうち、凸面鏡は49面、平面鏡は5面、凹面鏡は1面、不明が25面である（小堀ほか 2004 P.332、337）。漢代の凸面鏡の成因と製作技術については、従来より4つの説があるといわれてきた。

その1：「鋳造成型説」は、戦国漢唐時代の銅鏡鏡面の凸状は一般に鋳造によって作られるとされ、その面の鏡范は凹状になる（何堂坤 1999 P.115）。

その2：「冷却成型説」は、鋳造過程において注湯した銅液が銅鏡本体の薄い部分では急速に冷やさ

れ、鈕の厚い部分ではゆっくりと冷やされることによって、鈕を中心に張力が形成され、銅鏡本体を弧状に曲げ凸面鏡となる（亀井 1982）。

その3：「熱処理成型説」は、鋳造し成型された銅鏡に対して熱処理を行う過程で、冷却による収縮時間の細かな差によって形成される。つまり、鏡笵の段階で、平面鏡または凸面鏡を鋳造する鏡笵を製作し、熱処理技術の影響を利用することで凸面鏡を形成している（清水ほか 2005 P.4）。

その4：「研磨成型説」は、明らかに事実に符合しない。臨淄鏡笵の中にある39点の鏡面笵のうち、鏡面の凹度を計測できたものは29点あり、そのうち鋳型面が平面のものは18点、やや凹状のものが11点あり、凹度が最大のものは800：8（SLQJF：56・57、本書資料編の整理番号77・66）で、最小のものは1000：5（SLQJF：37、本書資料編の整理番号72）であった。また中日の学者が、山東省で出土した80面の漢代草葉文鏡に対して行った観察によると、鏡面の凸度は現在までに確認されている鏡面笵の凹度よりも明らかに大きいとしている（小堀ほか 2004 P.332、337）。鋳型面が平面の鏡面笵を使用して鋳造した銅鏡は、その鏡面もまた平面とはいえないことは明らかである。つまり、鋳型面がやや凹状の鏡面笵を使用して鋳造した銅鏡は、鋳造された鏡面の凸面具合も漢代銅鏡の鏡面の凸面具合にははるかに及ばない。これは凸面鏡が鋳造によって成型されたのではなく、おそらくは熱処理によって形成されたということができる。つまり、鋳造し成型した後の銅鏡に対して焼き入れなどの熱処理を行い、強度と可塑性を改良するだけではなく、同時に凸面鏡を作ったともいえる。銅鏡の製品に対して熱処理が行われることは、漢代臨淄の銅鏡製作工程においても製品を加工する重要なポイントの1つであった。

銅鏡製品の機械加工には主に2つの理由がある。1つは、製品や表面を修整しきれいにするためで、例えば湯道を切り取る、鋳バリを取り除く、銅鏡本体の穴や気泡などの鋳造欠陥を埋める、形状を修正するなどがあり、主に熱処理前に行われる。もう1つは、鏡面に削りや研磨加工を行い、平らに整え、光沢をもたせるためである。

銅鏡製品の鏡面は削りと研磨加工の後、その映像効果と防錆力を高めるために鏡面の表面処理を行う。漢代銅鏡の鏡面の成分分析と測定によると、鏡面の表面に一層の錫分に富む表面層が発見されたが、これは銅鏡を鋳造し成型した後の表面加工処理によって形成されたとしている（中国科学技術大学結構分析中心実験室ほか 1988 P.375）。同時に古代文献には、銅鏡について「粉以玄錫」[21]の記載がある。これは鏡面に表面処理を行うことが、漢代の銅鏡製作の最後の工程であったことを示している。漢代臨淄の鏡面の表面処理の具体的な技法や技術については、さらに進んだ研究を待たなければならない。

（2）銅鏡の生産

臨淄鏡笵の大量発見と多くの銅鏡製作工房跡の確認は考古学にもとづいて行われ、臨淄が漢代の重要な銅鏡生産基地の1つであり、漢代の銅鏡製作の中心地の1つであったことを証明した。同時に当時の臨淄の銅鏡生産状況についても考察することが可能となった。

①銅鏡製造業は漢代臨淄の重要な産業の1つ

鏡笵の出土地点の現地調査とボーリング調査によって、現在までに臨淄斉国故城内には銅鏡製作工房跡が少なくとも3ヶ所確認できる。石佛堂村東南、蘇家廟村西、闞家寨村南は大城の中部地区に集

中して分布し、大城中部の北よりにある東西方向の古道の南北両側にあたる。鏡笵が出土したと伝えられる博家廟村の西南地点もまた、上述した大城中部の東西方向の古道の西端付近に位置する。かつて鏡笵が発見されたと伝えられる劉家寨村の南地点は大城南部の中部地区に位置する。つまり、漢代の臨淄城内の銅鏡製作工房跡は、大城中部の北よりにある東西方向の古道の南北両側に集中して分布し、大城南部にも銅鏡製作工房跡が分布する可能性がある。すなわち、銅鏡製作工房跡が多く密集して分布するならば、漢代の臨淄城内の銅鏡製造業の規模は大きかったと見ることができ、当時の主要な手工業生産の1つであったことを示している。調査によると、かつて銅鏡製作工房跡の付近では、製鉄、貨幣の鋳造、骨器製作などに関連する遺跡と遺物が発見され、当時は銅鏡製作と貨幣の鋳造、鉄器の鋳造、骨器製作などの手工業工房が1ヶ所に集中し、手工業工房区を形成していたことを示している。銅鏡製造業は、当時の臨淄城内の全ての金属製造加工業の重要な構成部分であり、当時の重要な産業の1つであった。

銅鏡製作工房跡から出土した鏡笵の種類を見ると、石佛堂銅鏡製作工房跡からは四乳弦文鏡笵と博局草葉文鏡笵、蘇家廟銅鏡製作工房跡からは四乳草葉文鏡笵、闞家寨銅鏡製作工房跡からは蟠螭文鏡笵3点と四乳龍文鏡笵などが発見されている。現在までの発見には実地調査に限りがあるため、資料も限られているが、各銅鏡製作工房跡で生産された銅鏡の種類には差があることを示している。こうした差は、おそらく各銅鏡製作工房跡の生産年代と関係がある。闞家寨銅鏡製作工房跡の生産年代は主として前漢初期、その他の2ヶ所の銅鏡製作工房跡の生産年代は前漢初年から前漢中後期に至ると考えられ、銅鏡製作工房跡の違いが生産する銅鏡の種類の違いとなる。

②漢代臨淄の銅鏡生産は民営

漢代臨淄の各銅鏡製作工房跡の性質に関しては、当時の銅鏡生産が官営か民営かの問題がある。これを直接証明する根拠はまだないが、傍証的な材料を分析すると、民営であったと考えられる。

まず漢代の歴史文献の中では、銅鏡生産や管理に関する記載のいずれも全く確認できない。これをある方向から説明すれば、当時の政府は銅鏡製造業を官営手工業体系の中に組み入れていなかったといえる。なぜなら、銅鏡製造業が当時の官営手工業の基本となる生産部門の1つであったならば、銅鏡生産や管理に関して文献に記載されないはずはない。例えば、漢武帝の元狩5年（B.C.118）に製塩と製鉄の官営化を実施した際には、当時の文献に製塩・製鉄を官営とする記載が頻出している。王莽の始建国2年（A.D.10）には醸酒、製塩、冶金、貨幣の鋳造などを含む「六筦」が実施されたが、銅鏡製作は含まれていなかった。また前漢の少府属官には「考工室」があり、漢武帝の太初元年には「考工室」を「考工」に改称している。後漢時の「考工」は太僕属官として、主に兵器を作り官綬などを兼職していたが、銅鏡製作は含んでいないようである。したがって、漢代の銅鏡製造業は官営の列にはなかったと推測できる。漢代臨淄については、文献に「鉄官主冶鉄」や「三服官主織造」が設けられていたが、銅鏡製作に関する記述は見られない。

考古学的な発見から見ると、銅鏡の銘文の内容は豊富であるが、銅鏡生産に関する官営工房の銘文は見られず、官営工房でのその他の製品の生産状況とははっきりと異なることを示している。例えば、考古学的に発見された漢代漆器においては、「蜀郡西工」「広漢郡工官」「考工」「供工」などの漆器製作の銘文がよく見られ、政府が漆器製作の工官を設けたという文献記載を裏付けているだけではなく、

前漢初年に諸侯王国が自ら漆器生産部門を掌握していたことも示している（洪石 2006 P.160-198）。また河南霊宝張湾漢墓出土の「永元六年考工所八石䂎…」銘の銅弩器は（河南省博物館 1975）、考工が主に兵器を作ったという史実を反映している。漢代の鉄器においても、「鋳有鉄官」と標記する銘文をもつ鉄器が多く発見されている（白雲翔 2005 P.341-346）。

当時の全ての手工業生産については、前漢初年に政府が製塩、冶金、貨幣の鋳造などを郡国と個人経営に任せる政策を採用し、私営の鉄器工業を代表する民営手工業を一躍発展させた（白雲翔 2005 P.340）。つまり、漢武帝が禁権制度を実施する以前は、小型の家庭内手工業や大規模な工業内手工業にかかわらず、一切が個人経営によるものだった（伝筑夫ほか 1982 P.338）。前漢前期の銅鏡生産もまた例外ではなく、民営だったはずである。漢武帝の元狩5年（B.C. 118）に実施された製塩・製鉄の官営化以降、政府も製塩業、鉄器工業、貨幣の鋳造など国家経済と庶民生活にかかわる重要な手工業についてのみ独占的な経営を行い、その他の消耗品の生産に関しては主に民営に委ねられ、その中には銅鏡製作も含まれていた。

当然、漢代銅鏡は民営工房の生産に尽きるわけではない。考古学的に発見された漢代博局四神鏡の中に見られる「尚方作鏡真大好…」「尚方御鏡大母傷…」「尚方作鏡四夷服…」などの尚方作鏡の銘文は（孔祥星ほか 1984 P.75）、漢代少府属官の尚方令をさす。『漢書・百官公卿表』の顔氏注には「少府以養天子」「尚方主作禁器物」とあり、『後漢書・百官（三）』の注には尚方が「掌上手工作御刀剣諸好器物」とある[26]。つまり、漢代の少府に所属する尚方は、皇室専門の御用物品を製作する官署であり、製作する物品には銅鏡も含まれていた。しかし現在までの考古学的な発見による「尚方作鏡」銘の銅鏡は、尚方の製作に尽きるものではなく、必ずしも尚方が製作したものではないと断言できる。なぜなら、銅鏡の出土状況から見ると、洛陽焼溝漢墓出土「尚方作鏡」銘博局草葉文鏡1面（洛陽区考古発掘隊 1959 P.160）、洛陽西郊漢墓出土「尚方作鏡」銘博局草葉文鏡8面（中国科学院考古研究所洛陽発掘隊 1963 P.22）、湖北蘄春羅州城郊漢墓出土「尚方作鏡」銘博局鏡8面（黄岡市博物館ほか 2000 P.124、204）、広州漢墓出土「尚方作鏡」銘博局四神鏡6面、「尚方作鏡」銘博局禽鳥鏡1面、「尚方佳鏡」銘四神鳥獣鏡1面、「尚方鏡真大好」銘博局禽鳥鏡1面（広州市文物管理委員会ほか 1981 P.345、447）は、その年代が王莽期から後漢後期までにあたり、上述した墓葬はすべて皇室とは無関係である。これが理由の1つである。銅鏡の銘文から見ると、「尚方作鏡」の銘文の内容は、一方では陰陽五行思想による高官、子孫繁栄、不老長寿の祈禱と祝福の詞を表現し、もう一方では銅鏡の品質をいかに良く詞で宣伝するかであり、「尚方作鏡」が尚方の製作ではなくても、「尚方」の名を借用あるいは偽称して「尚方製作の銅鏡のすばらしさが顧客を引きつける力を利用した」のである（宋治民 1992 P.49）。これが2つ目の理由である。つまり、漢代の尚方製作の銅鏡は銅鏡の「独占的な供給」を目的として生産されたのであり、銅鏡生産が官営だったということではない。実際に漢代のその他の官府における手工業生産は、製塩や製鉄の専営時期を除いては、その性質は銅鏡生産と同じであった[27]。

つまり、漢代を通して銅鏡製作は少量の「独占的な供給」を目的とした生産を除いて、実際には、その経営方式が民営もしくは非官営であった。臨淄の銅鏡生産もまたそれにあたり、臨淄の各銅鏡製作工房跡から出土する鏡范の材質、形式、構造上の一致は、各銅鏡製作工房跡が統一的に管理されていたからではなく、当時の臨淄の各銅鏡製作工房跡が大体同じ銅鏡の製作技法や技術を採用していた

ことの表れである。

③漢代臨淄の銅鏡製造業の盛衰とその要因

臨淄鏡范は銅鏡の類型と銅鏡製作工房跡の調査資料による年代から、その多くが前漢中期よりも遅くなることはなく、前漢後期に流行した「日光」「昭明」などの銘文をもつ圏帯鏡や四乳四虺文鏡などの鏡類の鏡范は一切発見されていない。これは漢代臨淄における銅鏡製造業が、主に前漢前期と中期に隆盛し、前漢後期には急速に衰え始めたことを示している。その盛衰の背景には、複雑かつ多岐にわたる歴史的な原因がある。

漢代臨淄が当時の銅鏡製作の中心地の１つとなったのには、まず臨淄に優良な銅鏡製作の伝統があったことがあげられる。1963年に臨淄商王村から出土した戦国銅鏡は銅鏡本体が非常に大きく、直径は29.8cmに達する。製作技法は精緻で文様も美しく、鏡背には金銀をメッキして、緑松石を象嵌しており、戦国銅鏡の逸品と称される（中国青銅器全集編輯委員会編 1998）。漢代になって伝統的な銅鏡製造業は、さらなる発展を遂げた。臨淄大武漢斉王墓の副葬坑から出土した前漢早期の長方形龍文銅鏡は長さ115.1cm、幅57.7cm、厚さ1.2cm、重さ56.5kgで（山東省淄博市博物館 1985）、漢代にはわずかしか見られず、前漢初年の臨淄の銅鏡製造業の発達を反映する側面の１つでもある。このように戦国時期のすばらしい銅鏡製作の伝統は、漢代臨淄の銅鏡製造業の発達においても重要な技術的基礎となった。

東周から漢代に至る臨淄においての手工業の発達には、１つの突出した特徴が見られる。戦国後期の臨淄は、すでに城内に７万戸を有する豊かな商工業の大都市であった[2]。前漢には城内に10万戸があり、４市を設けた京師に同じく[5]、「市祖千金、人衆殷富、鉅于長安[28]」といわれた。鉄官を設け、金属製造業は特に発達した。考古学調査によると、臨淄斉国故城の大城内にはすでに、戦国から漢代までの鉄器製作遺跡が４ヶ所と鋳銅遺跡が１ヶ所発見され、その面積は40万㎡に達する（群力 1972）。発達した手工業により、臨淄は前漢時期において当時の重要な銅鏡生産基地となり、銅鏡製造業が手工業の基礎となった。

さらに大きな範囲から見れば、前漢臨淄の銅鏡製造業の発達は前漢時期の斉の地を豊かにしたが、これは臨淄が東方の斉の地において中心的な大都市となったことと関係がある。史籍には、漢が天下を治め、高祖６年（B.C.201）には子の劉肥が斉王となり、「王七十余城、民能斉言者皆属斉」といわれた。斉地は「東有琅邪、即墨之鏡、南有泰山之固、西有濁河之限、北有渤海之利。地方両千里[29]」であった。『史記・貨殖列伝』には「斉帯山海、膏壌千里、宜桑麻、人民多文綵布帛漁塩。臨淄亦海岱之間一都会也」とある。前漢臨淄の銅鏡製造業の発達は、当時の斉国が物産面で非常に豊かであったこと、また臨淄が政治と経済の中心地であったことと密接な関係があることは明らかである。

前漢臨淄の銅鏡製造業の発達は、当時の斉国国内における青銅鉱物資源とも関係がある。李剣農は漢代の工業生産の地方性について「工業生産の基本は原料の供給にある。原料の生産は大部分がみな地方にあり、古い工業の発展は過去の地方性にある」と述べている（李剣農 1962 P.169）。漢代の銅の生産地は多く、また漢代の斉国の特色は銅の産出や鉄器製作ではなく、漁業や製塩業そして紡績などであった[30]。しかし斉国国内には豊富な青銅鉱物資源があった。研究によると、前漢初年の斉国国内には銅鉱17ヶ所、鉛鉱６ヶ所、錫鉱１ヶ所があり、臨淄付近では現在の桓台と臨朐に銅鉱があった（張光明ほか 2007 P.145）（図２）。現在の山東省内では漢代の採鉱遺跡は発見されていないが、現地の青銅鉱物

資源は臨淄の銅鏡製造業の発達において重要な物質的基礎となったはずである。

現在までに発見された臨淄鏡范には前漢晩期に流行した鏡類が見られず、また王莽期から後漢時期の鏡類も見られないことは注目に値する。これは臨淄の銅鏡製作が前漢後期から衰え始めたことを示している。もし、この史実が確実であるならば、その原因はどこにあるのだろうか。当然、漢武帝の時期には「推恩令」の実施に伴い諸侯国の数は減少し、その勢力も急速に衰えた。特に漢武帝の元封元年（B.C.110）に斉懐王劉閎が死に[31]、国除の後は、臨淄は斉国の都城ではなくなり、政治的地位や経済力もこれに従って下降した。これが現地の経済発展に影響を及ぼしたことは必至であり、また現地の銅鏡製造業にも影響があったと考えられるが、決してその限りではない。なぜなら、新莽時期になっても、臨淄は依然として当時の東方における重要な商工業の大都市であったからである。王莽の始建国2年（A.D.10）に実施された「張五均」の制によって、都城長安と五大都市に五均官が設けられたが、その中には臨淄も含まれていた[32]。これにより、臨淄の銅鏡製造業は前漢後期から衰え始めたが、さらに複雑な歴史的要因もあった。漢代の銅鏡生産地は多く、銅鏡製作の中心地も多岐にわたって推移してゆく。例えば後漢北方銅鏡の生産地は主に首都洛陽であった（徐苹芳 1984）などである。銅鏡製作の中心地の推移は、一方で当時の社会政治の中心の変化や経済の中心地の推移と関係があり、もう一方では銅鉱の採掘とも直接的な関係があった。文献記載と考古学的な発見によれば、漢代の銅鉱は、主に現在の蘇北徐州、皖東南の当塗（漢代の丹陽）、川南と雲南中南部などの地に集中していた（夏湘蓉ほか 1980 P.54-62）。また前漢後期とそれ以降の臨淄の銅鏡製造業に継続的な発展が見られなかった歴史的要因としては、おそらく当時の臨淄の政治や経済の地位が下降したことと関係があり、さらに直接的な要因となったのは、当時の臨淄や近隣地区の銅鉱の開発が不足したことによって引き起こさ

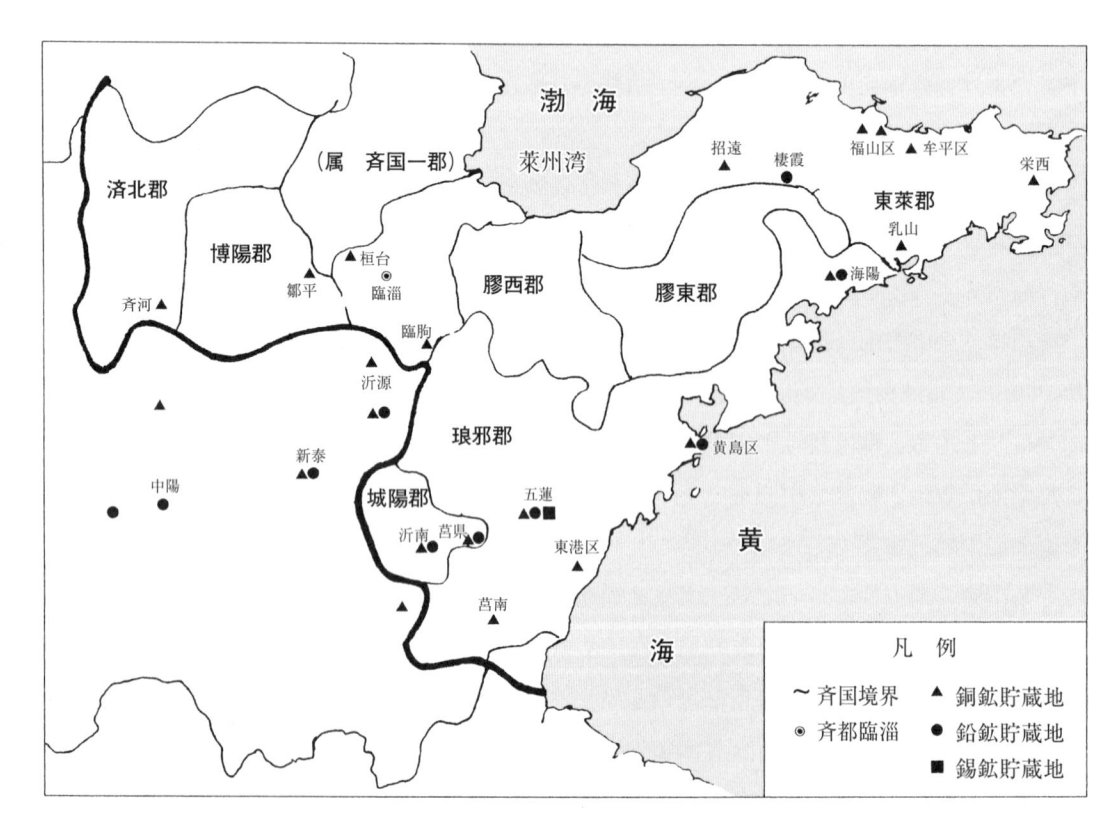

図2　前漢初年の斉国封疆および鉱山分布図［S＝1/4,000,000］（張光明ほか 2007 図6より引用）

れた青銅鉱物資源の不足があったと考えられる。漢代臨淄の銅鏡製造業の隆盛における歴史的な要因について検討、究明することは歴史的にも非常に有益であるといえる。

3．漢代臨淄の銅鏡製品の類型と特色およびその流通

臨淄斉国故城における100点近い鏡笵の発見は、漢代臨淄の銅鏡生産の類型と特色を提示し、臨淄の銅鏡製作の伝播と流通をさらに進めて考察する可能性を提供している。

（1）漢代臨淄で製作された銅鏡の類型

漢代臨淄で製作された銅鏡の類型は、現在までに発見された鏡笵とその復原研究によって知ることができ、蟠螭文鏡、四乳弦文鏡、四乳龍文鏡、四乳草葉文鏡、博局草葉文鏡の5種類がある。

①蟠螭文鏡

匕縁で、主文様は蟠螭文である。三弦鈕で、円圏鈕座である。主文区は文様とその配置の違いによって4型に分けられる。

A型：纏繞式蟠螭文鏡。SLQJF：22（本書資料編の整理番号6）の製品に代表される。直径は7.2cmである。鏡縁の内側には1周の凹弦文がめぐり、主文区は渦巻文地の上に纏繞式蟠螭文で構成される。蟠螭文は細かいが、その形態と纏繞の形式は同じではない（図3-1）。臨淄商王村出土1面（M49：2）は、主文区を細かい渦巻文地、その上に3組の纏繞式蟠螭文、各組の蟠螭文の間には変形樹木文で構成される。直径は9.9cmである（淄博市博物館ほか 1997 P.79 図62の2）（図3-2）。

B型：菱格蟠螭文鏡。LQKJ：04の製品に代表される。匕縁で、主文区は菱格と蟠螭文で構成され、蟠螭文は緻密である。この型式の銅鏡は臨淄一帯では発見されていない。

C型：四乳蟠螭文鏡。LQKJ：02（本書資料編の整理番号7）の製品に代表される。直径は11.0cmである。鏡縁の内側には1周の凹弦文がめぐり、主文区はまばらな渦巻文地の上に蟠螭文と四乳で構成される。蟠螭文は簡単かつデザイン化され、大体4組に分けられ、乳をぐるりとめぐっている（図3-3）。この型式の銅鏡は臨淄一帯では発見されていないが、臨沂金雀山出土1面（M1：43）は、この型式に属しており、匕縁で、鏡縁の内側には1周の凹弦文がめぐり、主文区は渦巻文地の上に蟠螭文と四乳で構成される。蟠螭文は簡単かつおおざっぱである。三弦鈕、円圏鈕座で、直径は9.8cmである（臨沂文物組 1981 P.138 図7）（図3-4）。

D型：連弧文帯簡略化蟠螭文鏡。SLQJF：77（本書資料編の整理番号2）とSLQJF：29（本書資料編の整理番号28）などの製品に代表される。鏡縁の内側には1周の凹弦文がめぐり、主文区の外区は16個の連弧文、内区は簡略化した蟠螭文で構成される。地文はまばらな斜線で構成されるが、蟠螭文の細部構造にはたくさんの違いがある。直径は8.2〜10.1cmである（図3-5・6）。臨淄商王村出土1面（M62：1）は匕縁で、鏡縁の内側には1周の凹弦文と16個の連弧文があり、主文区は四乳と4組の簡略化した蟠螭文で構成される。直径は12.5cmである（淄博市博物館ほか 1997 P.79 図62の4）（図3-7）。臨淄相家新村21号墓出土1面の直径は9.13cmである（韓偉東ほか 2007 P.174 図1の1）（図3-8）。

②四乳弦文鏡

SLQJF：20（本書資料編の整理番号26）の製品に代表される。匕縁で、鏡縁の内側には1周の凹弦

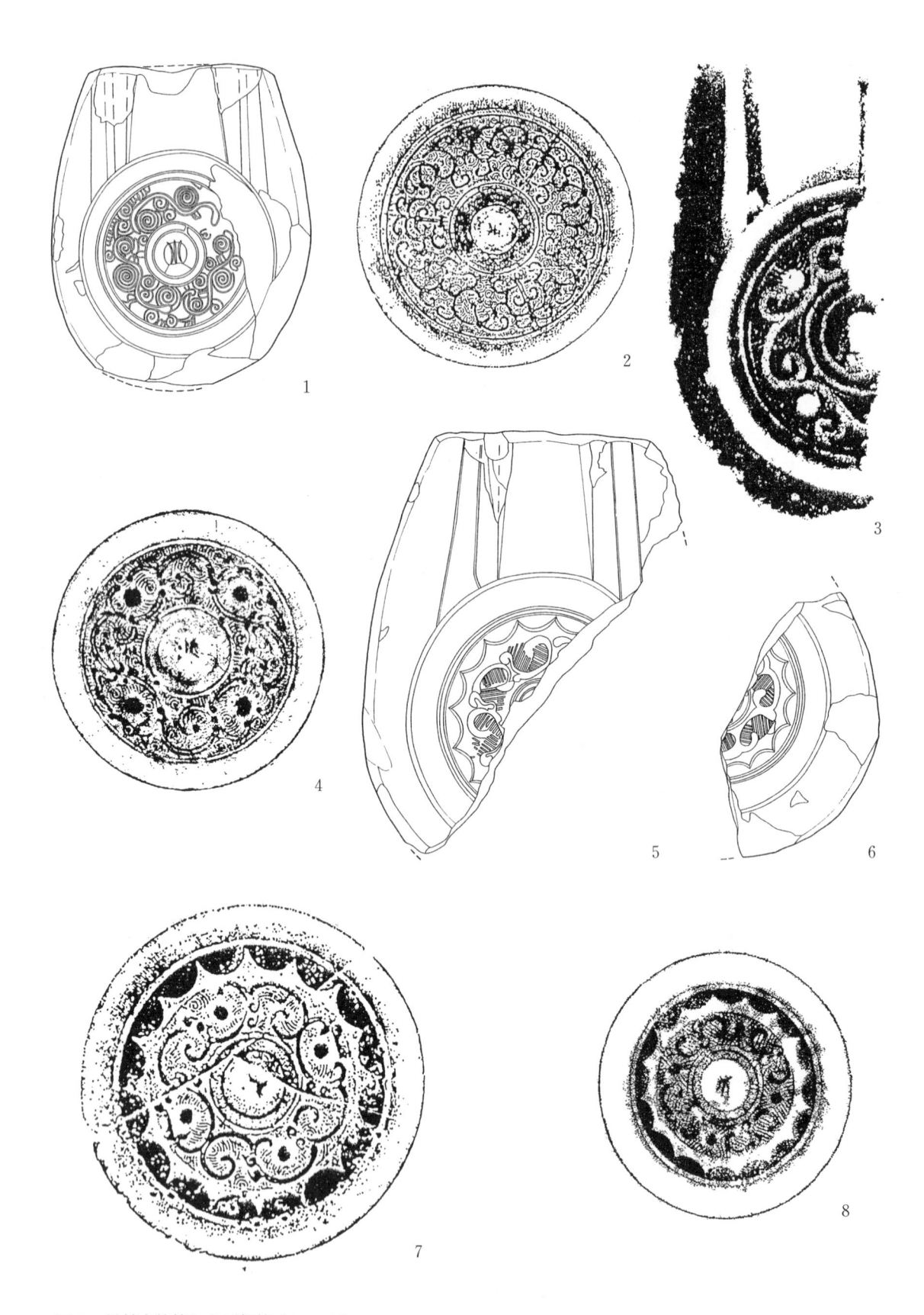

図3　蟠螭文鏡范および銅鏡 [S＝1/2]

1. A型（SLQJF：22）　　2. A型（臨淄商王村M49：2）　　3. C型（LQKJ：02）
4. C型（臨沂金雀山M1：43）　　5. D型（SLQJF：77）　　6. D型（SLQJF：29）
7. D型（臨淄商王村M62：1）　　8. D型（臨淄相家新村M21）

164──Ⅱ部　研究編

文がめぐり、主文区の外区は16個の連弧文、内区は四乳と2周の凹弦文で構成される。無地文、円圏鈕座で、直径は10.4cmである（図4-1）。臨淄漢墓出土1面（LZTJ：240）は三弦鈕で、鈕の外側には3周の凸弦文と1周の幅の広い凹弦文がめぐる。外区には16個の連弧文がある（魏成敏ほか 2007 P.166 図9の1）（図4-2）。

③四乳龍文鏡

SLQJF：19（本書資料編の整理番号5）の製品に代表される。竝縁で、鏡縁の内側には1周の凹弦文がめぐり、主文区には4つの凸状の円座乳があり、乳のまわりは盛り上がった線的な龍文で構成される。龍文は凸線状で表現され、まるで生きているかのような形象である。円圏鈕座、三弦鈕で、直径は10.8cmである（図5-1）。臨淄相家133号出土1面は四乳四龍文鏡である。竝縁で、鏡縁の内側には1周の凸弦文がめぐり、主文区は渦巻文地の上に乳のまわりをめぐる首を曲げた4組の龍文で構成される。三弦鈕で、直径は9.35cmである（韓偉東ほか 2007 P.175 図4の1）（図5-2）。臨淄徐家村1号漢墓出土1面は四乳双龍文鏡（M1：1）で、四乳をめぐる湾曲した双龍文は双角、四足で、両目が突出している（魏成敏ほか 2007 P.157 図3の2）（図5-3）。

④四乳草葉文鏡

半球形の鈕で、一般には柿蒂文鈕座である。方格の中に銘文帯があり、その中に銘文がある。方格銘帯隅は水滴状の葉文や四角形の中に斜線が描かれたもの、四角形の中に三角形を重ねた三角渦文などで構成される。主文区は四乳、桃形花蕾文、麦穂状文、双葉文、水滴状の葉文で構成され、16個の連弧文鏡縁である。麦穂状文の違いによって3型に分けられる。

A型：一重草葉文鏡。方格外側の対角線上の文様の違いによって2式に分けられる。

・Ⅰ式：SLQJF：13（本書資料編の整理番号3）、SLQJF：78（本書資料編の整理番号1）、SLQJF：18（本書資料編の整理番号15）などの製品に代表される。方格外側の対角線上は双葉文、方格各辺の外側中央は乳と水滴状の葉文、その両脇は一段の麦穂状文で構成される。方格銘帯各辺には2字の銘文があり、銘文は全部で8字ある。多くは右回りで「見日之光（見之日光）天下大明（陽）」「見日之光長母相忘」などと読む。直径は12.0〜12.3cmで差がある（図6-1〜3）。臨淄商王村出土1面（M32：1）は、方格銘帯隅が四角形の中に三角形を重ねた三角渦文で構成され、銘文は右回りに「見日之光天下大陽」と読み、直径は10.8cmである（淄博市博物館ほか 1997 P.80 図63の1）（図6-4）。斉国故城遺跡博物館所蔵1面（斉博蔵鏡：1）は、方格銘帯隅が四角形の中に斜線が描かれたもので構成され、銘文は右回りに「見日之光天下大明」と読む。直径は11.5cmである（張愛雲ほか 1998 P.89 図3）（図6-5）。A型Ⅰ式の「見日之光長母相忘」銘四乳草葉文鏡の発見は極めて少なく、臨淄一帯では発見されていない。

・Ⅱ式：東大笵の製品に代表される。方格外側の対角線上は双葉文と水滴状の葉文、方格各辺の外側中央は乳と水滴状の葉文、その両脇は一段の麦穂状文で構成される。方格銘帯各辺には2字の銘文があり、右回りに「見日之光天下大明」と読む。銘文の字の間には3本の短い線の装飾があり、方格銘帯隅は四角形の中に斜線が描かれたもので構成され、円座乳で、直径は14.0cmである（図6-6）。この型式の銅鏡は臨淄一帯ではまだ確認されていないが、安徽淮南市博物館所蔵1面（「淮博蔵鏡」と略称）が同じ銘文で、文様およびその配置は東大笵の製品と基本的に同じであるが、銘文の字の間の短

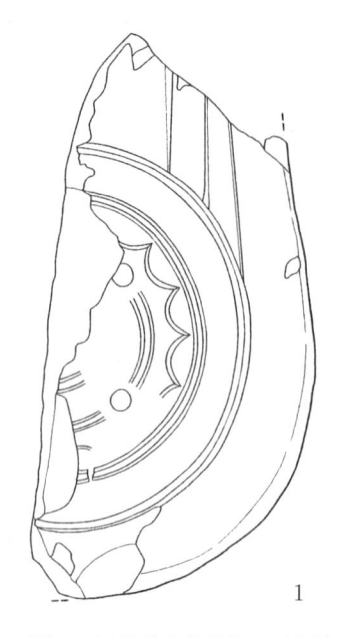

図4　四乳弦文鏡范および銅鏡［S＝1/2］
　　（1．SLQJF：20　2．LZTJ：240）

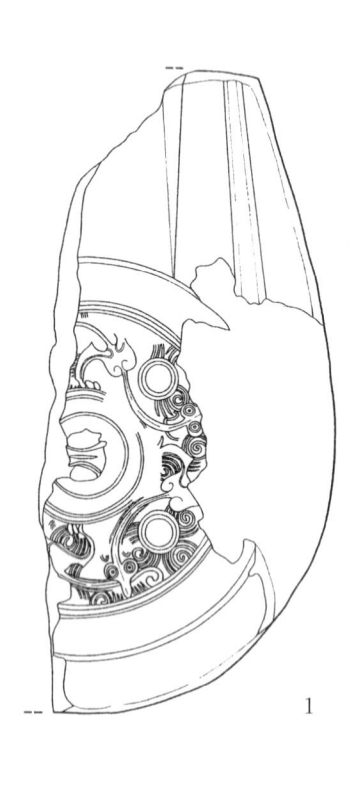

図5　四乳龍文鏡范および銅鏡［S＝1/2］
　　（1．SLQJF：19　2．臨淄相家M133　3．臨淄徐家村M1：1）

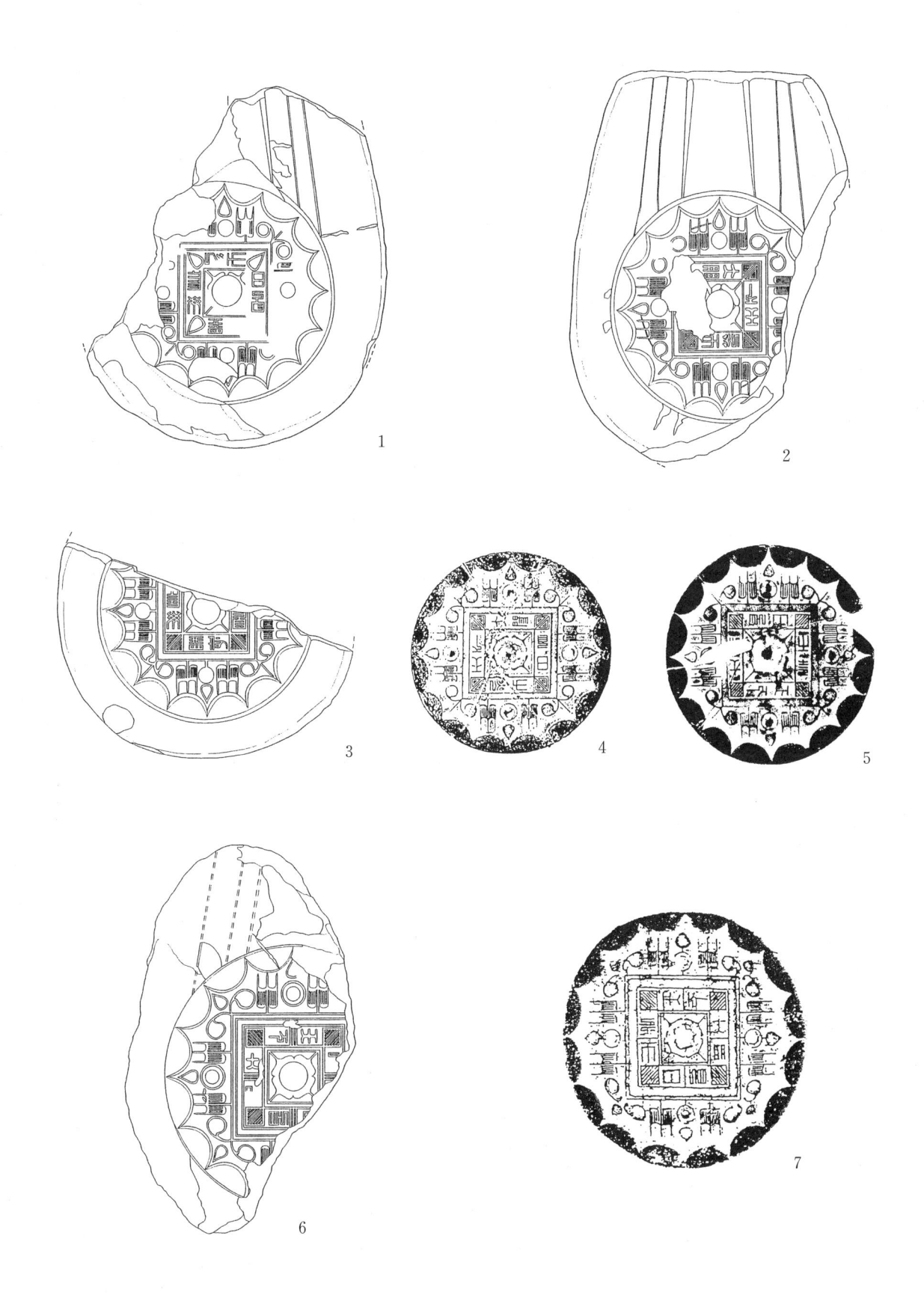

図6 A型Ⅰ式（1～5）、A型Ⅱ式（6・7）四乳草葉文鏡笵および銅鏡［S=1/3］
（1．SLQJF：13　2．SLQJF：78　3．SLQJF：18　4．臨淄商王村M32：1
　5．斉博蔵鏡：1　6．東大笵　7．淮博蔵鏡）

い線が1本であることに違いがある。直径は13.5cmである（徐孝忠 1988 図9）（図6-7）。

B型：二重草葉文鏡。方格外側の対角線上の文様などの違いによって2式に分けられる。

・Ⅰ式：SLQJF：21（本書資料編の整理番号16）の製品に代表される。方格外側の対角線上は双葉文、方格各辺の外側中央は乳と水滴状の葉文、その両脇は二段の麦穂状文で構成される。方格銘帯の内側は単線であり、外側は二重線である。方格銘帯隅は水滴状の葉文で構成され、方格銘帯各辺には2字の銘文があり、銘文は全部で8字、右回りに「見日之光天下大明」と読み、銘文の字の間には1本の短い線がある。直径は11.6cmである（図7-1）。この型式の銅鏡は臨淄一帯では確認されていない。

・Ⅱ式：方格外側の対角線上は双葉文と水滴状の葉文、方格各辺の外側中央は乳と水滴状の葉文、その両脇は二段の麦穂状文で構成される。銘文の内容と配置によって、さらに2つの副式に分けられる。

・Ⅱa式：「見日之光□□□□」の8字の銘文鏡である。SLQJF：11（本書資料編の整理番号12）の製品に代表される。方格銘帯各辺には2字の銘文があり、右回りに読む。銘文の字の間には1本の短い線がある。方格銘帯隅は四角形の中に三角形を重ねた三角渦文で構成される。直径は14.4cmである（図7-2）。日本の関野雄氏旧蔵の1面（関野蔵鏡）は、銘文を右回りに「見日之光天下大陽」と読む。直径は14.2cmである（関野 1942 P.272、291）。「見日之光長母相忘」銘のBⅡa式草葉文鏡には、斉国故城遺跡博物館に所蔵されている1面（斉博蔵鏡：2）があり、文様とその配置はSLQJF：11の製品と同じで、直径は13.7cmである（韓偉東ほか 2007 P.179 図11）（図7-4）。濰坊市場村遺跡出土1面（濰坊市場村鏡）の直径は13.5cmである（濰坊市博物館 1989 P.773 図6の右）（図7-5）。平度界山前漢墓出土1面（M1：26）の直径は14cmである（青島市文物局ほか 2005 P.37 図6の5）。

・Ⅱb式：「日有熹…」の12字の銘文鏡である。銘文の内容はほぼ同じであるが、その配置には差がある。SLQJF：12（本書資料編の整理番号13）の製品に代表される。方格銘帯各辺には3字の銘文があり、「日有熹…」となる。方格銘帯隅は四角形の中に三角形を重ねた三角渦文で構成される。直径は17.0cmである（図7-3）。この型式の銅鏡は平度界山漢墓で4面が発見され、平度界山M1：12は、銘文を右回りに「日有熹宜酒食長貴富楽毋事」と読む。直径は18.4cmである（青島市文物局ほか 2005 P.37 図6の8）（図7-9）。SLQJF：31（本書資料編の整理番号31）の製品のように、方格銘帯各辺には3字の銘文があり、「日有熹宜酒食長貴富楽毋事」となる。ただし、方格銘帯隅は銘文の1字を文様の装飾に代えている。復原された直径は12.5cmである。この型式の銅鏡は臨淄前漢墓でも出土し、銘文は右回りに「日有熹宜酒食長貴富楽毋事」と読む。直径は14.2cmである[33]（図7-6）。

C型：三重草葉文鏡。SLQJF：15（本書資料編の整理番号25）の製品に代表される。16個の連弧文鏡縁で、三段の麦穂状文、乳座のある乳、銘文で構成される。直径は26.4cmである（図7-7）。この型式の銅鏡には平度界山漢墓出土の2面があり、その中に平度界山M1：13がある。半球形の鈕、柿蒂文鈕座で、方格銘帯の内外両側に二重線があり、方格銘帯隅は四角形の中に三角形を重ねた三角渦文、方格外側の対角線上は双葉文と水滴状の葉文、方格銘帯各辺の外側中央は乳と1組のV字形の花弁文、その両脇は三段の麦穂状文で構成される。方格銘帯各辺には4字の銘文があり、銘文は全部で16字で、左回りに「日有熹得長熹常宜酒食長貴富楽毋事」と読む。直径は27.8cmである（青島市文物局ほか 2005 P.38 図7の1）（図7-8）。

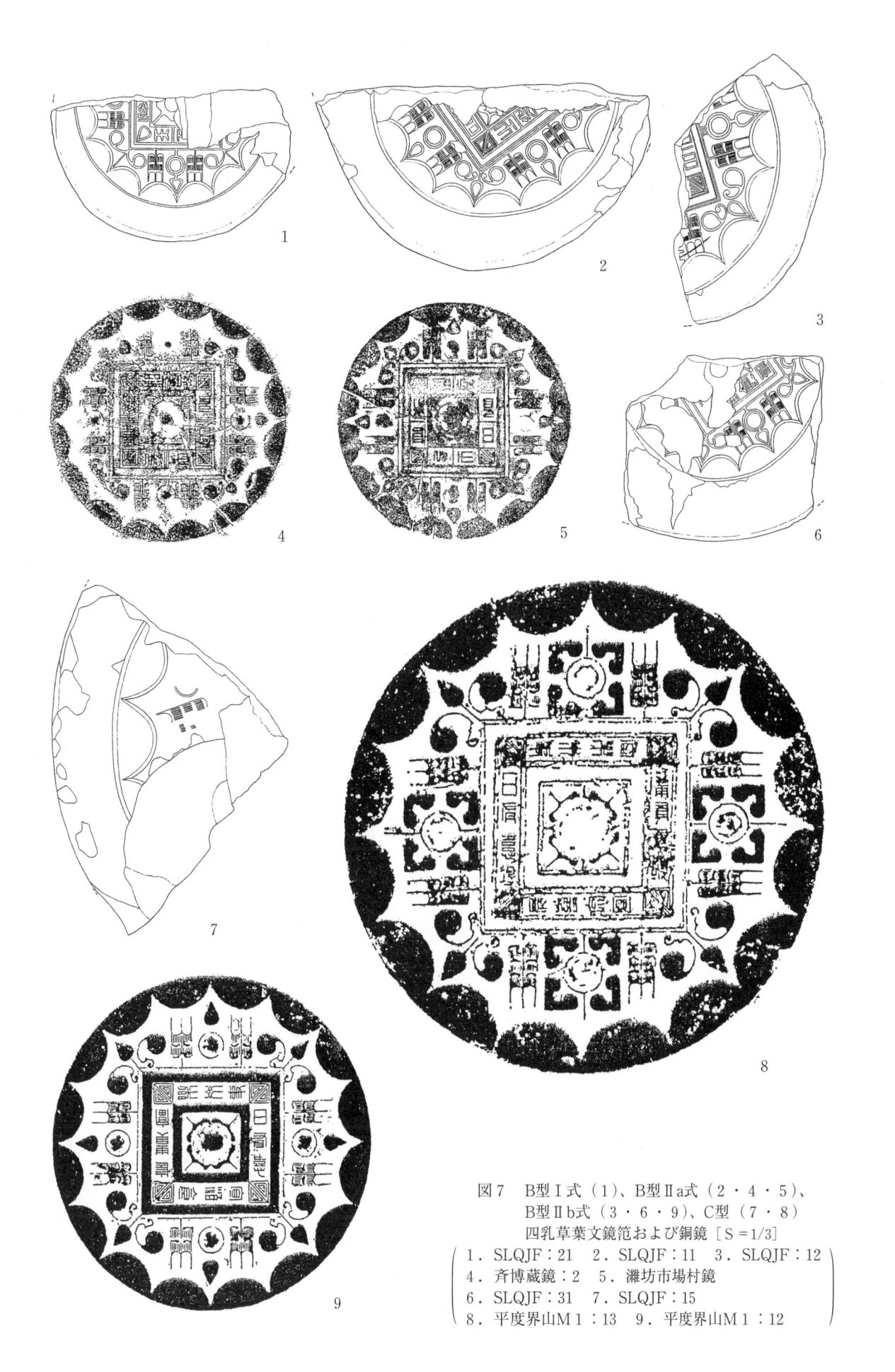

図7 B型Ⅰ式（1）、B型Ⅱa式（2・4・5）、
B型Ⅱb式（3・6・9）、C型（7・8）
四乳草葉文鏡范および銅鏡［S＝1/3］
1．SLQJF：21　2．SLQJF：11　3．SLQJF：12
4．斉博蔵鏡：2　5．濰坊市場村鏡
6．SLQJF：31　7．SLQJF：15
8．平度界山M1：13　9．平度界山M1：12

漢代臨淄の銅鏡製造業に関する考古学的研究——**169**

⑤博局草葉文鏡

　16個の連弧文鏡縁で、方格銘帯外側の対角線上はV字文、方格銘帯各辺の外側中央はT字文、L字文、水滴状の葉文、その両脇は麦穂状文で構成される。2型に分けられる。

　A型：一重草葉博局草葉文鏡。SLQJF：02（本書資料編の整理番号11）の製品に代表される。一段の麦穂状文で、L字文の外側は水滴状の葉文で構成され、方格の内側には銘文がない。方格の外側には4つの小さな方格があり、直径は11.4cmである（図8-1）。この型式の無銘博局草葉文鏡はまだ発見されていないが、銘文をもつ一重草葉博局草葉文鏡が河北省博物館に1面所蔵されていた（冀博蔵鏡）。L字文とV字文の外側は水滴状で構成され、銘文は右回りに「見日之光天下大明」と読む。直径は11cmである（河北省文物研究所編 1996 図24）（図8-2）。旅順博物館所蔵1面は銘文を「見日之光長母相忘」と読む。直径は11.5cmである（旅順博物館編 1997 P.22 図10）。

　B型：二重草葉博局草葉文鏡。SLQJF：74（本書資料編の整理番号35）とSLQJF：66（本書資料編の整理番号39）の製品に代表される。二段の麦穂状文で、方格中には銘文があり、方格銘帯隅は水滴状の葉文または四角形の中に三角形を重ねた三角渦文で構成される（図8-3・4）。そのうちSLQJF：66の製品は、L字文の外側に火焔形花蕾文の装飾、銘文は全部で8字で、右回りに「見日之光…」と読む。直径は15cm前後である。この型式の銅鏡には青州戴家楼95号墓出土1面（M95：2）があり、半球形の鈕、柿蒂文鈕座で、方格銘帯隅は乳が1つ、L字文の外側は水滴状の葉文で構成され、銘文は右回りに

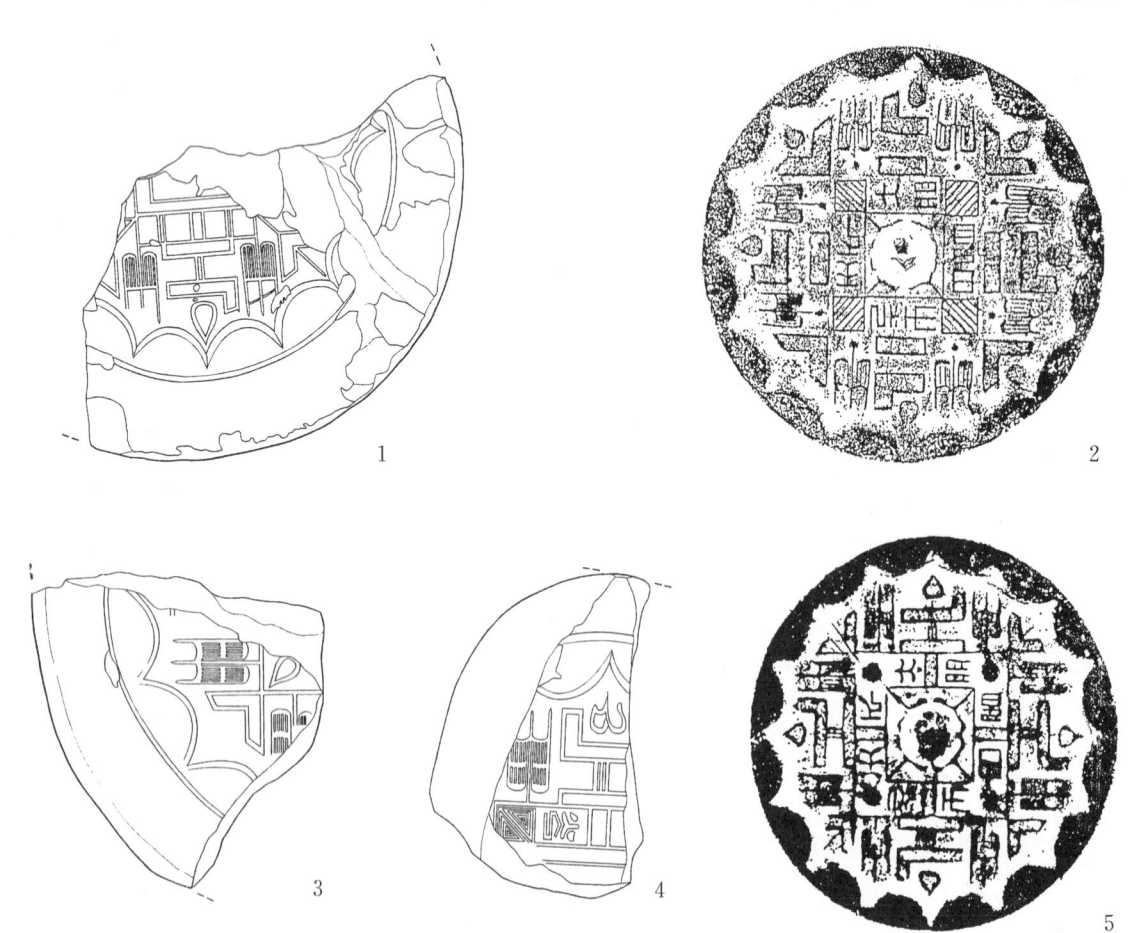

図8　A型（1・2）、B型（3〜5）博局草葉文鏡范および銅鏡［S＝1/2］
（1．SLQJF：02　2．冀博蔵鏡　3．SLQJF：74　4．SLQJF：66　5．青州戴家楼M95：2）

「見日之光天下大明」と読む。直径は10.2cmである（山東省文物考古研究所 1995 P.1080 図 9 の 2）（図 8 -5）。長安前漢墓出土 1 面は、銘文を右回りに「見日之光長母相忘」と読む。直径は13cmである（孔祥星 1992 P.204）。

（2）漢代臨淄の銅鏡製作の特色

漢代臨淄で製作された銅鏡を総合的に考察すると、銅鏡の類型やスタイルにかかわらず明らかな特徴を備え、特色を形成している。

漢代臨淄における銅鏡製作の特色は、まず銅鏡の類型に見られ、類型の上で、3つの突出した特徴を備えている。

その1：鏡類の多様性である。現在までの資料によると、前漢時期の臨淄で製作された銅鏡は少なくとも、蟠螭文鏡、四乳弦文鏡、四乳龍文鏡、四乳草葉文鏡、博局草葉文鏡の5種類があり、1種類ごとに異なる型式に分類できる。四乳草葉文鏡を例にすると、一重草葉文鏡、二重草葉文鏡、三重草葉文鏡と型式が異なる。また細部の文様にも差があり、銘文も多様で、例えば「見日之光天下大明」「見日之光長母相忘」「日有熹…」といった12字の銘文などがある。もし仮に「見日之光天下大明」銘一重草葉文鏡に属するとしても、鏡背の文様、銘文の組み合わせ、配置、構造に明らかな違いが存在する。特徴の形成は、おそらく時期が違えば、銅鏡の類型も異なり、また銅鏡製作工房が違えば、銅鏡の類型も異なることと関係がある。

その2：鏡類の一致性である。前漢時期の臨淄で生産された銅鏡は、類型が多様であるにもかかわらず、総体的に見ると、蟠螭文鏡と四乳草葉文鏡の2種類が主であり、特に四乳草葉文鏡はその型式にかかわらず、数量において突きん出ている。例えば、蟠螭文鏡が主に前漢前期に生産され、四乳草葉文鏡が前漢初年から前漢後期までに生産されたという推論が成立するならば、前漢時期の臨淄で生産された銅鏡は各型式の四乳草葉文鏡が主であり、当時の臨淄の銅鏡における顕著な地域的特徴の1

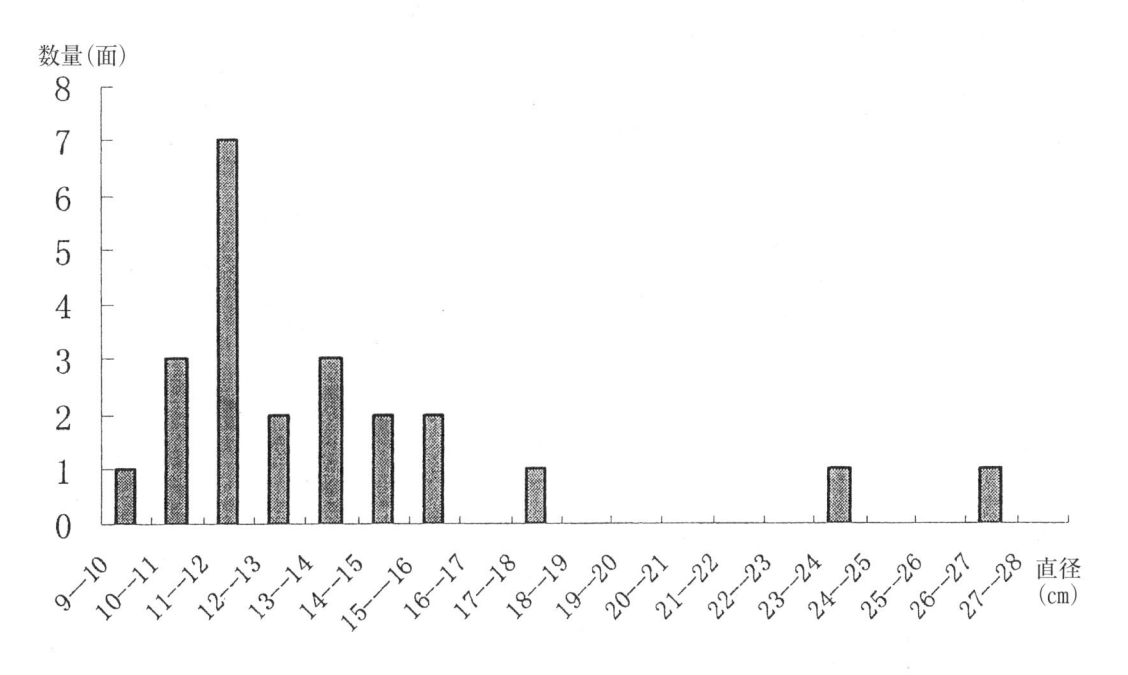

図9　臨淄で製作された四乳草葉文鏡の鏡面直径（鏡背范による復原直径）分布図

つとなる。銅鏡の類型による地域的な特色が、前漢の臨淄付近や近隣地区において各型式の四乳草葉文鏡が流行するという地域性の形成を直接引き起こす原因となる[34]。

　その３：特有の鏡類の存在である。現在までに全国各地で発見されている前漢銅鏡を見ると、蟠螭文鏡と草葉文鏡は当時、各地で流行した鏡類であるが、四乳弦文鏡と四乳龍文鏡は非常に少ない。しかし、どちらの鏡類も臨淄で製作されたものであり、四乳弦文鏡と四乳龍文鏡は前漢臨淄で製作された特殊な鏡類であると認識できる。

　漢代臨淄で製作された銅鏡の特色は、銅鏡のスタイルにも直接反映されている。臨淄で製作された銅鏡の大きさ（鏡笵の製品の直径を復原すること）について見ると、中小型銅鏡が主となる。例えば、蟠螭文鏡10面の直径の平均は8.99cm、四乳弦文鏡３面の直径の平均は8.53cm、四乳龍文鏡２面の直径の平均は10.2cm、四乳草葉文鏡23面の直径の平均は13.88cmであり、直径が10〜16cmとなるものは19面あり、総数の82.6％を占める（図９）。その一方で、少量の大型銅鏡と特大型銅鏡が同時に製作された。例えば、SLQJF：68の四乳草葉文鏡笵の製品の直径は24.0cm、SLQJF：15の四乳草葉文鏡笵の製品の直径は26.4cmであり、現在までに確認されている最大直径の草葉文鏡である。四乳草葉文鏡は漢代臨淄で製作された銅鏡の主となる類型であり、臨淄で製作された銅鏡独特のスタイルを集中的に表現している。「臨淄スタイル」とは、例えば銅鏡本体の厚さが適当で、製作が秀逸、文様の構造が整い、配置がすっきりし、草葉文は美しく整い、線が滑らかであり、銘文は篆書で字体がしっかりしていることなどがあげられる。

（３）漢代臨淄の銅鏡の伝播と流通

　漢代臨淄で製作された銅鏡の類型やスタイルに関する基礎的な究明によって、臨淄で製作された銅鏡の伝播と流通についての検討が可能となる。全国的な範囲からいえば、漢代の銅鏡生産地は１ヶ所ではなく、各地で生産された銅鏡は全てが同様に時代的な特徴を備えている。もう一方で、生産地が異なる銅鏡は銅鏡の類型が異なるだけではなく、銅鏡のスタイルにも差が生じる。仮説（理論上の仮説）として、各地で発見された漢代銅鏡の中に臨淄で製作された銅鏡の類型と同じ臨淄スタイルを備えた銅鏡があり、その銅鏡の生産地を臨淄とするならば、臨淄スタイルを備えるものを検索することで、当時の臨淄で生産された銅鏡の伝播と流通の状況を知ることができる。四乳草葉文鏡は前漢臨淄で製作された主な鏡類であり、しかも臨淄スタイルの表現が最も鮮明である。そこで四乳草葉文鏡を例として考察を行った。

　臨淄や近隣地区、つまり当時の斉国国内は臨淄で製作された銅鏡が伝播し流通した主要地区である。1984〜1985年の臨淄乙烯地区漢墓の発掘において出土した漢代銅鏡は133面にのぼり、そのうち四乳草葉文鏡は29面を占める（菅谷 2004 P.252）。これ以外にも、現在までに発表された資料によると、現在の山東省内で四乳草葉文鏡が出土した県や市は寿光、濰坊、青州、昌楽、平度、臨沂、莱蕪、滕州、巨野、章丘などの地である（魏成敏ほか 2007 P.169）（図10）。そのうち平度界山１号墓から出土した四乳草葉文鏡は19面ある（青島市文物局ほか 2005）。また現在までに山東省内で発見された漢代銅鏡の系統的な考察によると、山東省文物考古研究所が所蔵する草葉文鏡はわずか80余面である（小堀ほか 2004 P.337）。つまり、山東省内で発見される四乳草葉文鏡の生産地は臨淄であるということができる。

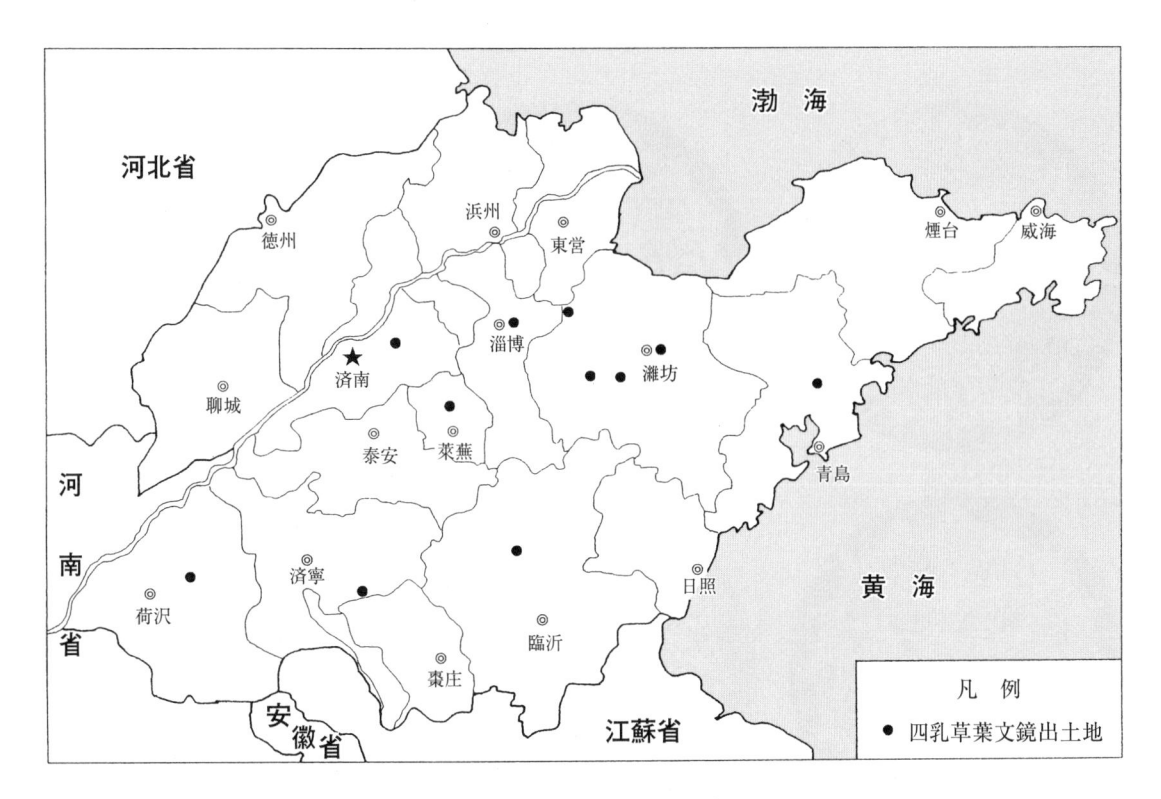

図10　山東地区における「臨淄スタイル」の四乳草葉文鏡出土地分布図 ［S＝1/5,500,000］

　四乳草葉文鏡は現在の河南省と陝西省でも多く発見され、その類型とスタイルは臨淄で製作された四乳草葉文鏡と同じか、良く似ている。河南省と陝西省で出土した前漢四乳草葉文鏡を検索すると、洛陽防洪一段工区M79鏡（洛陽市文物管理委員会 1959 図6）、洛陽西郊M3171：8鏡（中国科学院考古研究所洛陽発掘隊 1963 P.22 図版7の4）、陝県後川漢墓M3003：72鏡（中国社会科学院考古研究所 1994 P.185 図版107の3）、西安漢墓YCHM25：5鏡（程林泉ほか 2002 P.58-62 図11の6）などがある。これらは全てA型Ⅰ式の四乳草葉文鏡に属し、洛陽防洪一段工区M89鏡（洛陽市文物管理委員会 1959 図3）はA型Ⅱ式の四乳草葉文鏡に属する。また西安漢墓YCHM110：1鏡（程林泉ほか 2002 P.58-62 図11の5）はB型Ⅰ式の四乳草葉文鏡に属し、陝西淳化西関漢墓鏡（淳化県文化館 1983 P.850 図2の3）はB型Ⅱ式に属する「見日之光長母相忘」銘四乳草葉文鏡である。洛陽防洪渠M49鏡（洛陽博物館編 1988 P.3 図版6）はB型Ⅱ式に属する「日有熹宜酒食長貴富楽母事」銘四乳草葉文鏡で、西安漢墓YCHM160：1鏡（程林泉ほか 2002 P.58-62 図11の4）はB型Ⅱ式に属する「長貴富楽母事日有熹長得所喜宜酒食」銘四乳草葉文鏡である。つまり、現在の河南省と陝西省もまた臨淄で製作された銅鏡が伝播し流通する重要な区域であった。

　その他の地区で発見された前漢銅鏡についても検索を行い、臨淄スタイルを備える四乳草葉文鏡が発見できれば、その銅鏡が伝播し流通した地区は相当広いものになるだろう。A型Ⅰ式に属する「見日之光天下大明」銘四乳草葉文鏡には安徽淮南施湖郷で発見された1面があり（淮南施湖鏡）（徐孝忠 1993 図9）、上海福泉山M8：2鏡（王正書 1988 P.703 図11）（図11-1）、浙江安吉上馬山M9：1鏡（安吉県博物館 1996 P.54 図12の右上）、江西南昌東郊M14：13鏡（江西省博物館 1976 P.180 図11の右）（図11-2）、河北邯鄲彭家寨M39：3鏡（河北省文物研究所編 1996 図22）（図11-3）、遼寧撫順劉尓屯漢墓鏡（撫順市博物館 1983 P.991）、遼寧西豊西岔溝漢墓鏡（孫守道 1960 図19）、吉林東遼市彩嵐烏桓墓鏡（張英 1990 P.9）

漢代臨淄の銅鏡製造業に関する考古学的研究——173

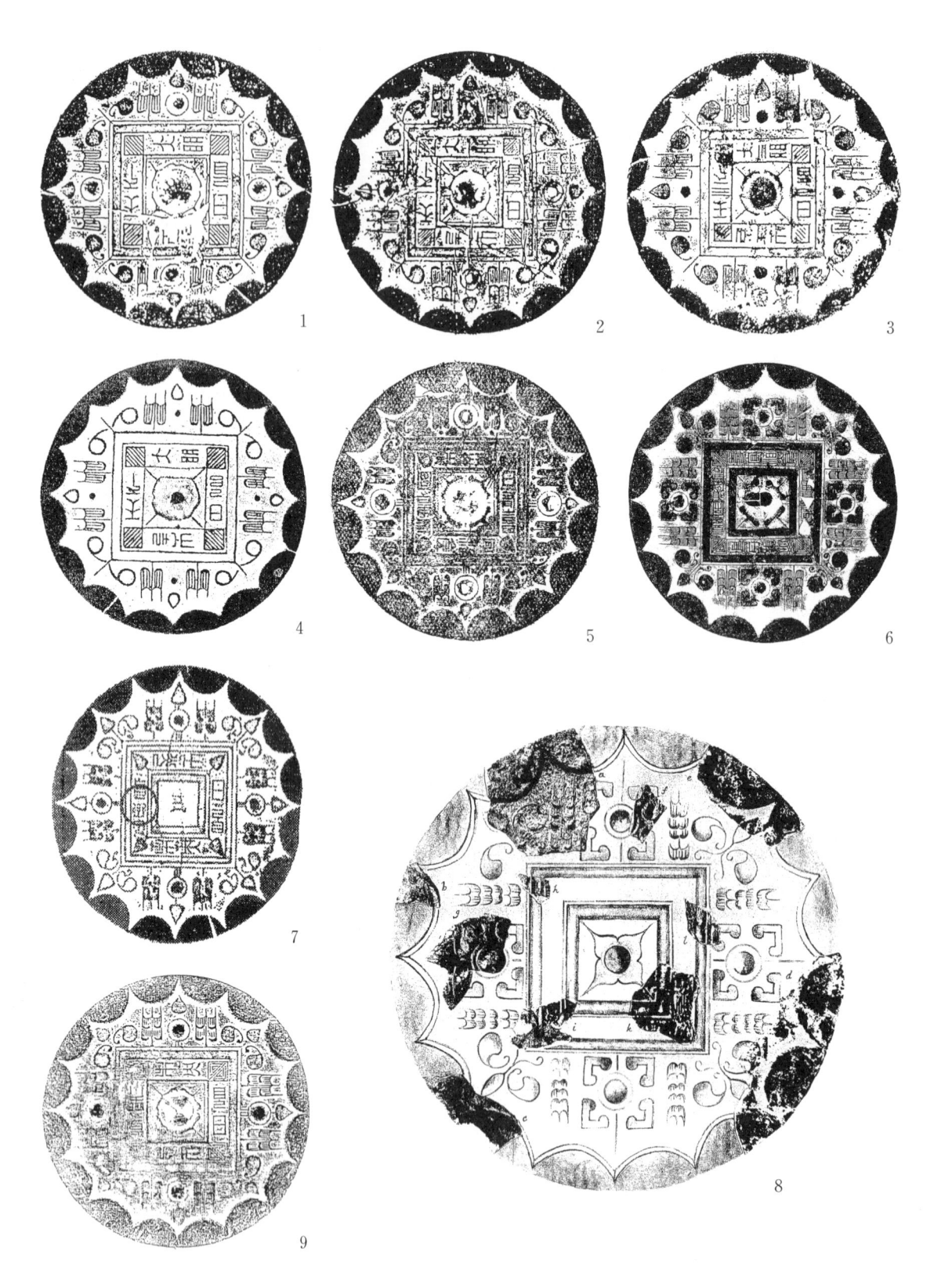

図11 四乳草葉文鏡 ［8・9はS＝1/3］
1～4．A型Ⅰ式四乳草葉文鏡（1.上海福泉山M8:2　2．江西南昌東郊M14:13　3．河北邯鄲彭家寨M39:3　4.東遼彩嵐鏡）
5．B型Ⅱ式四乳草葉文鏡（広西賀県河東高寨M3:25）　6．C型四乳草葉文鏡（河北満城M1:5224）
7．韓国慶尚北道慶州市林堂遺跡出土　四乳草葉文鏡　8．福岡県春日市須玖岡本遺跡D地点出土　四乳草葉文鏡
9．伝福岡県旧筑紫郡発見　四乳草葉文鏡

（東遼彩嵐鏡：図11-4）なども全てこの型式に属している。湖南長沙杜家山M797鏡はB型Ⅱ式に属する「君行卒予心悲久不□□前稀」銘四乳草葉文鏡である（湖南省博物館編 1960 P.75）。広西賀県河東高寨M3：25鏡はB型Ⅱ式に属する「日有熹宜酒食長貴富楽母事」銘四乳草葉文鏡である（広西壮族自治区文物工作隊ほか 1981 P.40 図25の1）（図11-5）。河北満城1号墓出土「長貴富楽母事日有熹常得所喜宜酒食」銘四乳三重草葉文鏡（M1：5224）（中国社会科学院考古研究所ほか 1980 P.81 図54）はC型の四乳草葉文鏡に属している（図11-6）。

　実際に前漢臨淄で製作された銅鏡の伝播地域は中国国内に限らず、遠く海外にまで及んでいる。四乳草葉文鏡を例にするならば、朝鮮半島では韓国慶尚北道慶州市林堂遺跡で「見日之光長楽未央」銘四乳二重草葉文鏡が1面出土している（李陽洙 2007 P.30）（図11-7）。そのスタイルは臨淄で製作された8字銘の四乳二重草葉文鏡と基本的に一致し、生産地は臨淄と考えられる。日本列島でも福岡県春日市須玖岡本遺跡D地点から27面の銅鏡が出土している。大部分は破損し（梅原 1940 P.68 図版20）、さらに進んだ研究は望めないが、中国前漢時期の銅鏡であることは疑いない（岡村 1994）。その中の1面は四乳五重草葉文鏡（「方格四乳草葉文鏡」と称される）で、直径が23.6cmである（図11-8）。現在までに中国国内ではこの型式の四乳五重草葉文鏡は発見されておらず、注目に値する。しかし現在までに確認された漢代の四乳草葉文鏡の生産地は臨淄1ヶ所だけであり、山東平度界山漢墓では各型式の四乳草葉文鏡が大量に発見され、その中には直径20cm以上の大型鏡も少なくないことから、須玖岡本遺跡D地点出土の四乳草葉文鏡の生産地もまた臨淄であったと考えられる。また福岡県旧筑紫郡出土

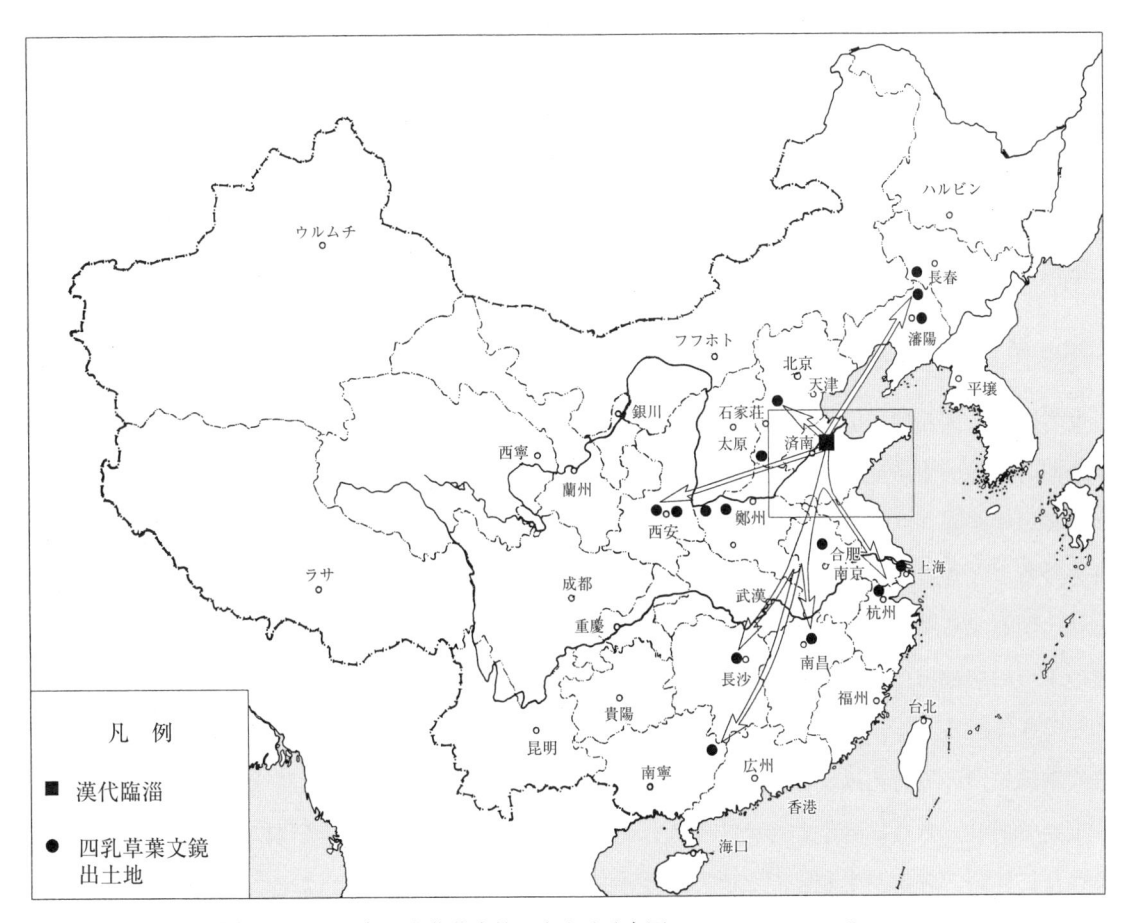

図12　中国国内の「臨淄スタイル」四乳草葉文鏡の出土地分布図［S＝1/35,000,000］

「見日之光長楽未央」銘四乳二重草葉文鏡1面（「方格草葉文鏡」と称される）の直径は13.9cmで（小川編 1989 P.19）（図11-9）、生産地は臨淄と判断して間違いない。これにより、前漢臨淄で製作された銅鏡は東北に向かって海を渡り、朝鮮半島の東南部と日本の九州地方に伝播したということができる。

　上述した分析が間違いでないならば、前漢臨淄で製作された銅鏡は臨淄や近隣地区で広く使用されると同時に、それが伝播し流通した地域は（図12）、南は長江中下流域、現在の安徽、上海、浙江、江西、湖南などの地、または嶺南の桂東一帯まで、西は当時の首都長安まで、北は現在の遼寧、吉林の西南地区まで、東北は海を渡り、朝鮮半島と日本の九州まで伝えられたと認識できる。銅鏡の伝播方法については、1つには商品の交換と流通があり、これが主な方法の1つであったと考えられる。もう1つは人々の移動に伴い、その地まで流伝したと考えられる。つまり、銅鏡の流通と伝播を通して、当時の人々の移動と文化交流というもう1つの側面を見ることができる。

　銅鏡の伝播と流通の研究において、銅鏡の類型の異同には注意を要するが、同じ鏡類の異なるスタイルにはさらなる注意が必要となる。なぜなら、異なる銅鏡の生産地が同じ類型の銅鏡を生産するならば、そのスタイルは生産地によって必ず差があるはずである。例をあげれば、湖北荊州高台漢墓で出土した前漢中期の四乳草葉文鏡1面（M25：1）は、鏡縁が16個の連弧文鏡縁で、主文区は乳、水滴状の葉文、二段の麦穂状文、方格外側の対角線上は双葉文で構成される。銘文は「見日之光天下大明」で、直径は13.8cmである（湖北省荊州博物館 2000 P.110 図91の4）。類型からいえば、厳格には「見日之光天下大明」銘四乳二重草葉文鏡に属するといえるが、麦穂状文の形態と構造は臨淄で生産されたものではないことを示している。また四川成都羊子山前漢墓で出土した類型の多い四乳草葉文鏡と博局草葉文鏡（四川省博物館ほか 1960 P.28-45）は、主文様や銘文が臨淄で製作された銅鏡と似ているにもかかわらず、文様、銘文、配置などスタイルの特徴は、臨淄で製作された四乳草葉文鏡とは大きな差があり、別の生産地であったと考えられる。そして、この銅鏡が出土した成都もまた当時のもう1つの銅鏡製作の中心地であった。これをもう1つの側面から説明するならば、前漢時期の銅鏡の生産地は多く、銅鏡の生産地を探る上でも、当時の銅鏡生産と流通の研究は必要不可欠であるといえる。

4．余　論

　山東省臨淄斉国故城での漢代鏡范の発見と銅鏡製作工房跡の調査は、結果として、考古学によって前漢時期の銅鏡の生産地を確定した最初となった。また漢代臨淄の銅鏡製作の技法や技術、発展レベル、銅鏡の生産経営、さらには臨淄で製作された銅鏡の伝播と流通などにおいても、基本的な理解と認識を得ることができたといえる。しかし漢代臨淄の銅鏡製造業の考古学的研究はまだ基本的な段階であり、関連する多くの問題についてもさらなる検討が必要で、漢代の物質文化の研究や社会生産の研究の1つの突破口としなければならない。これによって、筆者らはさらに多くの有益な情報を得ることができるだろう。

　漢代銅鏡についていえば、銅鏡は当時の社会文化において重要な流通製品であり、その研究はもちろん重要であり、さらに科学の考え方や方法も取り入れる必要がある。漢代には鉄器工業の発展と鉄器の普及に伴い、青銅が生産工具と兵器の生産に大量に用いられることはなくなり、青銅製品が日常生活に取り入れられることが可能になった。一方で、社会政治と意識形態の変革に伴い、社会生活で

はもはや青銅礼器をもって人々の社会的な身分と地位の高低を表現する必要がなくなり、青銅製品が日常化または一般化へと推移した。こういった歴史的な背景のもと、漢代に至って銅鏡は一種の日用品となり、東周時期のように貴族社会や上層に限られて使用されるものではなくなり、迅速に民間へと向かい、平民化され、一般民衆が広く使用する日常生活用品の１つとなった。漢代銅鏡は時間的に見れば、時間の推移に伴い、絶え間ない発展や変化、さらなる新しさの開発、そして明らかな時代の特色を表現してきた。空間的に見れば、強い統一性や明らかな地域性を表現してきた。漢代銅鏡の統一性は当時の政治や思想文化の統一の結果とその反映であり、地域性は各地の文化伝統と社会風習と関係がある。さらに重要かつ直接的には、当時の銅鏡生産と流通に関係がある。考古学の面から漢代銅鏡の統一性と地域性を考察するには、銅鏡の生産地を探して生産年代と生産類型を確定することが最も根本的な方法となる。漢代の墓葬出土の銅鏡資料にもとづいて銅鏡の統一性と地域性を考察するならば、必ず「共時性」の原則を堅持し、数量の統計と比較を行わなければならない。もしそうでないならば、400年にもわたる資料を混乱させてしまうことになる（逄振鎬 1989）。時期が違えば、漢墓の数量も異なり、発掘された漢墓の数量もまた無限大で、すでに発表された漢墓の資料もまた千差万別である。特に銅鏡の類型や特徴は年代の違いによって大きな差があり、その統一性と地域性を真に究明しないのであれば、結論は大きな誤りとなるだろう。

　漢代考古学は歴史考古学の重要な構成部分の１つであり、社会生産の考古学的研究は重要な課題の１つである。歴史考古学は全ての近代中国考古学の二大分類を支える１つであり、史前考古学とはその研究年代の範囲を分割できる点で相対している。史前考古学や歴史考古学を問わず、古代人類の各種活動によって残された実物をもとに人類の古代社会の歴史を研究し提示することで、歴史の発展過程におけるシステムを明らかにすることが考古学者にとっての最終目標である。しかし歴史時代には文献記載があり、歴史考古学は史前考古学と相対する最も顕著な２つの特徴を有している。１つは文献記載との照合であることはいうまでもない。もう１つは主となる課題と研究の重点が推移して発生することである。つまり、物質文化研究、精神文化の物化研究、そして社会生活の具像化・実証化研究へと推移するのである（白雲翔 2006）。漢代は中華民族が統一した中央集権国家の形成時期であり、最初の発展ピークの時期でもある。当時の社会政治制度、経済制度、思想文化、軍事活動、人物事件などについては、豊富な歴史文献による着実な記載がある。しかし当時の社会生産についての文献記載はほとんど見られない。『史記・貨殖列伝』には当時の商品部門に関する記載があり、製鉄、鋳銅、製塩、紡績、製陶など18種類の手工業部門に及んでいる（李剣農 1962 P.166）。しかし18種類の手工業生産の生産経営状況については全く記載がない。また、銅鏡製作は当時の重要な手工業生産の１つであったが[36]、これについても一切記載がない。こういった状況下で、考古学資料と文献記載を照合して、当時の各種手工業生産についての研究を進めることが、考古学者の肩にかかっているともいえる。また、こういった研究が漢代の社会歴史が掲示する全てにおいても重要な意義をもつことはいうまでもない。実際に、歴史研究における各時代の各種工業生産、例えば各種の加工業、製造業、鉱業生産の原材料、生産工具と施設、生産技術、生産工程、生産経営方法、生産品の伝播と流通などを内包する「産業考古学」は、現代考古学の重要な柱の１つとなっている。また、考古学の基本的な課題と最終的な目標の実現、人類の社会歴史の提示や発展システムの探索においても極めて重要な意義を有する

と共に、広い発展の前途を備えているといえる。

注

1）本文でいう「鏡范」は、特に明記するものを除いては全て陶質鏡范とする。
2）『戦国策・斉策』には、蘇秦説斉宣王「臨淄之中七万戸…甚富而実…臨淄之途、車轂撃、人肩摩、連袵成帷、挙袂成幕、揮汗成雨、家敦而富、志高而揚」と記載される。蘇秦は斉の宣王に「臨淄の都の中に七万戸の家があります…（中略）…たいそう裕福であります…（中略）…臨淄の道路は車がひしめいて轂がぶつかりあい、人があふれて肩がすれあい、えりが並べばとばりのよう、たもとを上げれば幕のよう、飛び散る汗は雨のよう、どの家も裕福であり、志気は高揚しています。」と説いた。
3）臨淄郡は斉郡とも称する。『漢書・地理志』には「斉郡、秦置」とある。しかし王国維の考証によると、「臨淄郡、実斉郡之本名」とあり（孫楷撰ほか 1959 P.373）、本文もそれに従う。
4）『漢書・高五王伝』には、主父偃が漢武帝に「斉臨淄十万戸、市租千金、人衆殷富、鉅于長安、非天子親弟愛子不得王此」と進言したと記載される。
5）『臨淄封泥文字叙目』には、劉家寨一帯で出土した「斉采鉄印」「斉鉄官丞」などの封泥や「右市」「西市」「左市」「南市」などの半通官印封泥が収録され、臨淄には四市があり、王都と制が同じであるとされる（王献唐 1936 P.25、24）。
6）白雲翔 2007 P.102を参照。また、2007年2月の「斉都臨淄与漢代銅鏡鋳造業国際学術研討会」で、代表が臨淄斉国故城において現地考察を行った際に、蘇家廟村西地点の現場で四乳草葉文鏡范の破片1点が採集された。
7）臨淄鏡范の二酸化ケイ素含有量が高くなる要因については、何堂坤が「高ケイ素粘土を選択した可能性」を排除できないとし、注目に値する（何堂坤 2007 P.16）。
8）山西侯馬東周鋳銅遺跡出土の陶范は、長歯プラントオパール含有量が59％あり、植物灰を混ぜ入れたと認識されている（譚徳睿ほか 1996）。
9）現在の古代銅鏡の複製方法はまず、ある銅鏡（JM）范を用いて鏡范の范（MF）を製作し、それからそれを鋳造して范（FM）とする。そして再び范を踏み返して銅鏡の鋳造范（ZF）を製作し、最後に陶范を用いて鏡（J）を鋳造する。また漢代銅鏡の中にある范（FM）を製品とするならば、范を鋳造する范（MF）は完全に刻製法を用いて製作されたといえる。
10）踏み返し鏡范の范型には、鋳上がりの良い銅鏡を使用する。銅鏡を用いて范型とする場合、銅鏡を平面の型板の一端に固定し中央に置き、もう一端には湯口とガスの上がりの型が製作される。
11）侯馬鋳銅遺跡出土の陶質陽隧范型2点のうち、H247：2は形が長方形に近く、一端がやや破損している。長さ9.5cm、幅7.2cm、厚さ3.1cmで、そのうちの范底板（幅木面を作る定盤）の厚さが2.0cm、陽隧范型の厚さ0.6cm、直径5.3cm、鈕范の高さ0.5cmである。湯口はなく、背面は平らではなく、手で触った痕跡が残る。H23：1は破損し、幅7.2cm、頂部には湯口の型が作られ、湯口の幅3.1cm、高さ3cmである（山西省考古研究所 1993 P.176 図90の3、4）。
12）鏡范の鋳型面に彫刻加工の痕跡があるからといって、一概に刻製法によって范が製作された証拠と見ることはできない。なぜなら、模製法を用いて鏡范を製作し、文様の修整が行われた場合、同様に彫刻加工の痕跡が遺留するからである。しかし彫刻加工の痕跡は鏡范を彫刻したことによるものであることは明らかである。
13）漢代銅鏡には、鏡縁の内側にやや凸状の1周の同心円の鋳造線が存在するが、これは文様とは異なる。洛陽澗西防洪渠49号墓出土の「日有熹…」の12字銘の草葉文鏡1面（洛陽市文物管理委員会 1959 図版6）にある鏡縁内側の同心円の鋳造線は、鏡范に同様の凹線があったことにより、この線は鏡范の製作工程における文様

の設計や彫刻と関係があり、当時の鏡笵は彫刻の方法を用いて製作されたといえる。

14）笵泥の上に鋳型面の窪みや文様を彫刻するには、笵泥を予め850℃前後で焼いた後に彫刻が行われる。ある学者は、商周青銅器の復原実験を実施する際に、850℃前後で焼いた陶笵は「彫刻がしやすく、薄く細い線も壊れにくい」としている（譚徳睿　1999　P.230）。

15）刻製法の１つの方法は、以下を参考としている。

　　白雲翔　2007　P.132

　　濰坊市博物館　1989　P.774

16）模製法を用いて鏡笵を大量に踏み返すには、鋳型面の窪みの大きさと文様がほとんど完全に一致する必要があるが、現在までに発見された臨淄鏡笵には、２点とも基本的に一致するものは見つかっていない。これは、これまでに発見された鏡笵がいくつかの地点から出土していることに原因があり、今後の銅鏡製作工房跡の発掘が待たれる。

17）鋳型面の細かい表層は、鏡笵を製作し、修整または文様を彫刻した後に塗料を塗り、鏡笵本体の表面に表れる隙間を埋め、注湯時にその隙間に銅液が流れ込むのを防止した。ある学者は、鏡笵本体を大体の大きさに成形し、表面に一層の細かな笵泥を塗り、それから文様を彫刻したとする。しかしこれまでの臨淄鏡笵の断面には鏡笵本体と異なる笵泥層は観察されておらず、鏡笵の鋳型面の表面の塗料は刻製あるいは鏡笵を製作する前に塗ったものではなく、後で塗ったものと考えられる。

18）臨淄鏡笵の実物観察によって発見できたのは、使用した鏡笵のほとんどの鋳型面の表面が黒色または細かく光る黒色を呈していることである。これは注湯前にまず鋳型面の表面に離型材を塗るか、あるいは燻して型離れをしやすくしたことを示し、その後合笵し再び焼いて注湯を行ったと考えられる。注湯時の鋳型面の表面は離型材が高温の銅液に接触したことにより細かく光る黒色を呈すると考えられる。他にSLQJF：78の鋳型面上の連弧文と麦穂状文の辺縁には、明らかに粘性の液体が滞留した痕跡が見られ、鋳型面の表面に塗られたのは粘性の液体の離型材と考えられるが、離型材の物質構成については未だ不明である。

19）臨淄鏡笵の湯口、特に鏡背笵の湯口は幅が３cm以上で、直接注湯するには十分である。侯馬鏡笵の湯口の受口は、外口の直径が2.4cm前後である。

20）湖北鄂州三国時期の同笵鏡と「同笵改笵鏡」（笵を用いて踏み返した鏡笵または鋳型面の文様と銘文の一部に修整を加えたものをさす）の発見は（董亜巍　2002）、当時、笵を踏み返して鏡笵を作った証しであり、一笵鋳一鏡の陶笵鋳造技法は漢代陶笵鋳造技法の継承といえる。

21）『淮南子・修務訓』には、「明鏡之始下型、朦然未見形容、及其粉以玄錫、摩以白旃、髪眉微豪、可得而察」と記載される。

22）『漢書・食貨志』には、全国の主要な産鉄地区には「大鉄官」が置かれ、主に金属を溶かして貨幣や器物を鋳造していたことが記載され、「郡不出鉄者置小鉄官、使属在所県」とも記載される。

23）『漢書・王莽伝』には、始建国２年に「初設六筦之令、命県官酤酒、売塩鉄器、鋳銭、諸採取名山大澤衆物税之」と記載される。

24）『漢書・百官公卿表（上）』

25）『後漢書・百官（二）』には、太僕属官に「考工令一人、六百石」とあり、注には「主作兵器弓弩刀鎧之属、成則伝執金吾入武庫、及主織綬諸染工」と記載される。

26）『漢書・百官公卿表』『後漢書・百官（三）』

27）李剣農は漢代斉三服官、蜀広漢の工官ならびに少府の三工官について論じ、「この官府工場は規模が大きく、その性質は商品を製作することが目的ではなく、皇室宮廷の需要品を供給することが目的であった」と述べている（李剣農　1962　P.177）。

28)『漢書・高丑王伝』

29)『史記・高祖本紀』

30)『史記・貨殖列伝』

31)『漢書・武帝紀』『漢書・諸侯王表』

32)『漢書・食貨志』には、「遂于長安及五都立五均官、更名長安東西市令及洛陽、邯鄲、臨淄、宛、成都市長皆為五均司市師。東市称京、西市称畿、洛旧称中、余四都各用東西南北為称」と記載される。

33) 山東省文物考古研究所発掘資料

34) 菅谷文則が山東省出土の漢代銅鏡について全面的な調査を行った後に「山東省の代表的鏡種は草葉文鏡である」ことを指摘している（菅谷文則　2004　P.252）。

35) 本鏡は賀州市鋪門1号墓から出土したとされる（広西壮族自治区博物館編　2004　図版8）。

36) 秦漢史学家の陳直は「銅鏡は漢代手工業において重点の1つである」と指摘する（陳直　1980　P.146）。中国古代工業史の専門家である祝慈寿もまた、「銅鏡は漢代銅鏡製造工業における重要な生産品の1つである」と述べる（祝慈寿　1988　P.208）。

参考文献

安吉県博物館　1996　「浙江安吉県上馬山西漢墓的発掘」『考古』第7期

梅原末治　1940　「須玖岡本発見の古鏡について」『筑前須玖史前遺蹟の研究』臨川書店

黄岡市博物館・湖北省文物考古研究所・湖北省京九鉄路考古隊　2000　『羅州城与漢墓』科学出版社

王会田　2007　「臨淄斉国故城闞家寨鋳鏡作坊址調査」『山東省臨淄斉国故城漢代鏡范的考古学研究』科学出版社

王献唐　1936　『臨淄封泥文字叙目』山東省立図書館編印

逢振鎬　1989　「漢代山東出土銅鏡之比較研究」『考古与文物』第4期

王正書　1988　「上海福泉山西漢墓群発掘」『考古』第8期

岡村秀典　1994　「須玖岡本王墓の中国鏡」『須玖岡本遺蹟』吉川弘文館

小川貴司編　1988　『井上コレクション―弥生・古墳時代資料図録』言叢社

夏湘蓉・李仲均・王根元　1980　『中国古代砿業開発史』地質出版社

何堂坤　1999　『中国古代銅鏡的技術研究』紫禁城出版社

何堂坤　2007　「古鏡科学分析雑記」『斉都臨淄与漢代銅鏡鋳造業国際学術研討会』

河南省博物館　1975「霊宝張湾漢墓」『文物』第11期

河北省文物研究所編　1996　『歴代銅鏡紋飾』河北美術出版社

亀井清　1982　「古鏡の面反りについて」『阡陵　関西大学博物館学課程創設二十周年記念特集』関西大学考古学等資料室

韓偉東・王暁蓮　2007　「臨淄斉国故城遺址博物館収蔵的漢代銅鏡」『山東省臨淄斉国故城漢代鏡范的考古学研究』科学出版社

魏成敏・董雪　2007　「臨淄斉国故城的漢代鏡范与山東地区的漢代銅鏡」『山東省臨淄斉国故城漢代鏡范的考古学研究』科学出版社

群力　1972　「臨淄斉国故城勘探紀要」『文物』第5期

広州市文物管理委員会・広州市博物館　1981　『広州漢墓』（上）文物出版社

孔祥星・劉一曼　1984　『中国古代銅鏡』文物出版社

孔祥星　1992　『中国銅鏡図典』文物出版社

江西省博物館　1976　「南昌東郊西漢墓」『考古学報』第2期

広西壮族自治区博物館編　2004　『広西銅鏡』文物出版社

広西壮族自治区文物工作隊・賀県文化局　1981　「広西賀県河東高寨西漢墓」『文物資料叢刊』第4集　文物出版社

洪石　2006　『故国秦漢漆器研究』文物出版社

湖南省博物館編　1960　『湖南出土銅鏡図録』文物出版社

湖北省荊州博物館　2000　『荊州高台秦漢墓』科学出版社

小堀孝之・三船温尚・清水克朗　2004　「山東省文物考古研究所所蔵青銅鏡の工芸的問題と製作技術に関する考察」『中国出土鏡の地域別鏡式分布に関する研究　平成13～15年度　科学研究費補助金（基盤研究(B)(2)）研究成果報告書』滋賀県立大学人間文化学部

崔剣鋒・呉小紅　2007　「臨淄斉国故城漢代鏡范和銅鏡検測報告」『山東省臨淄斉国故城漢代鏡范的考古学研究』科学出版社

山西省考古研究所　1993　『侯馬鋳銅遺址』（上）文物出版社

山東省淄博市博物館　1985　「西漢斉王墓随葬器物坑」『考古学報』第2期

山東省文物管理処　1961　「山東臨淄斉故城試掘簡報」『考古』第6期

山東省文物考古研究所　1995　「山東青州市戴家楼戦国西漢墓」『考古』第12期

山東省文物考古研究所・奈良県立橿原考古学研究所　2007　「臨淄斉国故城出土鏡范資料集成」『山東省臨淄斉国故城漢代鏡范的考古学研究』科学出版社

四川省博物館・重慶市博物館　1960　『四川省出土銅鏡』文物出版社

淄博市博物館・斉故城博物館　1997　『臨淄商王墓地』斉魯書社

清水康二・三船温尚　2005　「草葉文鏡范研究の現状と課題」『鏡范研究』Ⅱ―草葉文鏡范の日中共同研究報告―奈良県立橿原考古学研究所・二上古代鋳金研究会

祝慈寿　1988　『中国古代工業史』学林出版社

淳化県文化館　1983　「陝西淳化県出土漢代銅鏡」『考古』第9期

濰坊市博物館　1989　「濰坊市古文化遺址調査」『考古』第9期

徐孝忠　1988　「淮南市博物館識鏡述略」『文物研究』第5集

徐孝忠　1993　「安徽淮南市博物館収蔵的几件古代銅鏡」『文物』第4期

徐苹芳　1984　「三国両晋南北朝的銅鏡」『考古』第6期

菅谷文則　2004　「山東省出土鏡について」『中国出土鏡の地域別鏡式分布に関する研究　平成13～15年度　科学研究費補助金（基盤研究(B)(2)）研究成果報告書』滋賀県立大学人間文化学部

青島市文物局・平度市博物館　2005　「山東青島市平度界山漢墓的発掘」『考古』第6期

関野雄　1956　「斉都臨淄の調査」『中国考古学研究』東京大学出版会

宋治民　1992　『漢代手工業』巴蜀書社

孫楷撰・徐復訂補　1959　『秦会要訂補』中華書局

孫守道　1960　「"匈奴西岔溝文化"古墓群的発現」『文物』第8/9期

田賀井篤平・橘由里香　2007　「草葉紋鏡范的物質科学研究」『山東省臨淄斉国故城漢代鏡范的考古学研究』科学出版社

譚徳睿　1999　「中国青銅時代陶范鋳造技術研究」『考古学報』第2期

譚徳睿・黄龍　1996　「商周青銅陶范材料研究」『上海博物館文物保護科学論文集』上海科学技術文献出版社

中国科学院考古研究所洛陽発掘隊　1963　「洛陽西郊漢墓発掘報告」『考古学報』第2期

中国科学技術大学結構分析中心実験室・中国社会科学院考古研究所実験室　1988　「漢代銅鏡的成分与結構」『考

古』第 4 期

中国社会科学院考古研究所　1994　『陝県東周秦漢墓』科学出版社

中国社会科学院考古研究所・河北省文物管理処　1980　『満城漢墓発掘報告』文物出版社

中国社会科学院考古研究所・山東省文物考古研究所　2004　「山東臨淄斉国故城内漢代鋳鏡作坊址的調査」『考古』第 4 期

中国青銅器全集編輯委員会編　1998　『中国青銅器全集』第16巻『銅鏡』文物出版社

張愛雲・楊淑香・劉琦飛　1998　「山東淄博市臨淄区斉国故城発現漢代鏡范」『考古』第 9 期

張英　1990　『吉林出土銅鏡』文物出版社

張光明・徐新・許志光・張通　2007　「試論漢代臨淄的青銅冶鋳業」『山東省臨淄斉国故城漢代鏡范的考古学研究』科学出版社

張龍海　2001　「臨淄斉国故城大城内又出土漢代鏡范」『臨淄拾貝』淄博市新聞出版局

陳直　1980　『両漢経済史料論叢』陝西人民出版社

程林泉・韓国河　2002　『長安漢鏡』陝西人民出版社

伝筑夫・王毓瑚　1982　『中国経済史資料・秦漢三国編』中国社会科学出版社

董亜巍　2002　「前言」『鄂州銅鏡』中国文学出版社

白雲翔　1999　「西漢時期日光大明草葉紋鏡及其鋳范的考察」『考古』第 4 期

白雲翔　2000　「山東省臨淄斉国故城出土の前漢鏡范とその問題について」『古代学研究』第149号

白雲翔　2005　『先秦両漢鉄器的考古学研究』科学出版社

白雲翔　2006　「関于歴史考古学的若干問題」　2006年11月25日に行われた鄭州大学歴史学院での講演

白雲翔　2007　「臨淄斉国故城漢代鏡范及相関問題研究」『山東省臨淄斉国故城漢代鏡范的考古学研究』科学出版社

白雲翔・張光明　2005　「山東臨淄斉国故城漢代鏡范的発現与研究」『考古』第12期

撫順市博物館　1983　「遼寧撫順県劉尓屯西漢墓」『考古』第11期

三船温尚　2005　「日本国内にある草葉文鏡范に関する諸考察」『鏡笵研究』Ⅱ―草葉文鏡范の日中共同研究報告―　奈良県立橿原考古学研究所・二上古代鋳金研究会

三船温尚　2007　「従臨淄斉国故城漢代鏡范和日本収蔵的草葉紋鏡范考察銅鏡製作技術」『山東省臨淄斉国故城漢代鏡范的考古学研究』科学出版社

横田勝　2007　「臨淄斉国故城出土鏡范的密度測定」『山東省臨淄斉国故城漢代鏡范的考古学研究』科学出版社

洛陽区考古発掘隊　1959　『洛陽焼溝漢墓』科学出版社

洛陽市文物管理委員会　1959　『洛陽出土古鏡』文物出版社

洛陽博物館編　1988　『洛陽出土銅鏡』文物出版社

李剣農　1962　『先秦前漢経済史稿』中華書局

李陽洙　2007　「韓半島的銅鏡」『斉国故城出土鏡範和東亞的古鏡―斉都臨淄：漢代銅鏡製造中心国際学術研討会論文集―』奈良県立橿原考古学研究所

劉煜・趙志軍・白雲翔・張光明　2005　「山東臨淄斉国故城漢代鏡范的科学分析」『考古』第12期

旅順博物館編　1997　『旅順博物館蔵銅鏡』文物出版社

臨沂文物組　1981　「山東臨沂金雀山一号墓発掘簡報」『考古学集刊』第 1 集

臨淄漢代銅鏡と斉国故城漢代銅鏡鋳造業

魏　成　敏
董　　雪

はじめに

　20世紀の1960年代以来、山東省や淄博市、臨淄区の文物考古部門では、臨淄斉国故城一帯で大量の漢代墓葬が発掘され、大量の銅鏡が出土している。同時に、ここ数年は臨淄斉国故城内で100点近くの漢代の陶質鏡范が発見されている（以下、臨淄鏡范）。本文では、臨淄の漢代墓葬における出土銅鏡についての初歩的な分類研究を行い、臨淄鏡范と照らし合わせて、両者についての比較分析を行うことで、臨淄漢代銅鏡の生産規模および流通方法、ならびに漢代銅鏡鋳造業において臨淄が占める位置など関連する問題について初歩的な検討を加えたい。

１．臨淄の漢代墓葬および銅鏡の出土状況

　臨淄の漢代墓葬の正式な考古学的発掘は20世紀の1960年代に始まった。1964年に山東省文物管理所が臨淄斉国故城の南にある龍貫村付近の漢代墓地で考古学的な発掘を行い、小型の竪穴土坑墓15基を発掘し、そのうちの４基には銅鏡が副葬されていた。これは臨淄で行われた正式な考古学的発掘において出土した最初の漢代銅鏡である。1996年末までに、山東省文物考古研究所が臨淄地区において発掘した漢代墓葬は3000余基を超える[1]。同時に、淄博市と臨淄区の文物考古部門は臨淄地区の都市農村建設における協同事業として多くの緊急措置的な発掘を行ってきた。これまでに臨淄地区で発掘された漢代墓葬は4000余基を数える。

　発掘資料によると、臨淄の漢代墓葬には２つの顕著な特徴が見られる。１つは漢代墓葬の分布範囲が広大であり、ほとんどの全区各郷鎮におよんでいる点である。２つ目は、銅鏡を副葬する現象が普遍的で、多くの小型墓では銅鏡が副葬品となり、どこで発見された漢代墓葬でも必ず銅鏡が出土するとさえいわれるほどである。銅鏡の出土が最も多かった辛店墓地と、すでに発掘資料が正式に発表されている商王村墓地、大武前漢斉王墓を例として、臨淄地区の漢代墓葬および銅鏡の出土状況をここに紹介したい。

（１）辛店墓地

　辛店は現在の臨淄区政府の所在地であり、臨淄斉国故城までは東北の方向に６kmである。辛店墓地は現在までに山東地区で発見された漢代墓葬の中でも最大の漢代墓地である。調査データによると、この墓地に分布している漢代墓葬は数万基以上あり、その

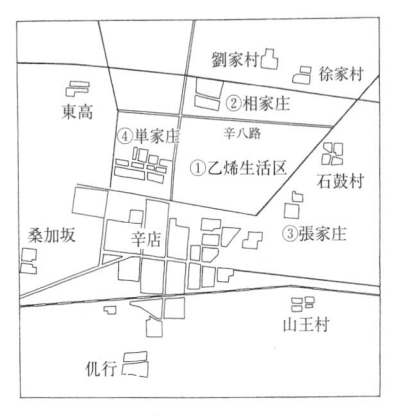

図１　臨淄辛店城区の平面図
〔Ｓ＝1/200,000〕

分布範囲はすでに9㎢を超えている。現在までに発掘された4000基の漢代墓葬のうち、3000余基がこの墓地に属している。この墓地の西部に単家庄、東部に石鼓村があり、南部は膠済鉄道に近く、北部は劉家村の北に達する（図1）。参考として、当時の墓地の発掘区分に従って、辛店墓地を4つの墓区に分けて紹介する。

①乙烯生活区墓区

　辛店墓地の中央に位置する。1984年秋、乙烯生活区の建設中に、辛店北部の約750000㎡の建設範囲内において、斉魯石化公司と協同で全面的な試掘調査を行った。100×100ｍ区分の75ヶ所の試掘調査区域において、3857基の古い墓葬が発見された。墓葬の分布は均一ではなく、中でも最も密集するT907区では、10000㎡の範囲内に345基の古い墓葬が発見されたが、ある試掘調査区ではわずか数基であった。その後、1984年冬から1985年春までに第1次発掘調査を行い、その規模は最大で、1329基の墓葬を発掘し（漢代以外の墓葬も含む）、銅鏡200余面が出土している。1986年には第2次発掘調査を行い、310基の古い墓葬を発掘し、銅鏡80余面が出土している。

②相家庄墓区

　相家庄村の東部で、石鼓村の西側、辛八路と国道309号の間に位置し、南は乙烯生活区に接している。この墓区は施工業者の建築時期により発掘が行われた時期がばらばらで、統一した区分がなく、建設された機関の名称を採用した。具体的な建設地の名称は、西から東へ以下のように分けられる。臨淄城郷建委工地、臨淄環保局工地、石鼓大酒店工地、臨淄人民保険公司工地、臨淄糧食局工地、臨淄外貿公司工地、臨淄財政局工地、臨淄市政公司工地、斉魯事業公司停車場などである。1989年から1993年までに前後して発見された古い墓葬は1000余基で、そのうち実際に発掘されたのは447基、銅鏡80余面が出土している。

③張家庄墓区

　張家庄村の東部で、辛店墓地の東部に位置する。主に勇士生活区、天斉生活区、臨淄水泥廠の3ヶ所の墓地がある。

　勇士生活区墓地は墓区の最も西部に位置し、面積約400000㎡において、1300余基の古い墓葬が発見され、1991年と1992年に前後して2回、430基を発掘し、銅鏡90余面が出土している。

　天斉生活区墓地は勇士生活区墓地の東側に位置し、面積約60000㎡において、430余基の古い墓葬が発見され、1992年に167基を発掘し、銅鏡20余面が出土している。

　臨淄水泥廠墓地は墓区の東南部に位置し、1991年に工場の拡張建設区900000㎡において試掘調査を行い、220余基の古い墓葬が発見され、そのうち125基を発掘し、銅鏡10面が出土している。

④単家庄墓区

　単家庄村の北部に位置する。1986年に臨淄区単家庄村の北部、25000㎡の新搬選区において試掘調査を行い、200余基の古い墓葬が発見され、そのうち128基を発掘した。この墓区の墓葬分布は乱雑で、多くは副葬品がなく、副葬品によって年代を確定できた漢代墓葬以外、残りの多くは埋葬年代を確定することはできなかった。漢代銅鏡10余面が出土している。

　上述した4ヶ所の墓区は、辛店墓地の主な墓葬分布区域である。その他に、相家庄村北の友聯塑料廠、劉家村西の臨淄農業銀行、張家庄村東の永流化工廠宿舎区、石鼓村北の紡績廠などの建設地にお

いても、前後して200余基の古い墓葬が発掘され、20面の漢代銅鏡が出土している。発掘資料を見ると、いくつかの墓地の墓葬規模は非常に小さく、多くは小型墓葬に属している。

（2）商王村墓地

臨淄区永流郷商王村の西部に位置し、臨淄斉国故城までは北へ約6kmである。1992年9月に臨淄水泥廠の拡張建設工事として、淄博市文物局は淄博市博物館と臨淄斉国故城遺跡博物館が組織する考古発掘隊と協同して、工事区域内の古い墓葬について緊急措置的な発掘調査を行った。110600㎡の範囲内において、102基の古い墓葬を発掘し（図2）、そのうち漢代墓葬は98基で、20余面の漢代銅鏡が出土している（淄博市博物館ほか 1997）。

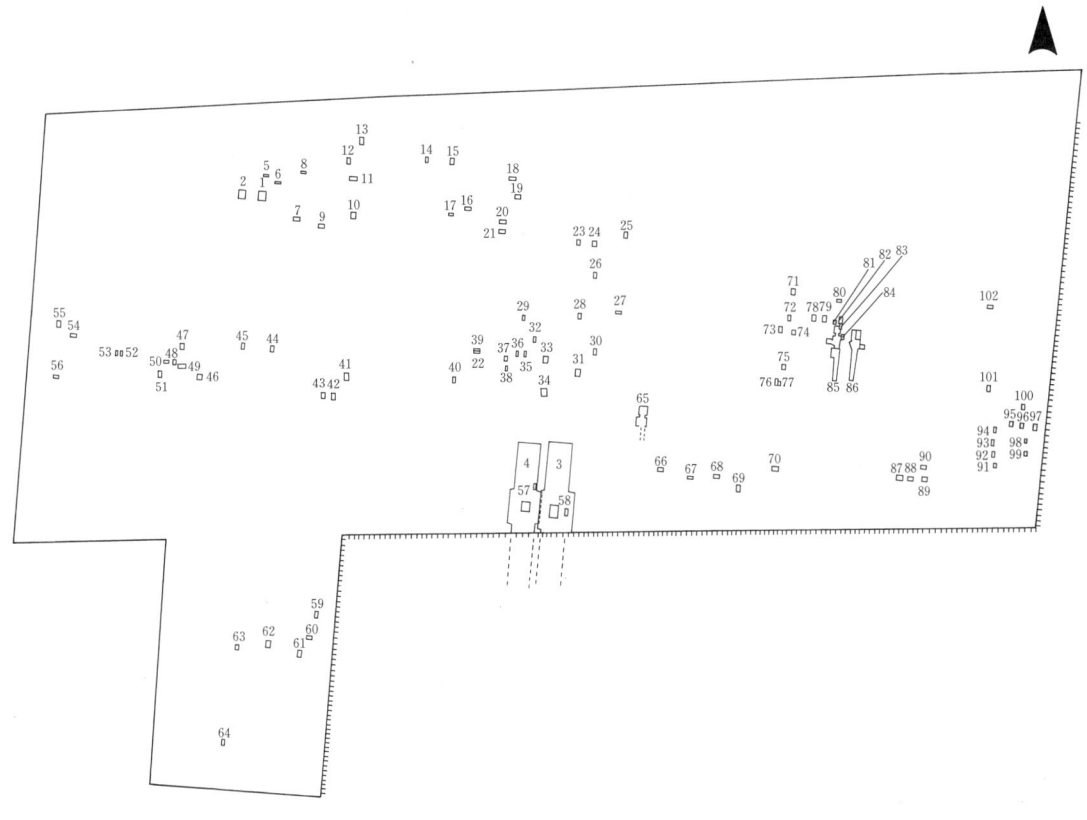

図2　商王村墓地の墓葬分布図［S＝1/4,000］

（3）大武前漢斉王墓

臨淄区大武郷窩托村の南部に位置し、臨淄斉国故城までは東北へ23kmである。1978年に膠済鉄路東風站建設に協力して、淄博市博物館が試掘調査を行った。この墓葬の規模は巨大で、発掘時の墓葬の地上封土は直径250m、高さ24mであった。墓葬は「中」字形を呈し、中央が墓室で、南北は方形に近く、長さ42m、幅41m、墓室の深さは約17～20mであった。墓室の南北両側中央には、それぞれ1本の墓道があり、南側の墓道の長さは63m、北側の墓道の長さは39mであった。現在までに南北墓道の両側にある5つの陪葬坑が発掘された。5号陪葬坑の西部では5面の銅鏡が出土し、そのうちの1面は長方形の銅鏡で、長さ115.1cm、幅57.7cm、厚さ1.2cm、重さ56.5kgである。鏡背の文様には1体の

蟠龍文が装飾され、実に珍しいものである。他の4面の銅鏡は比較的小さな円形銅鏡で、漆箱の中に納めていた（山東省淄博市博物館 1985）。また大武前漢斉王墓の西側と余り離れていない金嶺鎮の南にも、1985年に発掘された後漢時期の磚室構造をもつ斉王墓が1基ある。これらの発掘の状況から、大武一帯は漢代斉国の王陵区域であったと考えられる。

2．臨淄漢代銅鏡の分類と時代的特徴

臨淄地区出土の漢代銅鏡は数が多いだけではなく、種類もほとんど全てが揃い、基本的には現在までに確認されている漢代銅鏡の主要な類型が揃っている。しかし臨淄漢代銅鏡については、まだ系統的な資料の整理が行われていないので、銅鏡の分類や時代的特徴の区分については、現在までに発表されている正式な発掘報告書および銅鏡研究の専門書を参照して、文様、鈕、鏡縁、材質の変化について類型学的な角度から総合的な分類を行いたい。これによって、臨淄漢代銅鏡は素面鏡、蟠螭文鏡、龍文鏡、雷文鏡、彩絵鏡、連弧弦文鏡、花葉文鏡、草葉文鏡、博局草葉文鏡、星雲文鏡、銘文鏡、四乳禽獣文鏡、博局文鏡、夔鳳鏡の14鏡類に大きく分類される。

（1）素面鏡

鏡背は鈕以外に何の文様もなく、円形と方形の2種類の形状がある。臨淄漢代素面鏡と戦国素面鏡の差は、主に鈕、鏡縁、色合いにある。戦国素面鏡は一般に弓形鈕、平らな鏡縁で、鈕は比較的小型である。発掘資料によると、臨淄出土の弓形鈕の素面鏡は全て陪葬坑から出土し、殉死者のものとされている（写真1-1）。漢代素面鏡はみな三弦鈕で、鈕の幅は広い。凸縁で三弦鈕の素面鏡は戦国晩期から前漢早期まで存在し、前漢前期まで用いられた（写真1-2）。

（2）蟠螭文鏡

一般に個体がとぐろを巻くか群体が互いにからみあう龍（蛇）文を主文様とし、線画化した鳳鳥文、枝葉文、巻雲文などが補われる場合もある。蟠螭文の種類は非常に多く、文様は複雑で、学界では一般に線画化した文様を蟠螭文と称し、文様の特徴の違いによって、龍文または蟠虺文に分けて称する学者もいる。臨淄出土の漢代蟠螭文鏡は文様の違いによって、おおよそ蟠螭雲文鏡、蟠螭菱形文鏡、蟠螭連弧文鏡、蟠螭弦文鏡、蟠螭（虺）銘文鏡に分けられる。

①蟠螭雲文鏡

文様は蟠螭文、樹木巻雲文、地文で構成される。主文様は一般にとぐろを巻く三螭、四螭、六螭文で、蟠螭文は龍形に近く、平面は浅い浮彫状である。最大の特徴は、文様が複雑で変化が多く、臨淄漢代墓葬出土の20余面の蟠螭雲文鏡では、主文様の蟠螭文の形状が完全に一致するものはない。文様の違いによって2型に分けられる。

A型：前漢初期の蟠螭文には比較的はっきりとした龍頭形があり、身体、足、尾、翼、関節の湾曲が顕著で、巻雲文状の花葉枝叉文がある。一般には渦巻文を地文とする（写真1-3・4）。

B型：蟠螭文は龍の特徴が不鮮明で、特に頭の特徴が不鮮明であり、身体の湾曲がS字形の巻雲文状になる。A型鏡と明らかに違うのは、主文様の間の四乳の存在である（写真1-5・6）。

②蟠螭菱形文鏡

　文様は蟠螭文、菱形文、地文で構成される。蟠螭雲文鏡との最も大きな違いは、蟠螭文の首と尾の両端が簡略化され、内巻きの身体はＳ字形に近い。文様の違いによって２型に分けられる。

　A型：文様は三蟠螭文、三菱形文、地文で構成される。蟠螭文の身体は湾曲し、鈎状に連なる菱形文に近い。地文は渦巻文である（写真１－７）。

　B型：文様には三葉文が加わり、蟠螭文は簡略化して、身体は４つの拐角が組み合わさった菱形文状になり全体的に粗くなる。地文の渦巻文は変化が大きい（写真１－８・９）。

③蟠螭連弧文鏡

　文様は蟠螭文、連弧文、地文で構成される。文様の違いによって３型に分けられる。

　A型：文様は蟠螭文、十六連弧文、地文で構成される。蟠螭文の龍頭は身体、足、尾にからみつき、巻雲文状の花葉枝叉文が加わる。また骨の間接が凸状の小さな乳を呈するものもあり、星雲文鏡へ発展してゆく変化の過程を備えている。新たに加わった十六連弧文は蟠螭文の外側にあり、三弦鈕、七縁で、渦巻文地である（写真１－10）。

　B型：主文様の蟠螭文の首や尾の判断がしにくく、身体と尾はＳ字形に曲がり、身体の中部には変形した両足を留める。外側には十六連弧文があり、三弦鈕、七縁である。地文は短い斜線状の角のない半菱形文である（写真１－11）。

　C型：文様は蟠螭文、連弧文、四乳、地文で構成される。文様はＡ型鏡やＢ型鏡に近いが、新しく乳が加わる。三弦鈕で、地文は角のない半菱形文または渦巻文である（写真１－12・２－１）。

④蟠螭弦文鏡

　文様は蟠螭文、四乳、幅の広い凹弦文、地文で構成される。文様の違いによって２型に分けられる。

　A型：主文様は４組の身体を曲げた蟠螭文と巻雲文で構成される。蟠螭文の身体は縦置きで、両端を内側に巻いたＣ字形に近い。蟠螭文と巻雲文の間には乳があり、鈕を中心とした１周の幅の広い凹弦文と乳がつながっている。これにより、蟠螭文や渦巻文の地文は分断され、内外両区に分割される（写真２－２）。三弦鈕、七縁で、渦巻文地である。

　B型：主文様はＡ型鏡に近いが、蟠螭文の首と尾は分かれず、身体は両端を内側に巻いたＣ字形に近く、巻雲文と接近し、互いにつながっている。四乳、幅の広い凹弦文、地文はＡ型鏡と同じである（写真２－３）。

⑤蟠螭（螭）銘文鏡

　文様は蟠螭文、銘文、四乳、地文で構成される。現在までに出土したもの全てが三弦鈕、方形の鈕座で、銘文は鈕座外側の方格銘帯内にあり、その外側に蟠螭文と地文があり、七縁である。蟠螭文は蟠螭弦文Ｂ型鏡と基本的には同じで、ここから変化してきた。全体的な配置から見ると、銘文はすでに鈕座の各辺の主要な位置にあり、蟠螭文は銘文の外側という従属の配置となり、ここから銘文を銅鏡の主要な装飾とすることが始まる。

　蟠螭文の違いによって２型に分けられる。

　A型：文様は一般に４組の蟠螭文、四乳、地文で構成される。４組の蟠螭文は鈕座外側の方格銘帯各辺にある。首と尾は分かれず、３つのＣ字形の身体の組み合わせで、中間が大きなＣ字形となる。

写真1　臨淄出土の戦国・漢代銅鏡（1・2 素面鏡、3〜12 蟠螭文鏡）
$\begin{pmatrix} 1.\ \text{LZTJ}:661 & 2.\ \text{LZTJ}:633 & 3.\ \text{LZTJ}:306 & 4.\ \text{LZTJ}:123 & 5.\ \text{LZTJ}:799 & 6.\ \text{LZTJ}:96 \\ 7.\ \text{LZTJ}:258 & 8.\ \text{LZTJ}:166 & 9.\ \text{LZTJ}:609 & 10.\ \text{LZTJ}:707 & 11.\ \text{LZTJ}:136 & 12.\ \text{LZTJ}:119 \end{pmatrix}$

乳は蟠螭文の中心にあり、中間の蟠螭文の両端は鏡縁に向かって内側に巻かれ、その両側には小さなＣ字形が反対方向に内巻きしている。地文は一般に渦巻文または短線菱文で、幅の広い七縁である。銘文は「見日之光、服者君王」「富楽未央、長無相忘」「常貴楽未央、無相忘」などの吉祥語である（写真2-4・5）。

Ｂ型：文様はＡ型鏡に近く、4組の蟠螭文、四乳、地文で構成される。Ａ型鏡と違うのは4組の蟠螭文が方格銘帯外側の対角線上にあり、乳は方格銘帯隅にある。菱形短斜線文地、幅の広い七縁である。銘文は「日之大光、天下□□」である（写真2-6）。

（3）龍文鏡

漢代龍文鏡は比較的少なく、戦国龍文鏡と比較すると、主文様の龍文の形態が明らかに変化している。臨淄戦国銅鏡の龍文の多くはとぐろを巻き、身体を交差する形で、形体が非常に粗いにもかかわらず、多くの細部構造の表現が真にせまっている。漢代龍文鏡の龍文はみな単体で、形体は単一的である。この鏡類は臨淄地区だけで発見され、現在までに臨淄以外の地区では正式に報告されていない。文様の違いによって2型に分けられる。

Ａ型：文様は双龍文、四乳、地文で構成される。龍文は半浮彫状で、頭部には凸状の両目があり、太くて大きな長い双角をもち、首を曲げている。乳は龍文の首の上部と身体の中ほどに分かれている。龍文の首の上部の乳は双角の内側にあり、龍文の身体は乳の周りでとぐろを巻き、爪は外に伸び、尾を巻いている。三弦鈕で、渦巻文地、幅の広い七縁である（写真2-7～9）。

Ｂ型：主文様は2体の鈕座をめぐる龍文で、Ａ型鏡の龍文とは全く違う。龍文は二重線で構成され、乳は龍文の身体と尾部にあり、龍文が鈕座をめぐり、互いの頭と尾を追いかける状態を呈する。連峰鈕で、十六連弧文鏡縁である（写真2-10）。鈕や鏡縁など全体的な特徴を見ると、Ｂ型鏡の時代は明らかにＡ型鏡よりも遅くなる。

（4）雷文鏡

漢代雷文鏡（または羽状地文鏡と称し、後漢時期の雲雷文鏡とは別である）は、戦国晩期からの雲雷文鏡や羽状地文鏡が変化したものであるが、いまだ戦国晩期の特徴を残している。多くは同じ大きさの小さな長方形または方形に近い雷文がつづく図案を連続して組み合わせている。文様の違いによって雷文鏡と連弧雷文鏡に分けられる。

①雷文鏡

文様は小さな方形の図案を緻密に組み合わせた雷文で、それぞれの小さな方形の図案は直角折線あるいは鈎状の雷文で構成される。文様の違いによって2型に分けられる。

Ａ型：文様は密集する雷文図案で構成され、三弦鈕で、幅の広い七縁である（写真2-11・12）。

Ｂ型：文様は雷文図案と四乳で構成され、半球形の鈕で、幅の広い七縁である（写真3-1）。

②連弧雷文鏡

文様は雷文、連弧文、四乳で構成される。主文様は雷文鏡と同じく、方形に近い雷文図案の組み合わせである。雷文の中間には乳、雷文の外側には十六連弧文がある。この鏡類の出土数は極めて少な

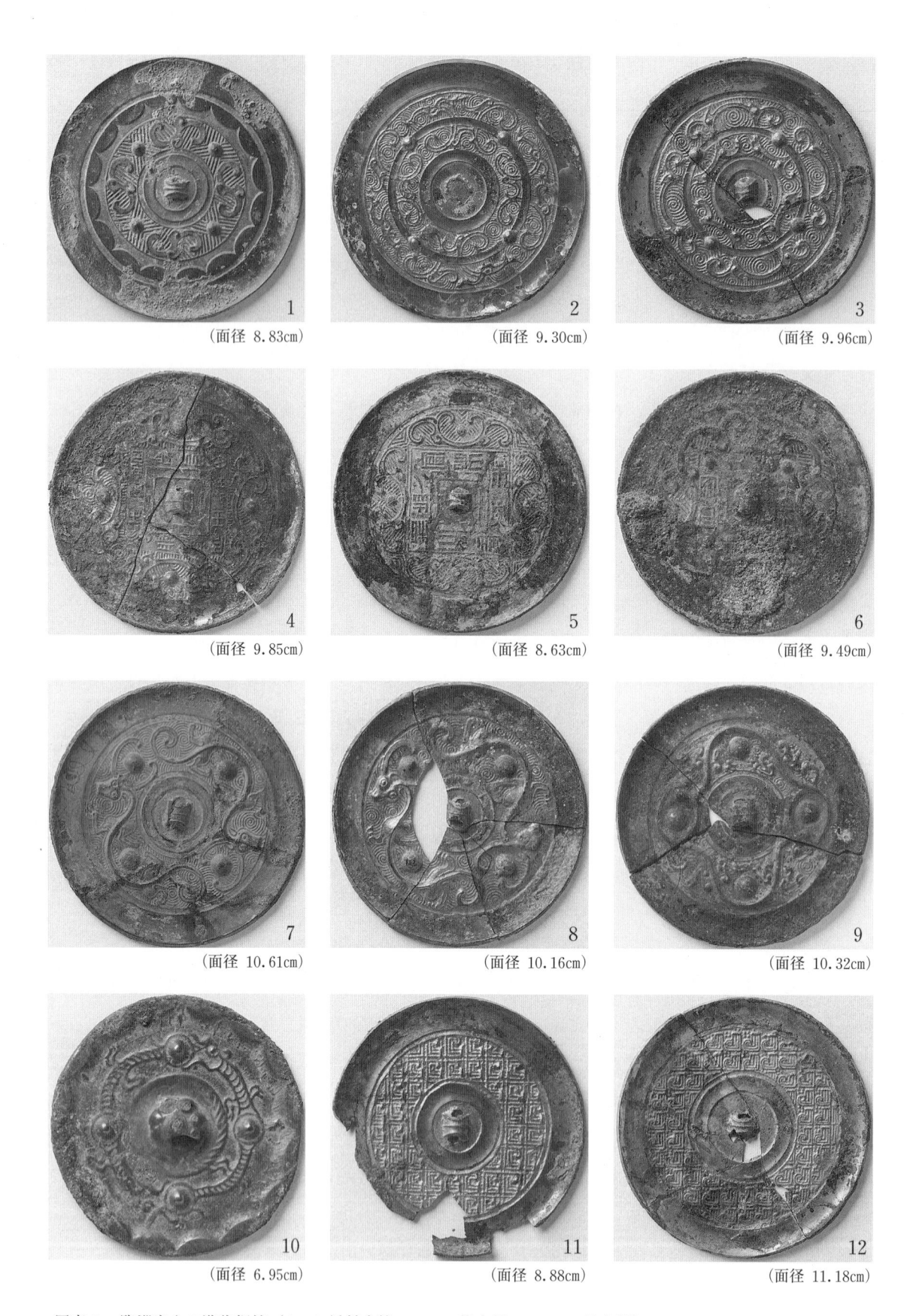

1 (面径 8.83cm)　2 (面径 9.30cm)　3 (面径 9.96cm)

4 (面径 9.85cm)　5 (面径 8.63cm)　6 (面径 9.49cm)

7 (面径 10.61cm)　8 (面径 10.16cm)　9 (面径 10.32cm)

10 (面径 6.95cm)　11 (面径 8.88cm)　12 (面径 11.18cm)

写真2　臨淄出土の漢代銅鏡（1〜6 蟠螭文鏡、7〜10 龍文鏡、11・12 雷文鏡）
$\begin{pmatrix} 1.\ \text{LZTJ}:646 & 2.\ \text{LZTJ}:246 & 3.\ \text{LZTJ}:602 & 4.\ \text{LZTJ}:97 & 5.\ \text{LZTJ}:217 & 6.\ \text{LZTJ}:135 \\ 7.\ \text{LZTJ}:307 & 8.\ \text{LZTJ}:287 & 9.\ \text{LZTJ}:167 & 10.\ \text{LZTJ}:174 & 11.\ \text{LZTJ}:601 & 12.\ \text{LZTJ}:630 \end{pmatrix}$

く、臨淄で出土した1面も鈕がすでに破損しているが、幅の広い匕縁である（写真3-2）。

（5）彩絵鏡

臨淄漢代の彩絵鏡は極めて少なく、その装飾方法は戦国時期とは全く異なり、彩絵の図案ではなく、鏡背に彩色を施している。臨淄で出土した1面は直径21.1cm、重さ584.9ｇである。五弦鈕で、鈕座は不明である。鏡背は鈕を中心に内区、凹面圏帯、外区、鏡縁の4部分に分けられ、鏡縁以外は内から外へ赤、緑、黄の三色が分けて塗られている。匕縁は比較的狭い（写真3-3）。

（6）連弧弦文鏡

前漢早期に新しく出現した鏡類に属し、戦国晩期の連弧文鏡と弦文鏡の特徴が1つになったもので、2つの鏡類の継続と発展でもある。文様は主に弦文、連弧文、四乳で構成される。鈕を中心に鈕座の外側には1周の幅の広い凹弦文がめぐり、同心円状の乳は凹弦文の上にある。外側は十六連弧文で、三弦鈕、幅の広い匕縁である（写真3-4・5）。

（7）花葉文鏡

花葉文を銅鏡の文様とする。戦国時代には比較的よく見られたが、前漢早期には純粋な花葉文鏡は少なくなり、花葉吉語銘文鏡が次第に盛行する。銘文の有無によって葉文鏡と花葉銘文鏡に分けられる。

①葉文鏡

主文様は四双葉文または四乳と水滴状の葉文で構成される。文様の違いによって2型に分けられる。

A型：主文様は鈕座から各辺に伸びる桃形葉文で構成され、三弦鈕で、連弧文鏡縁である。文様は戦国期によく見られる四葉文鏡に近いが、戦国四葉文鏡には一般に羽状文地と雲雷文地がある。しかし漢代四葉文鏡には地文がない。また戦国四葉文鏡はみな匕縁であるが、漢代四葉文鏡は連弧文鏡縁である。この鏡類は戦国四葉文鏡が変化しただけではなく、重要なのは連弧文鏡縁が現在までに確認されている漢代銅鏡の中でもかなり早い時期のものであり、文帝時期に属する（写真8-12）。

B型：文様は四双葉文と水滴状の葉文、四乳、1周の幅の広い凹弦文で構成される。乳の周囲には四桃形葉文がある。三弦鈕で、十六連弧文鏡縁である（写真3-6）。

②花葉銘文鏡

全体の構成は草葉銘文鏡に近いが、文様に麦穂状文はない。文様は花葉文、四乳、銘文で構成され、十六連弧文鏡縁である。鈕の違いによって2型に分けられる。

A型：三弦鈕である。銘文の字数は多く、方格銘帯隅には文様がなく、銘文は上から左回りに「見日之（出）光、天下大陽、服者君卿、□楽未央、長母相忘」または「日出大陽、服者君卿、所言必当」となる（写真3-7）。

B型：半球形の鈕で、四葉鈕座である。方格銘帯隅には水滴状の葉文があり、銘文は8字で、各辺に2字ずつ「見日之明、天下大陽」となる（写真3-8）。

(面積 13.60cm)　　　　　　　　(面積 11.71cm)　　　　　　　　(面積 21.10cm)

(面積 11.74cm)　　　　　　　　(面積 8.83cm)　　　　　　　　(面積 16.18cm)

(面積 10.27cm)　　　　　　　　(面積 9.94cm)　　　　　　　　(面積 11.40cm)

(面積 14.05cm)　　　　　　　　(面積 9.95cm)　　　　　　　　(面積 11.58cm)

写真3　臨淄出土の漢代銅鏡（1・2 雷文鏡、3 彩絵鏡、4・5 連弧弦文鏡、6〜8 花葉文鏡、9〜12 草葉文鏡）
（1．LZTJ:90　2．LZTJ:610　3．LZTJ:109　4．LZTJ:240　5．LZTJ:600　6．LZTJ:764
　7．LZTJ:712　8．LZTJ:802　9．LZTJ:69　10．LZTJ:264　11．LZTJ:144　12．LZTJ:793）

192──Ⅱ部　研究編

（8）草葉文鏡

　草葉文鏡は漢代銅鏡を最も代表する鏡類の1つである。鏡背の文様は麦穂状文、双葉文、水滴状の葉文、四乳、方格銘帯および方格内の銘文で構成される。麦穂によく似た草葉を主文様とすることがこの鏡類の典型的な特徴であり、名の由来でもある。半球形の鈕あるいは伏獣鈕を中心に、四葉鈕座または円鈕座がある。鈕座の周囲には一般に方格銘帯があり、銘文は方格銘帯内の各辺にある。方格の外側には麦穂状文、双葉文、水滴状の葉文、四乳が鈕を四等分して対称的に均等に配置され、十六連弧文鏡縁である。臨淄地区の草葉文鏡は銘文の違いによって6つの鏡類に分けられ、各鏡類はその細部の特徴の違いによってさらに細かく分けられる。

①日光大明（陽）草葉文鏡

　銘文の違いによって日光大明草葉文鏡と日光大陽草葉文鏡に分けられる。

（a）日光大明草葉文鏡

　完全な銘文は篆書体で「見日之光、天下大明」と右回りまたは左回りに読むが、右回りに読むものが多い。麦穂状文の違いによって2型に分けられる。

　A型：一重草葉文鏡。方格銘帯隅の文様の違いによって4式に分けられる。

　・Ⅰ式：方格銘帯隅は水滴状の葉文（写真3－9）。

　・Ⅱ式：方格銘帯隅は四角形の中に斜線（写真3－10）。

　・Ⅲ式：方格銘帯隅は四角形の中に三角形を重ねた三角渦文（写真3－11）。

　・Ⅳ式：方格銘帯隅は円形小乳（写真3－12）。

　B型：二重草葉文鏡。文様はA型鏡と基本的には同じであるが、麦穂状文が二段となる。方格銘帯隅の文様の違いによって3式に分けられる。

　・Ⅰ式：方格銘帯隅は水滴状の葉文（写真4－1）。

　・Ⅱ式：方格銘帯隅は四角形の中に斜線。

　・Ⅲ式：方格銘帯隅は円形小乳。

（b）日光大陽草葉文鏡

　完全な銘文は篆書体で「見日之光、天下大陽」と右回りに読む。主文様や銘文の構成と配置は日光大明草葉文鏡と基本的には同じである。麦穂状文の違いによって2型に分けられる。

　A型：一重草葉文鏡。方格銘帯隅の文様の違いによって2式に分けられる。

　・Ⅰ式：方格銘帯隅は水滴状の葉文（写真4－2）。

　・Ⅱ式：方格銘帯隅は四角形の中に三角形を重ねた三角渦文（写真4－3）。

　B型：二重草葉文鏡。文様はA型鏡と基本的には同じであるが、麦穂状文が二段となる。方格銘帯隅には四角形の中に三角形を重ねた三角渦文がある（写真4－4）。

②長母相忘草葉文鏡

　銘文の違いによって3型に分けられる。

　A型：一重草葉文鏡。銘文は「見日之光、長母相忘」となる。現在までに発見されている銅鏡の文様構造は日光大明草葉文鏡類と同じで、方格銘帯隅の文様が四角形の中に斜線（写真4－5）か水滴状の葉文（写真4－6）の違いによって各式に分けられる。

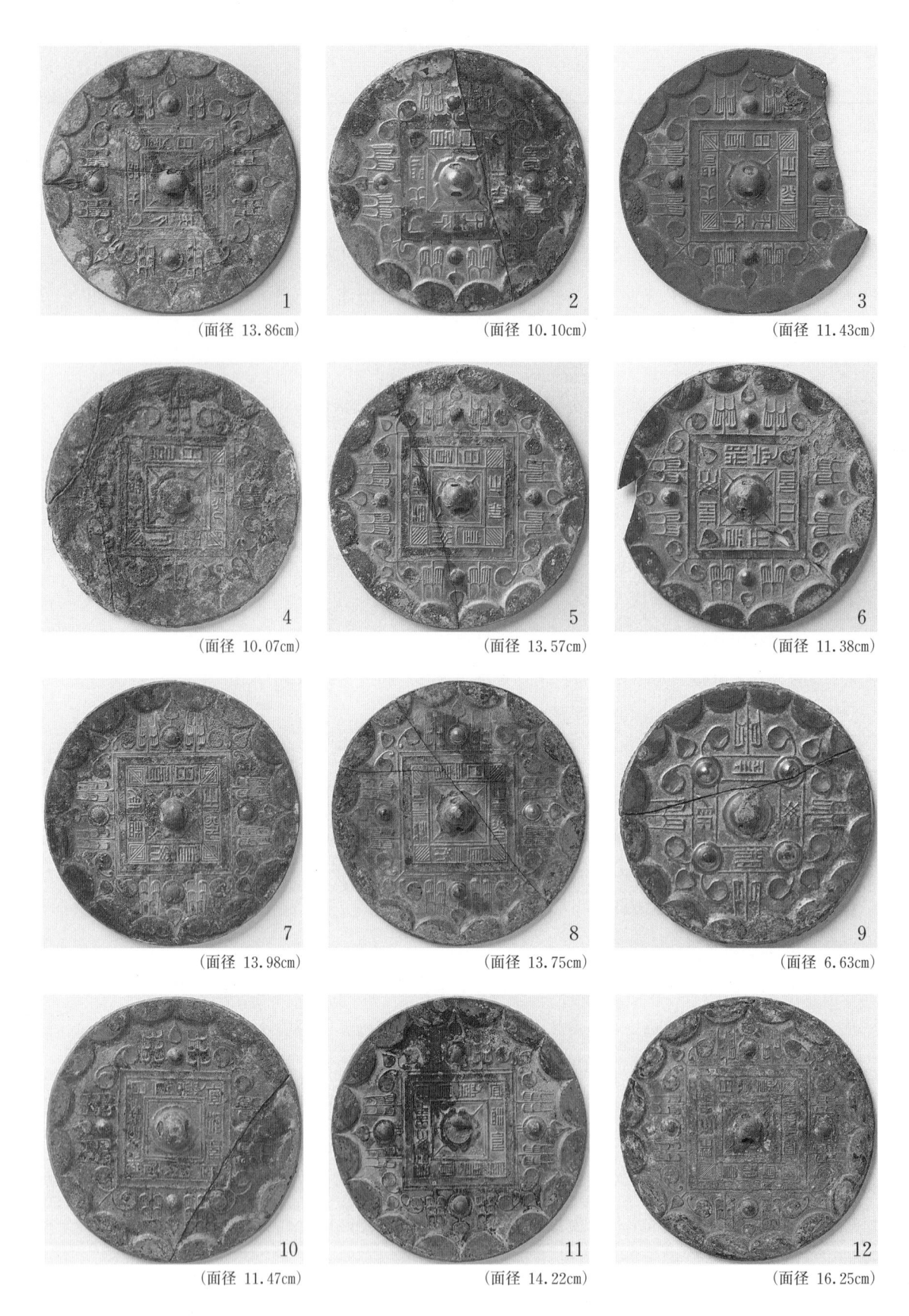

1 (面径 13.86cm)
2 (面径 10.10cm)
3 (面径 11.43cm)
4 (面径 10.07cm)
5 (面径 13.57cm)
6 (面径 11.38cm)
7 (面径 13.98cm)
8 (面径 13.75cm)
9 (面径 6.63cm)
10 (面径 11.47cm)
11 (面径 14.22cm)
12 (面径 16.25cm)

写真4　臨淄出土の漢代銅鏡（1～12　草葉文鏡）

(1．LZTJ:757　2．LZTJ:266　3．LZTJ:279　4．LZTJ:93　5．LZTJ:685　6．LZTJ:651
7．LZTJ:263　8．LZTJ:95　9．LZTJ:173　10．LZTJ:261　11．LZTJ:238　12．LZTJ:62)

B型：二重草葉文鏡。文様はA型鏡と基本的には同じであるが、麦穂状文が二段となる。方格銘帯隅の文様が四角形の中に斜線（写真4-8）か四角形の中に三角形を重ねた三角渦文（写真4-7）の違いによって各式に分けられる。

　C型：麦穂状文は一段で、方格銘帯各辺の外側中央に1つずつある。銘文は各辺に1字ずつと少なく、右回りに「長母相忘」となる。方格銘帯隅には等間隔に円座乳が1つずつある（写真4-9）。

③日有熹草葉文鏡

　銘文は全て「日有熹…」から始まり、この鏡類の文様と銘文は同じである。麦穂状文は二段で、銘文の配置によって2型に分けられる。

　A型：半球形の鈕で、円鈕座または四葉鈕座である。銘文は鈕座の周りに配置され、方格銘帯隅には文様がない。各辺に3字ずつ、上から右回りに「日有熹、宜酒食、長貴富、楽母事」となる（写真4-10・11）。

　B型：半球形の鈕で、円珠文鈕座または四葉鈕座である。方格銘帯隅は四角形の中に三角形を重ねた三角渦文または四角形の中に斜線である。銘文は各辺に3字ずつ、右回りに「日有熹、宜酒食、長貴富、楽母事」となる（写真4-12・5-1）。

④長楽未央草葉文鏡

　銘文中に「長楽未央」または「楽未央」があり、3型に分けられる。

　A型：文様と銘文の配置は日光大明草葉文鏡と同じである。銘文はよく見られる8字形式で、「見日之光、長楽未央」となる。麦穂状文は二段で、方格銘帯隅は四角形の中に三角形を重ねた三角渦文である（写真5-2）。

　B型：文様はA型鏡と基本的には同じであるが、銘文の字数が多い。「見日之光、天下大陽、長楽未央」となる4字形式であるが、各辺には3字ずつ、文の区切りを無視して配置される（写真5-3）。

　C型：文様と銘文はA型鏡やB型鏡とは異なる。文様は長母相忘草葉文鏡類のC型鏡に類似し、麦穂状文は一段である。銘文は右回りに「長貴富、楽未央、長相思、母相忘」となり、各辺に3字ずつ、方格銘帯隅は空のままで字詰めされていない。麦穂状文と四乳の配置の違いによって2式に分けられる。

　・Ⅰ式：麦穂状文は二段で、方格銘帯各辺の外側中央にある。方格銘帯外側の対角線上には乳と一対の双葉文があり、鈕はすでに失われている（写真5-4）。

　・Ⅱ式：麦穂状文は一段で、方格銘帯外側の対角線上にあり、その両側には一対の花蕾文がある。乳は各辺に分けて配置され、乳の周囲には四葉座がある。三弦鈕である。

⑤所言必当草葉文鏡

　銘文は全て「所言必当」を特徴とする。銘文の違いによって2型に分けられる。

　A型：麦穂状文は二段で、下段が一対の巻葉文で、上段の葉は先端が下を向き、一般によく見られる麦穂状文とは異なる。銘文は篆書体で「見日之光、所言必当」と右回りに読む。方格銘帯隅は水滴状の葉文である（写真5-5）。

　B型：銘文はA型鏡よりも多く12字あり、「見日之光、天下大陽、所言必当」または「見日之光、君□之明、所（君）言必当」となり、右回りまたは左回りに読むが、文の句切りを無視して配置される。

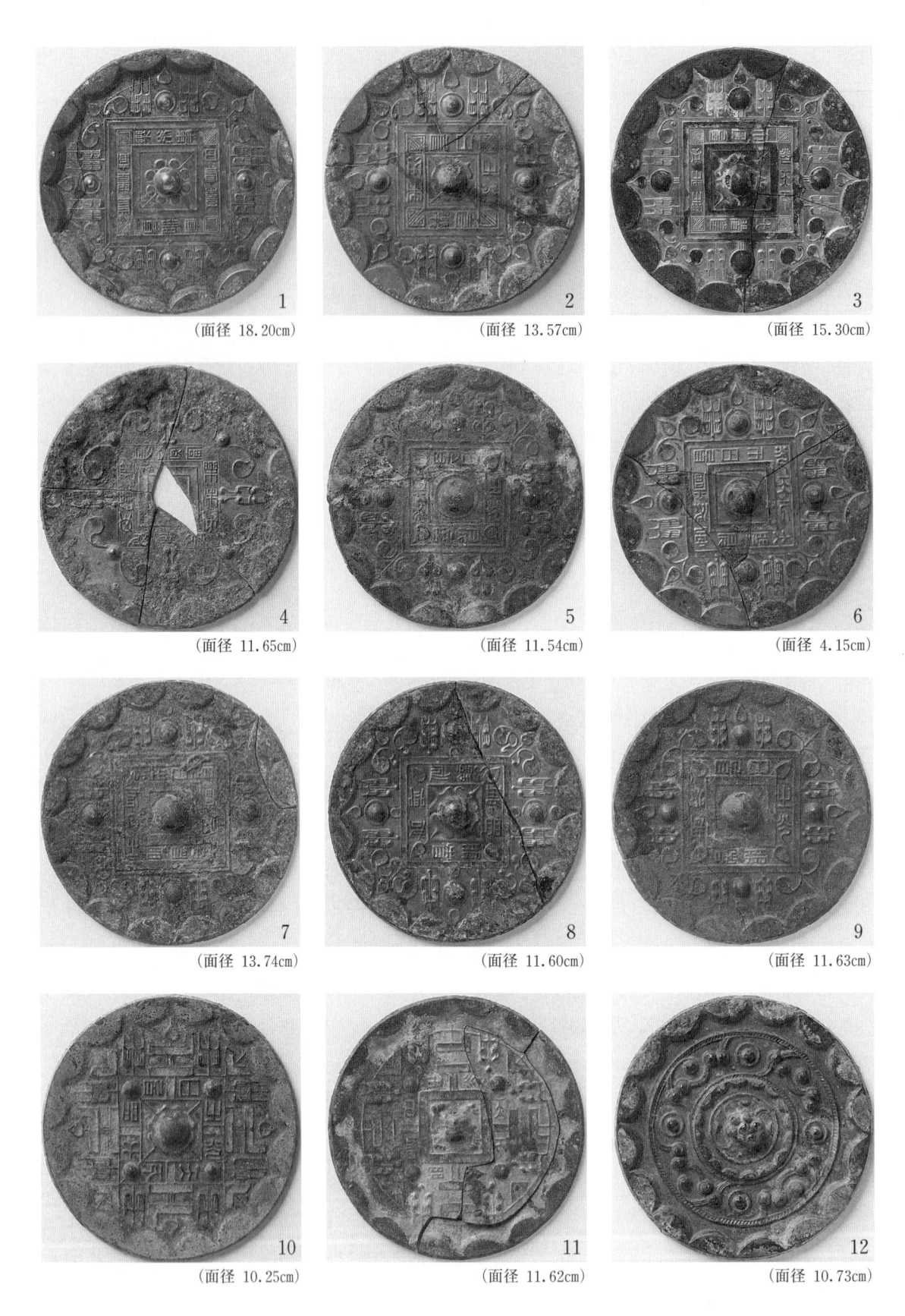

1　（面径 18.20cm）
2　（面径 13.57cm）
3　（面径 15.30cm）
4　（面径 11.65cm）
5　（面径 11.54cm）
6　（面径 4.15cm）
7　（面径 13.74cm）
8　（面径 11.60cm）
9　（面径 11.63cm）
10　（面径 10.25cm）
11　（面径 11.62cm）
12　（面径 10.73cm）

写真5　臨淄出土の漢代銅鏡（1〜9 草葉文鏡、10・11 博局草葉文鏡、12 星雲文鏡）
$\begin{pmatrix} 1.\text{LZTJ}:312 & 2.\text{LZTJ}:703 & 3.\text{LZTJ}:242 & 4.\text{LZTJ}:800 & 5.\text{LZTJ}:222 & 6.\text{LZTJ}:141 \\ 7.\text{LZTJ}:285 & 8.\text{LZTJ}:103 & 9.\text{LZTJ}:316 & 10.\text{LZTJ}:785 & 11.\text{LZTJ}:310 & 12.\text{LZTJ}:127 \end{pmatrix}$

麦穂状文は二段である（写真5-6・7）。
⑥服者君卿草葉文鏡
　文様と銘文の配置は一般的な草葉文鏡類と基本的には同じであるが、非常に珍しい銘文である。製作は非常に精緻であり、麦穂状文は全て二段である。銘文の違いによって2型に分けられる。
　A型：銘文は各辺に2字ずつ、右回りに「仙鏡万明、服者君卿」となる。方格銘帯隅は水滴状の葉文である。半球形の鈕で、四葉鈕座である（写真5-8）。
　B型：銘文は「見日之光、服者君卿」となる（写真5-9）。

（9）博局草葉文鏡
　文様はTLV字文を組み合わせた博局文、麦穂状文、四乳、「見日之光、天下大明」の銘文で構成される。内区は鈕座を取り囲む方格または方格銘帯、銘文で構成される。外区は博局文と麦穂状文である。十六連弧文鏡縁で、伏獣鈕または半球形の鈕である。文様、銘文の配置、鈕の違いによって2型に分けられる。
　A型：一重草葉文鏡。半球形の鈕で、四葉鈕座である。鈕座外側には単線の方格銘帯があり、銘文は鈕座の周りに配置される。各辺に2字ずつ、2字の間はT字文の下部で隔てられ、右回りに読む。方格銘帯隅には乳がある。外区の文様は4組の博局文、麦穂状文、水滴状の葉文の組み合わせで、外から内へ順番に水滴状の葉文、博局文（幅の広い凹弦文のL字文とT字文）、その両側に一段の麦穂状文となる。麦穂状文の外側の方格銘帯外側の対角線上にはV字文があり、鈕座から四葉文の先端を通りV字文の中間に向かって1本の外向きの斜線がある（写真5-10）。
　B型：二重草葉文鏡。伏獣鈕で、鈕の外側には幅の広い凹弦文の方格がある。銘文は方格の外側を取り囲むように右回りに配置される。各辺に2字ずつ、2字の間はT字文の下部で隔てられる。方格外側の対角線上には乳がある。外区の文様は博局文、麦穂状文、四乳の組み合わせで、外から内へ順番に博局文（幅の広い凹弦文のL字文とT字文で、T字文の下部は方格とつながる）、その両側に二段の麦穂状文となる。麦穂状文の外側には方格隅にある乳と相対する位置にV字文がある。L字文とV字文の中央には外向きの短線がある（写真5-11）。

（10）星雲文鏡
　前漢中晩期に流行する鏡類で、主文様は大きな四乳と、たくさんの小乳で構成され、高低もまちまちで、互いにつながる小乳は星像図のように見えることから星雲文鏡と称される。また、たくさんの乳で構成されることから、かつては百乳鏡と称された。臨淄出土の星雲文鏡は数が多く、全て連峰鈕で、十六連弧文鏡縁である。小乳の数の違いによって五星式、七星式、八星式、十星式星雲文鏡に分けられる。
①五星式星雲文鏡
　出土数は少なく、主文様は大きな四乳と5個の小乳が組み合わさった4組の星雲文で構成される。文様や組み合わせの違いによって3型に分けられる。
　A型：主文様は5個の小乳が4組、鈕の周りに配置される。小乳は中間に1個、その両側に2個ず

つ並ぶ。2個並んだ小乳の内側同士は弧線でつながり、外側の乳から外向きに伸びる短い弧線は蟠螭文の角と尾のようであり、蟠螭文から星雲文への変化の過程を示している。鈕座外側には1周の十六連弧文、主文区の内外にはそれぞれ2周の凸弦文があり、その内側に短斜線の凸弦文がある（写真5-12）。

B型：主文様は5個の小乳が内外2列に分かれて配置される。外側3個、内側2個の間を二重線でつなぎ、主文区の内外にはそれぞれ1周の短斜線で内飾された凸弦文がある（写真6-1）。

C型：主文様の5個の小乳はA型鏡やB型鏡とは違った配置となる。5個の小乳は4組に分かれて配置され、中間の1個はやや大きな円座乳で、その両側にはそれぞれ2個の小乳が上下にあり、下側の2個は弧線でつながる。主文区の内外にはそれぞれに1周の短斜線で内飾された凸弦文がある（写真6-2）。

②七星式星雲文鏡

星雲文鏡の中でも出土数が最も多く、主文様は大きな四乳と7個の小乳が組み合わさった4組の星雲文で構成される。文様や組み合わせの違いによって2型に分けられる。

A型：大きな四乳には連珠文座がある。主文様は7個の小乳が内外2列に分かれて配置され、外側の1列は周囲を整然と取り囲み、内側も大部分が揃っているが、やや乱雑なところもある。小乳の間は弧線でつながる。一般に鈕座外側には1周の十六連弧文があり、主文区の内外には単線または二重線、短斜線で内飾された凸弦文がある（写真6-3・4）。

B型：大きな四乳には円座がある。主文様は7個の小乳が内外2列に分かれて配置され、大部分は比較的整然と配置されている。内側の3個は外側の4個の間に交互に配置される。いくつかの七星式星雲鏡では内外2列に分かれて配置されているが、やはり交互に配置されている。一般に鈕座外側には1周の十六連弧文がある（写真6-5・6）。

③八星式星雲文鏡

出土数は少なく、大きな四乳には連珠文座がある。主文様は大きな四乳と8個の小乳が組み合わさった4組の星雲文で構成される。8個の小乳は内外2列に分かれて配置され、外側の5個は整然と、内側の3個はそれに交叉して配置される。内側2個はやや右側に寄り、小乳同士をつなぐ弧線は左側の1個に集中してつながる（写真6-7）。

④十星式星雲文鏡

比較的少なく、大きな四乳には円座がある。主文様は大きな四乳と10個の小乳が組み合わさった4組の星雲文で構成される。10個の小乳は5個ずつ内外2列に分かれて配置される。外側は中間の3個が集中し、その両側にそれぞれ1個が配置される。内側は外側にやや交叉し、弧線でつながる（写真6-8）。

（11）銘文鏡

前漢中晩期には銘文を銅鏡の主要な装飾とすることが盛んに行われた。臨淄出土の銘文鏡は非常に多く、銘文の違いによって、おおよそ日光鏡、日月鏡、昭明鏡、重圏銘文鏡、家常貴富鏡に分けられる。各鏡類は銘文と文様の違いによってさらに細かく分けられる。

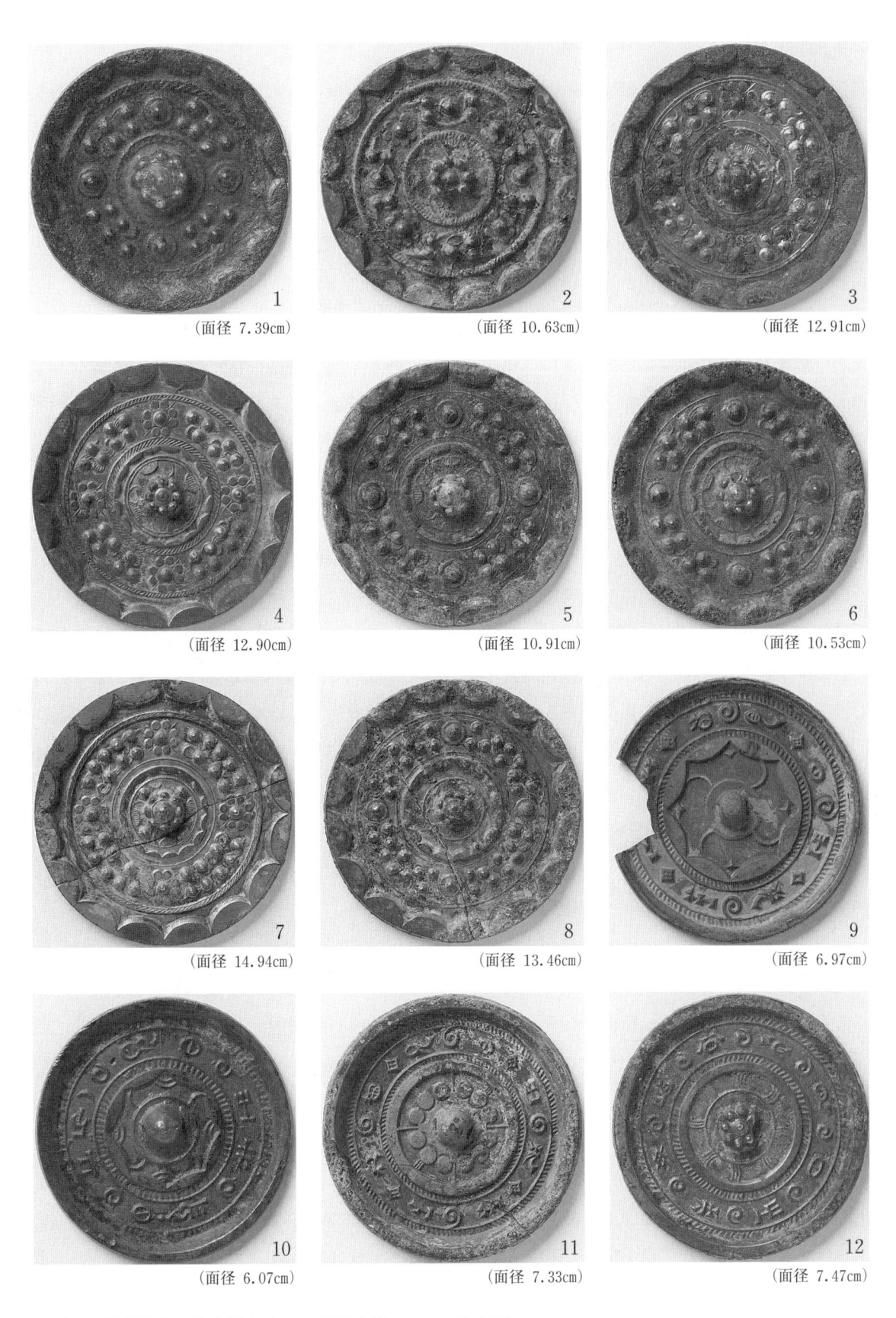

1 (面径 7.39cm)	2 (面径 10.63cm)	3 (面径 12.91cm)
4 (面径 12.90cm)	5 (面径 10.91cm)	6 (面径 10.53cm)
7 (面径 14.94cm)	8 (面径 13.46cm)	9 (面径 6.97cm)
10 (面径 6.07cm)	11 (面径 7.33cm)	12 (面径 7.47cm)

写真6　臨淄出土の漢代銅鏡（1～8 星雲文鏡、9～12 銘文鏡）
（1. LZTJ:228　2. LZTJ:620　3. LZTJ:129　4. LZTJ:108　5. LZTJ:115　6. LZTJ:134
7. LZTJ:296　8. LZTJ:286　9. LZTJ:291　10. LZTJ:230　11. LZTJ:157　12. LZTJ:131）

臨淄漢代銅鏡と斉国故城漢代銅鏡鋳造業——**199**

①日光鏡

　漢代に最もよく見られる鏡類である。銘文は全て8字で、一般的なのは「見日之光、天下大明」または「見日之光、長母相忘」である。2型に分けられる。

　A型：日光連弧銘文鏡。特徴は鈕座外側をめぐる1周の八連弧文である。一般には半球形の鈕、円鈕座で、鈕座外側には短線または渦巻状の弧線があり、八連弧文とつながる。2周の短斜線で内飾された凸弦文の間に銘文がある。銘文は一般に環状に配置され、右回りに読み、文字の間を渦巻状の「E」字形の記号を用いて隔てる。狭縁または狭い平縁である（写真6-9・10）。

　B型：日光圏帯銘文鏡。A型鏡とは異なり、鈕座外側を1周の幅の広い凸弦文がめぐる。主として半球形の鈕または連峰鈕で、円鈕座または連珠文鈕座である。鈕座外側には短線または弧線があり、幅の広い凸弦文とつながる。銘文は環状に配置され、右回りに読み、文字の間を渦巻状の「E」字形または菱形の「田」字形の記号を用いて隔てる。狭縁または狭い平縁である（写真6-11・12）。

②日月鏡

　かつては日光鏡類とされるのが一般的であった。日光鏡類と違うのは銘文が「見日月…」で始まり、銘文中に「光」の字が見られず、しかも字数が多く、日光鏡と昭明鏡の間の過渡型の鏡類に属している。臨淄出土の日月鏡類の数は日光鏡類よりも多く、完全な銘文は「見日月心忽夫母忘」となり、省字と減筆の現象がよく見られ、文字の間も記号によって隔てられることが多い。2型に分けられる。

　A型：日月連弧銘文鏡。一般に半球形の鈕、円鈕座で、鈕座外側には八連弧文がめぐり、2周の短斜線で内飾された凸弦文の間に銘文がある。銘文は右回りに読み、文字の間を記号が隔てる。字数は多く、日光鏡と違うのは文字の間を記号が隔てるが、2字ごとに記号が隔てている場合もある。狭縁または狭い平縁である（写真7-1）。

　B型：日月圏帯銘文鏡。A型鏡と主文様、銘文、文様の配置は基本的には同じであるが、鈕座外側に1周の幅の広い凸弦文がめぐる。銘文は「日月心忽夫忘」となり、省字と減筆の現象がよく見られ、省字が非常に自由なものもある（写真7-2）。

③昭明鏡

　漢代によく見られる鏡類の1つである。臨淄での出土数も多く、一般に銅鏡本体は日光鏡や日月鏡よりも大きく、製作も非常に精緻である。完全な銘文は「内清質以昭明、光輝象夫（兮）日月、心忽揚而願忠、然雍塞而不泄」となり、省字と減筆の現象がよく見られ、文字の間を記号を用いて隔てる。字体や文様の違いによって4型に分けられる。

　A型：昭明連弧銘文鏡。全て半球形の鈕、円鈕座である。鈕座外側には短線または弧線、「E」字形と「田」字形の記号があり、外側には八連弧文がある。日光連弧銘文鏡類と比べると、連弧文が大きく、昭明鏡類においてはすでに主要な位置を占めている。銘文の字体は大きく、右回りに読む。文字の間を「夫」の字に似た記号を用いて隔てる場合もある。平縁はやや広い（写真7-5）。

　B型：昭明圏帯銘文鏡。臨淄での出土数は少ない。A型鏡と文様の配置は基本的には同じであるが、鈕座外側に1周の幅の広い凸弦文が加わる。銘文もやや簡略化し、「内清日月、心忽而忠、然雍塞泄」となる（写真7-6）。

　C型：昭明連弧圏帯銘文鏡。臨淄の昭明鏡類の中でも最も出土数が多い。A型鏡と文様の配置は基

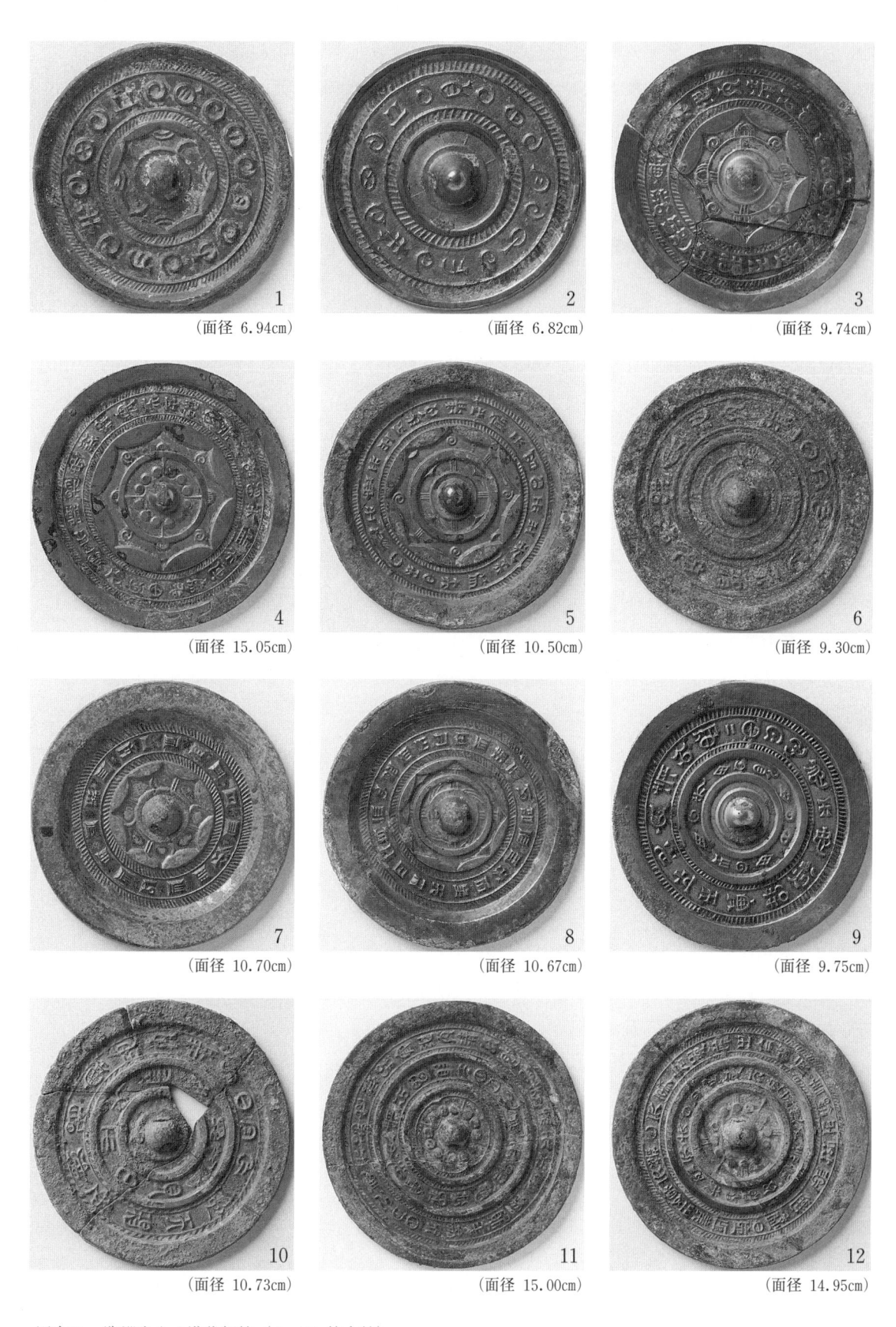

1 (面径 6.94cm)	2 (面径 6.82cm)	3 (面径 9.74cm)
4 (面径 15.05cm)	5 (面径 10.50cm)	6 (面径 9.30cm)
7 (面径 10.70cm)	8 (面径 10.67cm)	9 (面径 9.75cm)
10 (面径 10.73cm)	11 (面径 15.00cm)	12 (面径 14.95cm)

写真7　臨淄出土の漢代銅鏡（1〜12　銘文鏡）
（1．LZTJ:299　2．LZTJ:175　3．LZTJ:149　4．LZTJ:122　5．LZTJ:71　6．LZTJ:614
7．LZTJ:85　8．LZTJ:274　9．LZTJ:645　10．LZTJ:700　11．LZTJ:107　12．LZTJ:644）

臨淄漢代銅鏡と斉国故城漢代銅鏡鋳造業——**201**

本的には同じであるが、鈕座外側に1周の幅の広い凸弦文が加わり、B型鏡の特徴も備えている。半球形の鈕で、円鈕座または連珠文鈕座である。平縁はやや広く、個別には狭縁となる（写真7-3・4）。

　D型：昭明広縁銘文鏡。半球形の鈕、円鈕座であり、鈕座外側には八連弧文または幅の広い凸弦文と八連弧文がある。銘文は扁方隷体を採用し、一般には右回りに読むが、左回りに読むものもある。文字の間を全て「而」字形の記号を用いて隔てる。全て幅の広い鏡縁である（写真7-7・8）。A・B・C型鏡とは異なり、鏡縁は幅が広く、銘文の字体も明らかに違う。明らかに時代が遅い特徴を備えている。

④重圏銘文鏡

　日光鏡、日月鏡、昭明鏡の銘文と近いが、二重に銘文があるのが名の由来である。臨淄での出土数は少ない。銘文の違いによって3型に分けられる。

　A型：日光昭明重圏銘文鏡。内圏の銘文は日光鏡、外圏の銘文は昭明鏡と同じである。内圏の銘文は「見日之光」となり、文字の間を渦巻状の「E」字形と菱形の「田」字形の記号を用いて隔てる。外圏の銘文は「内清以昭＝日月心忽而忠、然雍塞而不泄」となる。幅の広い平縁である（写真7-9・10）。

　B型：昭明重圏銘文鏡。内外圏の銘文は昭明鏡と同じである。内圏の銘文は「内清以昭明＝日月心忽而揚忠、然雍塞泄」となるが、内圏の空間には限りがあり、減字が多い。外圏の銘文は「内清質以昭明、光象夫不□質乎揚夫日月、心忽而揚忠、然雍塞泄」となり、やはり減字の現象が見られる。幅の広い平縁である（写真7-11）。

　C型：昭明清白重圏銘文鏡。内圏の銘文は昭明鏡、外圏の銘文は清白鏡と同じである。内圏の銘文は「内清質以昭明、光象而夫日月、心忽而忠、不泄」となり、減字が多い。外圏の銘文は「清白而事君、怨□之合明、彼玄錫之澤、恐疏遠日忘、懐美之窮而」となる。この鏡類の臨淄での出土数は少なく、その他の地区で出土する同じ銘文と比較すると、減字もある。幅の広い鏡縁である（写真7-12）。

⑤家常貴富鏡

　主文様は四乳と銘文で構成され、四乳銘文鏡とも称される。しかし臨淄で出土したこの鏡類は8個の乳であった。銘文は全て「家常貴富」となり、それ故に家常貴富鏡と称される。文様と銘文の配置の違いによって2型に分けられる。

　A型：四乳家常貴富鏡。全て半球形の鈕、円鈕座で、鈕座外側には1周の幅の広い凸弦文がある。中間には四乳と銘文が組み合わさった主文区があり、4つの円座乳と4字の銘文が交叉して配置され、銘文は右回りに読む。その両側に1周の短斜線で内飾された凸弦文があり、狭縁である（写真8-1・2）。

　B型：八乳家常貴富鏡。全て連峰鈕で、銘文は鈕の四方に1字ずつ、上下、左右の順番で「家常貴富」と配置される。8個の乳は2層に分けられ、内側の4個は正方形に配置され、その辺上に銘文が配置される。外側の4個は銘文の外側に配置され、正菱形を呈する。乳と乳の間は線でつながれ、方格銘帯の外側に菱形を形成する。十六連弧文鏡縁である（写真8-3）。

（12）四乳禽獣文鏡

前漢晩期に流行する。臨淄出土の四乳禽獣文鏡の主文様は大きな四乳と禽獣文の組み合わせで構成され、大きな四乳の間には龍文、虎文、禽鳥文または変形虺文が配置される。おおよそ四乳四虺鏡、四乳龍虎鏡、四乳四獣鏡、四乳八鳥鏡に分けられる。

①四乳四虺鏡

半球形の鈕で、四葉鈕座または円鈕座である。鈕座外側には一般に1周の幅の広い凸弦文があり、四乳と四虺文で構成される主文様は、2周の短斜線で内飾された凸弦文の間にある。虺文は乳の間にあり、二重線で構成される。首はやや内側に曲がり、身体はS字形に近く、尾は内側に巻き込む。一般には虺文の身体の上下に鳥文や巻雲文がある。幅の広い平縁である（写真8-4）。

②四乳龍虎鏡

文様の配置は四乳四虺鏡に類似しているが、乳の間に龍虎文がある。龍虎文は双龍双虎文で、龍と虎が左回りに追いかける形となり、乳を挟んで交互に配置される。龍の形態は大差がなく、蛇の首、龍の頭、頭の上には双角がある。身体には円形と楕円形の斑文があり、四肢は太くてたくましく、尾は後ろに巻いている。虎の耳、目、鬚の造型は真にせまり、口を開いてほえ狂っているように見える。身体には縞の斑文があり、四肢は交叉し、長い尾は後ろに伸び、今にも走り出しそうである。幅の広い平縁である（写真8-5）。

③四乳四獣鏡

主文様は四乳龍虎鏡に類似する。四獣には龍文、虎文、鹿文、朱雀文があり、乳の間に配置される。龍の頸と頭部は蛇のようで、長い口や角があり、身体には縞の斑文があり、四肢は太くてたくましく、今にも走り出しそうである。長い尾と身体には翼がある。虎も走り出しそうで、顎下には鬚、身体には斑文があり、長い尾が上に持ち上がる。鹿も走り出しそうで、頭と首の上には双角が持ち上がり、身体には縞の斑文があり、短い尾は上に上がり、首の下には鳥文がある。朱雀はその他の三獣とは異なり、左側を向き、双翼を広げ、今にも飛び上がりそうである。造型から見ると、虎文と朱雀文の形態は後漢時期に盛行する四獣鏡と同類で、基本的には同じである。幅の広い鏡縁である（写真8-6）。

④四乳八鳥鏡

主文様は四乳と八鳥文で構成される。鳥文は乳によって4組に分けられ、各組に鳥文が2つある。鳥は造型が類似し、互いに向かい合い、尖った嘴に長い翼があり、頭と尾の上には巻雲文状の弧線がある。幅の広い鏡縁である（写真8-7）。

（13）博局文鏡

新莽期と後漢の初年に最も盛行し、前漢中期に出現した博局草葉文鏡と比較すると、文様の形式にも明らかな変化が生じる。この段階の博局文はすでに文様の主体となり、TLV字文の間には青龍、白虎、玄武、朱雀、瑞獣、祥鳥、猴、一角獣、羽人が配置される。禽獣、四霊、五霊などが相継いで博局文鏡中に出現したことにより、博局禽獣鏡、博局四霊鏡、博局羽人瑞獣鏡など博局文を主とする鏡類が形成された。これらの博局文鏡は一般に製作が精巧で、多くは鈕座外側または主文様の外側に銘文がある。銘文によると、製作が精巧な博局文鏡の大部分は少府尚方令官に属する手工房において鋳

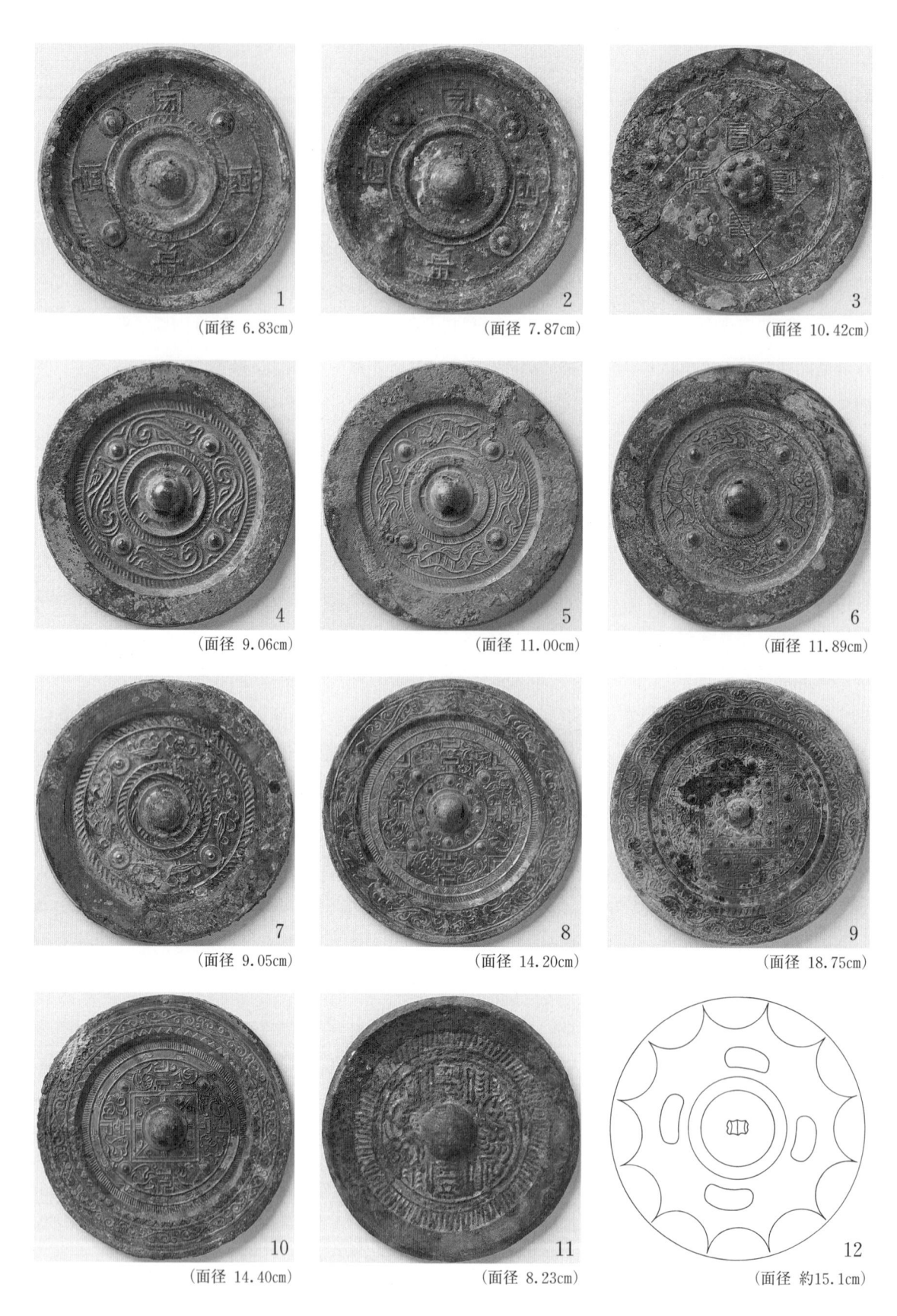

1　(面径 6.83cm)
2　(面径 7.87cm)
3　(面径 10.42cm)
4　(面径 9.06cm)
5　(面径 11.00cm)
6　(面径 11.89cm)
7　(面径 9.05cm)
8　(面径 14.20cm)
9　(面径 18.75cm)
10　(面径 14.40cm)
11　(面径 8.23cm)
12　(面径 約15.1cm)

写真8　臨淄出土の漢代銅鏡（1〜3 銘文鏡、4〜7 四乳禽獣文鏡、8〜10 博局文鏡、11 夔鳳鏡、12 花葉文鏡）
(1. LZTJ:77　2. LZTJ:652　3. LZTJ:181　4. LZTJ:648　5. LZTJ:656　6. LZTJ:92
7. LZTJ:234　8. LZTJ:66　9. LZTJ:151　10. LZTJ:64　11. LZTJ:215　12. LZTJ:267)

造されていたことが分かる。臨淄出土の博局文鏡は銘文によって、おおよそ長宜子孫博局鏡、尚方銘博局鏡、秦言銘博局鏡に分けられる。

①長宜子孫博局鏡

半球形の鈕、円鈕座で、鈕座外側には8個の小乳があり、銘文は「長宜子孫」と記号が乳の間に配置され、右回りに読む。博局文は幅の広い凹弦文のTLV字文で構成され、鈕座外側の凹弦文の四方の中間には外に向かって伸びるT字文があり、T字文の外側にL字文が相対した形で配置される。T字文の間には乳があり、乳の外側にV字文が相対する。乳と博局文の間には青龍文、白虎文、玄武文、朱雀文、瑞獣文、羽人文がある。外側には1周の二重線で構成された三角文と短斜線で内飾された凸弦文がある。鏡縁は平らで幅が広く、中間には1周の鳳鳥文がある（写真8-8）。

②尚方銘博局鏡

半球形の鈕、四葉鈕座で、鈕座外側には方格銘帯と凹弦文の方格がある。12字の銘文の間には12個の小乳があり、方格外側には八乳と博局文がある。乳の間には端獣祥鳥文があり、外側には1周の銘文圏帯がある。銘文は右回りに「尚方作竟大毋傷、巧工…」となる。鏡縁は平らで幅が広く、内側には1周の鋸歯文があり、弦文には1周の雲気文がある（写真8-9）。

③秦言銘博局鏡

半球形の鈕、円鈕座で、鈕座外側は幅の広い凹弦文の方格があり、方格外側隅には四乳がある。博局文と乳の間には白虎文、猴文、一角獣文、朱雀文、祥鳥文、瑞獣文がある。博局文の外側には1周の銘文圏帯があり、銘文は完全ではないが、右回りに「秦言之紀□鏡始、青龍右、左白虎」となる。銘文の外側には1周の短斜線で内飾された凸弦文がある。鏡縁は平らで幅が広く、内側には1周の鋸歯文があり、凸弦文の間には1周の雲気文がある（写真8-10）。

（14）夔鳳鏡

後漢中晩期に新しく出現する鏡類で、主文様が変形夔文または鳳文の円形鏡であるが、文様が同心円状に配置されないのが一般的である。双夔文は鈕の両側に相対的に配置され、しかも銘文は鈕の上下にまっすぐに配置されるのが特徴的である。長期にわたって支持されてきた主文様と銘文が鈕を中心にして環状にめぐる同心円状の配置が打破され、「軸対称式」の新しい形式が形成された。この鏡類の臨淄出土数は比較的少なく、双鳳銘文鏡に属する。

半球形の鈕の上下にはそれぞれ2本の平行する二重線があり、文様を左・中・右の3区に分けている。銘文は中区に垂直に配置され、上は「君宜」、下は「官位」となる。左・右区には1つずつの簡略化した鳳文があるが、首と尾は相対し、身体はS字形に近い。幅の広い素縁で、鏡縁の外側はやや厚く、縁辺は円弧形を呈する（写真8-11）。

3．臨淄鏡范と出土銅鏡の類別比較

臨淄鏡范は、おおよそ蟠螭文鏡范、龍文鏡范、草葉文鏡范、博局草葉文鏡范、四乳連弧弦文鏡范に分けられる（魏成敏ほか 2007）。上述の臨淄地区出土の漢代銅鏡について行った初歩的な分類をもとに、臨淄鏡范と同類または類似する銅鏡を選択し、比較を行いたい。

（1）蟠螭文鏡范

臨淄蟠螭文鏡范が鋳造した銅鏡は3型に分けられる。

A型：蟠螭雲文鏡。主文様は三蟠螭文で構成され、蟠螭文は線画化し、首と尾が分かれず、身体はS字形のように湾曲し、巻雲文状の花葉枝叉文がある。地文は密集する渦巻文である。三弦鈕で、鈕と主文様、主文様と鏡縁の間にはそれぞれ1周の幅の広い凸弦文があり、匕縁である。SLQJF：22（本書資料編の整理番号6）で鋳造された銅鏡の直径は約7.2cmである（本書図版PL.11・12）。

臨淄漢代墓葬で出土した蟠螭文鏡は約10面あり、文様は複雑で、それぞれに異なるが、A型鏡のLZTJ：612（LZTJは臨淄漢墓出土銅鏡の略称）だけは細部の文様は異なるが、主文様と地文は基本的に同じであり、三弦鈕、匕縁で、直径7.21cmである。しかし鈕と主文様、主文様と鏡縁の間には2周の短斜線で内飾された凸弦文があり、A型鏡范で鋳造した銅鏡の2周の幅の広い凹弦文とは異なり、両者の文様には多少の違いがある。

B型：蟠螭連弧文鏡。鏡范は破損しているが、復原すると文様は完全に蟠螭文となり、地文と十六連弧文が組み合わされる。主文様は蟠螭文で構成されるが、蟠螭文の首と尾の特徴は不明で、身体は湾曲する。巻雲文状の花葉枝叉文があり、地文は縦横が相対する短斜線または相対する角のない半菱形文で構成される。主文様の外側には十六連弧文があり、匕縁である。SLQJF：77（本書資料編の整理番号2）は鈕の部分が破損しているが、復原された直径は10.1cmである（本書図版PL.3・4）。SLQJF：29（本書資料編の整理番号28）の復原された直径は8.2cmである（本書図版PL.35）。

文様の特徴から見ると、蟠螭連弧文鏡類のA型鏡とB型鏡に類似するが、細部を比較すると、全てに差がある。B型鏡范で鋳造した銅鏡の蟠螭文は重複していて、A型鏡の蟠螭文と非常に近いが、A型鏡は渦巻文地である。B型鏡の地文はB型鏡范と共通するが、蟠螭文は単体で、両者には差がある。

C型：四乳蟠螭連弧文鏡。主文様の蟠螭文と連弧文はB型鏡范に類似する。ただ蟠螭文の間には四乳が加わり、地文は渦巻文となる。匕縁である。SLQJF：71（本書資料編の整理番号55）がこの型にあたる（本書図版PL.48上）。

臨淄での出土数は非常に多い。しかし多くは菱形短斜線文地であり、渦巻文地のものは少ない。C型鏡范で鋳造した銅鏡の形式とは異なり、蟠螭連弧文鏡類のC型鏡となる。そのうちの1面の銅鏡（LZTJ：301）は文様が基本的に同じであるが、直径は9.22cmで、SLQJF：70の復原された直径10.0cmとは異なる。

（2）龍文鏡范

臨淄龍文鏡范が鋳造した銅鏡は2型に分けられる。

A型：双龍文鏡。破損あり。文様は双龍文、四乳、地文で構成される。龍文の身体は半浮彫状で、乳を取り囲んで、とぐろを巻く。鈕は破損し、匕縁である。LQKJ：03（本書資料編の整理番号17）は約1/4が残存する（本書図版PL.27）。

B型：四龍文鏡。完全な文様は四龍文、四乳、地文で構成される。龍文の首は全て鏡縁寄りで、前方には湾曲した長い鬣、後方には桃葉形の飛翼があり、身体は乳の内側から外へ湾曲し、尾の上には燕形の翼がある。地文は比較的まばらな渦巻文で、三弦鈕、匕縁である。SLQJF：19（本書資料編の整

理番号5）は右半分が現存するため、主文様は復原可能である。復原された直径は10.8cmである（本書図版PL.9・10）。

A型鏡范の龍文と臨淄龍文鏡の龍文は比較的類似している。全て四乳双龍文であるが、銅鏡の龍文は半浮彫状で、乳は龍文の首の上部と身体の中ほどに分かれて配置され、龍文の首の上部の乳は双角の内側に位置する（写真2-7）。鏡范の龍文は身体の下部と乳を取り囲む尾が残存する。B型鏡范の龍文は半浮彫状に近く、臨淄相家庄M133出土の龍文鏡と類似する。全て四龍文だが、龍文にはやや差があり、大きさも異なる。復原された直径は9.35cmである。

（3）草葉文鏡范

草葉文鏡范は臨淄で発見された最多の漢代鏡范であり、鏡背范の3/5以上を占める。臨淄草葉文鏡范が鋳造した銅鏡は銘文の違いによって、おおよそ日光大明（陽）草葉文鏡、長母相忘草葉文鏡、日有熹草葉文鏡に分けられる。

①日光大明（陽）草葉文鏡

完全な銘文は篆書体で「見日之光、天下大明（大陽）」となる。銘文と麦穂状文の違いによって2型に分けられる。

A型：一重草葉文鏡。方格銘帯隅の文様の違いによって3式に分けられる。A型鏡范で鋳造した銅鏡と共通する銅鏡は20余面出土し、そのうち文様が鮮明な銅鏡は19面である。

・Ⅰ式：共通する銅鏡は1面だけである（写真3-9）。方格銘帯隅は水滴状の葉文で、方格外側の対角線上には枝先が外を向く双葉文がある。鏡范の銘文は左回りであるが、銅鏡では右回りに読む。文様や銘文の特徴はほとんど同じであるが、細かく比較すると、両者には微妙な違いがある。鏡范は円鈕座で、乳には座がないが、銅鏡は四葉鈕座で、円座乳である。また直径も異なり、SLQJF：09（本書資料編の整理番号24）の復原された直径は11.2cm（本書図版PL.32下）で、銅鏡の直径は11.4cmである。

・Ⅱ式：共通する銅鏡は2面あり、そのうちの1面は文様が鏡范と同じである。四葉鈕座で、方格銘帯外側の対角線上には枝先が外を向く双葉文があり、座がない乳の外側には水滴状の葉文がある。SLQJF：78（本書資料編の整理番号1）の復原された直径は12.3cm（本書図版PL.1・2）で、銅鏡の直径は11.2cmである。もし鋳造品の収縮率を考えるなら、両者はほとんど完全に一致する。

・Ⅲ式：共通する銅鏡は15面あり、面数は最多である。乳に座がある7面を除いて、文様が同じものは8面ある。方格銘帯隅は四角形の中に斜線で、方格外側の対角線上には枝先が外を向く双葉文がある。鏡范の銘文は右回りであるが、銅鏡でも右回りに読むものが7面、左回りに読むものが1面あり、文様や銘文の特徴は鏡范とほとんど同じである。AⅢ式鏡范で鋳造した銅鏡の直径は11.2cmで、それに類似する4面の銅鏡の直径は10.6cm、11.04cm、11.26cm、11.29cmとなる。

B型：二重草葉文鏡。方格銘帯隅の文様の違いによって2式に分けられる。B型鏡范で鋳造した銅鏡と共通する銅鏡の出土は少なく、文様もはっきりしているのは2面である。

・Ⅰ式：共通する銅鏡はわずか1面である。四葉鈕座で、方格銘帯隅は水滴状の葉文、方格外側の対角線上には双葉文と水滴状の葉文などがある。両者の細かな差を比較すると、鏡范の方格外側の対角

線上には枝先が外を向く双葉文がある。

・Ⅱ式：文様が類似する銅鏡は１面だけである。方格外側の対角線上には双葉文と水滴状の葉文があり、方格銘帯隅は四角形の中に斜線である。しかし鏡范の方格銘帯隅は四角形の中に三角形を重ねた三角渦文である。

②長毋相忘草葉文鏡

完全な銘文は篆書体で「見日之光、長毋相忘」となる。方格銘帯隅の文様が水滴状の葉文か四角形の中に斜線の違いによって２型に分けられる。

A型：共通する銅鏡は２面あり、そのうちの１面の乳には座がある点が異なる。もう１面の文様と銘文はほとんど同じであり、方格銘帯隅は水滴状の葉文で、方格外側の対角線上には双葉文があり、乳は無座である（写真４−６）。SLQJF：13（本書資料編の整理番号３）の復原された直径は12.0㎝（本書図版PL.５・６）、銅鏡の直径は11.38㎝で、両者にはやや差がある。

B型：共通する銅鏡は２面ある。そのうちの１面の銘文は文字の間を短線を用いて隔てる点が鏡范とは異なる。もう１面の文様と銘文の配置は完全に同じであり、直径も近い。SLQJF：18（本書資料編の整理番号15）の復原された直径は12.0㎝（本書図版PL.25）、銅鏡（LZTJ：146）の直径は11.79㎝である。

③日有熹草葉文鏡

麦穂状文は全て二段で、大部分は破損がひどく、銘文の字数だけが復原され、全ての解読はできない。方格銘帯隅の文様の有無によって２型に分けられる。

A型：麦穂状文や文様、銘文が共通する銅鏡は２面ある（写真４−12・５−１）。方格銘帯隅は四角形の中に三角形を重ねた三角渦文である。円座乳で、水滴状の葉文があり、方格外側の対角線上には双葉文と水滴状の葉文がある点は基本的に同じである。しかしSLQJF：12（本書資料編の整理番号13）は乳と方格の間を３本の短線でつなぐ（本書図版PL.23）が、銅鏡にはない点が微妙に異なる。

B型：麦穂状文と銘文の配置が共通する銅鏡は２面ある。そのうちの１面の乳には座があり、方格外側の対角線上には双葉文がある点が鏡范とは異なる。もう１面は円座乳で、水滴状の葉文があり、方格外側の対角線上には双葉文と水滴状の葉文があり、基本的には鏡范と同じである。SLQJF：31（本書資料編の整理番号31）は乳と方格の間を１本の短線でつなぐが（本書図版PL.36下）、銅鏡（写真４−11）は３本の短線でつなぐ点が異なる。

（４）博局草葉文鏡范

臨淄博局草葉文鏡范は現在までに３点が発見され、数量は多くないが、博局草葉文鏡の発見数が極めて少ないので、鏡范の発見は特に重要である。銘文の有無によって２型に分けられるが、現在までに臨淄で出土した２面の博局草葉文鏡には銘文があり、B型鏡范に属する。

B型鏡范で鋳造した銅鏡には全て方格銘帯があり、方格銘帯隅は水滴状の葉文か四角形の中に三角形を重ねた三角渦文である。そのうちSLQJF：66（本書資料編の整理番号39）には銘文のうちの「光」字が残り、麦穂状文は二段である（本書図版PL.40下）。２面の銅鏡の銘文は「見日之光、天下大明」となるが、そのうちの１面は麦穂状文が二段であるが、銘文の外側に方格帯がない。すなわち、

文様と銘文の配置はＢ型鏡范とは明らかに符号しない（写真５-11）。もう１面は鏡范と文様、銘文の配置、地文が基本的に同じであるが、麦穂状文は一段であり、方格銘帯隅は乳であるため、これも符号しない（写真５-10）。

（５）四乳連弧弦文鏡范

この鏡范はわずか１点が発見され、文様は四乳、幅の広い凸弦文、十六連弧文で構成される。匕縁である。これと共通する銅鏡の発見は少なく、現在までに臨淄では２面が出土している。銅鏡の文様は１周の幅の広い凹弦文、四乳、鏡縁の内側の十六連弧文で構成され、鏡范の文様とほとんど完全に同じで、匕縁である。鏡范と銅鏡を比較すると、SLQJF：20（本書資料編の整理番号26）の復原された直径は10.4cm（本書図版PL.34上）、出土した２面の直径はそれぞれ11.74cm、8.83cmである（写真３-４・５）。両者の文様はほとんど一致しているが、大きさにやや差がある。

４．臨淄漢代銅鏡鋳造業の初歩的検討

青銅器の製造業は古代の重要な手工業の１つであり、商周時期に隆盛を極めたが、漢代に入ると次第に衰退した。ただ漢代の銅鏡鋳造業はかえって盛行に向かい、当時の重要な産業の１つとなった。臨淄漢代の銅鏡鋳造業について検討し、漢代銅鏡研究を深める一助としたい。

（１）臨淄鏡范と銅鏡製作工房

臨淄鏡范は多数出土している。最も早く確認されたのは20世紀の1940年代である。1940年から2005年までに臨淄斉国故城内では前後して８期にわたり漢代鏡范が出土している。1940年傅家廟村南１点、1997年劉家寨村南１点、1999年蘇家廟村３点、2000年劉家寨村53点、2000年蘇家廟村２点、2003年石佛堂村東南地点９点、2003年蘇家廟村西７点、2005年闞家寨村16点、この他に2000年に古鑑閣が収蔵した１点があるが、出土地点は不明である。上述した８期にわたり93点の鏡范が出土している。流失した鏡范を加えると、臨淄鏡范はすでに100点以上になる。

臨淄鏡范出土地点の分布範囲は広い。上述した８期の鏡范は傅家廟、劉家寨、蘇家廟、石佛堂、闞家寨の５つの村付近で出土しており、基本的な分布範囲は斉国故城の大城の中心地帯となる（本書P.xv 写真１・P.xvi 図３）。2003年に中国社会科学院考古研究所、山東省文物考古研究所、臨淄区文化局が共同で、臨淄鏡范出土地点に関する専門的な調査を行い、石佛堂村と蘇家廟村の２ヶ所の鏡范出土地点を確認し、さらに多くの鏡范出土地点の試掘調査も行い、鏡范出土地点付近の全てに鋳造に関する遺跡や遺物があることを明らかにした（中国社会科学院考古研究所ほか 2004）。20世紀の1960年代に山東省文化局臨淄文物工作隊が臨淄斉国故城の全面的な試掘調査を行い、重要な収穫を得た。試掘資料によると、臨淄鏡范出土地点は全て銅や鉄の製錬遺跡および貨幣の鋳造遺跡付近に位置する。これらの冶金遺跡の面積は数万～数10万㎡もあり、そのうちの劉家寨村南地点付近にある鉄器製作遺跡の面積は40万㎡以上もある（群力 1972）。

臨淄鏡范出土地点の大部分は銅鏡製作工房の所在地にあたる。試掘資料を見ると、斉国故城内の冶金遺跡の大部分は大城の中部および南に分布し、石佛堂、傅家廟、闞家寨、崔家庄、劉家寨などの村

付近である。これら5つの村付近では、現在までに鏡笵が発見されていない崔家庄村を除いて、4つの村付近で漢代鏡笵が発見されている。試掘資料では、蘇家廟村一帯での冶金遺跡については言及されていないが、蘇家廟村西の鏡笵出土地点において調査を行った際に、鏡笵出土地点まで南に30m余りの地点で、冶金と骨器製作の工房跡が発見されている。多くの銅鏡製作工房は冶金遺跡付近にあり、両者に密接な関係があることを示している。銅鏡製作と冶金は切り離せない関係にあり、また銅鏡製作と冶金の工房が一緒にあることは生産に有利でコストダウンもでき、さらに大きな経済効果が得られる。

　臨淄鏡笵出土地点を見ると、その分布には一定の距離間隔がある。石佛堂村から傳家廟村、闞家寨村、蘇家廟村まではそれぞれ約600〜800mの距離にあるが、劉家寨村だけが遠い。また銅鏡製作工房は大型の冶金遺跡付近とは離れていて、しかもその分布には一定の距離間隔が保たれており、当時の銅鏡製作工房がみな一定の規模を備えていたということになる。斉国故城内での多くの銅鏡製作工房の発見は、臨淄の銅鏡生産が非常に盛んで、当時の漢代銅鏡生産の重要な基地であったことを必然的に示している。

（2）臨淄漢代銅鏡の生産規模
　臨淄の漢代墓葬から出土した銅鏡の時代的特徴および分類分析によると、臨淄漢代銅鏡は主に前漢時期に属している。前漢時期の銅鏡は数量が多く、また種類も多い。筆者らが行った臨淄漢代銅鏡の分類は、時代的特徴を参考に類型学の角度から行ったもので、現在までに学界が行った漢代銅鏡に対する分類はさらに多い。研究者が漢代銅鏡と臨淄漢代銅鏡の比較研究を行うために、臨淄漢代銅鏡の種類をさらに細かく分類すると、素面鏡、弦文鏡、蟠螭文鏡、蟠螭銘文鏡、龍文鏡、雷文鏡、連弧弦文鏡、花葉文鏡、草葉文鏡、博局草葉文鏡、星雲文鏡、日光鏡、昭明鏡、重圏銘文鏡、家常貴富鏡、博局神獣文鏡、四乳四虺鏡、四乳禽獣文鏡、夔鳳鏡、彩絵鏡など20余種類に達する。基本的には漢代銅鏡の大部分の鏡類を包括しているといえる。

　臨淄鏡笵は蟠螭文鏡笵、龍文鏡笵、草葉文鏡笵、博局草葉文鏡笵、四乳連弧弦文鏡笵の5つに大きく分類される。臨淄漢代銅鏡と比較し、臨淄鏡笵の時代的特徴を分析すると、その年代は全て前漢時期に属していることが確定できた。銅鏡と鏡笵の時代が同じで、同一地区から出土している点は、両者の関係を検討する上で非常に有利であり、漢代の銅鏡製作技術を研究する上でも重要である。臨淄鏡笵と臨淄漢代銅鏡の比較分析の結果、臨淄漢代銅鏡の数量は数百面に達し、種類もほぼ揃うが、臨淄鏡笵の文様、大きさ、総体的特徴において完全に一致する臨淄漢代銅鏡はほとんど見られず、草葉文鏡類の日光大明草葉文鏡だけが同笵鏡の可能性をもっている。

　もし単に漢代の銅鏡製作技術の角度から研究するならば、この結果は非常に遺憾である。しかし、もう1つの角度から見ると、臨淄鏡笵と臨淄漢代銅鏡の比較分析の結果には大きな差があるが、かえって臨淄斉国故城の漢代銅鏡の生産規模と銅鏡鋳造業の地位を検討する上で重要な情報を提供しているといえる。同一時期・同一地区出土の数十点の鏡笵と数百面に達する銅鏡の比較は、共通するものがわずかならば、これは臨淄で鋳造された銅鏡が臨淄地区出土の銅鏡の種類よりもさらに多いことを示している。さらに進めると、臨淄漢代銅鏡鋳製業の生産規模は大きく、生産する漢代銅鏡の数量は

莫大であったことを示している。数量が非常に多い銅鏡は現地の需要を満たすだけではなく、大量の銅鏡を対外的な流通商品としていたと考えられる。

(3) 臨淄漢代銅鏡の流通方法

臨淄は山東地区の経済や手工業の中心地となり、漢代銅鏡の生産力は現地での需要をはるかに超えていた。斉国故城内で現在までに発見された銅鏡製作工房遺跡は少なくとも5ヶ所以上あり、大量に生産された漢代銅鏡は現地の需要を満たすだけではなく、必ずや外へ流通する商品となっていたはずであり、それはまず付近の地区、主として山東地区に供給されたと考えられる。

従前の学者は山東地区を3地区、すなわち魯北膠東区、臨沂地区、魯西南地区に分け、3地区で出土した漢代銅鏡の特徴には明らかな差があることを確認した。臨沂地区では蟠螭文鏡が多く見られ、魯北膠東区では草葉文鏡と銘文鏡類が主となり、魯西南地区で発見された漢代銅鏡の大多数は後漢時期に属する。さらにこの漢代銅鏡の差は漢代銅鏡の生産地の違いに関連すると推測している（逢振鎬 1989）。しかし資料の限界によって、上述した観点には明らかな欠陥がある。

筆者らがかつて山東地区出土の漢代銅鏡に対して行った比較分析の結果、3地区で出土した漢代銅鏡の差は地域的な差ではなく、時代が前後する差であることを証明した。臨沂地区で蟠螭文鏡が多く見られるのは、流行した年代が前漢初期から早期であり、魯北膠東区で草葉文鏡と銘文鏡類が主となるのは、最も流行した年代が前漢中期であり、魯西南地区で発見された漢代銅鏡の大多数は後漢時期に属するからである（魏成敏ほか 2007）。

同時に筆者らは、山東地区出土の漢代銅鏡と臨淄鏡范について比較分析を行った結果、臨淄鏡范の文様に共通する漢代銅鏡の鏡類は異なる地域に分布していることが分かった（図3）。蟠螭文鏡は主として魯南地区の臨沂、棗庄、済寧、淄博である。博局草葉文鏡は主として魯北地区の濰坊、淄博、済南である。

草葉文鏡が分布する範囲は最も広く、魯南地区の臨沂、膠東地区の青島、魯中地区の莱蕪、魯北地区の濰坊、淄博、済南で発見されている。双龍文鏡と弦文鏡は臨淄地区で出土している（資料の限界によって、以上の比較分析は現在できうる範囲であり、参考として比較分析したのは120余面にとどまる）。上述した魯南地区の棗庄と済寧以外の地区は漢代斉国と密接な関係がある。

漢初、劉邦の庶長子である劉肥は斉国を封じられ、膠東、膠西、臨淄、済北、博陽（済南）、城陽、琅琊の七郡が斉国に帰属した。後には済南、済北、淄川、膠東、膠西、城陽の六国が分封され、琅琊と城陽以外は斉国の中心区域であった。これらの郡国を統治したのは斉王劉肥の後裔で、斉国の政治や経済とのつながりは格別であった。これにより、これらの地区で発見された漢代銅鏡の大部分は、臨淄で鋳造されたものと考えられる。魯東南地区の琅琊と城陽は、漢初には政治や経済の面で斉国と密接な関係があり、交通も便利で、臨淄から穆陵関を通り琅琊までは古代の主要な交通幹線が直通していた。現在のこの地区で出土する商品としての漢代銅鏡についても、おそらく臨淄で鋳造された銅鏡であったと考えられる。魯西南地区の滕州や嘉祥の地域は、前漢時期の魯国と山陽郡に属し、魯北地区の臨淄とは泰山が間を隔てていたが、両地域で出土する蟠螭文鏡と臨淄で鋳造された蟠螭文鏡はほとんど同じである。漢代の経済は発達し、各地の往来も非常に密接であり、商品として漢代銅鏡が

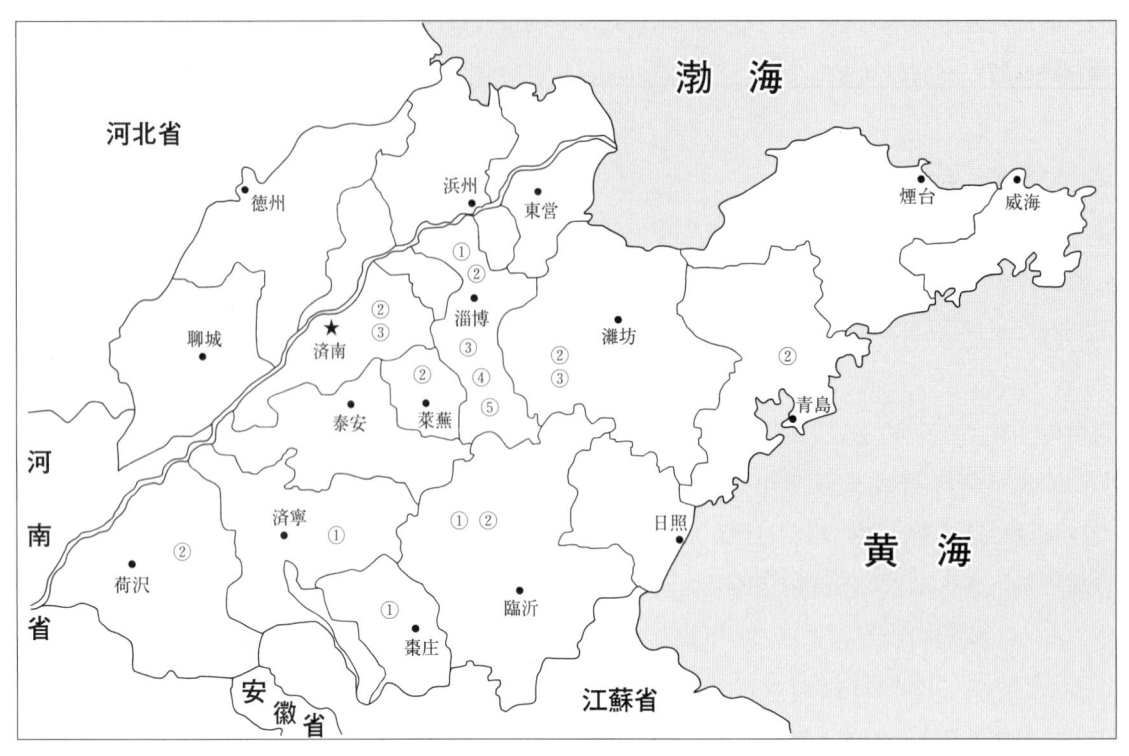

図3　山東省の漢代銅鏡分類の分布図［S＝1/5,500,000］
　　（①蟠螭文鏡　②草葉文鏡　③博局草葉文鏡　④龍文鏡　⑤連弧弦文鏡）

流通する領域も広い。これにより、滕州や嘉祥出土の漢代銅鏡も臨淄で鋳造された可能性がある。

　現在までに掌握できた資料によると、臨淄で鋳造された漢代銅鏡は主として山東地区で流通したが、大量に鋳造された漢代銅鏡は商品として地域の制限を受けずに山東地区の極限にまで至った。草葉文鏡は臨淄で鋳造された漢代銅鏡の中でも最も主要な銅鏡であるが、文様は精緻で多様であり、生産量も極めて大きかったのであれば、対外輸出の主要な鏡類であったとすることもできる。ある学者は草葉文鏡の中の日光大明鏡について専門的な研究を行い、この鏡類が主として現在の山東、河南地区、つまり黄河中下流地域、西は西安、南は江西、浙江、北は遼東地区に分布することを発見した。銅鏡の特徴と分布範囲を見ると、この鏡類はおそらく臨淄で鋳造され、商品交換あるいはその他の経路を通じて流通し、外伝したとされる（白雲翔 1999）。現在までの銅鏡の生産地に対する分析には、主に伝統的な考古学の方法を採用しているが、文様や銘文の表面観察と分析だけに限られており、これ以上の信用を得るには大きな限界があるといえる。そのため現代の科学技術の方法を利用し、測定や分析を行い、銅鏡の生産地を確定し、銅鏡研究のレベルを高めることは重要な課題である。

（4）臨淄の漢代銅鏡鋳造業の地位

　臨淄は漢代の重要な銅鏡鋳造センターの1つであり、経済の基礎と歴史の沿革にも深くかかわっている。臨淄城は周代の斉国政治や経済統治の中心地であり、春秋戦国時期にはすでに東方最大の都城の1つとして発展してきた。斉国の重要な事件を記載した『管子』には、冶金に関する多くの記載がある。『管子　地数篇』にも「出鉄之山、三千六百九山」とあり、『管子　軽重乙篇』には「清以令断山木、鼓山鉄、是可以毋績而用足」と記載されている。これらは斉国がすでに鉄鉱の採掘を始めて冶

金を行い、一定の規模であったことを示している。また臨淄斉国故城内で発見された大規模な面積の冶金遺跡は最もよくこれを証明し、文献の記載を裏付けている。

周代における臨淄の冶金業の盛行には、もう１つの突出した重要な条件がある。それは臨淄斉国故城までそう遠くない西には黒鉄山があるが、そこには豊富な鉄鉱や銅鉱資源があり、今なお採掘がされ、中国国内の重要な鉱山の１つとなっている。20世紀の1980年代、採掘場の上層で戦国時期の遺物として陶鬲、罐、冶金用具の残片が発見され、遅くとも戦国時期までには、ここに斉国の重要な銅鉱や鉄鉱を採掘する製錬所があったと考えられる。

漢代の臨淄は漢代の東方経済の中心地となった。漢が天下を治め、劉邦は庶長子の劉肥を「諸侯大国無過斉悼恵王」とし、斉王に胶東、胶西、臨淄、済北、博陽（済南）、城陽、琅琊の七郡、計73県を帰属させた。同時に、漢王朝は執政の初年に、秦始皇帝が六国統一後に推し進めた「重農抑商」政策を改め、「与民休息」「軽揺薄賦」の政策を採用し、「馳山澤之禁」、すなわち製塩や製鉄の郡国および個人による経営を禁止した。これらの政策の奨励によって、漁業、製塩業、冶金業で利益を得た斉国や斉郡は戦国時期の経済を持続的に発展させ、さらに臨淄の経済を繁栄させた。『漢書』には「斉臨淄十万戸、市租千金、人衆殷富、鉅于長安」「非天子親弟愛子、不得王此」と記載され、臨淄斉国故城の漢代経済における重要な地位が伺える。

漢代斉国は済南から浜海に至るまでの周代斉国の中心区域であると同時に、経済、文化、習俗においても伝統的な継続性をもっていた。臨淄商王村出土の戦国時期の錯金銀嵌鑲緑松石大銅鏡１面の製作技法はすばらしく、中国古代銅鏡の中でも精品に属する。また臨淄戦国透彫鏡の製作もすばらしく、青銅鏡の鋳造における先進技術は斉国にあったことを示している。漢代の斉国や斉郡はその先進的な青銅器の鋳造技術を継承した。臨淄大武前漢斉王墓の陪葬坑内から出土した５面の銅鏡、特にそのうちの蟠龍文大型鏡は臨淄の漢代銅鏡鋳造レベルが極めて高かったことを十分に示している。

臨淄の経済発達の重要な目印こそが手工業の盛行であり、銅鏡鋳造業は当時の手工業における重要な産業であった。20世紀の1960年代の試掘資料では、臨淄斉国故城内に鉄や銅の製錬、貨幣の鋳造、骨器製作など多種にわたる手工業工房遺跡があることが明らかにされ、そのうち冶金遺跡が最も多く、面積も大きくて、その分布範囲は６ヶ所に集中していた。中でも最大面積は劉家寨村南の鉄器製作遺跡で400000㎡以上あり、臨淄斉国故城の冶金業や鋳造業が非常に発達していたと見ることができる。臨淄鏡范の調査によると、鏡范の出土地点付近には一般に冶金遺跡があり、これが重要な現象の１つである。銅鏡製作工房の多くは冶金、貨幣の鋳造、骨器製作などの手工業工房付近に集中して分布していたとすれば、同時に手工業工房にも一定の集中管理体制があったといえるだろう。

総合的に見ると、臨淄斉国故城内の銅鏡製作工房の分布には一定の規律がある。石佛堂村から傅家廟村、闞家寨村、蘇家廟村のそれぞれの銅鏡製作工房までは約600〜800m前後の距離がある。また相互に一定の距離間隔が保たれていて、銅鏡製作工房が一定の分布範囲に存在していたとすれば、これもまた偶然の一致ではなく、当時の臨淄斉国故城内の銅鏡製作工房には一定の規律があったと説明することができる。

銅鏡製作工房の性質については、現在まで考古学的な発掘が行われなかったことを不足の根拠としてきた。しかし劉家寨村一帯に大規模な鉄器製作遺跡があるだけではなく、大量の封泥も度々出土し、

その中には「斉鉄官丞」「斉采鉄印」などがあり、この一帯に漢代の「鉄官」が存在したと説明することができる。また、この範囲には比較的大きな冶金遺跡があり、おそらく当時は官営の製錬所であった可能性があり、劉家寨村南の銅鏡製作工房や冶金遺跡付近も官営工房に属していたと考えられ、臨淄の銅鏡製作工房の性質を検討する上でも重要な意義がある。

臨淄斉国故城内で発見された多くの銅鏡製作工房は、漢代銅鏡鋳造業の高度な隆盛を明らかにしている。臨淄鏡范、銅鏡製作工房、臨淄漢代銅鏡の分析と研究を通して、臨淄漢代銅鏡鋳造業が当時、極めて大きな規模であっただけではなく、銅鏡製作工房にはおそらく一定の規律があり、それに相応する管理体制があったことは、臨淄斉国故城の統治者が漢代銅鏡鋳造業を重視していたことの表れでもある。つまり、こういった重要な条件を備えていたことが、臨淄漢代銅鏡鋳造業が前漢時期に発展を極め、当時の経済発展において非常に重要な役割を果たした。そして臨淄は漢代の東方経済の中心地となり、その高度に発達した漢代銅鏡鋳造業が重要な手工業産業の支柱であったことにより、漢代銅鏡鋳造業において非常に重要な位置にあったことを証明している。

注

1）山東省文物考古研究所発掘資料参照

参考文献

逢振鎬　1989　「漢代山東出土銅鏡之比較研究」『考古与文物』第 4 期

魏成敏・董雪　2007　「臨淄斉国故城的漢代鏡范与山東地区的漢代銅鏡」『山東省臨淄斉国故城漢代鏡范的考古学研究』科学出版社

群力　1972　「臨淄斉国故城勘探紀要」『文物』第 5 期

山東省淄博市博物館　1985　「前漢斉王墓随葬器物坑」『考古学報』第 2 期

淄博市博物館・斉故城博物館　1997　『臨淄商王墓地』斉魯書社

中国社会科学院考古研究所・山東省文物考古研究所　2004　「山東臨淄斉国故城内漢代鋳鏡作坊址的調査」『考古』第 4 期

白雲翔　1999　「西漢時期日光大明草葉紋鏡及其鏡范的考察」『考古』第 4 期

前漢草葉文鏡について

程　林　泉

はじめに

　前漢時期は、中国古代銅鏡が最初の発展のピークを迎える時期であり、銅鏡の数量が大幅に増加するだけではなく、その種類においても戦国、秦代の銅鏡の基礎を継承しつつ、新たに多くの鏡類が登場した。これは当時の社会における人々の思想観念の変化が銅鏡の鏡背文様に微妙な変化をもたらした。拙著『長安漢鏡』(程林泉ほか 2002) では、西安地区の漢代墓葬から出土した各種銅鏡についての系統的な分類を行ったが、資料の制限により、一部の研究については深く掘り下げることができなかった。本論では、漢代の草葉文鏡についての細かな整理を行うことで、草葉文鏡に対する全面的、かつ深い認識をもちたいと考えている。不適切な点については、先賢諸学のご教示を頂きたい。

1．草葉文鏡の名称と研究

　草葉文鏡は漢代に流行した鏡背を麦穂状の文様で飾る銅鏡の総称である。一般的な草葉文鏡は半球形の鈕、四葉文の鈕座で、鈕座の外側には一重または二重の方格があり、二重の方格の内側には銘文があることが多い。方格の外側の主文様には、麦穂状の草葉文や双葉文があり、鏡縁には16個の連弧文があることが多い。全体の文様は鈕を中心に対称に配置され、その構成にはきちんとした順序があり、雑然と乱れることはない。

　草葉文鏡は上述したような基本的な特徴以外に、各種要因によって形成された例外的な特徴もある。例えば、鈕が弦鈕、伏螭鈕、連峰鈕、無鈕で、鈕座が円鈕座、鈕座の外側が円形の枠、鏡縁が幅広の素縁などである。

　草葉文鏡において最も基本となる点は、麦穂状文を主文様としている点である。以前は、銘文を根拠にいくつかの草葉文鏡を心思君王鏡と称する学者もいた (郭玉海 1996)。また銘文の字体によっては鳥書鏡 (郭玉海 1996)、さらには草葉文見日之明鏡 (郭玉海 1996) や日光草葉文鏡 (趙力光ほか 1997) と称し、博局文、螭龍文、麦穂状文が相互に配置される銅鏡を蟠龍文鏡 (郭玉海 1996) などとも称した。本論では、麦穂状文をもつ銅鏡を草葉文鏡と通称し、その上で麦穂状文以外の文様を配置文様とし、これをもとに型式分類を行いたい。

　草葉文鏡に関する研究は、1984年に孔祥星、劉一曼両氏が『中国古代銅鏡』において、草葉文鏡をその構造と文様によって四乳草葉文鏡、四乳花弁草葉文鏡、規矩草葉文鏡に分類した (孔祥星ほか 1984)。それを進めた研究としては、1993年に周世栄氏が『中華歴代銅鏡鑑定』において、草葉文鏡についての有益な考察を行い (周世栄 1993)、1999年には白雲翔氏が「西漢時期日光大明草葉紋鏡及其鋳范的考察」において、「見日之光、天下大明 (陽)」の銘文を有する草葉文鏡についての詳細な型式分類を行い、また山東省淄博市出土の日光大明草葉文鏡范と結びつけ、草葉文鏡の鋳造技術についての総合的

な研究を行っている（白雲翔 1999）。『長安漢鏡』では西安地区における漢代墓葬出土の17面の草葉文鏡についての整理、研究を行っている（程林泉ほか 2002）。こういった研究は草葉文鏡の系統的な研究において、有益な基礎を打ち出している。

2．草葉文鏡の出土状況

草葉文鏡の出土は日光鏡、昭明鏡、博局文鏡ほど多くはないが、時間の経過に伴い、現在までに少なくない数量となっている。以下、草葉文鏡の出土状況について大まかな統計を行いたい。

（1）陝西省における出土状況（41面）

1953年西安東郊紅慶村出土1面（陝西省文物管理委員会編 1959）、1955年咸陽擺旗寨出土1面（陝西省文物管理委員会編 1959）、1956年西安北郊徐家湾出土1面（陝西省文物管理委員会編 1959）、1956年西安西郊棗園出土1面（陝西省文物管理委員会編 1959）、1974年扶風召公鎮収購站選択1面（王倉西 1988）、1974年扶風太白郷良峪唐家溝収集1面（王倉西 1988）、1980年淳化県城関公社西関大隊掘庄基出土1面（淳化県文化館 1983）、1981年隴県廃品収購站選択1面（肖琦 1993）、1973年隴県廃品収購站選択1面（肖琦 1993）、1989年西安東郊灞橋区国棉五廠出土1面（陝西省考古研究所 2003）、1991年西安北郊范南村西北医療設備廠出土4面（程林泉ほか 2002）、1997年西安北郊譚家郷徐家湾出土1面（程林泉ほか 2002）、1998年西安北郊方新村出土2面（程林泉ほか 2002）、1999年西安北郊鄭王庄雅荷城市花園出土9面（程林泉ほか 2002）、2000年西安北郊龍家庄電信局出土1面（程林泉ほか 2002）、2001年西安南郊繞城高速出土1面（陝西省考古研究所 2003）、2002年西安北郊龍家庄陝西投資策劃服務公司出土1面（陝西省考古研究所 2006）、2003年西安南郊潘家庄世家星城出土2面（西安市文物保護考古所蔵 未刊資料）、西安市文物保護考古所庫房所蔵7面（西安市文物保護考古所蔵 未刊資料）、安康地区出土2面（徐信印ほか 1991）、千陽県図博館所蔵1面（李新泰ほか 1990）。

（2）河南省における出土状況（10面）

1954年洛陽澗西防洪渠出土5面（洛陽市文物管理委員会 1959）、1953年洛陽一区出土1面（洛陽市文物管理委員会 1959）、1955年洛陽煤土坑出土1面（洛陽市文物管理委員会 1959）、1957～1958年洛陽市西郊金谷園村出土1面（中国科学院考古研究所洛陽発掘隊 1963）、1985年新郷五陵村出土1面（新郷市博物館 1990）、洛陽史学屯出土1面（洛陽博物館編 1988）。

（3）河北省における出土状況（5面）

1968年満城中山靖王劉勝墓出土1面（河北省文物研究所編 1996）、1960年邯鄲彭家寨出土1面（河北省文物研究所編 1996）、1985年海興県小山東村出土1面（河北省文物研究所編 1996）、唐県出土1面（河北省文物研究所編 1996）、河北省博物館所蔵1面（河北省文物研究所編 1996）。

（4）山東省における出土状況（約30面）

1987年莱蕪東泉鎮出土1面（劉偉東 1993）、臨沂銀雀山出土1面（銀雀山漢墓発掘隊 2000）、臨沂金雀山

出土2面（臨沂市博物館 1989）、1987年昌楽県東圏出土1面（濰坊市博物館ほか 1993）、済南大観園出土1面（楊冬梅ほか 2001）、淄博市臨淄斉国故城遺跡博物館所蔵1面（張愛雲ほか 1998）、済南市博物館所蔵1面（楊冬梅ほか 2001）、山東地区市・県級博物館および県級文物管理所蔵20余面[1)]。

（5）その他の省における出土状況（21面）

1973年南昌市東郊永和大隊牧場出土1面（江西省博物館 1976）、1989～1990年浙江安吉県良朋郷上馬山出土1面（安吉県博物館 1996）、浙江紹興出土1面（王士倫 1987）、上海福泉山出土2面（王正書 1988）、1977年遼寧撫順李石寨郷劉尓屯村出土2面（撫順市博物館 1983）、1979年東遼彩嵐烏桓墓出土1面（張英 1990）、1988年淮南市謝家集区施湖郷出土1面（徐孝忠 1993）、1952～1953年湖南長沙市東南郊識字領区出土1面（中国科学院考古研究所 1957）、甘粛慶陽出土1面（張亜萍 1994）、四川省出土10面（四川省博物館ほか 1960）。

3．草葉文鏡の類型学的な分析

草葉文鏡の発展と変遷の関係を整理するために、まず出土および所蔵の草葉文鏡についての類型学的な分析を行いたい。銘文の有無によって大きく2類に分けられる。

（1）甲類：銘文鏡

多くは半球形の鈕で、四葉鈕座であり、最も典型的な特徴は、鈕座の外側にある二重の方格の内側に銘文があることである。銘文は左回りまたは右回りに読み、字数は8字、12字、16字などがある。方格銘帯の外側には乳、麦穂状文、双葉文があり、鏡縁には16個の連弧文がある。方格銘帯各辺にある麦穂状文の組み合わせによって5型に分けられる。

A型：方格銘帯の外側には四乳、八麦穂状文、四双葉文が交互に配置され、有銘四乳八草葉文鏡と略称される。文様の具体的な配置方法は、乳が方格銘帯各辺の外側中央にあり、上部には水滴状の葉文、両側には麦穂状文が1つずつある。方格銘帯外側の対角線上には双葉文または双葉文と水滴状の葉文の組み合わせがあり、全ての配置と構成は対称的である。全て半球形の鈕で、鈕座には円形と四葉鈕座がある。麦穂状文、双葉文、水滴状の葉文の違いによって3つの副型に分けられる。

・**Aa型**：麦穂状文は一段を呈し、双葉文の枝先には水滴状の葉文がない。資料1、1999 西安雅荷城市花園 M127：4（図1・写真1）は、銘文が「見日之光、服者君卿、所言必当」となる。伴出する遺物には罐の陶器類、半両銭の銅銭類がある。墓葬の年代は前漢早期とされる。資料2、1998 西安方新村 M25：5（図2・写真2）は、銘文を右回りに「見日之光、天下大明」と読む。伴出する陶器には罐、灶がある。墓葬の年代は前漢中期とされる。資料3、洛陽西郊 M3171：8は、銘文を左回りに「見日之光、天下大明」と読む。伴出する陶器には鼎、敦、壺、倉、灶、瓮がある。墓葬の年代は前漢晩期とされる。

・**Ab型**：麦穂状文は二段を呈し、双葉文の枝先には水滴状の葉文がない。資料、1999 西安雅荷城市花園 M110：1（図3・写真3）は、銘文が「見日之光、長母相忘」となる。伴出する陶器には鼎、鈁、罐、灶があり、銅銭には武帝時期の郡国五銖と三官五銖がある。墓葬の年代は前漢武帝時期とされる。

図1　1999 西安雅荷城市花園 M127：4（甲Aa型）

写真1　1999 西安雅荷城市花園 M127：4
　　　　　　　　　　　　　　　　（甲Aa型）

図2　1998 西安方新村 M25：5（甲Aa型）

写真2　1998 西安方新村 M25：5（甲Aa型）

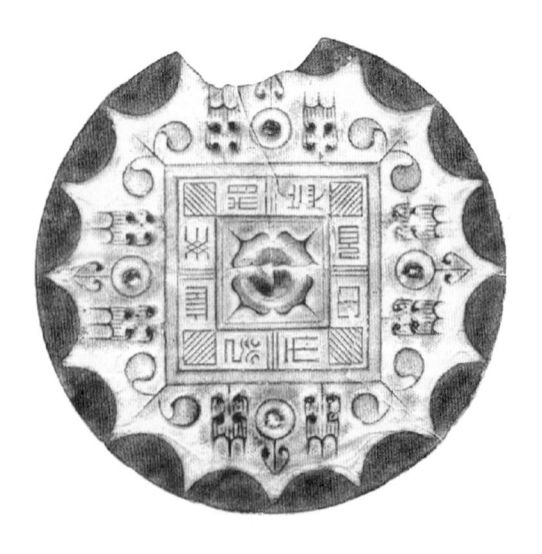

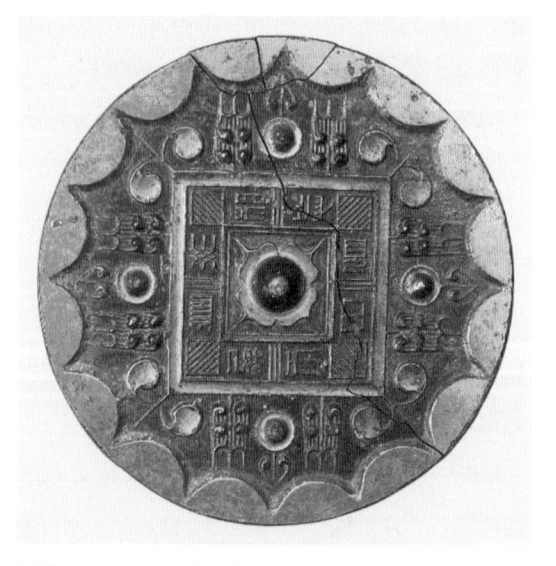

図3　1999 西安雅荷城市花園 M110：1（甲Ab型）

写真3　1999 西安雅荷城市花園 M110：1
　　　　　　　　　　　　　　　　（甲Ab型）

・Ac型：麦穂状文は二段または三段を呈し、双葉文の枝先には水滴状の葉文がある。資料1、1999 西安雅荷城市花園 M9：2（図4・写真4）は、連弧文の内側に1周の凸弦文がめぐり、銘文は左回りに「瑕錫有斉、與衆異容、為静精実、謂質清明」と読む。伴出する陶器には罐がある。墓葬の年代は前漢早期とされる。資料2、1968 河北満城中山靖王劉勝墓 M1：5224（図5）は、麦穂状文が三段を呈し、乳の周囲には四葉座がある。銘文は「長貴富、楽母事、日有熹、長得所喜、宜酒食」となる。墓葬の年代は劉勝が死亡した漢武帝元鼎4年（B.C.113）と考えられる。資料3、2003 西安世家 M96：1（図6）は、銘文を右回りに「見日之光、天下大陽、長母相忘」と読む。伴出する陶器には鈁、罐、灶があり、銅銭には五銖銭がある。墓葬の年代は前漢中期とされる。資料4、1999 西安雅荷城市花園 M160：1（図7・写真5）は、方格銘帯四隅に四角形の中に三角形を重ねた三角渦文があり、双葉文は葉と枝が分かれている。銘文は右回りに「長貴富、楽母事、日有熹、長得所喜、宜酒食」と読む。伴出する陶器には罐がある。墓葬の年代は前漢晩期とされる。

B型：方格銘帯の外側には四乳と四麦穂状文が交互に配置され、有銘四乳四草葉文鏡と略称される。文様の具体的な配置方法は、乳が方格銘帯各辺の外側中央にある時は、麦穂状文が方格銘帯外側の対角線上にあり、麦穂状文が方格銘帯各辺の外側中央にある時は、乳が方格あるいは方格銘帯外側の対角線上にある。銘文は1面の例外を除いて、多くが鈕座の外側にある二重の方格の内側にある。文様の具体的な配置方法の違いによって4つの副型に分けられる。

・Ba型：乳は方格銘帯各辺の外側中央にあり、方格銘帯外側の対角線上には一段の麦穂状文がある。資料1、1954 洛陽澗西防洪渠 M83（写真6）は蛙鈕で、乳の両側には外下巻形の双葉文が1つずつあり、上部には水滴状の葉文がある。銘文は右回りに「見日之光、天下大明、服者君卿」と読む。伴出する陶器には鼎、敦、壺、罐があり、銅銭には半両銭がある。墓葬の年代は前漢初期とされる。資料2、西安市考古所庫房所蔵 3gtb15（図8・写真7）は伏螭鈕で、乳の周囲には四葉座があり、麦穂状文の下部の両側には外下巻形の双葉文がある。銘文は右回りに「長貴富、楽未央、長相思、母相忘」と読む。乳の周囲にある四葉文の意匠は、劉勝墓出土の銅鏡と同じであり、墓葬の年代はおそらく前漢武帝時期とされる。

・Bb型：麦穂状文は二段を呈し、方格銘帯各辺の外側中央にあり、乳は方格銘帯外側の対角線上にある。資料、『中国古代銅鏡』24号（図9）は、麦穂状文の両側に外下巻形の双葉文が1つずつあり、乳の上部には下部が開いた葉文がある。銘文は右回りに「見日之光、長母相忘」と読む。麦穂状文と乳の意匠から見ると、墓葬の年代は前漢早期または中期とされる。

・Bc型：麦穂状文は二段を呈し、方格銘帯各辺の外側中央にあり、乳は方格銘帯外側の対角線上にある。資料、『歴代銅鏡紋飾』21号の河北唐県出土銅鏡（図10）は三弦鈕で、麦穂状文が二段に重なるところから両側に外上巻形の双葉文（巻草文の中央には鉤状の草文がある）が1つずつあり、麦穂状文の下部の枝の両側には外下巻形の小さな双葉文がある。乳の上部には麦穂状文があり、下部の両側には小さい巻葉文がある。銘文は右回りに「長母相光、長母相□」と読む。墓葬の年代はおそらく前漢中期と考えられる。

・Bd型：麦穂状文は二段を呈し、方格各辺の外側中央にあり、乳は方格外側の対角線上にある。銘文は麦穂状文の両側にある。資料、2003 西安世家 M112：21（図11）は三弦鈕で、主文様以外には1

図4　1999 西安雅荷城市花園 M9：2（甲Ac型）

写真4　1999 西安雅荷城市花園 M9：2
　　　　（甲Ac型）

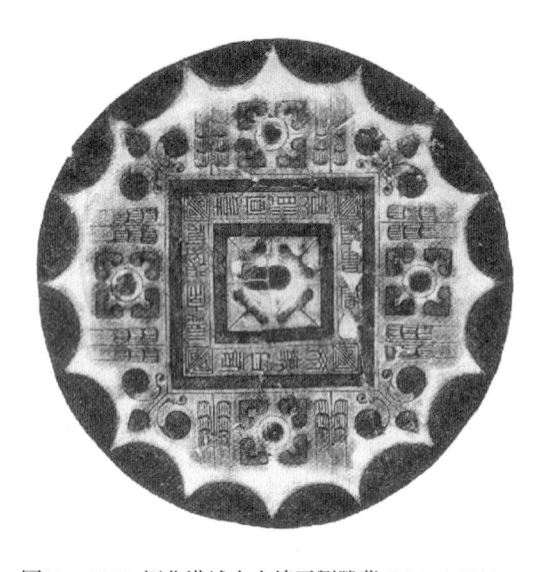

図5　1968 河北満城中山靖王劉勝墓 M1：5224
　　　　（甲Ac型）

図6　2003 西安世家 M96：1（甲Ac型）

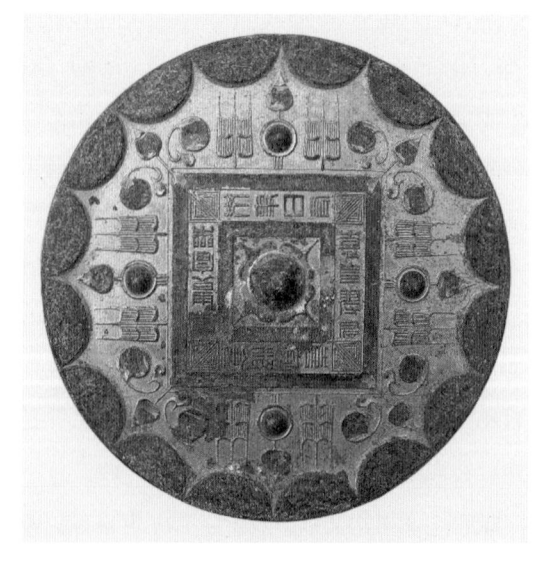

図7　1999 西安雅荷城市花園 M160：1（甲Ac型）

写真5　1999 西安雅荷城市花園 M160：1
　　　　（甲Ac型）

写真6　1954 洛陽澗西防洪渠 M83（甲Ba型）

図8　西安市考古所庫房所蔵 3gtb15（甲Ba型）

写真7　西安市考古所庫房所蔵 3gtb15（甲Ba型）

図9　『中国古代銅鏡』24号（甲Bb型）

図10　『歴代銅鏡紋飾』21号
　　　河北唐県出土（甲Bc型）

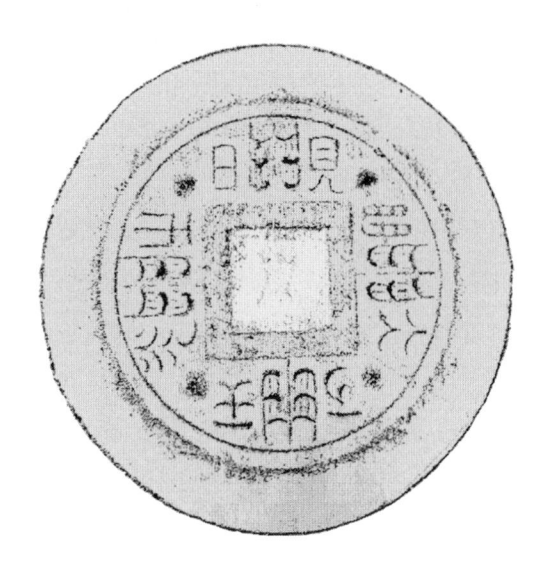

図11　2003 西安世家 M112：21（甲Bd型）

前漢草葉文鏡について——221

周の凸弦文があり、幅の広い素文の平縁である。銘文は左回りに「見日之光、天下大明」と読む。伴出する陶器には鼎、盒、壺、鈁があり、銅銭には五銖銭がある。墓葬の年代は前漢中期とされる。

　C型：方格銘帯の外側には四麦穂状文、四双葉文、水滴状の葉文が交互に配置され、有銘四草葉文鏡と略称される。文様の具体的な配置方法は、麦穂状文が方格銘帯各辺の外側中央にあり、方格銘帯外側の対角線上には双葉文がある。双葉文の枝先には水滴状の葉文がある。資料1、上海福泉山 M15：1（図12）は半球形の鈕で、麦穂状文は一段を呈し、銘文は右回りに「見日之光、天下大明」と読む。伴出する陶器には鼎、盒、壺、瓿、罐、泥五銖がある。墓葬の年代は前漢中期の前段階とされる。資料2、『故宮蔵鏡』29号（図13）は伏螭鈕で、麦穂状文は三段を呈し、構造は複雑である。銘文は鳥篆書体で、左回りに「常富貴、安楽用、天羊至、母相忘」と読む。墓葬の年代は前漢中期とされる。

　D型：方格銘帯の外側には博局文と麦穂状文が交互に配置され、有銘博局草葉文鏡と略称される。文様の具体的な配置方法は、博局のT字文と横に倒したL字文が方格銘帯各辺の外側中央にあり、両側には麦穂状文が1つずつある。L字文の上部には水滴状の葉文がある。方格銘帯外側の対角線上にはV字文があり、V字文の三角の先が内側をさす。全て半球形の鈕で、四葉鈕座である。V字文の三角内の文様の有無によって2式に分けられる。

　・Ⅰ式：V字文の三角内に文様がない。資料1、洛陽史学屯 M17（図14）は、麦穂状文が二段を呈し、下部の枝の両側には小さな巻葉文がある。水滴状の葉文と横に倒したL字文は短い線でつながり、L字文とT字文は乳と短い線でつながる。銘文は右回りに「見日之光、天下大明」と読む。墓葬の年代は前漢中期とされる。資料2、『歴代銅鏡紋飾』23号の1985 河北海興県小山東村出土銅鏡（図15）は、麦穂状文が二段を呈し、根元部分には小さな乳がある。水滴状の葉文と横に倒したL字文は短い線でつながり、L字文とT字文の間には双葉文がある。銘文はT字文の両側にあり、左回りに「見日之光、天下大陽」と読む。墓葬の年代は前漢中期とされる。

　・Ⅱ式：V字文の三角内に水滴状の葉文がある。資料1、『歴代銅鏡紋飾』24号の河北省博物館所蔵銅鏡（図16）は、麦穂状文が一段を呈し、根元部分には小さな乳がある。水滴状の葉文と横に倒したL字文、L字文とT字文には、それぞれをつなぐ線がない。T字文は1本の横長の線に簡略化され、V字文の三角内に水滴状の葉文がある。銘文は右回りに「見日之光、天下大明」と読む。墓葬の年代は前漢中期とされる。資料2、1955 洛陽煤土坑 M2（図17）は半球形の鈕で、四葉鈕座である。V字文の三角内に水滴状の葉文がある。銘文は右回りに「長貴富、楽母事、日有憙、得所喜」と読む。伴出する陶器には鼎、敦、壺、倉、盒、灶、井、洗、罐がある。墓葬の年代は王莽時期とされる。

　E型：方格銘帯の外側には四乳、四螭龍文、博局文、麦穂状文が交互に配置され、有銘四乳四螭博局草葉文鏡と略称される。文様の具体的な配置方法は、乳が方格銘帯隅にある。L字文とT字文、螭龍文は方格銘帯各辺の外側中央にあり、両側には麦穂状文が1つずつある。V字文は方格銘帯外側の対角線上にあり、V字文の三角内に花蕾文がある。資料、『中国青銅図典』698頁右上の銅鏡（図18）は半球形の鈕で、四葉鈕座である。銘文は右回りに「心思美人、母忘大王」と読む。墓葬の年代は前漢中晩期とされる。

図12　上海福泉山 M15：1（甲C型）

図13　『故宮蔵鏡』29号（甲C型）

図14　洛陽史学屯 M17（甲DⅠ式）

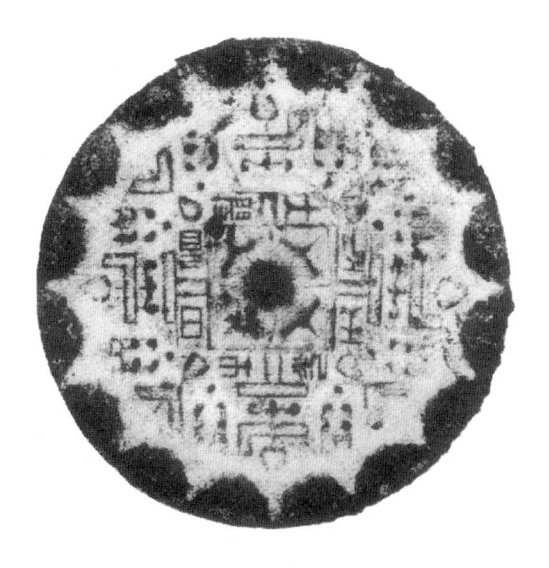

図15　『歴代銅鏡紋飾』23号
　　　1985 河北海興県小山東村出土（甲DⅠ式）

図16　『歴代銅鏡紋飾』24号
　　　河北省博物館所蔵（甲DⅡ式）

図17　1955 洛陽煤土坑 M2（甲DⅡ式）

前漢草葉文鏡について——223

（2）乙類：無銘文鏡

　鈕は半球形や伏螭形の鈕で、鈕座の多くは柿蒂文鈕座であり、無鈕座の場合もある。鈕座の外側には方形と円形の内格があり、銘文はない。内格の外側には麦穂状文とその他の文様が配置される。鏡縁は1面の例外を除いて、16個の連弧文である。内格の外側にある麦穂状文の組み合わせによって5型に分けられる。

　A型：内格の外側には四乳、八麦穂状文、四双葉文が交互に配置され、無銘四乳八草葉文鏡と略称される。文様の具体的な配置方法は、乳が内格各辺の外側中央にあり、上部には花蕾文、両側には麦穂状文が1つずつある。内格外側の対角線上には双葉文がある。内格の形式の違いによって2つの副型に分けられる。

　・**Aa型**：内格は二重線による方形を呈する。麦穂状文は二段を呈し、双葉文の枝先には水滴状の葉文がない。資料1、2002 西安陝投 M47：12（図19）は鈕座がなく、乳の下部には麦穂状文があり、双葉文の根元部分は外上巻きに枝分かれしている。伴出する銅銭には半両銭がある。墓葬の年代は前漢早期とされる。資料2、1997 西安譚家 M9：1（図20・写真8）は、乳の上部に下部が開いた花蕾文があり、乳の両側にある麦穂状文の根元部分は折れ曲がってつながり、双葉文の下部には麦穂状文がある。伴出する陶器には鼎、盒、罐、釜、灶があり、銅銭には半両銭がある。墓葬の年代は前漢早期とされる。

　・**Ab型**：内格は二重線による円形を呈する。資料、1999 西安雅荷城市花園 M141：7（図21・写真9）は、麦穂状文が三段を呈し、双葉文の枝先には水滴状の葉文があり、乳の下部の枝の両側には小さな乳が1つずつある。伴出する陶器には倉がある。墓葬の年代は前漢武帝時期とされる。

　B型：方形の内格（方格）の外側には四乳と四麦穂状文が交互に配置され、無銘四乳四草葉文鏡と略称される。文様の具体的な配置方法は、乳が方格各辺の外側中央にあり、麦穂状文は方格外側の対角線上にある。方格の違いによって2つの副型に分けられる。

　・**Ba型**：方格は二重線による。資料1、1991 西安西北医療 M152：15（図22・写真10）は、麦穂状文が二段を呈し、二段に重なるところから両側に外下巻形の双葉文が1つずつあり、麦穂状文の下部の両側には外上巻形の小さな双葉文が1つずつある。乳の下部には外下巻形の小さな双葉文、上部には水滴状の葉文に似た葉っぱがあり、葉脈の筋が見られる。伴出する陶器には鼎、鈁、倉、方缸、罐がある。墓葬の年代は前漢早期とされる。資料2、『中国古代銅鏡』23号（図23）の文様は、資料1とほぼ同じであるが、乳の上部に水滴状の葉文があり、麦穂状文の下部には小さな双葉文がない。墓葬の年代も前漢早期とされている。資料3、1999 西安雅荷城市花園 M128：12（写真11）は、麦穂状文が一段を呈し、上部の両側には外下巻形の双葉文がある。双葉文の枝先には水滴状の葉文があり、乳の下部には外下巻形の双葉文がある。伴出する陶器には彩色鼎、彩色壺、盒、罐、釜、灶があり、銅銭には半両銭がある。墓葬の年代は前漢早期とされる。

　・**Bb型**：方格は単線による。資料、西安市考古所庫房所蔵 3gtb40（図24・写真12）は、方格各辺の外側中央に外向きのU字文があり、乳の上部には水滴状の葉文がない。麦穂状文は二段を呈しているがやや変形しており、下部には外下巻形の小さな双葉文がある。主文様以外には1周の凸弦文がある。墓葬の年代は前漢早期あるいは中期と考えられる。

図18 『中国青銅図典』P.698 右上（甲E型）

図19 2002 西安陝投 M47：12（乙Aa型）

図20 1997 西安譚家 M9：1（乙Aa型）

写真8 1997 西安譚家 M9：1（乙Aa型）

図21 1999 西安雅荷城市花園 M141：7（乙Ab型）

写真9 1999 西安雅荷城市花園 M141：7
（乙Ab型）

前漢草葉文鏡について——**225**

図22　1991 西安西北医療 M152：15（乙Ba型） 　　　　　写真10　1991 西安西北医療 M152：15（乙Ba型）

図23　『中国古代銅鏡』23号（乙Ba型） 　　　　　　　写真11　1999 西安雅荷城市花園 M128：12
　　　　　　　　　　　　　　　　　　　　　　　　　　　　　　（乙Ba型）

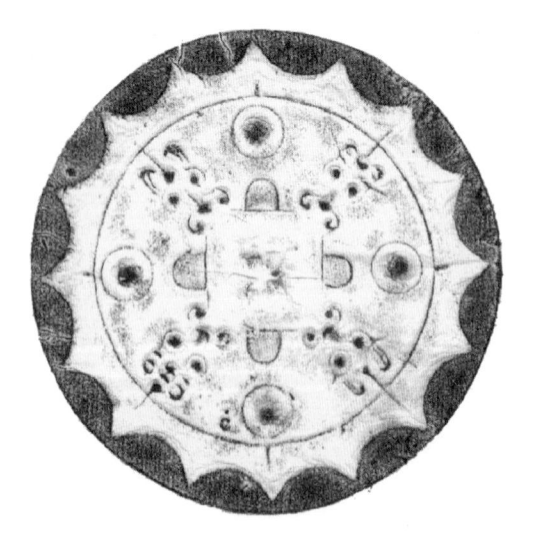

図24　西安市考古所庫房所蔵 3gtb40（乙Bb型） 　　　写真12　西安市考古所庫房所蔵 3gtb40（乙Bb型）

226──Ⅱ部　研究編

C型：内格の外側には四乳、四螭龍文、四麦穂状文が交互に配置され、無銘四乳四螭四草葉文鏡と略称される。文様の具体的な配置方法は、螭龍文が内格の外側にあり、螭龍文の身体の上または上部に乳がある。麦穂状文は方格外側の対角線上または螭龍文の間にある。全て半球形の鈕で、柿蒂文鈕座である。内格の形式の違いによって2つの副型に分けられる。

　・**Ca型**：内格は方形を呈し、螭龍文と乳は方格各辺の外側中央にあり、方格外側の対角線上には麦穂状文がある。資料1、1999 西安雅荷城市花園 M21：1（図25）は、乳が螭龍文の身体の上部にあり、麦穂状文は一段を呈する。伴出する陶器には倉、罐、甑があり、銅銭には五銖銭がある。墓葬の年代は前漢中期とされる。資料2、1999 西安雅荷城市花園 M186：1（写真13）は、乳が螭龍文の身体の上にあり、麦穂状文は二段を呈する。墓葬の年代は前漢中期とされる。

　・**Cb型**：内格は円形を呈し、螭龍文と麦穂状文が交互に配置される。資料1、『中国古代銅鏡』3号（写真14）は柿蒂文鈕座で、麦穂状文は二段を呈し、螭龍文の意匠は複雑で、姿形が具体的である。文献では墓葬の年代を戦国としているが、麦穂状文の意匠から見ると、前漢中期と考えられる。資料2、『中国古代銅鏡』21号（図26）は、麦穂状文が二段を呈し、螭龍文の意匠は非常に抽象的である。墓葬の年代は前漢中期とされる。

　D型：方格の外側には四乳、博局文、八麦穂状文が交互に配置され、無銘四乳博局八草葉文鏡と略称される。文様の具体的な配置方法の違いによって2つの副型に分けられる。

　・**Da型**：乳は方格隅にある。L字文とT字文は方格各辺の外側中央にあり、両側には麦穂状文が1つずつある。V字文は方格外側の対角線上にある。資料1、『中国古代銅鏡』22号（図27）は、T字文の下部に外下巻形の双葉文があり、麦穂状文は一段を呈する。墓葬の年代は前漢中期とされる。資料2、西安市考古所庫房所蔵 3gtb303（写真15）は、互いに重なり合う桃形葉文の鈕座で、文様の配置は資料1と同じである。T字文の下部の両側には外上巻形の双葉文があり、麦穂状文は二段を呈する。墓葬の年代は前漢中期とされる。

　・**Db型**：乳は方格各辺の外側中央にあり、両側には麦穂状文が1つずつある。方格外側の対角線上にはV字文がある。資料、陝西千陽県図博館所蔵 297号（図28）は伏螭鈕で、墓葬の年代は前漢中期とされる。

　E型：内格の外側には四乳、博局文、四螭龍文、四麦穂状文が交互に配置され、無銘四乳四螭博局草葉文鏡と略称される。内格の形式の違いによって2つの副型に分けられる。

　・**Ea型**：内格は方形を呈する。文様の具体的な配置方法は、麦穂状文が方格各辺の外側中央にあり、乳は方格外側の対角線上にある。乳の外側のV字文は螭龍文の身体の上に重なる。資料、西安市考古所庫房所蔵 3gtb314（写真16）は伏螭鈕で、方格は単線である。麦穂状文は二段を呈し、下部の枝の両側には外下巻形の小さな双葉文がある。墓葬の年代は前漢中期とされる。

　・**Eb型**：内格は円形を呈する。文様の具体的な配置方法は、乳のそれぞれ90度外側に麦穂状文が1つずつつながり、麦穂状文の外側には螭龍文と角が尖ったV字文がある。資料、1991 西安西北医療 M82：12（図29・写真17）は連峰鈕で、伴出する陶器には盒、罐、倉があり、銅銭には五銖銭がある。墓葬の年代は前漢中期とされる。

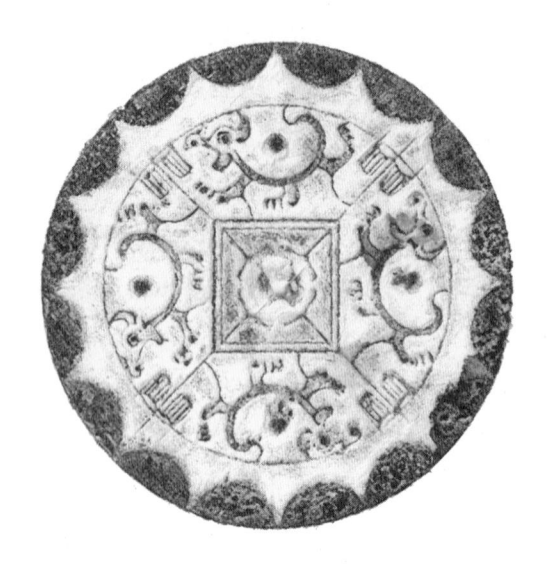

図25　1999 西安雅荷城市花園 M21：1（乙Ca型）

写真13　1999 西安雅荷城市花園 M186：1
　　　　　　　　　　　　　　　（乙Ca型）

写真14　『中国古代銅鏡』3号（乙Cb型）

図26　『中国古代銅鏡』21号（乙Cb型）

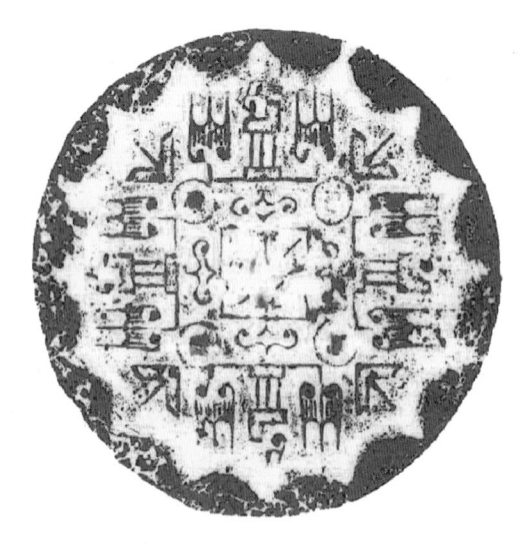

図27　『中国古代銅鏡』22号（乙Da型）

写真15　西安市考古所庫房所蔵 3gtb303（乙Da型）

228──Ⅱ部　研究編

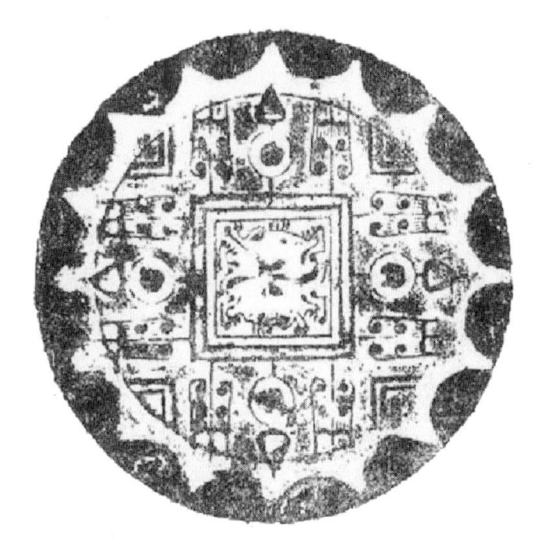

図28　陝西千陽県図博館所蔵　297号（乙Db型） 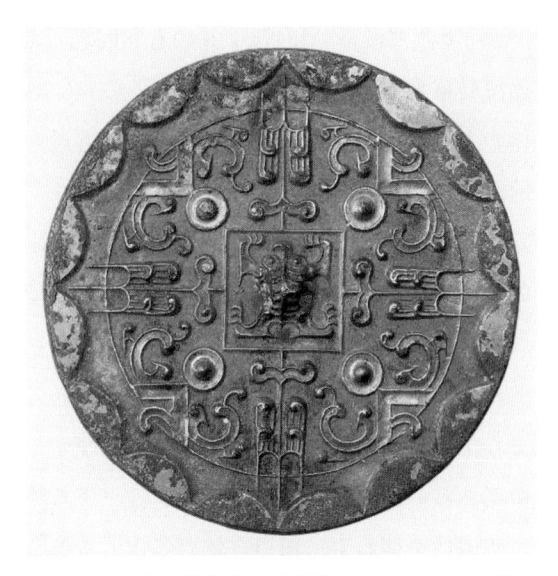　　　　写真16　西安市考古所庫房所蔵　3gtb314（乙Ea型）

図29　1991 西安西北医療 M82：12（乙Eb型） 　　　　写真17　1991 西安西北医療 M82：12（乙Eb型）

4．草葉文鏡の年代と地域的特性

　草葉文鏡の年代については、現在までに墓葬から発掘された出土品において最も早いものは前漢初期に属し、同時に出土する遺物には前漢初期の半両銭、倉や罐などの陶器がある。現在までに、戦国および秦代にまでさかのぼる草葉文鏡は発見されておらず、『中国古代銅鏡』に2号として収録されている有銘四乳八草葉文鏡と3号（写真14）の無銘四乳四螭四草葉文鏡は、年代が戦国時代であるとされている。しかし筆者は2面の銅鏡の共通する特徴から考えて、銅鏡の年代は前漢早期あるいは中期に属し、ほぼ同時期としてまちがいないと考える。

　学界では、草葉文鏡が最も流行する時期は前漢早期と中期とされ、晩期には衰微すると認識されている。現在までの発掘出土品によれば、前漢早期の出土数は少なく、晩期もやや少ないので、主に前漢中期に集中すると見ることができる。前漢晩期には1999 西安雅荷城市花園 M160：1（図7・写真

5）と洛陽西郊漢墓 M3171：8の有銘四乳八草葉文鏡が2面、王莽時期には1955 洛陽煤土坑 M2の有銘博局草葉文鏡（図17）が1面あるのみである。草葉文鏡は四乳八草葉文鏡が最も多く、草葉文鏡全体の1/2以上を占め、草葉文鏡の中でも最も典型的な鏡類であるといえる。

　前漢早期の草葉文鏡の出土数は極めて少なく、有銘と無銘の四乳八草葉文鏡を主として、他に無銘四乳四草葉文鏡がある。麦穂状文は一段と二段があり、双葉文の枝先には水滴状の葉文があるものとないものがある。前漢中期に流行する博局草葉文鏡と四乳四螭四草葉文鏡は、この時期にはまだ確認されていない。

　前漢中期は、早期に流行した鏡類が依然として主流を占めるが、博局文と麦穂状文の組み合わせが始まり、有銘と無銘の博局草葉文鏡が出現する。主として陝西、河南、河北、山東一帯に集中し、前漢中期あるいは前漢中晩期に流行する。王莽時期に属するのは1955 洛陽煤土坑 M2からの1面のみで、普遍性を伴わず、銅鏡自体の年代も王莽時期であると推測されるが、銅鏡はその耐久性によって、伝世の時間も長いことから、この銅鏡もまた前漢中晩期である可能性が残る。時期を同じくして、螭龍文と麦穂状文を組み合わせた銅鏡が出現し、統計によれば、四乳四螭四草葉文鏡は発掘出土品から墓葬の年代が前漢中期とされている。

　前漢中晩期のやや遅い時期には、さらに複雑な四乳、四螭龍文、博局文、麦穂状文を組み合わせた銅鏡が出現した。全部で3面あり、そのうち2面が陝西省で出土し、もう1面は出土地が不明であるが、主として前漢中晩期に西安地区で流行したと見ることができる。

　前漢中晩期以降、草葉文鏡は次第に衰微し、代わりに博局文鏡、日光鏡、昭明鏡などが出現する。後漢時期になると変形四葉文鏡が出現するが、文様の形式と配置は、前漢時期の草葉文鏡にははるかに遠く、同一の鏡類には属さない。

　かつては、草葉文鏡の麦穂状文は一段から多段へ、双葉文は枝先に水滴状の葉文がないものからあるものへ、銘文は2字から多字へ発展すると考えられていた。しかし現在、出土鏡と伴出する陶器や銅銭から見ると、その発展と変遷はさらに進んだ考察を待つ必要がある。統計によれば、一段と二段の麦穂状文はともに前漢早期には出現し、双葉文の枝先に水滴状の葉文がないものとあるものはどちらも前漢早期には存在し、前漢中期および晩期まで続くが、その間の発展と変遷の過程は明らかになっていない。例えば、洛陽潤西防洪渠 M94と1999 西安雅荷城市花園 M9の四乳八草葉文鏡（麦穂状文二段）、1999 西安雅荷城市花園 M127と洛陽潤西防洪渠 M48の四乳八草葉文鏡（麦穂状文一段）、以上4基の墓葬の年代はすべて前漢早期とされる。ここでいえることは、出土年代が明らかな甲類Ac型銅鏡、つまり有銘四乳八草葉文鏡において二段の麦穂状文を呈する銅鏡は、前漢中期の銅鏡で、双葉文の葉と枝は分かれている。例としては、1968 河北満城中山靖王劉勝墓 M1：5224があり（図5）、劉勝は漢武帝元鼎4年（B.C.113）に死亡している。山東臨沂金雀山 M29：2 からは武、宣五銖銭が出土している。2003 西安世家 M96：1の陶器には鈁、罐、灶、小陶盆、小陶甑があり、銅銭には五銖銭がある。これにより、四乳草葉文鏡に関する発展と変遷の法則は、さらに多くの墓葬の発掘出土品によって確定しなければならないといえる。

　草葉文鏡の出土地点には、陝西省、河南省、山東省、河北省、浙江省、安徽省、上海、四川省、広州、甘粛省、遼寧などがある。諸報告においてはその中でも陝西省西安が最も多く、次に河南省洛陽

と山東省が多い。西安地区の草葉文鏡は有銘と無銘の四乳八草葉文鏡、有銘と無銘の四乳四草葉文鏡、無銘四乳四螭四草葉文鏡が主となる。鈕の形式も非常に種類が多く、半球形の鈕に四葉鈕座を主とするが、三弦鈕、伏螭鈕、連峰鈕もまた一定の比率を占める。銘文は12字が主となる。洛陽地区の草葉文鏡は西安地区の草葉文鏡と非常に近い。四川省の草葉文鏡の文様は西安地区と基本的には同じであるが、鈕は三弦鈕と伏螭鈕が主となり、銘文は8字と12字が主となる。安徽省、江西省、浙江省、上海、山東省などでは主として有銘四乳八草葉文鏡が流行し、麦穂状文は一段が多く、銘文は8字の「見日之光、天下大明」が主となり、非常に単一的である。白雲翔氏は「日光大明草葉文鏡の製作の中心地は黄河中下流地域にあり、現在の山東、河南一帯である」と述べ（白雲翔 1999）、この観点は非常に的確であるといえる。日光大明草葉文鏡は西安地区でも出土しているが、数量は3面にとどまり、加えて日光大明草葉文鏡の鏡范が山東省で出土していることからも、流行の中心が地域的であることをさらに明確に示している。

5．草葉文鏡の銘文

　草葉文鏡は鈕座の外側にある二重の方格の内側に銘文を有しているものが多い。銘文は非常に簡潔で、主に8字と12字があり、例外として16字あるいは4字がある。その分類と統計は以下のようになる。

1、見日之光、天下大明（陽）。主として、四乳八草葉文鏡（麦穂状文は一段、双葉文に水滴状の葉文なし）に使用され、全ての文様は簡潔かつ明瞭であり、整然と順序が整っている。銘文は右回りまたは左回りに読む。
2、見日之光、長毋相忘。四乳八草葉文鏡（麦穂状文は二段、双葉文の多くに水滴状の葉文あり）に使用される。
3、見日之明、長毋相忘。四乳八草葉文鏡（麦穂状文は二段、双葉文に水滴状の葉文あり）に使用される。
4、見日之光、長楽未央。1例、四乳八草葉文鏡（麦穂状文は二段、双葉文に水滴状の葉文あり）に使用される。
5、長毋相忘、長楽未央。1例、四乳博局草葉文鏡に使用される。
6、長毋相光、長毋相忘。1例、四乳四草葉文鏡（麦穂状文は二段）に使用される。
7、愿毋相忘、長楽未央。1例、博局草葉文鏡に使用される。
8、愿長相思、長毋見忘。1例、四乳四草葉文鏡（麦穂状文は一段）に使用される。
9、見日之光、天下大明、服者君卿。四乳四草葉文鏡（麦穂状文は一段）に使用される。
10、見日之光、服者君卿、所言必当。四乳八草葉文鏡（麦穂状文は一段、双葉文に水滴状の葉文なし）に使用される。
11、見日之光、天下大陽、所言必当。四乳八草葉文鏡（麦穂状文は二段、双葉文に水滴状の葉文あり）に使用される。
12、見日之光、天下大陽、長毋相忘。四乳八草葉文鏡（麦穂状文は二段、双葉文に水滴状の葉文あり）に使用される。

13、長貴富、楽未央、長相思、母相忘。全て四乳四草葉文鏡（麦穂状文は一段、乳の周囲に四葉文あり）に使用される。

14、長貴富、楽母事、日有熹、宜酒食。全て四乳八草葉文鏡（麦穂状文は二段、双葉文に水滴状の葉文あり）に使用される。

15、長貴富、楽母事、日有熹、得所喜。1例、博局草葉文鏡（麦穂状文は一段）に使用される。

16、常富貴、安楽用、天羊至、母相忘。1例、四草葉文鏡（麦穂状文は三段、双葉文に水滴状の葉文あり）に使用される。

17、長貴富、楽母事、日有熹、得君喜。1例、四乳八草葉文鏡（麦穂状文は二段、双葉文に水滴状の葉文あり）に使用される。

18、長貴富、楽母事、日有熹、長得所喜、宜酒食。1例、四乳八草葉文鏡（麦穂状文は二段、双葉文に水滴状の葉文あり）に使用される。

19、畟錫有斉、與衆異容、為静精実、謂質清明。1例、四乳八草葉文鏡（麦穂状文は二段、双葉文に水滴状の葉文あり）に使用される。

20、心思美人、母忘大王。1例、四乳四螭博局草葉文鏡（麦穂状文は三段）に使用される。

21、天上見長、心思君王。1例、四乳八草葉文鏡（麦穂状文は一段）に使用される。

22、天下大明。1例、四乳八草葉文鏡（麦穂状文は一段、双葉文に水滴状の葉文なし）に使用される。

23、君行卒、予志悲、久不見、侍前稀。1例、四乳八草葉文鏡（麦穂状文は二段、双葉文に水滴状の葉文なし）に使用される。

24、長楽不相、□楽□相。1例、四乳四草葉文鏡（麦穂状文は一段）に使用される。

25、日□□、□□貴、楽母事、利富至。1例、四乳八草葉文鏡（麦穂状文は二段、双葉文に水滴状の葉文なし）に使用される。

26、…辰好、千秋万歳、…。1例、四乳四草葉文鏡（乳の周囲に四葉文あり）に使用される。

27、愿長相思、久母見忘。

28、與天長寿、與地相長。

29、見日之光、天下大陽、服者君卿、所言必当。

銘文は主に四乳八草葉文鏡にあり、少数は四乳四草葉文鏡と博局草葉文鏡にある。全て鈕座の外側にある二重の方格の内側にあり、円形の内格には銘文はなく、四乳四螭四草葉文鏡にもない。銘文は全て漢代の篆書体で、左回りまたは右回りに読むものがあり、決まっていない。内容は基本的には似通っていて、字が減ったり増えたりしているだけのものもある。「見日之光」が最も多く、次が「長貴富」である。全てが人々のすばらしい生活に対する一種の希望の表れであり、また同時に「服者君卿、所言必当」などは当時の人々の思想観念を反映している。

6．結　語

草葉文鏡は前漢初めに出現し、前漢早期に流行が始まる。前漢中期には隆盛を迎え、前漢後期になると次第に衰微していき、王莽時期以降にはほぼ消滅し、流行の時間は非常に短い。草葉文鏡の意匠

は規律的で、全て四分法によって対称の配置をとり、構造は綿密で乱れがない。

　草葉文は、漢代の気風である審美趣味と社会的な文化背景と密接に関係している。漢代の初め、戦乱の中で経済のゆるぎない発展を求めたために、「清静無為」の思想が人心に受け入れられた。文景両帝の時期には、人々の思想が貧困のために離散してさすらう生活や神仙、鬼、怪物を崇め尊ぶ幻想から脱却し始め、生活や生産の楽しみを真に悟り始めた。これに対応して、銅鏡の文様は、かつてのこまごました神秘的な蟠螭文の図案が簡略化され、大自然の花や草葉を用いた新しい文様の銅鏡芸術となった。こういった点は、唐代における花鳥鏡の隆盛と同工異曲の感がある。「見日之光」「日有熹」「與天相寿」などの詞句は人と自然の関係において、内心の深いところから発せられた感嘆ともいえる。儒学が尊ばれ、陰陽五行や讖緯神学が流行し、銅鏡の自然的な芸術もまた別の方面に取り入れられ、星雲文や博局文が発生する背景となっていった。

注
1) 山東省文物考古研究所の魏成敏氏によると、山東地区の市・県級博物館および県級文物管理所には20余面が所蔵されている。

参考文献
安吉県博物館　1996　「浙江安吉県上馬山西漢墓的発掘」『考古』第7期

王士倫　1987　『浙江出土銅鏡』文物出版社

王正書　1988　「上海福泉山西漢墓群発掘」『考古』第8期

王倉西　1988　「扶風博物館館蔵歴代銅鏡介紹」『文博』第4期

郭玉海　1996『故宮蔵鏡』紫禁城出版社

河北省文物研究所編　1996　『歴代銅鏡紋飾』河北美術出版社

銀雀山漢墓発掘隊　2000　「臨沂銀雀山西漢墓発掘簡報」『文物』第11期

孔祥星・劉一曼　1984　『中国古代銅鏡』文物出版社

江西省博物館　1976　「南昌東郊西漢墓」『考古学報』第2期

四川省博物館・重慶市博物館　1960　『四川省出土銅鏡』文物出版社

周世栄　1993　『中華歴代銅鏡鑑定』紫禁城出版社

淳化県文化館　1983　「陝西淳化県出土漢代銅鏡」『考古』第9期

濰坊市博物館・昌楽県文管所　1993　「山東昌楽県東圏漢墓」『考古』第6期

肖琦　1993　「陝西隴県出土的歴代銅鏡」『考古与文物』第2期

徐孝忠　1993　「安徽淮南市博物館収蔵的几件古代銅鏡」『文物』第4期

徐信印・徐生力　1991　「安康地区出土的古代銅鏡」『文物』第5期

新郷市博物館　1990　「河南新郷五陵村戦国両漢墓」『考古学報』第1期

西安市文物保護考古所蔵　未刊資料

陝西省考古研究所　2003　『白鹿原漢墓』三秦出版社

陝西省考古研究所　2006　「陝西投資策劃服務公司漢墓清理簡報」『考古与文物』第4期

陝西省文物管理委員会編　1959　『陝西省出土銅鏡』文物出版社

中国科学院考古研究所　1957　『長沙発掘報告』科学出版社

中国科学院考古研究所洛陽発掘隊　1963　「洛陽西郊漢墓発掘報告」『考古学報』第2期

張愛雲・楊淑香・劉琦飛　1998　「山東淄博市臨淄区斉国故城発現漢代鏡范」『考古』第9期

張亜萍　1994　「甘粛慶陽地区発現漢代銅鏡」『考古』第6期

張英　1990　『吉林出土銅鏡』文物出版社

趙力光・李文英　1997　『中国古代銅鏡』陝西人民出版社

程林泉・韓国河　2002　『長安漢鏡』陝西人民出版社

白雲翔　1999　「西漢時期日光大明草葉紋鏡及其鋳范的考察」『考古』第 4 期
撫順市博物館　1983　「遼寧撫順県劉尓屯西漢墓」『考古』第11期
楊冬梅・李暁峰　2001　「済南市博物館蔵歴代銅鏡選粋」『中原文物』第 3 期
洛陽市文物管理委員会　1959　『洛陽出土古鏡』文物出版社
洛陽博物館編　1988　『洛陽出土銅鏡』文物出版社
李新泰・范暁祖　1990　「千陽県図博館収蔵的歴代銅鏡」『文博』第 6 期
劉偉東　1993　「山東莱蕪東泉河村出土一括西漢文物」『文物』第12期
臨沂市博物館　1989　「山東臨沂金雀山九座漢代墓葬」『文物』第 1 期

青銅鏡製作技術研究の経緯と前漢鏡范の検証実験

三 船 温 尚

はじめに

　古代に鋳造製品を製作する難しさは、青銅器の種類に応じて様々にあったと推測できる。それらは一様ではなく、単純に比較することはできない。小さな製品の文様を精緻に鋳造する難しさと、複雑な形状の鋳造製品や巨大な鋳造製品を完成させる難しさは同じではない。そういったなかでも、青銅製の楽器と鏡には特別な難しさがあっただろう。打楽器はいくら表面に精緻な文様が施され見た目が立派でも、音色が悪ければ使い物にはならない。青銅鏡は精緻な文様が施されても、鮮明な映像が得られなければ、優れた工芸品とはいえない。形をなしていれば使用できる青銅容器類とは異なり、青銅工芸品のなかでも楽器と鏡には特別な製作技術が必要であったはずである。

　これまで古代青銅鏡の製作方法については、青銅鏡に残る痕跡から、様々な推測がなされてきた。青銅鏡は鋳造後、研磨仕上げをすることから、全ての製造痕跡が残るわけではなく、限られた痕跡をもとに研究を進めてきた。そういったなかで、同范鏡や同型鏡の証拠を鋳造痕跡に求め、鋳バリの進行や文様の崩れ、凝固収縮による面径の変化などが特に注目された。また、鏡背文様をどのようにして精緻に鋳造したのかについても青銅鏡の鋳造痕跡から探ろうとしたが、鏡を調査するだけでは分からなかった。やはり、古代の鏡范を直接手に取って、あるいは科学分析をして、文様を精緻に鋳造する工夫、凝固で発生するガスを范外に放出する工夫、凝固収縮による陥没や鋳引けが起こらない工夫、砂などのゴミが鋳型面に入り込まない工夫などが、どのようなものであったかを研究する必要がある。

　青銅鏡范は幾つかが『巌窟蔵鏡』（梁上椿 1940）などに紹介されていたが、青銅鏡の鋳造技術を研究する気運がなく長く研究対象とはならなかった。その後も、研究資料として信頼のおける范がなかったことが原因し、范研究は遅れ今日に至った。そのため、鋳型面を彫って文様を作ったにもかかわらず范崩れがないことや、未研磨の鋳肌面が砂肌ではないことから、精緻な漢鏡は彫りやすい滑石などの石製范を用いたと推論する鋳造技術者もいた。

　日本国内には現在4点の草葉文鏡范の存在が確認されている。1998年から1999年3月にかけて、筆者らは日本国内で東京国立博物館所蔵草葉文鏡范（以下、東博范、本書資料編の整理番号20）、藤井有鄰館所蔵草葉文鏡范（以下、藤井范、本書資料編の整理番号9）、寺崎正氏（白水）所蔵草葉文鏡范（以下、寺崎范、本書資料編の整理番号19）の3点に関する第1回目の調査をおこなった。しかし、これが贋物か真物であるのか、当初は断定できなかった。これらのうち2点の范については熱ルミネッセンス法による科学的な判定を試み、真贋を見極めようとした。

　偶然にも1998年、同時期に山東省で発見された1片の草葉文鏡范の速報が『考古』誌上で発表された。その翌年の1999年、中国社会科学院考古研究所の白雲翔は『考古』で詳細を考察した（白雲翔 1999 P.65-78）。この報告により、形状が類似する日本国内にある4点の草葉文鏡范が真物である可能性が

極めて高いと判断した。その後、山東省において鏡笵など78点が出土、発見された（以下、臨淄鏡笵）。以前から研究交流のあった両者らは草葉文鏡笵に関する情報を提供し合いながら研究を進めた。

手に持つと驚くほど軽い草葉文鏡笵の材質は、珪藻土ではないかという推測を1998年の初回調査時にたてたが、その後の顕微鏡観察で珪藻殻は見つからなかった。1999年7月、筆者らは藤井笵と寺崎笵の見かけ比重を計測し、ともに密度1g/cm³前後であることが分かった。白雲翔は日本国内の笵が水に浮くほどに軽いという筆者らの指摘を受けて、臨淄鏡笵の密度を計測した。その結果、日本国内の笵と同様の数値であることが判明した。その後、白らはいち早く笵の科学分析をおこない、笵の材質を特定し、軽さの原因を結論づけた（劉煜ほか 2005）。日本側は2005年3月になって、東京大学所蔵草葉文鏡笵（以下、東大笵、本書資料編の整理番号10）の調査をおこない、ようやく藤井笵、寺崎笵、東大笵の本格的な科学的調査を田賀井篤平（東京大学総合研究博物館）がおこなった。

このような経緯から、2004年12月に山東省文物考古研究所と日本側調査チームとの大規模な78点の鏡笵日中共同調査へと発展した。日中が共同でおこなった調査研究のなかでも、鏡笵についておこなう研究は初めての取り組みとなった。この日中共同調査により、中国古代青銅鏡の鋳造技術研究が大きな一歩を踏み出したといえる。山東省で調査した78点の鏡笵と日本国内にある4点の鏡笵は、これまでの青銅鏡調査だけでは分からなかった古代青銅鏡製作に関する具体的で有益な多くの情報を与えてくれた。今後は、これらの情報が古代青銅鏡製作技法の研究を飛躍的に進歩させることになるであろう。なお、2007年2月までに、新たに鏡笵4点と製品の分からない笵と思われるもの1点が発見され、これらも調査した。

1．青銅鏡観察と実験から得られた鏡製作技法に関する研究成果

鋳造技術者である筆者は、これまで鏡調査と実験を繰り返しながら研究を進めてきた。青銅鏡から笵を抜き取り鋳造する踏み返し鏡の実験や、焼入れによる割れやすさの改善と凸面変化の実験などである。実際に高錫青銅で鋳造した青銅鏡を研磨し顔を映してみることや土製笵を削って文様を彫る小実験などもおこなった。こういった復元実験は抽象的になりがちな古代技法の諸問題を、より現実的に考えさせてくれた。鏡の「観察・実験」の繰り返しは、〈表1〉のように「具体的問題点の把握」と「観察眼の向上」へと連鎖し、結果的に深い研究成果を得ることができる。こういった継続による効果的な連鎖以外に復元実験が学問の発展に貢献することはなく、単発的な復元実験だけから結論づけられることはほとんどないといえる。これまでにおこなった実験のなかで、鏡笵研究と関連があるテーマや重要なものは以下の2件である。

〈表1〉古代技法の研究連鎖

観察→実験→具体的問題点の把握→観察→実験→観察眼の向上→観察→・・・

1）高錫青銅鏡の焼入れ実験

古代青銅鏡は、錫を25%程度も含む高錫青銅で作られている。この高錫青銅は少しの衝撃でガラスのように割れてしまうという重大な欠点を持っている。反面、高錫青銅鏡は銀白色で人の肌の色をそ

のまま映すことや、硬いために鏡面に傷がつきにくいことなど、優れた点が多い。錫を多く加えれば一層白色で高硬度になるが、より割れやすくなる。実験では錫が40％を越えると、粗面となり研磨しても鏡面にはならず適した錫量の限界もあることが分かった。

　鏡の用途としては、鏡面が銀白色、硬くて傷がつかない、割れにくいという3条件が備わっていることが理想である。錫が25％と27％では、わずか2％の違いではあるが、実験では割れにくさに顕著な差が認められた。高錫青銅鏡の割れやすさを改善する方法が2つ考えられる。1つには、鏡胎を厚くして割れにくくする方法がある。しかし、全体を厚くすれば、鏡の中心部の鋳造凝固が遅くなり金属組織が粗くなる。そのため、粗い組織間に水分が浸み込んで鏡の中心が曇った鏡面になる。中心に半球形の鈕がある場合は、この現象が顕著に起こるため内区を薄く外区を厚くしてこの問題を解決したと考えられる。もう1つの改善方法は、高錫青銅鏡を鋳造後に熱処理する方法である。これは、何堂坤（中国科学院自然科学史研究所）の古代青銅鏡の組織観察研究（何堂坤 1992）を参考におこなった二上古代鋳金研究会の高錫青銅鏡の熱処理実験から、その効果は実証されている（清水ほか 1998a P.41－51、二上古代鋳金研究会 2001 P.1-17）。鋳造したままの鋳態鏡は簡単にガラスのように割れるが、約600℃で長時間加熱し入水急冷して焼入れした淬火態鏡はハンマーで強く叩いても割れない。充分な焼入れがなされると、叩くと曲がって変形するまでになる。

　後者の改善には、問題がないわけではない。内区と外区の肉厚差から入水急冷でわずかな収縮時間差が生じ平面鏡が凸面鏡に変形することや、瞬間的に水のなかに鏡全体を入れることができないため、入水方向とは直角の方向にやや曲がりながら凸面になることである。さらに、焼入れの淬火態鏡のなかには加熱により銀白色がいくらか黄金色に変化するものがある。この変色は表面だけに止まらず内部にまで達する。実験した模造鏡には、実際の古代青銅鏡には見られないこれらの現象が現れる。また、破壊実験の割れ方を比較すると、鋳態鏡と淬火態鏡では異なった形状となる（三船ほか 2003）。古代青銅鏡に割れを防ぐどのような熱処理がなされていたのか、あるいはなされていなかったのかは、今後の古代青銅鏡製作技術研究の重要な問題となるであろう。

　焼入れにより平面鏡が凸面鏡に変化する現象は、鏡笵の鋳型面と鏡の鏡面比較により関係を考察することができる。臨淄鏡笵の鏡背鋳型面はおおむねほぼ平面で、面径が小さいものの鏡面笵の鋳型面は凹面である。このことからは、笵の段階で凸面鏡を作ろうとしたことになる。何堂坤がいうように焼入れが鏡になされていたのなら、変形しにくい低温加熱での入水か、鋳造で凸面鏡を作り焼入れでさらに凸面に反るのかもしれない。

2）高錫青銅鏡の研磨実験と出土鏡の鏡面の明るさ比較

　錫23％の高錫青銅の模造鏡を作り、鏡面を研磨すると顔が映る。現代のガラス鏡に映る肌の色と比べると、錫23％の高錫青銅鏡はややくすんだ色になる。映像もやや暗くなる。そういった映像実験をおこなった後、2000年も土中にあった出土鏡の錆のない鏡面を見ると、現代に作った模造鏡の研磨直後の鏡面よりも白色で明るいと感じることがある。このことから、古代鏡はただ高錫青銅を磨いただけの鏡面ではないと思わせる。古代において、より明るい映像を得るために、何らかの表面処理がなされた可能性があり、鏡面の科学分析も今後の重要な研究課題である。

2．臨淄鏡笵を中心とした鏡笵の共通的な特徴

　山東省で2004年12月に調査した笵は全部で78点あり、そのなかには、湯道やあがりは残るが鋳型面が剥がれ鏡種が分からないものも含まれている。これら調査した78点の多くの臨淄鏡笵に共通する特徴を項目ごとにまとめると以下のようになる。なお、2007年2月までに新たに5点の笵が発見され、これらと日本国内にある4点の草葉文鏡笵も含めて、幾つかの笵に共通する特徴的な事項を記して可能な限り原因や理由などを推測して述べた。

　なお、「湯」は熔けた青銅、「湯口」は青銅を笵に注ぎ込む口、「堰」は青銅が製品に入り込む口で、湯口から注いだ青銅は「湯道」を通過して「堰」から鋳型面に入り込む。臨淄鏡笵は湯口、湯道、堰が一直線につながり、湯道も堰も最少の1本、1ヶ所からなる。「あがり」は「湯道」の両側にある溝で、青銅が凝固する時に発生するガスを笵外に放出する。「幅置（幅木）面」は鏡背笵と鏡面笵を合わせた時に接する面で、これらは全て現代の日本の鋳造専門用語である。「側面」、「底面」は鋳型面を上にして置いた時に笵の側面、底面にあたる面を指している。「側面と底面の間の斜面」は、鋳型面を下に伏せて置いた時のほぼ垂直な側面とほぼ水平な底面の間にある傾斜した幅2～4cmの面を指す。

1）形　状
（1）小型の七縁鏡笵は厚くないが草葉文鏡笵は厚く、平らに削られた底面は鋳型面とほぼ平行に作られている。鋳型面加工時に安定させるためと、合笵時の固定のためと思われる。草葉文鏡笵のなかには1回の注湯に耐えられる厚さ以上と思われるものがあり、複数回使用であった可能性がある。
（2）側面は幅置面とほぼ直角に作られている。合笵時にずれを見るためか。
（3）側面は曲面のように見えるが、複数の平らな面（あるいはやや凹面）からなる多角面である。ヘラなど鋭利な工具で笵が乾燥する前の軟らかい段階で切り取ったためか。
（4）幅置面と側面の角には幅2～5mm程度の面が意図的に作られている。笵の角が壊れないように面取りをして鋭角な角をなくしている。これも笵を複数回使用するための加工のように思える。
（5）側面と底面の間の斜面には削られて整形した痕跡がなく、断面が半丸凹形の指跡のような浅い溝が複数残る。水練りした笵土を平らな板の上に押し広げて形作り、角を斜めに手で押さえて形を整えた痕跡と考えられる。唯一、笵を作る最初の工程が推測できる部分である。
（6）幅置面はほぼ一平面になるように加工され、笵ズレ防止の凹形あるいは凸形の「ハマリ」はない。鏡背笵と鏡面笵の幅置面を別々に平らに削って合笵したと思われる。
（7）側面に笵を合わせる目印（合い印）の凹線はない。外形を目安におおよそ合わせたのではないか。
（8）湯口、湯道、堰、ガスの「あがり」は鏡背笵に彫り込んで作っている。
（9）湯口から注いだ湯は直線的に鏡の中心に向かう仕組みで、1ヶ所の堰から鋳型面に流れ込む。筆者の実験では、堰を複数に分散させると鈕の鏡面側に大きな鋳引けが発生する。湯口の真下に1ヶ所の堰を設ける鋳造法案は、押し湯効果が高く鈕の鋳引けを防止する効果がある。その反面、

分散しないで1ヶ所の堰から全ての湯が入るので、湯の通り道の鋳型面が加熱され、凝固が他よりも遅れ文様が朦朧となる鋳引けが発生することがある。

(10) 合笵すると20数mmの深い湯口から湯を注ぎ、深さ2mm程度の浅い堰から鋳型面に湯が流れ込む仕組みになる。また、湯口から堰までの距離があり、湯道は比較的長い。勢いよく注いだ湯は浅い堰で一杯になり、砂などのゴミは一杯に溜まった湯の上に浮き、下部の堰からは砂などのゴミのないきれいな湯が鋳型面に流れ込む。これはゴミ（欠陥）のない鏡面を得るための優れた工夫である。注湯後、深い湯口には多くの湯が溜まり、押し湯効果となり鏡の鋳引けを防ぐ。

(11) ガスのあがりは湯道の両側に2本あり、鋳型面から出口に向かってやや幅が狭くなる。堰を一杯にして注湯する場合、鋳型面内の空気抜きの役目も果たす。湯を真上から1つの堰で注ぐと、鏡の最も横に張った部分のやや上（ちょうど、あがりの付け根あたり）に湯回り不良で欠けができることがある。ガスのあがりは凝固時のガス抜きだけではなく、これを防ぐ目的もある。欠けを防止できる範囲を広げるため、あがりの鋳型面部分の幅が広い。

(12) ガスのあがりは深さ1mm以下、幅10mm程度の極めて浅い溝である。鋳造後の切断作業を軽減するために最も浅くて効果が得られる深さに定まっていると考えられる。

(13) 湯口、湯道、堰、ガスのあがりの断面形は台形を逆さにした形状で側面は抜け勾配である。鋳造後、笵を壊さないで製品を取り出すためか。笵が壊れなければ再度鋳造に使用できる。

(14) 鏡面笵には断面が半丸形の湯口の窪みだけが彫られている。合笵後もどちらが鏡面笵か分かるように台形の鏡背笵と違えたのではないか。合笵後、垂直に立てて鋳造する場合は湯口の形を変える必要はない。一般的には鏡背笵が下になるように45〜60度傾けて注湯する。ただし、この場合、湯で鏡背笵の鋳型面が加熱され文様が鋳引けで朦朧となるため、逆に鏡面笵が下になるように傾けて注湯した可能性もある。こうすれば鏡面に鋳引けが発生し湯の通り道が窪む。それを周辺から研磨して目立たないようにしたのかもしれない。狭い周辺だけの研磨であれば映像が歪むことになるが、鏡半分が薄くなるほどに研磨すれば映像に大きな支障はないだろう。文様か映像か、どちらを重視するかによって、どちら側に傾けるかを決めたのではないか。

(15) 半球形の鈕の窪みには鈕孔中子を嵌めこむような窪みはない。窪みに嵌めこんで粘土汁で接着するほうが強固だが、窪みのない半球面にぴったりと沿うように削って長さを調整した陶製の鈕孔中子を半球面に密着させ、粘土汁と微細な笵土で接着する方法でも問題なく鋳造できることが実験で分かっている。半球面と中子の隙間に湯が流れると、鈕孔が少し塞がれる。鈕を削れば中子の断面の形が孔の形になるが、研磨が不十分なら両側の孔の形が異なることになる。

(16) 三弦鈕は半球形の窪みに三弦を彫り込んで作っている。三弦鈕の窪みに水練りした笵土を押し付け、乾燥後にこの笵土を取り出し、湯が流れる部分の肉厚分を削って窪みの半球面に嵌めこんで中子とする。この中子は粘土汁などで接着するのであろう。

(17) 鏡縁は抜け勾配に作られている。

(18) 草葉文鏡笵の葉文には、浅い円弧状のあたり線（割り付け線）が残る。

2）色　調
（1）笵の材質は白灰色で、底面、側面、側面と底面の間の斜面の一部に薄い黒色膜があり、特に斜面の凹形の溝に強く残る。
（2）幅置面の多くは橙色である。笵の焼成によるものと思われる。
（3）鋳型面、湯道、ガスのあがりが黒灰色の笵と橙色の笵に二分され、１つの笵で部分的に両者の色調を有することはあまりない。橙色は笵の焼成、黒灰色は注湯によるものと推測できるが、黒灰色変化の原因は今のところ分かっていない。「LQKJ：03」（本書資料編の整理番号17）は鏡縁が赤橙色で中心部が黒灰色に二分された珍しい例だが、中心部の黒灰色の下にはわずかに橙色があり、黒灰色は何かの付着かもしれない。
（4）鋳型面などの黒灰色は笵内部に浸透している。これは凝固ガスの浸透や注湯熱の浸透などが原因すると推測できる。
（5）鏡縁、ガスのあがりから幅置面に噴出したような黒色があり、特にあがりの付け根部分が強い。このことから凝固ガスが黒色化に深く関連しているように思われる。
（6）幅置面に噴出した黒色は黒灰色となって笵内部に浸透している。
（7）鋳型面、幅置面は橙色がやや深く浸透し、その上層に黒灰色の浸透がある。なかには、橙色層、黒灰色層、白灰色層が4層や5層になったものや、鋳型面から白灰色層、黒灰色層、白灰色層というものもある。橙色層と黒灰色層はいずれも鋳型面から遠くなるほど色が淡くなる。鋳型面から遠くなれば浸透が弱まる熱や気体によって色が淡くなると考えられる。

3）笵　質
（1）破断面が鋳型面にほぼ直角で平面状になり、おおむね半分に割れる材質である。角が崩れるような脆さはない。
（2）部分的に剝離状に割れる材質である。強度があり脆くないことを示している。
（3）砂粒などを含むことはなく、全体に均質で軟質な印象を与える。壊れにくくて彫りやすい材質である。砂粒を含まない笵材であれば、笵崩れのない精緻な鏡を鋳造することができるだろう。
（4）キラキラ光る石英や雲母などの鉱物を含まない。
（5）内部に大小の多くの気泡痕を持ち、見かけ比重１以下の笵もある。土を水練りすればいくらかは空気が巻き込まれ内部の気泡となるが、こういった練り込み時の巻き込み以上に気泡痕が多いものがある。
（6）直径３㎜以上の大きな気泡痕には複数の突起物があり、直径が大きくなれば突起物の個数は増える。
（7）破断面の気泡痕は楕円形が多い。そして、鋳型面近くには横の方向性、側面と底面の間の斜面近くは斜めの方向性を持つ楕円形である。これは多くの気泡を含む柔らかい物質を平らな板の上に手で押し付けるために、気泡が押しつぶされ横の方向性ができ、側面と底面の間の斜面は手で斜めに押して成形するために斜め方向の楕円形となるのではないだろうか。
（8）鋳型面、幅置面、湯道などは、塗型材を表面に塗り気泡痕を埋めている。

(9) 幅置面に塗られた微粉末である塗型材には光る微細な鉱物が含まれる。

3．造笵実験の経緯

これまで古代青銅鏡を作った土製笵の材質について注目したものはなかった。なぜなら、その土地の砂と粘土を適度に混ぜて作る土製笵に、大きな違いがあると考える研究者はいなかったからである。

しかし、山東省臨淄で発見された草葉文鏡笵（以下、臨淄出土草葉文鏡笵）を中心とする前漢の土製鏡笵には、内部に多くの気泡痕があり、一般的な土製笵の密度が約1.8g/cm³であるのに対し、これらの笵は1.0g/cm³前後のものが多い。なかには0.9g/cm³で水に浮くものもある。土を練って作るだけで、密度がこれほどまで小さくなるには、何か理由があったはずである。笵の分析をおこなった劉煜、趙志軍、白雲翔らは、二酸化ケイ素とプラントオパールが検出されたことから、籾殻灰を混入して収縮や急熱急冷への強度を高めたとし、その結果密度が小さくなったとしている（劉煜ほか 2005）。白によると、中国の造笵では伝統的に灰を混入するという。同じように日本の茶釜などの伝統技法においても灰を混入する。また、耐火度を高める目的で炭粉などを笵に混入することは現在の日本の真土型においてもしばしばおこなう。

笵の復元実験にあたっては、①1mm前後の無数の気泡が発生する、②5mm程度の大きな気泡も幾つか発生する、③大きな気泡痕には複数の突起物ができる、④光る鉱物や砂粒を含まない、⑤笵内部は白灰色、⑥直線的に半分で割れる、という条件を満たす材質の復元を試みた。

4．造笵実験の方法と結果

1）実験方法

田賀井篤平の臨淄出土草葉文鏡笵の分析により、凝灰岩組成の微粒子素材であることと、植物質を含むことから人工的に作製されたものであることが明らかになった（田賀井ほか 2007 P.9-12）。そして、比較的成分の近い栃木県益子粘土を用いて草葉文鏡笵を復元し、高錫青銅鏡を鋳造する実験をおこなった。

泉屋博古館が所蔵する2点の山字文鏡笵は、光る鉱物や白い砂粒を含むことが裸眼で確認できる（清水ほか 1998b P.20-32）。しかし、臨淄出土草葉文鏡笵の裸眼観察ではこれらが認められなかったことから、水簸した（水溶粘土を攪拌し浮遊した微細粒子を汲み取って乾燥した）粘土を用いたと推測した。焼成した水簸益子粘土試料の密度は1.96g/cm³で（写真1）、これに何かを混入したためにこの密度が半分以下になったと考えられ、まずこの物質を検討した。ゆるく練った粘土を何回も攪拌して無数の気泡を意図的に巻き込むことは可能だが、大きな気泡痕内部の複数の突起物は、気泡の巻き込みだけではできないだろうと推測した。鋳型面に文様を彫る場合、気泡痕は障害になることから、気泡痕の多い臨淄鏡笵は気泡の発生を防止できない方法だったと考えるべきである。粘土だけでは乾燥や焼成で亀裂発生や収縮変形などが起こるので、これらを防止する目的で一般的な土製笵には粘土に砂粒を混ぜる。文様を精緻に彫るために笵崩れの原因となる砂粒を加えないのであれば、砂に代わる何かを大量に加えなければならない。

臨淄鏡笵を調査してまず気づくことは、気泡痕の多さと大きな気泡痕内部にある突起物である。粘

土のなかに混ぜた有機物が醗酵すれば笵のなかに無数の気泡ができ、大きな気泡痕内部には醗酵ガスによる突起物ができるのではないか。こういった予測をたて、醗酵して気泡を発生する有機物として小麦粉を粘土に混ぜた笵を製作した。次に、劉煜らが分析した籾殻灰を粘土に混ぜた笵を製作して比較実験した。

当初は小麦粉だけではなく、粘土に藁や米糠などの様々な有機物を混ぜる方法も併せておこなった。笵内部に多くの気泡を発生させるため、小麦粉（強力粉）に酵母菌を加え第一次醗酵したものを粘土に混ぜた。これを炭火で暖めてゆっくりと第二次醗酵しながら乾燥した。その結果、笵内部には大きな空洞ができ笵としては使えないものになった。そのため、酵母菌混入後の第一次醗酵を止め、粘土と強力粉と酵母菌を一気に水で練り合わせ、ゆっくりと自然乾燥する方法で実験をおこなった（写真2）。他に酵母菌を加えない小麦粉と粘土だけで自然醗酵する試料も製作した。また、臨淄鏡笵の色調と比較するために焼成した笵を割って破断面を観察した（写真3）。実験は北陸富山の12月におこない、低温で多湿な気象条件下であった。試料の検討後、実際に小麦粉と粘土を混ぜて作った笵に青銅を流して鋳造実験をおこなった（写真10〜22）。

次に、劉煜らの分析にある籾殻灰の混入による造笵実験をおこない、同様に青銅を流して鋳造実験をおこなった（写真23〜48）。

いずれの鋳造実験でも錫23％、銅77％の高錫青銅を用いた。一般的には鉛を5％程度混ぜるが、実験結果に影響はないと判断して人体に害のある鉛は用いなかった。

2）有機物と粘土笵の気泡痕

有機物は、（1）微細な藁、（2）米糠、（3）小麦粉（強力粉）を用いた。〈表2〉の試料2、3、4にはカビが発生し、試料2のカビが最も大量であった。

笵内部に気泡を多く発生させるため、各試料には水分を多めに加え、とろみのあるスープ状にした。

〈表2〉粘土と有機物の比率

試料名	材料	比率＝〈粘土：他〉（体積概算比率）
試料1	益子粘土＋水に漬けて醗酵した微細な藁＋水	〈1：1〉
試料2	益子粘土＋水に漬けて醗酵した米糠＋水　（カビ発生）	〈1：1〉
試料3	益子粘土＋小麦粉＋水　（カビ発生）	〈1：2〉
試料4	益子粘土＋小麦粉＋酵母菌＋水　（カビ発生）	〈1：1〉
試料5	益子粘土＋小麦粉＋酵母菌＋水	〈3：1〉

この5つの試料を2通りで放置して自然乾燥させた〈表3〉。乾燥が終了した時点で、全てのBは容器に接着しているため、収縮による激しい亀裂が発生した。Aは板との間に紙を挟んだため、板に接着せず乾燥収縮による亀裂が発生したものはなかった。

〈表3〉実験笵の乾燥方法

乾燥区分	乾燥方法
A	板に紙を敷きその上に試料を置いて乾燥させる（短時間で早く乾燥させる）
B	金属容器のなかで乾燥させる（長時間でゆっくり乾燥させる）

5種類の試料をA、Bの2通りの方法で乾燥させ、この10種類の試料を手で割って、その断面を観察した。その結果は〈表4〉の通りである。いずれの試料も乾燥後に割っており、焼成後に割れ方が変わるのかどうかは検証できていない。

〈表4〉実験笵内部の気泡痕

試料・乾燥	結　　果
試料1－A	気泡痕はない。 藁の繊維は横方向に統一的に向いている。
試料1－B	1×2㎜の横向きの楕円形の気泡痕がわずかにある。 藁の繊維は横方向に統一的に向いている。
試料2－A	気泡痕はない。 米糠が点在する。
試料2－B	気泡痕はない。 米糠が点在する。
試料3－A	紙との接着面と試料表面から急速に乾燥していき、最後に中央が収縮してできた大きな隙間がある。断面には1×2㎜の横向きの楕円形の気泡痕がわずかにある。
試料3－B	2×4㎜の横向きの楕円形の気泡痕が大量にある。幾つかの気泡がつながり4×10㎜程度の1個の気泡痕になる。草葉文鏡笵よりも気泡痕が大きくて多い。突起物があるが、草葉文鏡笵よりも突起物は小さい。試料表面に1×3㎜程度の気泡痕が幾つか露出している。
試料4－A	0.5～2㎜程度の横向きの楕円形の気泡痕が点在する。紙との接着面と試料表面は水分が急速に乾燥し気泡痕がない。最後に中央が収縮し小さな亀裂が発生した。
試料4－B	2×4㎜の横向きの楕円形の気泡痕が大量にある。幾つかの気泡がつながり3×8㎜程度の1個の気泡痕になる。草葉文鏡笵よりも気泡痕が大きくて多い。突起物があるが、草葉文鏡笵よりも突起物は小さい。試料表面に2×5㎜程度の気泡痕が多数露出している。
試料5－A	0.5㎜程度の丸い気泡痕がわずかに点在する。紙との接着面と試料表面は水分が急速に乾燥し気泡痕がない。最後に中央が収縮し小さな亀裂が発生した。
試料5－B	1×8㎜程度の不定形の気泡痕が大量にある。幾つかの気泡がつながり大きな1個の気泡痕になる。草葉文鏡笵よりも気泡痕が大きくて多い。突起物があるが、草葉文鏡笵よりも突起物は小さい。試料表面の気泡痕は少ない。

試料3から小麦粉を粘土に混ぜて水練りすると、酵母菌を添加しなくても気泡が発生することが分かる。酵母菌を混入しなくても粘土中の小麦粉が水に溶けて自然醗酵し気泡を発生させる。また、藁や米糠を水に漬け放置するとこれらが醗酵して小さな泡が水面に浮く。さらに数ヶ月間放置すると水面の気泡はなくなる。これらを混入した試料1、2には気泡は発生しなかった。その後、小麦粉を水で溶き数日後に自然発酵して水面に気泡のある水溶液と粘土を混ぜ、笵内部に気泡が発生するかどうかの実験をおこなった結果、試料3と同じ程度の気泡が発生した。すなわち、粘土に有機物を混入して水分量が多いクリーム状であれば、数日間継続する醗酵により発生する気泡は大きくて多い。逆に

水分量が少なければ気泡は小さく少なくなることが分かる。

　臨淄出土草葉文鏡范の気泡痕と試料3、4、5の気泡痕を比較すると（写真4〜9）、水分の多い状態から急速に乾燥するAでは発生する気泡が臨淄出土草葉文鏡范よりも少なく、ゆっくり乾燥するBでは気泡が多すぎる。また、ゆっくり乾燥した試料の気泡痕内部に発生する突起物はいずれも、臨淄出土草葉文鏡范の突起物よりも小さい。小麦粉の量と水分量、乾燥速度などを適正におこなえば、臨淄鏡范の気泡の形状や数量に類似した試料を作製することはできるだろう。そして、こういった調整によって、文様の線刻の障害となる気泡痕を少なくすることも当時は可能であったはずであるが、そういった気配はない。

　有機物の醗酵によって気泡痕内部の突起物が発生するのではないかと予測したが、今回の造范実験では臨淄鏡范に類似する突起物を作ることができていない。

3）籾殻炭・藁炭と粘土范の気泡痕

　劉煜らの分析報告（劉煜ほか 2005）では籾殻灰を大量に范に混ぜたとあるが、この実験では、籾殻と藁の灰化したものではなく、炭化したもの（厳密には炭化した黒色と灰化した白灰色のものが混じる）を用いた。籾殻炭と藁炭はほぼ1：1の割合で、30番篩（目が約1㎜の正方形の大きさ）を通し

〈表5〉粘土と炭の比率と水分量

試料名	材料　　　　　　　　　　　　　　比率＝〈粘土：籾殻炭＋藁炭〉（体積概算比率）
試料6	益子粘土＋（籾殻炭＋藁炭）をゆるく練って空気を巻き込むように何回も攪拌し、新聞紙を敷いた金属ボールに流し入れてゆっくり乾燥させる。　　　　　　　　　　　　　〈1：4〉
試料7	益子粘土＋（籾殻炭＋藁炭）をゆるく練って空気を巻き込むように何回も攪拌し、新聞紙を敷いた金属ボールに流し入れてゆっくり乾燥させる。　　　　　　　　　　　　　〈1：3〉
試料8	益子粘土＋（籾殻炭＋藁炭）をゆるく練って空気を巻き込むように何回も攪拌し、新聞紙を敷いた金属ボールに流し入れてゆっくり乾燥させる。　　　　　　　　　　　　　〈1：2〉
試料9	益子粘土＋（籾殻炭＋藁炭）を硬めに練って、新聞紙を敷いた板の上に置いて乾燥させる。板の上で形が作れる程度の水分量。　　　　　　　　　　　　　　　　　　　　　〈1：1〉
試料10	益子粘土＋（籾殻炭＋藁炭）を硬めに練って、新聞紙を敷いた板の上に置いて乾燥させる。板の上で形が作れる程度の水分量。　　　　　　　　　　　　　　　　　　　　　〈1：2〉

〈表6〉粘土と炭の范に発生する気泡痕

試料名	結　果
試料6	ボールに接した底面と平行方向の楕円形の気泡痕がある。大きい気泡痕で1×3㎜、小さいもので1㎜程度。大きい気泡痕のなかに明確な突起物は認められない。
試料7	気泡痕はほとんど見られない。わずかに1×2㎜程度の気泡痕が見られる。3×5㎜で奥行き5㎜程度の大きな気泡痕が1個あるが、内部に突起物はない。
試料8	最も水分が多かった試料であり、破断面にはすぐに見つけられる大きさの気泡痕はなく、極めて小さい気泡痕がわずかにある。
試料9	板に接した底面と平行方向に楕円形の気泡痕がある。気泡痕は1×2㎜程度が大きいほうで小さいものが多い。楕円形は少なく押しつぶされた形状が多い。
試料10	板に接した底面と平行方向の楕円形の気泡痕がある。1×2㎜と1㎜程度の気泡痕がある。2.5×5㎜程度の細長い気泡痕が幾つかあり、はっきりとした突起物はない。

たものを用い、粘土と混ぜ合わせて水練りして実験試料とした〈表5〉。

　これらの試料を乾燥させ手で割って破断面を観察した〈表6〉。どれも硬くて割れにくい。直線的に割れ、破断面はほぼ直角面で割れる。臨淄出土草葉文鏡范と比べると破断面は平滑ではなく、やや凹凸がある。手に持つとどれも軽いが、粘土比率の小さい試料6が最も軽い。実験鋳造范は粘土と炭を1：1で混ぜたものでおこなった。密度は1.10ｇ/c㎥とやや重たいが、試料6は手に持つとこれよりも軽く、明らかに1ｇ/c㎥以下の密度であろう。

　試料6〜8は水分を多く加えて攪拌し気泡を意図的に含ませる方法で作製した。手で形を作ることも不可能な水分量でクリーム状であった。籾殻炭の多いほうが気泡痕の個数は多いようだ。攪拌で含んだ気泡の大きさがそのまま残ったと思えるものが試料7に見られたが、この内部には臨淄出土草葉文鏡范のような明確な突起物はなかった。このなかでも、たまたま他よりも水分がやや多かった試料8には裸眼で確認できる大きさの気泡痕は発生せず、攪拌で巻き込んだ気泡も試料外に浮き出た可能性がある。すなわち、粘土に籾殻炭を混ぜても水分量を多くすれば、内部に気泡を含まない范を作ることができる。気泡痕のない范を作る方法が可能であったにもかかわらず、多くの臨淄出土草葉文鏡范の鋳型面の近くに多数の気泡痕があることは、今後の検討を進める上で重要な点である。

　多くの臨淄出土草葉文鏡范には指で押さえた跡と思われる半丸凹形の溝が複数本ある。試料6〜8は指跡も残らないほど水分が多くてゆるい。試料9、10は指跡が残り、臨淄出土草葉文鏡范と同程度の水分量だったといえる。硬めであったために、手を試料に押し当てた時に気泡を押しつぶし底面と平行方向の楕円形となった。臨淄出土草葉文鏡范にも気泡が押しつぶされた形状で残るものがあり共通している。

　今回の試料においては、大きな気泡痕内部に明確な突起物がなく、この点は臨淄出土草葉文鏡范と共通しない。どの試料も、気泡を多く巻き込むように意図的に攪拌して乾燥させたが、臨淄鏡范のなかでも大量に発生した范の気泡量に匹敵するものはできなかった。

　炭化していない微細な籾殻粉を真土と粘土に混ぜた造范実験では、臨淄鏡范の気泡痕内部の突起物に非常に似たものが複数個できた（三船 2005 P.54-73）。これは微細粉の有機物が大きな気泡痕内部に複数の明確な突起物を作った例である。臨淄鏡范の観察でも范のなかから植物繊維が発見されており、無機質の植物灰の混入と有機質の植物繊維の混入を併用する実験も検討しなければならないだろう。

４）焼成後の色調

　鋳造するには范の粘土中の結晶水を除去する必要があり、鋳型面を700℃以上で焼成しなければならない。第1回目の実験では最高温度800℃まで昇温し重油炉内で7時間程度かけてゆっくり焼成した。焼成時、熱は范の外から中心に向かって浸透していくため、最も高温に達した表面は橙色になり、その内部は白灰色となる。更にその内部は、小麦粉が炭化する温度で焼成を終われば黒色となる。したがって、破断面は全体の表層に橙色、その内側に白灰色、更に中心部が黒色というドーナツ状色層になる。小麦粉を含んだ范でも800℃を長時間継続すると、熱が更に浸透し小麦粉が灰化し白灰色になる。そして、高温が中心部まで達すると破断面は橙色になる。籾殻炭、藁炭を混入した実験范も同様に、表層が橙色、内部が白灰色のドーナツ状色層になり、長時間焼成で内部も橙色に変わる。

ところが、臨淄鏡范の断面の色調は中心に熱が向かうこのようなドーナツ状色層を示す層にはなっていない。多くが白灰色の単一色であり、鋳型面からわずかに橙色が内部に浸透している。鋳型面の下層が橙色に変色していることから、臨淄鏡范も焼成で橙色に変色する材質であることは間違いない。結晶水が除去されれば素焼き質となり、土中の水分でも形を崩さない。崩れないで発見されたにもかかわらず、素焼き後の表層全面が橙色ではなく、鋳型面だけが橙色というのは不思議である。破断面全面が同一の白灰色である理由は、還元炎で焼成したためとも考えられるが実のところよく分からない。破断面の色調は実験の焼成結果とは異なり、臨淄鏡范の材質や焼成方法については謎が多い。

5）文様彫りと范崩れ
　臨淄鏡范は、鋳型面や幅置面の近くに多数の気泡痕があり、塗型材でその気泡痕を埋めて塞いでいる。鋳型面に文様を彫り終わってから塗型材を施す手順であろうから、気泡痕があってもそのまま彫ることになる。試料1〜5は気泡痕が多すぎるため、文様を彫ることはできない。気泡痕を少なくするために、益子粘土に小麦粉を体積とほぼ同量混ぜ、水分を少なくし乾燥させた試料に、臨淄出土草葉文鏡范に近い形状の気泡痕ができた。気泡痕内部の突起物もわずかながら発生した。これを乾燥させ鋳型面を平滑に削って、コンパスと工具で文様を彫り込んだが、非常に彫りやすく、短時間で鏡胎の深さを彫ることができた。しかし、この比率の范では范崩れが起きあまり精緻には彫れない。気泡痕が気になり塗型材で気泡痕を埋めながら彫り続けようとすると、焼成していないために水を吸った范材は崩れやすくなる。小麦粉が多ければ、乾燥後は硬質で彫りにくい范になり、焼成後は小麦粉が灰化して脆く柔らかい材質へと変化する。
　試料6〜10では粘土の含有率が高いほど范崩れがなく文様が彫れた。乾燥時と焼成後の彫りをこれらの各試料で比較したが、どの試料でも大きな違いは感じられなかった。粘土比率の高い試料9であっても、焼成後に先の尖った工具で文様を彫り描くと范崩れは起きる。漢代の鏡に見られる范崩れのない文様には到底及ばない。焼成後であれば塗型材を塗っても范が溶けるようなことはないため、乾燥→文様彫り→焼成→塗型材の手順か、焼成→文様彫り→塗型材の手順であろう。いずれも焼成後に塗型材を塗るので、厚くなった塗型材は筆と水で洗い落とせる。
　小麦粉の混入は多数の気泡痕と内部の突起物の発生を探るためにおこなった実験で、付随的に文様彫りと范崩れの実験をおこなった。結果として1：1の范では脆く范崩れは防げない。籾殻炭の混入は劉煜らの分析を検証するためにおこなった実験である。この試料での文様彫りは、小麦粉范よりも精緻に彫れるが范崩れは防げない。臨淄出土草葉文鏡范の文様と同等の精緻さにも及んでいない。籾殻灰を用い、それを細かく磨りつぶして混入するなどの工夫をすれば范崩れが起きない材質に辿り着けるのかもしれないが、更に精緻な後漢鏡のような范を彫るにはそれだけではない秘密があるように思われる。
　中国商周代の青銅器の鋳造技法も文様が最も難解である。文様の工程を理論的に説明することはできるが、実際に検証的な鋳造実験をおこなっても確証を得るような手ごたえはない。文様の鋳造は難問である。今回の造范、文様彫りの実験から、漢代鏡の范崩れしない范材と文様の線彫りの手法を復元するには、まだまだ多くの研究時間が必要なように思われる。

6）割れ方

　范の割れ方でその強度が分かる。臨淄鏡范は、多くがおおむね范の半分で直線的に割れ、破断面は鋳型面と直角で凹凸がない。これらのことから、割れに対する強度があり、強い衝撃によってようやく割れることが分かる。また、破断面の角があまり崩れていないことや丸まっていないことから軟らかくて脆い材質ではないことが分かる。小麦粉を混ぜた試料范は臨淄鏡范のこういった表情とは異なり、小麦粉を粘土と同量の比率で混ぜた范は脆く割れやすい。籾殻炭を粘土に混ぜた試料は半分で直線的に割れ、強度や硬度が臨淄鏡范と似たものになった。

5．鋳造実験の方法と結果

1）鋳造実験の方法

　中国で出土した草葉文鏡を比較し、これまでに同笵鏡がないことから「一笵鋳一鏡」を白雲翔は主張する（劉煜ほか 2005）。しかし、一回鋳造のための范であるなら臨淄出土草葉文鏡范は厚すぎる。厚さや抜け勾配などから、臨淄出土草葉文鏡范は複数回鋳造目的で作られたと考えられるが、同じ形の鏡が見つかっていないことから「一笵鋳多鏡」は今のところ空論といわざるを得ない。多数の気泡痕は注湯時の急加熱による急な膨張を和らげ、范の亀裂の発生や割れを防止するのか、また、籾殻炭范の強度は複数回の使用に耐えられるのかを連続鋳造実験によって検証し、今後の「一笵鋳多鏡」の検討資料としたい。

　第1回目の実験に使用した范は、粘土に小麦粉を同体積混ぜたもので、鋳型面には微粉土を塗型材として塗り、更に注湯の焼き付きを防ぐ目的で炭粉（粉末の炭を薄い粘土汁で溶いたもの）を塗った。炭粉の効果を確認するために鋳型面の半分に炭粉を塗り、残りは塗型材だけとした。それを約800℃で焼成し、常温に冷ました後に合笵して錫23％、銅77％の高錫青銅を注湯した。およそ30分の間に3回連続して鋳造した。第2回目は、籾殻炭と藁炭を粘土と同体積で混入した范で連続鋳造した。塗型材、炭粉などは第1回目と同じように塗ったが、炭粉塗布後の焼成は鋳型面だけを肌焼きした。

2）鋳造実験の結果

　第1回目の鋳造実験では3回連続で鋳造しても范は壊れなかった。急膨張に対する強度は極めて高い。やはり無数の気泡痕の効果であろう。塗型材を何度も塗って気泡痕を塞いだために湯が気泡痕内部に流れ込むことはなかった。その反面、范の乾燥→文様彫り→塗型材→焼成の手順のために塗型材が厚くなり、文様の線はシャープさを失った。炭粉の効果は予想以上で、炭粉を塗らない部分の塗型材は製品の表面に付着して鋳型面から剥がれた。炭粉を塗った部分は塗型材が製品に付着せず鋳型面は破損しない。1回目の注湯で炭粉を塗らない部分の塗型材が剥がれ、下層から気泡痕が露出した。そのまま2回目の注湯をおこなったため、その気泡痕に湯が流れ込んだ。製品を取り出す時に流れ込んだ湯によって鋳型面が大きく剥がれた。修理しないでそのまま3回目を注湯したために湯は更に奥まで大きく入り込み、製品の取り出しで激しく剥がれた。炭粉を塗った鋳型面は目立った剥がれが起きず、3回目の注湯でも鋳上がりにそれほど変化はなかった。気泡痕の多い范では特に塗型材が、型離れでは炭粉が、范を壊さないで複数回鋳造するには重要であることが判明した。なお、第1回目の

鋳造実験に使用した笵は小麦粉と粘土を体積比おおよそ1：1で硬めに練ったもので、焼成後の密度は0.99g/cm³になり、臨淄鏡笵の密度に近いものになった。

　第2回目の鋳造実験では、最初の注湯で湯が漏れて失敗したが、その後連続した3回の注湯でも笵は壊れず鋳型面の残りも良好で、小麦粉笵よりも強度は高い。劉煜らがいうように籾殻炭、藁炭粉は笵の焼成、急加熱による膨張に対する強度を高めることが検証できた。この実験では鏡背笵側を下に傾けて注湯する方法と、鏡面笵側を下に傾ける方法で注湯した。前者は鏡全面の文様に鋳引けがないが、後者では堰の下方の文様が朦朧となる鋳引けが見られた。また、3回目の注湯では湯の温度が低かったため、鏡の様々な部分に鋳引けの窪みが見られた。また、今回は灰ではなく炭化物を約1mm目の篩を通して使用した。灰化させ、微粉末にしたものを混入する実験もおこなう必要があるだろう。これによって、文様の線刻時の笵崩れを更に詳細に検討することができる。粘土と籾殻炭を体積比おおよそ1：1の比率で練ったものの焼成後の密度は1.10g/cm³で、これも臨淄鏡笵に近いものとなった。

　1回、2回の実験はともに一切の鋳型面の補修をおこなわず悪条件で連続鋳造した。それぞれの鋳造品の質を高めるのなら、製品取り出し後に、塗型材の補修と炭粉の塗布を再度おこない、鋳型面を肌焼きし、笵の温度を下げて次の注湯をおこなう方法であろう。わずかな笵の剥がれは防ぎきれないだろうが、この実験のように3回連続鋳造しても壊れない笵なら、毎回丁寧に鋳型面を補修することによって10数回の鋳造は可能と考えられる。同じ形の鏡を2面以上作らないという思想があったのなら、壊れなかった笵に再度注湯することはないだろうが、6cmもの厚さに作られた臨淄出土草葉文鏡笵からは、当初から複数回の使用を目的にして造笵したと考えるのが自然である。臨淄鏡笵のなかには再利用笵と見られるものが幾つかある。1面を鋳造した後に鋳型面を削り落とし、別の文様の鏡背笵を彫って次の1面を鋳造し、更に鋳型面を削って別の鏡を鋳造するということなら、毎回8mm程度ずつ薄くなるため最初に笵を厚く作ったとも考えられるが、果たしてそれほどまでに同じ形の鏡を認めないという強い考えがあったのだろうか。

　鋳造実験笵が臨淄鏡笵と大きく違う点は、鋳型面が黒灰色に変化しないことである。3回目の鋳造で極わずかに黒灰色を帯びたが、臨淄鏡笵の色とは全く異なる。今回の実験青銅は純度の高い銅と錫を用いている。鉛、亜鉛を添加した青銅で別に実験した結果も同様に黒色化しない。これら以外の微量金属の影響なのか、塗型材や炭粉に代わる別のものの影響なのか、今のところ黒色化の原因は科学的に分かっていないが、黒色が浸透していることから、凝固ガスや熱の浸透に関連していると思われる。鋳造後の型離れを目的に植物油などを鋳型面に塗り鋳造すれば、その熱で炭化し黒色化するようなことがあるのかもしれない。今後の実験で検証してみたい。

6．まとめと今後取り組まなければならない問題

　今回の実験から以下の点が明らかになった。小麦粉、籾殻炭いずれも粘土と同体積比程度混入すれば、乾燥、焼成で大きな問題は起きない。しかし、小麦粉笵は小麦粉の比率が高くなれば焼成で変形や割れが起こりやすい。籾殻炭笵は乾燥、焼成においても変形や割れは起こらず、焼成後の強度も高く、籾殻炭が4倍に増えても割れに強い。文様を線刻する場合も籾殻炭笵のほうが優れている。臨淄

鏡范も気泡痕の多いものと少ないものがある。粘土に藁灰粉を大量に混ぜた范では、気泡痕の少ない臨淄鏡范に似たものもできるが、気泡痕内部の突起物は同じものにはなっていない。

　古代の鋳造技法を解明することは、范の材料と范作りの工程を明らかにすることである。山東省臨淄で大量の鏡范が発見されその形状が明らかになり、鋳造欠陥のない鏡を鋳造するための様々な古代の工夫が分かってきた。更に科学分析により范の成分が明らかになり混入物も分かってきた。いわば、物的証拠が複数の点となって現れてきたのである。しかし、これらの点を結んで線となる「范を作る具体的な工程、手順」が明らかになっていない。中国漢代の鏡には范崩れの全くない驚くほど精緻な文様を持つものがある。いったいどのような材料で、どのような方法で范を作ればあのような神業のような精緻な文様を鋳造することができるのか、これまで大きな謎であった。実は、これだけ大量の范が発見されれば、これまで不明だった鏡鋳造の秘密は一気に解明されるだろうと当初は考えた。ところが、簡単なことではなかった。范崩れのない文様の線刻は全く解明できていない。

　中国古代の鏡鋳造技術が列島にも伝わったのではないかと推測させるほど文様が精緻な列島の倣製鏡もある。倣製鏡のなかには最高水準の漢鏡にも引けを取らないものもある。漢鏡の具体的な造范技法や列島の造范技法それぞれを明らかにしなければ、こういった技術伝播の研究はいつまでも根拠の乏しい推論を続けることとなる。そういった意味からも、大量の臨淄鏡范を頼りに前漢時代の鏡の造范技術をまずは解明することが急務である。

　調査から明らかになった事項を参考にして、複数の検証的な実験をおこなった。それによって、気泡痕内部の突起物が顕著に現れない籾殻炭混入范への問題提起、焼成の熱浸透によるドーナツ状色層からの范焼成方法の問題提起、気泡痕が多い范の精緻な加工方法への問題提起、鋳型面の黒色化の問題提起などをおこなう結果となった。今後も、物的証拠である様々な点を結びつけるべく、検証的鋳造実験をおこない、一つひとつの問題を解決し真実に迫らなければならないと考えている。

　本研究は、平成17年度「財団法人　三菱財団」助成金『草葉文鏡范での復元鋳造と熱処理実験による中国前漢代銅鏡の製作技法研究』（代表：三船温尚）による研究成果の一部である。

　この論文は、「山東省出土草葉紋鏡範材質調査的復原実験」（中文・三船 2007）の一部改変である。

謝辞
　鏡范の調査にあたっては、山東省文物考古研究所、東京国立博物館、藤井有鄰館、日本古美術白水、東京大学にお世話になりました。感謝申し上げます。

参考文献

何堂坤　1992　『中国古代銅鏡的技術研究』中国科学技術出版社
清水康二・三船温尚・清水克朗　1998a　「鏡の熱処理実験―面反りについて（その１）―」『古代学研究』第144号
清水康二・三船温尚・清水克朗　1998b　「鏡と范から探る山字文鏡の鋳造方法」『泉屋博古館紀要』第14巻
田賀井篤平・橘由香里　2007　「関於草葉紋鏡範的物質科学方法研究」『斉国故城出土鏡範和東亞的古鏡―斉都臨
　　淄：漢代銅鏡製造中心国際学術研討会論文集―』奈良県立橿原考古学研究所
白雲翔　1999　「西漢時期日光大明草葉紋鏡及其鋳范的考察」『考古』第４期
　　本稿で「東大范」とした范は「傅家鏡范」とある。
二上古代鋳金研究会　2001　「鏡の熱処理実験―面反りについて（その２）―」『古代学研究』第154号
三船温尚・横田勝・菅谷文則・清水康二ほか　2003　『古代青銅鏡の割れ方に関する基礎研究』科学研究費萌芽
　　研究成果報告書
三船温尚　2005　「日本国内にある草葉文鏡範に関する諸考察」『鏡范研究』Ⅱ―草葉文鏡范の日中共同研究報告
　　―　奈良県立橿原考古学研究所・二上古代鋳金研究会
三船温尚　2007　「山東省出土草葉紋鏡範材質調査的復原実験」『斉国故城出土鏡範和東亞的古鏡―斉都臨淄：漢
　　代銅鏡製造中心国際学術研討会論文集―』奈良県立橿原考古学研究所
劉煜・趙志軍・白雲翔・張光明　2005　「山東臨淄斉国故城漢代鏡范的科学分析」『考古』第12期
梁上椿　1940　『巌窟蔵鏡』北京

写真1
益子粘土を水で練って800℃で短時間焼成した。密度は1.96g/㎤。内部は黒灰色で、充分に熱が浸透していない。層状に割れた。

写真2
粘土：酵母菌を加えた小麦粉を体積比（2:1）で練り合わせたもの。臨淄鏡范に似た指の跡が鮮明に残る。ヘラで線刻すると鮮明に跡が残る。

写真3
乾燥後800℃で焼成した写真2の断面。高温が浸透していない中心部は小麦粉が炭化して黒色になっている。

写真4
試料3－A　粘土：小麦粉が1：2の試料。短時間で乾燥させた。中央に大きな隙間ができた。

写真5
試料3－B　粘土：小麦粉が1：2の試料。長時間でゆっくり乾燥させた。臨淄出土草葉文鏡范よりも気泡痕は大きい。

写真6
試料4－A　粘土：小麦粉・酵母菌が1：1の試料。短時間で乾燥させた。横方向の気泡痕が点在する。気泡痕が大きい。

写真7
試料4－B　粘土：小麦粉・酵母菌が1：1の試料。長時間でゆっくり乾燥させた。横方向の気泡痕が大量にある。気泡痕が大きい。

写真8
試料5－A　粘土：小麦粉・酵母菌が3：1の試料。短時間で乾燥させた。小さな気泡痕が点在する。

写真9
試料5－B　粘土：小麦粉・酵母菌が3：1の試料。長時間でゆっくり乾燥させた。大きな気泡痕が大量にある。

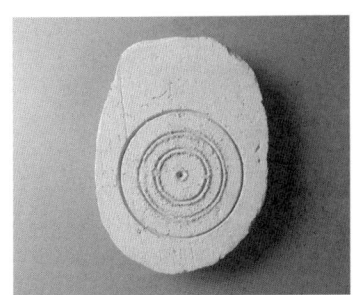

写真10
小麦粉と粘土を1：1で混ぜて水分を少なめにして練った范。乾燥後に同心円をコンパスで彫り込む。軟らかいので彫りやすいが、范崩れが起きる。

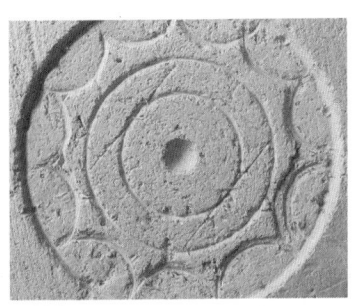

写真11
鏡胎の厚さ分を削り、連弧文を一段深く彫る。方格線を描く。鈕を丸く彫る。気泡痕が障害になり范崩れが起きる。

写真12
文様を彫り終わり、塗型材を塗り実験的に半分に炭粉を塗る。范は焼成していないので、塗型材、炭粉を塗る時に水で少し溶ける。

青銅鏡製作技術研究の経緯と前漢鏡范の検証実験——251

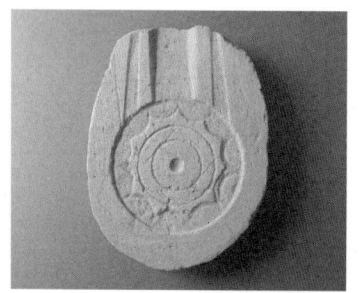

写真13
800℃で焼成すると、炭粉の黒色は消えて橙色になる。密度は0.99g/cm³になる。

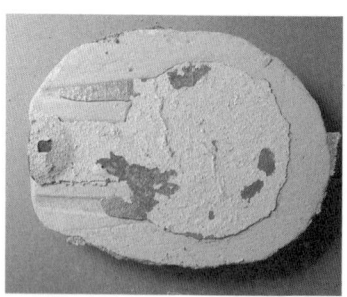

写真14
第1回目の鋳造実験。粘土と小麦粉の笵を使用し、鋳造する。全面に笵の土が付着し、鋳型面の一層が剝がれる。

写真15
1枚目の鋳造鏡。面径は約5cm。炭粉を塗った半分には笵の土が付着しない。部分的に凸線の際の鋳型面が剝がれている。

写真16
1枚目の鋳造後。炭粉を塗らなかった下半分は微粉土の塗型材が鋳造鏡に付着して剝がれている。

写真17
第1回目の鋳造実験の1枚目の鏡。鋳型面はまだ壊れていない。

写真18
1枚目の鏡の部分。

写真19
第1回目の鋳造実験の2枚目の鏡。注いだ青銅が途中で漏れて不完全な形の鏡となる。笵傷の補修や塗型材の再塗布をしないで鋳造した。

写真20
2枚目の鏡の部分。1枚目の鏡の鋳造で鋳型面が剝がれた部分は凸形となって鋳造される。

写真21
第1回目の鋳造実験の3枚目の鏡。2枚目の鋳造で鋳型材が剝がれ、下層から出てきた気泡痕に青銅が流れ込み更に笵を壊す。

写真22
3枚目の鏡の部分。凸形の傷が少しずつ大きく変化し、傷の数も増える。2枚目の鏡と同様に、笵傷の補修をしないで鋳造した。

写真23
粘土と籾殻炭・藁炭が1:4のものに水を多く加えて練り、ゆっくり乾燥させた試料6の破断面。大きな気泡痕内部には明確な突起物はない。

写真24
粘土と籾殻炭・藁炭が1:3のものに水を多く加えて練り、ゆっくり乾燥させた試料7の破断面。大きな気泡痕内部には明確な突起物はない。

写真25
粘土と籾殻炭・藁炭が1：2のものに最も水を多く加えて練り、ゆっくり乾燥させた試料8の破断面。気泡痕はほとんど見られない。

写真26
粘土と籾殻炭・藁炭が1：1のものに少ない水を加えて練り、短時間で乾燥させた試料9の破断面。小さい気泡痕が多い。

写真27
粘土と籾殻炭・藁炭が1：2のものに少ない水を加えて練り、短時間で乾燥させた試料10の破断面。大きな気泡痕内部には明確な突起物はない。

写真28
粘土と籾殻炭・藁炭が1：4のものを乾燥させた試料6に、釘で凹線を彫ると笵崩れが起きる。

写真29
粘土と籾殻炭・藁炭が1：4のものを750℃で焼成した試料6に、釘で凹線を彫ると、乾燥時と同様に笵崩れが起きる。

写真30
粘土と籾殻炭・藁炭が1：2のものを乾燥させた試料8に、釘で凹線を彫ると笵崩れが起きる。試料6とあまり変わらない。

写真31
粘土と籾殻炭・藁炭が1：2のものを750℃で焼成した試料8に、釘で凹線を彫ると、乾燥時と同様に笵崩れが起きる。

写真32
粘土と籾殻炭・藁炭が1：1のものを乾燥させた試料9に、釘で凹線を彫ると笵崩れが起きるが、他と比べると笵崩れはやや少ない。

写真33
粘土と籾殻炭・藁炭が1：1のものを750℃で焼成した試料9に、釘で凹線を彫ると、乾燥時と同様に笵崩れが起きる。

写真34
粘土と籾殻炭・藁炭が1：2のものを乾燥させた試料10に、釘で凹線を彫ると笵崩れが起きる。

写真35
粘土と籾殻炭・藁炭が1：2のものを750℃で焼成した試料10に、釘で凹線を彫ると、乾燥時と同様に笵崩れが起きる。

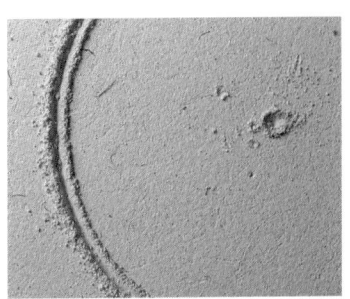

写真36
第2回目の鋳造実験。粘土と籾殻炭・藁炭の笵を使用する。平滑に削った鋳型面にコンパスで円弧線を彫り造笵を始める。

青銅鏡製作技術研究の経緯と前漢鏡笵の検証実験——253

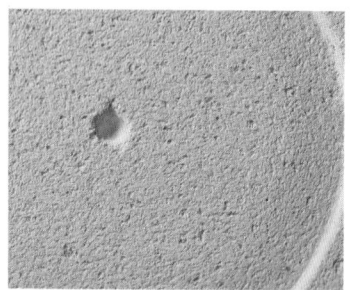

写真37
第1回目の実験は乾燥させた范を削ったが、第2回目は焼成後に造笵する。円弧線の内側を削って鏡胎の肉厚を作る。小さな気泡痕が露出する。

写真38
簡単な線文様を彫り描き、湯道、あがりを彫って范が完成する。粘土と小麦粉の笵よりも彫りやすい。笵崩れも少ない。

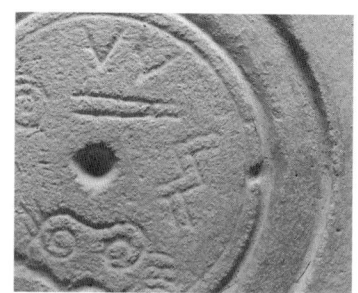

写真39
塗型材を筆で塗る。焼成後なので、余分な塗型材を水と筆で洗い流しても范は溶けない。

写真40
第1回目の鋳造実験と同様に、鋳型面の半分に炭粉を薄い粘土汁で溶いたものを塗る。密度は1.10g/cm³になる。

写真41
塗型材と炭粉に含まれる粘土を焼成するために、青銅を溶解している炉の上に伏せて置き、肌焼きをする。

写真42
第2回目の鋳造実験の後に范を開いたところ。范は壊れていない。鋳型面の土はほとんど剝がれていない。鋳型面は黒灰色に変化しない。

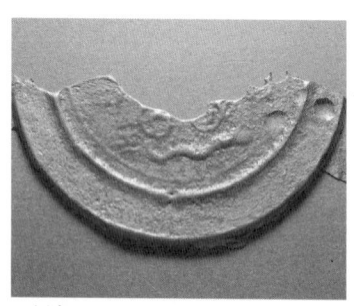

写真43
第2回目の鋳造実験の1枚目の鏡。青銅が漏れて湯口側の上半分がない。

写真44
第2回目の鋳造実験の2枚目の鏡。面径は9.5cm、鏡胎の厚さは1.5mm。

写真45
2枚目の鏡の部分。右半部に炭粉が塗られていなかったため、1枚目の鋳造で部分的に塗型材が剝がれた鋳型面がそのまま鋳造されている。

写真46
第2回目の鋳造実験の3枚目の鏡。注いだ青銅の温度が低かったため、鏡に無数の窪みと鋳皺（いじわ）ができる。

写真47
第2回目の鋳造実験の4枚目の鏡。ガスが抜け切れず穴が1つ開く。

写真48
4枚目の鏡の部分。2枚目の鏡と比較してもあまり変わらない。このことから同笵鏡製作は可能であると思われる。

前漢鏡の地文施文について

―山東臨淄出土螭龍文鏡范・渦状虺文鏡范を中心に―

廣 川　守

はじめに

　山東省臨淄斉国故城内では、前漢期の鏡范が多数出土している（以下、臨淄鏡范）。なかでも関野雄氏の紹介（関野 1956）で以前より注目を集めていた草葉文鏡范が大量に確認されたことは、この時期の青銅鏡生産を考える上で重要な発見であるといえよう。斉国故城内では、この草葉文鏡范の他にも螭龍文鏡范や渦状虺文鏡范などが出土している（山東省文物考古研究所ほか 2007）。螭龍文鏡は波状にくねる胴体に顔や手足を表現した螭龍文を主文様とする鏡で、渦状虺文鏡は蟠虺文鏡とも呼ばれ、顔や手足をもたない龍形文を主文様とする鏡である。両者はいずれも、前2世紀後半を中心に流行した鏡で、これまで蟠螭文鏡の系統に連なるものと認識されてきた。蟠螭文鏡は、前3世紀後半から前2世紀にかけて、華中を中心に大流行したが、この蟠螭文鏡の流れをくむ螭龍文鏡や渦状虺文鏡の鏡范が、山東省で草葉文鏡范とともに出土したことは実に興味深い。本稿ではこれらの鏡范について、主に文様の施文状況を中心に検討し、その特徴を明らかにしたい。

1. 螭龍文鏡と渦状虺文鏡

　鏡范の検討を行う前に、対象とする螭龍文鏡および渦状虺文鏡を概観する。両鏡については、これまで樋口隆康氏が形式分類を行い（樋口 1979 P.85-87）、さらに岡村秀典氏が前漢鏡編年中でその年代を明らかにしている（岡村 1984 P.1-42）。ここでは、これらの先行研究を踏襲しながら、特に主文様の変化状況を中心にして両鏡式の関係を確認したい。

（1）螭龍文鏡

　螭龍文鏡は、波状にくねる胴体に4足が付く螭龍文を主文様とする。手足は蟠螭文と異なり、2足が胴体の同じ部分から左右一対で付き、前足と後足との区別が明瞭である。このような主文様をもつ鏡は、大きく2種類に分類できる。1つは蟠螭文鏡と同じく七縁の薄い鏡体を特徴として、主文様のすき間に地文を充塡する（図1左）。もう1つは厚手の連弧縁で地文がない。いずれも同じ構造の螭龍文を主文様とするが、例数は後者が圧倒的多数を占めており、先行研究では後者に限定して「螭龍文鏡」という鏡式を設定している。ところが、近年になって前者の鏡がいくつか確認されるようになり、これらも龍文鏡あるいは螭龍文鏡という名称で扱われている。鏡体は、連弧縁で地文をもたない螭龍文鏡と大きく異なり、両者を同一鏡式として扱うのが適当かどうか議論の余地があるが、ここではとりあえず螭龍文鏡という名称を用いる。山東省臨淄出土螭龍文鏡范は、全て前者の七縁で地文をもつものに限られており、ここでは連弧縁で地文をもたない螭龍文鏡については検討の対象とせず、七縁

で地文をもつ螭龍文鏡だけを扱うこととする。

　まず、主文様のヴァリエーションを確認したい。主文様を構成する螭龍文は、いずれも非常に細長い胴体がS字状あるいはC字状にくねる。4足は、2足一対となって胴体の両側に付き、前足と後足とを形成している。基本単位となる螭龍文を抽出したのが図1右および図2である。胴体の構造は、図2-1のように全体が大きくC字状に胴体を曲げるもの、図1右のようにC字状の胴体を交互逆方向につないで連環状に一周させたもの、図2-2・3のように波状にやわらかくくねるものなどがある。また頭部の表現をみると、図1右・図2-1・3は顔を横向きにした側視形であらわし、図2-2は目を2つ付けた俯瞰形であらわす。いずれも文様帯中央に四乳を付けるが、図1右・図2-1はこの四乳を結ぶように幅広の七面円圏帯がめぐり、螭龍文を分断している。これらのうち波状にくねる胴体構造をもつ主文様は、前2世紀前半の蟠螭文鏡の主文様にもみられる。図3はその代表例で、湖南省長沙市馬王堆1号墓出土蟠螭文鏡（湖南省博物館ほか 1973 図111・図版178）の主文様を書き起こしたものである。これは以前、筆者が蟠螭文鏡の分類で平彫式第4段階（前2世紀第2四半期）とした蟠螭文である（廣川 2007 P.13-50）。中央の顔から左右に大きく2本の胴体が展開するタイプであるが、波状にくねる胴体の表現や4足の付き方が似ており、足のない方の胴体を除去すると波状にくねる螭龍文に近い構造になる。このような構造の類似から、螭龍文はこの蟠螭文を祖形とする文様と考える。

　また、地文は全て渦巻文で統一されている。鏡の地文にはいくつか種類があるが、前漢鏡の地文については、岡村秀典氏が編年研究のなかで雷文a～cの3類に分類している。雷文aは斜格子のなかに渦巻文と三角文を充塡した細密なもので、雷文bは渦巻文をすき間なく重ね合わせるように並べたもの、雷文cは平行直線で構成されるものである（ここでは雷文aを斜格子渦雷文、bを渦巻文、cを平行線文とそれぞれ称する）。基本的に戦国後期から前漢前期にかけての蟠螭文鏡の地文は大部分が斜格子渦雷文で、螭龍文鏡に付く渦巻文はそれに遅れて出現したものと考えられている。

　以上、七縁で地文をもつ螭龍文鏡について主文様を中心に大まかなヴァリエーションを紹介した。この種の鏡は広州市1010号墓鏡（広州市文物管理委員会ほか 1981 図91-4）、安徽省潜山市彭嶺21号墓鏡（安徽省文物考古研究所ほか 2006 図34-12）、四川省成都市麻家山3号墓鏡（大渡河中游考古隊 2003 図54-7）、湖北省襄陽市王坡85号墓鏡（湖北省文物考古研究所ほか 2005 図221）、山東省淄博市済青路徐家荘1号墓鏡（山口県立萩美術館ほか 2005 図版11）の出土品と、6例のコレクション資料しかこれまで確認できていない。したがって先に分類した主文様の時期差などを検討することは困難である。今後例数の増加を待って改めて検討したい。

（2）渦状虺文鏡

　渦状虺文鏡は、手足を失った龍形文を主文様とする鏡である。顔まで消失して単に波状の胴体だけとなったものもあり、文様表現のヴァリエーションが豊富である。樋口隆康氏は、主文様の構造について、C字状の胴体が連なって環状に一周する連環式と、4体の独立した虺文で主文様を構成する分離式の2形式に大きく分類した。それに対して、岡村秀典氏は地文に着目して、渦巻文の雷文bをI式、平行線文の雷文cをII式と分類した。そのうちI式の渦巻文は、先行する蟠螭文鏡の地文である斜格子渦雷文の退化形式と考え、I式が古く、I式からII式へと変化したと想定した。そしてI式・

図1　天理大学附属天理参考館蔵　螭龍文鏡

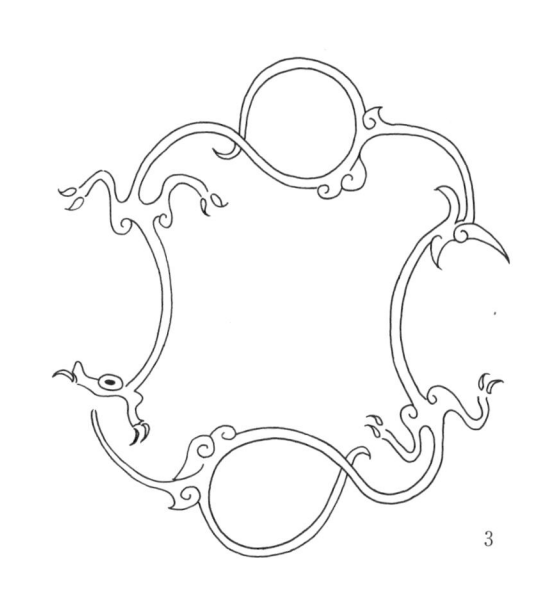

図2　螭龍文鏡の主文様（縮尺不同）

図3　湖南省長沙市馬王堆1号墓出土
　　　蟠螭文鏡の主文様

前漢鏡の地文施文について——257

Ⅱ式ともに漢鏡二期の蟠螭文鏡が消失して以降、すなわち前2世紀後半とした。また主文様は、両形式ともに連環式と分離式とがあって、ともに簡略化する傾向があること、さらに面径が縮小していくことも併せて指摘している。このように先行研究では主文様の構造および地文が分類と年代の指標とされてきた。ここでは先述の螭龍文鏡との関連を考えるため、主に主文様の変化過程を中心に改めて整理を行いたい。

まず主文様の構造をみることにする。図4の通り、主文様はその表現によって大きく以下のa〜c類に分類可能である。1つは顔を表現したもので、これを主文様a類とする。図4-1は樋口氏のいう連環式文様で、C字状の胴体が交互逆方向につながりながら文様帯を一周する。図4-2・3は樋口氏のいう分離式文様にあたり、枝分かれした胴体が交差する虺文が文様帯に4体配される。このうち図4-2は横向きの側視形で、図4-3は両目を付けた俯瞰形であらわされている。主文様b類は、顔のないタイプであるが、胴体の構造は主文様a類とほぼ同じである。図4-4は図4-1の文様から顔だけがなくなったタイプで、C字状の胴体を交互逆方向につなげる構造は全く同じである。主文様c類は主文様a・b類と大きく異なり、胴体の一部のみを切り取ったような単純な構造で、中央に大きなC字を配し、その左右両脇に小さなC字が逆方向を向いて付く（図4-5）ものと、C字を2つ逆方向につ

図4　渦状虺文鏡の主文様（1〜3．主文様a類　4．主文様b類　5・6．主文様c類）

なぎ、S字鉤状にした（図4-6）ものとがある。

　以上、主文様を簡単に分類したが、そのなかで樋口氏が連環式文様とした図4-1と図4-4とを比較すると、両者はほぼ同じ胴体構造をとっており、相違は顔があるかないかという点のみである。さらに、先に紹介した螭龍文鏡の主文様のうち、図1右は図4-1と同じ構造をとっている。螭龍文の先行文様として図3の蟠螭文鏡の主文様を想定したが、これを考慮すると、主文様の変化は、4足および顔の揃った螭龍文から、4足が退化した連環式の主文様a類の渦状虺文、そして顔がなくなった連環式の主文様b類の渦状虺文へ、という退化過程を想定するのが妥当である。

　次に樋口氏のいう分離式文様をみると、顔のある主文様a類のうち図4-2タイプの顔が欠落した退化形式は現在のところ確認できない。さらに主文様c類は連環式の主文様b類あるいは分離式の主文様b類が極端に単純化したものと考える。あまりにも単純な構造のため、連環式系統の退化なのか、分離式系統の退化なのかを判断するのは困難であるが、いずれにしても顔のあるものから顔のないものへという変化の次の段階として、胴体の一部のみを切り取るという形に変化していったと考えたい。したがって主文様の変化状況から、渦状虺文鏡は、顔のある主文様a類を第1段階として、顔のない主文様b類の第2段階へ移行し、さらに胴体の一部分だけを表現する主文様c類の第3段階へと変化していったと想定する。図5に渦状虺文鏡の代表的な形式を挙げておく。

　このように想定した主文様変化に、岡村氏が編年の基準とした地文がどのように対応しているのかを確認する。まず、主文様a類の第1段階は全て渦巻文地である（図5-1・2）。主文様b類の第2段階は渦巻文地と平行線文地とが混在する（図5-3～5）。ただし、この段階の鏡と確認した50例のうち、渦巻文地が42例で平行線文地が8例と圧倒的に渦巻文地が多い。主文様c類の第3段階も両者が併存するが、渦巻文地はわずか1例で、残りは全て平行線文地となる（図5-6）。このことから、岡村編年ですでに論じられている通り、主文様が簡略化していくと同時に、地文が渦巻文から平行線文へと変化した過程がトレースできた。

　また渦状虺文鏡には、主文様や地文の他に2種類の文様装飾がある。1つは主文様帯の外側にめぐらされる連弧文帯（図5-4～6）、もう1つは主文様帯のなかに文様を分断するような格好で同心円状にめぐる七面円圏帯である（図5-1・3）。後者は先述の蟠螭文鏡や螭龍文鏡にみられるものと同じである。連弧文帯は主文様a類の第1段階から主文様c類の第3段階まで、七面円圏帯は第1段階から第2段階までみられるが、両者が1つの鏡で同時に併用されることはない。

　以上、螭龍文鏡および渦状虺文鏡について主文様を中心に検討し、4足および顔が退化して失われていくという一連の変化過程を想定できた。主文様による系譜として、前2世紀前半の蟠螭文鏡から派生して螭龍文鏡が出現し、次いで渦状虺文鏡の第1段階～第3段階へと変化したと考える。したがって実年代は岡村編年の通りほぼ前2世紀前半であろう。

2．螭龍文鏡范と渦状虺文鏡范

　山東省臨淄斉国故城内出土の螭龍文鏡范および渦状虺文鏡范はこれまでに11点が正式に紹介されている（山東省文物考古研究所ほか 2007 P.1-92）。内訳は螭龍文鏡范3点と渦状虺文鏡范8点である。さらに蟠螭文鏡范と報告されているものが1点ある。この蟠螭文鏡范は、王会田氏によって闞家寨村南出

図5　渦状虺文鏡の諸形式
1．天理大学附属天理参考館蔵鏡（主文様a類）　2．泉屋博古館蔵鏡（主文様a類）
3．ブッカンス氏旧蔵鏡（主文様b類）　4．和泉市久保惣記念美術館蔵鏡（主文様b類）
5．ラグレリウス氏旧蔵鏡（主文様b類）　6．天理大学附属天理参考館蔵鏡（主文様c類）

土として報告されているが（LQKJ：04）、細部の状況が不明瞭で詳細が判らない（王会田 2007 P.260－272）。ただ復原鏡径が8.6cmと小型で、主文様に菱雲文をもち、地文は渦巻文と報告されている。基本的に菱雲文をもつ蟠螭文鏡は、秦代頃に出現し前2世紀前半に流行する。特に前漢になって顔や手足の退化が進み、前2世紀後半まで存続する（廣川 2007 P.13－50）。そのうち秦代から前漢初頭の菱雲文をもつ蟠螭文鏡は鏡径14～21cmの中大型鏡で、地文は細密な斜格子渦雷文である。それに対して、前漢の菱雲文をもつ変形蟠螭文鏡は鏡径14cm以下で、特に前2世紀中葉以降になると、鏡径10cm以下の小型鏡で地文が単純な渦巻文になる。このことから、臨淄発見の蟠螭文鏡范は、おそらく前2世紀中葉以降の変形蟠螭文鏡范と考えられる。

　3点の螭龍文鏡范は、1点が伝1999年蘇家廟村出土（以下、SLQJF：19、本書資料編の整理番号5）で、2点が2005年闞家寨村南出土（以下、LQKJ：02・LQKJ：03、本書資料編の整理番号7・17）である。いずれも俯瞰形の頭部をもつ2体の螭龍文が波状にくねる形式で、ともに図2－2と同じ主文様である。胴体は1本の太く深い凹線で表現されている。地文は渦巻文が細線で充塡されている。ほぼ同じ文様をもつ鏡が山東省淄博市済青路徐家荘1号墓より出土している。

　渦状虺文鏡范の内訳は、1点が伝1999年蘇家廟村西出土（以下、SLQJF：22、本書資料編の整理番号6）、1点が2000年蘇家廟村西出土（以下、SLQJF：77、本書資料編の整理番号2）、5点が伝2000年劉家寨村南出土（以下、SLQJF：29・SLQJF：35・SLQJF：62・SLQJF：71・SLQJF：72、本書資料編の整理番号28・37・29・55・38）、1点が2005年闞家寨村南出土（以下、LQKJ：01、本書資料編の整理番号18）である。このうちSLQJF：22・SLQJF：71・LQKJ：01の3点が渦巻文の地文、SLQJF：29・SLQJF：62・SLQJF：77の3点が平行線文の地文、SLQJF：35・SLQJF：72は不明である。

　渦巻文地タイプでは、3点のうちSLQJF：71は文様面がごくわずかしかなく、かろうじて渦巻文の地文が確認できるだけで、主文様が不明である。SLQJF：22は、波状にくねる胴体の輪郭を2本の細い凹線で表現する。全体に粗雑で、渦巻文の地文線と主文様線とがほぼ同じ太さであるため、極めて不明瞭であるが、俯瞰形の頭部らしきものが確認できるので、おそらく主文様a類の渦状虺文鏡范と推定する。現在確認されている実際の鏡で出土例を探すと、陝西省西安市鄭王荘10号墓鏡（程林泉ほか 2002 図6－5）や湖北省襄陽市王坡156号墓鏡（湖北省文物考古研究所ほか 2005 図223）などが該当しそうである。

　LQKJ：01は浅めでやや太い凹線1本で胴体を表現する。胴体は枝分かれしながら複雑に絡み合っており、蟠螭文鏡の構成に近い。地文の渦巻文は細線で密に充塡しているが、渦の巻き具合が一定せず、波状にくねるようになった部分がみられる。これも主文様a類の渦状虺文鏡范と推定でき、陝西省西安市龍首原西北医療設備廠39号墓鏡（西安市文物保護考古所編著 1999 図37－13）がこの鏡范に近い。

　次に平行線文地タイプを紹介する。3点はいずれも七縁内側の文様面外周に連弧文をめぐらせ、そのなかに主文様b類の渦状虺文を配する。胴体は浅めで幅広の凹線1本で表現し、そのすき間に細い平行線文地を充塡する。この平行線文地は、主文様の基本単位であるC字状の胴体の左右で方向を変えている。全て連弧文がみられる（本書図版PL.35整理番号28・29、PL.3整理番号2）。このタイプの鏡の出土例としては、河北省懐来県鏡（河北省文物研究所編 1996 図版19）、河南省新郷市五陵村80号墓鏡（新郷市博物館 1990 図版20－3）などがある。また地文だけが渦巻文で他の文様は全く同じ鏡が、江蘇

省、湖南省、河南省、陝西省など各地で出土している。

　以上、山東省臨淄斉国故城内出土の螭龍文鏡范および渦状虺文鏡范は、螭龍文鏡の段階から渦状虺文鏡の主文様b類段階までの鏡范であることが判った。螭龍文鏡范および渦状虺文鏡范いずれも主文様の形式がかなり限定されている。しかし、斉国故城内の調査が限定的である現状では、他の鏡式の有無について論じることは難しい。今後の調査の進展と資料数の増加を待って改めて検討したい。本稿では渦巻文地および平行線文地の両者が併存している点に注目したい。以下に、この地文の状況を中心に詳しく検討を試みたい。

　先述の鏡范のうち文様面が比較的残っているのは、SLQJF：19・LQKJ：02の螭龍文鏡范とSLQJF：29・SLQJF：77・LQKJ：01の渦状虺文鏡范である。この5点について、地文の施文状況をみていきたい。

　年代的には逆になるが、まずはじめにSLQJF：29・SLQJF：77の平行線文地の渦状虺文鏡范をみていくことにする。2点はいずれも文様面が約半分残存しており、文様の施文状況も明瞭に確認できる。主文様は幅広の凹線で連環式の渦状虺文が描かれ、そのすき間に細い平行線文が地文として充填されている。図6は文様部分の拡大であるが、その平行線文地をよくみると、主文様の輪郭に達していないものが多くみられる。さらに輪郭に近い部分すなわち平行線文地の両端が、尖ったように細くなっているものが多くみられる。これは明らかに鋳型面に主文様を先に施文した後、そのすき間に主文様の輪郭をつぶさないように配慮しながら、平行線文の地文を引いていったことを示している。

　このように、平行線文は主文様の施文後に充填されたことが確認できたが、渦巻文を地文とする鏡についてはどうであろうか。SLQJF：19・LQKJ：02の螭龍文鏡范およびLQKJ：01の渦状虺文鏡范で検討する。まず、3点のうち地文の残りが最もよいLQKJ：02について確認したい。文様部分を拡大した図7をみると、幅広の凹線で表現された主文様のまわりに細線の渦巻文地が明瞭に確認できる。先ほどの平行線文地に比べ、地文線は間隔が狭く、その太さも一定している。ただ細部をみると、主文様と縁部の間の細いすき間を埋める地文線が連続して平行に並んでいる。これらを1つの渦巻文の一部とみなすと、あまりにも大きな渦巻文となってしまう。またわずかに地文線が主文様や縁部圏線にとどいていない部分もみられる。以上のことから、この渦巻文地も平行線文地と同じ施文方法によると考える。その他の2点については、文様面の表面状態が極めて悪く、広い範囲で地文がどのようにつながっているかを確認できなかった。

　以上、臨淄鏡范で地文の施文状況を確認した。渦巻文および平行線文ともに鋳型面に主文様を先に施文した後、そのすき間に主文様の輪郭をつぶさないように配慮しながら、地文を引いた状況を確認した。

3．渦巻文地と斜格子渦雷文地の施文状況

　前章で、山東省臨淄斉国故城内出土の螭龍文鏡范および渦状虺文鏡范の文様施文過程について、主文様を先に施文し、そのすき間に地文を充填したことを明らかにした。前漢期のなかで特に前2世紀には様々な地文がみられる。先に検討した地文のうち平行線文は、渦状虺文鏡の第2・第3段階に限定され、比較的短い期間使用された。それに対して渦巻文地は螭龍文鏡および渦状虺文鏡以外にも前

2世紀前半の蟠螭文鏡に採用されており、平行線文地に比べ広く使用されている。また蟠螭文鏡は斜格子渦雷文を地文とするのが大半を占める。本章では、これらの地文が、先に検討した鏡笵の地文と同じ方法で施文されたのかどうかを確認したい。特に短期間流行した平行線文地を除き、渦巻文地とそれに先行する斜格子渦雷文地とを中心にとりあげ、両者を比較する。施文方法は鏡笵による検証が最も有効であるが、山東省臨淄以外では該当する鏡笵が出土しておらず、十分な検証ができない。そのため実際の青銅鏡で確認してみたい。

まず渦巻文地をもつ青銅鏡をみていくことにする。渦巻文のみをすき間なくぎっしりと充塡した地文は、先述の通り前2世紀前半の蟠螭文鏡で初めて採用された。主文様を構成する蟠螭文は、筆者が無顔変形蟠螭文Ⅲ式・Ⅳ式と分類したものである。年代は前2世紀第2四半期から第3四半期頃と考えている。いずれも顔や足が退化消失して、C字状あるいはS字状にくねる胴体に大柄な菱雲文が付く（LQKJ：04はこの系統の鏡笵である可能性がある）。まず、この形式の青銅鏡の渦巻文地を確認する（図8）。図の通り、大柄な菱雲文の付いた無顔変形蟠螭文と渦巻文とで埋めつくされている。主文様のすき間が広いところは丸く形の整った渦巻文が見事に充塡されている。すき間中央に渦巻文の中心が入る場合が多い。主文様のすき間が非常に狭いところをみると、隣接する渦巻文とうまく整合しないような線がみられる。これは前章の渦巻文地の鏡笵で指摘した状況に近い。この例も鏡笵同様に主文様を先に施文した後に、そのすき間に地文を充塡したと推測する。

次に臨淄鏡笵にない鏡式の螭龍文鏡を確認する。図9は図1の拡大図で、C字状の胴体を交互逆方向につないだ連環状の螭龍文を主文様とする。文様帯中央に四乳を結ぶ七面円圏帯がめぐる。地文の状況をみると、かなり細密に渦巻文を充塡しているが、特に七面円圏帯をはさんで充塡される渦巻文の中心が異常に近接しており、渦巻文の重なりを想定すると、渦巻文の半分くらいが重なってしまうことになる。鋳型面に主文様を先に施文した後、そのすき間に渦巻文を充塡していき、細いすき間には渦巻文の一部にみせかけたやや曲がり気味の平行線を適当に入れたと考える方が自然である。

このように渦巻文地については、実際の青銅鏡でも臨淄鏡笵と同じような状況を確認することができた。

次に渦巻文地に先行する斜格子渦雷文地の施文状況を確認したい。斜格子渦雷文は前3世紀後半頃に出現する。この時期に斜格子渦雷文だけを並べた鏡や、その上に大柄な四葉文あるいは幅広の七面連弧文を配した鏡などがみられ、さらに少し遅れてこれを地文とする蟠螭文鏡が発達し始める。このように斜格子渦雷文地はかなり多様な鏡に採用されながら、100年以上の長い期間にわたって存続した。

図10は菱雲文を付ける2体の龍が絡み合った蟠螭文を3組配した蟠螭文鏡である。その主文様表現から前2世紀初頭と考える。図10右はその一部を拡大したものである。地文の施文状況をみると、ほぼ大きさの揃った渦巻文と三角文とを組み合わせて菱形の単位をつくり、それをすき間なく並べている。全体で斜格子のなかに渦巻文と三角文とを充塡したかのようにみえる。主文様である蟠螭文によって分断されているが、基本単位の大きさと方向はほとんど変わっていない。明らかに先ほどの螭龍文鏡および渦状虺文鏡とは異なる地文の施文状況である。

図11は少し時期の下る前2世紀第2四半期頃と考える鏡である。顔や足が退化消失して雲気状にな

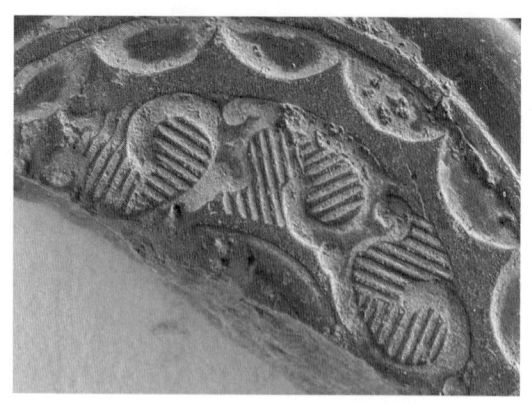

図6 山東省臨淄出土渦状禺文鏡范 SLQJF：77 　　図7 山東省臨淄出土螭龍文鏡范 LQKJ：02

図9 天理大学附属天理参考館蔵 螭龍文鏡部分

図8 渦巻文地変形蟠螭文鏡（巌窟蔵鏡）

った変形蟠螭文と鳳文とが組み合わさった主文様をとっている。地文は主文様帯の他に、七面円圏帯内側にも入っているが、全て斜格子渦雷文が同じ方向を向いている。また大きさもすき間の大小にあまり左右されることなくほぼ一定に保たれている。

　図12は変形蟠螭文のみで主文様を構成する同時期の鏡である。この主文様は先に図8として挙げた鏡の主文様とほとんど同じであるが、地文は斜格子渦雷文が一定の大きさで同じ方向を向いている。

　図13はさらに新しい前2世紀半ば以降の岡村編年漢鏡二期にあたる蟠螭文鏡である。この時期の蟠螭文鏡は鋳上がりが悪く、地文が鮮明でないものが多い。樋口隆康氏（樋口 1979 P.70-71）や岡村秀典氏（岡村 1998 P.7-19）はこの形式の鏡に同型鏡が存在することを指摘しているが、この鏡も原型使用によって地文が不鮮明になったのかもしれない。非常に不鮮明ではあるが斜格子渦雷文が地文として用いられている。地文がみえない部分も多いが、渦巻文の大きさや斜格子渦雷文の方向はほぼ揃っており、先述の蟠螭文鏡と似たような施文状況である。

　以上、斜格子渦雷文地をもつ蟠螭文鏡4例を簡単に紹介した。複雑に胴体をくねらせて、そのすき

図10　京都国立博物館蔵　斜格子渦雷文地蟠螭文鏡

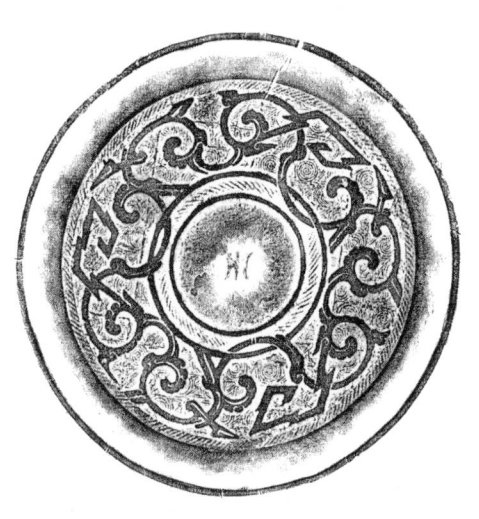

図11　斜格子渦雷文地変形蟠螭文鏡（巌窟蔵鏡）

図12　斜格子渦雷文地変形蟠螭文鏡（小校経閣鏡）

図13　泉屋博古館蔵　斜格子渦雷文地蟠螭文鏡

前漢鏡の地文施文について——265

図14　泉屋博古館蔵　斜格子渦雷文地変形蟠螭文鏡

間も様々な形状をしているにもかかわらず、いずれも地文の大きさと方向が揃っており、しかも非常に細密である。渦巻文と異なって、地文の分断が煩瑣な状況で、大きさと方向の揃った斜格子渦雷文を、主文様の施文後にそのすき間に埋めるのは非常に困難であろう。間接的な証拠ではあるが、これらは文様面にまず地文を施文した後に、それをつぶすような形で主文様を施文したと考えるのが妥当である。

ただし前漢期の蟠螭文鏡の地文が全てこれら4例のように整然と並んでいるわけではない。図14は図11と同じ形式の変形蟠螭文と鳳文とが組み合わされた鏡であるが、この地文をみると方向は一定であるが、斜格子渦雷文の大きさが不揃いで、しかも歪んでいるところがみられる。ただ、この例も地文の施文が稚拙なだけで、基本的な施文順序は前出例と同じと考える。

地文にはこの他、戦国期に発達した羽状獣文や細文がある。このなかで戦国後期に華中を中心に大流行した羽状獣文地をもつ鏡は、全て文様面にまず地文を施文した後に主文様を施文して文様を構成したと考えられている（中野 1994、清水ほか 1998 P.20-32）。地文は長方形区画を基本単位とするが、形や大きさがほぼ一定しており、格子状に縦横整然と並べられる。主文様はその格子状に並んだ地文を割り付け線として施文されている（廣川 2005 P.37-57）。もう1つの細文地は戦国中期頃に出現するが、その系統の1つが戦国末（前3世紀後半）に蟠螭文鏡の地文として採用されている。地文は斜格子で区切られたなかに渦巻文を主体とする細線と非常に細かい珠点とを挿入するが、斜格子の大きさや方向などは、先述の斜格子渦雷文と同様に一定しており、これも同様の順序で文様を施文したと考える。

このように、前3世紀以降の鏡の地文は基本的に地文を施文した後に主文様を施文する方法が一般的であった。それに対して、螭龍文鏡や渦状虺文鏡の渦巻文や平行線文の地文は、ほぼ主文様の施文後に充填されたと推測できる。したがって渦巻文や平行線文は、戦国時代からの伝統的な地文とは異なる施文方法によって製作されたということができる。

4．地文からみた鏡の製作集団

前章で検討した施文順序の違いについて、少し詳しく検討を行いたい。検討に際して、例数は非常に少ないが、前2世紀の蟠螭文鏡などにみられる極めて粗雑な地文をまず紹介したい。図15は前3世

紀末から前2世紀初頭のものと考える変形蟠螭文鏡である。非常に大型であるが、鏡体や文様の造りは粗雑である。さらに地文をみると、細密な斜格子渦雷文ではなく、斜格子をもたない単純で粗雑な渦文となっている。渦は巻きが粗く、さらに主文様のすき間に合わせるかのように、大きさを変えている。また、菱雲文のすき間には直線が挿入されている箇所もあって統一がとれていない。文様だけでなく、鏡体も斜格子渦雷文地の蟠螭文鏡と異なる。図15・16の断面図で縁部の形状を比較すると、図16-1～3の斜格子渦雷文地をもつ蟠螭文鏡の断面は、秦代から前2世紀半ばに至るまで、縁部が非常に尖った匕面を形成する。鏡径20cmを超える大型鏡の場合は縁高が10mm近くあり、鏡径10～14cmの中小型鏡でも縁高6～7mm程度で、鋭く屹立している。それに対して、図15の粗雑な渦文地をもつ変形蟠螭文鏡は、縁部が鋭く尖らない。鏡径は20cmをはるかに超えるにもかかわらず縁高は5mmしかない。文様や鈕座のまわりをめぐる匕面円圏帯も彫りが極めて浅いのが特徴である。

　このような変形蟠螭文鏡は、陝西省の西安市から咸陽市にかけての地域でいくつかみられ、程林泉・韓国河両氏はその粗雑な造りと文様の退化状況から華中地域で発達した蟠螭文鏡の模倣品と判断している（程林泉ほか 2002 P.35-36）。同じような鏡が湖北省や四川省からも出土しており[1]、陝西省独特のものではないので、この地域の製作とはいい切れないが、確かに斜格子渦雷文の地文をもつ蟠螭文鏡とは鏡体や文様ともに異なる点が多く、異なる製作集団の手になるものと考えられる。この鏡の製作集団が、斜格子渦雷文地の蟠螭文鏡を模倣する際、細密な斜格子渦雷文地の製作技術基盤をもたなかったために、主文様のすき間にごく単純な渦文を施文したのであろう。その結果、地文に大きな変化をもたらすことになったと推測できる。このような粗雑な渦文地をもつ鏡は他に連弧文鏡にもみられる。これも蟠螭文鏡と同じ性格のものと考えることができる。

　ところで、先に検討した渦巻文地はこの粗雑な渦文地と同じように主文様の施文後に施文されている。さらに鏡体にも共通した点がみられる。図16-4～7は螭龍文鏡および渦状虺文鏡の断面図である。縁部の状況をみると、縁高が3mm程度と極めて低く、鈍い三角縁に近い匕面を形成している。これは粗雑な渦文地の変形蟠螭文鏡の断面（図15）と極めて類似している。渦巻文地をもつ鏡の製作集団は、その製作技術において、粗雑な渦文地の変形蟠螭文鏡の製作集団と非常に似通った技法を用いている。華中を中心とした地域に分布が偏る斜格子渦雷文地の蟠螭文鏡や連弧文鏡の製作集団とは異なる製作集団が、それらの文様を模倣しながら独自のスタイルを確立していったものと推定する。

　さらに渦状虺文鏡の地文は、渦巻文から平行線文へと変化する。主文様のすき間に地文を施文する作業の場合、渦巻文よりも平行線文の方が簡便であることは明らかであり、より施文の容易な平行線文へと移行したことは、当然のなりゆきといえよう。山東省臨淄より渦巻文地鏡范と平行線文地鏡范とが同時に確認されたことから、地文の違いが地域差ではなく、退化を伴う時期差をあらわすことは間違いなかろう。ただ、渦状虺文鏡の第2段階では、図5-4・5のように主文様や連弧文帯などが全く同じで、地文だけが渦巻文と平行線文とが混在している。主文様が全く同じで地文だけが変化する状況を考慮すると、地文の移行は同一製作集団のなかで、かなり短期間のうちに起こったと考えるしかない。

　また平行線文は、これまで蟠螭文鏡の地文に継承されてきた渦巻文を中心とする地文を完全に放棄したものである。これがその後の渦状虺文鏡に定着していくのであるが、この平行線文地の渦状虺文

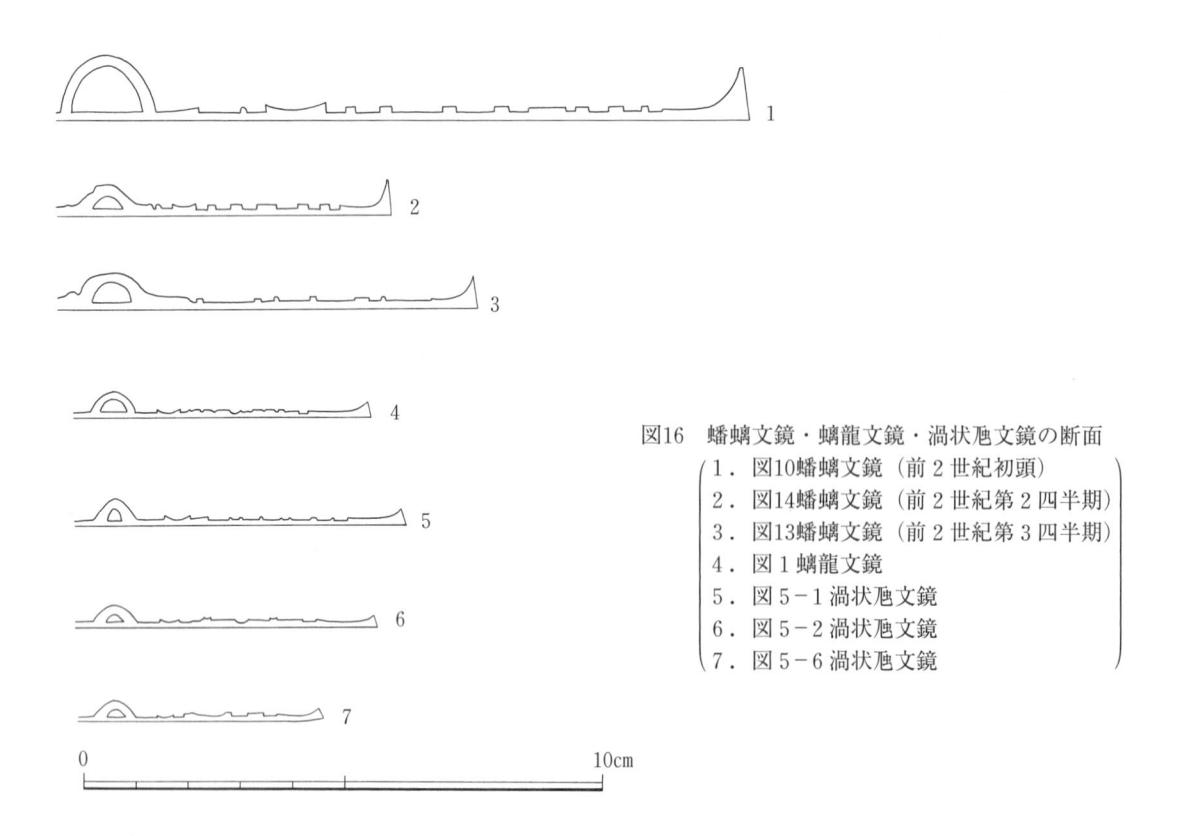

図15　京都国立博物館蔵　渦文地変形蟠螭文鏡

図16　蟠螭文鏡・螭龍文鏡・渦状虺文鏡の断面
1．図10蟠螭文鏡（前2世紀初頭）
2．図14蟠螭文鏡（前2世紀第2四半期）
3．図13蟠螭文鏡（前2世紀第3四半期）
4．図1螭龍文鏡
5．図5-1渦状虺文鏡
6．図5-2渦状虺文鏡
7．図5-6渦状虺文鏡

鏡をもって、戦国時代から伝統的に受け継がれてきた地文をもつ鏡は終焉を迎えることになる。このことから、山東省臨淄は伝統的スタイルを継承する渦状虺文鏡の最後の生産拠点の1つであったのであろう。さらに同じ場所で、これまでとは文様スタイルを一新した前漢中期特有の草葉文鏡が大量に生産された点を考え合わせると、臨淄の鏡製作には新旧のスタイルが混在していたことになる。臨淄鏡范群は、前漢における青銅鏡製作の転換期の様相を示すものとして、重要な位置を占めていることは間違いない。

　本稿作成にあたりましては、奈良文化財研究所難波洋三氏、天理大学附属天理参考館小田木治太郎氏に大変お世話になりました。深く感謝申し上げます。

注
1）例えば湖北省荊州市高台28号墓鏡（湖北省荊州博物館　2000　図90・図版25－5）や四川省重慶市忠県崖脚10号墓鏡（北京大学考古文博学院三峡考古隊ほか　2003　P.707　図29－1）などである。

図版出典
図1　（左）筆者撮影　　（右）筆者作成　　図2～図4　筆者作成
図5　（1）筆者撮影　　（2）泉屋博古館写真資料
　　（3）梅原　1936　第二－図3
　　（4）和泉市久保惣記念美術館　1985　図版14
　　（5）B. Karlgren　1941　Pl. 73. J19
　　（6）天理大学附属天理参考館提供写真
図6　梅原章一氏撮影　　図7　清水康二氏撮影　　図8　梁上椿　1940　1－60
図9・図10　筆者撮影　　図11　梁上椿　1940　1－55
図12　劉体智　1935　巻十五・五　　図13・図14　泉屋博古館写真資料
図15　筆者撮影　　図16　筆者作成

参考文献
安徽省文物考古研究所・潜山県文物管理所　2006　「安徽潜山彭嶺戦国西漢墓」『考古学報』第2期
和泉市久保惣記念美術館　1985　『和泉市久保惣記念美術館蔵鏡図録』ナカバヤシ株式会社
梅原末治　1936　『漢以前の古鏡の研究』東方文化學院京都研究所　研究報告第六冊
王会田　2007　「臨淄斉国故城闞家寨鋳鏡作坊址調査」『山東省臨淄斉国故城漢代鏡范的考古学研究』科学出版社
岡村秀典　1984　「前漢鏡の編年と様式」『史林』第67巻第5号
岡村秀典　1998　「蟠螭紋鏡の文化史」『泉屋博古館紀要』第14巻
河北省文物研究所編　1996　『歴代銅鏡紋飾』河北美術出版社
広州市文物管理委員会・広州市博物館　1981　『広州漢墓』文物出版社
湖北省荊州博物館　2000　『荊州高台秦漢墓』科学出版社
湖北省文物考古研究所・襄樊市考古隊・襄陽区文物管理処　2005　『襄陽王坡東周秦漢墓』科学出版社
湖南省博物館・中国科学院考古研究所編　1973　『長沙馬王堆一号漢墓』文物出版社
山東省文物考古研究所・奈良県立橿原考古学研究所　2007　『山東省臨淄斉国故城漢代鏡范的考古学研究』科学出版社
清水康二・三船温尚・清水克朗　1998　「鏡と范から探る山字文鏡の鋳造方法」『泉屋博古館紀要』第14巻
新郷市博物館　1990　「河南新郷五陵村戦国両漢墓」『考古学報』第1期

西安市文物保護考古所編著　1999　『西安龍首原漢墓』西北大学出版社
関野雄　1956　『中国考古学研究』東京大学出版会
大渡河中游考古隊　2003　「四川漢源県2001年度的調査与試掘」成都市文物考古研究所編著　2001　『成都　考古発現』科学出版社
程林泉・韓国河　2002　『長安漢鏡』陝西人民出版社
中野徹　1994　「中国青銅鏡に観る製作の痕跡─製作と型式─」『和泉市久保惣記念美術館・久保惣記念文化財団東洋美術研究所紀要』第6巻
樋口隆康　1979　『古鏡』新潮社
廣川守　2005　「戦国時代羽状獣文地鏡群の規格と文様構造─四山字文鏡を中心に─」『泉屋博古館紀要』第21巻
廣川守　2007　「蟠螭文鏡の分類と変遷」『泉屋博古館紀要』第23巻
北京大学考古文博学院三峡考古隊・重慶市忠県文物管理所　2003　「忠県崖脚墓地発掘報告」『重慶庫区考古報告集』科学出版社
山口県立萩美術館・浦上記念館　2005　『鏡の中の宇宙』大村印刷株式会社
劉体智　1935　『小校経閣金文拓本』
梁上椿　1940　『巌窟蔵鏡』北京
B. Karlgren 1941 'Huai and Han' "Blletin of Far Eastern Antiquities" vol. 13

笵と鏡から探る草葉文鏡の鏡背分割技法

清水 康二

はじめに

　山東省淄博市斉国故城周辺で出土した草葉文鏡笵は、銅鏡製作技術を知る上で、画期的な資料となった。東アジアの長い銅鏡製作技術の歴史の中でも、ごく短い期間の限られた地域のことではあるが、出土地の明確な鏡笵が数多く出土し、近隣から出土する草葉文鏡と具体的に比較検討することが可能になったということの意義は大きい。これまでは銅鏡に残った製作痕跡のみから製作技術を考察するしかなかったが、鏡笵からも情報を引き出せるようになり、今までの研究よりも格段に進展し、これからの研究に対しても新しい展望を開くことが可能になった。

　この論文では、草葉文鏡の製作技術の中でも、鏡笵製作の重要な部分である鏡背分割技法の問題を取り扱うことにする。

1．鏡と笵に残る草葉文鏡の鏡背分割線

　まず、銅鏡に残る草葉文鏡の鏡背分割線を観察する。山東省文物考古研究所との共同研究において、菅谷文則を日本側の研究代表者として網羅的に山東省出土鏡の調査を行ったことがある（菅谷ほか編 2004a）。ここでは、山東省文物考古研究所蔵鏡を中心に草葉文鏡を多数確認し、一部の規矩草葉文鏡を除き編年作業を行った（清水 2004）。そして、この時に用いた写真資料を中心として鏡背分割線を検討した。これによれば、鏡背分割線に関しては、いくつかの共通点を観察することができる。

　①鏡背には鈕を中心に8分割された線がある。この鏡背分割線を鏡背文様に取り込んで再利用している（写真1）。
　②同心円分割の線は基本的に1つを確認できるにすぎない。場所は麦穂状文の外側である（写真2）。この線は比較的多くの草葉文鏡に残っており、鏡背を分割する際の重要な割り付け線であったと考えられる。ただし、この同心円分割線は他の鏡背文様を割り付ける際の目安にはなっているが、鏡背文様として利用されることはない。
　③8分割線と鏡背文様とは明瞭に線の深さが異なる。つまり、銅鏡に残る8分割線上の鏡背文様線はあくまで8分割線を利用して新たに刻まれたものである。

　次に鏡笵に残る草葉文鏡の鏡背分割線を検討する。銅鏡に比べて発見されている数量が少ないことと土などの付着するものが多いこと、破片資料が多いことなどから得られる情報は制限されている。

　①8分割線は鏡笵でももちろん確認することができる。ここでも8分割線とそれを利用して描い

写真1　山東省文物考古研究所蔵　草葉文鏡 685（面径 13.57cm）

写真2　写真1の部分拡大

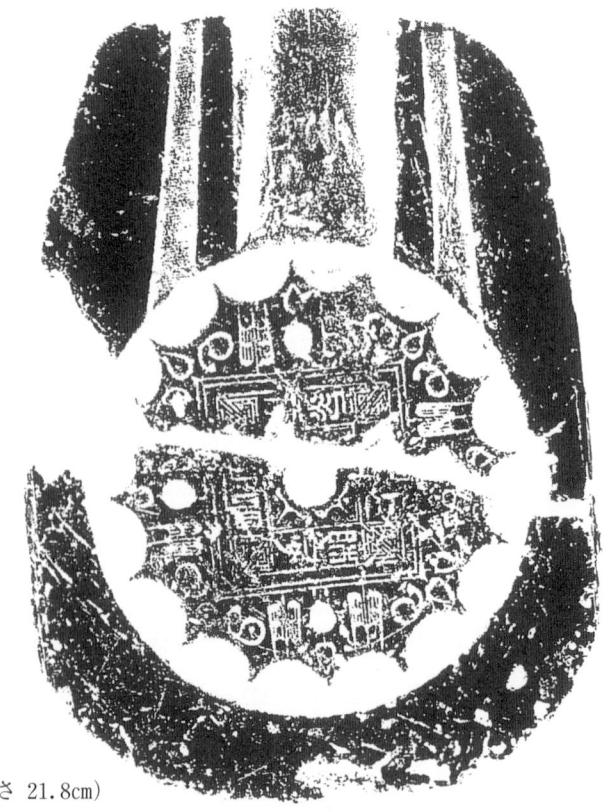

図1　藤井有鄰館所蔵　草葉文鏡范 ［S＝1/2］（長さ 21.8cm）

272──Ⅱ部　研究編

た鏡背文様とは線の深さが異なっている。

②鏡范の幅置部分に8分割線や同心円分割線が確認されている例はない。

③外区の連弧文は、後述するように鏡縁上端を支点としてコンパスによって描いたと思われるが、鏡縁にコンパスの支点が確認できる例はない。

④湯口の残るものについては、おおまかに湯口と方格の方向は一致する。しかし、湯口の方向と明らかにずれるものもある（図1）。

2．鏡背分割の復元

　銅鏡の製作には挽き型ゲージが用いられたと考えられることが多いが、草葉文鏡に関しては、挽き型ゲージの使用を否定する見解が有力である（三船 2006）。外区の連弧文の存在から見ても、挽き型ゲージが鏡体の造形に有効であるとは思えない。ここでは、コンパスを用いて鏡背分割を行い、挽き型ゲージを用いない方法で鏡背文様を割り付ける方法を想定してみたい。ここに紹介する草葉文鏡（菅谷ほか編 2004b）は山東省文物考古研究所に所蔵され、前述の共同研究で観察調査を行ったものである（写真1・図2）。

（1）基準円（A）の設定

　まず、鏡范の外形を製作し平坦面を確保する。そして、鏡背の中心となる点を決めて基準円（A）を設定する。鏡と鏡范のいずれを見ても、鏡縁、鈕、乳、外区の連弧文を除き、この他に同心円が引かれた線は見いだせない。したがって、この時点では8分割線は引かれていなかったと考えられる。これは、鏡范の幅置部分にまで8分割線が引かれているものが確認できていないということと、湯口方向と方格の傾きがずれるものがあるという理由からである。最初に8分割線を引くのであれば、鏡径よりも長いものがあってしかるべきである。しかし、幅置部分においても8分割線が確認できないのは、ほぼ基準円（A）までの範囲で8分割線が引かれたからであろう。また、湯口方向と方格の傾きのずれに関しては、最初に8分割線を幅置部分や湯口にまで設定していれば、湯口方向と方格の傾きが大きくずれるはずはない。

　基準円（A）はコンパスを用いて引かれたと考えられるが、後に鏡体を削る目安とするために内区肉厚（鋳型の削りしろ）分の一定の厚さを彫り込むように工夫されている。

（2）8分割線（B，C，D，E）の設定

　基準円（A）を8分割した8分割線（B，C，D，E）を設定する。8分割線は基準円（A）から鏡径までの範囲に引かれたものと考えられる。この8分割線も基準円（A）と同様に、内区肉厚（鋳型の削りしろ）分の厚さを彫り込むように工夫されている。

（3）基準点（F，G，H）の設定

　基準円（A）と8分割線（B，C，D，E）のうち、8分割線（B，C）と基準円（A）との交点を基準点（F）とする。また、8分割線（D，E）と基準円（A）との交点を基準点（G）とする。

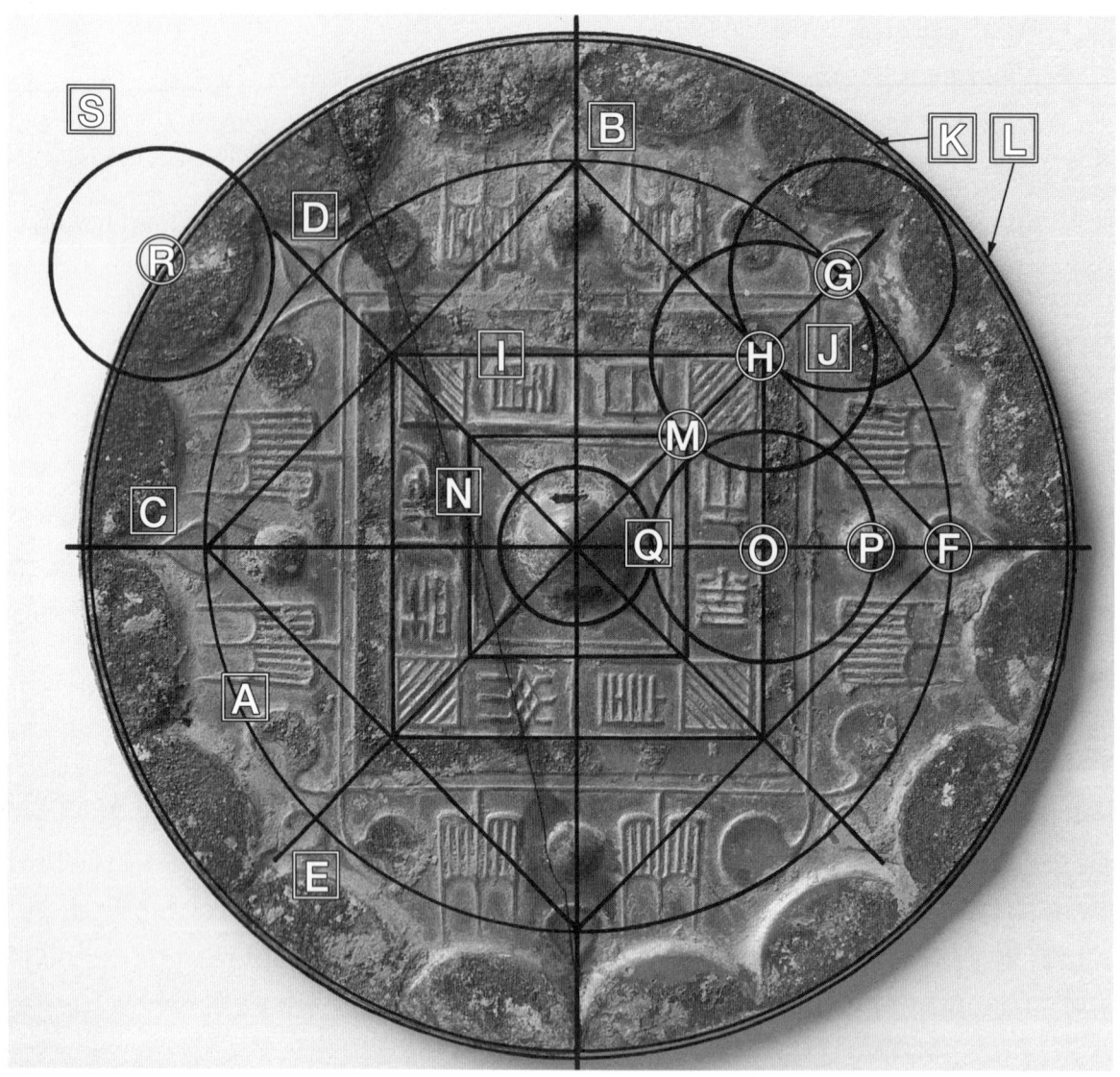

図2　草葉文鏡の鏡背分割

そして、隣接する基準点（F）同士を結び、8分割線（D，E）との交点を方格角の基準点（H）とする。

（4）基準長（J）の設定

隣接する基準点（H）同士を結び、方格線（I）を設定する。基準点（G）と基準点（H）の距離を基準長（J）とする。

（5）鏡径（基準円（L））の設定

基準点（G）から基準長（J）を鏡縁側にとり、鏡縁上端（基準円（K））の長さを設定する。この長さは必ずしも8分割線（B，C，D，E）がここまで及んでいなくても、ほぼ正確に求められたと思われる。また、鏡径（基準円（L））に関しては、見当で設定されたと考えてもよかろう。

274 —— II部　研究編

（6）方格線（N）の設定

　基準点（H）から基準長（J）を内側にとり、基準点（M）を設定する。そして、隣接する基準点（M）同士を結び、方格線（N）を設定する。

（7）鈕と乳の設定

　方格線（I）と8分割線（B，C）との交点を基準点（O）とする。ここから基準長（J）を鏡縁側にとり、乳の位置を設定する（基準点（P））。また、基準長（J）を鈕側にとると、鈕座の外周線（基準円（Q））が設定される。

（8）連弧文（基準円（S））の設定

　鏡径となる基準円（L）を、16分割した基準点（R）を利用して連弧文（基準円（S））を設定する。ただし、16分割線は引かれなかったものと考えられる。16分割線はもちろんのこと、コンパスの支点と考えられる点も確認されていない。連弧文（基準円（S））の半径は基準長（J）となっている。この時も連弧文上端の深さをこの時点で決めるため、外区肉厚分の厚さだけを彫り込むようにコンパスを工夫しておけば、連弧文の平坦面を均一に確保する手助けとなる。

　鏡笵において、鏡縁上端に連弧文を描くためのコンパスの支点が確認されているものがないことと、鏡縁を内区肉厚分の厚さまで彫り込んでから支点を設けることは難しいことから、連弧文は鋳型面がまだ平坦な時点で設定されたと考えられる。

（9）鈕、乳、連弧文の彫り込み

　これまでは鏡背笵の鋳型面は平坦で、鏡背分割線が引かれるのみであった。そして、内区肉厚（鋳型の削りしろ）分の厚さを彫り込むために、基準円（A）や8分割線（B，C，D，E）、方格線（I，N）は一定の深さで彫り込まれたものと思われる。また、連弧文の厚さを一定にするためにも、連弧文でも同様の方法が用いられた可能性がある。

　平坦な鋳型面から鈕、乳、連弧文を予定の深さまで彫り込む。連弧文については、コンパスで設定した際の目安をもとにその深さまで彫り込む。鈕、乳、連弧文は内区肉厚分の厚さに比べて格段に深く彫り込まれるので、これらを彫り込むことにより、内区肉厚分の厚さを彫り込む際の目安にもなる。

（10）内区肉厚の彫り込み

　鈕、乳、連弧文などを彫り込んだ後に内区肉厚分の厚さを彫り込む。前述の8分割線や方格線などを一定の深さまで彫り込んだことを利用して、この線が消えるか消えないかの微妙な深さまで内区肉厚分の厚さを彫り込む。

（11）鏡背文様の完成

　鈕、乳、連弧文、かすかに残った鏡背分割線をもとに鏡背文様を完成させる。

(12) 湯口の掘削

湯口を彫り込む。

3．まとめと問題点

　鏡背分割技法の復元を行ったが、復元に関してはいくつかの問題点がある。まず、大きな問題点となるのは、内区を何時の時点で彫り込むかということである。この復元では、鏡縁上端（基準円（K））にコンパスの支点の痕跡が確認できず、また内区肉厚分の厚さを彫り込んだ後ではコンパスの支点の確保が難しいことから、鋳型面がまだ平坦な時点で連弧文を彫り込んだと想定した。また、基準円（A）と8分割線（B，C，D，E）によって基準長（J）が設定されないと、鏡径（基準円（K，L））が設定できないことからすれば、平坦な鋳型面で基準円（A）と8分割線によって基準長（J）を設定し、鏡径（基準円（K，L））を設定した後に内区肉厚分の厚さを彫り込み、もう一度、基準円（A）と8分割線によって基準長（J）を割り付けるのは作業の重複である。鋳型面以外の場所で鏡背文様の基本的な分割線と長さを設定しておけば、いくつかの一定した長さのコンパスと定規によって同じ鏡背分割線を用意することはできるが、実際の鏡は面径などに一定の集中は見せるものの、それほど面径の統一性はないようである。

　ここでは、代表的な鏡背分割技法を概観したわけだが、様々なヴァリエーションもあり、一律ではない。例えば、大半の草葉文鏡の連弧文は鏡縁上端にコンパスの支点を設けているようだが、ごく一部の草葉文鏡では、鏡縁よりも外側にコンパスの支点を設けているようである。これらの事例においては、8分割線とともに鏡径（基準円（L））の外側にも基準線を設けなければならないと考えられる。この場合、鏡笵の幅置部分に8分割線と基準円が引かれた可能性があるが、現時点で発見されている鏡笵には、幅置部分に8分割線や鏡縁にコンパスの支点の痕跡が確認できるものはない。連弧文を描くための支点が鏡縁よりも外側になるものはごく少数の例外のようであるから、今後、鏡笵の発見例が増えれば、そのような資料も確認されることがあるかもしれない。

　鏡背分割技法は鏡笵を作成する上で基本的かつ重要な作業であるため、丹念にその実例をたどれば、そこから草葉文鏡の時期的変化や工人集団の差異などをたどることができる可能性がある。今後の課題としたい。

　　　この論文は、「草葉紋鏡的鏡背分割技法初探―以鋳範和銅鏡資料為中心―」（中文・清水 2007）の再録である。

参考文献

新井悟　2007　「倣製鏡の紋様割付―同心円分割の復原」『アジア鋳造技術史学会2007研究発表概要集』アジア鋳造技術史学会

川西宏幸　1982　「鏡背分割法試案」『平安博物館研究紀要』第7輯　古代学協会

清水康二　2004　「草葉文鏡の編年に関する予察」『中国出土鏡の地域別鏡式分布に関する研究　平成13～15年度科学研究費補助金（基盤研究（B）（2））研究成果報告書』滋賀県立大学人間文化学部

清水康二　2007　「草葉紋鏡的鏡背分割技法初探―以鋳範和銅鏡資料為中心―」『斉国故城出土鏡範和東亞的古鏡―斉都臨淄：漢代銅鏡製造中心国際学術研討会論文集―』奈良県立橿原考古学研究所

菅谷文則・飯田史恵編　2004a　『中国出土鏡の地域別鏡式分布に関する研究　平成13〜15年度　科学研究費補助金（基盤研究（B）（2））研究成果報告書』滋賀県立大学人間文化学部

菅谷文則・飯田史恵編　2004b　『中国出土鏡の地域別鏡式分布に関する研究　平成13〜15年度　科学研究費補助金（基盤研究（B）（2））研究成果報告書』山東省文物考古研究所蔵　草葉文鏡 685番　滋賀県立大学人間文化学部

高田克己　1974　「漢規矩文鏡の意匠について」『大手前女子大学論集』第8号　大手前女子大学

立木修　1995　「方格規矩鏡の割付」奈良国立文化財研究所創立40周年記念論文集刊行会『文化財論叢Ⅱ』同朋舎出版

三船温尚　2006　「土型による青銅鏡の鋳造実験」『平成18年度　秋季企画展　弥生時代の青銅器鋳造　―唐古・鍵遺跡の鋳造遺物を中心に―』唐古・鍵考古学ミュージアム

草葉文鏡范の物質科学的研究

田賀井　篤平

橘　由里香

はじめに

　古代青銅鏡の製作は漢代に最も盛んであり、数多くの青銅鏡が出土し研究されてきた。しかし、出土する青銅鏡は表面が仕上げのために研磨されており、製作過程の痕跡を留めていない。したがって、青銅鏡の製作技法の解明にはその鋳型である鏡范の研究が不可欠である。それにもかかわらず、鏡范の出土は極めて稀であることや、また遺物として保存されている鏡范には真贋の問題も残されていることから、鏡范の研究は青銅鏡自身に比べて著しく遅れている。また数少ない鏡范標本に対しても、考古遺物であるが故に破壊分析が困難であり、科学的なメスを入れることができないのが現状である。本研究は、数少ない破壊分析が許された草葉文鏡范の中で、関野雄によって中国山東省の調査の際に収集され現在東京大学に収蔵されている漢代の出土品であると考えられる鏡范と中国山東省斉国故城で出土した前漢時代の草葉文鏡范について、物質科学的な手法を用いて鏡范物質の特性化を行い、青銅鏡製作技法の解析に貢献することを目的としている。

　従来の鏡范研究は、考古学的な手法と再現実験を主として行われてきた。即ち、文様・色調・質感・材質・形状・寸法などの情報解析と、比重1を実現するための焼成実験が行われてきた。近年、三船（三船 2007a P.206-225）が多孔質で軽量な鏡范の製作に成功したが、基本的な鏡范の物質科学的データが未整備のために、科学的データに基づいた再現性のある実験には至っていない。本研究では、鏡范について様々な物質科学的な手法によりデータを多角的に収集し、科学的見地から製作技法について検討を行うことが特徴である。

　古代青銅鏡鏡范の研究は、日本に収蔵されている鏡范について、約10年前から始められた。そこでは古代青銅鏡の鋳造技法や製作方法の研究が行われ、青銅鏡に残る製作の痕跡、熱処理実験、青銅鏡の鋳造実験などが研究されてきた（清水編 2004、清水ほか編 2005a・b）。しかしながら、鏡范物質の特性化を十分に行っていなかったために、鏡范物質についての基本的なデータが欠落している。数年前から日本に収蔵されている複数の鏡范について調査研究が行われているが、物質科学的な手法が十分に用いられていないために、鏡范物質の特性化には至っていないのが現状である。また中国においては、7～8年前から山東省において漢代鏡范が多数発見され、考古学的研究が開始された（清水ほか編 2005a）。しかし、物質科学的研究は未だ緒に就いたばかりであり（崔剣鋒ほか 2007 P.234-241、劉煜ほか 2007 P.338-344）、体系的で科学的な研究は行われていない。

1. 標本について

　本実験に使用した標本は3種類である。その1は、東京大学（考古学教室）が所蔵する草葉文鏡范

で、1940年に関野雄が山東省臨淄斉国故城を調査した際に斉国故城北部の傅家廟村付近から出土した鏡范として収集したものである（以下、東大范、本書資料編の整理番号10）。本実験に使用した試料は、鏡范標本の裏面から一部を採取したものである。その2は、中国の研究グループが山東省臨淄斉国故城を発掘調査した際に収集した鏡范で、試料番号5とされるものである（以下、SLQJF：05、本書資料編の整理番号71）。その3は、中国の研究グループが山東省臨淄斉国故城を発掘調査した際に収集した鏡范で、試料番号25とされるものである（以下、SLQJF：25、本書資料編の整理番号81）。東大范は明るい灰色で、表面に層状構造が観察され、剥離しやすい多孔質な鏡范である。SLQJF：05、SLQJF：25はともに褐色を帯びた灰色で、多孔質であるが、東大范のように剥離する傾向はない。ブロック状で内部には10×1mmに達するような空隙が観察される。SLQJF：05、SLQJF：25はともに断面の一部に金属の鋳込みに由来すると考えられる変色部があり、特にSLQJF：25には明快な鋳型面と思われる平面が存在する。

2．実験手法および実験結果

（1）試料の切断、研磨

実験に用いた試料のうち、東大范は裏面から剥落した5mm程度の破片であり（写真1）、中国から提供されたSLQJF：05、SLQJF：25は、奈良県立橿原考古学研究所において切断されたブロック状の試料である。切断時に生じた切削粉はX線回折実験のために保存した。東大范は岩石薄片製作には大きさが十分でなく、岩石薄片製作のための試料切断・研磨は行わなかった。標本試料のSLQJF：05、SLQJF：25については、以下に述べる実験を遂行するために切断あるいは、切断後表面を研磨する必要があった。標本は極めて貴重であることから、切削による試料の減失を最小限にし、かつ組織への損傷を最小限にするために、精密試料切断装置に厚さ100μmのダイアモンド刃を装着して低負荷で低速での切断を行った。写真2・3は、

写真1　東大范の実体顕微鏡写真（幅5mm）

写真2　SLQJF：05 試料切片
（幅23mm、Q・Rはmapping分析点）

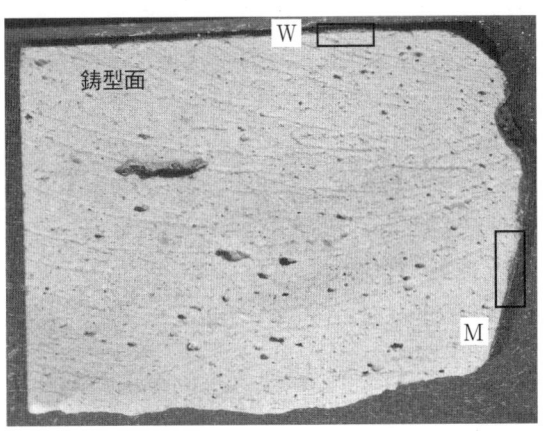

写真3　SLQJF：25 試料切片
（幅30mm、M・Wはmapping分析点）

切断後のブロック状の試料である。大きさは、横幅がそれぞれ23mm、30mmである。

（2）岩石薄片の製作

SLQJF：05、SLQJF：25について、切断で得られた試料切片を薄片用のガラス板に接着した。接着剤は流動性に富んだエポキシ樹脂を用いた。試料が気泡に富んでおり脆く割れやすいために、エポキシ樹脂の含浸は真空チェンバーの中で行った。一昼夜常温で放置・硬化させ、その後アルミナの研磨剤で研磨し、コンタミネーションを防ぐため、超音波洗浄機で洗浄の上で岩石薄片を製作した。

（3）実体顕微鏡観察

東大笵は、著しく気泡に富んだ、等粒状組織を示す。粒状物質間に強い焼結は認められず、粒子は緩く互いに接着している。また所々に植物の繊維と考えられる組織の形態を留める物質が残存する（写真4）。

橿原考古学研究所において切断されたSLQJF：05、SLQJF：25のブロック状の試料表面を実体顕微鏡で観察した。

SLQJF：05は、互いに緩やかに結合した0.02～0.1mm程度の大きさの微粒子の集合体である。無色透明の結晶と明るい褐色のガラス様の粒子、黒色の結晶から構成されているが、0.4mm程度の球状の暗褐色で不透明な包有物が多数見いだされた（写真2）。

またSLQJF：25は、SLQJF：05とほぼ同様な大きさの微粒子から構成されており、粒子間の結合も同様に緩やかである。しかし、包有物は全く異なっており、黄色で断面が中空管状の形態を示している包有物が随所に観察された（写真5-1・2）。この包有物はその組織的特徴から植物の種子の殻である可能性が高い。中空の管の直径は0.1mm、長さは0.5mm程度であった。また極めて特徴的な包有物も

写真4　東大笵　実体顕微鏡写真
　　　（植物片は矢印が示す部分）

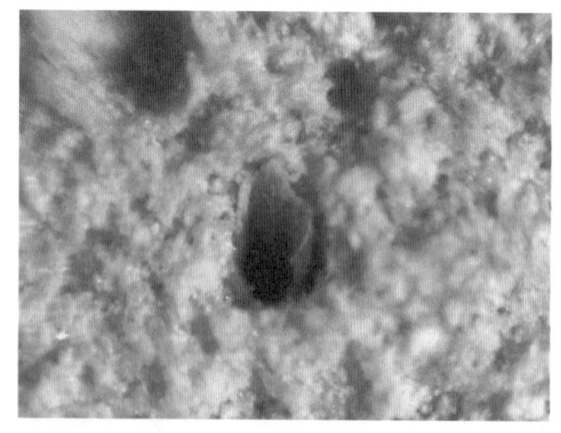

写真5-1　SLQJF：25 実体顕微鏡写真
　　　（多くの所に類似植物殻の物質が見受けられる。孔の直径約0.1mm）

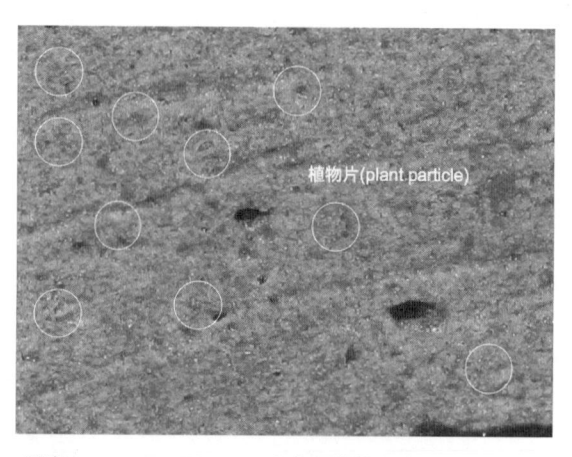

写真5-2　SLQJF：25 実体顕微鏡写真
　　　（丸で囲んである部分が類似植物殻の物質）

数個見いだされており（写真6）、裏面には繊維状の組織が表面の黒色粒から伸長しており、この特徴から植物粒子であると考えられる（写真7）。大きさはおよそ0.25〜0.35mmである。

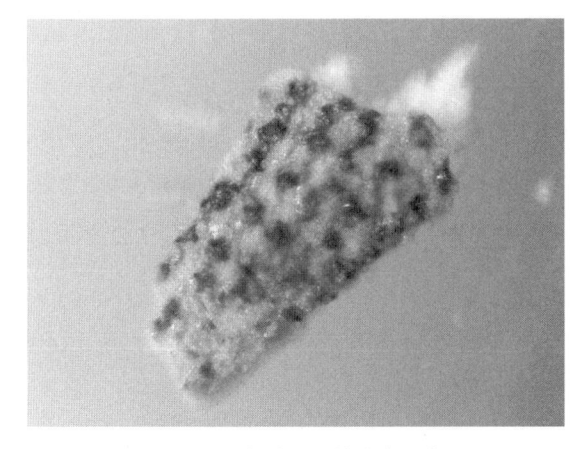

写真6　SLQJF：25 観察した植物片の表面

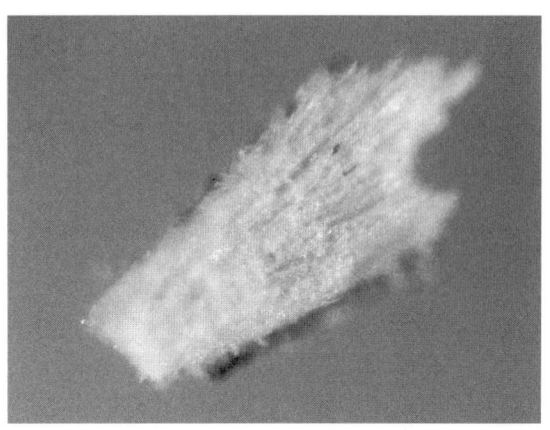

写真7　SLQJF：25 観察した植物片の裏面

（4）偏光顕微鏡観察

製作された岩石薄片について偏光顕微鏡を用いて観察を行った。東大笵については、軽く粉砕した粉末試料で観察を行った。東大笵、SLQJF：05、SLQJF：25のいずれにおいても、粒子の大部分を占める無色〜淡褐色の粒子は、偏向光に対して方位に関係なく消光状態を示し、かつ屈折率を考慮してガラスであると考えられる。ガラスの中の所々に微細な結晶粒（主として石英と長石と思われる）が観測された。写真8・9・10は、それぞれ東大笵、SLQJF：05、SLQJF：25の偏光下での顕微鏡写真であり、光っている粒子が結晶である。

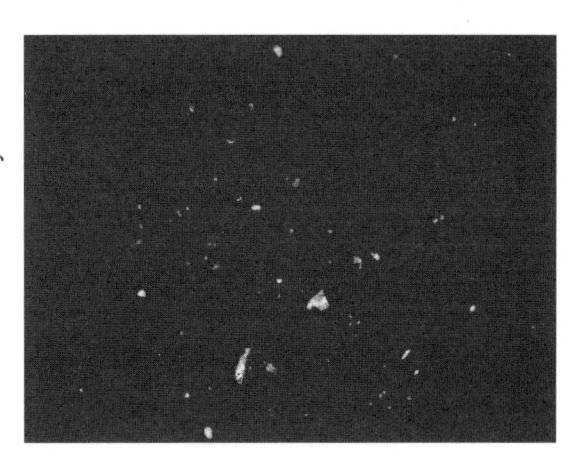

写真8　東大笵 粉末試料の偏光顕微鏡写真

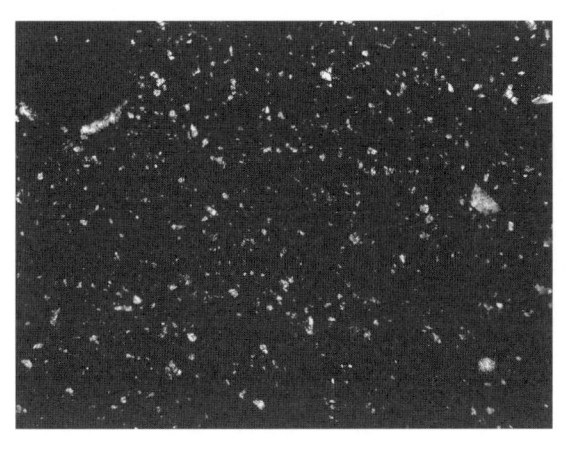

写真9　SLQJF：05 岩石薄片の偏光顕微鏡写真

写真10　SLQJF：25 岩石薄片の偏光顕微鏡写真

（5）XRD（粉末X線回折）

　粉末試料を瑪瑙の乳鉢で更に微粉砕し、粉末X線回折装置で回折データを収集した。Cuの対陰極で管電圧・電流は40kV25mA、またGraphiteの分光結晶を用いて回折角度2θ＝10～60°の範囲で実験を行った。東大笵、SLQJF：05、SLQJF：25のいずれにおいても、結晶の大部分が石英であるが、その他に長石が少し存在する。また全ての鏡笵物質で2θ＝18～28°に散漫散乱が観測されるが、この散漫散乱は試料中に大量に存在するガラスに由来すると考えられる。またその位置が3試料についてほぼ同一の角度範囲に出現することは、ガラス中での主要な原子間の結合がほぼ同一であることを示している（図1）。

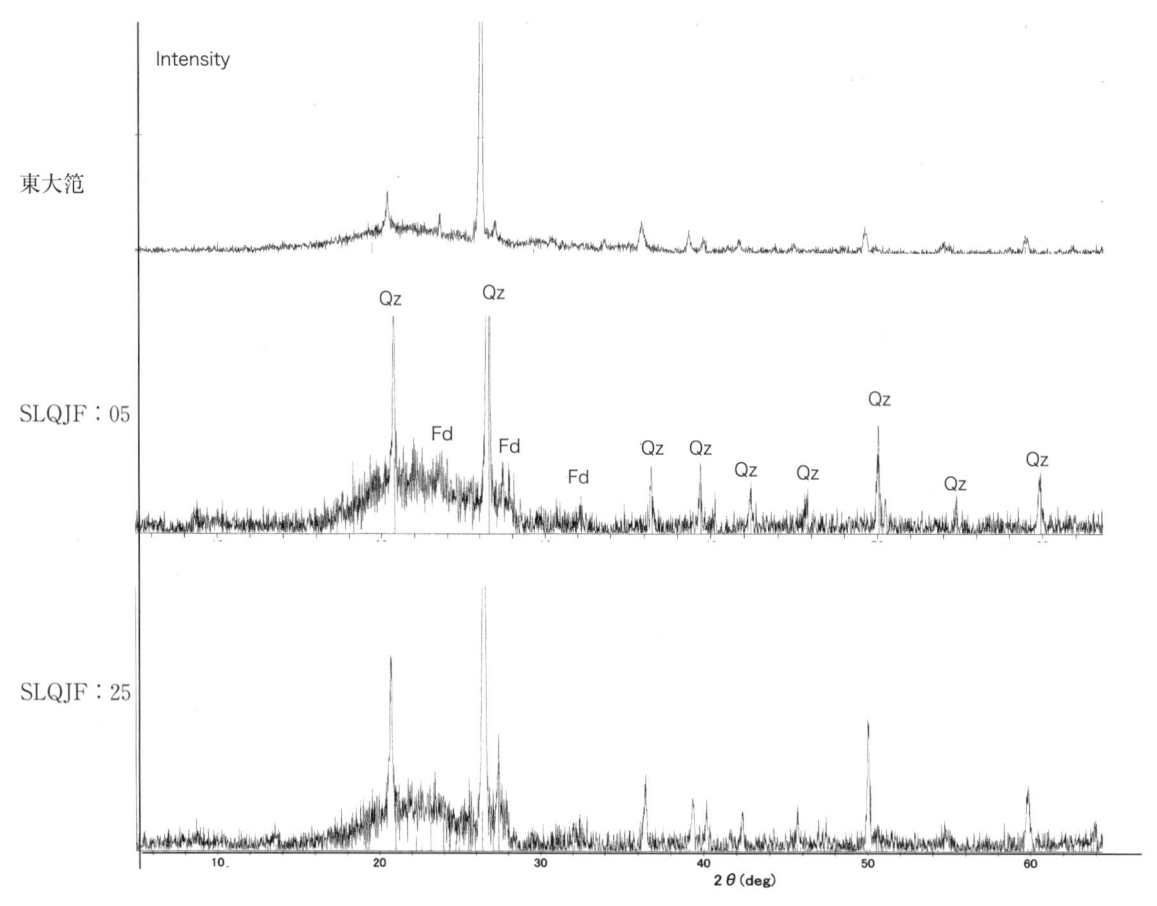

図1　鏡笵の粉末X線回折図形（図中のQzおよびFdは石英、長石を表す）

（6）XRF（X線蛍光分析、EDS）

　本実験では、定量性には劣るが微量成分の検出と軽元素の検出に特徴のあるエネルギー分散型検出器（EDS）を装備した蛍光分析装置を用いて鏡笵に含まれる元素の検出を行った。鏡笵の破片や切片に直径5mm程度のX線ビームを照射し、平均的な組成を検討した。いずれの鏡笵もSi, Al, Ca, K, Feを主成分にしてP, Ti, Mnを含んでいることが分かった。

（7）EPMA分析

本実験では、4種類の分析を試みた。

①東大笵については岩石薄片を製作しなかったため、粉末を高周波炉で溶融してガラスを作り、ガラスの成分から全岩組成を決定した。その結果を表1に示す。東大笵は、全岩組成から判断すると凝灰岩の組成である。結晶として存在する石英と長石に対応したSi，Al，Ca，Na，Kの他にガラスに含まれると思われるFe，Mgが少量（FeO＝2.99%，MgO＝1.36%）存在し、また少量含まれるP_2O_5はアパタイトなどの燐酸塩に由来すると考えられる。

②電子ビーム径を30μmにして、SLQJF：05、SLQJF：25の岩石薄片について試料中のガラスと結晶の化学組成を決定した。但し東大笵については、岩石薄片の製作を行わなかったために本分析は行っていない。分析結果をSLQJF：05のガラス（表2）、SLQJF：05の結晶（表3）、SLQJF：25のガラス（表4）、SLQJF：25の結晶（表5）について示す。各々の結晶の分析表の右端には、相当する鉱物名を与えてある。

表1　東大笵の全岩組成（粉末溶融後の生成ガラス）（%）

東大笵	SiO_2	TiO_2	Al_2O_3	FeO	MnO	MgO	CaO	Na_2O	K_2O	Cr_2O_3	V_2O_3	NiO	P_2O_5	Total
全岩組成	76.60(39)	0.47(5)	8.96(30)	2.99(9)	0.10(1)	1.36(6)	4.30(21)	0.76(4)	3.03(4)	0.01(2)	0.01(2)	0.01(1)	0.58(4)	99.19

表2　SLQJF：05 ガラス部分の組成（%）

SLQJF:05	SiO_2	TiO_2	Al_2O_3	FeO	MnO	MgO	CaO	Na_2O	K_2O	Cr_2O_3	V_2O_3	NiO	P_2O_5	Total
ガラス	83.00(135)	0.38(5)	7.36(61)	2.33(20)	0.10(3)	0.88(10)	1.31(20)	0.57(3)	2.82(12)	0.02(2)	0.01(2)	0.01(2)	0.51(9)	99.31

表3　SLQJF：05 結晶部分の組成（%）

SLQJF:05	SiO_2	TiO_2	Al_2O_3	FeO	MnO	MgO	CaO	Na_2O	K_2O	Cr_2O_3	V_2O_3	NiO	P_2O_5	Total	
結晶	64.391	0.058	18.317	0.172	0.000	0.000	0.000	0.871	15.023	0.000	0.000	0.024	0.000	98.856	K-feldspar
	99.758	0.024	0.002	0.019	0.000	0.000	0.000	0.004	0.029	0.004	0.006	0.045	0.002	99.893	Quartz
	63.864	0.097	18.413	0.119	0.010	0.005	0.000	0.472	15.593	0.017	0.000	0.044	0.000	98.634	K-feldspar
	98.755	0.023	0.005	0.093	0.003	0.000	0.000	0.000	0.006	0.069	0.025	0.039	0.000	99.018	Quartz
	0.734	48.059	0.355	38.257	0.695	0.098	0.219	0.025	0.099	0.100	0.578	0.013	0.147	89.379	Ilmenite
	0.057	52.315	0.022	42.324	5.010	0.187	0.036	0.017	0.039	0.000	0.380	0.016	0.010	100.413	Ilmenite
	63.891	0.017	18.742	0.147	0.015	0.003	0.000	1.356	14.254	0.000	0.034	0.000	0.003	98.462	K-feldspar
	0.235	13.448	0.111	65.125	0.346	0.073	0.157	0.000	0.047	0.185	0.305	0.000	0.152	80.184	Ilmenite
	64.700	0.020	17.861	0.177	0.013	0.000	0.000	1.071	15.153	0.019	0.000	0.044	0.000	99.058	K-feldspar
	64.750	0.011	18.268	0.198	0.035	0.000	0.000	0.568	15.888	0.000	0.000	0.000	0.018	99.736	K-feldspar
	49.123	1.105	31.063	2.364	0.066	1.649	0.094	0.388	10.424	0.056	0.045	0.000	0.032	96.409	K-feldspar(?)
	55.165	0.458	18.982	14.249	0.111	1.532	0.192	0.380	6.826	0.068	0.026	0.041	0.500	98.530	?
	64.906	0.000	18.083	0.110	0.045	0.000	0.000	0.355	15.749	0.098	0.030	0.000	0.010	99.386	K-feldspar
	20.704	73.108	2.979	1.780	0.079	0.345	0.220	0.036	1.098	0.065	0.682	0.026	0.017	101.139	?
	1.007	0.023	0.020	33.835	1.767	3.980	6.296	0.823	0.388	0.036	0.000	0.007	33.192	81.367	Phosphate
	64.292	0.048	18.415	0.020	0.008	0.019	0.000	0.562	15.795	0.000	0.000	0.058	0.000	99.217	K-feldspar
	0.409	0.008	0.015	0.139	0.005	0.010	52.834	0.000	0.027	0.000	0.006	0.009	42.720	96.182	Apatite
	63.849	0.079	18.543	0.073	0.000	0.000	0.000	0.415	15.608	0.000	0.000	0.006	0.011	98.584	K-feldspar
	0.638	0.000	0.059	1.397	0.040	0.293	47.842	0.023	0.050	0.000	0.000	0.003	37.756	88.101	Apatite

表4　SLQJF：25 ガラス部分の組成（%）

SLQJF:25	SiO_2	TiO_2	Al_2O_3	FeO	MnO	MgO	CaO	Na_2O	K_2O	Cr_2O_3	V_2O_3	NiO	P_2O_5	Total
ガラス	78.79(358)	0.42(10)	8.00(136)	2.46(40)	0.10(4)	1.22(26)	2.61(63)	0.72(9)	2.97(27)	0.01(2)	0.02(2)	0.01(2)	1.48(46)	98.81

表5 SLQJF：25 結晶部分の組成（％）

SLQJF:25	SiO₂	TiO₂	Al₂O₃	FeO	MnO	MgO	CaO	Na₂O	K₂O	Cr₂O₃	V₂O₃	NiO	P₂O₅	Total	
結晶	65.244	0.049	21.135	0.122	0.029	0.009	1.768	10.592	0.103	0.001	0.000	0.041	0.020	99.113	Na-feldspar
	2.007	0.069	0.549	0.762	0.000	2.326	49.730	0.016	0.124	0.012	0.000	0.000	34.714	90.309	Apatite
	64.262	0.023	18.429	0.114	0.000	0.007	0.000	0.496	15.684	0.024	0.002	0.000	0.000	99.041	K-feldspar
	64.892	0.000	18.354	0.031	0.000	0.006	0.000	0.405	15.513	0.059	0.000	0.000	0.000	99.260	K-feldspar
	98.516	0.018	0.008	0.000	0.018	0.003	0.012	0.001	0.000	0.000	0.000	0.012	0.004	98.592	Quartz
	98.370	0.022	0.755	0.294	0.012	0.110	0.033	0.068	0.346	0.027	0.000	0.000	0.003	100.040	Quartz
	64.339	0.000	18.519	0.000	0.000	0.010	0.000	0.352	15.880	0.000	0.000	0.000	0.000	99.100	K-feldspar
	100.143	0.000	0.025	0.125	0.000	0.002	0.060	0.002	0.011	0.000	0.000	0.004	0.013	100.385	Quartz
	98.524	0.000	0.014	0.007	0.000	0.000	0.000	0.010	0.012	0.033	0.000	0.016	0.013	98.629	Quartz
	99.446	0.000	0.003	0.000	0.000	0.000	0.016	0.000	0.000	0.010	0.012	0.057	0.000	99.544	Quartz
	33.720	0.000	0.000	0.131	0.021	0.006	0.024	0.000	0.012	0.000	0.038	0.000	0.000	33.952	Zircon
	68.657	0.003	20.105	0.000	0.000	0.009	0.415	10.994	0.071	0.025	0.000	0.000	0.022	100.301	Na-feldspar
	99.331	0.000	0.032	0.019	0.004	0.025	0.012	0.004	0.008	0.031	0.000	0.026	0.013	99.505	Quartz
	18.178	0.151	9.908	2.397	0.049	1.320	36.339	0.146	1.234	0.018	0.010	0.000	21.566	91.316	Phosphate
	64.608	0.000	22.083	0.058	0.000	0.003	3.362	9.258	0.069	0.055	0.000	0.000	0.001	99.497	Plagioclase
	63.615	0.005	18.155	0.000	0.000	0.007	0.000	0.256	16.184	0.000	0.017	0.000	0.001	98.240	K-feldspar
	35.469	0.131	27.359	11.384	0.059	0.023	20.526	0.026	0.008	0.000	0.003	0.000	0.029	95.017	?
	99.470	0.015	0.014	0.147	0.000	0.019	0.000	0.001	0.004	0.000	0.018	0.002	0.006	99.696	Quartz
	0.398	0.018	0.028	0.738	0.105	0.603	44.857	0.021	0.058	0.000	0.026	0.000	37.088	83.940	Apatite
	71.706	2.398	12.015	8.004	0.060	3.511	0.051	0.514	2.829	0.000	0.013	0.000	0.006	101.107	?
	68.095	0.006	19.810	0.022	0.015	0.010	0.135	9.622	1.421	0.000	0.006	0.000	0.000	99.142	Alikalifeldspar
	63.243	0.022	23.861	0.079	0.024	0.005	4.450	8.955	0.109	0.003	0.002	0.000	0.000	100.753	Plagioclase
	86.730	0.099	6.058	2.598	0.028	0.534	0.149	0.571	2.554	0.053	0.022	0.023	0.009	99.428	?
	30.090	33.863	5.342	0.073	0.064	0.000	28.256	0.020	0.019	0.041	0.347	0.000	0.161	98.276	Sphene(?)
	65.124	0.000	18.791	0.032	0.000	0.000	0.000	0.932	15.265	0.000	0.014	0.000	0.000	100.158	K-feldspar
	99.574	0.028	0.031	0.019	0.002	0.007	0.023	0.016	0.002	0.000	0.039	0.006	0.011	99.758	Quartz
	60.277	0.072	18.157	0.028	0.036	0.072	1.558	0.971	13.899	0.038	0.009	0.051	1.280	96.448	K-feldspar
	98.706	0.000	0.015	0.077	0.000	0.005	0.000	0.000	0.009	0.058	0.000	0.061	0.014	98.945	Quartz
	33.852	0.036	0.000	0.019	0.023	0.002	0.005	0.000	0.010	0.034	0.052	0.000	0.000	34.033	Zircon
	61.083	0.027	24.530	0.172	0.006	0.000	6.076	7.883	0.372	0.000	0.034	0.026	0.016	100.225	Plagioclase
	65.420	0.003	22.293	0.027	0.000	0.014	2.799	9.137	0.227	0.000	0.015	0.000	0.012	99.947	Plagioclase
	98.292	0.014	0.272	0.249	0.046	0.005	0.017	0.017	0.046	0.026	0.003	0.000	0.000	98.987	Quartz
	64.451	0.044	18.514	0.028	0.012	0.013	0.000	0.319	16.156	0.000	0.000	0.000	0.000	99.537	K-feldspar
	56.439	0.000	13.202	17.387	0.000	4.235	0.305	0.966	5.483	0.048	0.000	0.000	0.209	98.274	Mica(?)
	58.514	0.000	25.434	0.309	0.012	0.000	6.773	7.093	0.700	0.061	0.000	0.015	0.000	98.911	Plagioclase
	100.114	0.011	0.000	0.028	0.000	0.009	0.023	0.000	0.000	0.053	0.020	0.001	0.000	100.259	Quartz
	66.722	0.000	20.394	0.055	0.020	0.025	0.885	10.809	0.138	0.000	0.045	0.000	0.005	99.098	Na-feldspar
	0.299	55.691	0.168	39.731	1.616	0.349	0.113	0.020	0.024	0.004	0.385	0.031	0.000	98.431	Ilmenite
	11.641	0.000	0.167	0.313	0.017	0.378	43.281	0.208	0.076	0.000	0.002	0.018	27.408	83.509	Phosphate
	64.406	0.012	18.334	0.000	0.000	0.006	0.000	0.477	15.920	0.006	0.000	0.000	0.008	99.169	K-feldspar
	99.325	0.000	0.006	0.046	0.000	0.005	0.002	0.000	0.000	0.002	0.047	0.000	0.000	99.433	Quartz
	98.690	0.000	0.568	0.000	0.010	0.000	0.033	0.010	0.003	0.002	0.034	0.000	0.009	99.359	Quartz
	67.385	0.000	19.990	0.085	0.013	0.009	0.357	10.751	0.103	0.000	0.009	0.000	0.000	98.702	Na-feldspar
	99.363	0.000	0.000	0.060	0.000	0.007	0.019	0.000	0.000	0.000	0.000	0.000	0.000	99.449	Quartz
	96.874	0.044	0.678	0.050	0.000	0.013	0.135	0.049	0.384	0.000	0.009	0.000	0.000	98.236	Quartz
	67.214	0.000	20.943	0.127	0.025	0.003	1.238	10.500	0.102	0.000	0.007	0.000	0.002	100.161	Na-feldspar
	66.480	0.000	21.136	0.037	0.000	0.001	1.251	11.109	0.397	0.006	0.026	0.000	0.000	100.443	Na-feldspar
	64.122	0.030	18.420	0.075	0.000	0.000	0.000	0.238	15.749	0.000	0.000	0.024	0.005	98.663	K-feldspar

③SLQJF：05、SLQJF：25の岩石薄片に対して試料の外縁から内部への組成変化を調べる目的で線分析を行った。本分析は半定量分析で正確な分析値を与えるものではないが、物質の大まかな組成を比較することができる。SLQJF：05においては電子ビームの直径を30μmとして30μm間隔で15点と35点を分析した。またSLQJF：25に対しては電子ビームの直径を30μmとして30μm間隔で25点と19点、電子ビームの直径を30μmとして10μm間隔で55点と50点を分析した。但し東大筵については、岩石薄片の製

作を行わなかったために本分析は行っていない。SLQJF：05、SLQJF：25について全部で6ヶ所の線分析を行ったが、線分析の結果を表面からの深さに対する変化を見る目的で、一例としてSLQJF：25の線分析を折れ線グラフで示した（図2）。ここに示した値は酸素原子の数を24とした場合の各原子の原子数であり、例えばSiの値が10～12で他の元素をあまり含まないのは石英、SiとAlの和が10～12でCa, Na, Kなどを含むのは長石を示す。

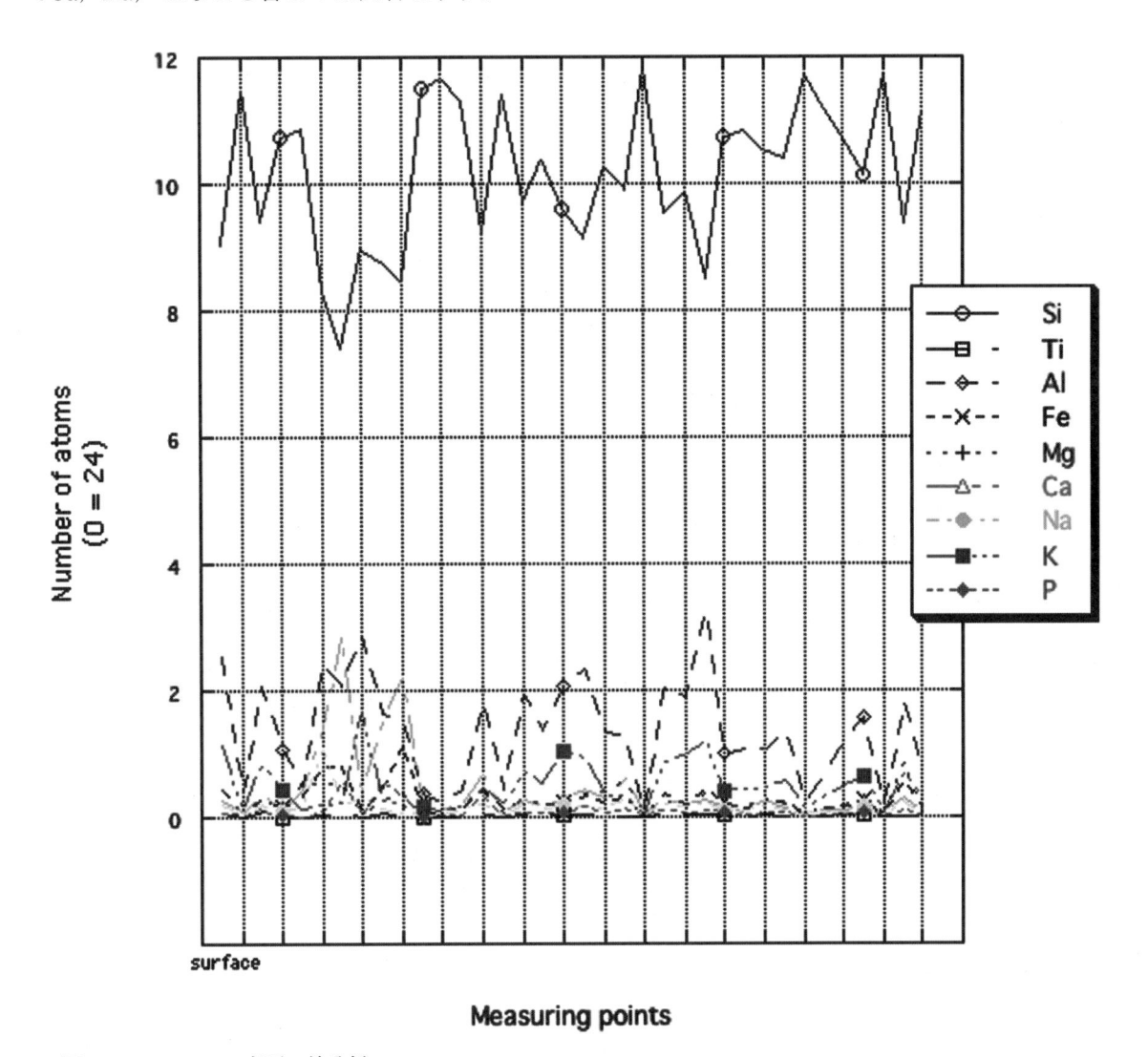

図2　SLQJF：25 表面の線分析

④SLQJF：05、SLQJF：25の岩石薄片における元素の2次元的分布を調べる目的でmapping分析を行い、試料中の元素分布の均一性と析出物の存在を検討した。また青銅鏡の鋳込みに際して青銅鏡成分であるPb, Sn, Cuなどの鏡笵内への拡散も検討した。但し東大笵については、岩石薄片の製作を行わなかったために分析は行っていない。mappingした場所とそこでの元素分布の様子はSLQJF：05については、写真2のQ・R、図3・4に、SLQJF：25については、写真3のM・W、図5・6に示してある。

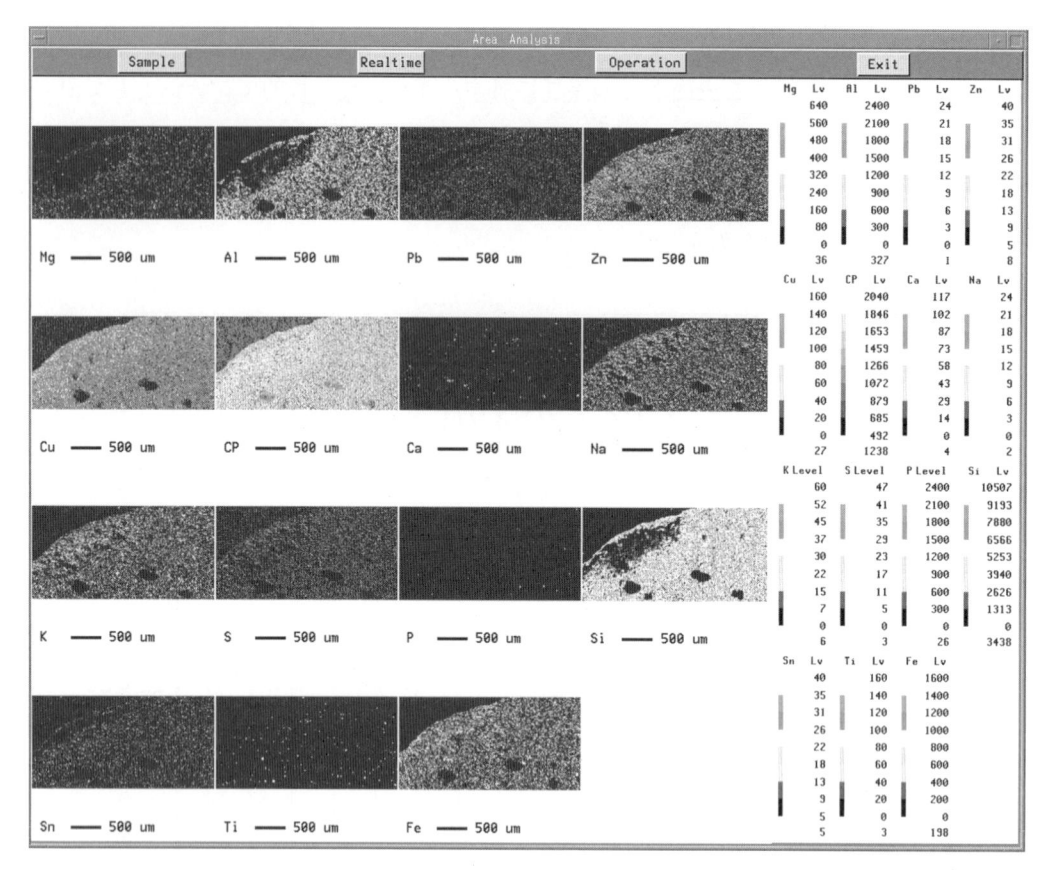

図3 SLQJF：05のQ部分の mapping 分析

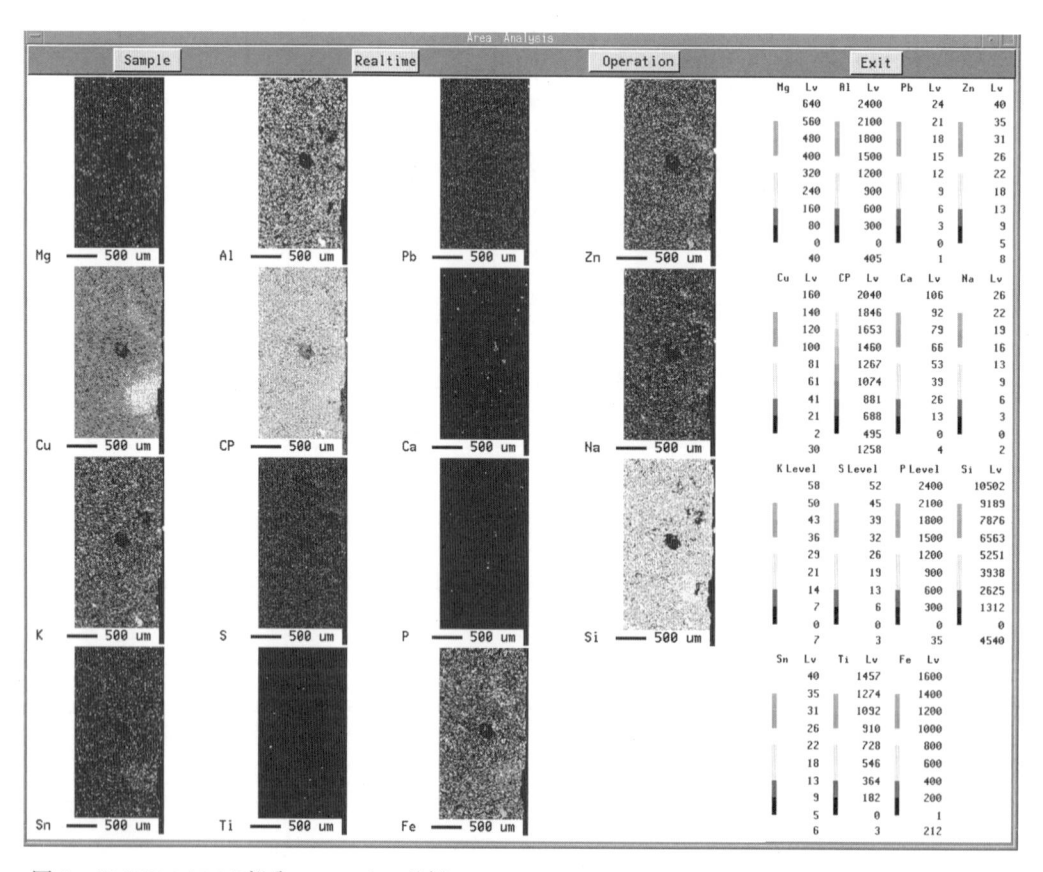

図4 SLQJF：05のR部分の mapping 分析

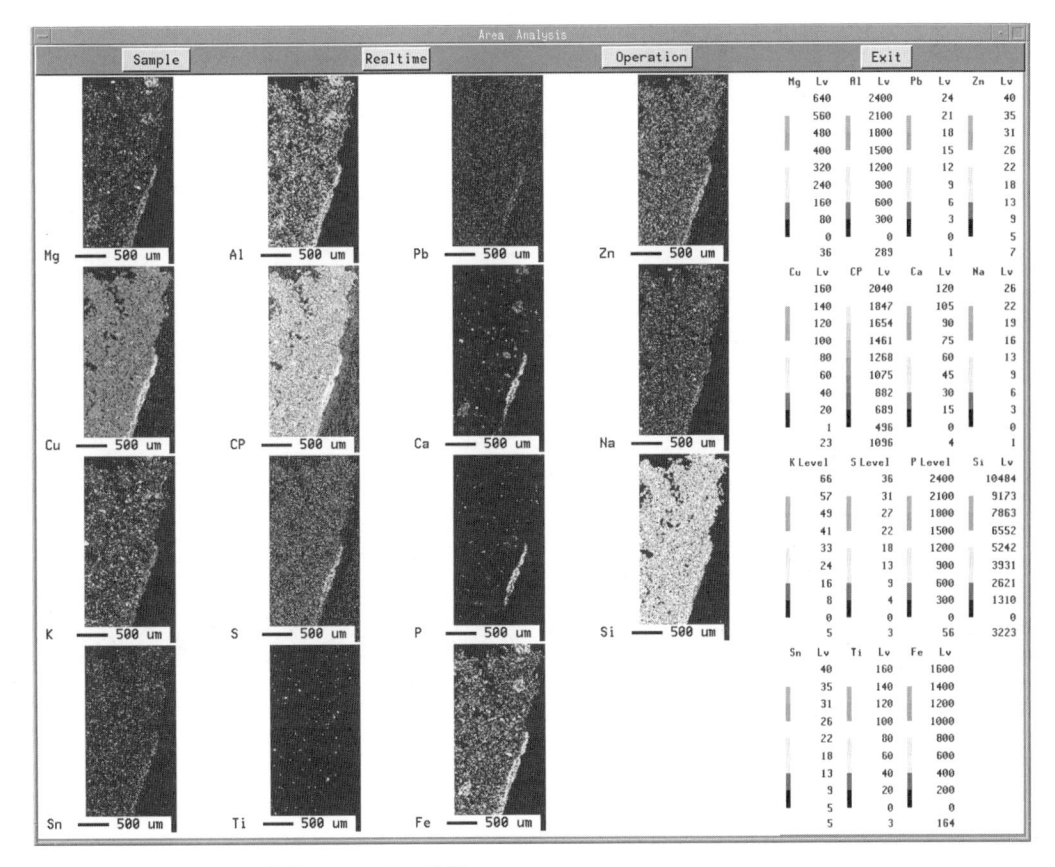

図5 SLQJF：25のM部分のmapping分析

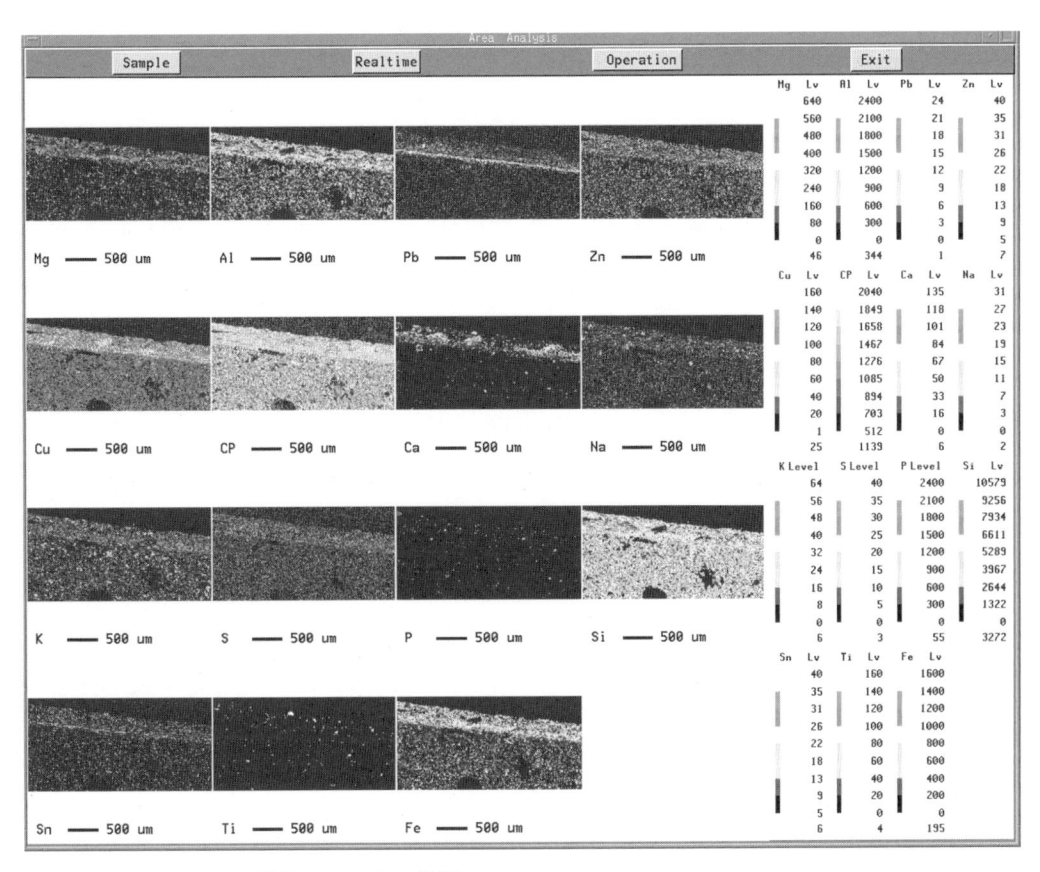

図6 SLQJF：25のW部分のmapping分析

（8）SEM（走査型電子顕微鏡）観察

　東大笵については、実体顕微鏡観察で明らかに植物繊維と考えられる組織の形態を留めた包有物が多数認められたため、植物片に対して走査型電子顕微鏡観察を行った（写真11・12）。これらの写真では植物細胞壁を観察することができるが、植物種の同定を行うことはできなかった。

写真11　東大笵中の植物片の走査型電子顕微鏡（SEM）写真1

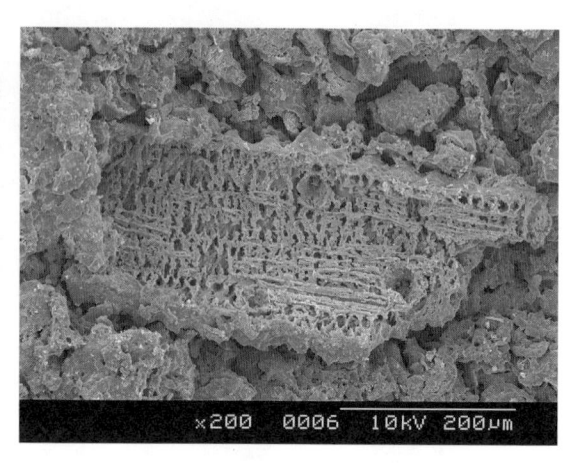

写真12　東大笵中の植物片の走査型電子顕微鏡（SEM）写真2

3．議論と結論

（1）草葉文鏡笵の素材

　EPMAによる組成分析から、東大笵、SLQJF：05、SLQJF：25のいずれも、珪質に富み苦鉄質に乏しく、流紋岩に対応する組成であると考えてよい。また岩石組織から考えると、気泡に富み火山砕屑岩として分類され、特に構成粒子が細かく岩塊を含まないことから、化学組成的には凝灰岩（Tuff）に分類されると考えられる。しかしながら、東大笵、SLQJF：25には植物片が多数存在することから、少なくとも東大笵、SLQJF：25の2鏡笵は天然の凝灰岩と考えるよりも、凝灰岩組成の微粒子素材を用いて人工的に製作された鏡笵であると考えるのが妥当である。またSLQJF：05には植物片を見いだすことはできなかったが、その組織的特徴は東大笵、SLQJF：25のそれと極めて類似する。SLQJF：05に特徴的に存在する暗褐色の包有物についてmapping分析を行った。その結果、包有物にはCu，Fe，Pが濃集していることが分かった（図7）。この結果からも明らかなように、暗褐色の包有物は、FeとCuに富んだ燐酸塩の可能性がある。組成から考えて天然の鉱物としてはchalcosideriteが唯一つ可能である。しかし、この鉱物は極めて稀な鉱物で、これが天然の凝灰岩中に大量に存在することはあり得ない。一般的に考えてもCu，Fe，Pに富んだ物質が凝灰岩中に大量に存在することは考え難く、包有物は人工的な物質であると考えられ、鋳込みのスラグあるいはスラグと土壌の反応物などの二次的生成物の混入などの可能性がある。しかし、包有物の化学組成を決定するには正確な定量分析が必要であり、現段階では物質名を特定することができなかった。

　SLQJF：25の切断面には鋳込み面の近傍で変色した層が存在する（写真3）。この変色部は鋳込みに伴って生じたことは明らかであるが、組成自体に変化は観察されなかった（図2）。図2において、

組成の変化は、Siに著しく富むところは石英であり、Siの減少に伴ってAlが増加しているところは長石である。このような変化は鋳込みに伴う化学組成変化とは関係がない。そこで鋳込み物質である青銅鏡の成分であるCu, Sn, Pbなどの金属元素の鏡范内への拡散の有無を調べるためにMapping分析による2次元データを収集した（図3・4・5・6）。その結果、金属元素の分布は鋳型表面からおよそ250μmの深さに留まっており（図6）、金属元素が鏡范内に拡散した事実は観察できなかった。鋳型面には厚さ約250μmの層が存在するが、この層は鏡范の表面に塗布された塗型材と考えられる。その組成は明らかに鏡范本体に比べてSiに乏しく、AlとFeに富む。また塗型層には鋳込み物質に由来するCu, Zn, Sn, Pb, Feが存在し、特にPbが塗型層と鏡范の境界に濃集しているのが特徴である。これは金属元素が塗型層内を拡散していく過程を示している点で興味深い。鋳型面ではない面にも塗型材に似た層が付着しているが（例えば図5）、Pb, Snが検出されないことから、変色部はPb, Sn, Cuの拡散で生じたものではなく、高温の金属熔融体との接触による熱変性が原因であると結論した。また鋳型面ではない面の塗布材にCuが濃集していること（例えば図5）は、鋳込み物質の二次的な混入の可能性を示唆している。

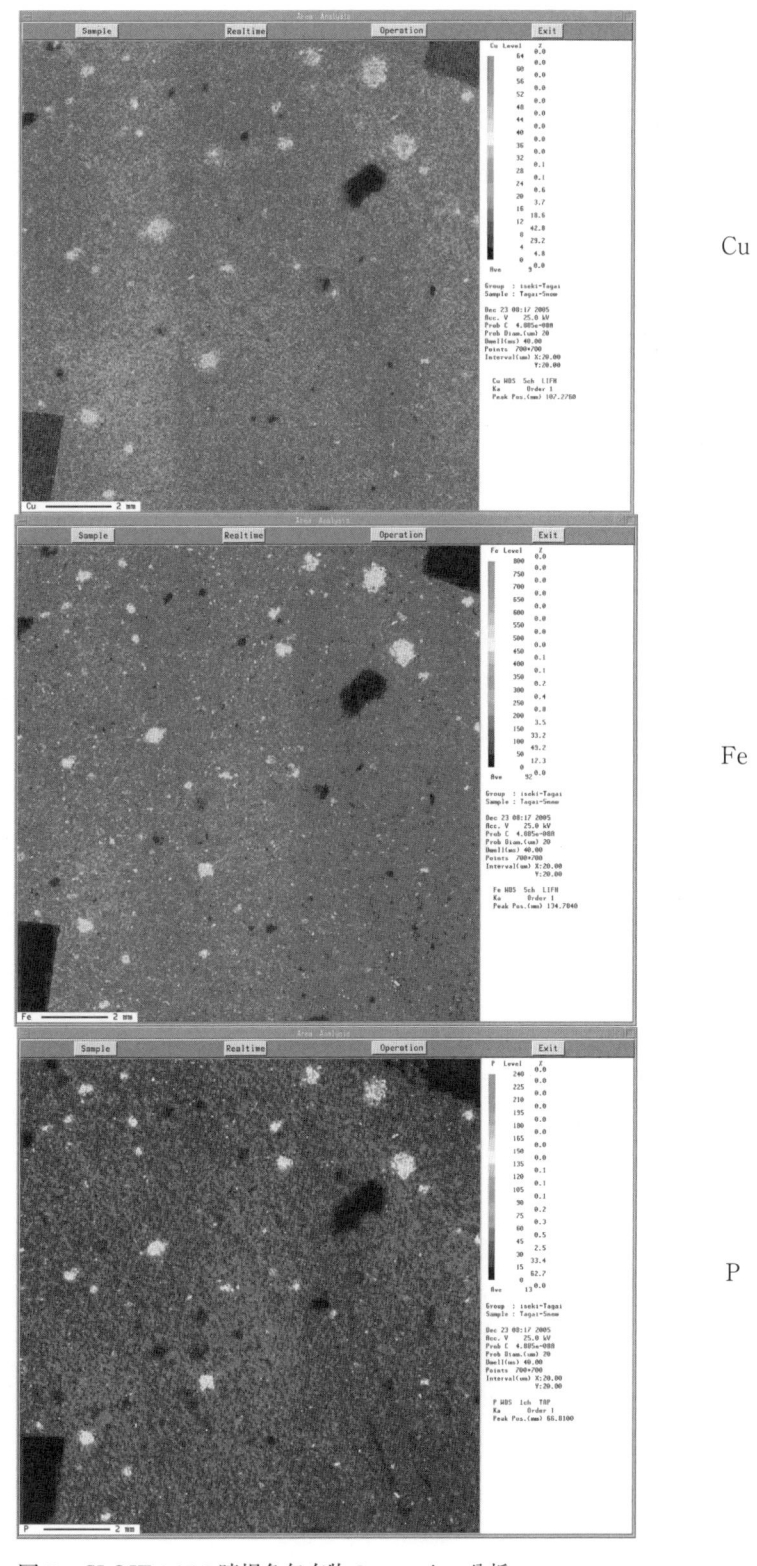

図7　SLQJF：05の暗褐色包有物のmapping分析

(2) 鏡笵を構成する鉱物

粉末X線回折の結果から、鏡笵を構成する鉱物（ガラスを除く）は、石英、長石を主としている。天然の長石にはカリ長石（$KAlSi_3O_8$）、曹長石（$NaAlSi_3O_8$）、灰長石（$CaAl_2Si_2O_8$）の3種類および2種類の固溶体系列アルカリ長石（Na, K）$AlSi_3O_8$、斜長石$CaNa(Al, Si)_4O_8$が知られている。EPMA分析の結果から、SLQJF：05においては、ほとんど全ての長石はカリ長石であるが、少量のNa成分を含むため、Naを少量含むカリ長石（K, Na）$AlSi_3O_8$であるといえる。それに対して、SLQJF：25の長石としては端成分であるカリ長石、曹長石が存在するほか、斜長石系列を含んでいるのが特徴である。しかも斜長石の組成にもかなり広い幅を持っている。東大笵はEPMA分析で個々の鉱物を分析していないので長石の詳細は不明である。またSLQJF：05、SLQJF：25にはイルメナイトとアパタイトと考えられるCaに富んだ燐酸塩が観察され、SLQJF：25にのみジルコンが存在した。

ガラス成分はSLQJF：05がSiO_2に富んでいるのに対して、SLQJF：25はSLQJF：05と比べるとCaO, P_2O_5に富んでいることが特徴である（表2・4）。

このことから、SLQJF：05とSLQJF：25は非常に類似した組成で、ともに凝灰岩質であることは共通しているが、明らかに同一の岩石・素材ではないと考えられる。SLQJF：05とSLQJF：25は同一場所で異なった素材で製作されたか、あるいは全く異なった場所で製作された可能性がある。

(3) 鏡笵構成粒子の粒度と空隙率

SLQJF：05、SLQJF：25を構成している結晶およびガラス粒子は大部分が0.02〜0.1mm程度の大きさであり、空隙率を測定するとおよそ40％になる（図8）。EPMAによる線分析の際に電子線を30μmステップでスキャンした結果、ステップごとにしばしば組成が大きく変化することは、粒子の大きさが30μm程度であることを示しており、粒子の大きさが0.02〜0.1mm程度であることと矛盾しない。例えば、粒子の大きさの最大値を0.06mmとして、粒度分布に正規分布を仮定し、空隙率40％で見かけ比重1.0程度の鏡笵が凝灰岩組成の微粒子の素材を用いて、いかなる手法で製作されたかについては、三船（三船 2007b P.1-8）の実験結果をもとにして考察を進めていく必要がある。

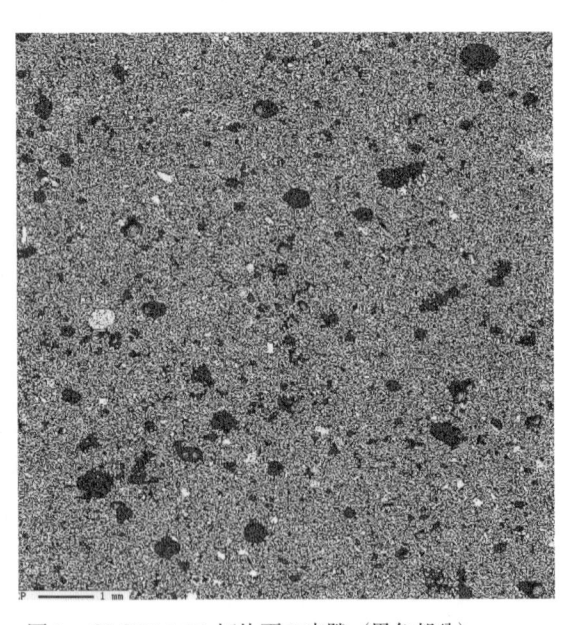

図8　SLQJF：25 切片面の空隙（黒色部分）

この論文は、「草葉紋鏡笵的物質科学研究」（中文・田賀井ほか 2007）の再録である。

謝辞

本研究を遂行する機会を与えられた後藤直氏（東京大学名誉教授）に感謝致します。またEPMA

分析、X線回折の実験をお手伝い下さった石井輝秋氏（東京大学海洋研究所）、玄蕃教代氏（東京大学総合研究博物館）に謝意を表します。

参考文献

清水康二編　2004　『鏡范研究』Ⅰ　奈良県立橿原考古学研究所・二上古代鋳金研究会

清水康二・三船温尚編　2005a　『鏡范研究』Ⅱ―草葉文鏡范の日中共同研究報告―　奈良県立橿原考古学研究所・二上古代鋳金研究会

清水康二・三船温尚編　2005b　『鏡范研究』Ⅲ　奈良県立橿原考古学研究所・二上古代鋳金研究会

田賀井篤平・橘由里香　2007　「草葉紋鏡范的物質科学研究」『山東省臨淄斉国故城漢代鏡范的考古学研究』科学出版社

崔剣鋒・呉小紅　2007　「臨淄斉国故城漢代鏡范和銅鏡検測報告」『山東省臨淄斉国故城漢代鏡范的考古学研究』科学出版社

三船温尚　2007a　「従臨淄斉国故城漢代鏡范和日本収蔵的草葉文鏡范考察銅鏡制作技術」『山東省臨淄斉国故城漢代鏡范的考古学研究』科学出版社

三船温尚　2007b　「山東省出土草葉紋鏡範材質調査的復原実験」『斉国故城出土鏡範和東亞的古鏡―斉都臨淄：漢代銅鏡製造中心国際学術研討会論文集―』奈良県立橿原考古学研究所

劉煜・趙志軍・白雲翔・張光明　2007　「山東臨淄斉国故城漢代鏡范的科学分析」『山東省臨淄斉国故城漢代鏡范的考古学研究』科学出版社

河南中小型漢墓出土銅鏡概論

韓　国　河

はじめに

　現在までの資料に限るなら、河南地区で発掘された漢墓は数万基を下らないが、公表された報告、簡易報告、報道は300篇余りで、墓葬はわずか3000基余りである。これらの多くの漢墓からは通常、各墓から1～2面の銅（鉄）鏡が出土し、基本的には漢代の各種鏡類を網羅している。現在までに、すでに公表されている資料（墓葬発掘出土品および各館所蔵品を含む）から見ると、河南地区の漢代墓葬から出土した銅鏡は697面以上（30面の鉄鏡を含む）に達する。銅鏡の出土状況や数量分析によると、強い地域性を備えていることは明らかである。こういった地域性の差は、考古学による発掘墓葬の数量の違いや盗掘、攪乱によるもの、あるいは資料公表の遅れ（不完全）などの客観的な要因以外にも、漢代の河南地区における区域政治、経済、文化、社会、そして歴史的実態を反映しているといえる。陝西や山東で発見された銅鏡と比較すると、顕著な地域的特徴（個性）をもち、「大統一」の文化の発展的な傾向を共同して保持していたことも明らかである。つまり、漢代において銅鏡を副葬する意図は、礼儀や風俗方面に対する意義以外にも、背景として当時の宗教や文化、社会における歴史的発展というものもまた強く反映されている。

　本文において依拠する銅鏡資料は、全て考古学的な報告や簡易報告などの公表資料である。大多数の銅鏡は実物が見られないため、色調や重量、ひいては線引きによる文様や写真の制限によって、突っ込んだ研究を展開することは叶わなかった。また資料収集における万一の漏れや不適切な点については、先学のご教示を賜わりたい。

1．河南の中小型漢墓出土銅鏡の状況

　報道の状況から見ると、銅鏡が出土した漢墓は河南各地に分布している。その中のいくつかは比較的大きな墓地であり、数百基の漢墓が発掘され、出土した銅鏡の数量は極めて多い。例えば洛陽焼溝漢墓の墓葬は225基、出土した各種銅鏡は118面、他にも鉄鏡が9面ある（洛陽区考古発掘隊 1959）。洛陽西郊漢墓の墓葬は217基、出土した各種銅鏡は175面ある（中国科学院考古研究所洛陽発掘隊 1963）。禹県白沙漢墓の墓葬は262基、出土した各種銅鏡は99面ある（河南省文化局文物工作隊 1959a）。このわずか3ヶ所の墓地だけでも出土銅鏡は401面あり（鉄鏡を含む）、河南地区で公表されている総数の62.4％を占める。また出土銅鏡の数量が5面以上の墓地も多い。主として、滎陽河王村水庫漢墓6基では銅鏡6面が出土している（河南省文化局文物工作隊 1980）。洛陽澗西区小型漢墓70基では銅鏡10面が出土している（河南省文化局文物工作隊 1959b）。安陽梯家溝村漢墓8基では銅鏡7面が出土している（安陽市文物工作隊 1993）。正陽李冢漢墓2基では銅鏡8面が出土している（駐馬店文物工作隊ほか 2002）。新郷五陵村戦国漢墓100基余りでは銅鏡7面が出土している（新郷市博物館 1990）。陝県劉家渠漢墓46基では銅鏡21面が

出土している（黄河水庫考古工作隊　1965）。陝県の秦～漢代初期墓92基では銅鏡11面が出土し、前漢中期～後漢墓35基では銅鏡7面が出土している（中国社会科学院考古研究所　1994）。新安鉄門鎮前漢墓36基では銅鏡7面が出土している（河南省文化局文物工作隊　1959c）。禹県の1ヶ所の漢代墓地には10基の漢墓があり、銅鏡10面が出土している（孫新民ほか　1988）。以上、9ヶ所の墓地から出土した銅鏡は94面あり、すでに公表されている総数の13.5％を占める。よって、上述した12ヶ所の墓地から出土した銅鏡は486面となり（鉄鏡を含まず）、公表されている総数の約70％を占めることになる。

　これは考古資料の公表や盗掘、攪乱などによる要因を除いて説明するならば、銅鏡が集中して出土する墓地は、漢代の典型的な集族葬や家族葬の墓地であり、また銅鏡の集中埋葬という社会実態を裏づけているといえる。

　これらの漢墓から出土する銅鏡には、出土位置に一定の規律があり、棺内に置かれるのが一般的であるが、例外もある。例えば、公表されている状況によると、明確な記録がある300面余りの銅鏡のうち、棺内に置かれたものは200面以上あり、半分以上を占める。その大部分は、被葬者の頭部、肩部、上半身部分に置かれる。その他の多くは棺のある墓室内に置かれ、また1/3近くは、明確な出土位置が資料として公表されていない。

　各種銅鏡の名称について説明をしておきたい。考古学的な報告や簡易報告では、ほとんど統一されていないが、統計上の便宜のため、主に孔祥星、劉一曼氏の『中国古代銅鏡』（孔祥星ほか　1984）を参考とし、15鏡類（蟠螭文、蟠虺文、草葉文、星雲文、連弧銘文、重圏銘文、四乳禽獣文、規矩文、多乳禽獣文、連弧文、変形四葉文、神獣、画像、夔鳳、龍虎文）に区分する。さらに蟠螭文と蟠虺文は合わせて一緒に統計し、銘文類は日光、昭明などに分け、雲雷連弧文鏡は単独で統計する。公表されている状況によると、河南地区で流行した主な鏡類には、素面鏡（2面）、蟠螭文鏡（15面）、星雲文鏡（13面）、日光鏡（74面）、昭明鏡（86面）、規矩鏡あるいは博局文鏡（87面）、雲雷連弧文鏡（14面）、長宜子孫鏡（13面）、草葉文鏡（9面）、四乳四螭文または変形四螭文鏡（48面）、四乳禽鳥（獣）文鏡（32面）、連弧文鏡（37面）、位至三公鏡（3面）、変形四葉文鏡（14面）、夔龍鏡（6面）、龍虎文鏡（6面）、画像鏡（4面）、三獣鏡（2面）、鉄鏡（27面）がある。残りの銅鏡は、公表資料に具体的な鏡名や数量が明示されておらず、詳しく計算することができないので、この統計では参考としておく。

　これらの出土銅鏡は、河南のいくつかの中心的な区域に分布し、現在までに公表された資料では、おおよそ以下の区域に分類される。

（1）洛陽・三門峡を中心とする区域

　洛陽は前漢時期の重要な都市であり、後漢時期には都の所在地として全国の政治経済の中心地となった。優れた自然、地理、社会、経済、文化条件により、洛陽の人口は増加し、大量の漢墓を残すことになった。これらの漢墓からは大量の銅鏡が出土し、種類も豊富で、形式も多様であり、また河南地区で最も銅鏡が集中して分布する区域でもある。公表資料によれば、洛陽地区の出土銅（鉄）鏡は374面以上あり、河南地区の総数の62％を占める。焼溝漢墓出土銅（鉄）鏡127面（蟠螭文鏡1、草葉文鏡1、星雲文鏡6、日光鏡20、昭明鏡24、連弧文銅華鏡1、連弧文日有熹鏡1、変形四螭文鏡17、規矩鏡15、四乳鏡10、雲雷文鏡または長宜子孫連弧文鏡13、夔鳳鏡または双夔文鏡2、変形四葉文鏡

2、変形四葉四鳳文鏡 1、人物画像鏡 1、三獣鏡 1、鈕鏡 2、鉄鏡 9）(洛陽区考古発掘隊 1959)。西郊漢墓出土銅鏡175面（草葉文鏡 1、星雲文鏡 2、四鳳四鶴四鳥文鏡 1、日光鏡36、昭明鏡41、四螭文鏡22、旋渦文鏡 1、規矩鏡47、四乳10、連弧文鏡 8、銅華鏡 1、位至三公鏡 1、円圏文鏡 2）(中国科学院考古研究所洛陽発掘隊 1963)。澗西区小型漢墓20基から出土した銅（鉄）鏡10面（連弧文鏡 1、四乳四螭文鏡、四禽文鏡、位至三公鏡、変形四葉文鏡 2、長生宜子鏡、鉄鏡 1）(河南省文化局文物工作隊 1959b)。李屯後漢元嘉二年墓出土銅（鉄）鏡 2 面（連弧文鏡 1、鉄鏡 1）(洛陽市文物工作隊 1997)。北郊後漢壁画墓出土規矩鏡 2 面（洛陽市文物工作隊 1991)。唐寺門漢墓 2 基から出土した銅（鉄）鏡 5 面（変形四葉位至三公鏡 1、連弧文長宜子孫鏡 1、鉄鏡 3）(洛陽市文物工作隊 1984b)。前漢卜千秋墓壁画墓出土銅鏡 2 面（昭明鏡 1、四乳四螭文鏡 1）(洛陽博物館 1977)。王城公園後漢墓出土銅鏡 2 面（昭明鏡 1、四神博局鏡 1）(洛陽市文物工作隊 2006)。五女冢267号新莽墓出土四神規矩鏡 2 面（洛陽市第二文物工作隊 1996)。後漢光和二年王当墓出土変形四葉文鏡 1 面（洛陽博物館 1980)。前漢張就墓出土日光鏡 1 面（洛陽市第二文物工作隊 2005)。火車站前漢墓出土日光鏡 1 面（洛陽市第二文物工作隊 2004)。焼溝西14号漢墓出土雲雷文鏡 3 面（洛陽市文物工作隊 1983b)。西南郊後漢墓出土四神規矩鏡 1 面（洛陽市第二文物工作隊 1995b)。西郊61号前漢壁画墓出土昭明鏡 1 面（河南省文化局文物工作隊 1964b)。老城西北郊81号漢墓出土銅鏡 2 面（草葉文残鏡 1、昭明鏡 1）(賀官保 1964)。前漢石椁墓出土草葉文鏡 1 面（洛陽市文物工作隊 1984a)。前漢墓出土日光鏡 1 面（洛陽市文物工作隊 1983a)。道北石油化工廠出土前漢五霊博局鏡 1 面（刁淑琴ほか 2002)。五女冢新莽墓出土銅鏡 2 面（変形四螭文鏡 1、四乳四神鏡 1）(洛陽市第二文物工作隊 1995a)。総工会後漢墓出土鉄鏡 1 面（米士誠 1959)。西工後漢壁画墓 2 基から出土した鉄鏡 2 面（洛陽市文物工作隊 1982)。機車工廠後漢壁画墓出土鉄鏡 1 面（洛陽市文物工作隊 1992)。苗南新村528号漢墓出土四乳六禽文鏡 2 面（洛陽市第二文物工作隊 1994a)。郵電局372号前漢墓出土銅鏡 2 面（昭明鏡 1、四乳四螭文鏡 1）(洛陽市第二文物工作隊 1994b)。北郊飛机場第903号漢墓出土四乳四螭文鏡 1 面（朱亮ほか 1993)。東北效後漢墓出土銅鏡 2 面（雲雷文鏡 1、規矩鏡 1）(洛陽市文物工作隊 2002b)。南昌路後漢墓出土連弧文鏡 1 面（洛陽市第二文物工作隊 1995c)。浅井頭前漢壁画墓出土銅鏡 2 面（昭明鏡 1、家常富貴鏡 1）(洛陽市第二文物工作隊 1993)。金谷園車站11号漢墓出土銅鏡 3 面（日光鏡 2、清白鏡 1）(洛陽市文物工作隊 1990)。孟津から発見された銀殻画像鏡 1 面（異論あり）(孟津県文物管理委員会ほか 1987)。孟津漢墓 3 基から出土した銅鏡 2 面（日光鏡 1、昭明鏡 1）(310国道孟津考古隊 1994)。新安県鉄塔山 4 号漢墓出土四乳四神鏡 1 面（洛陽市文物工作隊 2002a)。新安鉄門鎮前漢墓36基から出土した銅鏡 7 面（四蝙蝠［変形蟠螭］文鏡 2、草葉文鏡 1、日光鏡 1、昭明鏡 2、変形四螭文鏡 1）(河南省文化局文物工作隊 1959c)。新安古路溝漢墓出土銅鏡 2 面（雲雷文鏡 1、連弧文鏡 1）(河南省文化局文物工作隊 1966)。洛寧後漢墓出土銅鏡 3 面（三獣鏡 2、変形四葉四鳳文鏡 1）(洛陽地区文化局文物工作隊 1986)。偃師杏園村後漢壁画墓出土鉄鏡 1 面（中国社会科学院考古研究所河南第二工作隊 1985)。以上のように、洛陽市やその周辺地区で出土する銅鏡の数量は非常に多いことが分かる。これは洛陽が前漢時代の重要な都市として、また後漢時代の国都として、人口増加や経済発展の中心的な立場であったことを示している。

　三門峡市では44面の銅鏡が出土している。陝県劉家渠漢墓46基から出土した銅鏡21面（規矩鏡 2、連弧文鏡 9、四乳四禽文鏡 2、夔龍鏡 4、龍虎文鏡 4）(黄河水庫考古工作隊 1965)。火電廠前漢墓 2 基から出土した銅鏡 2 面（弦文鏡 1、四山鏡 1）(三門峡市文物工作隊 1996)。劉家渠漢墓 2 基から出土した銅

鏡 2 面（長宜子孫鏡 1、連弧文鏡 1）(三門峡市文物工作隊 1994b)。立交橋前漢墓 2 基から出土した銘文鏡 1 面 (三門峡市文物工作隊 1994a)。陝県の秦〜漢代初期墓92基から出土した銅鏡11面（弦文鏡 2、連弧文鏡 1、蟠螭文鏡 7、草葉文鏡 1）、前漢中期〜後漢墓35基から出土した銅鏡 7 面（旋渦文鏡 1、草葉文鏡 1、星雲文鏡 2、日光鏡 3）(中国社会科学院考古研究所 1994)。これに洛陽地区の374面を加えると418面となり、総数の約60.5％を占める。

現在までの公表資料によれば、洛陽と三門峡市を中心とする区域で流行する主な鏡類は、基本的に河南ないし全国の漢墓で出土する鏡類を表している。洛陽焼溝漢墓の墓葬の形式や副葬品の組み合わせ、および銭貨や銅鏡などの年代や変遷が、全国の漢墓研究において参考にできる指標となっている。

特に指摘したいのは、三門峡市立交橋前漢墓で出土した 1 面の銘文鏡であるが、簡易報告ではその銘文解釈を行っていない。しかし、最近読んだ李学勤氏の『比較考古学続筆』(李学勤 2003) の一文によると、1978年にアフガニスタンと旧ソ連の学者がアフガニスタン北部のシバルガン東北部TiLlye-Tepe 3 号墓で発掘した 1 面の銅鏡の銘文が「心汚（闕）結而捐（怨）愁、明知非而（不）可久、更（□）所［雄（歓）］不能已、君忘忘而失志兮。爰使心央（快）者、其不可尽行」であると解釈されている。これは三門峡市立交橋前漢墓鏡の銘文「心汚（闕）結而捐（怨）愁、明知非而不可久、日月（□）、君忘忘而失志兮、爰使心央（快）者、其不可尽行」とほぼ同じである。また山東省曲阜花山漢墓と滕州豊山漢墓でも銘文鏡が各 1 面出土しているが (李日訓 2006 P.365)、銘文は「君忘忘而失志兮、爰使心臾者、臾不可尽行、心泄結而独愁、明知非不可処、志所驪不能已」とされる。この鏡類の銘文鏡が、中国と西アジアにおける文化交流においても大きな意義があることは明らかである。

漢代における洛陽の地位についてはいうまでもないが、三門峡地区は漢代に弘農郡の管轄に帰していた。『史記・秦本紀』には、「(恵文君) 十三年四月戊午、魏君為王、韓亦為王、使張儀伐取陝、出其人与魏（十三年四月戊午、魏君王と為る。韓もまた王と為る。張儀をして伐ちて陝を取らしむ。その人を出して魏に与ふ）」と記載されている。つまり、B.C.325に陝県が秦国に占領されたために、三門峡地区で秦文化の要素をもった遺跡や遺物が発見されるのは当然の成り行きである。銅鏡もまたこれと同じで、陝県の秦〜漢代初期墓92基から出土した弦文鏡、連弧文鏡、蟠螭文鏡が、三門峡地区の秦文化の伝播と流通を表し、文化の継承性と連続性を反映している。

（2）鄭州・許昌を中心とする区域

鄭州市では10ヶ所の漢代墓葬から20面の銅（鉄）鏡が出土している。滎陽河王水庫漢墓 6 基から出土した銅鏡 6 面（規矩鏡 4、五乳五鳥文鏡 1、六乳八鳥文鏡 1）(河南省文化局文物工作隊 1980)。隴海路于南倉西街漢墓 2 基から出土した昭明鏡 1 面 (河南省文物考古研究所 1989)。向陽肥料社漢代画像磚墓 2 基から出土した変形四螭文鏡 1 面 (河南省文物研究所 1986)。碧沙崗公園児童游泳池後漢墓出土変形四葉文鏡 1 面 (鄭州市博物館 1966)。新通橋漢代画像空心磚墓出土日光鏡 1 面 (鄭州市博物館 1972)。新鄭山水寨溝漢画像磚墓出土日光鏡 1 面 (新鄭県文物保管所 1990)。新鄭河趙 1 号墓出土昭明鏡 1 面 (河南省文物研究所ほか 1991)。新鄭県東城路漢墓 8 基から出土した銅鏡 3 面（変形四螭文鏡 1、日光鏡 1、雲文四禽鏡 1）(河南省文物研究所ほか 1988)。鞏義市新華小区漢墓出土鉄鏡 2 面、変形四葉文鏡 2 面 (鄭州市文物考古研究所 2001)。鞏県葉嶺村前漢墓出土昭明鏡 1 面 (傅永魁 1974)。

許昌市で銅鏡が発見される漢墓は主に禹州と襄城に集中している。襄城茨溝漢画像石墓出土変形四葉文残鏡1面（河南省文化局文物工作隊 1964a）。襄城県出土五銖銭文鏡1面（姚軍英 1987）。禹県白沙漢墓262基からは銅鏡99面が出土し、かなりの数にのぼっている（昭明鏡、日光鏡、規矩鏡、変形四螭文鏡、長宜子孫鏡、連弧文鏡があるが、鏡類ごとの具体的な数量については、詳しく報告されていない）（河南省文化局文物工作隊 1959a）。禹県東十里村後漢画像石墓出土鉄鏡1面（河南省文物研究所 1985）。また禹県には漢代墓葬がもう1ヶ所あり、10基の漢墓で銅鏡10面が出土している（孫新民ほか 1988）。許昌市の5ヶ所の墓地では、112面の銅（鉄）鏡が出土し、総数の16％を占める。これに鄭州市の20面を加えると132面となり、総数の19％を占める。これは洛陽・三門峡市を中心とする区域に次いで、2番目に大きな銅鏡の分布区域であり、2つの区域の銅鏡の合計は総数の約79％を占める。

　ここで指摘しておきたいのは、禹県白沙漢墓において報告されている銅鏡99面は6鏡類（昭明鏡、日光鏡、規矩鏡、変形四螭文鏡、長宜子孫鏡、連弧文鏡）に分けられるが、前漢と後漢の各鏡類の具体的な数量については、詳しく統計されていない。したがって、銅鏡の各鏡類が占める割合を換算することはできない。しかし、鄭州と許昌における出土銅鏡の数値比1：5.6は、漢代におけるそれぞれの政治的、経済的地位と符合しているといえる。つまり、鄭州地区は前漢時期に三川郡の管理に帰し、後漢時期には河南尹の管轄に属し、前漢と後漢を通して郡治の所在地あるいは重要な封侯国ではなかった。反対に、許昌地区は漢代に潁川郡に属し、郡治は陽翟（現在の禹州）にあった。これにより大量の漢墓が発掘され、多くの銅鏡が出土するのもまた当然といえる。

（3）南陽を中心とする区域

　南陽市もまた漢代の重要な地方都市である。しかし現在までの発見を見ると、南陽市において銅鏡が出土する墓葬は非常に分散し、洛陽のように都城の周辺区域に集中する現象は見られない。現在までの公表資料によれば、南陽地区で銅鏡が発見された墓地は17ヶ所あり、20面の銅（鉄）鏡が出土している。人民北路漢墓出土規矩鏡1面（南陽市文物研究所 1999）。一中新校跡漢墓出土四山鏡1面（南陽市文物考古研究所 2004）。第2膠片廠6号漢墓出土四神規矩鏡1面（徐俊英 1994）。烟草専売局前漢墓6基から出土した銅鏡3面（日光重圏銘文鏡1、星雲文鏡1、残鏡1）（南陽市古代建築保護研究所 1999）。牛王廟1号漢墓出土四神博局鏡1面（南陽市文物考古研究所 2005b）。七里園村漢画像石墓出土規矩鏡1面（河南省文化局文物工作隊 1958c）。環境衛所漢墓出土銅華鏡1面（劉新 1994）。教師新村漢墓出土鉄鏡1面（南陽市文物研究所 1997）。安居新村漢画像石墓出土昭明鏡1面（南陽市文物考古研究所 2005a）。508廠漢墓2基から出土した日光鏡1面（劉新ほか 1994）。百里奚村漢墓出土長宜子孫鳥獣帯文鏡1面（劉興長ほか 1957、超世綱 1960）。宛城遺跡付近漢墓出土鉄鏡1面（張方ほか 1997）。汽車製造廠後漢墓4基から出土した雲雷文鏡1面（南陽市文物工作隊 1998）。隔玄廟後漢小磚券墓出土4組対称獣文鏡1面（河南省文化局文物工作隊 1959d）。新野樊集漢墓47基から出土した昭明鏡1面（河南省南陽地区文物研究所 1990）。淅川県程凹前漢墓14基から出土した銅鏡2面（星雲文鏡1、簡式蟠螭文鏡1）（淅川県文管会 1987）。鄭州市穣東漢墓出土昭明鏡1面（河南省文物考古研究所 2003）。その他、南陽市文物工作隊が共同の都市基本建設現場で数多くの漢代墓葬を発掘した時に銅鏡が出土し、『南陽市漢墓出土銅鏡簡介』に、31面の銅鏡を報告している（包明軍ほか 1997）が、主に三龍文鏡、彩絵連弧文鏡、雲雷地連弧文鏡、蟠螭連弧文鏡、蟠螭文鏡、

大楽富貴四葉蟠螭文鏡、纒繞式四蟠螭文鏡、日光草葉文鏡3面、日有熹草葉文鏡、蟠虺文鏡2面、星雲文鏡、昭明鏡2面、日光鏡、銅華鏡、四乳四虺文鏡、四乳変形草葉文鏡、四神規矩鏡、禽獣規矩鏡、神獣規矩鏡、上方四神規矩鏡、簡式規矩鏡、雲雷文鏡、七乳禽獣文鏡2面、変形四葉獣首文鏡、直行銘双鳳文鏡などがある。

　南陽地区は後漢王朝を創った皇帝劉秀の家が興った地であり、南陽の地位は後漢時期のその他の地区とは比べものにならない。しかし出土した銅鏡の状況を分析すると、51面の銅鏡は河南地区の総数のわずか7.3％であり、数量は非常に少ない。ある意見によれば、「前漢早、中期の南陽漢墓では銅鏡の副葬を非常に重視していたが、前漢晩期、特に後漢時期の磚室墓においては、以前のように盛んに行われることはなくなる」（包明軍ほか 1997）とされる。その主な原因は、墓葬の盗掘に求められ、特に画像磚墓の流行は、堅固であるが故に盗掘者に発見されやすく、また墓室の空間も磚室であるために出入りするにも便利であり、銅鏡は残らなかったと想像するのは難くない。

　南陽地区からすでに出土している主な銅鏡には、山字文鏡、蟠螭文鏡、星雲文鏡、日光鏡、昭明鏡、四乳禽獣文鏡、銅華鏡、規矩鏡、四獣鏡、変形四葉文鏡、連弧文鏡、鎏錯金鉄鏡などがあり、洛陽地区と一致する傾向を示している。しかし、山字文鏡が出土していることは楚文化との関係が密接であった側面も映し出している。

（4）安陽・鶴壁・新郷といった豫北のいくつかの地区を中心とする区域

　この区域で銅鏡が出土する墓葬は多くはなく、公表資料によれば、10ヶ所の墓地で32面の銅鏡が出土している。新郷五陵村戦国漢墓137基から出土した銅鏡7面（素面鏡1、蟠螭文鏡1、簡式蟠螭文鏡1、草葉文鏡1、簡式規矩鏡2、残鏡1）（新郷市博物館 1990）。新郷火電廠漢墓40基から出土した銅鏡3面（連弧文鏡1、四乳四禽文鏡2）（新郷市文物管理委員会 1997）。新郷市北站区漢墓17基から出土した銅鏡1面（残鏡）（新郷市文物工作隊 2006）。新郷老道井墓地漢墓44基から出土した銅鏡6面（雲雷文鏡1、連弧文鏡1、方格連弧文鏡1、変形四葉文鏡2、残鏡1）[1]。鶴壁市後菅古墓群漢墓28基から出土した銅鏡4面（連弧文鏡3、龍虎文鏡1）（河南省文物研究所ほか 1986）。安陽梯家溝村漢墓8基から出土した銅鏡7面（昭明鏡3、四乳八禽鏡3、君宜高官鏡1）（安陽市文物工作隊 1993）。淇県で発見された画像鏡1面（河南省文物考古研究所ほか 1994）。焦作白庄41号漢墓出土四乳四神鏡1面（河南省文物研究所ほか 1989）。輝県地方鉄路飯店工地漢墓出土星雲文鏡1面（新郷地区文管会ほか 1986）。輝県唐庄後漢墓出土変形四葉文鏡1面（新郷市文物工作隊 2005）。

　主な出土銅鏡には、素面鏡、蟠螭文鏡、草葉文鏡、星雲文鏡、昭明鏡、禽獣文鏡、博局（規矩）文鏡、雲雷文鏡、連弧文鏡、龍虎文鏡、画像鏡などがあり、その他の地区でよく見られる日光鏡や昭明鏡が欠けた副葬もまた盛んではない。これは豫北地区全体が前漢時期において銅鏡を副葬する礼儀習俗を重視していないことを示し、特に新郷地区（漢代は河内郡に属する）では顕著である。五陵村と火電廠で発掘された前漢時期の墓葬資料を分析すると、盗掘されていない漢墓の大多数には銅鏡が副葬されていないが、これはどういった原因によって作られた状況なのだろうか。筆者は、銅鏡の相対的な貴重度や被葬者の家庭の経済力と関係があり、実用の銅鏡はまだ十分に使用できるので、墓葬に埋葬されることはなかったと推測する。

（5）周口・駐馬店・漯河・信陽を中心とする区域

　この区域の銅（鉄）鏡は比較的分散して出土しており、数量も多くはない。主として淮陽、上蔡、泌陽、舞陽、正陽、沈丘、商水、潢川、西華などの県に分布し、12ヶ所の墓地から銅（鉄）鏡29面が出土している。上蔡県臥龍崗戦国前漢墓26基から出土した銅鏡4面（蟠螭文鏡1、長楽未央鏡1、日光鏡1、素面鏡1）(駐馬店文物考古管理所 2005)。泌陽板橋漢墓23基から出土した銅（鉄）鏡2面（残鏡1、鉄鏡1）(河南省文化局文物工作隊 1958b)。泌陽新客站漢墓21基から出土した長宜子孫鏡1面(河南省文物考古研究所 1994)。正陽李冢漢墓2基から出土した銅鏡8面（雲雷文鏡1、連弧文鏡5、四葉夔文鏡2）(駐馬店文物工作隊ほか 2002)。商水漢墓59基から出土した銅鏡4面（不明）(楊峰ほか 1993)。潢川前漢墓3基から出土した銅鏡3面（不明）(丁永祥 1988)。舞陽塚張村漢墓17基から出土した銅鏡2面（不明）(河南省文化局文物工作隊 1958a)。淮陽北関1号漢墓出土四乳鏡1面(周口地区文物工作隊ほか 1991)。新蔡県漢墓出土多乳四神禽獣文鏡1面(葉嘉林 1989)。西華県漢墓出土四神規矩鏡1面(張志華ほか 1987)。舞陽で発見された後漢楽舞百戯鏡1面(朱幟 1985)。夏邑県漢墓6基から出土した四乳八禽文鏡1面(商丘地区文管会ほか 1986)。

　発見された銅鏡は比較的分散しているが、楽舞百戯鏡と1985年発見の東王公西王母画像鏡(詹漢清 1986)の存在は、長江中下流域文化との交流関係を示し、特に武昌（鄂州）の銅鏡製作センターとの関係が指摘される。

　ここで注意したいのは、正陽李冢漢墓2基から出土した8面の銅鏡である。M5の平面は「中」字形を呈し、高く大きな封土があり、長方形の竪穴墓道で、主室は前室と南北の耳室、そして後室からなり、4面の銅鏡が前室に集中して出土した。M6は同塚異穴の合葬墓で、高く大きな封土の下には2つの方向の異なる墓室があり、それぞれに竪穴墓道が付き、4面の銅鏡がいずれの墓室において出土したかは簡易報告には明記されていない。8面の銅鏡のうち後漢時期の連弧文鏡は、面径が12.5～19cmあり、18cmを超えるものは3面、そのうち4面の銘文は「長宜子孫」となり、1面は雲雷文鏡である。鈕座によって四葉、蝙蝠、円圏の3種類に分類でき、岡村秀典氏の編年によると、この3種類の鈕座の年代は後漢の早中晩期（5、6期）にあたる(岡村 1993 P.62-73)。参考として、洛陽李屯後漢元嘉二年（桓帝、A.D.152）墓出土の1面の連弧文鏡の鈕座は円圏を特徴とし、副葬品の中の銅製の羊や石臼、青瓷罐の造型と照らし合わせると、正陽李冢漢墓M5とM6の年代は後漢晩期の前段階に相当すると考えられ、簡易報告の中で推定される後漢中期ではないと総合的に判断できる。

（6）その他の分布地

　その他の分布区域としては、済源、焦作、杞県、洛陽吉利区などがあり、13面の銅（鉄）鏡が出土している。済源泗㵎溝漢墓3基から出土した昭明鏡1面(河南省博物館 1973)。済源市桐花溝10号漢墓出土四神規矩鏡1面(河南省文物考古研究所 2000)。済源市趙庄漢墓出土銅鏡2面（四神規矩鏡1、簡式規矩鏡1）(河南省文物考古研究所 1996)。洛陽吉利区後漢墓出土八禽規矩鏡1面(洛陽市文物工作隊 2001)。焦作朱村漢墓出土銅鏡2面（長宜子孫鏡1、龍虎文鏡1）(陳嘉祥 1956)。杞県許村崗1号漢墓出土銅鏡2面（草葉文残鏡1、弦文残鏡1）(開封市文物管理処 2000)。永城太丘1号漢画像石墓出土鉄鏡4面(李俊山 1990)。

これらの地区で注目すべきは、済源市にある漢代の軹城であり、その周辺の泗澗溝、桐花溝、趙庄などでは大量の墓葬が発見されている。『済源県志』によると、春秋時期の軹城とは軹国であり、戦国時期に韓都となり、秦代に軹県が置かれ、前漢には侯国に封じられたと記載されている。3ヶ所の墓地では精巧で美しい代表的な規矩鏡が出土し、正にこの地区の歴史的、文化的地位を示している。この地区の副葬品には彩絵陶器、釉陶器、楽舞百戯俑もあり、際立った地域的特徴を備えている。

　開封と商丘地区で公表された出土銅鏡はわずかで（1つの客観的な要因としては黄河古道の土砂の堆積が深すぎて、考古学的に発見される漢墓が少ないことがあげられる）、開封と商丘地区の墓地以外には、1971年に永城保安山3号墓から接合可能な彩絵鏡の破片3片が出土し、『芒碭山西漢梁王墓地』の報告でも言及されている。破片を復原すると、銅鏡の面径は46cmとなるが、鈕は存在しない（河南省商丘市文物管理委員会ほか 2001 P.79）。南越王墓でも面径が41cmの彩絵鏡が出土しているが、これと比べると、永城保安山の銅鏡は、現在までに発見されている漢代銅鏡の中でも最大の面径をもつ彩絵鏡であるといえる。つまり、大きな彩絵鏡を採用する墓葬の等級は一般的に極めて高いといえる。また、前漢早期の諸侯列侯や皇帝皇后の陵墓において彩絵鏡の副葬が採用される確率はさらに大きいと推測できる。これは1つの推測であり、以後、考古学的に証明されるのを待ちたい。

　つまり、以上の（3）～（6）の区域から出土した銅（鉄）鏡の総数は125面となり、河南地区の総数の15％弱を占める。すでに述べたように、これは当地の墓葬の発掘状況や資料の公表状況など多くの要因と関係がある。しかしいずれにせよ、（1）・（2）の中心区域と比べると、墓葬の数や出土する銅鏡の数にかかわらず同日の談ではない。河南地区の銅鏡分布の重心にはかなりの差があり、それは政治経済と文化的地位が直接反映されているといえる。

2．河南地区の銅鏡編年における補充

　洛陽地区の銅鏡編年は、おおよそ14型式に分類される。鏡類の違いに基づき、洛陽漢墓の形式の変遷、副葬品の組み合わせ、銅銭の年代的特徴と照らし合わせると7期に分類できる。第1期は前漢早期に相当し、主として蟠螭文鏡と草葉文鏡が流行する。第2期は前漢中期に相当し、草葉文鏡と星雲文鏡が流行し、日光鏡や昭明鏡もこの時期に流行が始まる。第3期は前漢晩期に相当し、日光鏡と昭明鏡が流行する。さらに変形四螭文鏡や四乳鏡なども出現する。第4期は新莽時期に相当し、日光鏡、昭明鏡、変形四螭文鏡、四乳鏡以外に、四神規矩鏡、博局規矩文鏡、禽獣文鏡、連弧文鏡などが出現する。第5期は後漢早期に相当し、日光鏡、昭明鏡、四乳鏡、変形四螭文鏡、規矩鏡などが依然として存在し、雲雷連弧文鏡が新しく出現する。第6期は後漢中期に相当し、規矩鏡が流行し、雲雷文鏡、夔鳳鏡、長宜子孫鏡などが新しく出現する。第7期は後漢晩期に相当し、長宜子孫鏡以外に変形四葉文鏡、四鳳文鏡、人物画像鏡、三獣鏡などが新しく出現する（洛陽区考古発掘隊 1959、洛陽区考古発掘隊 1984）。この分類は、基本的には洛陽地区の銅鏡の分類である。上述した考古学的な発見に基づき、河南地区の銅鏡の分類と年代について、以下に補足を加えたい。

第1：前漢早期は依然として楚式鏡（山字文鏡、四葉文鏡）と秦式鏡（素面鏡、弦文鏡）が存在する。この現象も、歴史の発展プロセスと一致する。

第2：前漢早期に流行する新しい鏡類には、彩絵鏡が加わる。河南地区には商丘と南陽の2例しか

ないが、西安の中型漢墓の出土例を参照すると、彩絵鏡が追加できる。

第3：銘文鏡の出現は前漢初期に相当する。蔡運章氏は『洛陽発現戦国時期有銘銅鏡略論』において、洛陽で発見された戦国時代の鋳造で「千金」の2字を鋳出した2面の青銅鏡を報告している（蔡運章 1997）。周世栄氏はこれに疑問を呈し、戦国時代の文字鏡ではなく、漢代早期の蟠螭文鏡とすべきであるとしている（周世栄 2003）。筆者もこの意見に賛成であり、銘文鏡の製作の歴史は前漢初期にまで遡れ、「千金」の意味も単なる吉祥句であるとするべきである。

第4：焼溝漢墓のM114郭躬墓（永元6年［A.D.94］）と2基の紀年墓（M1037は建寧3年［A.D.170］、M147は初平元年［A.D.190］）では、雲雷連弧文鏡（面径10.2cm）、鉄鏡2面（面径14cm、16cm）、長宜高官連弧文鏡（面径13cm）が出土している。また洛陽地区で発見された紀年墓、被葬者が明確な墓葬、昭宣五銖銭や新莽銭が出土した墓葬に副葬された銅鏡（紀年鏡1面を含む）は、洛陽や河南地区の銅鏡の編年において信用できる指標となることは疑いない。

ここで指摘すべきは、五女冢267号新莽墓で出土した2面の四神規矩鏡のうち、1面の紀年が永始2年であり、2面の文様が同時期のものであるということである。2面を細かく観察すると、ともに半球形の鈕、四葉鈕座で、鈕座外側には方格があり、TLV字文の間は四神図で埋められ、その間には巻雲文、外には1周の短斜線文がめぐり、環状の鋸歯文は見られない。M269：12は四神がたくさんの仙人や禽獣の文様に対応して配置され、多乳の禽獣文鏡に似ている点が異なる。M267：9のL字文が指す方向が時計の針と方向を同じくするとされているが、細かく観察すると、これは図が反転して掲載されたために逆L字になってしまっているので、研究時には特に注意が必要である。他に焼溝漢墓の報告では、第6型第1式の銅鏡が10面あり、そのうち銘文鏡は3面ある。墓葬の年代は「福禄」の銘文鏡（鏡縁には2周の三角鋸歯文と複線波文が配置される）と「尚方」の銘文鏡（鏡縁には1周の三

表1

墓葬	副葬品	年号	鏡式・大きさ	銘銘	その他	文献
前漢卜千秋墓壁画墓	五銖銭	昭帝・宣帝時期（B.C.86-49）	昭明鏡 四乳四螭（虺）文鏡	内清以昭明、光象夫日月、心忽不泄		『文物』1977年第6期
張就墓	張就信印	元帝・成帝時期（B.C.48-7）	日光銘文鏡 7cm	見日之光、天下大明	『漢書・趙子伝』	『文物』2005年第12期
五女冢267号新莽墓	紀年鏡	永始2年（B.C.15）	四神規矩鏡 18.5cm	永始二年五月丙午漏上五工豊造。景公之象兮、呉娃之悦、作睞□明鏡兮、好如日月、長相思兮、世不絶。見朱顔、心中歓。長宜子孫	他に1面の四神規矩鏡あり	『文物』1996年第7期
洛陽北郊後漢壁画墓	大泉五十 貨泉	天鳳元年（A.D.14）	規矩鏡（2面）11.5cm、14cm			『考古』1991年第8期
王城公園後漢墓	貨泉	天鳳元年（A.D.14）	昭明鏡 11.3cm 四神博局鏡 15.3cm	而内而清而以而昭而明而光而日月而王 尚方作鏡真大巧、上有仙人不知老、渇飲玉泉飢		『文物』2006年第3期
李屯後漢墓	鎮墓文	元嘉2年（桓帝、A.D.156）	連弧文鏡 9.1cm			『考古与文物』1997年第2期
唐寺門漢墓M1	筒瓦	永康元年（桓帝、A.D.167）	鉄鏡3面 13cm、21.5cm、21.5cm			『中原文物』1984年第3期
王当墓	紀年買地券	光和2年（A.D.179）	変形四葉文鏡 9.7cm	位至三公		『文物』1980年第6期

角鋸歯文と連続する変形雲文が配置される）によると、第4期（後漢早期、これはこの鏡類の下限の年代）に属する。この4面の銅鏡と王莽時期の紀年鏡2面（建国2年と天鳳2年）の文様の特徴や（劉永明 1999 P.2-5）、上述した洛陽北郊後漢壁画墓の規矩鏡2面の文様の構成を参照して、さらに『長安漢鏡』で報告されている8面の前漢晩期から新莽時期の規矩鏡の特徴を基に（程林泉ほか 2002）、おおよその博局文鏡の変遷順序を示すことができる。

3．後漢における雲雷文鏡出現の背景とその意義

（1）雲雷文鏡の流行の開始時期

河南地区における漢墓からは、20面余りの雲雷（連弧）文鏡が出土しているが、多くの銅鏡は報告書に図面がないか、あるいは不鮮明なものである。ここでは比較的鮮明な13面を取り扱い、文様の特徴によって3型に分ける。

A型：雲雷文は鮮明で、鈕座は柿蒂文鈕座である。計1面。洛陽西郊漢墓出土の1面は、銅華銘文の雲雷文鏡である（図1）。

図1　A型雲雷文鏡（洛陽西郊漢墓出土）

B型：雲雷文は鮮明で、鈕座は四葉鈕座である。計6面。洛陽焼溝西14号漢墓出土1面（図2-1）、南陽汽車製造廠後漢墓出土1面（後漢中期よりやや前）（図2-2）、新安古路溝漢墓M1出土1面（図2-3）、陝県劉家渠漢墓出土1面（図2-4）、焼溝漢墓出土1面（図2-5）、洛陽西郊漢墓出土1面（図2-6）がある。

C型：鈕座は円鈕座である。計6面。2つの副型に分けられる。

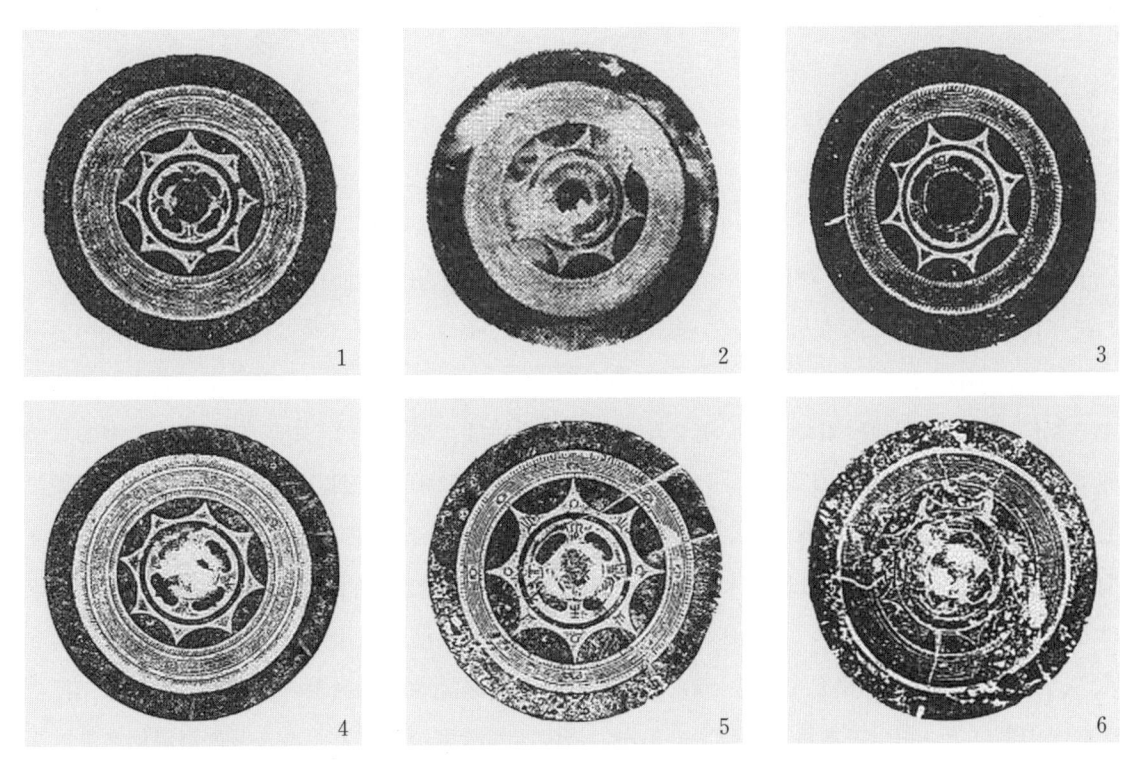

図2　B型雲雷文鏡
（1．洛陽焼溝西14号漢墓　2．南陽汽車製造廠後漢墓　3．新安古路溝漢墓M1
　4．陝県劉家渠漢墓　5．焼溝漢墓　6．洛陽西郊漢墓）

・Ca型：雲雷文は鮮明である。計3面。洛陽焼溝西14号漢墓出土1面（図3-1）、洛陽西郊漢墓出土1面（図3-2）、洛陽焼溝漢墓出土1面（図3-3）がある。

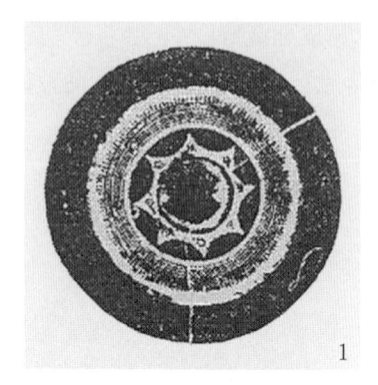

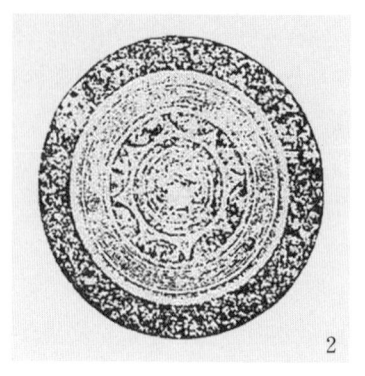

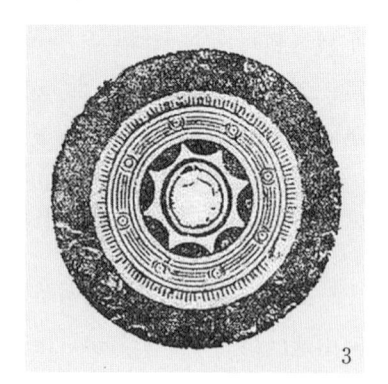

図3　Ca型雲雷文鏡
　　（1．洛陽焼溝西14号漢墓　2．洛陽西郊漢墓　3．洛陽焼溝漢墓）

・Cb型：雲雷文は簡略化し、雲渦文が斜線文に変わる。または円弧線文である。計3面。正陽李家冢漢墓M5出土1面（図4-1）、洛陽西郊漢墓出土2面（図4-2・3）がある。

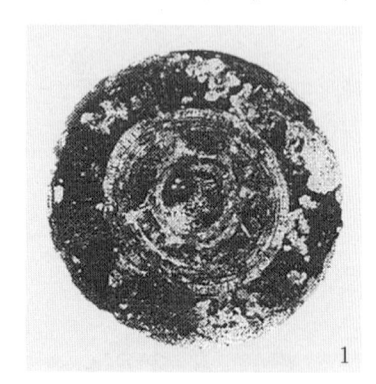

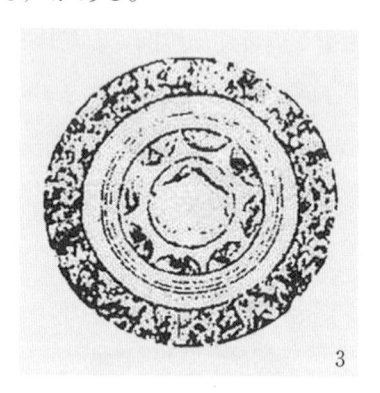

図4　Cb型雲雷文鏡
　　（1．正陽李家冢漢墓M5　2・3．洛陽西郊漢墓）

以前の報告の紀年鏡には、後漢永平7年（A.D.64）の雲雷文鏡が1面存在するが（劉永明 1999 P.7）、この紀年は後世の偽作であるとされている（魯惟一著ほか 2002）。しかし『長安漢鏡』には10面の雲雷文鏡が収録され（程林泉ほか 2002 P.126-130）、鈕の形式によって2類に分けられる。第1類の弦文鈕を使用する年代は前漢中期前段階であり、第2類の半球形の鈕はA型の平縁（連珠文鈕座）、B型の立墻縁（四葉鈕座）、C型の斜縁（四葉鈕座）に分けられる。それぞれ前漢中期、前漢晩期、後漢早中期に流行している。これと関連するのは河北定県北庄漢墓で出土した、現在のところ最大の素面連弧文鏡（面径36cm）である。被葬者は和帝永元2年（A.D.90）に死亡した中山簡王劉焉であり、この鏡類における雲雷文は非常に少ない。この他に、雲雷文鏡が出土した江蘇徐州の後漢墓1基では、建初2年（A.D.77）銘の銅剣が伴出している（徐州博物館 1979）。洛陽焼溝漢墓出土の4面の雲雷連弧文鏡の年代は後漢中期（第5期）であるとされているが、洛陽西郊漢墓からは1面のA型の銅華銘文雲雷文鏡が出土している。これは半球形の鈕で、連珠文鈕座であり、主文様は雲雷文で、銘文は「清沮銅華以為鏡、昭察衣服観容貌、糸組雑遝以為信、清光平成宜佳人」となり、年代は前漢晩期である。B型の

四葉鈕座の雲雷文鏡は、まさに『長安漢鏡』の立墻縁式四葉鈕座雲雷文鏡の変形であり、C型の雲雷文鏡の年代は早くても後漢早晩期（例：図3-1）であるが、B型の標準化した雲雷文鏡の発展形と見ることもできる。以上の考古資料は、雲雷連弧文鏡が前漢中晩期にはすでに出現し、後漢早期には重要な鏡類の定型となり、後漢中期と後漢晩期の前段階には非常に盛行していたことを示している。

（2）雲雷文が象徴する歴史的意義

雲雷文は一般的に雲文と雷（渦）文の結合として認識され、表現においては、日光鏡や星雲文鏡と同じ意味を含むとされる（程林泉ほか 2002 P.129）。実際には、後漢時期の五徳始終説と讖緯思想の政治的作用と考察されるが、雲雷文鏡がなぜ後漢早期に定型となり、普及したのだろうか。

歴史上、漢武帝は前漢を土徳と定めた。劉秀（光武帝）の挙兵後に、彊華は『赤伏符』を献じ、「劉秀発兵捕不道、四夷雲集龍斗野、四七之際火為主（劉秀兵を発し不道を捕へ、四夷雲集して龍は野に斗い、四七の際火は主と為らん）」といった。なぜ劉秀が火徳の讖緯を捏造したのかは疑問である。なぜなら、王莽本人が漢を奪い取るために、「漢家堯（火徳）后」の讖説をでっちあげ、五徳相生説（火生土）によって、新しい王朝を土徳としたからである。「漢家堯（火徳）后」の讖説があったが故に、光武帝はこの説をそのまま受け入れて火徳の地位に立ち、自身の正統性を示した結果、建武中元元年（A.D.56）、光武帝は自ら「宣布圖讖于天下（圖讖を天下に宣布す）」とした。A.D.79に章帝は白虎歓会議の召集を指揮し、『白虎議奏』を撰し、讖緯を大量に用いて儒学を解釈し、讖緯神学を国策とした。火徳と神学が、上は天子、下は平民までが信奉する理念となったために、これと関連した文化を担うものが多く派生することになった。つまり、雲雷文に太陽、火輪、光の輝き、雲霧などの意味が含まれ、これと相通じる文様は、まさにこの時代の信念の産物であったと考えられるが、これは個人の推測であり、さらに深い考証が待たれる。

ここでは、日本の福岡県平原遺跡1号墓で40面の銅鏡が出土し、そのうちの5面（残鏡1）は面径が46.5cmに達する大型の内行花文鏡であり、これは明らかに雲雷文鏡の変形であることを指摘しておきたい。筆者は、おそらく建武中元2年（A.D.57）、永初元年（A.D.107）に倭国が漢に朝貢した時に下賜された銅鏡と関連があると推測する（程林泉ほか 2002 P.130）。漢王朝との密接な権威政治の関係が強調された結果、特殊な政治理念を代表する雲雷文鏡が仿製されたのである。

4．銅鏡を副葬する階層とその影響

銅鏡を副葬する理由については、銅鏡が斉家文化から出現し、商周時期に至って隆盛した後、漢代に再び普及して頻繁に見られるようになり、銅鏡自体が宗教や巫術、貴族の占有から平民の所持へと発展した。いつの時代でも、かつて普及品として存在した品物が、一定の広い階層に巨大な影響を及ぼすのは、現代の腕時計や自転車などと等しく、漢代の銅鏡もまたそうであった。漢代において銅鏡を副葬することは「視死如生（死を見ること生の如し）」の直接的な結果であったといえる。また『淮南子・修務訓』には、「明鏡之始下型、矇然未見形容、及其挖以玄錫、摩以白旃、鬢眉微豪、可得而察（明鏡の始めて型に下るや、矇然として未だ形容を見ず。その挖るに玄錫を以てし、摩するに白旃を以てするに及びては、鬢眉微豪、得て察すべし）」と記載され、銅鏡は生前には姿を映し、死後も用い

られた。

　『西京雑記』には、「広四尺、高五尺九寸、表里有明、人直来照之、影則倒見。…（中略）…秦始皇常以此鏡照宮人、胆張心動者則殺之（広四尺、高五尺九寸、表裏に明あり。人直ちに来たりて之を照せば、影は倒見す。…（中略）…秦始皇常にこの鏡を以て宮人を照らし、胆を張り心動かす者は之を殺す）」と記載され、かつて秦始皇帝の咸陽宮内に1面の照胆鏡があったとされている。これは伝説であるが、臨淄斉王陪葬坑で長さ151.1cm、幅57.7cmの五鈕連弧文縁鏡が出土したことにより、秦漢代に大型鏡を製作する伝説が現実のものとなった。また大型鏡の製作と使用は、被葬者の生前の身分と地位を具体的に表している。

　また統計では、副葬される銅鏡の大きさや数量と墓葬のクラスに関係があることを示しているが、これは必然的な関係ではなく、階級の高い大型墓から必ずしも大型鏡が出土するとは限らず、ある程度よい銅鏡が出土する傾向があり、満城漢墓や南越王墓などでもそうであった。銅鏡が普及した漢代には、身分や地位、財産のある人が普及品を占有した。これは、おそらく品物の特殊な技法あるいは製作の精度などの特性で自身の価値を具体的に表していたと考えられ、それが昔も今も同じ道理であることはいうまでもない。

　また銅鏡は先秦時期には基本的に普通の品物と見られていて、日常生活に用いられていたが、漢代に讖緯神仙思想が創造された後、魏晋南北朝時期には宗教方面の役割が増し、道教の修練において応用され、存神、分形術、照妖鏡といった3種類の思想が形成された。これは、銅鏡の初期生産時期における宗教的な役割をさらに高めたと見ることができる（韓吉紹ほか 2006）。

　銅鏡の鏡背面の文様と文字が反映する社会の現実、愛情、親情、祝福、高官、富裕、神仙、故事などの内容については、『中国古代銅鏡』『浙江出土銅鏡』『中華歴代銅鏡』『東漢銅鏡銘文的整理与研究』（李新城 2006）などの著作が参考となる。

　つまり、漢代の銅鏡の使用と副葬は、主として生活の需要と習俗によるものであり、大型鏡や巨大鏡、そして特殊な工芸技法の銅鏡には一定の政治色があるが、日本の弥生時代と古墳時代に銅鏡が副葬される傾向と比べると大きな差がある。なぜなら、後者の副葬された銅鏡の意義は富の象徴だけではなく、政治的権威を具体的に表すことであり、特に三角縁神獣鏡の製作と分布は、日本の早期国家の成立を解明する鍵となるだろう（韓国河ほか 2002）。

5．現在の研究における問題

第1：公表資料の問題である。特に銅鏡資料の公表が遅い、あるいは不完全な資料（墓葬資料から離れ単独で公表されている銅鏡資料）、写真が鮮明ではなく文字による簡単な説明などがあげられ、これにより銅鏡の細分化研究が非常に大きく制限されていることである。したがって、できるだけ詳細かつ完全に銅鏡本体の資料や同時に存在する資料を公表することが非常に重要である。

第2：所蔵銅鏡と出土銅鏡の研究を有益に結び付けることである。民間では大量の所蔵銅鏡があり、種類が揃っているだけではなく、状態も極めて良く、精品や逸品が多い。例えば河南のある収集家が所有する銅鏡は2000面を超え、発掘された出土銅鏡よりもはるかに多い。どのような収集資料や収集・研究団体であれ、総合的な研究のレベルにまで高めることは、考察を進める上でも価値がある。

第3：銅鏡研究に2つの道を提唱する。1つ目は、銅鏡が出土する墓葬の研究へと立ち返り、それによってもっと細かな年代の基準と信用できる推論を立てる、『長安漢鏡』のような研究である。2つ目は、銅鏡の地域「スタイル」の探求である。白雲翔氏は『臨淄斉国故城漢代鏡范及相関問題研究』において「臨淄スタイル」を提言した（白雲翔 2007 P.125）。これは、その他の地区の銅鏡研究においても大きな啓発となった。

第4：さらに深い探求を必要とする問題である。例えば、漢代銅鏡の製作と流通である。製作の観点から見ると、なぜ漢代銅鏡に同范鏡が非常に少ないのだろうか。なぜ漢代のような大きな領域において、ほとんど同一段階に同一鏡類が流行するのだろうか。いいかえれば、一種の典型的な銅鏡が、漢代の領域における標準化をどのようにして行ったのか。さらに蟠螭文鏡、星雲文鏡、日光鏡、昭明鏡、博局（規矩）文鏡、雲雷文鏡、夔鳳鏡、画像鏡、神獣鏡などが流行する社会的背景と文化的内包をどうやって解読し、漢代銅鏡の文化的特質に符合させるかなどである。これらの問題を解決するためには大きな範囲、多くの分野が交錯する共同研究があってこそ、国際化、情報化、科学化の研究の大きな土台を構築し、銅鏡研究を新天地に推し進めることができると考える。

注
1) 2005－2006年、鄭州大学南水北調考古発掘プロジェクトにおける新郷老道井墓地の資料を整理中である。

参考文献
安陽市文物工作隊　1993　「安陽梯家溝村漢墓的発掘」『華夏考古』第1期
岡村秀典　1993　「後漢鏡的編年」『国立歴史民俗博物館研究報告』第55集
開封市文物管理処　2000　「河南杞県許村崗一号漢墓発掘簡報」『考古』第1期
河南省商丘市文物管理委員会・河南省文物考古研究所・河南省永城市文物管理委員会　2001　『芒碭山西漢梁王墓地』文物出版社
河南省南陽地区文物研究所　1990　「新野樊集漢画像磚墓」『考古学報』第4期
河南省博物館　1973　「済源泗澗溝三座漢墓的発掘」『文物』第2期
河南省文化局文物工作隊　1958a　「河南舞陽塚張村漢墓発掘簡報」『考古』第9期
河南省文化局文物工作隊　1958b　「河南泌陽板橋古墓葬及古井的発掘」『考古学報』第4期
河南省文化局文物工作隊　1958c　「南陽漢代石刻墓」『文物参考資料』第10期
河南省文化局文物工作隊　1959a　「河南禹県白沙漢墓発掘報告」『考古学報』第1期
河南省文化局文物工作隊　1959b　「1955年洛陽澗西区小型漢墓発掘報告」『考古学報』第2期
河南省文化局文物工作隊　1959c　「河南新安鉄門鎮西漢墓葬発掘報告」『考古学報』第2期
河南省文化局文物工作隊　1959d　「南陽東漢小磚券墓的発掘」『文物』第2期
河南省文化局文物工作隊　1964a　「河南襄城茨溝漢画象石墓」『考古学報』第1期
河南省文化局文物工作隊　1964b　「洛陽西漢壁画墓発掘報告」『考古学報』第2期
河南省文化局文物工作隊　1966　「河南新安古路溝漢墓」『考古』第3期
河南省文化局文物工作隊　1980　「河南滎陽河王水庫漢墓」『文物』第5期
河南省文物研究所　1985　「禹県東十里村東漢画像石墓発掘簡報」『中原文物』第3期
河南省文物研究所　1986　「鄭州市向陽肥料社漢代画像磚墓」『中原文物』第4期
河南省文物研究所・焦作市博物館　1989　「焦作白庄41号漢墓発掘簡報」『華夏考古』第2期
河南省文物研究所・新鄭県文物保管所　1991　「河南新鄭河趙一号墓的発掘」『華夏考古』第4期
河南省文物研究所・新鄭工作站　1988　「新鄭県東城路古墓群発掘報告」『中原文物』第3期
河南省文物研究所・鶴壁市博物館　1986　「鶴壁市后菅古墓群発掘簡報」『中原文物』第3期
河南省文物考古研究所　1989　「鄭州市南倉西街両座漢墓的発掘」『華夏考古』第4期
河南省文物考古研究所　1994　「河南省泌陽新客站漢墓群発掘簡報」『華夏考古』第3期

河南省文物考古研究所　1996　「河南済源市趙庄漢墓発掘簡報」『華夏考古』第 2 期
河南省文物考古研究所　2000　「河南済源市桐花溝十号漢墓」『考古』第 2 期
河南省文物考古研究所　2003　「河南鄭州市穣東漢墓発掘簡報」『華夏考古』第 3 期
河南省文物考古研究所・泌陽県文物保管所　1994　「河南省泌陽新客站漢墓群発掘簡報」『華夏考古』第 3 期
賀官保　1964　「洛陽老城西北郊 81 号漢墓」『考古』第 8 期
韓吉紹・張魯君　2006　「銅鏡与早期道教」『中国道教』第 1 期
韓国河・程林泉　2002　「日本発現的三角縁神獣鏡源流述論」『考古与文物』第 4 期
黄河水庫考古工作隊　1965　「河南陝県劉家渠漢墓」『考古学報』第 1 期
孔祥星・劉一曼　1984　『中国古代銅鏡』文物出版社
蔡運章　1997　「洛陽発現戦国時期有銘銅鏡略論」『文物』第 9 期
310 国道孟津考古隊　1994　「洛陽孟津漢墓発掘簡報」『華夏考古』第 2 期
三門峡市文物工作隊　1994a　「三門峡市立交橋西漢墓発掘簡報」『華夏考古』第 1 期
三門峡市文物工作隊　1994b　「三門峡劉冢渠漢墓的発掘」『華夏考古』第 1 期
三門峡市文物工作隊　1996　「河南三門峡市火電廠西漢墓」『考古』第 6 期
朱熾　1985　「河南舞陽発現東漢楽舞百戯銅鏡」『考古』第 11 期
周口地区文物工作隊・淮陽県博物館　1991　「河南淮陽北関一号漢墓発掘簡報」『文物』第 4 期
周世栄　2003　「「洛陽発現戦国時期有銘銅鏡略論」質疑」『中国歴史文物』第 4 期
朱亮・兪涼亘　1993　「洛陽北郊飛机場第 903 号漢墓」『中国考古学年鑑』文物出版社
刁淑琴・鄭衛　2002　「洛陽西漢五霊博局紋銅鏡」『中原文物』第 4 期
商丘地区文管会・夏邑県図博館　1986　「夏邑県楊楼春秋両漢墓発掘簡報」『中原文物』第 1 期
徐州博物館　1979　「徐州発現東漢建初二年五十湅銅剣」『文物』第 7 期
徐俊英　1994　「南陽第二胶片廠漢墓発掘簡報」『華夏考古』第 4 期
新郷市博物館　1990　「河南新郷五陵村戦国両漢墓」『考古学報』第 1 期
新郷市文物管理委員会　1997　「1955 年新郷火電廠漢墓発掘簡報」『華夏考古』第 4 期
新郷市文物工作隊　2005　「河南輝県唐庄後漢墓葬発掘報告」『華夏考古』第 1 期
新郷市文物工作隊　2006　「河南新郷市北站区漢墓」『考古』第 3 期
新郷地区文管会・輝県百泉文管所　1986　「輝県地方鉄路飯店工地漢墓発掘簡報」『中原文物』第 2 期
新鄭県文物保管所　1990　「新鄭山水寨溝漢画像磚墓」『中原文物』第 1 期
淅川県文管会　1987　「淅川県程凹西漢墓発掘簡報」『中原文物』第 1 期
孫新民・郭木森　1988　『中国文物報』7 月 1 日
中国科学院考古研究所洛陽発掘隊　1963　「洛陽西郊漢墓発掘報告」『考古学報』第 2 期
中国社会科学院考古研究所　1994　『陝県東周秦漢墓』科学出版社
中国社会科学院考古研究所河南第二工作隊　1985　「河南偃師杏園村東漢壁画墓」『考古』第 1 期
駐馬店文物考古管理所　2005　「河南上蔡県臥龍崗戦国前漢墓発掘簡報」『華夏考古』第 1 期
駐馬店文物工作隊・正陽県文物管理所　2002　「河南正陽李冢漢墓発掘簡報」『中原文物』第 5 期
張志華・王富安　1987　「河南西華発現一枚漢代金印」『文物』第 4 期
趙世綱　1960　「談河南出土的几面新莽銅鏡」『文物』第 7 期
張方・卓遠　1997　「河南南陽出土一件漢代鉄鏡」『文物』第 7 期
陳嘉祥　1956　「河南朱村発現古墓」『考古』第 6 期
丁永祥　1988　『中国文物報』7 月 1 日
鄭州市博物館　1966　「河南鄭州市碧沙崗公園東漢墓」『考古』第 5 期
鄭州市博物館　1972　「鄭州新通橋漢代画象空心磚墓」『文物』第 10 期
鄭州市文物考古研究所　2001　「河南巩義市新華小区漢墓発掘簡報」『華夏考古』第 4 期
程林泉・韓国河　2002　『長安漢鏡』陝西人民出版社
傅永魁　1974　「河南巩県葉嶺村発現一座西漢墓」『考古』第 2 期
南陽市古代建築保護研究所　1999　「南陽市烟草専売局春秋、西漢墓葬的発掘」『華夏考古』第 3 期
南陽市文物研究所　1997　「南陽市教師新村 10 号漢墓」『中原文物』第 4 期
南陽市文物研究所　1999　「南陽市人民北路漢墓発掘簡報」『華夏考古』第 3 期

南陽市文物考古研究所　2004　「河南南陽市一中新校址漢墓発掘簡報」『華夏考古』第2期
南陽市文物考古研究所　2005a　「河南南陽市安居新村漢画像石墓」『考古』第8期
南陽市文物考古研究所　2005b　「河南南陽牛王廟1号漢墓」『文物』第12期
南陽市文物工作隊　1998　「南陽汽車制造廠東漢墓発掘簡報」『華夏考古』第1期
白雲翔　2007　「臨淄斉国故城漢代鏡范及相関問題研究」『山東省臨淄斉国故城漢代鏡范的考古学研究』科学出版社
米士誠　1959　「洛陽一座東漢墓」『考古』第6期
包明軍・王偉　1997　「南陽市漢墓出土銅鏡簡介」『江漢考古』第1期
孟津県文物管理委員会・蘇健　1987　「洛陽発現銀殻画像銅鏡」『文物』第12期
葉嘉林　1989　「多乳四神禽獣透光鏡」『中国文物報』　7月7日
姚軍英　1987　「河南襄城県出土五銖銭紋銅鏡」『考古』第10期
楊峰・李全立　1993　「商水発現一批漢墓」『中国文物報』第35期
洛陽区考古発掘隊　1959　『洛陽焼溝漢墓』　科学出版社
洛陽区考古発掘隊　1984　『新中国考古発現与研究』文物出版社
洛陽市第二文物工作隊　1993　「洛陽浅井頭西漢壁画墓発掘簡報」『文物』第5期
洛陽市第二文物工作隊　1994a　「洛陽苗南新村528号漢墓発掘簡報」『文物』第7期
洛陽市第二文物工作隊　1994b　「洛陽郵電局372号西漢墓」『文物』第7期
洛陽市第二文物工作隊　1995a　「洛陽五女冢新莽墓発掘簡報」『文物』第11期
洛陽市第二文物工作隊　1995b　「洛陽市西南郊東漢墓発掘簡報」『中原文物』第4期
洛陽市第二文物工作隊　1995c　「洛陽市南昌路東漢墓発掘簡報」『中原文物』第4期
洛陽市第二文物工作隊　1996　「洛陽五女冢267号新莽墓発掘簡報」『文物』第7期
洛陽市第二文物工作隊　2004　「洛陽火車站西漢墓発掘簡報」『文物』第9期
洛陽市第二文物工作隊　2005　「洛陽西漢張就墓発掘簡報」『文物』第12期
洛陽市文物工作隊　1982　「洛陽西工東漢壁画墓」『中原文物』第3期
洛陽市文物工作隊　1983a　「洛陽西漢墓発掘簡報」『考古』第1期
洛陽市文物工作隊　1983b　「洛陽焼溝西14号漢墓発掘簡報」『文物』第4期
洛陽市文物工作隊　1984a　「洛陽西漢石椁墓」『考古』第9期
洛陽市文物工作隊　1984b　「洛陽唐寺門両座漢墓発掘簡報」『中原文物』第3期
洛陽市文物工作隊　1990　「洛陽金谷園車站11号漢墓発掘簡報」『考古学報』第1期
洛陽市文物工作隊　1991　「河南洛陽北郊東漢壁画墓」『考古』第8期
洛陽市文物工作隊　1992　「洛陽機車工廠東漢壁画墓」『文物』第3期
洛陽市文物工作隊　1997　「洛陽李屯東漢元嘉二年墓発掘簡報」『考古与文物』第2期
洛陽市文物工作隊　2001　「洛陽吉利区東漢墓発掘簡報」『文物』第10期
洛陽市文物工作隊　2002a　「洛陽新安県鉄塔山漢墓発掘報告」『文物』第5期
洛陽市文物工作隊　2002b　「洛陽東北郊東漢墓発掘簡報」『文物』第8期
洛陽市文物工作隊　2006　「洛陽王城公園東漢墓」『文物』第3期
洛陽地区文化局文物工作隊　1986　「河南洛寧東漢墓清理簡報」『文物』第1期
洛陽博物館　1977　「洛陽西漢卜千秋墓壁画墓発掘簡報」『文物』第6期
洛陽博物館　1980　「洛陽東漢光和二年王当墓発掘簡報」『文物』第6期
李学勤　2003　「比較考古学続筆」『山西大学学報』第3期　（哲学社会科学版）
李俊山　1990　「永城太丘一号漢画像石墓」『中原文物』第1期
李新城　2006　「東漢銅鏡銘文的整理与研究」華東師範大学博士論文（4月）
李日訓　2006　「試論山東出土的漢代銅鏡」『漢代考古与漢文化国際学術研討会論文集』斉魯書社
劉永明　1999　『漢唐紀年鏡図録』江蘇古籍出版社
劉興長・張居超　1957　「河南南陽百里奚村漢墓的調査」『考古』第6期
劉新　1994　「南陽市環境衛処漢墓発掘簡報」『中原文物』第4期
劉新・周林　1994　「南陽市508廠漢墓発掘簡報」『考古与文物』第4期
魯惟一著・李学勤訳　2002　「七面紀年鏡（居攝至元興）的真偽」『故宮博物院院刊』第6期（英文）
詹漢清　1986　「固始発現東漢画像鏡」『文物』第4期

鉄鏡についての覚書

宮原　晋一

はじめに

　古代の金属鏡は、高錫青銅を素材とする銅鏡が主体であるが、鉄を素材とする鉄鏡もある。鉄鏡は、後漢早期から唐代にかけて確認でき、魏晋南北朝の時期に特徴的な遺物となっている。1994年に全洪によって中国大陸での鉄鏡が集成された段階では、約150面があげられており（全洪 1994）、その後の資料を追加すると中国大陸からは200面強の出土報告がある。ただ、報告文の多くは鉄鏡が出土したという記載に留まっており、写真や図化作業を経て、形状や文様まで報告された鉄鏡は10面にも満たない。

　本文では、鉄鏡についての今後の研究のための方向性について考えてみたい。

1. 基礎資料の整備のために

　鉄は、その素材の弱点として水分に反応し、容易に錆びる。埋蔵状態により、錆による腐食は加速度的に進行し、形状や文様は不鮮明になってしまう。文様が判明する状態で出土する青銅鏡に比し、肉眼で文様が判明しない鉄鏡は、報告材料とされにくく、青銅鏡に比し軽視される傾向にある。未報告の資料が多いことが予想されるところである。

　こうした傾向の中で、甘粛省雷台漢墓から出土した鉄鏡はX線写真が撮影され、文様を図化し報告されている（甘粛省博物館 1974）。管見ではX線写真を応用した中国で唯一の報告例である。この優れた報告過程と内容は、再評価されるべきだろう。中国大陸で出土する鉄鏡には、無文として報告された資料が多いが、X線写真を撮影すれば、文様が明らかになる資料は増加するにちがいない。近年の中国では、急速な経済発展に伴い、考古学関連の施設にX線撮影機材や理化学分析機材などが充足しつつある。既出資料の再整理につながることを期待したい。

　鉄鏡は、中国大陸だけでなく、朝鮮半島と日本列島からも出土する。大陸間交渉を裏付ける舶載遺物であり、日本で出土した隋唐代の鉄鏡のように中国大陸において報告例を確認できない資料もある。また、出土した遺跡の情報を欠くものの、古物商などを経て国外流出文物として海外の博物館などの施設に保管されている鉄鏡資料には、文様や象嵌が確認できる遺存状態のよい鉄鏡があり、鏡種や製作技法を検討するうえで、極めて重要な資料となっている。中国大陸以外において出土した鉄鏡と、国外機関が所蔵している流出鉄鏡から得られる情報整理は、中国における未報告資料を再検討する機運を高めることにつながるだろう。

2. 鉄鏡の評価をめぐって

　中国考古学会では、後漢以降に従前の銅鉱山資源が枯渇し始め、三国分裂以降に長江流域からの銅供給が途絶えたため、代替素材として鉄鏡が製作されるに至ったという評価が主流になっている（徐

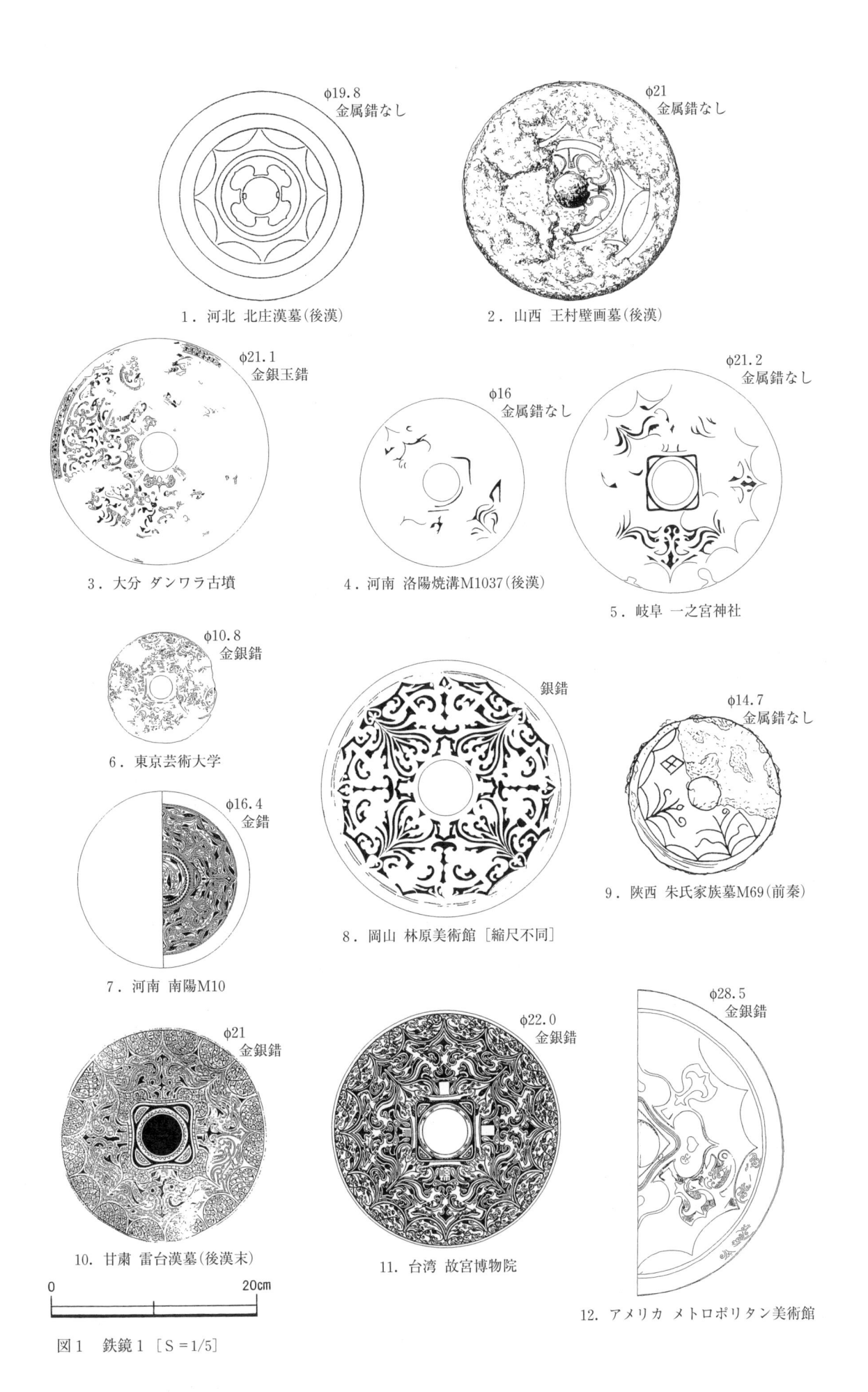

1. 河北 北庄漢墓（後漢） φ19.8 金属錯なし

2. 山西 王村壁画墓（後漢） φ21 金属錯なし

3. 大分 ダンワラ古墳 φ21.1 金銀玉錯

4. 河南 洛陽焼溝M1037（後漢） φ16 金属錯なし

5. 岐阜 一之宮神社 φ21.2 金属錯なし

6. 東京芸術大学 φ10.8 金銀錯

7. 河南 南陽M10 φ16.4 金錯

8. 岡山 林原美術館［縮尺不同］ 銀錯

9. 陝西 朱氏家族墓M69（前秦） φ14.7 金属錯なし

10. 甘粛 雷台漢墓（後漢末） φ21 金銀錯

11. 台湾 故宮博物院 φ22.0 金銀錯

12. アメリカ メトロポリタン美術館 φ28.5 金銀錯

0　　　　20cm

図1　鉄鏡1［S＝1/5］

鉄鏡についての覚書——309

萃芳 1984）。このような評価は、鉄鏡の軽視に拍車をかける結果となっているように思われる。

　鉄鏡は銅素材の枯渇を背景にした代替品ではなく、青銅鏡とは異質の鉄鏡独自の必要性から製作された、と仮説をたてることはできないのであろうか。

　後漢早期の鉄鏡事例としてよく取り上げられる江蘇省邗江甘泉2号漢墓は、漢広陵王劉荊夫婦墓に比定されており、1面の鉄鏡が出土している（南京博物院 1979）。中山簡王劉焉墓に比定されている河北省定県北庄漢墓からは、3面の青銅鏡（面径〜36cm）と5面の鉄鏡（面径19.8〜28.7cm）が出土している（河北省文化局文物工作隊 1964）。中山穆王劉暢之墓に比定されている河北定県43号漢墓からは、金錯鉄鏡1面と鉄鏡18面が出土している（定県博物館 1973）。時代が新しくなって、南朝梁臨川靖恵王蕭宏に比定されている南京市白龍山南朝墓からは、鍍金銅鏡と鉄鏡が各1面出土している（南京市博物館ほか 1998）。このように、鉄鏡は時代を通して王侯墓からも出土する。青銅鏡よりも価値の高い性格を有していた可能性を示唆する。

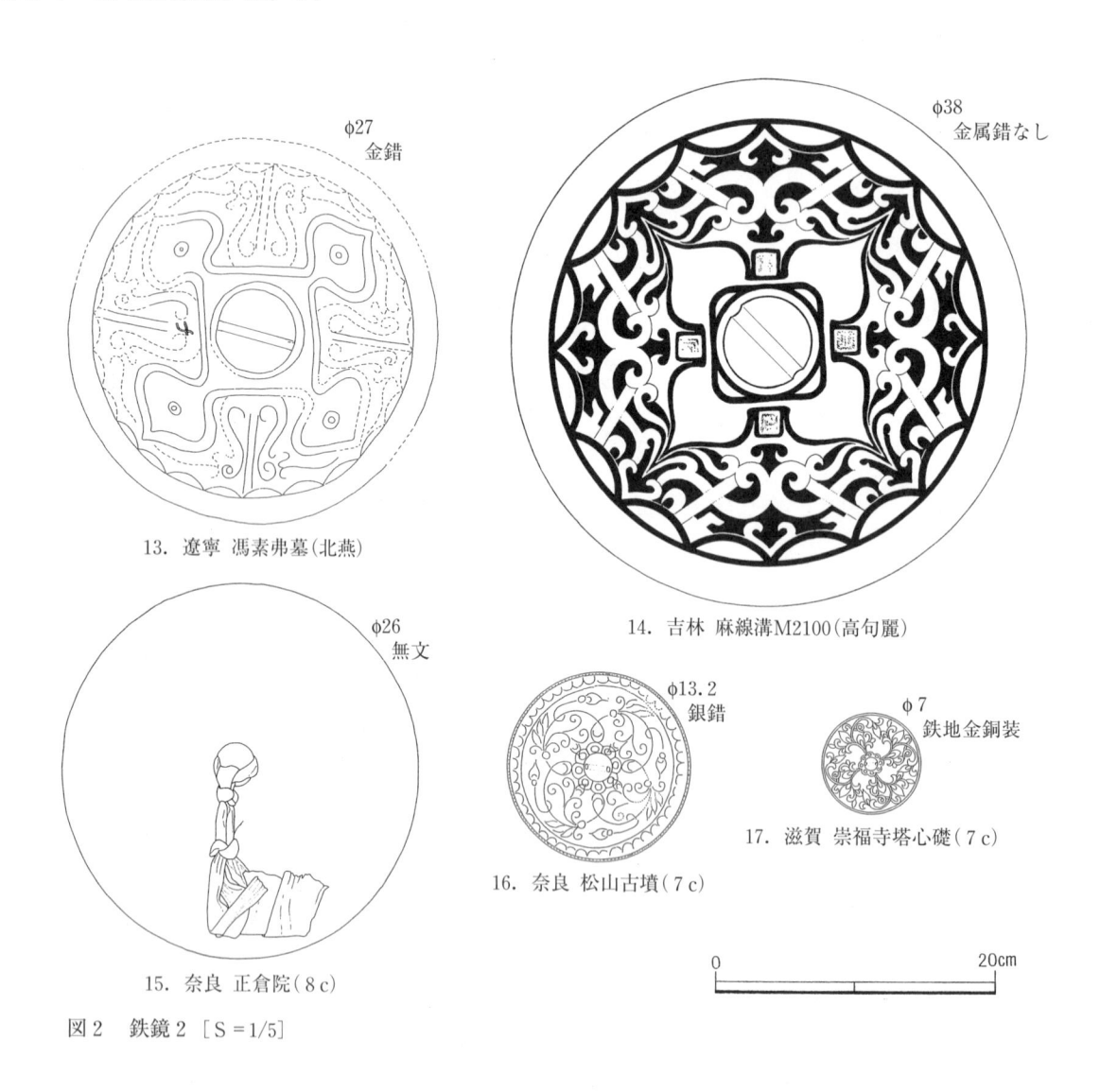

13. 遼寧 馮素弗墓（北燕）　φ27 金錯

14. 吉林 麻線溝M2100（高句麗）　φ38 金属錯なし

15. 奈良 正倉院（8c）　φ26 無文

16. 奈良 松山古墳（7c）　φ13.2 銀錯

17. 滋賀 崇福寺塔心礎（7c）　φ7 鉄地金銅装

図2　鉄鏡2［S＝1/5］

鉄は磨くと白銀色を呈する。鏡面に鬆（気泡）がないように仕上げることができるのであれば、鉄鏡の照射効果は高い。鉄のもつ材料的な特性が高錫青銅の照射効果を上回るのであれば、鉄は青銅素材の欠乏を補う代替素材としてではなく、積極的に鏡に採用された新素材と評価することが可能となる。

『太平御覧』の巻717 服用部鏡条、「魏武帝（曹操）雑物疏」の記載は、鉄鏡の性格を論じる際に、しばしば引用される記録である。

　　魏武帝上雑物疏曰御物有尺二寸金錯鏡一枚皇太子雑純銀錯七寸鉄鏡四枚

　　貴人至公主九寸鉄鏡四十枚

階層差に対応して、面径の大きさ・象嵌の有無・象嵌の材質を異にしていたことを示す文献記載である。鉄鏡が出土した埋葬施設の規模やその出土状況、共伴遺物の組み合わせなどを検討することによって、鉄鏡の有する階層差についての検証も可能となろう。

3．製作技法

鉄鏡が鋳造品であるとするのは、鉄鏡の製作技法が青銅鏡の延長上にあるという前提に立った予断である。鉄鏡の鈕孔は径が小さく、青銅鏡とは鈕孔の製作技法が明らかに異なる。薄い剥離を重ねる鉄銹や、鏡胎が二次的な外圧によって湾曲する資料もあり、凹凸面で表現される鏡背文様も厳密な割り付けによって施文されたものではないことを指摘できる資料もある。これらの特徴を有する鉄鏡は、鍛造品であろう。一方、乾燥した餅のように鏡面に直交して貫入する亀裂をなすものもあり、鋳造鉄鏡の存在を全面的に否定することも難しい。

鉄鏡の金相分析は、何堂坤が洛陽出土の 2 例（後漢と唐代資料）で行った分析が唯一の報告である（何堂坤 1992、何堂坤 1999）。2 例ともに「鋳造製品」との結論を導いている。何堂坤より同一検体を借用し検討を加えた横田勝は、2 例のうちの 1 例を鍛造品とし、もう一方を鋳造品とする（横田ほか 2007）。検体になった鉄鏡の形状が不明であり、製品の肉眼観察と重ね合わせることができる理化学的検討を重ねる必要がある。

この論文は、「鉄鏡研究手記」（中文・宮原 2007）の一部改変である。

参考文献

何堂坤　1992　『中国古代銅鏡的技術研究』　中国科学技術出版社

何堂坤　1999　『中国古代銅鏡的技術研究』補訂版　紫禁城出版社

河北省文化局文物工作隊　1964　「河北定県北庄漢墓発掘報告」『考古学報』第 2 期

甘粛省博物館　1974　「武威雷台漢墓」『考古学報』第 2 期

徐苹芳　1984　「三国両晋南北朝的銅鏡」『考古』第 6 期

全洪　1994　「試論東漢魏晋南北朝時期的鉄鏡」『考古』第12期

定県博物館　1973　「河北定県43号漢墓発掘簡報」『文物』第11期

南京市博物館・栖霞区文管会　1998　「江蘇南京市白龍山南朝墓」『考古』第 8 期

南京博物院　1979　「江蘇盱江甘泉二号漢墓」『考古』第 2 期

宮原晋一　2007　「鉄鏡研究手記」『斉国故城出土鏡範和東亞的古鏡─斉都臨淄：漢代銅鏡製造中心国際学術研討会論文集─』奈良県立橿原考古学研究所

横田勝ほか　2007　「中国古代鉄鏡の材料学的調査と製造法に関する考察」『日本金属学会誌』71巻1号　日本金属学会

【鉄鏡に関わる文献】

門田誠一　2000　「新羅・皇南大塚北墳出土の鉄鏡についての覚書」『朝鮮古代研究』第2号

窪田蔵郎　1964　「鉄製鏡についての私見」『たたら研究』第11号

潮見浩　1991　「漢代鉄鏡覺書」『古文化論叢 児嶋隆人先生喜寿記念論集』児嶋隆人先生喜寿記念事業会

白木和美　1990　「台湾故宮博物館蔵金錯鐵鏡の周辺」『文学部論叢』第33号　史学篇　熊本大学文学会

西川寿勝　2000　『三角縁神獣鏡と卑弥呼の鏡』学生社

沼野英久　2004　「展望 鉄の鏡 金銀錯嵌珠竜文鉄鏡の周辺」『季刊邪馬台国』85号

【図面出典】

1．河北省北庄漢墓

　　河北省文化局文物工作隊　1964　「河北定県北庄漢墓発掘報告」『考古学報』第2期　図17

2．山西省王村壁画墓

　　山西省考古研究所・遠城地区文化局・夏県文化局博物館　1994　「山西夏県王村東漢壁画墓」『文物』第8期　図33-2

3．伝大分県ダンワラ古墳

　　梅原末治　1963　「豊後日田出土の漢金銀錯嵌珠龍紋鉄鏡」『国華』第71編　第4冊　第853号　巻頭図版を図化

4．河南省洛陽焼溝M1037

　　洛陽市文物管理委員会編　1959　『洛陽出土古鏡』　図版104をもとに図化

5．岐阜県一之宮神社

　　岐阜県博物館　1989　『特別展　濃飛の古墳時代』岐阜県博物館　図133をもとに図化

6．東京芸術大学

　　東京芸術大学美術学部編集委員会　1977　『東京芸術大学所蔵名品展─創立90周年記念─』　図69をもとに図化

7．河南省南陽M10

　　張方・卓遠　1997　「河南南陽出土一件漢代鉄鏡」『文物』第7期　図1

8．岡山県林原美術館

　　小西善之ほか　1995　「大気雰囲気下PIXEによる青銅器の元素分析」『泉屋博古館紀要』第11巻　図13～16をもとに図化

9．陝西省朱氏家族墓M69

　　咸陽市文物考古研究所　2005　「陝西咸陽市文林小区前秦朱氏家族墓的発掘」『考古』第4期　図30-2

10．甘粛省雷台漢墓

　　甘粛省博物館　1974　「武威雷台漢墓」『考古学報』第2期　図版17

11．台湾故宮博物院

　　白木和美　1990　「台湾故宮博物館蔵金錯鐵鏡の周辺」『文学部論叢』第33号　史学篇　図1

12. メトロポリタン美術館

    梅原末治　1931　『欧米に於ける支那古鏡』刀江書院　挿図第11

13. 遼寧省馮素弗墓

    遼寧省考古研究所　2002　『三燕文物精粋』　図版141

14. 吉林省麻線溝M2100

    吉林省文物考古研究所編　2004　『集安高句麗王墓1990－2003』　図123

15. 奈良正倉院南倉70第11号

    正倉院事務所編　1995　『正倉院寶物7南倉Ⅰ』毎日新聞社　221頁を図化

16. 奈良県松山古墳

    本村豪章　1979　「大和・高取町松山古墳出土の鉄鏡について」『MUSEUM』7月号　No.340　第5図

17. 滋賀県崇福寺塔心礎

    滋賀県　1941　『大津京阯（下）崇福寺阯』滋賀県史蹟調査報告第十冊　第44図

古鏡科学分析雑記

何　堂　坤

はじめに

　本文は古鏡の自然腐食の過程における銅、錫、鉛などの元素の溶脱と濃集について論述し、漢代のSLQJF：08（本書資料編の整理番号56）の個別の表面処理技法についてはここでは略述する。ここ数年の間に、科学分析中に遭遇し、考えてきたことや問題についてはすでに提示しているものもあるが（何堂坤ほか 2003）、今ここで補充と帰納を加え、これらの問題の研究、特に銅鏡の表面処理技法の理解について、銅、錫、鉛の3元素の挙動についての認識を一歩進めたいと考える。臨淄鏡范については、中日両国の学者が多くの研究を行い（山東省文物考古研究所ほか 2007）、良好な成果を収めているが、筆者も関係する研究の考察資料に補充を加えたいと考える。ご教示をいただきたい。

1．自然腐食の過程における銅の溶脱と濃集について

　銅は自然腐食の過程において、たやすく溶脱することは誰もが周知している。しかし人類活動の長くはない歴史の中で、酸化した銅が再び集まりだし、銅鏡の表面を薄く覆うということについてはまだ理解がない。

　表1に示した中国の南北地域で出土した銅鏡本体と、黒漆古鏡と水銀沁鏡の表面には銅が含まれている（何堂坤 1999）。銅は黒漆古鏡と水銀沁鏡の表面の平均値、最大値、最小値にかかわらず、銅鏡本体と比較すると、すべて少なくなっていた。表中に示した66面の前漢中期から五代に至る銅鏡本体は平均72.466％の銅を含み、10面の戦国から唐代に至る黒漆古鏡表面の15個の表面分析点での平均値は59.855％減少した。11面の漢から唐代に至る水銀沁鏡表面の14個の表面分析点でも平均値が18.394％

表1　銅鏡本体と表面の分析（％）

部位	項目	銅	錫	鉛	鉄	塩素	アルミニウム	リン
本体	66面、前漢中期～五代の南北銅鏡成分の平均値	72.466	22.273	4.881				
	同上、最大値	78.814	27.337	10.397				
	同上、最小値	66.013	17.734	1.120				
黒漆古鏡表面	10面、戦国～唐代の南北銅鏡15個の表面分析点の平均値	12.611	67.878	7.777	3.787	5.003	2.226	
	同上、最大値	41.385	75.579	20.523	8.163	11.397	7.201	2.745
	同上、最小値	5.447	49.760	1.803	0.414	2.250	0.000	0.000
水銀沁鏡表面	11面、漢～唐代の南北銅鏡14個の表面分析点の平均値	54.072	38.689	4.188		2.522		
	同上、最大値	65.515	55.111	12.654		7.750		
	同上、最小値	32.134	30.057	1.172		0.891		

＊参考文献（何堂坤 1999）より

減少した。これはみな、銅が自然腐食の過程で大量に溶脱した証拠である。

　自然腐食の過程での銅の濃集現象は珍しく、また複雑であり、特に注意が必要な3種類を以下に記す。

　その1：鏡面部分には濃集した一層の銅皮殻がある。20世紀の1980年代、筆者らは全国の南北歴代銅鏡についての最初の系統的な考察を行った。陝西武功前漢長楽未央四乳鏡Sh 9（以下、武功鏡Sh 9）、山東臨淄漢代連弧文鏡LL 3（以下、臨淄鏡LL 3）について考察を行い、その一部が一層の薄い銅皮殻で覆われていることを発見した。銅皮殻は赤黄色で、その性質はやわらかく、小刀で剥がすことができた。両鏡はいずれも破片で、鏡縁部から標本を採取した。武功鏡Sh 9は復原された面径が9.2cm、厚さが1.2mm、低い巻縁であった。銅鏡の鏡背両面はみな水沁銀色で、鏡面はやや明るく、鏡背面はやや暗かった。標本の鏡縁部は厚い緑青で覆われていた。緑青の下に一層の薄い銅皮殻があり、それは鏡縁部の鏡背両面の外側にまで及んでいた。鏡面の銅皮殻の大きさは0.7×1.5cm、鏡背面の大きさは約0.4×1.5cm、厚さは0.1～0.2mmである。臨淄鏡LL 3の鏡縁部の厚さは3.8mm、肉厚は1.7mmで、標本の鏡背両面が厚い緑青に覆われていることから、緑青の下に銅皮殻層があり、同様にそれは鏡縁部の鏡背両面の外側にまで及んでいた（写真1）。鏡面の銅皮殻の大きさは1.25×1.5cm、鏡背面の大きさはわずかで、厚さは0.3～0.5mmである。

　こういった一部の表面の銅皮殻は銅鏡、さらには青銅剣の上にも見られるが、ここでは列挙しない。基本的な特徴としては、①この現象は主に北方で見られる。②この種の銅皮殻が見られるところは、厚い塊状の錆で覆われている。この錆の部分の各層の積み重なり具合の状況は、一番上が浮土と緑青で、その下が粉状の赤色錆、赤色の銅皮殻、水銀沁の表層、銅鏡本体の完全な腐食帯と半腐食帯、さらに下にはまだ腐食されていない銅鏡本体がある。銅皮殻のない普通の錆部分（腐食部分）の積み重なり具合の状況は、一番上が浮土と緑青の塊で、その下が水銀沁の表層、完全な腐食帯、半腐食帯、腐食を受けていない銅鏡本体となる。当然、例外もあり、標本によっては明らかに完全な腐食帯がな

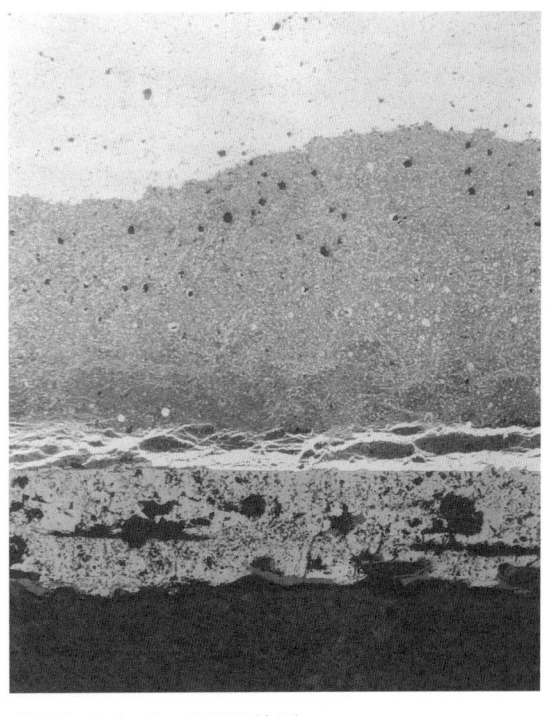

写真1　臨淄鏡LL 3の鏡縁部表面の銅皮殻［×50］（左：鏡縁部正面　右：鏡縁部外側）

いものや、水銀沁の表層の保存がいいもの、あるいは判断しがたいものなどがある。表2は武功鏡Sh9と臨淄鏡LL3の銅皮殻標本の走査電子顕微鏡による分析結果であり、この両鏡の銅皮殻の4つの分析点の銅含有量は88.59％、100％、92.602％、100％に分かれる。おおよそ見た目は赤銅または純銅に見える。

表2 銅鏡表面の赤銅付着層における走査電子顕微鏡に付置したエネルギー分散型検出器による分析（％）

名称、試料番号 分析番号	分析部位	銅	錫	鉛	その他
武功鏡Sh9-1	鏡面緑青下の赤色錆状物	88.59		3.88	鉄0.429 硅素7.097
武功鏡Sh9-2	鏡面緑青下の赤銅層	100.00			
臨淄鏡LL3-1	表面研磨口、赤色（銅皮殻）	92.602	5.466	1.93	
臨淄鏡LL3-2	縁部外側付着の赤銅層表面	100.00			
北京鏡SQQ1-1	鏡面の銅皮殻表面	98.44	0.46		鉄1.1
北京鏡SQQ1-2	鏡面の銅皮殻表面	81.81	11.12	4.44	鉄1.29 塩素1.33
北京鏡SQQ1-3	鏡面の銅皮殻表面	79.21	4.21	7.44	鉄1.82 硅素3.04 カルシウム3.11 アルミニウム1.17
北京鏡SQQ1-4	銅皮殻層脱落部分（鏡面）	40.05	40.73	12.76	鉄2.16 塩素4.29
北京鏡SQQ1-5	本体（銅鏡断面の研磨口）	68.48	22.58	5.18	鉄1.2 塩素1.38 アルミニウム1.16
鄭州鏡WCY1	鏡面剝離下の銅皮殻表面	97.59		1.16	鉄0.55 アルミニウム0.69
鄭州鏡WCY2	鏡面剝離下の銅皮殻表面	100.00			

（1）武功鏡Sh9の標本は、武功県文化館 康楽、何志健氏提供。臨淄鏡LL3の標本は、中国社会科学院考古研究所臨淄工作站 朱玉徳氏提供。北京鏡SQQ1の標本は、北京 孫秋強氏提供。鄭州鏡WCYの標本は、鄭州 王趁意氏提供。
（2）標本分別は元冶金部鋼鉄研究総院 李文成、肖鵬、李潔氏が走査電子顕微鏡に付置したエネルギー分散型検出器によって分析を行った。

その2：分析の結果、半腐食帯には純銅の塊が観察された。その大きさは様々で、楕円形や円形を呈する。筆者はこれを「純銅塊」「赤銅塊」といい、ある学者は「自由銅」「自由銅沈殿」と呼ぶ。銅鏡や青銅剣の金属には分析時に見ることができるが、銅鏡や青銅剣などは高温で溶解され、注湯された製品であり、金属の本体にこの種の完全に独立した純銅塊が出現することは、現代の冶金学の観点を用いても理解しにくい。

その3：少数の銅鏡では、すべてが一層の赤色の銅皮殻で包まれていることがある。1999年、筆者は北京の孫秋強氏のもとで1面の前漢連弧文鏡SQQ1（以下、北京鏡SQQ1）を見せてもらった。表面は厚い緑青と浮土で覆われ、その下には銅鏡全体を均一に包む一層の赤色の銅皮殻があった。それは非常に薄く、剝がすこともでき、鏡背文様は十分に鮮明であった（写真2）。この後、鄭州の王趁意氏から、この種の銅皮殻が表面を覆っている銅鏡は文様が鮮明ではないとの報告を受けるとともに、さらに多くの銅皮殻標本を提供してもらった（以下、鄭州鏡WCY1・2）。表2は北京鏡SQQ1、鄭州鏡WCY1・2の銅皮殻標本の走査電子顕微鏡による分析結果であり、少量の癒着物と汚れを取り除き、銅皮殻をなるべく清浄な形にした。

上述した両鏡の銅皮殻の形成システムを理解するために、筆者らは1歩進めた観察と分析を行った。写真3-1は武功鏡Sh9の半腐食帯の銅粒子金属の構造である。この銅粒子は銅鏡本体の上に濃集してできたと分析され、それは成長した双晶の組織とよく似ており、その他の類似する組織を鑑定するための1つの標本として提供できた。写真3-2～6は武功鏡Sh9、臨淄鏡LL3、鄭州鏡WCY1、

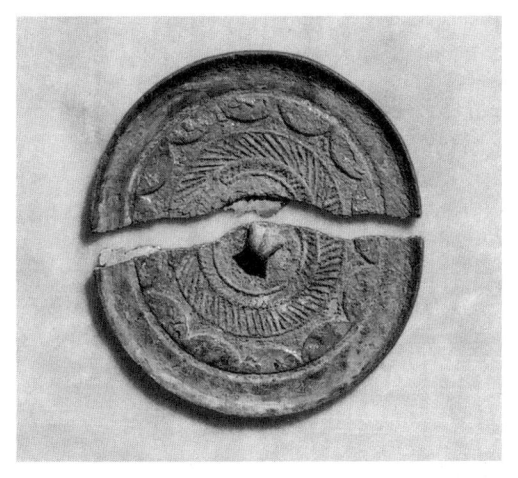

写真2　北京鏡SQQ1および銅皮殻層（孫秋強氏所蔵）

WCY2の銅皮殻組織で、その組織形態は基本的に一致する。筆者らは、それが形成された構造についても基本的に一致しているとした。それは、すべてが自然腐食の条件下で、腐食によって分解された後、さらにもう一度濃集し、再結晶の過程を経過したと考えるからである。双晶は顕微鏡サイズの組織中において、おそらく銅原子が金属銅として沈殿してゆく過程、つまり銅原子が析出してゆく過程において出現する。銅の積層の不整能（stacking fault energy）は比較的少なく、析出中の不整能によって双晶が出現することは珍しくない（何堂坤ほか 2003）。

　筆者らは銅鏡の観察時に、銅が自然腐食の過程において濃集する3種類の現象を見つけた。武功鏡Sh9、臨淄鏡LL3、北京鏡SQQ1などの表面を覆う銅皮殻や、金属顕微鏡下で見られる、ある北方の銅鏡や青銅剣の半腐食帯あるいは腐食帯の赤色の銅粒子は、銅が再び濃集した証拠である。定まった名称としては、この種の銅皮殻や銅粒子はおおよそ「析出銅」「濃集銅」と称することができる。この種の銅の濃集と存在方式は、未だ解明されていない。それは銅鏡の表面処理技法の研究だけではなく、鉱物成因の研究についても一定の示唆を与える。表面の自然銅の鉱化作用には多くの説があり、そのうちの1つに自然銅と近くの地表の熱水溶液は関係があるという観点は、筆者らの研究における銅鏡の銅皮殻の付着層の原因に対しても一定の示唆を与える。

　ここで、ついでに説明すべきは、筆者らが行った武功鏡Sh9、臨淄鏡LL3の鏡縁部の銅皮殻の鑑定は複雑な過程を経ている。最初は濃集銅に定まらず、補足として定まり、正しくは鏡を補う措置をとったと認識された（何堂坤 1999）。主として、その原因は、①両鏡の標本の科学分析が20世紀の1980年代に行われ、当時の観察では「赤銅」「純銅」を得て、3つの過程が存在した。(1) 鉱化理論によると、地質時代において形成される。つまり、人類活動の有限時間内では形成が難しい。(2) 科学置換の原理によれば、水中で偶然に得られるこの種の置換作用が、元素の化学活性順序（つまりK、Na、Ca、Mg、Al…）に従って行われ、比較的活性な元素が前面に、活性ではない元素が後面にならび、銅と銅の間にうまく置換される。(3) 高温の鋳造を経て得られる。これは当時の認識によると、銅皮殻は鋳造によるものと結論される。②清代の文献には、かつて赤銅で銅鏡の鋳込みによってできる気泡を補ったという記載がある。③当時の金属分析の主要目的は、銅鏡の熱処理技術を理解することで、銅皮殻組織には注意を払っていなかった。現在は、この種の赤色の銅皮殻が2000年余りの短い間に、地下

写真3

1. 武功鏡Sh9の半腐食帯で析出した濃集銅［×500］
2. 武功鏡Sh9の鏡縁部外側の銅皮殻組織［×500］
3. 臨淄鏡LL3の鏡縁部の銅皮殻組織［×800］
4. 鄭州鏡WCY1の銅皮殻組織［×200］
5. 鄭州鏡WCY2の銅皮殻組織［×320］
6. 鄭州鏡WCY2の銅皮殻組織［×320］

標本提供は表2注（1）参照。分析ならびに撮影は鋼鉄研究総院 胡鋭氏による。

の腐食条件のもと自然に濃集して形成されたと考えられる。

2．自然腐食の過程における錫の溶脱と残留について

錫の酸化は容易であるが、溶脱は容易でないことは一般に認識され、それゆえに溶脱現象には余り注意がなされていない。しかし、ごくまれにではあるが明らかに溶脱が見られ、それをそのまま濃集ということにする。

銅鏡の黒漆古鏡表面の原因を研究するために、かつてある学者が腐植酸を用い、青銅標本に模擬試験を行い、黒漆古鏡表面が含有する錫の量は高くなると推測した。その結果、地中の腐植酸の作用により銅と鉛は大量に溶脱し、錫の濃集が形成されることが分かった。そして銅鏡の黒漆古鏡表面と表面処理技法には関係がなく、水銀沁鏡に水銀アマルガムによる錫メッキ技術がなかったことが証明されている（孫淑雲ほか 1992）。しかし、試験結果と予期した目的には符合しない点もあった。主として、①青銅標本を腐植酸で侵食させた後の表面には黒色は得られず、主に深灰色と深褐色で、部分的には黄色と黄緑色があり、1点の標本表面にのみ黒色球状物が出現した。②関連の研究報告が示す試験で得られた黒色、黄色、黄緑色の表面の分析値は、2種類の錫の濃集が出現した後に、黒色球状物の表面が錫の溶脱を呈している（表3）。青銅標本の腐食前の本体が含有する錫の量は23%、腐食後の黒色部分の錫含有量はわずか21.1%であり、1.9%減少した。こういった現象と数値によると、腐植酸の作用下において、高錫青銅器の表面に錫の濃集が出現すれば、青銅器表面に含まれる錫の量は増加し、その後錫の溶脱が出現すれば、青銅器表面に含まれる錫の量は減少すると考えられる。

表3　青銅標本の腐植酸による模擬試験前後の成分（%）

名称、分析部位	Cu	Sn	Pb	Fe	Si	Al	Mg	O
腐食前の青銅標本（Ⅱ）	72	23	4.2	0.8				
腐食後の標本表面の黒色塊	56.3	21.1		0.5	0.2	0.2	0.9	20.9
腐食後の標本表面の黄色塊	9.0	59.8		1.0	2.3	3.3	0.2	24.4
腐食後の標本表面の黄緑色塊	8.1	62.6		1.5	1.5	2.6	0.2	23.5

＊参考文献（孫淑雲ほか 1992）より

腐植酸が作用する黒色表面では錫の溶脱が出現する。この点が非常に重要である。正確には銅鏡の表面処理技法と理解され、自然界における錫の特性にはみな一定の援助がある。ある学者は、銅鏡表面に含まれる錫の量が高い原因は、主に腐植酸の作用による錫の濃集にあると認識している（孫淑雲ほか 1992）。これにより検討し得るのは、腐植酸の作用下では錫の溶脱が出現し、青銅標本の表面に含まれる錫の量は高くなるが、反対に本体では低くなる。これは「腐植酸濃集説」を用いても正確に解釈することは難しい。つまり、他の要因があることは必然である。筆者らは銅鏡表面に含まれる錫の量が高い原因は少なくとも2つあると考える。①鍍錫は銅鏡表面の「開光」時に水銀アマルガムを塗る方法を用いた。これは多くの文献記載が証明している（何堂坤 1999）。②腐食層内の銅の溶脱は多く、客観的には錫に一定の濃集作用が起こったとされる。実際には原因として、この2つの過程が存在している。長年にわたって、学界においても銅鏡の高錫表面の原因については異なる視点が存在し、主な学者は②の過程を承認し、①の過程を否定してきた。

3．自然腐食の過程における鉛の溶脱と残留について

　一般には、鉛はたやすく溶脱することで知られ、表3に示す腐植酸による模擬試験においても見られるように、青銅標本の腐食前の鉛含有量は4.2%、腐植酸による侵食後の3色の色態の表面における鉛含有量は0に減少する。しかし注意を要するのは、自然腐食の条件下では鉛が溶脱するだけではなく、残留あるいは濃集する点である。この現象は古代の青銅の中だけではなく、古代ガラスにも見られる。

　表1に中国の古代南北銅鏡の鉛含有量を示した。66面の前漢中期から五代に至る銅鏡本体の鉛含有量の平均値は4.881%である。これと比較すると、黒漆古鏡表面（10面で15個の表面分析点）の鉛含有量の平均値は2.896%増加し、最大値では銅鏡本体の平均値より15.642%増加、最小値では3.078%減少した。水銀沁鏡表面（11面で14個の表面分析点）もまた異なり、銅鏡本体と比較すると、鉛含有量の平均値は0.693%減少し、最大値では銅鏡本体の平均値より7.773%増加、最小値では3.709%減少した。このような状況は、銅鏡が腐食後、南方式の黒漆古鏡や北方式の水銀沁鏡にかかわらず、表面の鉛含有量は高くなる場合と低くなる場合の2つの状況があり、黒漆古鏡表面の高まりの実例と数値がわずかに多く、水銀沁鏡表面の高まりの実例と数値はわずかに少ないだけである。いいかえれば、銅鏡は腐食後に表面の鉛が一部溶脱するが、一部は表面に残留あるいは濃集するのである。注意すべきは、すべての腐食後の銅鏡表面には鉛が含まれ、表3が示すように鉛すべてが溶脱する状況は未だ見られない。

　表4に示したのは長沙戦国蟠螭文黒漆古鏡C8（以下、黒漆古鏡C8）の本体と表面の成分で、走査電子顕微鏡を用いて走査した面積は1〜2㎟である。黒漆古鏡C8本体の鉛含有量（1.361%）は非常に低く（走査電子顕微鏡が示す分析と金属分析がともにこの1点を説明している）、鏡面の鉛含有量（20.523%）はその約15倍、鏡背面の鉛含有量（10.989%）は約8倍となる。こういった表面の高い鉛含有量は腐食過程における鉛の溶脱量が少ないか、あるいは基本的には残留しているといえる。類似の現象は1例にとどまらない。

　鉛が自然腐食の条件下において残留する現象は非常に重要であり、同様に銅鏡の表面処理技法についても鉛の挙動の理解を進めることができる。ある学者は鉛の溶脱を重視し、残留あるいは濃集の出現には注意を払ってこなかったため、銅鏡表面の錫含有量が高くなるのは、腐植酸の作用によって銅と鉛が一緒に溶脱し、錫の濃集を作ったと認識している（孫淑雲ほか 1992）。上述した資料によれば、これは適切ではない。表3の腐植酸による模擬試験が示すように、鉛の溶脱は錫の濃集において自然に援助される。しかし、表4の黒漆古鏡C8のように、本体の表面上の鉛には溶脱がなく、鉛は残留する。この時の鉛の活動状態は銅鏡表面の錫含有量を高めるための助けとはならない。総体的に見て、銅鏡表面の錫含有量が高いのは、鉛元素との必然的な因果関係が必ずしも存在するわけではないと考える。

　この種の鉛の残留あるいは濃集現象は、古代ガラスが腐食を受ける過程でも見られる。表5は寿県戦国ガラス璧（以下、寿県ガラス璧）（張福康ほか 1983）、徐州北洞山漢代ガラス杯（以下、北洞山ガラス杯）破片（李徳銀 1990、徐州博物館ほか 2003）、揚州邗江甘泉"妾莫書"墓ガラス衣片（以下、妾莫書墓ガラス衣片）の内層と表面風化層または外層の成分である（程朱海ほか 1986）。これによると、この3

表4　長沙戦国蟠螭文黒漆古鏡C8の成分（％）

名称、部位、状態　　　成分（％）	銅	錫	鉛	鉄	硅素	アルミニウム
黒漆古鏡C8、本体	77.294	21.343	1.361			
同上、鏡面、黒漆色	9.554	64.285	20.523	1.299	4.336	
同上、鏡背面、黒漆色	5.477	73.870	10.989	4.171	2.937	2.553

＊参考文献（何堂坤 1999より）

点の表面風化層または外層の鉛含有量はすべて内層よりも高くなり、寿県ガラス璧では14.58％、北洞山ガラス杯では8.79％、妾莫書墓ガラス衣片では10.02％高かった。腐食過程において、これらの古代ガラス表面の鉛の大部分は溶脱せず、表面の腐食層中に残留あるいは濃集したと見ることができる。

　従前の学者は、妾莫書墓ガラス衣片の内層と外層の成分の差は技法によって作られたものとした。外層の物質は一種の粉状の脱笵剤で、意識的に撒かれたものであり、ガラスが完全に硬化しないうちに圧力を加えたとしている（程朱海ほか 1986）。主として妾莫書墓ガラス衣片のBaO含有量は内層が高く、外層が低い。これにより、PbO含有量は内層が低く、外層が高くなる。筆者らはこれを簡単にはいえないと思う。粉状の脱笵剤を型に圧力をかけて成型した後に、再び加熱しガラスとするには、作業上の難度が非常に大きく、それを行う必要性もない。妾莫書墓ガラス衣片の厚さはわずか0.4cmで、冷却は極めて早い。その外層、いわゆる「脱笵粉」層はわずか0.1～0.4㎜であり、成型後にまた再溶化してガラスとするのは非常に難しい。ガラス、特に鉛ガラスは安定しておらず、2000年以上にわたり地下に埋まっていたことでも非常に簡単に風化する。内層と外層の成分の差は、まさに風化と元素の酸化によって作り出されたものであり、脱笵剤によるものではない。表5からは鉛ガラスの風化過程における、表面風化層または外層が含有するいくつかの成分の変化状況が見てとれる。SiO_2は低く、CaOとPbOは高く、BaOは現在の状況ではどちらも存在し、さらなる研究が待たれる。

表5　戦国・漢代のガラス成分（％）

試料番号	名称	時代	SiO_2	Al_2O_3	Fe_2O_3	CuO	CaO	MgO	K_2O	Na_2O	PbO	BaO	文献
G8	寿県ガラス璧、内層	戦国	32.26								41.14	13.57	張福康ほか 1983
	同上、表面風化層				0.09	0.26	0.52	0.04	0.39	0.07	55.72	0.33	
WH G-2	北洞山ガラス杯破片、内層	漢	34.4	1.56	0.13		0.36	0.1	0.18	3.57	39.51	15.84	李徳銀 1990
	同上、表面風化層		14.17	1.60	0.17		2.15	0.1	0.11	0.1	48.30	19.47	
Z1	妾莫書墓ガラス衣片、内層	漢	36.03	0.02	0.07		0.22	0.08	0.07	2.27	40.37	21.49	程朱海ほか 1986
	同上、外層		30.27	0.12	0.32		0.7	0.03	0.04	2.28	50.39	3.6	

4．ケイ素の含有量から見たSLQJF：08の原料配合

　20世紀の1940年代から、特に1997年以降に臨淄地区で出土した少なくとも78点の漢代鏡笵（以下、臨淄鏡笵）は（山東省文物考古研究所ほか 2007 P.2）、考古学や技術史において重要な意義をもつ。中日両国の学者が多くの研究を行い（山東省文物考古研究所ほか 2007 P.2、白雲翔ほか 2005、劉煜ほか 2005）、多方面における積極的な成果を獲得した。今回はSLQJF：08の原料配合に関する問題についていくつかの意見を簡単に述べたい。

（1）鏡笵に混じる灰がもつ技術的な意義について

　劉煜氏などの考察資料によると（白雲翔ほか 2005、劉煜ほか 2005）、SLQJF：08は原料選択において3つの注意すべき点がある。①ケイ素の含有量が高く、SiO$_2$含有量は79.27％に達するが、多くの陶笵が高くなるだけではなく、陶瓷器類にも高いものがある[1]。譚德睿氏が分析した6点の商周陶笵（表6）のSiO$_2$含有量の平均値は72.62％、最大値は77.59％である（譚德睿 1986）。李家治氏などが分析した38点の商周の原始瓷器のSiO$_2$含有量は67.3～82.49％であり、平均値は75.81％である。北方でのSiO$_2$含有量の最大値は垣曲商城商代前期の原始瓷器に見られ、79.71％に達する[2]。これは臨淄鏡笵とほぼ同一の水準である。②カルシウムの含有量は低く、CaO含有量はわずか1.79％である。譚德睿氏が分析した6点の商周陶笵のCaO含有量の平均値は3.07％で、変動の範囲は1.12～6.51％である（譚德睿 1986）。CaO（あるいはCaCO$_3$）の含有量が低いと注湯時の発気量を減少させることができる。③笵の材料に稲籾灰が混ぜられている（白雲翔ほか 2005、劉煜ほか 2005）。これらは1つの側面からいえば、漢代陶笵の技術がかなり高いことを示している。

　中国の古代陶笵に灰を混ぜる技術は、遅くとも春秋時期には出現した。分析によると、侯馬春秋陶笵の長歯プラントオパール含有量は59％に達するが、現地の原生土中の長歯プラントオパール含有量はほとんど0である。また侯馬陶笵にも植物灰が存在していることは一般に知られている（譚德睿ほか 1996）。関連する考察資料によると、古代中国の工人はプラントオパールの陶笵における作用について早くから一定の認識があり、それゆえにほとんどの古代陶笵にはプラントオパールが豊富に含まれている。ある土壌のプラントオパール含有量が豊富だったならば、製作時に補う必要はなく、別に混ぜ入れることもない（譚德睿 1999）。稲籾灰のケイ素含有量は高く（SiO$_2$含有量は94.36％、表6）、それを混ぜ入れたのは、人々の長期にわたる生産の経験によるものであった。最初はおそらく無意識に、後には一種の技法規範となった。一般的な意義としては、ケイ素含有量を高めると同時に、プラントオパール含有量を高めていた。ケイ素含有量をわずかに低くさせるには、プラントオパール含有量の少ない粘土を笵土として用いれば良い。このため、笵材料の生産地も拡大したはずである。明代の宋応星『天工開物』巻8には「凡鋳鏡、模用灰砂、銅用錫和」と記載されているが、この「灰」は植物灰のことであり、「砂」は石英砂であるとされていて、意識的に鏡笵に灰を混ぜ、砂を混ぜていたといえる。また、この書では多くの器物の鋳造についても論じているが、銅鏡製造にだけ灰を混ぜる必要があると説き、銅鏡製造における灰の配合についての特別な意義について説明している。上述した商周陶笵の灰は植物種類に属するが、さらなる研究が待たれる。SLQJF：08などに混ぜ入れた稲籾灰は科学測定によると、稲籾灰を混ぜた早期の実例である。灰を混ぜる技術は中国で長い間使用されてきたものであり、伝統的な技術においては今でも見ることができる。

　この1点で注意すべきは、灰を混ぜる陶笵と炭を挟む陶器には区別があり、高い技術水準を反映し今に至っている点である。しかし1つの原始製陶の技術の反映は、歴史において非常に早く消滅している。早期の陶器に挟み入れた炭は灰ではなく、断面の中心が黒いのが一般的であり、炭を挟む主な目的は2つある。①粘土の粘性を減らし、成型を有利にする。②乾燥や焼成による収縮などが素焼きの陶器と製品の破裂を減少させる。また陶笵に混ぜ入れたのは炭ではなく灰であり、笵本体はよく「青灰色を呈する」「側面と背面には多くの細かな黒色物質が見られる」とある（劉煜ほか 2005）。灰を

混ぜた主な目的は、①ケイ素含有量を高めることで耐火度を高める。②プラントオパール含有量を高めることで笵の注湯性能を改善する。笵材料の蓄熱係数が低くなれば、金属液の拡充能力などが高まる（譚德睿ほか 1996）。すなわち一度に２つの利点が得られる。また大量の科学分析資料によると、一般に炭を挟んだ陶器のケイ素含有量は高くはなく、普通の溶けやすい粘土と基本的には同じ水準にある。ある学者が分析した10点の炭を挟んだ陶器（河姆渡の第３、４層、羅家角の第３、４層や大渓文化などの製品を含む）の成分を統計すると、SiO_2含有量は54.78〜64.63%であり、平均値は60.25%である。また統計によると、周仁、李家治、張福康氏などが分析した52点の新石器時代の南北地域の溶けやすい粘土型陶片の成分のうち、SiO_2含有量は49.05〜70.08%であり、平均値は59.23%である[2]。

（２）SLQJF：08が高ケイ素粘土によって製作された可能性

科学分析によると、SLQJF：08のSiO_2含有量は79.27%と高く、臨淄の原生土（平均値66.39%、表６）より12.88%多い（劉煜ほか 2005）。もし現地の原生土と稲籾灰を配合して使用したならば、通常、ここまでのケイ素含有量に達することは簡単ではなく、おそらく現地でケイ素含有量が高い粘土を選んで（あるいは少量の極めて細かな石英砂を混ぜて）稲籾灰と配合したと考えられる。

今、簡単な計算をしてみる。伝統的な技術の調査から見ると、笵土と植物灰の配合比（つまり「土灰比」）は常に「10：3」の体積比を選択し、今考え得る各種の可能な要素では「10：3」の重量比に改められる。これによると、もし現地の普通の粘土と稲籾灰の配合を採用したならば、SLQJF：08のSiO_2含有量は74.781%であり、SiO_2含有量が72.8%の高ケイ素粘土を選択し、稲籾灰を配合した場合のSLQJF：08のSiO_2含有量は79.27%の水準に達する。SiO_2含有量が72.8%に達する粘土は高ケイ素粘土に属し、低い溶点の粘土ではない。もし臨淄の普通の原生土を選択したならば、SLQJF：08を製作する時、土灰比は47.79%までとする必要があり、こういった配合比は作業において何らかの不便をきたす。

高ケイ素粘土、あるいは高い溶点の粘土の成分規定については関連する要素が多く、学界では未だ具体的な定義を得ていないが、全体的にはケイ素やアルミニウム含有量が高く、溶融助剤の総量は低くなる。経験的な数値によると、高ケイ素粘土のSiO_2含有量は70%を超えるかそれに近くなる。周仁氏などが分析した52点の新石器時代の低温溶融粘土型陶片におけるSiO_2含有量は49.05〜70.08%であり、相対的に集中する成分は55〜65%、平均値は59.23%である[2]。低温溶融粘土型陶片のSiO_2含有量の最大値は70.08%であり、この数値を超えると低温溶融粘土型陶器の範囲ではなくなるといえる。上述した李家治氏などが分析した38点の商周原始瓷器におけるSiO_2含有量の最小値は67.3%[2]となり、ケイ素含有量がこの数値を超えると原始瓷器の製造が可能となり、高ケイ素粘土ということができる。上述したSiO_2含有量が72.8%の粘土は、原始瓷器の最小ケイ素含有量を超え、また低温溶融粘土型陶器の最大ケイ素含有量も超えていることから、高ケイ素粘土に近似するものに属する、あるいは低温溶融粘土ではないといえる。

土灰比については、地理的環境、水土条件、作業習慣、また粘土のプラントオパール含有量の違いによって変わる。上述した「10：3」の土灰比は南方の伝統的な技術の調査中にも見られ、その体積比をもとに重量を100分比に改め、実際の植物灰とプラントオパールの配合量に加えた。体積比の計算

によると、稲籾灰に混じるSiO₂含有量はわずかであり、SLQJF：08を製作する時には、高ケイ素粘土以外を選択する以外に、おそらく細かな石英砂を混ぜ込む必要があり、ようやく現在のケイ素含有量（SiO₂含有量は79.27%）となる。

つまり一般的な状況下では、現地の低温溶融粘土（SiO₂含有量の平均値は66.39%）を用いた場合、重量比の30%の灰を混ぜるため、SLQJF：08が含有するケイ素量にするのは簡単ではない。したがって、鏡范を製作する時に現地の高ケイ素粘土を選択した可能性がある。当然、臨淄出土の78点の漢代鏡范（臨淄鏡范）は、その成分がすべて一致しているわけではなく、原料の選択によって完全に同じになるとは限らない。おそらく使用された高ケイ素粘土には低い融点の粘土が依然として使用されたり、稲籾灰を用いたり、その他の植物灰を用いた可能性がある。その他にも、高ケイ素粘土の産地や稲籾灰の生産地、漢代臨淄では稲を植えていたかなども考慮しなければならない。

表6　陶范と一部の植物灰の化学成分（%）

番号	名称、器号 時代区分	SiO₂	Al₂O₃	Fe₂O₃	TiO₂	CaO	MgO	K₂O	Na₂O	MnO	P₂O₅	焼損
1	6点の商周陶范	72.62	11.69	3.29	0.41	3.07	1.32	2.25	1.56	0.01	0.03	3.06
2	SLQJF：08	79.27	7.94	3.25	0.41	1.79	1.09	2.76	0.99	0.16	0.57	3.76
3	2組の臨淄原生土の平均値	66.39	11.71	3.77	0.69	6.62	1.79	2.49	2.84	0.06	0.25	6.8
4	小毛竹灰	60.02	0.76	0.36		5.94	2.78	25.56	0.10	0.89	2.95	
5	高粱灰	70.82	5.49	2.51		7.61	3.85	5.98	0.58	0.32	1.62	
6	稲草灰	80.11	3.25	1.39		4.92	1.53	5.02	0.58	0.6	2.34	
7	稲籾灰	94.36	1.78	0.61		1.04		1.35				

＊1．商周陶范は譚徳睿 1986文献、2・3．臨淄鏡范と原生土は劉煜ほか 2005文献、
　4～7．植物灰は張福康 2000 P.19文献より。
　もとの2・3の文献には、2個の分析点と4組の分析数の数値があるが、表中では平均値を示す。

5．結　語

本文では、科学分析資料による銅鏡の自然腐食の過程における銅、錫、鉛の3種類の元素の溶脱と濃集あるいは残留状況について簡単に紹介した。銅と鉛の2種類の元素については、濃集あるいは残留したといえるが、錫元素については溶脱したといえる。最後は、陶范に含有されるSiO₂含有量によって、SLQJF：08の原料選択の技術について推測を行った。

その1：銅鏡は地下での腐食過程において表層の銅が溶脱し濃集するが、かつては溶脱については注意が払われず、濃集についても注意や理解がされてこなかった。この濃集現象は主に北方のアルカリ性土壌において存在し、少なくとも3種類の形態がある。①腐食帯、半腐食帯内で粒状に析出され、金属顕微鏡下で純銅塊として観察される。②銅皮殻状に析出され、銅鏡表面の一部の錆層下を覆う。③銅皮殻状に析出され、銅鏡表面全体の錆層下を覆う。この種の濃集銅の認識については、銅鏡の表面処理技法の理解を進めるだけではなく、鉱化作用の認識も進める必要がある。

その2：銅鏡は地下での腐食過程において表層の錫が残留し溶脱するが、ある学者は腐植酸による模擬試験によってこれを説明している。かつては残留現象に注意したが、溶脱には注意を払わなかった。そのため、明らかな溶脱を濃集としたのである。錫の溶脱の認識については、一方では銅鏡の表

面処理技法の理解を進め、もう一方では錫のある特性の認識を進めた。

　その3：銅鏡は地下での腐食過程において表層の鉛が溶脱し残留するが、それは銅鏡の表面分析で見られる。しかし、溶脱に注意するのみで、残留が出現する可能性を見なかったため、銅鏡の表面処理技法の見解にも影響してきた。鉛の残留現象は銅鏡表面の腐食層に見られるだけではなく、古代ガラスの腐食層にも同様に存在する。姜莫書墓ガラス衣片の外層と内層のところどころに含まれる鉛とバリウムの量には差があるが、これは元素の酸化によって元素が溶脱し残留したと考えられ、脱范剤によるものではない。

　つまり、銅鏡は地下での腐食過程において表層の銅、錫、鉛などの元素が溶脱し、残留あるいは濃集する可能性があり、筆者らは一方の面に注目し、もう一方の面を見落すことはできない。しかし、この過程の構造がどのようなものであるのか、どういった状況下で残留あるいは濃集するのか、溶脱あるいは濃集がどれだけあるのか、どういった形式を残留または濃集とするのか、主にどのような要素が影響するのかなど、目下筆者らの理解はまだ少なく、さらに進んだ研究が必要である。

　その4：臨淄鏡范に稲籾灰を混ぜることは、ある意義をもった技術であり、陶范の耐火度を保証し、注湯性能も改善して范の材料を拡大させた。

　その5：SLQJF：08は稲籾灰を混ぜ入れると同時に、おそらく一部は高ケイ素粘土を配合し、あるいは細かな石英砂を混ぜ入れ、そのSiO_2含有量を79.27％の水準にまで高めた。

注

1) 陶范は泥范とも称し、陶と泥の間の一種の人工焼成物であり、その性質は陶質ではない。陶の主要な区別は、陶范は焙焼された時に陶化の高温に達しておらず、泥との区別は、焙焼した時のSiO_2含有量が変化して発生し、炭酸塩に分解される点にある。古くは鋳造における「陶鋳」と称され、現在は陶器と陶范に類比され、現在も1つの方法として、この種類の鏡范を陶范という。
2) 報告書の刊行が待たれる。科学分析は関連の学者によって行われ、資料が多いため、1つずつの提示はしない。

参考文献

何堂坤　1999　『中国古代銅鏡的技術研究』紫禁城出版社
何堂坤・李寿康　2003　「銅鏡表面的銅皮附着層及其科学考察」『中原文物』第1期
山東省文物考古研究所・奈良県立橿原考古学研究所　2007　『山東省臨淄斉国故城漢代鏡范的考古学研究』科学出版社
徐州博物館・南京大学歴史学系考古専業　2003　『徐州北洞山西漢楚王墓』文物出版社
　　分析報告は発掘報告書収録の史美光ほか「徐州古代玻璃的新発現」による。この墓葬年代は紀元前128年である。
孫淑雲・馬肇曽　1992　「土壌中腐殖酸対銅鏡表面"黒漆古"形成的影響」『文物』第12期
譚徳睿　1986　「商周青銅器陶范処理技術的研究」『自然科学史研究』第4期
譚徳睿　1999　「中国青銅時代陶范鋳造技術研究」『考古学報』第2期
譚徳睿・黄龍　1996　「商周青銅器陶范材料研究」『上海博物館文物保護科学論文集』上海科学技術文献出版社
張福康　2000　『中国古代陶瓷的科学』上海人民美術出版社
張福康ほか　1983　「中国古琉璃的研究」『硅酸塩学報』第1期
程朱海ほか　1986　「揚州西漢墓玻璃衣片的研究」『中国古玻璃研究』(1984年北京国際玻璃学術討論会論文集) 中国建築工業出版社
　　年代は元帝から平帝の時期（B.C.48～A.D.5）である。
白雲翔・張光明　2005　「山東臨淄斉国故城漢代鏡范的発現与研究」『考古』第12期
李徳銀　1990　「徐州発現一批重要西漢玻璃器」『東南文化』1-2期
劉煜・趙志軍・白雲翔・張光明　2005　「山東臨淄斉国故城漢代鏡范的科学分析」『考古』第12期

土製鋳型外枠と小形倣製鏡製作

後 藤　　直

1．鋳型外枠と小形倣製鏡

　日本列島における青銅器生産は弥生時代中期前半には始まる。その技術は朝鮮半島から伝わり、石製鋳型による鋳造であった。その後も九州においては一貫して石製鋳型を用い、長大な武器形儀器でさえ鋳型をつないで製作している（図1-1）。しかし近畿では銅鐸の大形化に対応して、鋳型の材料を石から別のもの、すなわち土に代えるようになったらしい。高さ36cmの銅鐸を作る石製鋳型片面の重量が28kgだから（図1-2）、高さ1mを超える銅鐸を石製鋳型で作ることは石材の大きさと重量の点から不可能だろう。

　したがって土製鋳型を用いたと推定できるが、使用済み土製鋳型は大阪府茨木市東奈良遺跡の銅戈鋳型破片3点しか発見されていない。

　土製鋳型の候補となるのが、鋳型外枠と呼ばれる土製品である。1977年に奈良県唐古・鍵遺跡第3次調査で多数出土し、以後の調査でも出土している。集中して出土する範囲は約30mの範囲に収まり、65次調査では青銅溶解炉ともみられる炉跡も発見され（中期後半、Ⅳ様式期）、この範囲が青銅器製作工房であったと推定できる（藤田 2004）。

　この種の土製品のほとんどは破片だが、一部に銅鐸の外形と同じ形態のものがあり、銅鐸鋳型の外枠と推定され（図2-1・2）、同質のその他の多数の破片（図2-3～6）も何らかの青銅器製作鋳型の外枠と考えられるに到った。

　これらは細石粒混じりの胎土で、普通の弥生土器よりは堅く焼かれ、褐色を帯びる。横断面形は凹形でこの中に真土を詰め、真土の表面に型を彫ると考えられる（土製鋳型外枠）。ただし外枠の内部に真土が残っている例はなく、したがって彫り込んだ型が残る例も皆無である。形態はさまざまで、製品の形によって異なると考えられる。

　藤田三郎氏は形態から、これらをA-1、A-2、B-1、B-2、C、Dの6形に分け（図2-1～6）、それぞれで鋳造した製品の種類を次のように推定した（図2-7～12）。A-1とA-2はほぼ間違いなく銅鐸、B-1は武器（平形銅剣）の可能性、B-2は武器（銅戈）の可能性、Cは武器（連鋳式銅鏃）の可能性、Dは鏡か釧の可能性がある（藤田 1998）。

　このDで鏡を製作したとすれば、それは小形倣製鏡である。これは弥生時代中期末ないし後期初めから後期末まで、中国漢代の内行花文日光鏡と重圏文日光鏡を模倣して製作した直径4～10cm（多くは6～8cm）の小形鏡である（高倉 1985）（図1-4・5）。この鏡を作る石製鋳型は北部九州で11点、近畿で1点出土しており（井上 2004、比佐 2004、佐藤 2004、江島 2004、増田 2004）（図1-3）、大多数の小形倣製鏡は北部九州で製作され、型式的に遅れるものは九州以外（瀬戸内地域や近畿）でも製作された。製品はこれまでに二百数十面以上が発見されている。

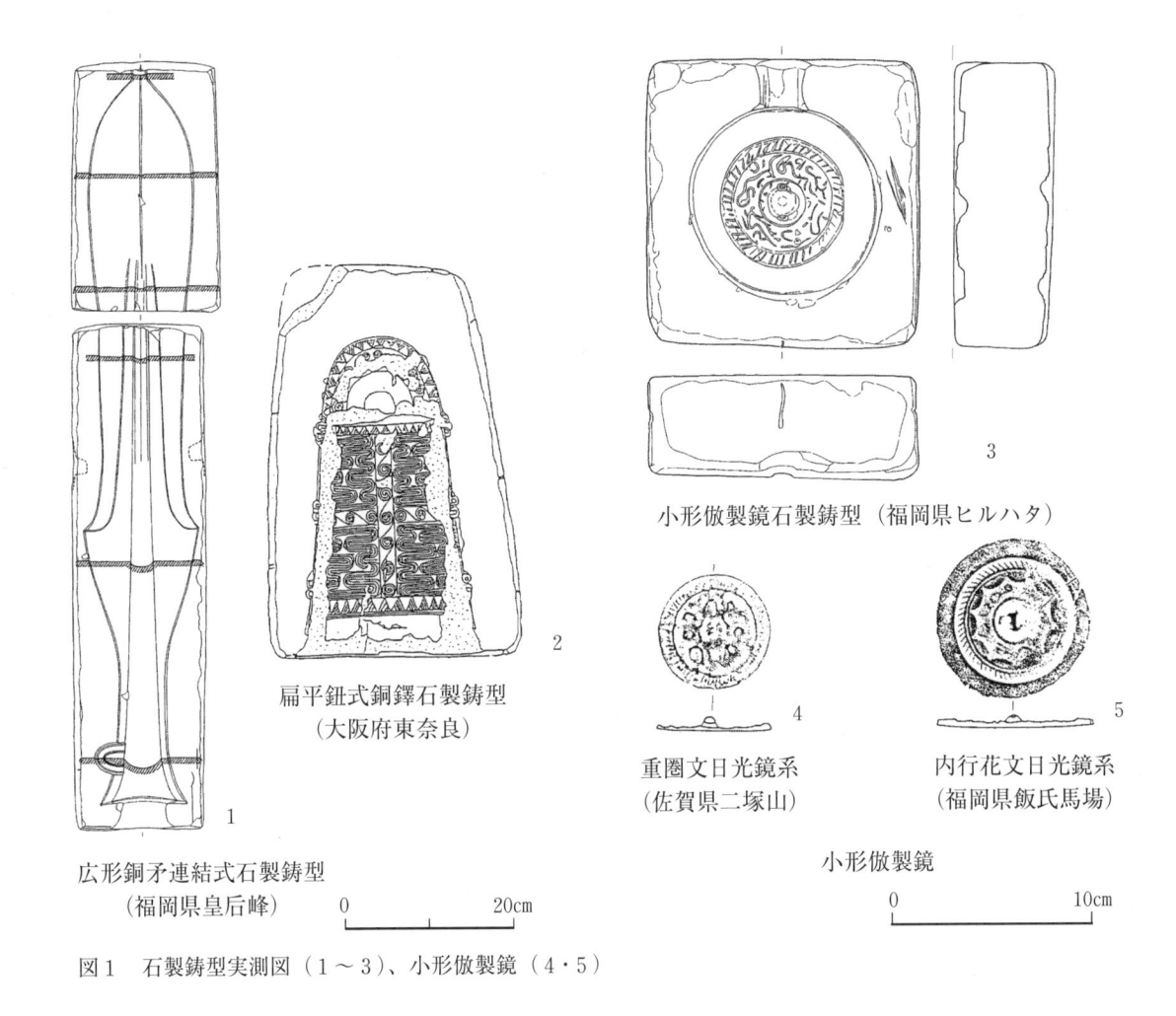

図1 石製鋳型実測図（1～3）、小形倣製鏡（4・5）

1 広形銅矛連結式石製鋳型（福岡県皇后峰）
2 扁平鈕式銅鐸石製鋳型（大阪府東奈良）
3 小形倣製鏡石製鋳型（福岡県ヒルハタ）
4 重圏文日光鏡系（佐賀県二塚山）
5 内行花文日光鏡系（福岡県飯氏馬場）
小形倣製鏡

2．鋳型外枠の復元製作

　北九州鋳金研究会は上記の藤田氏の推定を参考にして、土製鋳型外枠のうちA－1、A－2以外の復元製作実験（B－1で平形銅剣、B－2で近畿式銅戈、Cで連鋳式銅鏃、Dで小形倣製鏡）を行った（担当者は元芦屋釜乃里の遠藤喜代志氏）。報告はすでに公表したが（遠藤 2004、遠藤 2005）、Dの小形倣製鏡について報告を抄録する。

　外枠は、粘土と荒真土を半々混ぜてよく捏ねあわせたものを叩き成型し焼成する。枠内に塗り込める真土は、荒真土、中真土、肌真土の順で、間に補強材として筋金を入れる（これはB－2～Dすべて同じ）。

　倣製鏡のモデルは大阪府亀井遺跡出土鏡（直径5.25cm、外区から内区に落ちる角の鋭さ、施文線の深さのばらつきなどから土製鋳型による製品と思われる）と岡山県足守遺跡出土鏡（直径6.45×6.60cm、石製鋳型での製作とみられる）で、前者から全体の形態を、後者から主文様を採る。

　モデルの鏡の圏線は廻し型ではなく手彫りなので、鏡背面の型は以下の順序で彫り込む。①外縁用の円盤ゲージで形を写し取り、全体を外区の深さまで彫り込む。②内区の部分に土を盛りつけ、内圏線の円盤ゲージで形を定める。③鈕の位置に球状のものを押し当てて窪ませ、鈕芯を取り付ける。④圏線や文様を篦で画き足す（図3－1）。鏡面側も別の外枠に真土を塗り込め、平坦なままと

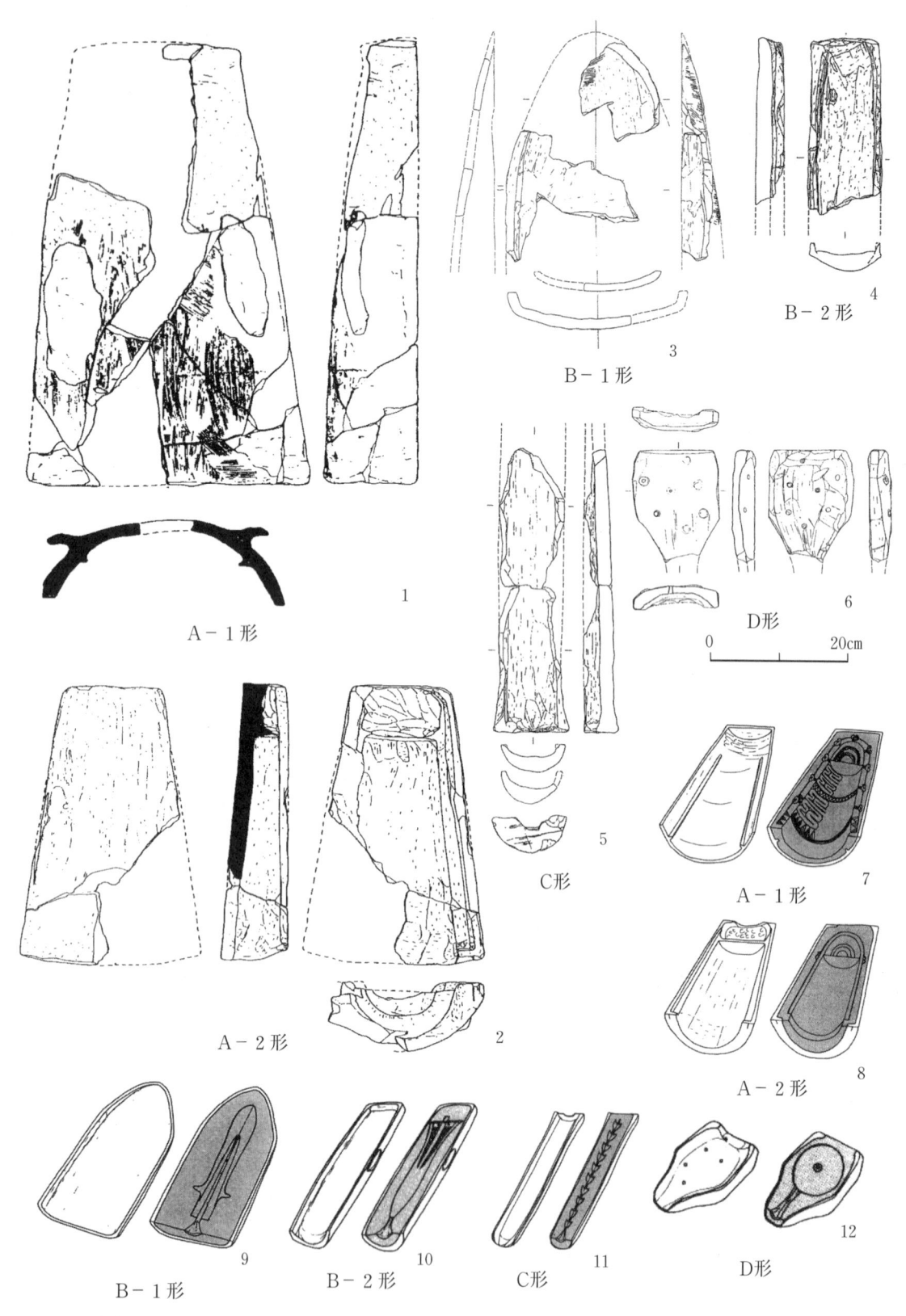

図2　土製鋳型外枠実測図（奈良県唐古・鍵遺跡：1〜6）、同模式図（7〜12）

328——Ⅱ部　研究編

する（図3-2）。土の粒度は鏡背面が#80、鏡面は#60である。この2枚の鋳型を竈で焼成し、注湯する。地金成分比Cu85％、Sn10％、Pb5％、溶解温度1142℃である。

またこの製品をもとにまったく同じ鏡を滑石製鋳型（図3-3・4）でも製作し、鋳上がりを比較した。この鋳型は751℃で焼成し（内部の結晶水を抜く）、鋳型面にタルク（鋳型石材の滑石粉）を塗型剤として塗り注湯した。

土製鋳型外枠で鋳造した方が鋳肌が細かく文様も鮮明だが（図3-5）、石製鋳型で鋳造した方はガス抜けが悪いために肌が甘く文様も不鮮明であった（図3-6）。ただし土製鋳型でも焼成が不十分だと鋳肌が甘くなるし、石型鋳型でも塗型剤次第ではきれいな肌が得られるから、小形倣製鏡すべてを石製鋳型で鋳造したとはいえない。

この実験結果から、Dの土製鋳型外枠で小形倣製鏡を製作できることは確かめられた。しかし鋳型の形態は「加工性および操作性の面から直方体に近い形状が好ましい」（遠藤 2004 P.95）とすれば（九州出土小形倣製鏡の石製鋳型はすべて直方体である）、湯道のある上方が狭まり長くなるこの土製鋳型外枠の形態は、鋳型としては不合理とも考えられる。

またB-1（平形銅剣）は、以下の理由で復元実験を途中で打ち切った。①合印を刻むために側面は平面で繋がらなくてはならないが、これは舌状先端部が尖り、その配慮がなされていない。②湯口は後端部になるが、注湯のために鋳型を立てた場合、尖った先端部が自重のため折れてしまう危険性がある。③鋳型面の面積が（平形銅剣の）型より広すぎ、鋳型面の磨り合わせに無用の労力がいる。この点は「鋳型の大きさも不要な量は、重くて操作性が減じられ、焼成に無駄なカロリーが必要となるので、なるべく製品形状に即した大きさとする」（遠藤 2004 P.95）から当然であろう。あるいは型を2～3個平行して彫ることも考えられるが、①・②の点から鋳型としては不適格な形態である。

このように復元実験によると、B-1とDは銅剣や小形鏡を製作する鋳型の外枠ではなく、鋳造にかかわる何か別の道具とも考えられる。

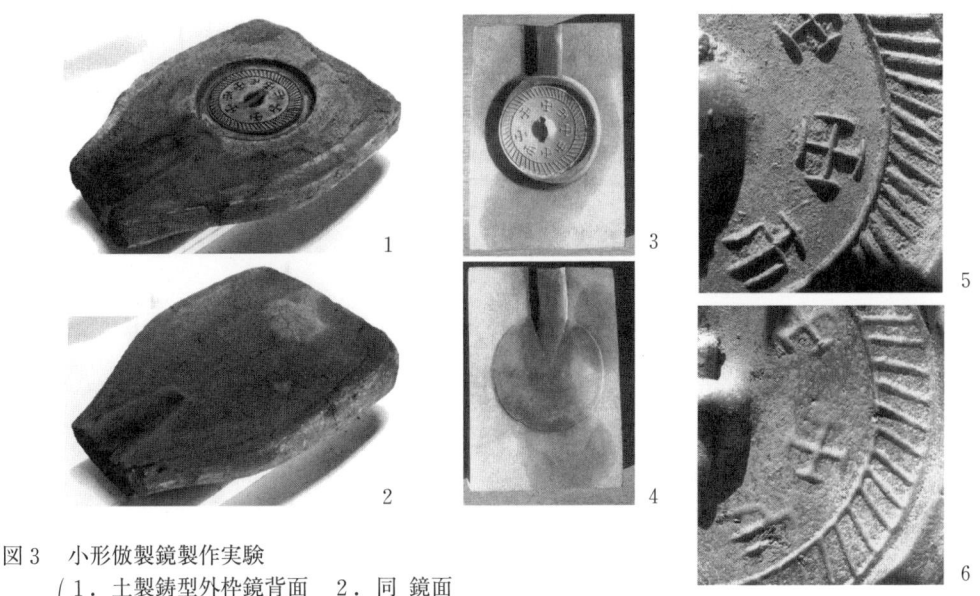

図3　小形倣製鏡製作実験
（1．土製鋳型外枠鏡背面　2．同　鏡面　3．石製鋳型鏡背面　4．同　鏡面　5．製品の鋳肌（土製鋳型外枠製品）　6．同（石製鋳型製品））

しかしA－1・A－2は形状から明らかに銅鐸鋳型の外枠であり、B－2・Cも銅戈と連鋳式銅鏃に限定する必要はないが、鋳型として機能する形態とみてよい。

　このような土製外枠による鋳型は、朝鮮半島や中国には未発見で、どのようにして生まれたのかが問題になる。これまでの仮説は少なくとも三つある。

　（1）製品、特に銅鐸の大形化・複雑化に石製鋳型では対応できず、新たな素材の鋳型を必要とした。この考えは間違ってはいないが、土製鋳型外枠出現の技術的説明ではない。

　（2）「もし、塗型の効用を理解していたとすれば、その層の肥大化により石材部分がいわゆるバックアップ材としての機能に変化し、ついには土が主となり、それを成型保持するための補強材として「枠」の発想を得るに至ったとの仮説も成り立つ」(遠藤 2004 P.102)。この仮説では塗型が土に変わる技術的経緯を明らかにせねばならない。

　（3）銅鐸製作には中型が必要で、銅矛の中型よりはるかに大きくて厚く、注湯時の熱、ガス、圧力に対応するためにその製作には高い技術が必要で、これが外枠出現の前提ではないか(後藤 2004 P.141)。この考えでも、中型製作技術が鋳型外枠を用いる土製鋳型製作に転換する経緯が問題である。

　この論文は、「粘土制外框鋳型与小型仿制鏡的製作」(中文・後藤 2007)の再録である。

参考文献

井上義也　2004　「須玖遺跡群出土鏡鋳型の概要」『鏡笵研究』Ⅰ　奈良県立橿原考古学研究所・二上古代鋳金研究会

江島伸彦　2004　「寺徳遺跡出土鏡笵の概要」『鏡笵研究』Ⅰ　奈良県立橿原考古学研究所・二上古代鋳金研究会

遠藤喜代志　2004　「現代の造型法から見た石型製作法について—付記—土型鏡笵と石製鏡笵による鋳造実験」『鏡笵研究』Ⅰ　奈良県立橿原考古学研究所・二上古代鋳金研究会

遠藤喜代志　2005　「土製外枠鋳型」『弥生時代青銅器鋳造に関する日韓比較による実験考古学的研究』北九州鋳金研究会

後藤直　2004　「弥生時代出土鋳型の中での鏡笵の位置」『鏡笵研究』Ⅰ　奈良県立橿原考古学研究所・二上古代鋳金研究会

後藤直　2007　「粘土制外框鋳型与小型仿制鏡的製作」『斉国故城出土鏡範和東亞的古鏡—斉都臨淄：漢代銅鏡製造中心国際学術研討会論文集—』奈良県立橿原考古学研究所

佐藤正義　2004　「ヒルハタ遺跡出土鋳型の概要」『鏡笵研究』Ⅰ　奈良県立橿原考古学研究所・二上古代鋳金研究会

高倉洋彰　1985　「弥生時代小形仿製鏡について（承前）」『考古学雑誌』第70巻　第3号

比佐陽一郎　2004　「福岡市域出土鏡笵の概要」『鏡笵研究』Ⅰ　奈良県立橿原考古学研究所・二上古代鋳金研究会

藤田三郎　1998　「唐古・鍵遺跡における青銅器鋳造関連の遺構と遺物について」『弥生時代の鋳造—青銅器鋳造技術の復元—』第8回鋳造遺跡研究集会発表資料

藤田三郎　2004　「唐古・鍵遺跡出土の青銅器鋳造関連遺物」『鏡笵研究』Ⅰ　奈良県立橿原考古学研究所・二上古代鋳金研究会

増田真木　2004　「垂水遺跡出土鏡笵の概要」『鏡笵研究』Ⅰ　奈良県立橿原考古学研究所・二上古代鋳金研究会

福岡県久留米市寺徳遺跡出土鏡笵の保存科学的調査について

比佐　陽一郎

江島　伸彦

はじめに―鏡笵の概要

　寺徳遺跡は北部九州の中南部に広がる筑後平野に所在する遺跡である。遺跡や鏡笵そのものの詳細は、すでにいくつかの文献において報告されているが（江島 2001、江島 2004）、改めて概略を記す。

　発掘調査は当初、装飾古墳である寺徳古墳の確認調査を目的として行われ、鏡笵は古墳の石室開口部から墓道部分に設けられたトレンチより出土した。遺構に伴うものではなく、時期を示す遺物も出土していない。一辺を欠くものの、現状で9.7×7.7×2.9cmの直方体で、石材は石英長石斑岩とされる岩石である。その片面に面径が4.6cmの小型仿製鏡の鏡背面が、反対面には湯口方向を逆にした面径6cm程の鏡面が彫られている。鏡背の文様は、これまで発見されている製品に一致するものはないが、その文様構成からは弥生時代中期後半から後期前半に比定され、出土状況などとも合わせ、この鏡笵が当該地域で使用されたものではなく、砥石などとしてもたらされた可能性が想定される。

　鏡笵の観察で目を引くのは、鏡背笵の鏡および湯口からほぼ均等に2～3mmの範囲が、黒くなっている点である。弥生時代の石製笵において、この黒色化は目新しいものではないが、その中でも比較的黒い部類に属し、破断面で見ると石材表面から3mm程度の厚さに染み込むように変色している。一方の鏡面笵では、鏡背笵より色は薄いものの、やはり灰色の変色が見られる。

　今回、この鏡笵について保存科学的調査を行った。保存科学的調査とは本来、遺物の保存処理に際して行われる自然科学（理化学）的手法を援用した調査を指し、非破壊を原則とする。その中では腐蝕や劣化の状態など資料の保存に関する内容だけではなく、考古学的に有益な情報も少なからず取得されることから、考古科学的調査とも呼ばれる。

1．調査に至る経緯

　寺徳鏡笵に限らず弥生時代石製笵の黒色化については、これまで十分な調査や観察を経ないまま、鋳込みに伴う変色あるいは、離型剤など、鋳造に際して何か塗布された痕跡などと任意に判断されてきたようである。しかし、これが後者であれば黒色化＝使用済みということにはならず、考古学的な解釈にも影響を与える。そこで、筆者は前回『鏡笵研究』Ⅲにおいて、肉眼や顕微鏡による観察と、蛍光X線分析装置などを用いた分析で、黒色化の調査を試みた（比佐 2005）。

　その結果、黒色化の様相には無変色も含めいくつかの様相が見られ、分析では無変色のものから鋳造関連元素が検出されるものはなかったものの、変色が見られるものでは鋳造関連元素の検出と黒色化の分類との間に相関関係は見いだせず、X線回折分析でも黒色化そのものの原因は捉えることができなかった。ただ、資料の詳細な観察では、今のところ、何かを塗布したことで変色しているという

資料は見られない。鋳造実験の様子などとも合わせると、変色は笵への湯の接触によるものである可能性が強いと考えられる。しかし、そのメカニズムが科学的に解明されていない現状では、変色が使用の可能性を示す1つの傍証にはなるが、それだけをもって確証にはなり得ないという曖昧な結論に至らざるを得なかった。

　そのような状況下で1点注目されたのは、一部の資料で見られた、黒色化した鋳造範囲の中に残る、埋土とは質感の異なる土状の付着物である。これらを微小領域用の蛍光X線分析装置で分析したところ、観察された数例で例外なく銅、錫、鉛といった鋳造関連元素が他よりも顕著に表れたほか、カルシウムが特徴的に検出されたのである。これが埋蔵環境下で付着したものでないことは、鋳造関連元素の顕著な検出によって明らかであり、同時に、カルシウムの存在は、鋳造に伴って溶解した湯が残留したものではないことを示すものといえる。これらの要件から見て、この付着物は塗型剤など、鋳造に際して塗布された物質と考えられ、当時の鋳造技術の一端を示す資料が提示されたといえよう。

2．調査内容とその結果

　これらを踏まえ、寺徳鏡笵の調査にあたったが、事前に実体顕微鏡を用いて資料を細かく観察したところ、特に鏡背笵の文様線刻内を中心に、埋土と見られる淡黄色の土が各所に溜まっている状況が見られた。同時にその下には鋳型の黒色化した面に密着するように、埋土とは質感の異なる暗褐色で粒子が非常に細かい泥のような質感の土が、極限られた範囲ではあるが認められたが、これは、前回、数例の資料で見られた状況に酷似するものであった。そこで、まず顕微鏡下で慎重にクリーニングを行い、その後、いくつかの装置を用いた調査を進めた。

　まず蛍光X線分析によって、使用痕跡の有無を確認した。装置は分析範囲が20㎜φの波長分散型大型資料用（PANalytical PW-2400）のものと、0.3㎜φのエネルギー分散型微小領域用（EDAX Eagle-μplobe）の2種類を用い、広範囲の組成とともに部分的な特徴を捉えることとした。特に微小領域用装置では、鏡背笵の文様線刻内に残る暗褐色付着物を狙った分析によって、周囲よりも強い銅、錫、鉛の反応やカルシウムの検出を見ている[1]。またX線分析顕微鏡（HORIBA XGT-5000TypeⅡS）を用いた面分析によって、鋳造関連元素の分布も捉えており、より具体的な形で付着物や鋳造の痕跡を見ることができる。しかし、付着物を狙った微小領域用のX線回折分析（Rigaku RINT UltimaⅢ）では、鋳型石材に由来する石英や長石系のピーク以外に特異なものは見られず、残念ながら物質の同定には至らなかった。

　なお、鏡面笵についても大型資料用の蛍光X線分析装置による分析を行ったが、こちらでは微弱な鋳造関連元素が検出されるものの、鏡背笵ほど明瞭ではない。

　この他、最新の機器を用いた調査手法も試みた。

　1つはX線CT（YXLON Y. CT ModularFPD320kV）で、この装置は従来の二次元の透過X線観察とは異なり、資料を360°回転させながら、X線を全周から照射する。そのデータをコンピュータ上で画像構築して資料を三次元で観察するものである。当初は金属元素の染み込みが観察できることを期待したが、それに関する情報は得られなかった。しかし外形はもちろん、鋳型石材内部の割れなどが映し出され、今後、資料を取り扱う上での有益な情報となった。

もう１つはデジタルの非接触三次元計測（GOM ATOS Ⅲ Model400）で、本体に取り付けられた２個のCCDカメラにより人間の目の原理で有形物の形状を取り込み、座標化して点群データを作成する装置である。対象物の全体または任意の部分に測定用のマーク（ターゲットシール）を設定し、フリンジパターンと呼ばれる縞模様の光を照射する。次に光の輝度や屈折度などを三角測量の原理で測定し、付属の専用パソコン上で点群データを作成する。表面情報などはX線CTと多少重複する部分もあるが、手作業では得られない正確な形状記録をデジタルで残すことができる。何より、鋳型においてはパソコン上で画像を表裏反転し、鋳込まれたであろう製品を立体的に画像化したり、将来的には鋳型と製品の比較をより科学的に行うことができるといったメリットも考えられる。

3．まとめ

　寺徳鏡范では、特に鏡背范側において、使用された痕跡を明瞭に残している。そして、今回も解明には至らなかったものの、鋳造範囲内においてカルシウムを含む付着物の存在を確認した[2]。興味深いのは臨淄出土草葉文鏡范の分析報告においても、黒色部分の分析でカルシウムが強く表れている（劉煜ほか 2005）。報告文では埋土に由来するものであろうとの解釈が示されているが、詳細な観察によって何らかの共通性が示される可能性も残されていると考える。

　寺徳鏡范においては、微細な表面痕跡が、ブラシなどを使うような著しい洗浄が行われていなかったことで残されたといえる。これについて十分解明されたわけではないが、今後、より良好な状況で残る資料の検出を期待するためにも、出土後の資料の取り扱いに対する注意を喚起したい。

　また、後半に示した三次元計測は、正確な形状記録を採取するという部分でも有効であった。すでに一部では青銅鏡の計測、比較などによって数々の成果が得られているが（水野ほか編 2005）、今後、調査対象を広げることで、特に文様など細部の議論が必要となる鏡范および青銅鏡の研究においては、大きな意義をもたらすものと考える。

　なお、微小領域用X線回折、X線分析顕微鏡、X線CT、三次元計測による調査は、九州国立博物館において実施したものである。作業にあたっては同博物館の今津節生氏、鳥越俊行氏にご指導、ご協力いただいた。記して感謝申し上げます。

この論文は、「福岡県久留米市寺徳遺跡出土鏡範的文物保護調査」（中文・比佐ほか 2007）の再録である。

注
1）分析条件は次の通り。
　　エネルギー分散型微小領域用蛍光X線分析装置／対陰極：モリブデン（Mo）／検出器：半導体検出器／印加電圧：40kV・電流：任意／測定雰囲気：真空／測定範囲：0.3mm φ／測定時間：120秒
　　波長分散型大型資料用蛍光X線分析装置／対陰極：スカンジウム（Sc）／印加電圧・電流：30〜60kV・50〜100mA／測定雰囲気：真空／測定範囲：20mm φ／分光結晶：フッ化リチウム・ゲルマニウム・PET・金属多層累積膜／検出器：シンチレーション計数管・ガスフロー検出器
2）物質の同定はできていないが、カルシウムが用いられる物質としては、炭酸カルシウム（$CaCO_3$）やリン酸カ

ルシウム（$Ca_5(PO_4)_3(OH)$）などが想定される。実際、資料によっては付着物部分で燐が強めに検出されるものもあり、後者の可能性も考えられるが、燐が特に検出されないものもあり、断定はできない。前者は鉱物由来であれば方解沫、動物由来であればいわゆる呉粉、後者は骨粉などが考えられよう。一応可能性のある物質として呈示はしたものの、これらが実際に塗型剤として機能するのか否かを含め、解決すべき課題は多い。

参考文献

江島伸彦　2001　『寺徳古墳―墳丘範囲確認調査―』田主丸町文化財調査報告書第18集　田主丸町教育委員会

江島伸彦　2004　「寺徳遺跡出土鏡笵の概要」『鏡笵研究』Ⅰ　奈良県立橿原考古学研究所・二上古代鋳金研究会

比佐陽一郎　2005　「鋳造関連資料における使用痕跡の保存科学的調査（予察）」『鏡笵研究』Ⅲ　奈良県立橿原考古学研究所・二上古代鋳金研究会

比佐陽一郎・江島伸彦　2007　「福岡県久留米市寺徳遺跡出土鏡笵の文物保護調査」『斉国故城出土鏡笵和東亞的古鏡―斉都臨淄：漢代銅鏡製造中心国際学術研討会論文集―』奈良県立橿原考古学研究所

水野敏典・山田隆文編　2005　『三次元デジタル・アーカイブを活用した古鏡の総合的研究　平成14〜16年度科学研究費補助金（基盤研究（A））研究成果報告書』奈良県立橿原考古学研究所

劉煜・趙志軍・白雲翔・張光明　2005　「山東臨淄斉国故城漢代鏡笵的科学分析」『考古』第12期

写真1　寺徳遺跡出土鏡笵の外観（概ね実寸）

写真2　付着物の最も顕著な部分（クリーニング前） 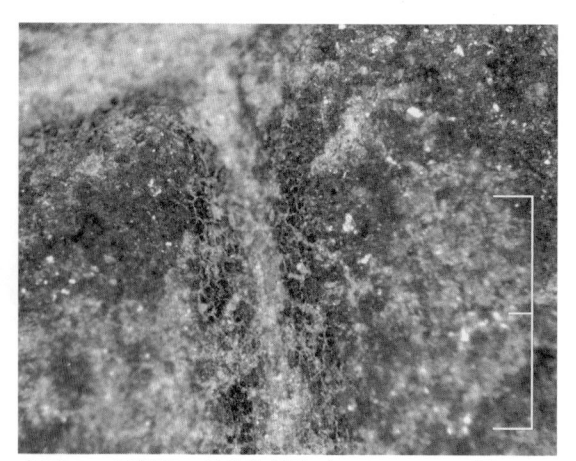　　写真3　別箇所の付着物部分（クリーニング前）

写真4　付着物の最も顕著な部分（クリーニング後） 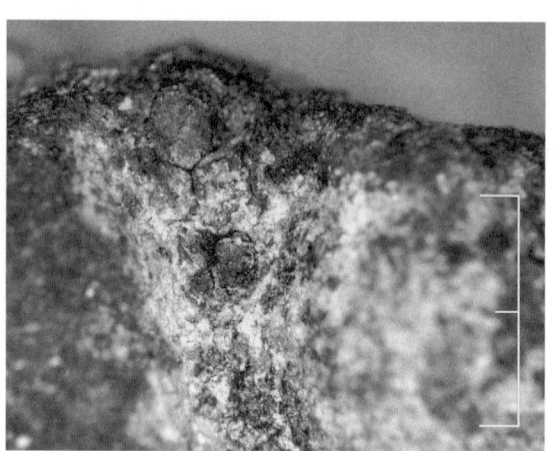　　写真5　同左拡大

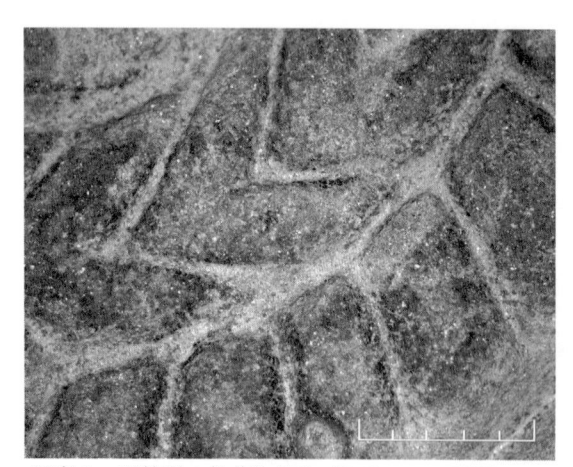

写真6　別箇所の付着物部分（クリーニング後） 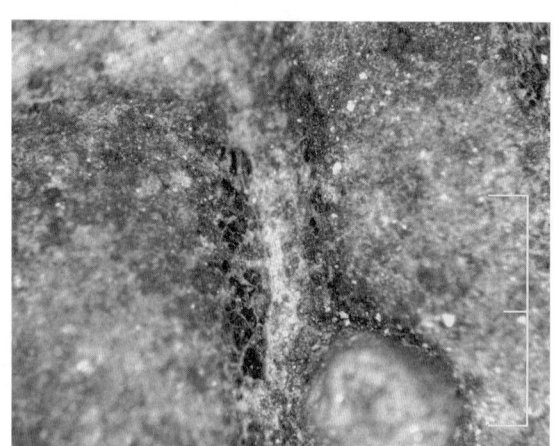　　写真7　同左拡大

鏡背笵の実体顕微鏡写真
左列は約5倍（スケールは5㎜）・右列は約15倍（スケールは2㎜）

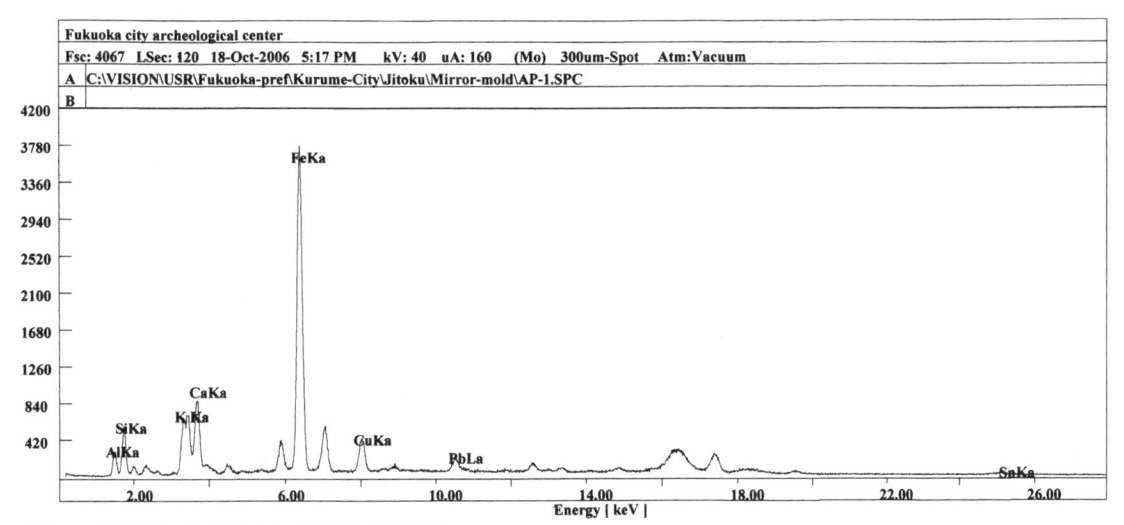

図1　黒色化した範囲内に残る付着物部分

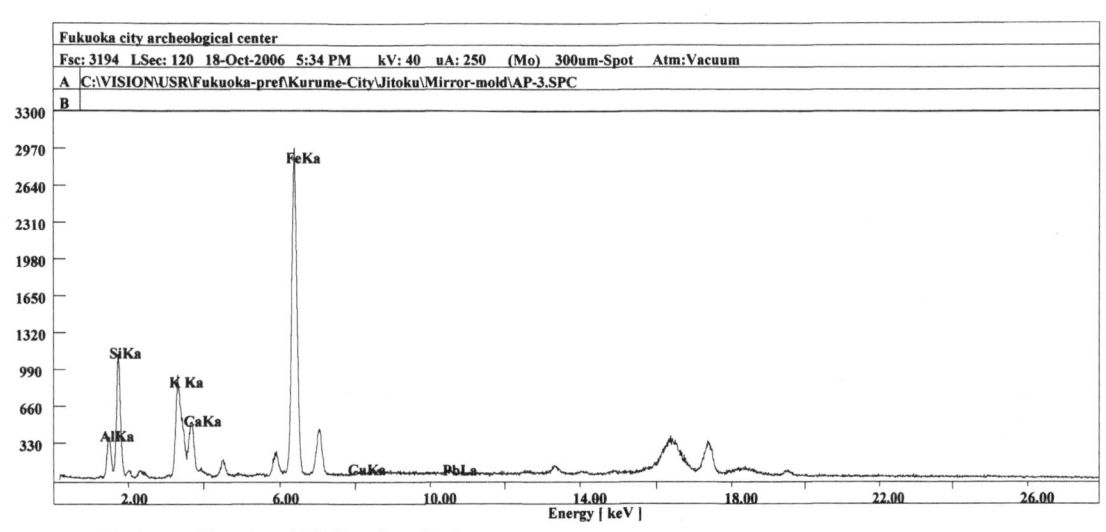

図2　黒色化した範囲内で付着物がない部分

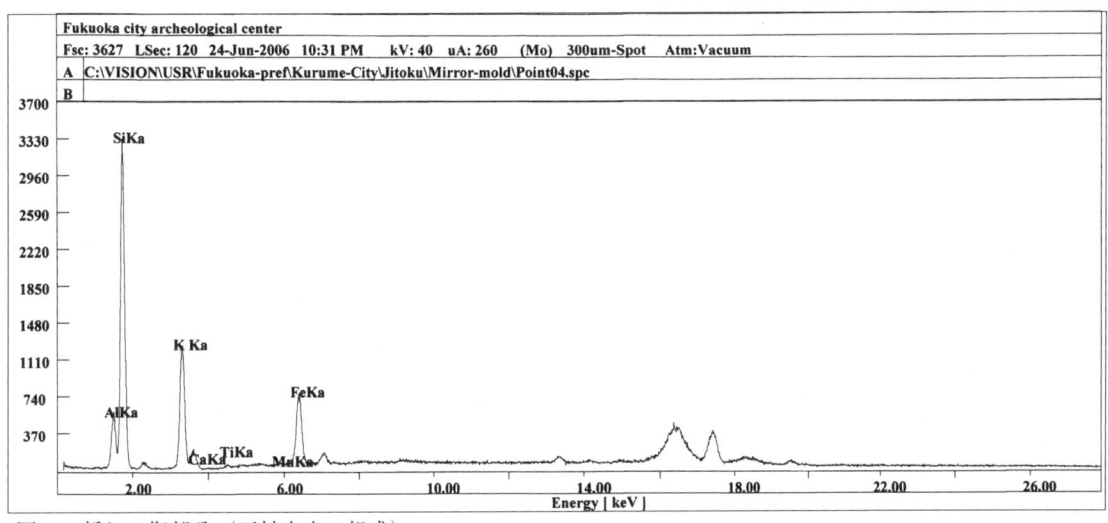

図3　新しい傷部分（石材本来の組成）

エネルギー分散型微小領域用蛍光X線分析装置の分析結果

福岡県久留米市寺徳遺跡出土鏡笵の保存科学的調査について——337

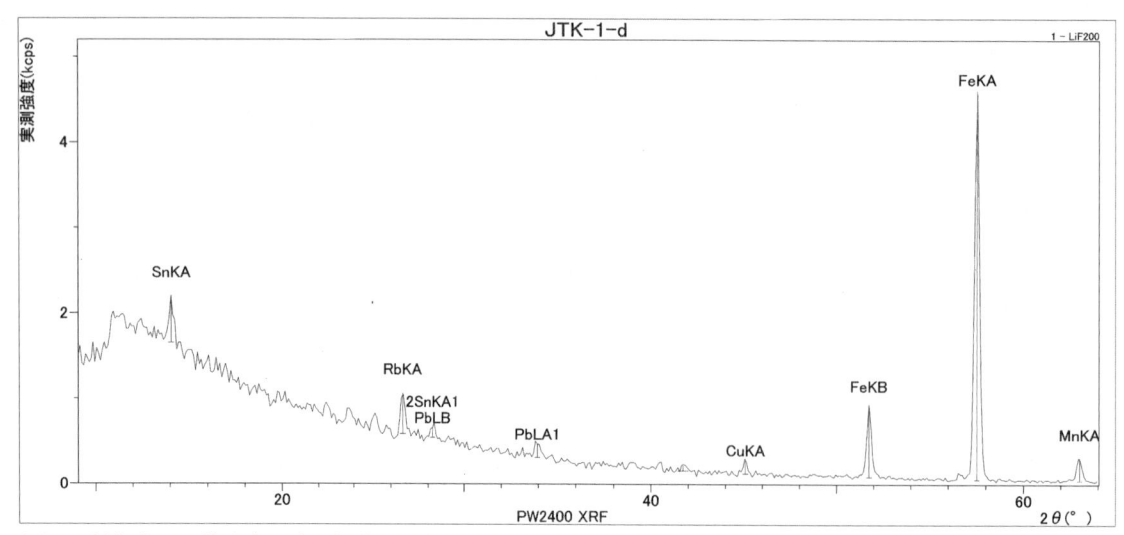

図4　黒色化した範囲内に残る付着物を含む部分

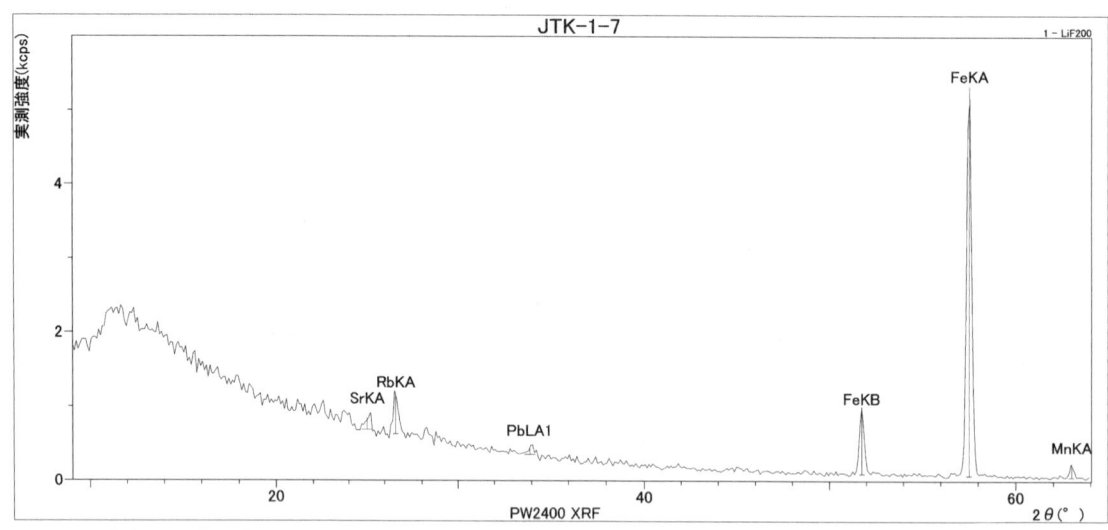

図5　黒色化した範囲内で付着物がない部分

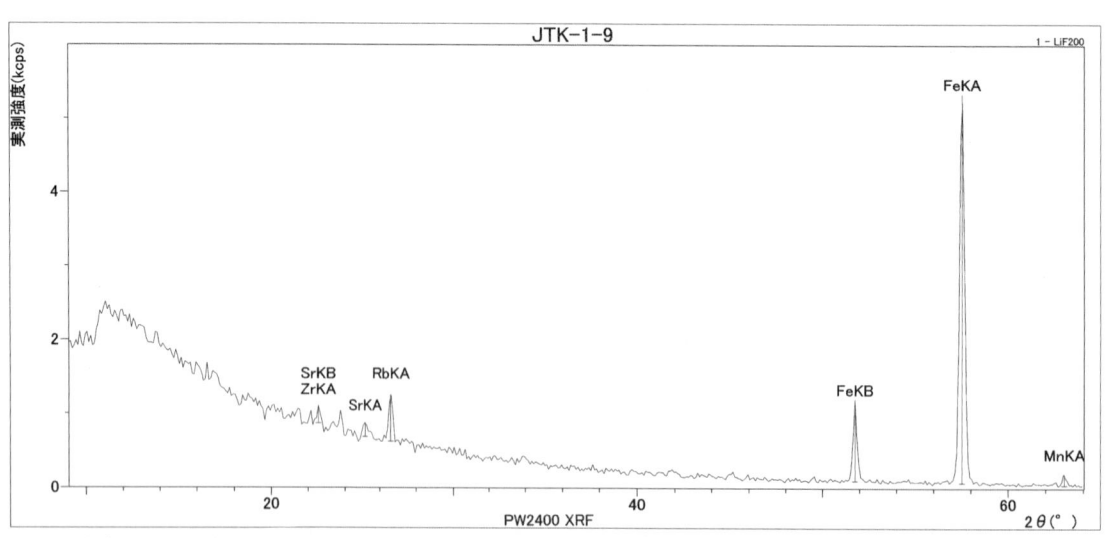

図6　変色がない（鋳型のハバキ）部分

波長分散型大型資料用蛍光X線分析装置の分析結果

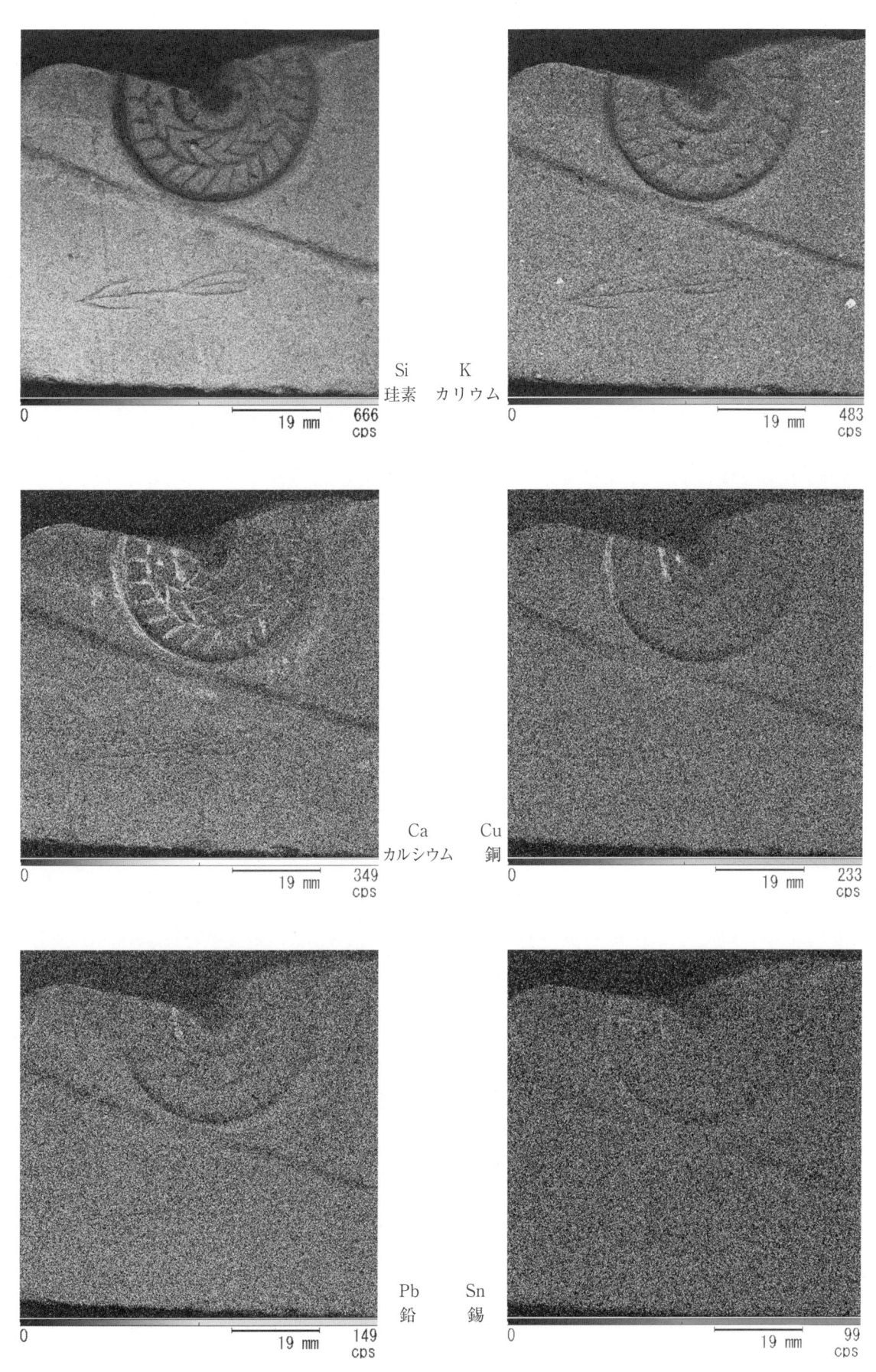

図7 X線分析顕微鏡による元素分布状況の調査結果（九州国立博物館提供）

福岡県久留米市寺徳遺跡出土鏡笵の保存科学的調査について──**339**

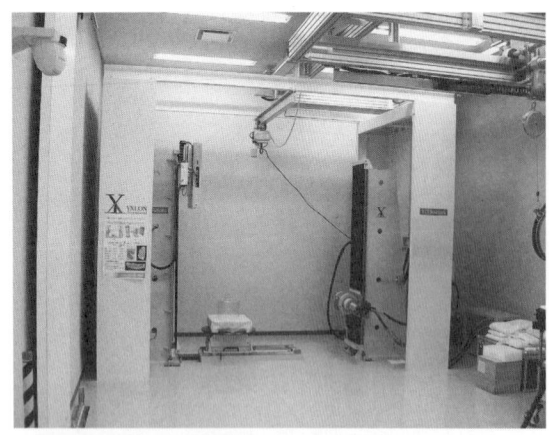

写真8　X線CTの装置

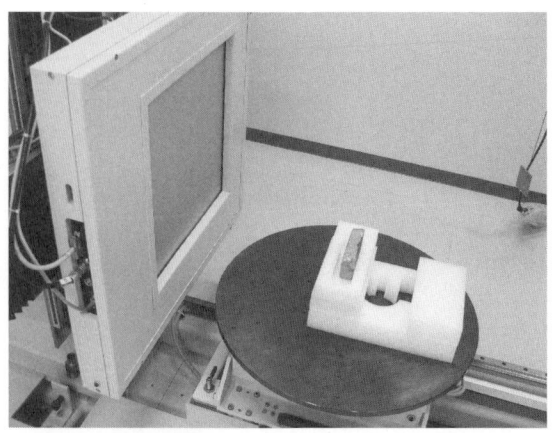

写真9　調査風景

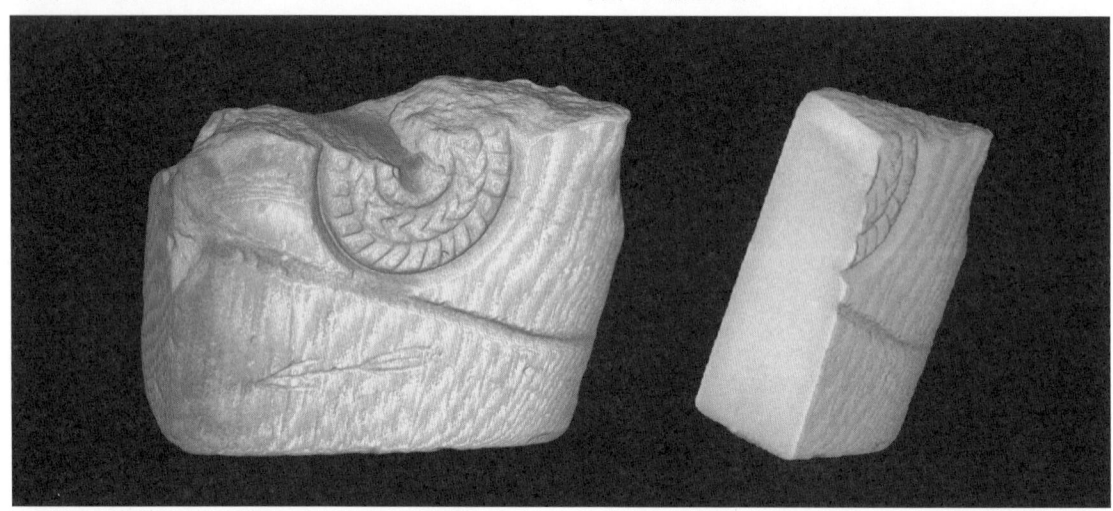

写真10　表面の状態と任意の部分での切断画像

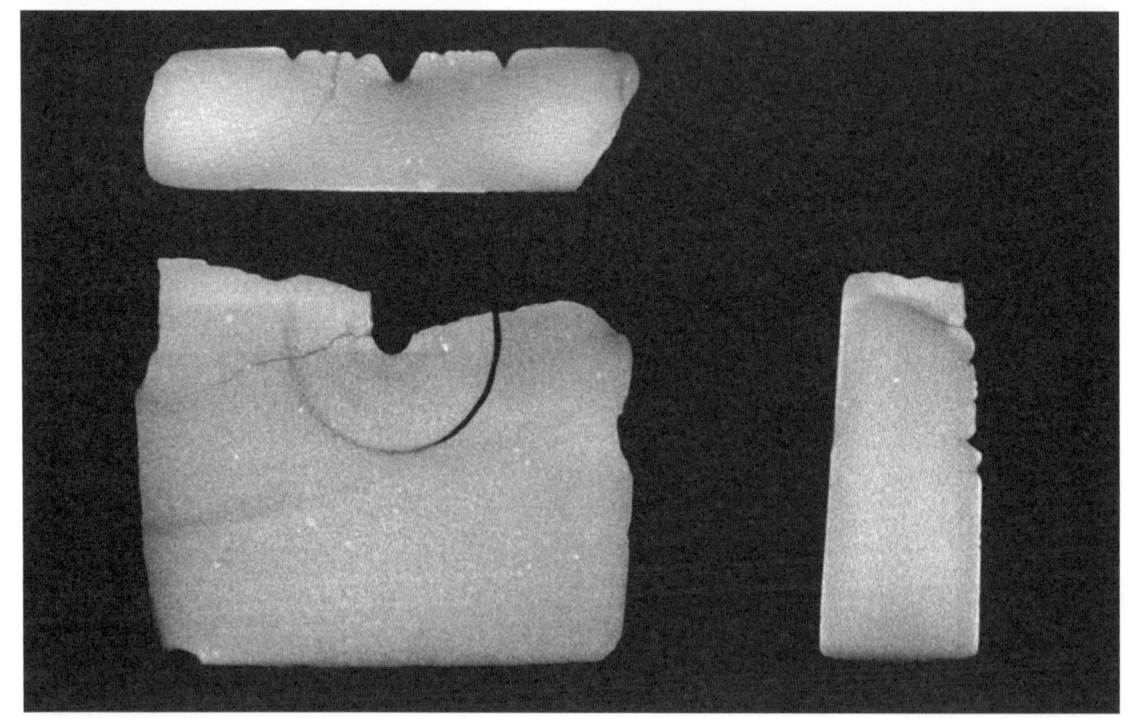

写真11　任意の部分での切断画像

X線CT調査（調査データは九州国立博物館提供）

340──Ⅱ部　研究編

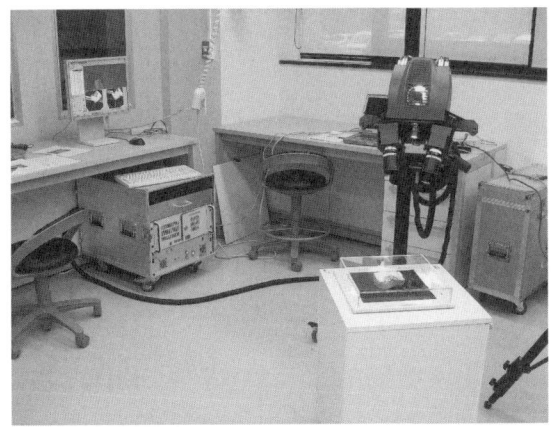

写真12　装置と調査風景

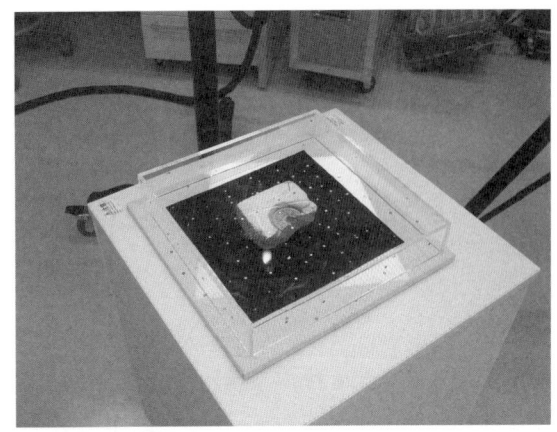

写真13　同左部分

写真14　調査結果1　鏡背范面

写真15　調査結果2　鏡面范面

写真16　調査結果3　斜めから1

写真17　調査結果4　斜めから2

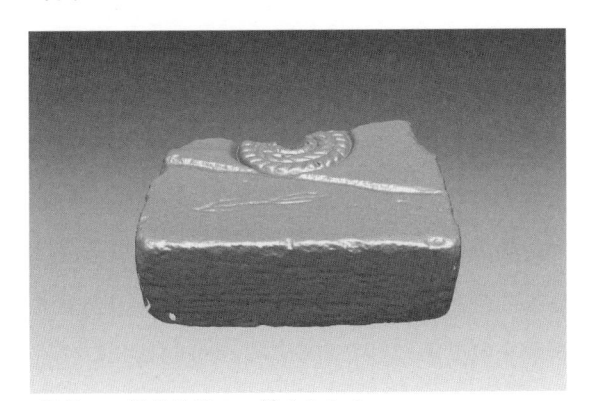

写真18　調査結果5　斜めから3

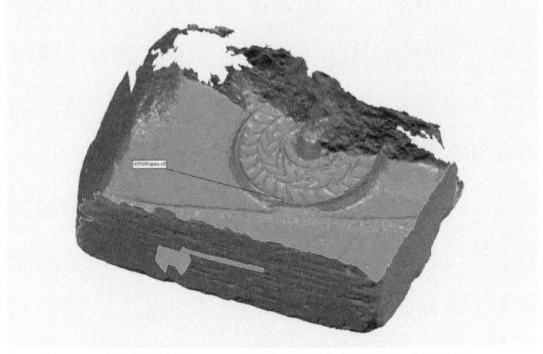

写真19　調査結果6　文様部分を反転した画像

三次元計測調査（調査データは九州国立博物館提供）

福岡県久留米市寺徳遺跡出土鏡范の保存科学的調査について——341

韓半島の銅鏡

李　陽　洙

はじめに

　我々が東北アジアと呼ぶ地域には韓国・中国・ロシア・日本などがある。中でも韓半島は、北は中国東北地域やロシア沿海州と、南は海を境界に日本と接するなど東北アジアの中心に位置している。このような地理的条件のもとで、韓半島の文化は中国・日本・ロシアなどと相互に影響し合い、新たなものを受け取り、伝え、また創造しながら変化・発展してきた。

　銅鏡は韓半島で自生したものではない。周辺の影響によって流入したもので、後述するように中国北方の多鈕雷文鏡を母胎として、韓半島で多鈕鏡文化が形成された。以後はガラス鏡が一般化する近世以前まで鏡背面に多様な文様をもつ銅鏡が使用された。

　韓半島の銅鏡研究は中国や日本に比べて未発達である。その理由として、まず銅鏡出土数の少なさがあげられる。中国では斉家文化期に始まって絶えず銅鏡が出土し（孔祥星ほか 1984）、日本でも多鈕細文鏡や三角縁神獣鏡など多くの銅鏡が確認されている（車崎編 2002）。韓半島には在地的な多鈕細文鏡が現れたが、その後は漢鏡や倭鏡が輸入され、高麗時代以後になって再び独自の銅鏡が製作されるようになった（李清圭 1999、李在賢 2000、李蘭瑛 2003、李陽洙 2006a）。

　理由の2つ目として、出土の経緯が正確に分からない遺物が多いことがあげられる。銅鏡自体が少数である上、正式な調査よりも偶然に入手されたものが多く解釈に困難がある。特に高麗鏡は、資料は豊富だが発掘調査で得られたものはごく僅かである。また高麗時代には前代の銅鏡を踏み返して作る事例が確認されている。この場合には正式な調査を経ずしては時代の特定が困難である。

　理由の3つ目は、南・北韓の資料共有問題である。韓半島という限られた領土にあって南韓の研究者が北韓の資料に接することができないという問題点である。例えば楽浪郡の銅鏡資料は豊富であるが、最新の発掘成果や遺物への接近は容易でない。

　以上の理由から、韓半島の銅鏡文化研究は極めて限定された形で進行しており、また研究者も多くはない。しかし、近年の韓半島南部における資料の増加と考古学研究分野の拡張によって、銅鏡研究は次第に増加している。銅鏡は東北アジア各国の銅鏡と対比することで、絶対年代を類推するための一級資料として使用することが可能になり、それを土台とした地域間の文化比較や交差編年が行える利点は、今後の銅鏡研究の可能性を示す。本稿は韓半島出土の銅鏡を対象とする。時期は銅鏡が出現する三韓時代から三国時代までに限り、南北国時代以後の銅鏡については別稿に譲る。詳細な論議を展開するよりは先行研究の成果を踏まえ、韓半島の銅鏡を概括的に紹介することを目的とする。

1．多鈕鏡

（1）多鈕雷文鏡

　多鈕鏡は紐掛けの環が2つ以上ある銅鏡を意味する。こうした銅鏡は中国東北地域と韓半島を中心に発見される。初期形態の多鈕鏡はジグザグ文様と集線文を中心とする幾何学文様を鏡背面にもち、多鈕雷文鏡と呼ばれる。このような銅鏡は中国の小黒石溝98M5号墓、十二台営子3号墓、梁家村、大拉空溝851号墓、炮手営子881号墓、鄭家窪子6512号墓と、韓半島の平壌、忠南などから出土している。形式学的な様相をみると、鈕と周縁部では文様が次第に失われ、また鏡背面の文様は雷文の規則性が次第に崩壊する方向に変化する（図1）。

　共伴遺物をみると、中国東北地域で出土する多鈕雷文鏡は銅剣をはじめ多量の馬具、武具、工具、土器などを伴う。一方、韓半島では銅剣や土器が副葬され、中国東北地域と韓半島の多鈕雷文鏡副葬墓には相対的な格差が認められる。

　最も早い形式の多鈕雷文鏡は十二台営子3号墓出土品である。この銅鏡の鈕は片側に偏って並んで3つが取り付けられている。これにより、どこかに掛ける目的があったことが分かる。これと同一の文様は梁家村出土品にも確認される。また遼東の鄭家窪子6512号墓出土品と韓半島の伝平壌や伝忠南出土品は変形雷文鏡である。これは遼西で始まった多鈕鏡文化が東進しながら次第に変化した過程を示している。

　韓半島で確認される最初の銅鏡は伝平壌や伝忠南出土の変形雷文鏡である。これは鄭家窪子6512号墓出土品と形態が類似するが、発見品であるため正確な遺構や共伴遺物が分からないという難点がある。しかし、最近調査された平壌新城洞遺跡では多鈕雷文鏡とともに変形遼寧式銅剣や黒色磨研長頸壺などが出土した。平壌新城洞出土品は雷文から星文に変化する過程にあり、前述の伝平壌や伝忠南出土品は平壌新城洞出土品よりも一段階早い時期のものとみられる。

　多鈕雷文鏡の登場は遼寧式銅剣とも深い関係があり、この2つの青銅器は中国東北地域を代表する在地的な支配者の象徴物と考えられる。絶対年代は紀元前8世紀前半の西周末から春秋初と推定される。これは小黒石溝8501号墓出土の青銅簋の形態と銘文資料によって示された年代が根拠となる（宮本 2004）。

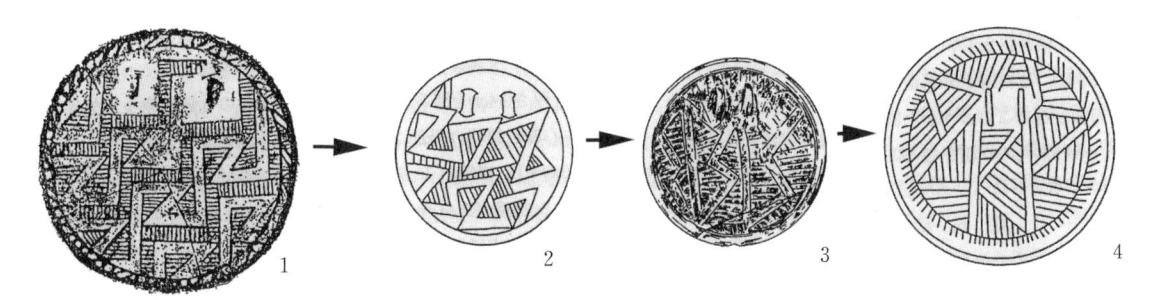

図1　多鈕雷文鏡の変遷（1．梁家村　2．鄭家窪子6512号墓　3．伝 平壌　4．伝 成川）

（2）多鈕粗文鏡

　大きな範疇では多鈕雷文鏡も多鈕粗文鏡に含まれるが、分布をみると多鈕雷文鏡は遼西を中心に典

型例が確認され、文様が雷文である点も一般的な多鈕粗文鏡とは区分される。ここでいう多鈕粗文鏡は遼東、吉林、韓半島を中心に確認された星文を中心とするものである。中国の趙家堡や五道嶺溝門では葉脈文鏡と呼ばれる特異な銅鏡が発見された。葉脈文鏡はこの2例以外の発見例がないため、中国東北地域

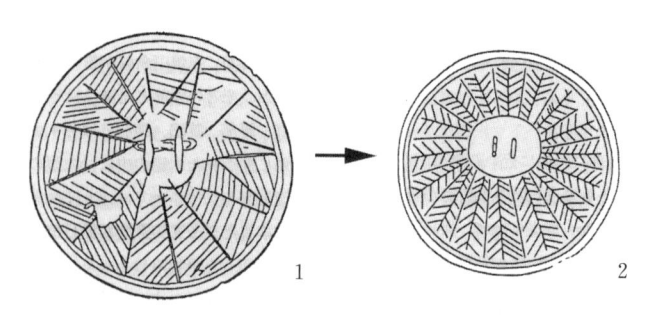

図2　葉脈文鏡の変遷（1. 五道嶺溝門　2. 趙家堡）

の独特な形式とみてよい。また銅矛においてもこの地域だけの独自の様相が把握でき、別途の政治体があった可能性が高い。葉脈文鏡の変化は、文様の間隔が広く1区画された五道嶺溝門出土品から間隔が狭く2区画された趙家堡出土品の形式に変化するものと考えられる。しかし、共伴した銅剣は同一形式であるため、ほとんど年代差がないものと考えられる（図2）。

多鈕粗文鏡には土製范で製作されたものと石製范で製作されたものがある（図3）(李陽洙 2005)。特に星文を特徴とする多鈕粗文鏡は土製范での製作が一般的で、分布の中心は韓半島中央の錦江流域にある。そのため、この製作技術で作られた銅鏡は錦江流域で最初に発生したと考えられる。土製范を

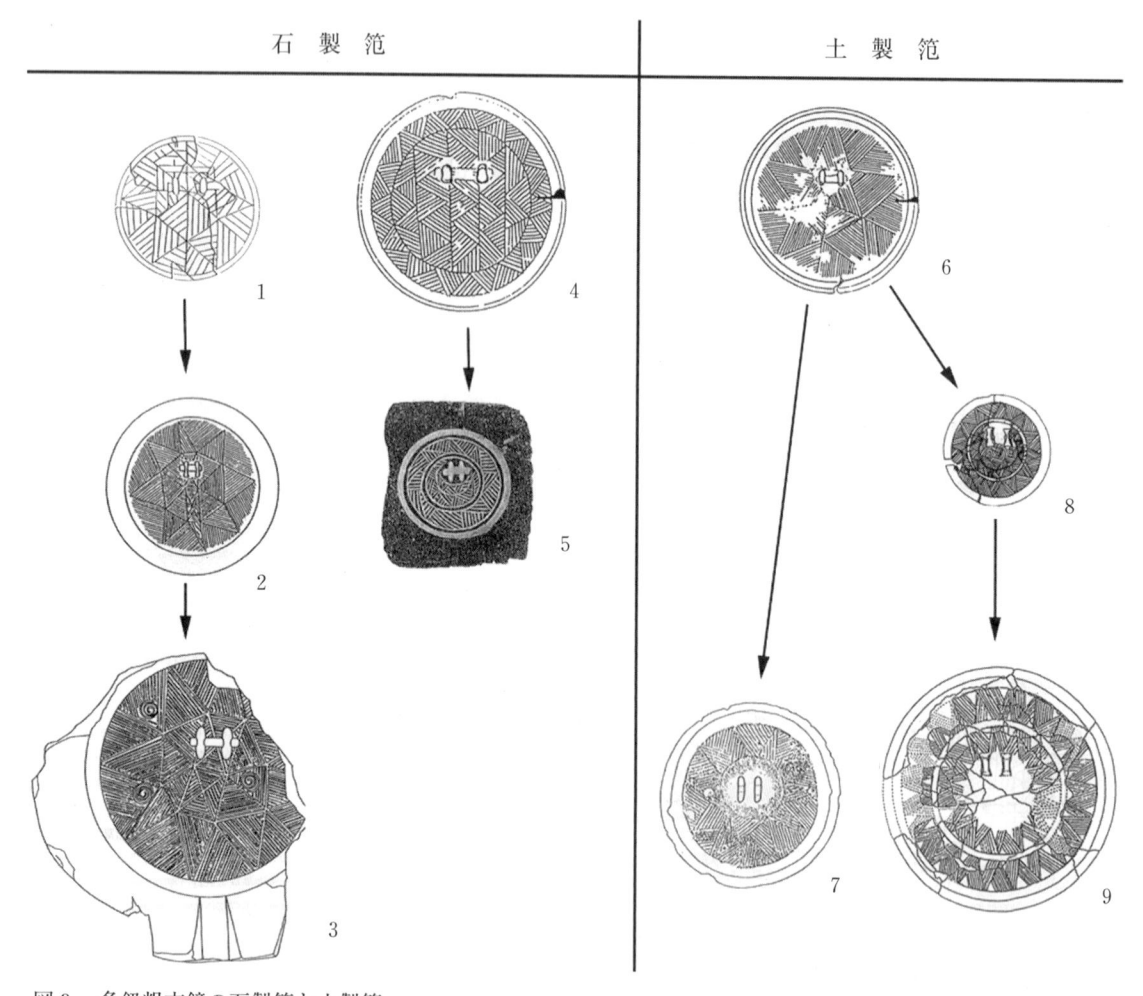

図3　多鈕粗文鏡の石製范と土製范
（1. 伝 全北　2. 伝 中和郡　3. 伝 南陽里　4・6. 如意洞　5. 大架山　7. 九鳳里　8. 槐亭洞　9. 南城里）

利用した青銅器の製作は槐亭洞、南城里、東西里など韓国式銅剣文化期の異形青銅器—剣把形銅器、喇叭形銅器、防牌形銅器—で確実に確認できる。

またコンパスを利用した文様の区画と円盤をあてた区画に区分できる。大田槐亭洞出土品には中央を区画した円と周縁部の中心が一致しないものがあるが、牙山南城里出土品では全ての区画円が1つの中心を基準としており、コンパスを利用した文様の区画が考えられる。

多鈕粗文鏡が出土する地域は、中国東北地域では遼東と吉林から長春地域、ロシアの沿海州、韓半島の大同江や錦江流域であり、こうした分布は『三国志』魏書東夷伝に記載されている様々な「国」に関連すると考えられる。

九鳳里からは韓半島最古形式の銅戈が出土した（李健茂 1992）。銅戈は中国の影響を受けて作られたもので、戦国「燕」と古朝鮮の緊張関係の中で開発された武器とみられる。注目されるのは燕下都辛庄頭30号墓から韓国式銅戈が出土した事例である。多くの副葬品によれば、戦国「燕」が強盛であった時期と推定され、「燕」が滅亡した紀元前222年以前の墓と考えられる。銅戈の形式学的な様相をみると、九鳳里出土品は少なくとも辛庄頭30号墓出土品よりも早い時期のもので、紀元前3世紀中葉以前と考えられる。

すなわち、多鈕粗文鏡の上限年代は紀元前5世紀と考えられる。これは中国の戦国時代の開始を考慮した年代である。そして、下限年代は紀元前4世紀末、戦国「燕」の将軍秦開の活動時期に関係すると考えられる。

（3）多鈕細文鏡

緻密な文様を誇る多鈕細文鏡は土製范を利用して作られたと考えられる。多鈕細文鏡は礼山東西里、扶餘九鳳里で多鈕粗文鏡と共伴した。そのため形式学的に多鈕粗文鏡から多鈕細文鏡への発展が想定できる。

多鈕細文鏡が出土する地域は韓半島と日本に限定される。韓半島の中でも中心となる地域は大同江、錦江、栄山江流域である。日本では北部九州と近畿で確認されており、中国では発見例がない。全体的な分布をみると、中国東北地域は除外されるが、韓半島内部では広い地域に拡散する傾向をみせる。

共伴遺物をみると、大型の銅鏡は銅鈴類と共伴し、小型の銅鏡は鉄器と共伴する傾向が把握できる。こうした違いは、日本では大型の銅鏡が儀礼と関連した遺構から確認され、小型の銅鏡は墳墓で確認される様相とも関係がある。そのため筆者はこのような違いを『三国志』魏書東夷伝の韓伝に記載されている天君と蘇塗に関連づけて考える。すなわち、大型の銅鏡は祭司長の象徴物として銅鈴類と共伴し、小型の銅鏡は政治的な支配者の象徴物として新たな道具である鉄器と共伴する。こうした側面からすると、この社会では祭政分離がなされていたと考えられる。

多鈕細文鏡の製作技術のうち、際だった違いをみせるのは鈕の製作順序である。一般的な多鈕細文鏡の文様は陽刻された線文であるため、土製范に文様を刻み湯を注ぐ方式で製作されたと推定できる。鈕の周辺の文様をみると、鈕孔を作るための芯を挟み入れた痕跡が残っているものとそうでないものに区分できる。最近調査された完州葛洞出土の多鈕細文鏡ではその違いが明確に区分できる。こうした違いを基準に范は、まず鈕部分を作ってから文様を刻んだもの、まず文様を刻んでから鈕部分を作

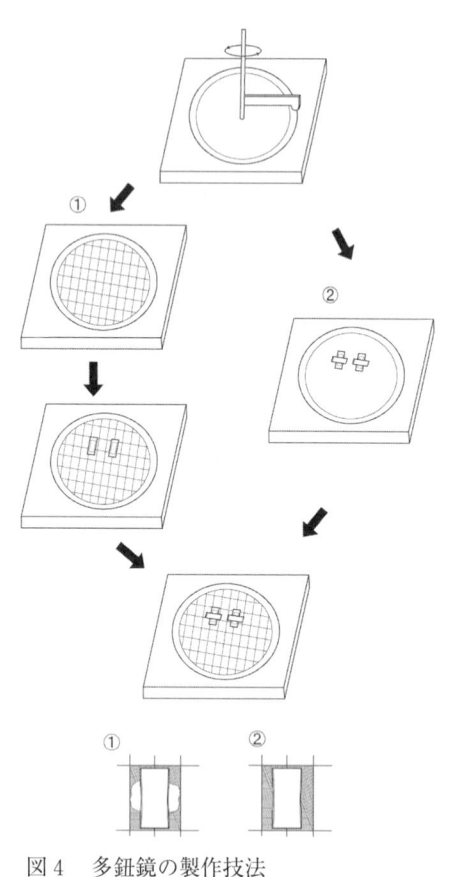

ったもの、鈕の周囲だけにさらに文様を充塡するものなどに区分することが可能である（図4）。

多鈕細文鏡は韓半島から出土するどの青銅器よりも精密な文様を誇る。特に論山出土と伝えられる崇実大学校博物館所蔵品は最も緻密な文様を誇り、外区に刻まれた円圏文によってコンパスの使用を確認することができる。

多鈕細文鏡の上限年代は九鳳里と東西里出土品を基準に紀元前4世紀後半と考えられ、下限年代は退化した多鈕無文鏡が出土した慶州朝陽洞5号墓出土品を基準に紀元前1世紀前半まで降ると考えられる。

図4　多鈕鏡の製作技法

2．漢　鏡

（1）前漢鏡

紀元前108年に設置された漢四郡は韓半島南部に多くの影響を及ぼした。その代表的なものが漢代文物の流入である。流入した漢代文物の代表的なものが、まさに漢鏡である。もちろん楽浪郡設置以前にも益山平章里から出土した草葉文鏡や平壌石巌里から発見された山字文鏡、連弧文鏡のような銅鏡が流入した (李陽洙 2006a)。しかし、これらはまだ数が少なく、正確な発掘によって調査されたものでもないため即断はできない。また北韓の資料が把握できないため、楽浪郡の銅鏡文化について詳細を知るのは困難である。

漢鏡を製作する方法は大きく2つに区分できる。1つは笵に直接文様を刻む方法で、この場合は銅鏡に陽刻された文様の区画線が確認できる。2つ目は銅鏡のような形態を作って、あるいは作られた銅鏡をそのまま押し付けて作る方法である。多鈕鏡の場合は笵に直接文様を刻むのが一般的な方法である。そして押し付ける技法は一部の漢鏡で確認される方法である (李陽洙 2006b)。

韓半島北部の漢四郡は楽浪郡に代表される。楽浪郡では中国と比較しても遜色ない多くの種類の漢代文物が発見される。そして他の遺物、特に紀年銘をもつ漆器との共伴関係を検討してみると、中国と同じ時期に銅鏡を使用していたことが分かる。

韓半島南部で出土する漢鏡は益山平章里出土品を除くと東南部に出土が限定される。また大きく慶北地域と慶南地域に区分される。慶北地域は三韓のうちの辰韓の故地で、この地域には1つの墳墓か

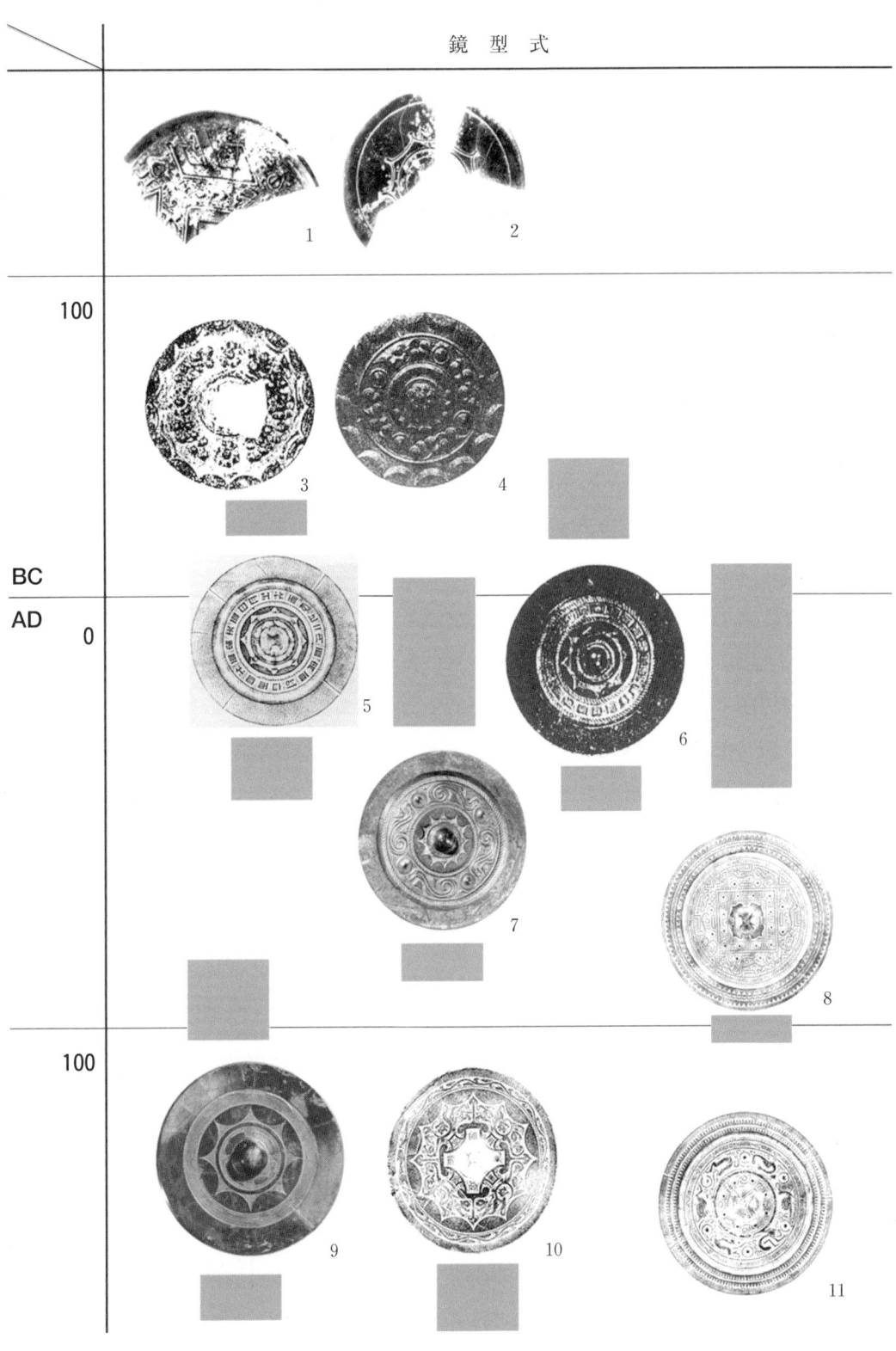

図5　楽浪地域の銅鏡編年
（1・2．石厳里採集品　3．土城洞4号墓　4・6．貞栢洞3号墓　5．石厳里257号墓
7．石厳里52号墓　8．貞栢洞127号墓　9・10．石厳里218号墓　11．石厳里20号墓）

ら数面の銅鏡が出土する特徴がある。また倣製鏡が最初に確認される地域も慶北地域である。興味深いのは、慶山林堂E-58号墓、E-138号墓、慶州朝陽洞38号墓などから出土した銅鏡の再加工品である。草葉文鏡、星雲文鏡、異体字銘帯鏡の破片を円形に再加工して副葬したこれらの事例は、銅鏡の意味を把握するための重要な資料である。

一方、慶南地域は弁辰の故地で、墳墓、住居跡、貝塚など多様な遺構から漢鏡が確認され、1遺構から1面の銅鏡が出土する特徴がある。中国鏡の年代は中国や楽浪郡と比べても違いがなく、ほとんど同じ時期に銅鏡が流入している。これは五銖銭のような他の漢代文物との比較からも分かる（李榮勲ほか 2007）。

（2）後漢鏡

王莽の新が滅亡した後に始まった後漢は銅鏡文化の面では前漢と区別されない。ただ後漢中期以後には銅鏡の製作地が江南に移動したと知られている。

韓半島で後漢鏡が最も多く発見されるのは楽浪地域である。この地域は前代と同様に中国と同一の文化圏にあり、銅鏡が同じ時期に使用された。連弧文鏡、神獣鏡、画像鏡など、ほぼ全ての種類の後漢鏡が確認されている。

韓半島南部における後漢鏡の出土地域は前漢鏡よりもさらに限定され、弁韓地域だけとなる。また後漢鏡が出土する時期には倣製鏡の中心も弁韓地域に変わり、1墳墓に1面の銅鏡ではなくなり、数面の銅鏡が1つの墳墓に副葬され、この地域の伝統であった多様な遺構から出土する様相も継続する。金海良洞里では周辺から収拾された連弧文鏡をはじめ、162号墓からは連弧文鏡と四乳鳥文鏡が出土した。この他にも固城東外洞貝塚から細線式獣帯鏡の破片が発掘された。

しかし、韓半島南部では連弧文鏡や細線式獣帯鏡など一部の形式の後漢鏡が確認されるのみで、画像鏡や浮彫式獣帯鏡など中国江南に製作地が移動して以後の銅鏡はほとんど確認されていない。

この他に注目されるのは、伝世した後漢鏡が韓半島の三国時代に確認される点である。加耶地域である金海大成洞では多数の後漢鏡が発見された。代表的な23号墓からは博局鏡、14号墓からは連弧文鏡の破片、2号墓からは浮彫式獣帯鏡などが確認された。そして百済と馬韓の勢力と推定される高興雁洞からは連弧文鏡、瑞山機池里からは変形虺龍文鏡などが最近の発掘調査によって確認された。

これらは製作時期と墓に埋納される時期に数百年間の差がある。どのような理由で三国時代まで残存したのかについての研究が望まれる。

3．倣製鏡

倣製鏡は中国から輸入された銅鏡の対となる概念で、韓半島や日本で製作された銅鏡を意味する。名称からも分かるように中国の銅鏡を模倣して作ったものを意味する。しかし最近の研究では、倣製鏡の登場は中国鏡の単純な模倣ではなく、新たな創造があるとの意見が提示されている（李在賢 2004）。漢鏡の文様の他に、瓦や他の青銅器にみられる多様な文様が韓半島に伝わって変化・発展する中で新たな銅鏡が出現するに至った。

小型倣製鏡は大きく3つに区分できる（図7）。1つ目の形式は永川漁隠洞や大邱坪里洞などから出

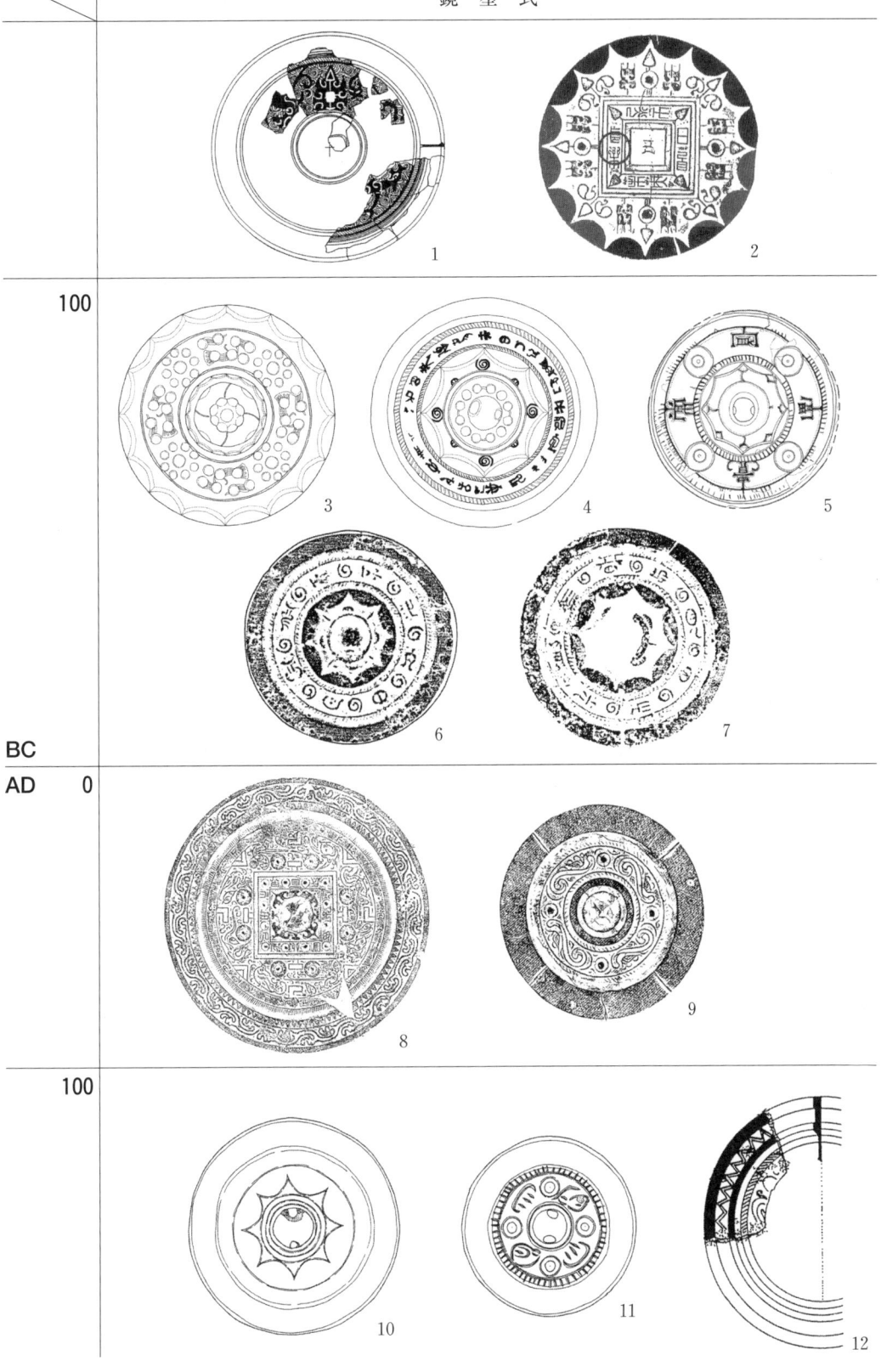

図6　三韓地域の銅鏡編年
（1．伝 平章里　2．林堂E-58号墓　3．校洞3号墓　4．校洞17号墓　5．朝陽洞38号墓
6．伝 池山洞7号墓　7．伝 尚州　8．伝 良洞里　9．坪里洞　10・11．良洞里162号墓）
12．固城貝塚

土する銅鏡で、蕨手文が中心となる韓鏡系倣製鏡である。現在のところ、この形式の銅鏡の出土は韓半島の慶北地域に限定されており、倣製鏡が慶北地域で最初に製作されたことが分かる。２つ目は前代の多鈕鏡の文様から変形した多鈕鏡系倣製鏡である。この形式の銅鏡は慶州舎羅里130号墓や霊光水洞木棺墓から出土した。中央の鈕を中心に斜線の櫛歯文を重複して施文しており、光を発する様子を表現している。３つ目は中国鏡の影響を受けて作られた漢鏡系倣製鏡である。この形式の銅鏡は主に韓半島東南部や慶南海岸地域から出土しており、金海良洞里で最も多数が調査・発掘された。

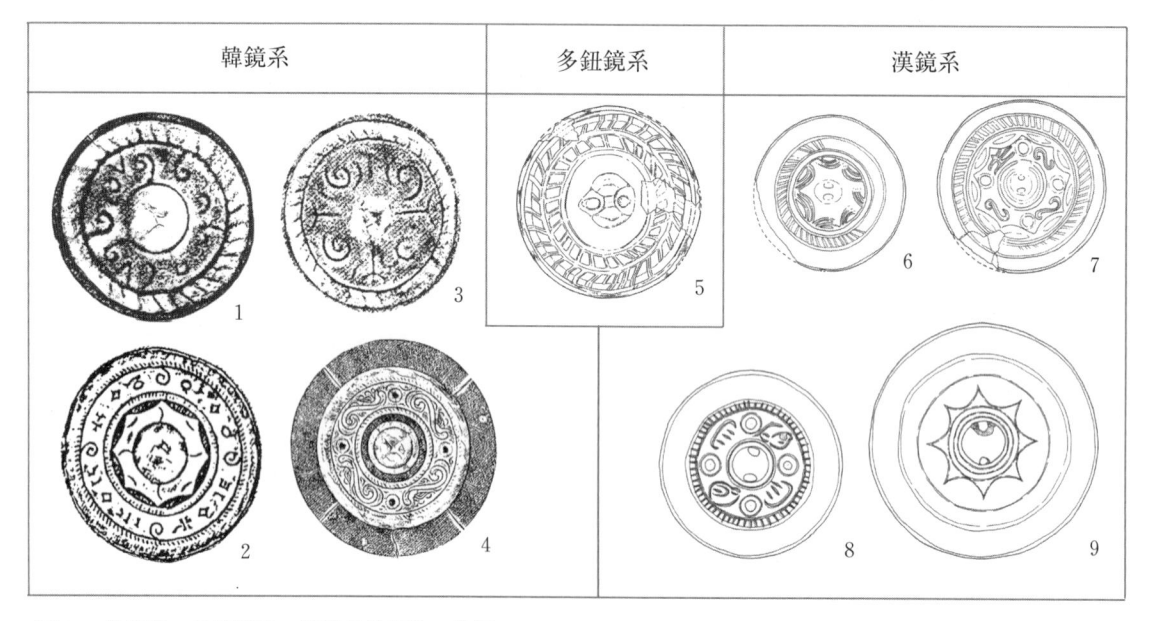

図7　韓鏡系、多鈕鏡系、漢鏡系倣製鏡の分類
（1・2．漁隠洞　3・4．坪里洞　5．舎羅里130号墓　6～9．良洞里162号墓）
（1・3・5・6・7は倣製鏡、2・4・8・9は漢鏡）

　注目されるのは、舎羅里130号墓に多鈕鏡系と漢鏡系倣製鏡がそれぞれ２面ずつあり、多鈕鏡系倣製鏡は木棺内から、漢鏡系倣製鏡は木棺外から出土している点である。これは各形式の意味あるいは差異を示す（図8）。また金海良洞里162号墓では頭側に倣製鏡、胸部側に漢鏡が副葬されており、この２種類の銅鏡の間にも意味の違いがあったことが分かる。

　倣製鏡のうち永川漁隠洞、大邱坪里洞、金海良洞里162号墓出土品は漢鏡と共伴しており、絶対年代が分かる。永川漁隠洞では異体字銘帯鏡と共伴し、大邱坪里洞では異体字銘帯鏡や虺龍文鏡と共伴する。また金海良洞里162号墓では連弧文鏡や四乳鳥文鏡と共伴している。時期をみると、永川漁隠洞と大邱坪里洞はほぼ同時期もしくは漁隠洞がやや早いと推定され、絶対年代としては１世紀前半代に属する。そして金海良洞里162号墓からは後漢鏡が出土し、絶対年代は２世紀中頃と考えられる。そのため、形式学的な変化様相を把握する基準をこの３遺跡に置くことができる。これによって把握されたおおよその変化様相としては、周縁部が狭く橋状の鈕をもつものから、周縁部の幅が広く漢鏡のような円形の鈕をもつものに変化する方向性が看取される。

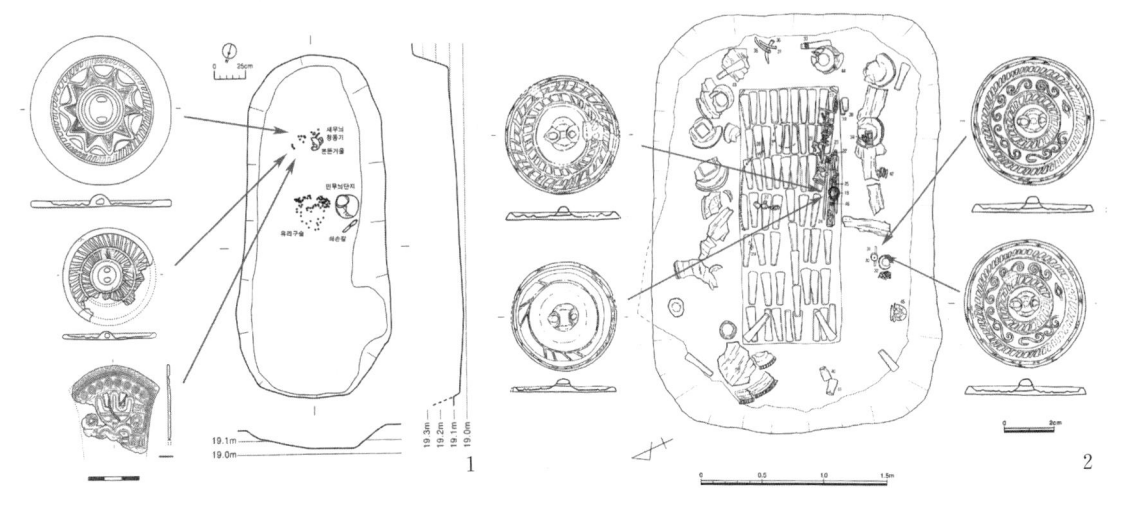

図8　倣製鏡の出土位置（1．霊光水洞木棺墓　2．舎羅里130号墓）

4．三国時代の銅鏡

　三国時代は北側に高句麗、南側には馬韓、弁韓、辰韓から発展した百済、加耶、新羅があった。中国や日本と比較すると銅鏡はほとんど発見されていない。現在までに発見された銅鏡は合わせて40面余りである（写真1）。なぜこうした少数の銅鏡が確認されるのか、理由はまだ明らかでない。現在までに知られている三国時代の銅鏡には、中国の後漢鏡が伝世した事例がある。加耶地域の金海大成洞と百済地域の高興雁洞、瑞山機池里、公州武寧王陵などで確認されている。漢鏡ではないとみられるが、伝世品として新羅地域の皇南大塚出土の博局鏡も注目される。こうした事例が日本では多数確認されるため比較する必要があるだろう。

　同時期の中国鏡も確認されている。代表的な銅鏡として皇龍寺跡から出土した四神鏡がある。この形式は中国の隋鏡によくみられる。

　また中国鏡の他にも倭鏡と呼ばれる珠文鏡や変形六獣鏡などが確認される。こうした事例は百済（馬韓）地域の斉月里や造山古墳、加耶地域の生草9号墓や中安洞古墳、新羅地域の金鈴塚や慶山などで確認された。倭鏡の流入は、時期幅がさほど大きくない点で南海岸地域と倭の関係を説明するための主要な資料として注目される。

　このように中国と日本の銅鏡は確認されるが、現在のところ韓半島で自生した銅鏡はさほど多くはない。小型の銅鏡としては扶安竹幕洞から出土した銅鏡があるが、大型の銅鏡で国産と確信できるものは未だ確認されていない。これについても研究する必要がある。

　銅鏡を副葬する墓には大型のものが多い。特に三国時代の中で、年代と被葬者が確実に分かる唯一の墓である武寧王陵では3面の銅鏡が確認された。後漢鏡を含む他の副葬品は南朝―倭―百済の関係を示す点で重要である。この他にも新羅王族の墓と考えられる皇南大塚では中国北方の製作とみられる博局鏡と鉄鏡が出土し、金鈴塚からは倭鏡が発見された。加耶王族の墓である金海大成洞でも銅鏡が発見されており、銅鏡所有者の性格を把握することができる。一方、加耶地域の小型の山清生草9号墓において倭鏡が出土した事例は、銅鏡の使用が支配層に限定されないことを示す。

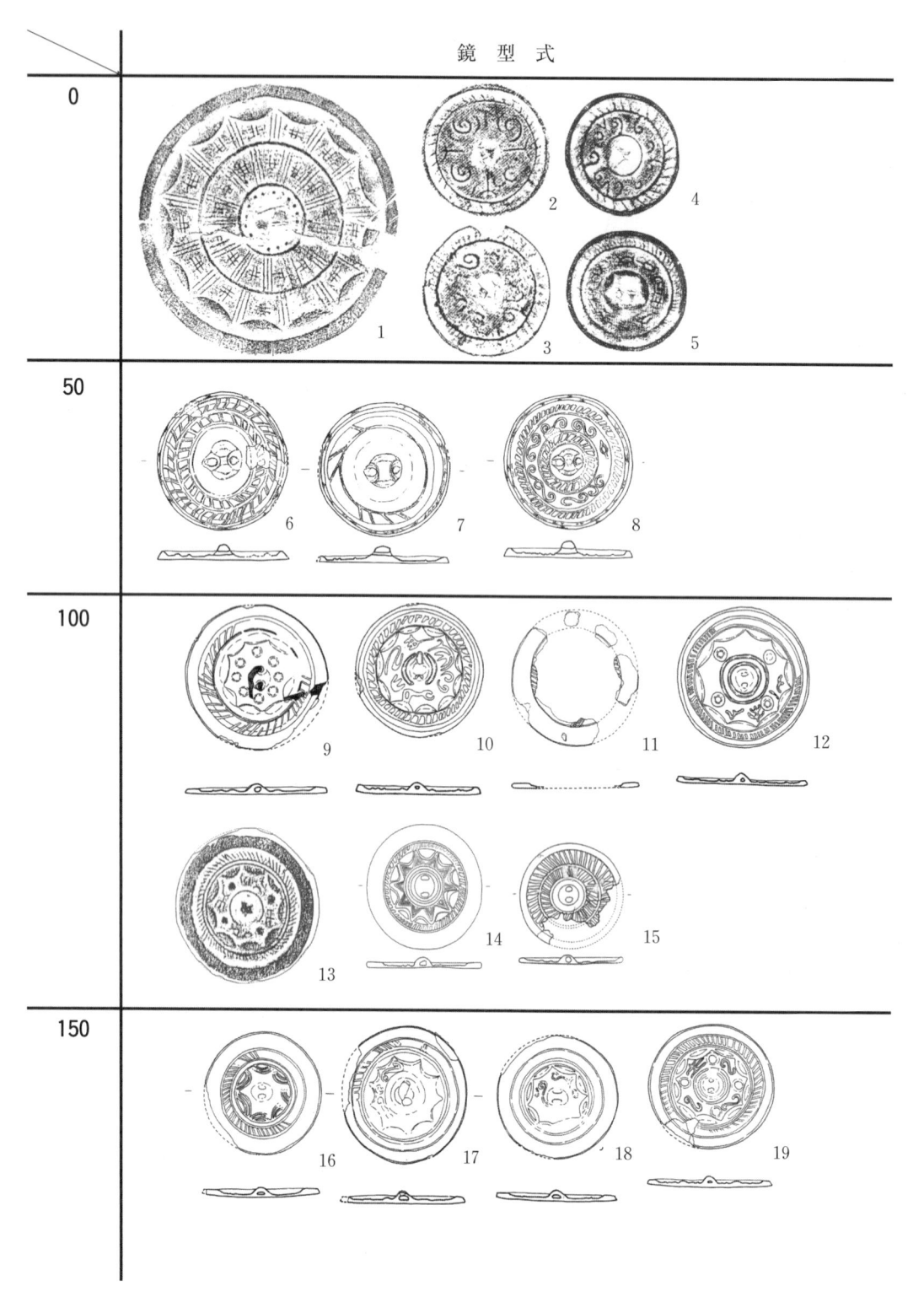

図9 倣製鏡の編年
(1〜3.坪里洞　4・5.漁隠洞　6〜8.舎羅里130号墓　9.良洞里55号墓　10〜12.良洞里427号墓
13.伝 良洞里　14・15.水洞　16〜19.良洞里162号墓)

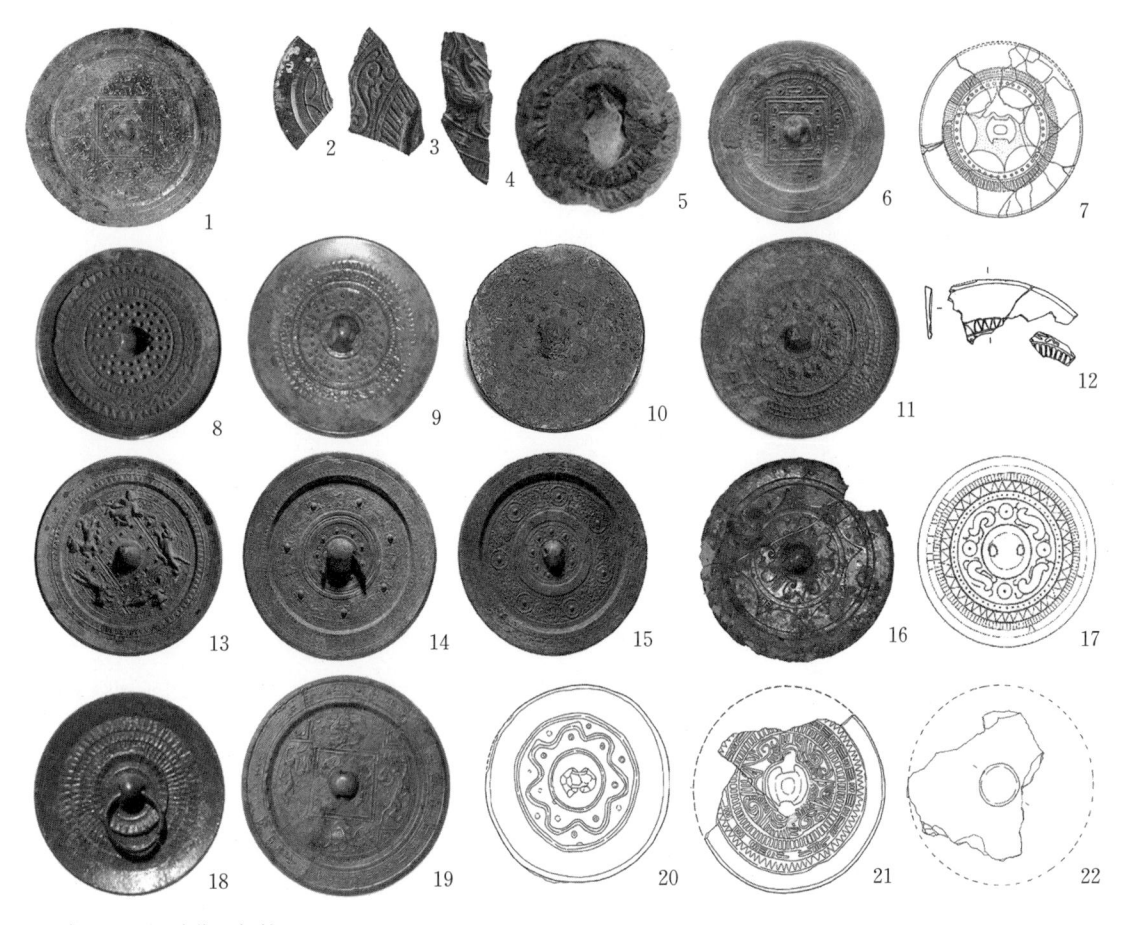

写真1　三国時代の銅鏡
1．大成洞23号墓　2．大成洞14号墓　3・4．大成洞2号墓　5．花城里B－2号墓
6．良洞里441号墓　7．三東洞18号墓　8．伝慶山　9．生草9号墓　10．斉月里　11．中安洞
12．池山洞45－1号墓　13～15．武寧王陵　16．雁洞　17．機池里21号墓　18・19．皇龍寺跡
20～22．竹幕洞

また寺刹の塔や建物の心礎石などからも銅鏡が確認され、海洋の祭祀と関連した扶安竹幕洞でも銅鏡が確認されるなど、数は少ないが銅鏡が様々な用途に使用されていたことが分かる。

5．結　語

韓半島では青銅器時代から朝鮮時代まで銅鏡が使用された。初期の銅鏡は多鈕鏡で支配層の象徴物として使用され、楽浪郡の設置以後は漢鏡に代替された。初期の多鈕鏡は鈕が片側に偏っており吊り下げて使用したと考えられるが、時間の経過とともに鈕が中央に移動する。これは中国鏡の影響と考えられる。そして漢鏡を模倣した倣製鏡が辰韓地域に最初に登場し、弁韓を経て日本に伝わった。三国時代の銅鏡には同時期の中国鏡以外にも前代の銅鏡が残存した事例があり、倭鏡も少なからず確認されている。

本稿では韓半島の銅鏡という大きな題目のもと極めて簡単な説明に終始した。紙幅の関係もあるが韓半島の銅鏡についての理解不足も否めない。現在、韓半島の銅鏡研究は大規模な発掘による資料の集積によって新たな局面を迎えている。前述のように多くの問題点に対する回答がこうした新たな資料の分析によって示されていくであろう。韓半島の銅鏡文化に対する総合的な研究が、新たな資料に

対する正確な分析と理解によっていつの日か成果を収めることを期して、本稿を終えることにする。

この論文は、「韓半島的銅鏡」（中文・李陽洙 2007）の一部改変である。

参考文献

安京淑訳　2003　　『中国古代銅鏡』周留城

李榮勲・李陽洙　2007　「韓半島南部出土の五銖銭について」『永川龍田里遺跡』国立慶州博物館

李健茂　1992　　「韓国式銅剣文化」『韓国の青銅器文化』汎友社

李在賢　2000　　「加耶地域出土銅鏡と交易体系」『韓国古代史論叢』9

李在賢　2004　　「嶺南地域三韓時期倣製鏡の文様と意味」『韓国考古学報』53

李清圭　1999　　「東北亞地域の多鈕鏡とその副葬墓について」『韓国考古学報』40

李陽洙　2005　　「多鈕粗文鏡の製作技術」『湖南考古学報』22

李陽洙　2006a　　「韓半島出土漢鏡の分配と流通」『考古学誌』15

李陽洙　2006b　　「星雲文鏡製作技術の２つの系譜」『嶺南考古学』38

李陽洙　2007　　「韓半島的銅鏡」『斉国故城出土鏡範和東亞的古鏡―斉都臨淄：漢代銅鏡製造中心国際学術研討会論文集―』奈良県立橿原考古学研究所

李蘭暎　2003　　『高麗鏡研究』図書出版　辛酉

車崎正彦編　2002　　『考古資料大観５―弥生・古墳時代　鏡―』小学館

孔祥星・劉一曼　1984　　『中国古代銅鏡』文物出版社

宮本一夫　2004　　「青銅器と弥生時代の実年代」『弥生時代の実年代』学生社

まとめ

清水　康二
三船　温尚

1．鏡范を研究する意義

　考古学の基本的な目的の1つは、歴史上で用いられた文物の製作技術を明らかにすることである。したがって、古代の銅鏡の鏡背文様に関する研究が開始されるとともに、古代の青銅鏡製作に対する関心が持たれていた。しかしながら、青銅鏡の製作技術研究に関しては、製品からの検討に自ずと限界があった（清水ほか 2004）。土器であれば、粘土紐などを積み上げた痕跡などを断面から観察し、製作技術を解明することが可能であるが、青銅鏡の場合は、青銅を溶解し范に流し込むため、土器のような直接的な製作痕跡を観察することができない。また、青銅製容器とは異なって、鏡背范と鏡面范の単純な2枚范で鋳造されるため、研究対象となるような范の複雑な組み合わせはない。鏡として利用するには、鏡の約半分に該当する鏡面側を徹底的に研磨する。残る鏡背側についても、鏡式によっては研磨部分の大小はあるが、製作工程の最終段階で行われる研磨によって、前段階の製作技術痕跡が消されてしまうという事実がある。銅鏡製作技術の研究は長い間着実にその歩みが進められてきたものの、このようなことにより、まだ多くの問題が解明されていないのが現状である。

　製品として完成された銅鏡以外から製作技術を研究する有効な方法があるとすれば、多くの情報が得られる当時の銅鏡製作工房を発見することが研究を大きく進展させると思われる。しかし、残念ながら古代の銅鏡製作工房の詳細は未だ判明していない。銅鏡製作工房を発掘して調査研究が進めば、古代の銅鏡製作技術を解明する上でも画期的な研究成果をあげることができるのであろうが、その候補地はあっても今のところ発掘調査は成功していない。銅鏡製作工房が発見されることがあれば、その遺存状況次第では、銅鏡製作の工程で用いられる工具や、溶解を行う遺構、范作りに関連する遺構なども検出される可能性がある。このような将来の発見への期待は膨らむが、現状では銅鏡の製作技術にかかわる直接的かつ重要な考古遺物として鏡范がある。

　現在に至るまで、青銅器の鋳造の大半は土製范によって行われたと考えられている。数は少ないものの、石製范による鋳造も行われてきた。石製范は脆い土製范に比べて壊れにくいため、斧や剣などの扁平な武器類、銭などの形状が単純で量産が求められるものに使用された。一方、土製范は複雑に分割する范を作ることと緻密な文様を鋳造することに優れているため、歴史上製作された土製范の数量は石製范を遙かに凌駕すると推測される。しかし、土製范の脆弱さと石製范の堅牢さに起因して、石製范の出土例は少なくない。加えて土製范は、鋳造後に粉砕して再度范の材料として利用されることから、発見されにくいと考えられている。

　このように、土製范が発掘調査などによって出土する可能性は極めて低いと考えられていたが、幸いにも近年、山東省臨淄斉国故城から草葉文鏡范を中心とした土製范と思われる前漢鏡范が大量に出

土し、極めて貴重な調査対象となった（以下、臨淄鏡范）。以下に、本書のまとめとして、臨淄鏡范の調査を中心とした製作技術研究の成果と問題点を要約したい。

2．鏡范を中心とした製作技術の問題

（1）材質の問題

　臨淄鏡范の特徴の1つはその材質である。現代に細々と残る真土型とは異なり、砂を含まず均質な胎土は、一見するとその材質が石であるような印象を受ける。また、見かけ比重1前後の数値を示すことも現代の真土型（見かけ比重約1.7）とは大きく異なっている。さらに、焼成した真土型独特の赤橙色とは異なり、白灰色である。このような情報から、研究を開始した当初は七輪などに使用される珪藻土の可能性があるのではないかと考えた（三船ほか 2005）。これをもとに、藤井有鄰館所蔵草葉文鏡范（本書資料編の整理番号9）の真贋を確定するため（三船ほか 2005）、熱ルミネッセンス分析の資料採取と同時に（長友 2005）、その材質が珪藻土であるかどうかの確認を行った。珪藻土であれば、珪藻化石が胎土中に多数確認されるはずであるが、珪藻化石は発見されなかった。したがって、見かけ比重がなぜ軽いのかという疑問と、材質が人工の土製であるのか天然の石製であるのかという疑問は残されることとなった（田賀井 2005、奥田 2005）。その後、中国側の臨淄鏡范の科学分析結果で、胎土中にプラントオパールと二酸化ケイ素が確認され、籾殻灰を意図的に混入したのは加熱による変形や注湯時の急膨張による亀裂を防ぐためであるとした（劉煜ほか 2005）。また、その後の田賀井篤平の科学分析などでも植物質が胎土中に含まれる鏡范が確認されており、臨淄鏡范が人工的な土製范であることが追認された（田賀井 2005）。

　現代の真土型においても、籾殻などを鋳物土に混入させることは多い。やはり、その主な目的は籾殻によってできた空隙を利用して鋳型焼成時の熱膨張による変形や亀裂を防ぐことである。明治初期の真土中子にも、断面を観察すれば、驚くほど大量の籾殻の形が容易に確認できるものがある。これに対して、臨淄鏡范には肉眼で観察できる植物質は存在しない。したがって、田賀井が観察した臨淄鏡范に見られる植物質は、その総量からいっても、後世の真土型に見られる熱膨張を防止するための混入ではなく、范土に偶然含まれたもので、当時の工人が意図的に鋳物土に混ぜていたものではない可能性が高い。それにもかかわらず、通常の真土型が見かけ比重1.7前後であることに比べ、臨淄鏡范の見かけ比重が1前後と極端に軽いのは、籾殻灰を大量に混入したことと、小さい気泡が鋳型の内部に存在するためと思われる。

　臨淄鏡范に共通する他の重要な范材質の特徴の1つに、5mmほどの大きな気泡痕内部のほぼ全てにこぶ状の突起物が複数個点在することがあげられる。当初、この突起物は溶岩が液化状態の時におこす内部ガスの吹き出しでできたものかとも推測したが、人工物の土であることが分かり、醗酵のガスによるものではないかと考えた。そこで、醗酵するものとして実験的に小麦粉を用いた（三船 2007）。実験では確かに粘土中の小麦粉が自然醗酵して、臨淄鏡范よりも大きい気泡や大量の気泡、よく似た気泡などが様々に発生した。そして、大きな気泡痕内部にもこぶ状の突起物ができたが、臨淄鏡范のものよりもややこぶ状の突起が低い。籾殻灰を大量に粘土に混入する実験では、范内部に気泡が発生するものの、いくつかの臨淄鏡范に見られる大量の気泡はできなかった。また、大きな気泡痕内部に

はこぶ状の突起物ができるものの、その起伏は臨淄鏡范に比べて小さい。科学分析からは籾殻灰を混入したと考えられているが、これまでのこういった検証的実験の結果を検討するかぎりでは、今後も継続して范材質の研究を続けなければならないだろう。

（２）複数面製作の問題

　現代まで行われている伝統的な真土型技術は、基本的に范の外側に粗い真土を使用し、内側へ向けて段階的に細かい真土を使用、最も内側の青銅が流れる部分には肌真土あるいは紙土という微細な真土を使用して、鋳込んだ青銅製品の文様や鋳肌が精緻なものになるように工夫を凝らしている。この点が臨淄鏡范の范作りとは異なる点である。臨淄鏡范では、基本的に全体を均質な土で整形し、鋳型面については若干の気泡などを消すために微細な土を塗るが、通常の真土型のように段階的に粗密の異なる真土を使用することはない。段階的に粗密の異なる真土を使用するとガス抜けがよくなり、鋳肌が鋳造時のガスによって荒れることを防ぐが、粗密の異なる真土の境界においては剥離が起こりやすくなり、鋳込み後の製品を取り出す型ばらしの段階では、修復困難なほどに鋳型面が破損する原因となる。これに対して、臨淄鏡范のように均一の材質で製作すれば、粗密の異なる真土を用いたものとは異なり、破損しにくいものと考えられる。このことは三船が行った鋳造実験でも確かめられており、臨淄鏡范の製作技術により近づけることができるのであれば、一范で複数面の鏡を製作することが可能であるという判断ができる。しかしながら、山東省文物考古研究所蔵鏡を中心に菅谷文則が行った山東省出土鏡の悉皆的な調査においては、今のところ同范鏡は確認されていない（菅谷ほか編 2004）。このことからすると、一范複数面の銅鏡製作については不利な証拠ではあるが、踏み返し技法による極端な量産ではなく、せいぜい２〜３面程度であれば複数面製作も可能であるのかもしれない。ただし、その場合でも出土した草葉文鏡などに初鋳鏡や次鋳鏡の弁別が可能であるかどうかという問題が残されている。加えて、現在のところ臨淄鏡范の二次的利用（改制による再利用）は確認できるものの、明確な補修鏡范は確認されていない。したがって、複数面製作が行われていたと仮定した場合、初鋳時において製品を劣化させるわずかな損壊が生じた場合には、次鋳は行われないというような操業を考えなければならない。この問題については、もう少し斉国故城周辺で発見されている草葉文鏡を検討して、一范複数面の製作が行われたかどうかを検討していく必要があろう。

（３）凸面鏡の問題

　古代東アジアの銅鏡の多くは凸面鏡である。特に漢式鏡は凸面に限られている。小型の鏡では、凸面であることでより広い範囲を映すことができるため有効である。しかしながら、ある程度の面径を有していれば凸面鏡である必要はなく、江戸時代の柄鏡を見ても分かるように、平面鏡の方が歪みのない映像を映し出すことができる。したがって、古代東アジアの銅鏡が凸面鏡である点は大きな謎の１つでもある。

　凸面鏡である理由には、いくつかの仮説が出されている。大きく分けると、意識的に凸面鏡を製作しているという説と銅鏡の製作工程において銅鏡の形状や加工による応力が影響して凸面鏡になるという説である（亀井 1982）。

意識的に凸面形状にしているという説では、なぜ凸面にするのかという理由については、平面を作り出すのが難しく、わずかな研磨の乱れで映像が歪んでしまう点を根拠としている。凸面鏡であれば、わずかな研磨の乱れは平面鏡ほどには影響はしない。しかしながら、先ほども触れた江戸時代の柄鏡や唐式鏡に平面鏡が見られる理由が、これでは説明することができない。

　これに対して、銅鏡の製作工程にかかわる技術が影響して凸面鏡が作られるという意見の代表的なものには、銅鏡の外区が厚く、中心の鈕も大きいため、平坦な鏡面側との関係で鏡背側との間に残留応力が働き、研磨加工などの力がさらに加わることによって、鋳造時点では平面だったものが凸面に変形するということがあげられる。この見解に対して、今までいくつかの鋳造実験を行ったが、鋳造時点の状態よりも研磨加工を経て形状が変形した例は確認できていない（遠藤 2004）。

　筆者たちの共同研究チームは、銅鏡製作技術に熱処理が行われていたという何堂坤の説にもとづいて（何堂坤 1992）、熱処理技術と凸面鏡の形成に関連が認められないかどうか、いくつかの熱処理実験を試みた（清水ほか 1998、二上古代鋳金研究会 2001）。その結果、まだ十分に結論を出せない状況ではあるが、熱処理を行うことによって、銅鏡の形状が変化する可能性を示唆した。

　臨淄鏡范を調査することで、凸面鏡の問題に決着をつけたいと考えたが、今のところ決定的な証拠がない。臨淄鏡范には鏡背范の他に鏡面范が多く含まれるが、全形を推測できるような鏡面范は小型鏡に限られている。このことから、大型鏡の鏡面范は何らかの形で再利用されることが多かったものと考えられる。鏡面范は破損しにくいであろうから、小規模の損壊の場合は、湯口部分などを除去してさらに小型鏡の鏡面范に転用した可能性がある。大型鏡の鏡背范（SLQJF：15、本書資料編の整理番号25）では、どのような使用状況かは分からないが、二次的に使用されているものもあった。

　小型鏡の鏡面范を観察すると、鏡面はごくわずかに凹面である。したがって、鋳型の段階で鏡面が凸面になるように製作していたことになる。中型鏡の鏡背范の中には遺存状況の良いものがあり、それらを観察すると、鈕から内行花文のやや内側まではほぼ平面で、そこから花文にかけてわずかに反っている。このことからすれば、鋳型の段階で平面になるように作られていると解釈することができる可能性も残っている。鋳型の段階でできあがりが凸面になる場合は、通常は幅置面に凹凸面を作り出してハマリとするが、草葉文鏡范には見ることができない。この点においても鋳型の段階では平面であったと考えたいが、ごくわずかの凸面であれば、何らかの工夫でハマリを作り出さないで鏡范を製作する可能性も残っている。弥生時代の小型倣製鏡では、石製范の幅置部分にハマリを作り出さずに凸面鏡を製作しており、これと同様の鏡范製作技術が土製范である臨淄鏡范にも使用されていたとすれば、ハマリがなくとも凸面鏡を製作することができる。ただし、弥生時代の小型倣製鏡は小型の鏡であるため、中型鏡や30cmほどの大型鏡にまでこの製作技術が適用できるかどうかは不明といわざるを得ない。いずれにしろ、現時点で鏡范から得ることのできる情報は明らかになったので、今後は山東省出土の草葉文鏡の詳細な計測を行って、中型鏡や大型鏡の鏡背面の反りがどのような状況であるのかを確認する必要があると考えている。

（4）鏡背分割線の問題

　従来までの鏡背分割線を利用した研究は、鏡背文様をどのように幾何学的に分割したのかが研究の

中心であった。これは完成した銅鏡に残された鏡背分割線の観察結果をもとにした研究であり、鏡范に残された鏡背分割線は対象とされていなかった。このため、今回の臨淄鏡范の調査では、鏡背分割線に特に注意したが、基本的に銅鏡で観察された鏡背分割線以上のものを発見することはできなかった。これは調査を行った鏡背范の水洗が十分ではなく、観察が難しかったことも理由の１つではあるが、銅鏡において観察可能な鏡背分割線に関しては、鏡背范においても確認することができたので、土などの汚れにより鏡背分割線などの情報が読み取れないわけではないようである。注意しなければならないのは、鏡背分割線やコンパスの支点などを丁寧に消し去る修正が鏡背范に行われた形跡を確認できない点である。したがって、今後の鏡背分割線の研究は鋳型の製作技術と関連づけて考察し、本来的には使用されたであろう鏡背分割線やコンパスの支点の痕跡が製作過程において消し去られるような製作工程を考えていかなければならないことである（清水 2007）。

　方格規矩四神鏡などの漢式鏡のなかには鏡背分割線が明瞭に残るものがあるが、これは現在の真土型のように、文様を彫り込む際の鋳型が柔らかい材質ではなかったことを示している可能性が高い。つまり、今回の臨淄鏡范のように、硬質な范材質に分割線などを刻んだからこそ遺存していると考えるべきであろう。

３．臨淄鏡范の製作工程

　現時点では不明な点もあるが、范調査と検証実験から臨淄鏡范の大まかな製作工程は以下のようになる。

　　①〈范材料の調合、練り合わせ〉→②〈成形、乾燥〉→③〈焼成〉→④〈鋳型面、底面の平滑研摩〉→⑤〈鏡胎厚さ分の彫り〉→⑥〈文様線刻〉→⑦〈湯道、あがり彫り〉→⑧〈塗型材〉→⑨〈鈕孔中子付け〉→⑩〈炭粉塗り〉→⑪〈肌焼き〉→⑫〈鏡面范合わせ〉→⑬〈范縛り〉→⑭〈注湯〉→⑮〈鏡取り出し〉

この中で、③と④は順番が入れ替わるかもしれないが重要な問題ではない。⑧では、気泡を塞ぐために何回も筆塗りをするので、塗型材が厚塗りになり、文様線に溜まる。それを水と筆で洗い流すと考えれば、その後に鈕孔中子を粘土汁で接着する順番になる。⑧、⑨、⑩では、若干の粘土汁を使うため、その結晶水を除去するために、⑪で鋳型面と湯道の肌を700℃以上で焼成する。⑩の炭粉を塗らないで、肌焼きの後に煤を付ける茶釜鋳型の方法も考えられるが、臨淄鏡范の鋳型面に煤付着の痕跡がないことから、煤を用いない上記の工程とした。

　①については、科学分析によって粘土に籾殻灰を混ぜたという結果が出ているが、同体積比の両者を混ぜて焼成する実験では、見かけ比重が軽くなり、臨淄鏡范に近くなるが、気泡の数や大きな気泡痕内部の突起物などに差異が見られる。

　②は、平面の上に手の平で范材料を押さえて平らに形作るが、この時に角に指で押さえた跡が残る。手で押さえた時に内部の気泡が押しつぶされ、破断面では押さえた方向に対して直角方向の楕円形となる。これらのことから、成形時の范の水分量が推測でき、水分が多くてゆるい状態ではなかったことが分かる。側面は生乾きの時にヘラで切って形を整える。

　③は、謎が多い。実験試料を焼成した場合、断面がドーナツ状の色層になるが、臨淄鏡范の断面に

はそれが見られない。さらに科学分析と検証実験が必要であろう。

　④の底面の平滑研摩は、鋳型面の加工時に范を安定させるためと、⑬の范縛りで固定しやすくするためであろう。

　⑤において、挽き型ゲージを回転させて鏡胎の厚さ分の窪みを作ったか否かについては、今回発見された臨淄鏡范は挽き型ゲージではなく、コンパスで円弧を描き、その中を工具で手彫りしたと考えてよいであろう。挽き型ゲージを使用する方法は、一般的にゲージの上下回転の支点をあらかじめ固定し、回転するゲージの下にゆるい范土を複数回に分けて盛り付けていく。最後はさらにゆるい范土を回転ゲージで切り取って回転形の鏡胎の窪みを作る。しかし、臨淄鏡范の破断面には、ゲージの下に范土を徐々に付け足した層は見られない。また、内部の気泡が層で区分けできるようなこともない。あるいは、范全体を先に焼成しておいて表層だけに挽き型ゲージを用いたとも考えられるが、鋳型面や幅置面の表層にも内部と同様の形状の気泡があり、ゆるい范土を回転ゲージで引き伸ばしたような気泡の痕跡や表層に范土を付け足した形跡がないことから、挽き型ゲージの使用の可能性はない。ただし、部分的に小さなゲージを手に持って范を回転させて削るような方法はあったと思われる。

　⑥の文様線刻が最も難解である。粘土に小麦粉や籾殻炭などの粉末を混ぜれば、線刻のための工具が砂粒に触れて起こる范崩れはないだろうと予想したが、そうではなかった。炭化した籾が砂粒同様に線刻のための工具で范崩れを起こすのかもしれない。今後はさらに微細な灰を用い、線刻時に范を湿らせるなどの様々な検証実験を行う必要がある。現在までの実験段階では、草葉文鏡范の精緻な線刻には及ばない。ましてや、後漢の完璧な文様工程の復元は遥かに遠い。

　⑦は、復元実験から、平たい角棒のようなヘラを用いて、堰は鏡縁から外向きに、湯口は外から内向きに２方向から削る方法であったと考えられる。そのため、一部の臨淄鏡范でも見られるような、湯道の底面の中ほどに山頂をもつ２つの平面からなっている。まず、湯道の側面を彫り、次に底面の順である。これはあがりでも同じで、湯道用の角棒ヘラよりも幅の狭い別のヘラを使ったのであろう。

　⑧の塗型材は、線刻に厚く溜まったものを洗い流すために、粘土をわずかに含んだ微粉末土の水溶液を用いた。灰と粘土の范土の溶液では、粘土分が多いのかもしれない。また、いくらかの微細な砂粒を含んだ方が気泡を塞ぎやすいのだろう。

　⑨の鈕孔中子は、素焼のものを成形して作り、それを鈕の半球曲面の側面に嵌めて、その隙間に薄い粘土汁あるいは微粉末土を含む薄い粘土汁をしみ込ませて固定し、隙間を塞いだのであろう。この方法で50面あまりの鏡を鋳造実験した経験では、注湯で鈕孔中子が外れたことはほとんどない。臨淄鏡范には鈕孔中子を嵌める窪みをもつものはない。

　⑩については、臨淄鏡范の鋳型面に注湯後の鏡に范土が付着して剥がれたような跡があまりないことから、炭粉の型離れ効果が顕著に表れていたといえる。また、臨淄鏡范の多くの鋳型面に剥がれた跡がないことから、複数回使用の目的が伺われる。

　⑪の肌焼きは、籾殻炭と粘土の范で実験をしたが、焼成直後に小さな亀裂が入るものの、冷めると見えなくなる。また、全体の焼成後ではあるが、片面加熱にもかかわらず、反るなどのトラブルは起きず、加熱による変形は少ない。

　⑫では、側面に合印がないため、鏡面范との外形で合わせたのではないかと思われる。先に１つの

笵形を作り、対となるもう1つの笵をヘラで切って、それに合わせた外形で作る。また、鏡面の凹面は、先に鏡背笵の鏡縁を決め、例えば、炭粉を幅置面に塗って、対の笵を外形に合わせてかぶせた後に、鏡縁の位置を写し取り、手彫りで鏡面を窪ませる方法がある。

⑬は、紐で縛ってさらに間に棒を差し入れて固く締めたのであろう。あるいは、注湯時に2本の長い棒で人が笵を押さえたのかもしれないが、これでも充分に湯圧には耐えられる。

⑭は、23％程度の高錫青銅なら、笵が常温まで冷めても、面径10cm、肉厚1.5mmでは問題なく鋳造できる。そして、一気に強く注湯することが、狭い（浅い）堰の効果が表れて、砂ゴミなどが笵中に入らないコツだろう。

4．今後の課題

今後の研究方向として、いくつかの大きな課題がある。1つは、今回の鏡笵調査で得た調査結果を斉国故城周辺で発見される草葉文鏡、渦状虺文鏡、螭龍文鏡と比較検討することである。製作過程の産物である「鏡笵」と鏡笵に青銅を流し込むことで製作される「鏡」を比較し検討することで、今回定義したいくつかの仮説も解明されるに違いない。

また、斉国故城内で生産された草葉文鏡、渦状虺文鏡、螭龍文鏡などがどこに運ばれて消費されたのかということが次の大きな課題である。四川省では、山東省で発見された草葉文鏡の様式とは異なるものが出土しており、中国大陸での他地域との比較が必要である（清水 2005、清水ほか 2005）。

今後、最も望まれることは、銅鏡製作工房の発見である。今までに古代の銅鏡製作工房が発見されていないこともあり、鏡笵以外の関連資料や関連遺構がどのようなものであるのかが分かれば、銅鏡製作技術の研究は大いに進展するものと考えられる。

山東省の古代銅鏡製作技術の物的証拠が、斉国故城での鏡笵の発見によって、ようやく「鏡と笵」として出揃った。これらの日中共同調査や科学分析により、これまでにないほど技術研究の成果があがった。ところが、笵によって全てが解明されたわけではない。技術や技法はもともと形のないものであり、次の工程に進めば前の痕跡が消えていくという場合もある。時間を越えて古代の技術の詳細を解明するには、検証的な実験を重ねる以外はないのであろう。現時点で、技術研究面において最大の問題となるのは、精緻な文様の線刻が闇の中にあることである。その解明の根幹となる笵材質の解明を、今後も継続していく必要があるだろう。

参考文献

遠藤喜代志　2004　「現代の造型法から見た石型製作法について」『鏡笵研究』I　奈良県立橿原考古学研究所・二上古代鋳金研究会

奥田尚　2005　「藤井有鄰館所蔵草葉文鏡笵の組成について」『鏡笵研究』II　―草葉文鏡笵の日中共同研究報告―　奈良県立橿原考古学研究所・二上古代鋳金研究会

何堂坤　1992　『中国古代銅鏡的技術研究』中国科学技術出版社

亀井清　1982　「古鏡の面反りについて」『阡陵 関西大学博物館学課程創設二十周年記念特集』関西大学考古学等資料室

清水康二　2005　「草葉文鏡笵の分類と位置づけ」『鏡笵研究』Ⅱ　―草葉文鏡笵の日中共同研究報告―　奈良県立橿原考古学研究所・二上古代鋳金研究会

清水康二　2007　「草葉紋鏡的鏡背分割技法初探―以鑄範和銅鏡資料為中心―」『齋國故城出土鏡範和東亞的古鏡―齋都臨淄：漢代銅鏡製造中心國際學術研討會論文集―』奈良県立橿原考古学研究所　（翻訳文　本書所収）

清水康二・三船温尚　2004　「鏡笵研究の現状と課題」『鏡笵研究』Ⅰ　奈良県立橿原考古学研究所・二上古代鋳金研究会

清水康二・三船温尚　2005　「草葉文鏡笵研究の現状と課題」『鏡笵研究』Ⅱ　―草葉文鏡笵の日中共同研究報告―　奈良県立橿原考古学研究所・二上古代鋳金研究会

清水康二・三船温尚・清水克朗　1998　「鏡の熱処理実験―面反りについて（その１）―」『古代学研究』第144号

菅谷文則・飯田史恵編　2004　『中国出土鏡の地域別鏡式分布に関する研究　平成13～15年度　科学研究費補助金（基盤研究(B)(2)）研究成果報告書』滋賀県立大学人間文化学部

田賀井篤平　2005　「鏡の鋳型物質の鉱物学的解析」『鏡笵研究』Ⅱ　―草葉文鏡笵の日中共同研究報告―　奈良県立橿原考古学研究所・二上古代鋳金研究会

長友恒人　2005　「熱ルミネッセンス法による鏡笵の真贋判定」『鏡笵研究』Ⅱ　―草葉文鏡笵の日中共同研究報告―　奈良県立橿原考古学研究所・二上古代鋳金研究会

二上古代鋳金研究会　2001　「鏡の熱処理実験―面反りについて（その２）―」『古代学研究』第154号

三船温尚　2007　「山東省出土草葉紋鏡範材質調査的復原實驗」『齋國故城出土鏡範和東亞的古鏡―齋都臨淄：漢代銅鏡製造中心國際學術研討會論文集―』奈良県立橿原考古学研究所

三船温尚・清水康二・菅谷文則・中井一夫　2005　「日本国内にある草葉文鏡笵の調査報告」『鏡笵研究』Ⅱ　―草葉文鏡笵の日中共同研究報告―　奈良県立橿原考古学研究所・二上古代鋳金研究会

劉煜・趙志軍・白雲翔・張光明　2005　「山東臨淄斉国故城漢代鏡范的科学分析」『考古』第12期

Mirror-Molds: Casting techniques of mirror in the Han Dynasty

Table of Contents

Prologue　　　　　　　　　Takayasu Higuchi ········ i

　　　　　　　　　　　　　Li Dian-rong ········ iii

Explanatory notes ········ iv

Introduction　　　　　　　Fuminori Sugaya・Bai Yun-xiang ········ vii

Index ········ xvii

Part I Materials A collection of mirror-molds unearthed at ancient city of Linzi, Qi Dynasty ········ 1

Illustrations ········ 2

Comment　　　　　　　　Haruhisa Mifune ········ 65

Part II Research ········ 147

Archeological study on bronze mirror manufacture in Linzi during the Han Dynasty

　　　　　　　　　　　　Bai Yun-xiang ········ 149

The Han Dynasty's bronze mirror foundry industry in Linzi and Qicheng

　　　　　　　　　　　　Wei Cheng-min & Dong Xue ········ 183

Mirrors with leaf motif of the Former Han Dynasty

　　　　　　　　　　　　Cheng Lin-quan ········ 215

Studies on bronze mirror techniques and restoration experiments based on the research into mirror-molds of the Former Han Dynasty

　　　　　　　　　　　　Haruhisa Mifune ········ 235

Basic patterns in the back of a mirror in the Han Dynasty: Mirror-molds with a motif of a spiral snake and a tangle of snakes unearthed in Linzi, Shandong

　　　　　　　　　　　　Mamoru Hirokawa ········ 255

Techniques of splitting backs of mirror with leaf motif examined in a mold and mirror

　　　　　　　　　　　　Yasuji Shimizu ········ 271

Scientific research on mirror-molds with leaf motif

　　　　　　　　　　　　Tokuhei Tagai & Yurika Tachibana ········ 278

Introduction to bronze mirrors unearthed from a small Han tomb in Henan

　　　　　　　　　　　　Han Guo-he ········ 292

Comment on iron mirror　　Shinichi Miyahara ········ 308

Scientific analysis of ancient mirrors　　He Tang-kuen ········ 314

Producing a border of clay mold and a small imitative mirror

　　　　　　　　　　　　Tadashi Goto ········ 326

Scientific research on preservation of a mirror-molds excavated from Jitoku tomb in Kurume, Fukuoka　　Yoichiro Hisa & Nobuhiko Eshima ········ 331

Bronze mirror in the Han Peninsula　　Lee Yang-Soo ········ 342

Epilogue	Yasuji Shimizu & Haruhisa Mifune	355
English Table of Contents		363
ABSTRACT		365

ABSTRACT

I

The production and use of ancient Chinese bronze mirrors have a long history and tradition; it exerted great influence on the emergence and development of ancient bronze mirrors all over East Asia. Thus, ancient bronze mirrors as important cultural artifacts have drawn attention from researchers of bronzes and stones, and especially from modern archaeologists. In the Han period (206 B.C.– 220 A.D.), ancient Chinese bronze mirrors underwent their first height of development. They were not only used extensively, made exquisitely and decorated with rich and varied designs on the back, but were also to be found spread eastward across the sea to the Japan Islands and the Korean Peninsula. These bronze mirrors exercised direct influence on the production and use of ancient bronze mirrors in these regions, and constituted a crucial material carrier of cultural exchanges in East Asia. It is just for this reason that Han mirrors have become one of the priority research subjects of East Asian archaeologists, who have a lot of achievements in this field.

Previously, ancient bronze mirrors were studied mainly in the aspects of their date, form, decoration, utility and spread. Great attention had been paid to their casting technology and investigation was made on various sides, but mirror-molds and other related remains were seldom discovered. As a result, this aspect made no essential progress, which seriously restricted the depth of research on the casting technology and even on ancient bronze mirrors as a whole. Therefore, the active search for mirror-molds and in-depth study on them became the key of breakthrough for advancing the study of ancient bronze mirrors and, in particular, their production techniques.

Casting molds of bronze mirrors dating to the Han period began to be recorded in works in the early 20th century. In 1940, Japanese scholar Sekino Takeshi bought a broken Han mirror-mold within the site of Linzi, the Qi State capital. Casting molds are handed down to private collections or purchased from natives, but there is no way of assessing whether they are genuine or not. Thus, they cannot be taken as true artifacts for use in academic studies. In the autumn of 1997, the site in Linzi, the Qi State capital, yielded a fragment of mirror-mold, which drew massive attention from academic circles both at home and abroad after its publicity and special study by archaeologists. In the spring of 2003, when a special investigation was carried out within the Linzi site to search for Han Dynasty mirror-casting workshop ruins, 14 mirror-mold fragments were collected on the spot and two mirror-casting workshops were found. The Shandong Provincial Institute of Antiquities and Archaeology took the development as a turning point and reported it to the China State Bureau of Cultural Relics for approval. The institute together with the Archaeological Institute of Kashihara, Nara Prefecture, Japan, decided to carry out and set about a collaborative archaeological study of the Han period mirror-molds unearthed from the Linzi site, the Qi State capital located in Shandong Province.

The project has been undertaken by a joint research group composed of 15 Chinese and Japanese archaeologists and metal-casting technology specialists, together with Prof. Bai Yunxiang (Institute of Archaeology, Chinese Academy of Social Sciences) and Shimizu Yasuji (Archaeological

Institute of Kashihara, Nara Prefecture, Japan) as the co-directors. It was started in December 2004 and was finished in December 2006, lasting two years. Its main aim was, through a multi-level, multi-visual angle, archaeological examinations, and analyses of the Han mirror-molds from the Linzi site, the Qi State capital, to clarify maximally the types, features, dates, making techniques, using methods, and other basic problems of these finds. Based on the results, it also aimed to apply modern scientific, technological means in multidisciplinary analyses and tests of mirror-mold specimens, to research into the casting technology and production of Han Dynasty Linzi bronze mirrors, to inquire into the casting, production and circulation of Han mirrors, and to reveal scientifically the social history and cultural exchange reflected from them. The present book is just the report of the collaborative research.

II

This book is divided into the materials and analysis sections. The materials section includes the analysis of eighty-three molds that were excavated in such great numbers in China for the first time and collaboratively investigated by Chinese and Japanese researchers, as well as pictures of four mirror-molds that belong to museums in Japan, measured drawings, and the report on the investigation. The era of each mirror-mold belongs to the Former Han Dynasty. The majority of mirrors have leaf motifs whereas some have a motif of a spiral snake or a tangle of snakes. In the beginning of the section, color pictures of the back of mirror-molds that are well preserved and considered to be valuable artifacts are shown in almost their actual sizes. Mirrors in poorly preserved condition are also shown in color but with their size reduced regardless of the actual size. In addition to measured drawings, comprehensive observations are presented. Detailed pictures and explanations of mirrors with important evidence of manufacturing techniques are also included.

To commemorate the publication of the Japan-China joint research report on mirror-molds in February, 2007, the analysis section demonstrates papers presented by researchers from Japan, China, and Korea who participated in a forum held in Zibo City, Linzi, in Shandong Province. The papers discuss mirror-molds excavated in an old city of the Qi Dynasty and ancient mirrors unearthed in East Asia.

III

This book is the first systematic, integrated study of Han mirror-molds and also the first monographic research on ancient Chinese mirror-molds. The research report of the present collaborative project is rated by Prof. Higuchi Takayasu, a former Director of the Archaeological Institute of Kashihara, Nara Prefecture, Japan, as "the highest-level research achievements among the mirror-mold studies that have so far been made," and its publication, according to Prof. Li Chuanrong, a former Director of the Shandong Provincial Institute of Antiquities and Archaeology, China, "will radically change the backwardness of the research on the making technology and producing condition of ancient Chinese bronze mirrors and will still more strongly further studies of these cultural relics."

【著者】
奈良県立橿原考古学研究所
中国社会科学院考古研究所
山東省文物考古研究所　共編

監修：菅谷文則（奈良県立橿原考古学研究所）
　　　白　雲翔（中国社会科学院考古研究所）

編集：三船温尚（富山大学）
　　　清水康二（奈良県立橿原考古学研究所）

鏡 范―漢式鏡の製作技術―

2009年2月20日　初版第一刷発行

定価（本体 20,000 円＋税）

奈良県立橿原考古学研究所
中国社会科学院考古研究所 編
山東省文物考古研究所

発行者　八　木　壯　一
発行所　株式会社　八　木　書　店
〒101-0052 東京都千代田区神田小川町 3-8
電話 03-3291-2961（営業）
　　 03-3291-2969（編集）
　　 03-3291-6300（FAX）
E-mail pub@books-yagi.co.jp
Web http://www.books-yagi.co.jp/pub

印　刷　天理時報社
製　本　牧製本印刷
用　紙　中性紙使用
装　丁　大貫伸樹

ISBN978-4-8406-2079-6

©2009　ARCHAEOLOGICAL INSTITUTE OF KASHIHARA, NARA PREFECTURE
THE INSTITUTE OF ARCHAEOLOGY, CHINESE ACADEMY OF SOCIAL SCIENCES
SHANDONG PROVINCIAL INSTITUTE OF ANTIQUITIES AND ARCHAEOLOGY